ŒUVRES COMPLÈTES

DE

CHATEAUBRIAND

IV

Lagny. — Typographie de Vialat et Cⁱᵉ.

ŒUVRES COMPLÈTES

DE

CHATEAUBRIAND

AUGMENTÉES

D'UN ESSAI SUR LA VIE ET LES OUVRAGES DE L'AUTEUR

 — LE GÉNIE DU CHRISTIANISME — VOYAGE EN ITALIE —

PARIS

P.-H. KRABBE, LIBRAIRE-EDITEUR

12, RUE DE SAVOIE

M DCCC LII

GÉNIE
DU CHRISTIANISME

QUATRIÈME PARTIE.
CULTE.

LIVRE PREMIER.

Églises, Ornements, Chants, Prières, Solennités, etc.

CHAPITRE PREMIER.

DES CLOCHES.

Nous allons maintenant nous occuper du culte chrétien. Ce sujet est pour le moins aussi riche que celui des trois premières parties, avec lesquelles il forme un tout complet.

Or, puisque nous nous préparons à entrer dans le temple, parlons premièrement de la cloche qui nous y appelle.

C'était d'abord, ce nous semble, une chose assez merveilleuse d'avoir trouvé le moyen, par un seul coup de marteau, de faire naître, à la même minute, un même sentiment dans mille cœurs divers, et d'avoir forcé les vents et les nuages à se charger des pensées des hommes. Ensuite, considérée comme harmonie, la cloche a indubitablement une beauté de la première sorte : celle que les artistes appellent *le grand*. Le bruit de la foudre est sublime, et ce n'est que par sa grandeur; il en est ainsi des vents, des mers, des volcans, des cataractes, de la voix de tout un peuple.

Avec quel plaisir Pythagore, qui prêtait l'oreille au marteau du forgeron, n'eût-il point écouté le bruit de nos cloches la veille d'une solennité de l'Église! L'âme peut être attendrie par les accords d'une lyre, mais elle ne sera pas saisie d'enthousiasme, comme lorsque la foudre des combats la réveille, ou qu'une pesante sonnerie proclame dans la région des nuées les triomphes du Dieu des batailles.

Et pourtant ce n'était pas là le caractère le plus remarquable du son des cloches; ce son avait une foule de relations secrètes avec nous. Combien de fois, dans le calme des nuits, les tintements d'une agonie, semblables aux lentes pulsations d'un cœur expirant, n'ont-ils point surpris l'oreille d'une épouse adultère? Combien de fois ne sont-ils point parvenus jusqu'à l'athée, qui, dans sa veille impie, osait peut-être écrire qu'il n'y a point de Dieu! La plume échappe de sa main; il écoute avec effroi le glas de la mort, qui semble lui dire: *Est-ce qu'il n'y a point de Dieu?* Oh! que de pareils bruits n'effrayèrent-ils le sommeil de nos tyrans! Étrange religion, qui au seul coup d'un airain magique, peut changer en tourments les plaisirs, ébranler l'athée, et faire tomber le poignard des mains de l'assassin!

Des sentiments plus doux s'attachaient aussi au bruit des cloches. Lorsque, avec le chant de l'alouette, vers le temps de la coupe des blés, on entendait, au lever de l'aurore, les petites sonneries de nos hameaux, on eût dit que l'ange des moissons, pour réveiller les laboureurs, soupirait, sur quelque instrument des Hébreux, l'histoire de Séphora ou de Noémi. Il nous semble que si nous étions poëte, nous ne dédaignerions point cette cloche *agitée par les fantômes* dans la vieille chapelle de la forêt, ni celle qu'une religieuse frayeur balançait dans nos campagnes pour écarter le tonnerre, ni celle qu'on sonnait la nuit, dans certains ports de mer, pour diriger le pilote à travers les écueils. Les carillons des cloches, au milieu de nos fêtes, semblaient augmenter l'allégresse publique; dans des calamités, au contraire, ces mêmes bruits devenaient terribles. Les cheveux dressent encore sur la tête au souvenir de ces jours de meurtre et de feu, retentissant des clameurs du tocsin. Qui de nous a perdu la mémoire de ces hurlements, de ces cris aigus, entrecoupés de silences, durant lesquels on distinguait de rares coups de fusils, quelque voix lamentable et solitaire, et surtout le bourdonnement de la cloche d'alarme, ou le son de l'horloge qui frappait tranquillement l'heure écoulée?

Mais, dans une société bien ordonnée, le bruit du tocsin, rappelant une idée de secours, frappait l'âme de pitié et de terreur, et faisait couler ainsi les deux sources des sensations tragiques.

Tels sont à peu près les sentiments que faisaient naître les sonneries de nos temples; sentiments d'autant plus beaux qu'il s'y mêlait un souvenir du ciel. Si les cloches eussent été attachées à tout autre monument qu'à des églises, elles auraient perdu leur sympathie morale avec nos cœurs. C'était Dieu même qui commandait à l'ange des victoires de lancer les *volées* qui publiaient nos triomphes, ou à l'ange de la mort de sonner le départ de l'âme qui venait de remonter à lui. Ainsi, par mille voix secrètes, une société chrétienne correspondait avec la Divinité, et ses institutions allaient se perdre mystérieusement à la source de tout mystère.

Laissons donc les cloches rassembler les fidèles; car la voix de l'homme n'est pas assez pure pour convoquer au pied des autels le repentir, l'innocence et le malheur. Chez les Sauvages de l'Amérique, lorsque des suppliants se présentent à la porte d'une cabane, c'est l'enfant du lieu qui introduit ces infortunés au foyer de son père : si les cloches nous étaient interdites, il faudrait choisir un enfant pour nous appeler à la maison du Seigneur.

CHAPITRE II.

DU VÊTEMENT DES PRÊTRES ET DES ORNEMENTS DE L'ÉGLISE.

On ne cesse de se récrier sur les institutions de l'antiquité, et l'on ne veut pas s'apercevoir que le culte évangélique est le seul débris de cette antiquité qui soit parvenu jusqu'à nous; tout dans l'Église retrace ces temps éloignés dont les hommes ont depuis longtemps quitté les rivages, et où ils aiment encore à égarer leurs pensées. Si l'on fixe les yeux sur le prêtre chrétien, à l'instant on est transporté dans la patrie de Numa, de Lygurgue ou de Zoroastre. La *tiare* nous montre le Mède errant sur les débris de Suze et d'Ecbatane; l'*aube*, dont le nom latin rappelle et le lever du jour et la blancheur virginale, offre de douces consonnances avec les idées religieuses; toujours un majestueux souvenir ou une agréable harmonie s'attache aux tissus de nos autels.

Et ces autels chrétiens, modelés comme des tombeaux antiques, et ces images du soleil vivant renfermées dans nos tabernacles, ont-ils quelque chose qui blesse les yeux ou qui choque le goût? Nos calices avaient cherché leurs noms parmi les plantes, et le lis leur avait prêté sa forme, gracieuse concordance entre l'Agneau et les fleurs.

Comme la marque la plus directe de la foi, la croix est aussi l'objet le plus ridicule à de certains yeux. Les Romains s'en étaient moqués, ainsi que les nouveaux ennemis du christianisme; et Tertullien leur avait montré qu'ils employaient eux-mêmes ce signe dans leurs faisceaux d'armes. L'attitude que la croix fait prendre au Fils de l'Homme est sublime : l'affaissement du corps et la tête penchée font un contraste divin avec les bras étendus vers le ciel. Au reste, la nature n'a pas été aussi délicate que les incrédules; elle n'a pas craint de mouler la croix dans une multitude de ses ouvrages : il y a une famille entière de fleurs qui appartient à cette forme, et cette famille se distingue par une inclination à la solitude ; la main du Tout-Puissant a aussi placé l'étendard de notre salut parmi les soleils.

L'urne qui renfermait les parfums imitait la forme d'une navette; des feux et d'odorantes vapeurs flottaient dans un vase à l'extrémité d'une longue chaîne : là se voyaient les candélabres de bronze doré, ouvrage d'un Cafieri ou d'un Vassé, et images des chandeliers mystiques du roi poëte; ici, les vertus cardinales, assises, soutenaient le lutrin triangulaire ; des lyres accompagnaient ses faces, un globe terrestre le couronnait, et un aigle d'airain, surmontant ces belles allégories, semblait, sur ses ailes éployées, emporter nos prières vers les cieux. Partout se présentaient et des chaires légèrement suspendues, et des vases surmontés de flammes, et des balcons, et de hautes torchères, et des balustres en marbre, et des stalles sculptées par les Charpentier et les Dugoulon, et des lampadaires arrondis par les Ballin; et des Saints-Sacrements de vermeil dessinés par les Bertrand et les Cotte. Quelquefois les débris des temples des dieux du mensonge servaient à décorer le temple du vrai Dieu ; les bénitiers de Saint-Sulpice étaient deux urnes sépulcrales apportées d'Alexandrie : les bassins, les patènes, les eaux lustrales, rappelaient les sacrifices antiques; et toujours venaient se mêler, sans se confondre, les souvenirs de la Grèce et d'Israël.

Enfin, les lampes et les fleurs qui décoraient nos églises servaient à perpétuer la mémoire de ces temps de persécution où les fidèles se rassemblaient pour prier dans les tombeaux. On croyait voir ces premiers chrétiens allumer furtivement leur flambeau sous des arches funèbres, et les jeunes filles apporter des fleurs pour parer l'autel des catacombes : un pasteur, éclatant d'indigence et de bonnes œuvres, consacrait ces dons au Seigneur. C'était alors le véritable règne de Jésus-Christ, le Dieu des petits et des misérables; son autel était pauvre comme ses serviteurs. Mais si les *calices étaient de bois*, les *prêtres étaient d'or*, comme parle saint Boniface; et jamais on n'a vu tant de vertus évangéliques que dans ces âges où, pour bénir le Dieu de la lumière et de la vie, il fallait se cacher dans la nuit et dans la mort.

CHAPITRE III.

DES CHANTS ET DES PRIÈRES.

On reproche au culte catholique d'employer dans ses chants et ses prières une langue étrangère au peuple, comme si l'on prêchait en latin, et que l'office ne fût pas traduit dans tous les livres d'église. D'ailleurs, si la religion, aussi mobile que les hommes, eût changé d'idiome avec eux, comment aurions-nous connu les ouvrages de l'antiquité? Telle est l'inconséquence de notre humeur, que nous blâmons ces mêmes coutumes auxquelles nous sommes redevables d'une partie de nos sciences et de nos plaisirs.

Mais, à ne considérer l'usage de l'Église romaine que sous ces rapports immédiats, nous ne voyons pas ce que la langue de Virgile, conservée dans notre culte (et même en certains temps et en certains lieux la langue d'Homère), peut avoir de si déplaisant. Nous croyons qu'une langue antique et mystérieuse, une langue qui ne varie plus avec les siècles, convenait assez bien au culte de l'Être éternel, incompréhensible, immuable. Et puisque le sentiment de nos maux nous force d'élever vers le Roi des rois une voix suppliante, n'est-il pas naturel qu'on lui parle dans le plus bel idiome de la terre, et dans celui-là même dont se servaient les nations prosternées pour adresser leurs prières aux Césars?

De plus, et c'est une chose remarquable, les oraisons en langue latine semblent redoubler le sentiment religieux de la foule. Ne serait-ce point un effet naturel de notre penchant au secret? Dans le tumulte de ses pensées et des misères qui assiégent sa vie, l'homme, en prononçant des mots peu familiers ou même inconnus, croit demander les choses qui lui manquent et qu'il ignore; le vague de sa prière en fait le charme, et son âme inquiète, qui sait peu ce qu'elle désire, aime à former des vœux aussi mystérieux que ses besoins.

Il reste donc à examiner ce qu'on appelle la *barbarie* des cantiques saints.

On convient assez généralement que, dans le genre lyrique, les Hébreux sont supérieurs aux autres peuples de l'antiquité : ainsi l'Église, qui chante tous les jours les psaumes et les leçons des prophètes, a donc premièrement un très-beau fonds de cantiques. On ne devine pas trop, par exemple, ce que ceux-ci peuvent avoir de *ridicule* ou de *barbare :*

> N'espérons plus, mon âme, aux promesses du monde, etc. [1].
> Qu'aux accents de ma voix la terre se réveille, etc.
>
> J'ai vu mes tristes journées
> Décliner vers leur penchant, etc. [2].

L'Église trouve une autre source de chants dans les évangiles et dans les épîtres des apôtres. Racine, en imitant ces *proses* [3], a pensé, comme Malherbe et Rousseau, qu'elles étaient dignes de sa muse. Saint Chrysostôme, saint Grégoire, saint Ambroise, saint Thomas d'Aquin, Coffin, Santeuil, ont réveillé la lyre grecque et latine dans les tombeaux d'Alcée et d'Horace. Vigilante à louer le Seigneur, la religion mêle au matin ses concerts à ceux de l'aurore :

> *Splendor paternæ gloriæ*, etc.
>
> Source ineffable de lumière,
> Verbe, en qui l'Éternel contemple sa beauté ;
> Astre, dont le soleil n'est que l'ombre grossière,
> Sacré jour, dont le jour emprunte sa clarté,
> Lève-toi, soleil adorable, etc.

Avec le soleil couchant l'Église chante encore (39) :

> *Cœli, Deus sanctissime*, etc.
>
> Grand Dieu, qui fais briller sur la voûte étoilée
> Ton trône glorieux,
> Et d'une blancheur vive, à la pourpre mêlée,
> Peins le cintre des cieux.

Cette musique d'Israël, sur la lyre de Racine, ne laisse pas d'avoir quelque charme : on croit moins entendre un son *réel* que cette voix *intérieure et mélodieuse* qui, selon Platon, réveille au matin les hommes épris de la vertu, *en chantant de toute sa force dans leurs cœurs*.

Mais, sans avoir recours à ces hymnes, les prières les plus communes de l'Église sont admirables ; il n'y a que l'habitude de les répéter dès notre enfance qui nous puisse empêcher d'en sentir la beauté. Tout retentirait d'acclamations, si l'on trouvait dans Platon ou dans Sénèque une profession de foi aussi simple, aussi pure, aussi claire que celle-ci :

---

[1] Malh., livre I, ode III. — [2] Rouss., livre I, odes III et X. — [3] Voyez le cantique tiré de saint Paul.

« Je crois en un seul Dieu, père tout-puissant, créateur du ciel et de la terre, et de toutes les choses visibles et invisibles. »

L'Oraison dominicale est l'ouvrage d'un Dieu qui connaissait tous nos besoins : qu'on en pèse bien les paroles :

« *Notre Père qui es aux cieux;* »

Reconnaissance d'un Dieu unique.

« *Que ton nom soit sanctifié;* »

Culte qu'on doit à la Divinité ; vanité des choses du monde ; Dieu seul mérite d'être sanctifié.

« *Que ton règne nous arrive;* »

Immortalité de l'âme.

« *Que ta volonté soit faite sur la terre comme au ciel ;* »

Mot sublime qui comprend les attributs de la Divinité : sainte résignation qui embrasse l'ordre physique et moral de l'univers.

« *Donne-nous aujourd'hui notre pain quotidien;* »

Comme cela est touchant et philosophique ! Quel est le seul besoin réel de l'homme ? un peu de pain : encore il ne le lui faut qu'*aujourd'hui* (*hodie*); car demain existera-t-il ?

« *Et pardonne-nous nos offenses, comme nous les pardonnons à ceux qui nous ont offensés ;* »

C'est la morale et la charité en deux mots.

« *Ne nous laisse point succomber à la tentation; mais délivre-nous du mal.* »

Voilà le cœur humain tout entier ; voilà l'homme et sa faiblesse ! qu'il ne demande point des forces pour vaincre; qu'il ne prie que pour n'être point attaqué, que pour ne point souffrir. Celui qui a créé l'homme pouvait seul le connaître aussi bien.

Nous ne parlerons point de la Salutation angélique, véritablement pleine de grâce, ni de cette confession que le chrétien fait chaque jour aux pieds de l'Éternel. Jamais les lois ne remplaceront la moralité d'une telle coutume. Songe-t-on quel frein c'est pour l'homme que cet aveu pénible qu'il renouvelle matin et soir. *J'ai péché par mes pensées, par mes paroles, par mes œuvres?* Pythagore avait recommandé une pareille confession à ses disciples : il était réservé au christianisme de réaliser ces songes de vertu que rêvaient les sages de Rome et d'Athènes.

En effet, le christianisme est à la fois une sorte de secte philosophique et une antique législation. De là lui viennent les abstinences, les jeûnes, les veilles, dont on retrouve des traces dans les anciennes républiques, et que pratiquaient les écoles savantes de l'Inde, de l'Égypte et de la Grèce : plus on examine le fond de la question, plus on est convaincu que la plupart des insultes prodiguées au culte chrétien retombent sur l'antiquité. Mais revenons aux prières.

Les actes de foi, d'espérance, de charité, de contrition, disposaient encore le cœur à la vertu : les oraisons des cérémonies chrétiennes, relatives à des objets civils ou religieux, ou même à de simples accidents de la vie, présentaient des convenances parfaites, des sentiments élevés, de grands souvenirs et un style à la fois simple et magnifique. A la messe des noces, le prêtre lisait l'épître de saint Paul : « *Mes frères, que les femmes soient soumises à leurs maris comme au Seigneur.* » Et à l'Évangile. « *En ce temps-là, les Pharisiens s'approchèrent de Jésus pour le tenter, et lui dirent : Est-il permis à un homme de quitter sa femme?... Il leur répondit : Il est écrit que l'homme quittera son père et sa mère, et s'attachera à sa femme.* »

À la bénédiction nuptiale, le célébrant, après avoir répété les paroles que Dieu même prononça sur Adam et Ève : *Crescite et multiplicamini*, ajoutait :

« O Dieu, unissez, s'il vous plaît, les esprits de ces époux, et versez dans leurs cœurs une sincère amitié. Regardez d'un œil favorable votre servante... Faites que son joug soit un joug d'amour et de paix; faites que, chaste et fidèle, elle suive toujours l'exemple des femmes fortes; qu'elle se rende aimable à son mari comme Rachel; qu'elle soit sage comme Rebecca; qu'elle jouisse d'une longue vie, et qu'elle soit fidèle comme Sara... qu'elle obtienne une heureuse fécondité; qu'elle mène une vie pure et irréprochable, afin d'arriver au repos des saints et au royaume du ciel; faites, Seigneur, qu'ils voient tous deux les enfants de leurs enfants jusqu'à la troisième et quatrième génération, et qu'ils parviennent à une heureuse vieillesse. »

À la cérémonie des *relevailles*, on chantait le psaume *Nisi Dominus* : « Si l'Éternel ne bâtit la maison, c'est en vain que travaillent ceux qui la bâtissent. »

Au commencement du carême, à la cérémonie de la *commination*, ou de la dénonciation de la colère céleste, on prononçait ces malédictions du Deutéronome :

« Maudit celui qui a méprisé son père et sa mère.

« Maudit celui qui égare l'aveugle en chemin, etc. »

Dans la visite aux malades, le prêtre disait en entrant :

« *Paix à cette maison et à ceux qui l'habitent.* » Puis au chevet du lit de l'infirme :

« Père de miséricorde, conserve et retiens ce malade dans le corps de ton Église, comme un de ses membres. Aie égard à sa contrition, reçois ses larmes, soulage ses douleurs. »

Ensuite il lisait le psaume *In te, Domine* :

« Seigneur, je me suis retiré vers toi, délivre-moi par ta justice. »

Quand on se rappelle que c'étaient presque toujours des misérables que le prêtre allait visiter ainsi, sur la paille où ils étaient couchés, combien ces oraisons chrétiennes paraissent encore plus divines!

Tout le monde connaît les belles prières des *Agonisants*. On lit d'abord l'oraison Proficiscere : *Sortez de ce monde, âme chrétienne;* ensuite cet endroit de la Passion : *En ce temps-là, Jésus étant sorti, s'en alla à la montagne des Oliviers*, etc.; puis le psaume, *Miserere mei;* puis cette lecture de l'Apocalypse : *En ces jours-là j'ai vu des morts, grands et petits, qui comparurent devant le trône*, etc.; enfin la vision d'Ézéchiel : *La main du Seigneur fut sur moi, et m'ayant mené dehors par l'esprit du Seigneur, elle me laissa au milieu d'une campagne qui était couverte d'ossements. Alors le Seigneur me dit : Prophétise à l'esprit; fils de l'homme, dis à l'esprit : Venez des quatre vents, et soufflez sur ces morts, afin qu'ils revivent*, etc.

Pour les incendies, pour les pestes, pour les guerres, il y avait des prières marquées. Nous nous souviendrons toute notre vie d'avoir entendu lire, pendant un naufrage où nous nous trouvions nous-même engagé, le psaume *Confitemini Domino :* « Confessez le Seigneur, parce qu'il est bon... »

« Il commande, et le souffle de la tempête s'est élevé, et les vagues se sont amoncelées... Alors les mariniers crient vers le Seigneur dans leur détresse, et il les tire de danger. »

« Il arrête la tourmente, et la change en calme, et les flots de la mer s'apaisent. »

Vers le temps de Pâques, Jérémie se réveillait dans la poudre de Sion pour pleurer le Fils de l'Homme. L'Église empruntait ce qu'il y a de plus beau et de plus triste dans les Pères et dans la Bible, afin d'en composer les chants de cette semaine consacrée au plus grand des martyrs, qui est aussi la plus grande des douleurs. Il n'y avait pas jusqu'aux litanies qui n'eussent des cris ou des élans admirables, témoin ces versets *des litanies de la Providence :*

> Providence de Dieu, consolation de l'âme pèlerine ;
> Providence de Dieu, espérance du pécheur délaissé ;
> Providence de Dieu, calme dans les tempêtes ;
> Providence de Dieu, repos du cœur, etc.,
> Ayez pitié de nous.

Enfin nos cantiques gaulois, les noëls même de nos aïeux, avaient aussi leur mérite ; on y sentait la naïveté, et comme la fraîcheur de la foi. Pourquoi, dans nos missions de campagne, se sentait-on attendri, lorsque des laboureurs venaient à chanter au *salut :*

> Adorons tous, ô mystère ineffable !
> Un Dieu caché, etc.

C'est qu'il y avait dans ces voix champêtres un accent irrésistible de vérité et de conviction. Les noëls, qui peignaient les scènes rustiques, avaient un tour plein de grâce dans la bouche de la paysanne. Lorsque le bruit du fuseau accompagnait ses chants, que ses enfants, appuyés sur ses genoux, écoutaient avec une grande attention l'histoire de l'Enfant-Jésus et de sa crèche, on aurait en vain cherché des airs plus doux et une religion plus convenable à une mère.

CHAPITRE IV.

DES SOLENNITÉS DE L'ÉGLISE.

DU DIMANCHE.

Nous avons déjà fait remarquer [1] la beauté de ce septième jour, qui correspond à celui du repos du Créateur ; cette division du temps fut connue de la plus haute antiquité. Il importe peu de savoir à présent si c'est une obscure tradition de la création transmise au genre humain par les enfants de Noé, ou si les pas-

---

[1] Première partie, liv. II, chap. I.

teurs retrouvèrent cette division par l'observation des planètes; mais il est du moins certain qu'elle est la plus parfaite qu'aucun législateur ait employée. Indépendamment de ses justes relations avec la force des hommes et des animaux, elle a ces harmonies géométriques que les anciens cherchaient toujours à établir entre les lois particulières et les lois générales de l'univers; elle donne le six pour le travail; et le six, par deux multiplications, engendre les trois cent soixante jours de l'année antique, et les trois cent soixante degrés de la circonférence. On pouvait donc trouver magnificence et philosophie dans cette loi religieuse, qui divisait le cercle de nos labeurs ainsi que le cercle décrit par les astres dans leur révolution; comme si l'homme n'avait d'autre terme de ses fatigues que la consommation des siècles, ni de moindres espaces à remplir de ses douleurs, que tous les temps.

Le calcul décimal peut convenir à un peuple mercantile; mais il n'est ni beau, ni commode dans les autres rapports de la vie, et dans les équations célestes. La nature l'emploie rarement: il gêne l'année et le cours du soleil; et la loi de la pesanteur ou de la gravitation, peut-être l'unique loi de l'univers, s'accomplit par le *carré*, et non par le *quintuple* des distances. Il ne s'accorde pas davantage avec la naissance, la croissance et le développement des espèces: presque toutes les femelles portent par le trois, le neuf, le douze, qui appartient au calcul seximal [1].

On sait maintenant, par expérience, que le cinq est un jour trop près, et le dix un jour trop loin pour le repos. La Terreur, qui pouvait tout en France, n'a jamais pu forcer le paysan à remplir la décade, parce qu'il y a impuissance dans les forces humaines, et même, comme on l'a remarqué, dans les forces des animaux. Le bœuf ne peut labourer neuf jours de suite; au bout du sixième, ses mugissements semblent demander les heures marquées par le Créateur pour le repos général de la créature [2].

Le dimanche réunissait deux grands avantages : c'était à la fois un jour de plaisir et de religion. Il faut sans doute que l'homme se délasse de ses travaux; mais comme il ne peut être atteint dans ses loisirs par la loi civile, le soustraire en ce moment à la loi religieuse, c'est le délivrer de tout frein, c'est le replonger dans l'état de nature, et lâcher une espèce de sauvage au milieu de la société. Pour prévenir ce danger, les anciens même avaient fait aussi du jour de *repos* un jour *religieux;* et le christianisme avait consacré cet exemple.

Cependant cette journée de la bénédiction de la terre, cette journée du repos de Jéhovah, choqua les esprits d'une Convention *qui avait fait alliance avec la mort, parce qu'elle était digne d'une telle société* [3]. Après six mille ans d'un consentement universel; après soixante siècles d'Hosannah, la sagesse des Danton, levant la tête, osa juger mauvais l'ouvrage que l'Éternel avait trouvé bon. Elle crut qu'en nous replongeant dans le chaos, elle pourrait substituer la tradition de ses ruines et de ses ténèbres à celle de la naissance de la lumière et de l'ordre des mondes; elle voulut séparer le peuple français des autres peuples, et en

---

[1] Voyez BUFFON. — [2] Les paysans disaient : « Nos bœufs connaissent le dimanche, et ne veulent pas travailler ce jour-là. » — [3] *Sap.*, cap. 1, v. 16.

faire, comme les Juifs, une caste ennemie du genre humain : un dixième jour, auquel s'attachait pour tout honneur la mémoire de Robespierre, vint remplacer cet antique sabbath, lié au souvenir du berceau des temps, ce jour sanctifié par la religion de nos pères, chômé par cent millions de chrétiens sur la surface du globe, fêté par les saints et les milices célestes, et, pour ainsi dire, gardé par Dieu même dans les siècles de l'éternité.

CHAPITRE V.

EXPLICATION DE LA MESSE.

Il y a un argument si simple et si naturel en faveur des cérémonies de la messe, que l'on ne conçoit pas comment il est échappé aux catholiques dans leurs disputes avec les protestants. Qu'est-ce qui constitue le culte dans une religion quelconque? C'est le *sacrifice*. Une religion qui n'a pas de sacrifice n'a pas de culte proprement dit. Cette vérité est incontestable, puisque, chez les divers peuples de la terre, les cérémonies religieuses sont nées du sacrifice, et que ce n'est pas le sacrifice qui est sorti des cérémonies religieuses. D'où il faut conclure que le seul peuple chrétien qui ait un culte est celui qui conserve une immolation.

Le principe étant reconnu, on s'attachera peut-être à combattre la forme. Si l'objection se réduit à ces termes, il n'est pas difficile de prouver que la messe est le plus beau, le plus mystérieux et le plus divin des sacrifices.

Une tradition universelle nous apprend que la créature s'est jadis rendue coupable envers le Créateur. Toutes les nations ont cherché à apaiser le ciel ; toutes ont cru qu'il fallait une victime ; toutes en ont été si persuadées, qu'elles ont commencé par offrir l'homme lui-même en holocauste : c'est le Sauvage qui eut d'abord recours à ce terrible sacrifice, comme étant plus près, par sa nature, de la sentence originelle, qui demandait la mort de l'homme.

Aux victimes humaines, on substitua dans la suite le sang des animaux, mais dans les grandes calamités on revenait à la première coutume ; des oracles revendiquaient les enfants mêmes des rois : la fille de Jephté, Isaac, Iphigénie, furent réclamés par le ciel, Curtius et Codrus se dévouèrent pour Rome et Athènes.

Cependant le sacrifice humain dut s'abolir le premier, parce qu'il appartenait à l'état de nature, où l'homme est presque tout *physique ;* on continua longtemps à immoler des animaux : mais quand la société commença à vieillir, quand on vint à réfléchir sur l'ordre des choses divines, on s'aperçut de l'insuffisance du sacrifice matériel ; on comprit que le sang des boucs et des génisses ne pouvait racheter un être intelligent et capable de vertu. On chercha donc une hostie plus digne de la nature humaine. Déjà les philosophes enseignaient que les dieux ne se laissent point toucher par des hécatombes, et qu'ils n'acceptent que l'offrande d'un cœur humilié : Jésus-Christ confirma ces notions vagues de la raison. L'Agneau mystique, dévoué pour le salut universel, remplaça le premier-né des brebis ; et à l'immolation de l'homme *physique* fut à jamais substituée l'immolation des passions, ou le sacrifice de l'homme *moral*.

Plus on approfondira le christianisme, plus on verra qu'il n'est que le développement des lumières naturelles, et le résultat nécessaire de la vieillesse de la société. Qui pourrait aujourd'hui souffrir le sang infect des animaux autour d'un autel, et croire que la dépouille d'un bœuf rend le ciel favorable à nos prières? Mais l'on conçoit fort bien qu'une victime spirituelle, offerte chaque jour pour les péchés des hommes, peut être agréable au Seigneur.

Toutefois, pour la conservation du culte extérieur, il fallait un signe, symbole de la victime morale. Jésus-Christ, avant de quitter la terre, pourvut à la grossièreté de nos sens, qui ne peuvent se passer de l'objet matériel : il institua l'Eucharistie, où, sous les espèces visibles du pain et du vin, il cacha l'offrande invisible de son sang et de nos cœurs. Telle est l'explication du sacrifice chrétien ; explication qui ne blesse ni le bon sens ni la philosophie ; et si le lecteur veut la méditer un moment, peut-être lui ouvrira-t-elle quelques nouvelles vues sur les saints abîmes de nos mystères.

CHAPITRE VI.

CÉRÉMONIES ET PRIÈRES DE LA MESSE.

Il ne reste donc plus qu'à justifier les rites du sacrifice (40). Or, supposons que la messe soit une cérémonie antique dont on trouve les prières et la description dans les jeux séculaires d'Horace, ou dans quelques tragédies grecques : comme nous ferions admirer ce dialogue qui ouvre le sacrifice chrétien !

℣. *Je m'approcherai de l'autel de Dieu.*

℟ *Du Dieu qui réjouit ma jeunesse.*

℣ *Faites luire votre lumière et votre vérité, elles m'ont conduit dans vos tabernacles et sur votre montagne sainte.*

℟ *Je m'approcherai de l'autel de Dieu, du Dieu qui réjouit ma jeunesse.*

℣ *Je chanterai vos louanges sur la harpe, ô Seigneur ! Mais, mon âme, d'où vient ta tristesse, et pourquoi me troubles-tu ?*

℟ *Espérez en Dieu*, etc.

Ce dialogue est un véritable poëme lyrique entre le prêtre et le catéchumène : le premier, plein de jours et d'expérience, gémit sur la misère de l'homme pour lequel il va offrir le sacrifice ; le second, rempli d'espoir et de jeunesse, chante la victime par qui il sera racheté.

Vient ensuite le *Confiteor*, prière admirable par sa moralité. Le prêtre implore la miséricorde du Tout-Puissant pour le peuple et pour lui-même.

Le dialogue recommence.

℣ *Seigneur, écoutez ma prière !*

℟ *Et que mes cris s'élèvent jusqu'à vous.*

Alors le sacrificateur monte à l'autel, s'incline, et baise avec respect la pierre qui, dans les anciens jours, cachait les os des martyrs.

Souvenir des catacombes.

En ce moment le prêtre est saisi d'un feu divin : comme les prophètes d'Israël, il entonne le cantique chanté par les anges sur le berceau du Sauveur, et dont Ezéchiel entendit une partie dans la nue :

« Gloire à Dieu dans les hauteurs du ciel, et paix aux hommes de bonne volonté sur la terre ! Nous vous louons, nous vous bénissons, nous vous adorons, roi du ciel, dans votre gloire immense ! etc. »

L'épître succède au cantique. L'ami du Rédempteur du monde, Jean, fait entendre des paroles pleines de douceur, où le sublime Paul, insultant à la mort, découvre les mystères de Dieu. Prêt à lire une leçon de l'Évangile, le prêtre s'arrête et supplie l'Éternel de purifier ses lèvres avec le charbon de feu dont il toucha les lèvres d'Isaïe. Alors les paroles de Jésus-Christ retentissent dans l'assemblée : c'est le jugement sur la femme adultère ; c'est le Samaritain versant le baume dans les plaies du voyageur ; ce sont les petits enfants bénis dans leur innocence.

Que peuvent faire le prêtre et l'assemblée, après avoir entendu de telles paroles ? Déclarer sans doute qu'ils croient fermement à l'existence d'un Dieu qui laissa de tels exemples à la terre. Le symbole de la foi est donc chanté en triomphe. La philosophie, qui se pique d'applaudir aux grandes choses, aurait dû remarquer que c'est la première fois que tout un peuple a professé publiquement le dogme de l'unité d'un Dieu : *Credo in unum Deum.*

Cependant le sacrificateur prépare l'hostie *pour lui, pour les vivants, pour les morts.* Il présente le calice : « *Seigneur, nous vous offrons la coupe de notre salut.* » Il bénit le pain et le vin. « *Venez, Dieu éternel, bénissez ce sacrifice.* » Il lave ses mains.

« *Je laverai mes mains entre les innocents... Oh! ne me faites point finir mes jours parmi ceux qui aiment le sang.* »

Souvenir des persécutions.

Tout étant préparé, le célébrant se tourne vers le peuple, et dit :

« *Priez, mes frères.* »

Le peuple répond :

« *Que le Seigneur reçoive de vos mains ce sacrifice.* »

Le prêtre reste un moment en silence, puis tout à coup annonçant l'éternité : *Per omnia sæcula sæculorum,* il s'écrie :

« *Élevez vos cœurs !* »

Et mille voix répondent :

« *Habemus ad Dominum : Nous les élevons vers le Seigneur.* »

La préface est chantée sur l'antique mélopée ou récitatif de la tragédie grecque ; les Dominations, les Puissances, les Vertus, les Anges et les Séraphins sont invités à descendre avec la grande victime, et à répéter, avec le chœur des fidèles, le triple *Sanctus* et l'*Hosannah* éternel.

Enfin l'on touche au moment redoutable. Le *canon*, où la loi éternelle est gravée, vient de s'ouvrir : la consécration s'achève par les paroles mêmes de Jésus-Christ. « *Seigneur,* dit le prêtre en s'inclinant profondément, *que l'hostie sainte vous soit agréable comme les dons d'Abel le juste, comme le sacrifice d'Abraham notre patriarche, comme celui de votre grand-prêtre Melchisédech.*

Nous vous supplions d'ordonner que ces dons soient portés à votre autel sublime par les mains de votre ange, en présence de votre divine majesté. »
A ces mots le mystère s'accomplit, l'Agneau descend pour être immolé ·

> O moment solennel! ce peuple prosterné,
> Ce temple dont la mousse a couvert les portiques,
> Ses vieux murs, son jour sombre et ses vitraux gothiques;
> Cette lampe d'airain qui, dans l'antiquité,
> Symbole du soleil et de l'éternité,
> Luit devant le Très-Haut, jour et nuit suspendue ;
> La majesté d'un Dieu parmi nous descendue;
> Les pleurs, les vœux, l'encens qui monte vers l'autel,
> Et de jeunes beautés qui, sous l'œil maternel,
> Adoucissent encor par leur voix innocente
> De la religion la pompe attendrissante
> Cet orgue qui se tait, ce silence pieux,
> L'invisible union de la terre et des cieux,
> Tout enflamme, agrandit, émeut l'homme sensible :
> Il croit avoir franchi ce monde inaccessible,
> Où sur des harpes d'or l'immortel séraphin
> Aux pieds de Jéhovah chante l'hymne sans fin.
> Alors de toutes parts un Dieu se fait entendre ;
> Il se cache au savant, se révèle au cœur tendre :
> Il doit moins se prouver qu'il ne doit se sentir [1] (41).

CHAPITRE VII.

LA FÊTE-DIEU.

Il n'en est pas des fêtes chrétiennes comme des cérémonies du paganisme ; on n'y traîne pas en triomphe un bœuf-dieu, un bouc sacré; on n'est pas obligé, sous peine d'être mis en prison, d'adorer un chat ou un crocodile, ou de se rouler ivre dans les rues, en commettant toutes sortes d'abominations pour Vénus, Flore ou Bacchus : dans nos solennités, tout est essentiellement moral. Si l'Église en a seulement banni les danses [2], c'est qu'elle sait combien de passions se cachent sous ce plaisir en apparence innocent. Le Dieu des chrétiens ne demande que les élans du cœur et les mouvements égaux d'une âme qui règle le paisible concert des vertus. Et quelle est, par exemple, la solennité païenne qu'on peut opposer à la fête où nous célébrons le nom du Seigneur (42)?

Aussitôt que l'aurore a annoncé la fête du Roi du monde, les maisons se couvrent de tapisseries de laine et de soie, les rues se jonchent de fleurs, et les cloches appellent au temple la troupe des fidèles.

---

[1] *Le jour des Morts*, par M. DE FONTANES. La Harpe a dit que ce sont là vingt des plus beaux vers de la langue française ; nous ajouterons qu'ils peignent avec la dernière exactitude le sacrifice chrétien.

[2] Elles sont cependant en usage dans quelques pays, comme dans l'Amérique méridionale, parce que parmi les Sauvages chrétiens il règne encore une grande innocence.

Le signal est donné : tout s'ébranle, et la pompe commence à défiler.

On voit paraître d'abord les corps qui composent la société des peuples. Leurs épaules sont chargées de l'image des protecteurs de leurs tribus, et quelquefois des reliques de ces hommes qui, nés dans une classe inférieure, ont mérité d'être adorés des rois par leurs vertus : sublime leçon que la religion chrétienne a seule donnée à la terre.

Après ces groupes populaires, on voit s'élever l'étendard de Jésus-Christ, qui n'est plus un signe de douleur, mais une marque de joie. A pas lents s'avance sur deux files une longue suite de ces époux de la solitude, de ces enfants du torrent et du rocher, dont l'antique vêtement retrace à la mémoire d'autres mœurs et d'autres siècles. Le clergé séculier vient après ces solitaires : quelquefois des prélats, revêtus de la pourpre romaine, prolongent encore la chaîne religieuse. Enfin le pontife de la fête apparaît seul dans le lointain. Ses mains soutiennent la radieuse Eucharistie, qui se montre sous un dais à l'extrémité de la pompe, comme on voit quelquefois le soleil briller sous un nuage d'or, au bout d'une avenue illuminée de ses feux.

Cependant des groupes d'adolescents marchent entre les rangs de la procession : les uns présentent les corbeilles de fleurs, les autres les vases des parfums. Au signal répété par le maître des pompes, les choristes se retournent vers l'image du soleil éternel, et font voler des roses effeuillées sur son passage. Des lévites, en tuniques blanches, balancent l'encensoir devant le Très-Haut. Alors des chants s'élèvent le long des lignes saintes : le bruit des cloches et le roulement des canons annoncent que le Tout-Puissant a franchi le seuil de son temple. Par intervalles, les voix et les instruments se taisent, et un silence aussi majestueux que celui des *grandes mers*[1] dans un jour de calme, règne parmi cette multitude recueillie : on n'entend plus que ses pas mesurés sur les pavés retentissants.

Mais où va-t-il, ce Dieu redoutable dont les puissances de la terre proclament ainsi la majesté ? Il va se reposer sous des tentes de lin, sous des arches de feuillages, qui lui présentent, comme au jour de l'ancienne alliance, des temples innocents et des retraites champêtres. Les humbles de cœur, les pauvres, les enfants le précèdent ; les juges, les guerriers, les potentats le suivent. Il marche entre la simplicité et la grandeur, comme en ce mois qu'il a choisi pour sa fête, et il se montre aux hommes entre la saison des fleurs et celle des foudres.

Les fenêtres et les murs de la cité sont bordés d'habitants dont le cœur s'épanouit à cette fête du Dieu de la patrie : le nouveau-né tend les bras au Jésus de la montagne, et le vieillard, penché vers la tombe, se sent tout à coup délivré de ses craintes; il ne sait quelle assurance de vie le remplit de joie à la vue du Dieu vivant.

Les solennités du christianisme sont coordonnées d'une manière admirable aux scènes de la nature. La fête du Créateur arrive au moment où la terre et le ciel déclarent sa puissance, où les bois et les champs fourmillent de généra-

---

[1] *Bibl. Sacra.*

tions nouvelles : tout est uni par les plus doux liens; il n'y a pas une seule plante veuve dans les campagnes.

La chute des feuilles, au contraire, amène la fête des Morts pour l'homme, qui tombe comme les feuilles des bois.

Au printemps, l'Église déploie dans nos hameaux une autre pompe. La Fête-Dieu convient aux splendeurs des cours, les Rogations aux naïvetés du village. L'homme rustique sent avec joie son âme s'ouvrir aux influences de la religion, et sa glèbe aux rosées du ciel : heureux celui qui portera des moissons utiles, et dont le cœur humble s'inclinera sous ses propres vertus, comme le chaume sous le grain dont il est chargé !

CHAPITRE VIII.

LES ROGATIONS.

Les cloches du hameau se font entendre, les villageois quittent leurs travaux: le vigneron descend de la colline, le laboureur accourt de la plaine, le bûcheron sort de la forêt ; les mères, fermant leurs cabanes, arrivent avec leurs enfants, et les jeunes filles laissent leurs fuseaux, leurs brebis et les fontaines pour assister à la fête.

On s'assemble dans le cimetière de la paroisse, sur les tombes verdoyantes des aïeux. Bientôt on voit paraître tout le clergé destiné à la cérémonie : c'est un vieux pasteur qui n'est connu que sous le nom de *curé;* et ce nom vénérable, dans lequel est venu se perdre le sien, indique moins le ministre du temple que le père laborieux du troupeau. Il sort de sa retraite, bâtie auprès de la demeure des morts, dont il surveille la cendre. Il est établi dans son presbytère, comme une garde avancée aux frontières de la vie, pour recevoir ceux qui entrent et ceux qui sortent de ce royaume des douleurs. Un puits, des peupliers, une vigne autour de sa fenêtre, quelques colombes, composent l'héritage de ce roi des sacrifices.

Cependant l'apôtre de l'Évangile, revêtu d'un simple surplis, assemble ses ouailles devant la grande porte de l'église ; il leur fait un discours, fort beau sans doute, à en juger par les larmes de l'assistance. On lui entend souvent répéter : *Mes enfants, mes chers enfants;* et c'est là tout le secret de l'éloquence du Chrysostôme champêtre.

Après l'exhortation, l'assemblée commence à marcher en chantant : « *Vous sortirez avec plaisir, et vous serez reçu avec joie; les collines bondiront et vous entendront avec joie.* » L'étendard des saints, antique bannière des temps chevaleresques, ouvre la carrière au troupeau, qui suit pêle-mêle avec son pasteur. On entre dans des chemins ombragés et coupés profondément par la roue des chars rustiques ; on franchit de hautes barrières formées d'un seul tronc de chêne; on voyage le long d'une haie d'aubépine où bourdonne l'abeille, et où sifflent les bouvreuils et les merles. Les arbres sont couverts de leurs fleurs ou parés d'un naissant feuillage. Les bois, les vallons, les rivières, les rochers entendent tour à tour les hymnes des laboureurs. Étonnés de ces cantiques, les hôtes des champs sortent des blés nouveaux, et s'arrêtent à quelque distance, pour voir passer la pompe villageoise.

La procession rentre enfin au hameau. Chacun retourne à son ouvrage : la religion n'a pas voulu que le jour où l'on demande à Dieu les biens de la terre fût un jour d'oisiveté. Avec quelle espérance on enfonce le soc dans le sillon, après avoir imploré celui qui dirige le soleil et qui garde dans ses *trésors* les vents du midi et les tièdes ondées ! Pour bien achever un jour si saintement commencé, les anciens du village viennent, à l'entrée de la nuit, converser avec le curé, qui prend son repas du soir sous les peupliers de sa cour. La lune répand alors les dernières harmonies sur cette fête, que ramènent chaque année le mois le plus doux et le cours de l'astre le plus mystérieux. On croit entendre de toutes parts les blés germer dans la terre, et les plantes croître et se développer : des voix inconnues s'élèvent dans le silence des bois, comme le chœur des anges champêtres dont on a imploré le secours : et les soupirs du rossignol parviennent à l'oreille des vieillards assis non loin des tombeaux (43).

CHAPITRE IX.

DE QUELQUES FÊTES CHRÉTIENNES.

LES ROIS, NOEL, ETC.

Ceux qui n'ont jamais reporté leurs cœurs vers ces temps de foi, où un acte de religion était une fête de famille, et qui méprisent des plaisirs qui n'ont pour eux que leur innocence ; ceux là, sans mentir, sont bien à plaindre. Du moins, en nous privant de ces simples amusements, nous donneront-ils quelque chose ? Hélas ! ils l'ont essayé. La Convention eut ses jours sacrés : alors la famine était appelée *sainte*, et l'*Hosannah* était changé dans le cri de *vive la mort !* Chose étrange ! des hommes puissants, parlant au nom de l'égalité et des passions, n'ont jamais pu fonder une fête ; et le saint le plus obscur, qui n'avait jamais prêché que pauvreté, obéissance, renoncement aux biens de la terre, avait sa solennité au moment même où la pratique de son culte exposait la vie. Apprenons par là que toute fête qui se rallie à la religion et à la mémoire des bienfaits est la seule qui soit durable. Il ne suffit pas de dire aux hommes : *Réjouissez-vous*, pour qu'ils se réjouissent : on ne crée pas des jours de plaisir comme des jours de deuil, et l'on ne commande pas les ris aussi facilement qu'on peut faire couler les larmes.

Tandis que la statue de Marat remplaçait celle de saint Vincent de Paul ; tandis qu'on célébrait ces pompes dont les anniversaires seront marqués dans nos fastes comme des jours d'éternelle douleur, quelque pieuse famille chômait en secret une fête chrétienne, et la religion mêlait encore un peu de joie à tant de tristesse. Les cœurs simples ne se rappellent point sans attendrissement ces heures d'épanchement où les familles se rassemblaient autour des gâteaux qui retraçaient les présents des Mages. L'aïeul, retiré pendant le reste de l'année au fond de son appartement, reparaissait dans ce jour comme la divinité du foyer paternel. Ses petits-enfants, qui depuis longtemps ne rêvaient que la fête attendue, entouraient ses genoux, et le rajeunissaient de leur jeunesse. Les fronts respiraient la gaieté, les cœurs étaient épanouis : la salle du festin était merveilleusement décorée, et chacun prenait un vêtement nouveau. Au choc des verres, aux éclats de la joie, on tirait au sort ces royautés qui ne coûtaient ni soupirs ni larmes : on se passait ces sceptres, qui ne pesaient point dans la main de celui qui les portait. Souvent une fraude, qui redoublait l'allégresse des sujets, et n'excitait que les plaintes de la souveraine, faisait tomber la fortune à la fille du lieu et au fils du voisin, dernièrement arrivé de l'armée. Les jeunes gens rougissaient, embarrassés qu'ils étaient de leur couronne; les mères souriaient, et l'aïeul vidait sa coupe à la nouvelle reine.

Or, le curé, présent à la fête, recevait, pour la distribuer avec d'autres secours, cette première part, appelée *la part des pauvres*. Des jeux de l'ancien temps, un bal dont quelque vieux serviteur était le premier musicien, prolongeaient les plaisirs; et la maison entière, nourrices, fermiers, domestiques et maîtres, dansaient ensemble la ronde antique.

Ces scènes se répétaient dans toute la chrétienté; depuis le palais jusqu'à la chaumière, il n'y avait point de laboureur qui ne trouvât moyen d'accomplir, ce jour-là, le souhait du Béarnais. Et quelle succession de jours heureux ! Noël, le premier jour de l'An, la fête des Mages, les plaisirs qui précèdent la pénitence ! En ces temps-là les fermiers renouvelaient leur bail, les ouvriers recevaient leur paiement : c'était le moment des mariages, des présents, des charités, des visites : le client voyait le juge, le juge le client : les corps de métiers, les confréries, les prévôtés, les cours de justice, les universités, les mairies, s'assemblaient selon des usages gaulois et de vieilles cérémonies; l'infirme et le pauvre étaient soulagés. L'obligation où l'on était de recevoir son voisin à cette époque faisait qu'on vivait bien avec lui le reste de l'année, et par ce moyen la paix et l'union régnaient dans la société.

On ne peut douter que ces institutions ne servissent puissamment au maintien des mœurs, en entretenant la cordialité et l'amour entre les parents. Nous sommes déjà bien loin de ces temps où une femme, à la mort de son mari, venait trouver son fils aîné, lui remettait les clefs, et lui rendait les comptes de la maison comme au chef de la famille. Nous n'avons plus cette haute idée de la dignité de l'homme, que nous inspirait le christianisme. Les mères et les enfants aiment mieux tout devoir aux articles d'un contrat, que de se fier aux sentiments de la nature, et la loi est mise partout à la place des mœurs.

Ces fêtes chrétiennes avaient d'autant plus de charmes, qu'elles existaient de toute antiquité, et l'on trouvait avec plaisir, en remontant dans le passé, que nos aïeux s'étaient réjouis à la même époque que nous. Ces fêtes étant d'ailleurs très-multipliées, il en résultait encore que, malgré les chagrins de la vie, la religion avait trouvé moyen de donner de race en race, à des millions d'infortunés, quelques moments de bonheur.

Dans la nuit de la naissance du Messie, les troupes d'enfants qui adoraient la crèche, les églises illuminées et parées de fleurs, le peuple qui se pressait autour du berceau de son Dieu, les chrétiens qui, dans une chapelle retirée, faisaient leur paix avec le ciel, les *alleluia* joyeux, le bruit de l'orgue et des cloches, offraient une pompe pleine d'innocence et de majesté.

Immédiatement après le dernier jour de folie, trop souvent marqué par nos excès, venait la cérémonie des Cendres, comme la mort le lendemain des plaisirs. « *O homme !* disait le prêtre, *souviens-toi que tu es poussière, et que tu retourneras en poussière.* » L'officier qui se tenait auprès des rois de Perse pour leur rappeler qu'ils étaient mortels, ou le soldat romain qui abaissait l'orgueil du triomphateur, ne donnait pas de plus puissantes leçons.

Un volume ne suffirait pas pour peindre en détail les seules cérémonies de la Semaine-Sainte ; on sait de quelle magnificence elles étaient dans la capitale du monde chrétien : aussi nous n'entreprendrons point de les décrire. Nous laissons aux peintres et aux poëtes le soin de représenter dignement ce clergé en deuil, ces autels, ces temples voilés, cette musique sublime, ces voix célestes chantant les douleurs de Jérémie, cette Passion mêlée d'incompréhensibles mystères, ce saint sépulcre environné d'un peuple abattu, ce pontife lavant les pieds des pauvres, ces ténèbres, ces silences entrecoupés de bruits formidables, ce cri de victoire échappé tout à coup du tombeau, enfin ce Dieu qui ouvre la route du ciel aux âmes délivrées, et laisse aux chrétiens sur la terre, avec une religion divine, d'intarissables espérances.

CHAPITRE X.

FUNÉRAILLES.

POMPES FUNÈBRES DES GRANDS.

Si l'on se rappelle ce que nous avons dit dans la première partie de cet ouvrage, sur le dernier sacrement des chrétiens, on conviendra d'abord qu'il y a dans cette seule cérémonie plus de véritables beautés que dans tout ce que nous connaissons du culte des morts chez les anciens. Encore la religion chrétienne, n'envisageant dans l'homme que ses fins divines, a multiplié les honneurs autour du tombeau ; elle a varié les pompes funèbres selon le rang et les destinées de la victime. Par ce moyen, elle a rendu plus douce à chacun cette dure, mais salutaire pensée de la mort, dont elle s'est plu à nourrir notre âme; ainsi la colombe amollit dans son bec le froment qu'elle présente à ses petits.

La religion a-t-elle à s'occuper des funérailles de quelque puissance de la terre, ne craignez pas qu'elle manque de grandeur. Plus l'objet pleuré aura été malheureux, plus elle étalera de pompe autour de son cercueil, plus ses leçons seront éloquentes : elle seule pourra mesurer la hauteur et la chute, et dire ces sommets et ces abîmes, d'où tombent et où disparaissent les rois.

Quand donc l'urne des douleurs a été ouverte, et qu'elle s'est remplie des larmes des monarques et des reines; quand de grandes cendres et de grands malheurs ont englouti leurs doubles vanités dans un étroit cercueil, la religion assemble les fidèles dans quelque temple. Les voûtes de l'église, les autels, les colonnes, les saints se retirent sous des voiles funèbres. Au milieu de la nef s'élève un cercueil environné de flambeaux. La messe des funérailles s'est célébrée aux pieds de celui qui n'est point né et qui ne mourra point : maintenant tout est muet. Debout dans la chaire de vérité, un prêtre seul, vêtu de blanc au milieu du deuil général, le front chauve, la figure pâle, les yeux fermés, les mains croisées sur la poitrine, est recueilli dans les profondeurs de Dieu; tout à coup ses yeux s'ouvrent, ses mains se déploient et ces mots tombent de ses lèvres :

« Celui qui règne dans les cieux, et de qui relèvent tous les empires, à qui seul appartient la gloire, la majesté et l'indépendance, est aussi le seul qui se glorifie de faire la loi aux rois, et de leur donner, quand il lui plaît, de grandes et de terribles leçons : soit qu'il élève les trônes, soit qu'il les abaisse, soit qu'il communique sa puissance aux princes, soit qu'il la retire à lui-même, et ne leur laisse que leur propre faiblesse, il leur apprend leurs devoirs d'une manière souveraine et digne de lui [1]....

« Chrétiens, que la mémoire d'une grande reine, fille, femme, mère des rois si puissants et souveraine de trois royaumes, appelle à cette triste cérémonie, ce discours vous fera paraître un de ces exemples redoutables qui étalent aux yeux sa vanité tout entière. Vous verrez dans une seule vie toutes les extrémités des choses humaines : la félicité sans borne aussi bien que les misères; une longue et pénible jouissance d'une des plus nobles couronnes de l'univers; tout ce que peuvent donner de plus glorieux la naissance et la grandeur accumulées sur une tête qui ensuite est exposée à tous les outrages de la fortune; la rébellion, longtemps retenue, à la fin tout à fait maîtresse; nul frein à la licence; les lois abolies; la majesté violée par des attentats jusqu'alors inconnus, un trône indignement renversé... voilà les enseignements que Dieu donne aux rois. »

Souvenirs d'un grand siècle, d'une princesse infortunée et d'une révolution mémorable, oh! combien la religion vous a rendus touchants et sublimes en vous transmettant à la postérité!

CHAPITRE XI.

FUNÉRAILLES DU GUERRIER, CONVOIS DES RICHES, COUTUMES, ETC.

Une noble simplicité présidait aux obsèques du guerrier chrétien. Lorsqu'on croyait encore à quelque chose, on aimait à voir un aumônier dans une tente ouverte, près d'un champ de bataille, célébrer une messe des morts sur un autel formé de tambours. C'était un assez beau spectacle de voir le Dieu des armées descendre, à la voix d'un prêtre, sur les tentes d'un camp français, tandis que de vieux soldats, qui avaient tant de fois bravé la mort, tombaient devant un cercueil, un autel et un ministre de paix. Aux roulements des tambours drapés, aux salves interrompues du canon, des grenadiers portaient le corps de leur vaillant capitaine à la tombe qu'ils avaient creusée pour lui avec leurs baïonnettes. Au sortir de ces funérailles on n'allait point courir pour des trépieds, pour de doubles coupes, pour des peaux de lion aux ongles d'or, mais

[1] BOSSUET. *Orais. fun. de la reine de la Gr. Bret.*

on s'empressait de chercher, au milieu des combats, des jeux funèbres et une arène plus glorieuse ; et, si l'on n'immolait point une génisse aux mânes du héros, du moins on répandait en son honneur un sang moins stérile, celui des ennemis de la patrie.

Parlerons-nous de ces enterrements faits à la lueur des flambeaux dans nos villes, de ces chapelles ardentes, de ces chars tendus de noir, de ces chevaux parés de plumes et de draperies, de ce silence interrompu par les versets de l'hymne de la colère, *Dies iræ?*

La religion conduisait à ces convois des grands, de pauvres orphelins sous la livrée pareille de l'infortune : par là elle faisait sentir à des enfants qui n'avaient point de père quelque chose de la piété filiale ; elle montrait en même temps à l'extrême misère ce que c'est que des biens qui viennent se perdre au cercueil, et elle enseignait au riche qu'il n'y a point de plus puissante médiation auprès de Dieu que celle de l'innocence et de l'adversité.

Un usage particulier avait lieu au décès des prêtres : on les enterrait le visage découvert : le peuple croyait lire sur les traits de son pasteur l'arrêt du souverain Juge, et reconnaître les joies du prédestiné à travers l'ombre d'une sainte mort, comme dans les voiles d'une nuit pure on découvre les splendeurs du ciel.

La même coutume s'observait dans les couvents. Nous avons vu une jeune religieuse ainsi couchée dans sa bière. Son front se confondait par sa pâleur avec le bandeau de lin dont il était à demi couvert, une couronne de roses blanches était sur sa tête, et un flambeau brûlait entre ses mains : les grâces et la paix du cœur ne sauvent point de la mort, et l'on voit se faner les lis, malgré la candeur de leur sein et la tranquillité des vallées qu'ils habitent.

Au reste, la simplicité des funérailles était réservée au nourricier, comme au défenseur de la patrie. Quatre villageois, précédés du curé, transportaient sur leurs épaules l'homme des champs au tombeau de ses pères. Si quelques laboureurs rencontraient le convoi dans les campagnes, ils suspendaient leurs travaux, découvraient leurs têtes, et honoraient d'un signe de croix leur compagnon décédé. On voyait de loin ce mort rustique voyager au milieu des blés jaunissants, qu'il avait peut-être semés. Le cercueil, couvert d'un drap mortuaire, se balançait comme un pavot noir au-dessus des froments d'or et des fleurs de pourpre et d'azur. Des enfants, une veuve éplorée, formaient tout le cortége. En passant devant *la croix du chemin*, ou *la sainte du rocher*, on se délassait un moment : on posait la bière sur la borne d'un héritage, on invoquait la *Notre-Dame* champêtre, au pied de laquelle le laboureur décédé avait tant de fois prié pour une bonne mort, ou pour une récolte abondante. C'était là qu'il mettait ses bœufs à l'ombre au milieu du jour ; c'était là qu'il prenait son repas de lait et de pain bis, au chant des cigales et des alouettes. Que bien différent d'alors il s'y repose aujourd'hui ! Mais du moins les sillons ne seront plus arrosés de ses sueurs ; du moins son sein paternel a perdu ses sollicitudes ; et, par ce même chemin, où les jours de fête, il se rendait à l'église, il marche maintenant au tombeau, entre les touchants monuments de sa vie, des enfants vertueux et d'innocentes moissons.

CHAPITRE XII.

DES PRIÈRES POUR LES MORTS.

Chez les anciens, le cadavre du pauvre ou de l'esclave était abandonné presque sans honneurs ; parmi nous, le ministre des autels est obligé de veiller au cercueil du villageois comme au catafalque du monarque. L'indigent de l'Évangile, en exhalant son dernier soupir, devient soudain (chose sublime !) un être auguste et sacré. A peine le mendiant qui languissait à nos portes, objet de nos dégoûts et de nos mépris, a-t-il quitté cette vie, que la religion nous force à nous incliner devant lui. Elle nous appelle à une égalité formidable, ou plutôt elle nous commande de respecter un juste racheté du sang de Jésus-Christ, et qui, d'une condition obscure et misérable, vient de monter à un trône céleste : c'est ainsi que le grand nom de chrétien met tout de niveau dans la mort ; et l'orgueil du plus puissant potentat ne peut arracher à la religion d'autre prière que celle-là même qu'elle offre pour le dernier manant de la cité.

Mais qu'elles sont admirables ces prières ! Tantôt ce sont des cris de douleur, tantôt des cris d'espérance : le mort se plaint, se réjouit, tremble, se rassure, gémit et supplie.

Exibit spiritus ejus, etc.

« Le jour qu'ils ont rendu l'esprit, ils retournent à leur terre originelle, et toutes leurs vaines pensées périssent [1]. »

Delicta juventutis meæ, etc.

« O mon Dieu, ne vous souvenez ni des fautes de ma jeunesse, ni de mes ignorances [2] ! »

Les plaintes du roi-prophète sont entrecoupées par les soupirs du saint Arabe.

« O Dieu, cessez de m'affliger, puisque mes jours ne sont que néant ! Qu'est-ce que l'homme pour mériter tant d'égards, et pour que vous y attachiez votre cœur ?..

« Lorsque vous me chercherez le matin, vous ne me trouverez plus [3].

« La vie m'est ennuyeuse ; je m'abandonne aux plaintes et aux regrets... Seigneur, vos jours sont-ils comme les jours des mortels, et vos années éternelles comme les années passagères de l'homme [4] ?

« Pourquoi, Seigneur, détournez-vous votre visage, et me traitez-vous comme votre ennemi ? Devez-vous employer toute votre puissance contre une feuille que le vent emporte, et poursuivre une feuille séchée [5] ?

« L'homme né de la femme vit peu de temps, il est rempli de beaucoup de misère ; il fuit comme une ombre qui ne demeure jamais dans le même état.

« Mes années coulent avec rapidité, et je marche par une voie par laquelle je ne reviendrai jamais [6].

---

[1] *Office des Morts*, ps. CLIV. — [2] *Office des Morts*, ps. XXIV. — [3] *Ibid.*, 1re leçon. — [4] *Ibid.*, IIe leçon. — [5] *Ibid.*, IVe leçon. — [6] *Ibid.*, VIIe leçon.

« Mes jours sont passés, toutes mes pensées sont évanouies, les espérances de mon cœur dissipées... Je dis au sépulcre : Vous serez mon père ; et aux vers : Vous serez ma mère et mes sœurs. »

De temps en temps le dialogue du prêtre et du chœur interrompt la suite des cantiques.

LE PRÊTRE. « Mes jours se sont évanouis comme la fumée ; mes os sont tombés en poudre. »

LE CHOEUR. « Mes jours ont décliné comme l'ombre. »

LE PRÊTRE. « Qu'est-ce que la vie ? Une petite vapeur. »

LE CHOEUR. « Mes jours ont décliné comme l'ombre. »

LE PRÊTRE. « Les morts sont endormis dans la poudre. »

LE CHOEUR. « Ils se réveilleront, les uns dans l'éternelle gloire, les autres dans l'opprobre, pour y demeurer à jamais. »

LE PRÊTRE. « Ils ressusciteront tous, mais non pas tous comme ils étaient. »

LE CHOEUR. « Ils se réveilleront. »

A la Communion de la messe, le prêtre dit :

« Heureux ceux qui meurent dans le Seigneur ; ils se reposent dès à présent de leurs travaux, car leurs bonnes œuvres les suivent. »

Au lever du cercueil, on entonne le psaume des douleurs et des espérances. « Seigneur, je crie vers vous du fond de l'abîme ; que mes cris parviennent jusqu'à vous. »

En portant le corps, on recommence le dialogue : *Qui dormiunt;* « Ils dorment dans la poudre ; — ils se réveilleront. »

Si c'est pour un prêtre, on ajoute : « Une victime a été immolée avec joie dans le tabernacle du Seigneur. »

En descendant le cercueil dans la fosse : « Nous rendons la terre à la terre, la cendre à la cendre, la poudre à la poudre. »

Enfin, au moment où l'on jette la terre sur la bière, le prêtre s'écrie, dans les paroles de l'Apocalypse : *Une voix d'en haut fut entendue qui disait : Bienheureux sont les morts!*

Et cependant ces superbes prières n'étaient pas les seules que l'Église offrît pour les trépassés : de même qu'elle avait des voiles sans tache et des couronnes de fleurs pour le cercueil de l'enfant, de même elle avait des oraisons analogues à l'âge et au sexe de la victime. Si quatre vierges, vêtues de lin et parées de feuillages, apportaient la dépouille d'une de leurs compagnes dans une nef tendue de rideaux blancs, le prêtre récitait à haute voix, sur cette jeune cendre, une hymne à la virginité. Tantôt c'était l'*Ave, maris stella*, cantique où il règne une grande fraîcheur, et où l'heure de la mort est représentée comme l'accomplissement de l'espérance ; tantôt c'étaient des images tendres et poétiques, empruntées de l'Écriture : *Elle a passé comme l'herbe des champs ; ce matin elle fleurissait dans toute sa grâce, le soir nous l'avons vue séchée.* N'est-ce pas là la fleur *qui languit touchée par le tranchant de la charrue ; le pavot qui penche sa tête abattue par une pluie d'orage ?* PLUVIA CUM FORTE GRAVANTUR.

Et quelle oraison funèbre le pasteur prononçait-il sur l'enfant décédé, dont une mère en pleurs lui présentait le petit cercueil ? Il entonnait l'hymne que les trois enfants hébreux chantaient dans la fournaise, et que l'Église répète le dimanche au lever du jour : *Que tout bénisse les œuvres du Seigneur!* La religion bénit Dieu d'avoir couronné l'enfant par la mort, d'avoir délivré ce jeune ange des chagrins de la vie. Elle invite la nature à se réjouir autour du tombeau de l'innocence : ce ne sont point des cris de douleur, ce sont des cris d'allégresse qu'elle fait entendre. C'est dans le même esprit qu'elle chante encore le *Laudate, pueri, Dominum,* qui finit par cette strophe : *Qui habitare facit sterilem in domo : matrem filiorum lætantem.* « Le Seigneur qui rend féconde une maison stérile, et qui fait que la mère se réjouit dans ses fils. » Quel cantique pour des parents affligés! L'Église leur montre l'enfant qu'ils viennent de perdre vivant au bienheureux séjour, et leur promet d'autres enfants sur la terre!

Enfin, non satisfaite d'avoir donné cette attention à chaque cercueil, la religion a couronné les choses de l'autre vie par une cérémonie générale, où elle réunit la mémoire des innombrables habitants du sépulcre (44); vaste communauté de morts, où le grand est couché auprès du petit; république de parfaite égalité, où l'on n'entre point sans ôter son casque ou sa couronne, pour passer par la porte abaissée du tombeau. Dans ce jour solennel où l'on célèbre les funérailles de la famille entière d'Adam, l'âme mêle ses tribulations pour les anciens morts, aux peines qu'elle ressent pour ses amis nouvellement perdus. Le chagrin prend, par cette union, quelque chose de souverainement beau, comme une moderne douleur prend le caractère antique, quand celui qui l'exprime a nourri son génie des vieilles tragédies d'Homère. La religion seule était capable d'élargir assez le cœur de l'homme pour qu'il pût contenir des soupirs et des amours égaux en nombre à la multitude des morts qu'il avait à honorer.

LIVRE SECOND.

Tombeaux.

CHAPITRE PREMIER.

TOMBEAUX ANTIQUES.

L'ÉGYPTE.

Les derniers devoirs qu'on rend aux hommes seraient bien tristes s'ils étaient dépouillés des signes de la religion. La religion a pris naissance aux tombeaux, et les tombeaux ne peuvent se passer d'elle : il est beau que le cri de l'espérance s'élève du fond du cercueil, et que le prêtre du Dieu vivant escorte au monument la cendre de l'homme; c'est en quelque sorte l'immortalité qui marche à la tête de la mort.

Des funérailles nous passons aux tombeaux, qui tiennent une si grande place dans l'histoire des hommes. Afin de mieux apprécier le culte dont on les honore chez les chrétiens, voyons dans quel état ils ont subsisté chez les peuples idolâtres.

Il existe un pays sur la terre qui doit une partie de sa célébrité à ses tombeaux. Deux fois attirés par la beauté des ruines et des souvenirs, les Français ont tourné leurs pas vers cette contrée : ce peuple de saint Louis est travaillé intérieurement d'une certaine grandeur qui le force à se mêler, dans tous les coins du globe, aux choses grandes comme lui-même. Cependant est-il certain que des momies soient des objets fort dignes de notre curiosité? On dirait que l'ancienne Égypte ait craint que la postérité ignorât un jour ce que c'était que la mort, et qu'elle ait voulu, à travers les temps, lui faire parvenir des échantillons de cadavres.

Vous ne pouvez faire un pas dans cette terre sans rencontrer un monument. Voyez-vous un obélisque, c'est un tombeau ; les débris d'une colonne, c'est un tombeau ; une cave souterraine, c'est encore un tombeau. Et lorsque la lune, se levant derrière la grande pyramide, vient apparaître sur le sommet de ce sépulcre immense, vous croyez apercevoir le phare même de la mort, et errer véritablement sur le rivage où jadis le nautonnier des enfers passait les ombres.

CHAPITRE II.

LES GRECS ET LES ROMAINS.

Chez les Grecs et les Romains, les morts ordinaires reposaient à l'entrée des villes, le long des chemins publics, apparemment parce que les tombeaux sont les vrais monuments du voyageur. On ensevelissait souvent les morts fameux au bord de la mer.

Ces espèces de signaux funèbres, qui annonçaient de loin le rivage et l'écueil au navigateur, étaient pour lui, sans doute, un sujet de réflexions bien sérieuses. Oh! que la mer devait lui paraître un élément sûr et fidèle auprès de cette terre où l'orage avait brisé tant de hautes fortunes, englouti tant d'illustres vies! Près de la cité d'Alexandre on aperçoit le petit monceau de sable élevé par la piété d'un affranchi et d'un vieux soldat aux mânes du grand Pompée ; non loin des ruines de Carthage, on découvrait sur un rocher la statue armée consacrée à la mémoire de Caton ; sur les côtes de l'Italie, le mausolée de Scipion marquait le lieu où ce grand homme mourut dans l'exil ; et la tombe de Cicéron indiquait la place où le père de la patrie fut indignement massacré.

Mais, tandis que la fatale Rome érigeait sur le rivage de la mer ces témoignages de son injustice, la Grèce, consolant l'humanité, plaçait au bord des mêmes flots de plus riants souvenirs. Les disciples de Platon et de Pythagore, en voguant sur la terre d'Égypte, où ils allaient s'instruire touchant les dieux, passaient devant l'île d'Io, à la vue du tombeau d'Homère. Il était naturel que le chantre d'Achille reposât sous la protection de Thétis ; on pouvait supposer que l'ombre du poëte se plaisait à raconter les malheurs d'Ilion aux Néréides, ou que, dans les douces nuits de l'Ionie, elle disputait aux Sirènes le prix des concerts.

CHAPITRE III.

TOMBEAUX MODERNES.

LA CHINE ET LA TURQUIE.

Les Chinois ont une coutume touchante; ils enterrent leurs proches dans leurs jardins. Il est assez doux d'entendre dans les bois la voix des ombres de ses pères, et d'avoir toujours quelques souvenirs au désert.

A l'autre extrémité de l'Asie, les Turcs ont à peu près le même usage. Le détroit des Dardanelles présente un spectacle bien philosophique : d'un côté s'élèvent les promontoires de l'Europe avec toutes ses ruines ; de l'autre les côtes de l'Asie, bordées de cimetières islamistes. Que de mœurs diverses ont animé ces rivages ! Que de peuples y sont ensevelis, depuis les jours où la lyre d'Orphée y rassembla des sauvages jusqu'aux jours qui ont rendu ces contrées à la barbarie ! Pélasges, Hellènes, Grecs, Méoniens, peuples d'Ilus, de Sarpédon, d'Énée, habitants de l'Ida, du Tmolus, du Méandre et du Pactole, sujets de Mithridate, esclaves des Césars romains, Vandales, hordes de Goths, de Huns, de Francs, d'Arabes, vous avez tous, sur ces bords, étalé le culte des tombeaux, et en cela seul vos mœurs ont été pareilles. La mort, se jouant à son gré des choses et des destinées humaines, a prêté le catafalque d'un empereur romain à la dépouille d'un Tartare, et, dans le tombeau d'un Platon, logé les cendres d'un Mollah.

CHAPITRE IV.

LA CALÉDONIE OU L'ANCIENNE ÉCOSSE.

Quatre pierres couvertes de mousse marquent, sur les bruyères de la Calédonie, la tombe des guerriers de Fingal. Oscar et Malvina ont passé, mais rien n'est changé dans leur solitaire patrie. Le montagnard écossais se plaît encore à redire les chants de ses ancêtres; il est encore brave, sensible, généreux; ses mœurs modernes sont comme le souvenir de ses mœurs antiques : ce n'est plus, qu'on nous pardonne l'image, ce n'est plus la main du barde même qu'on entend sur la harpe : c'est ce frémissement des cordes produit par le toucher d'une ombre, lorsque, la nuit, dans une salle déserte, elle annonçait la mort d'un héros.

Carril accompanied his voice. The music was like the memory of joys that are past, pleasant, and mournful to the soul. The ghosts of departed bards heard it from Slimora's side, soft sounds spread along the wood, and tye silent valley of night rejoice. So when he sits, in the silence of noon, in the valley of his breeze, the humming of the montain's bee comes to Ossian's ear : the gale drowns it often in its course; but the pleasant sound returns again. « Carril accompagnait sa voix. Leur musique, pleine de douceur et de tristesse, ressemblait au souvenir des joies qui ne sont plus. Les ombres des bardes décédés l'entendirent sur les flancs de Slimora. De faibles sons se prolongèrent le long des bois, et les vallées silencieuses de la nuit se réjouirent. Ainsi, pendant le silence du midi, lorsque Ossian est assis dans la vallée de ses brises, le murmure de l'abeille de la montagne parvient à son oreille; souvent le zéphyr, dans sa course, emporte [1] le son léger, mais bientôt il revient encore. »

L'homme, ici-bas, ressemble à l'aveugle Ossian, assis sur les tombeaux des rois de Morven : quelque part qu'il étende sa main dans l'ombre, il touche les cendres de ses pères.

CHAPITRE V.

OTAÏTI.

Lorsque les navigateurs pénétrèrent pour la première fois dans l'océan Pacifique, ils virent se dérouler au loin des flots que caressent éternellement des brises embaumées. Bientôt, du sein de l'immensité, s'élevèrent des îles inconnues. Des bosquets de palmiers, mêlés de grands arbres, qu'on eût pris pour de hautes fougères, couvraient les côtes, et descendaient jusqu'au bord de la mer en amphithéâtre : les cimes bleues des montagnes couronnaient majestueusement ces forêts. Ces îles, environnées d'un cercle de coraux, semblaient se balancer comme des vaisseaux à l'ancre dans un port, au milieu des eaux les plus tranquilles : l'ingénieuse antiquité aurait cru que Vénus avait noué sa ceinture autour de ces nouvelles Cythères pour les défendre des orages.

Sous ces ombrages ignorés, la nature avait placé un peuple beau comme le ciel qui l'avait vu naître : les Otaïtiens portaient pour vêtement une draperie d'écorce de figuier; ils habitaient sous des toits de feuilles de mûrier, soutenus par des piliers de bois odorants, et ils faisaient voler sur les ondes de doubles canots aux voiles de jonc, aux banderoles de fleurs et de plumes. Il y avait des danses et des sociétés consacrées aux plaisirs; les chansons et les drames de l'amour n'étaient point inconnus sur ces bords. Tout s'y ressentait de la mollesse de la vie, et un jour plein de calme, et une nuit dont rien ne troublait le silence. Se coucher près des ruisseaux, disputer de paresse avec leurs ondes, marcher avec des chapeaux et des manteaux de feuillages, c'était toute l'existence des tranquilles Sauvages d'Otaïti. Les soins qui, chez les autres hommes, occupent leurs pénibles journées, étaient ignorés de ces insulaires; en errant à travers les bois, ils trouvaient le lait et le pain suspendus aux branches des arbres.

Telle apparut Otaïti à Wallis, à Cook et à Bougainville. Mais, en approchant de ces rivages, ils distinguèrent quelques monuments des arts, qui se mariaient à ceux de la nature : c'étaient les poteaux des moraï. Vanité des plaisirs des hommes! Le premier pavillon qu'on découvre sur ces rives enchantées est celui de la mort, qui flotte au-dessus de toutes les félicités humaines.

Donc ne pensons pas que ces lieux où l'on ne trouve au premier coup d'œil qu'une vie insensée, soient étrangers à ces sentiments graves, nécessaires à tous les hommes. Les Otaïtiens, comme les autres peuples, ont des rites religieux et des cérémonies funèbres; ils ont surtout attaché une grande pensée de mystère à la mort. Lorsqu'on porte un esclave au moraï, tout le monde fuit

---

[1] *Drowns*, noie.

sur son passage; le maître de la pompe murmure alors quelques mots à l'oreille du décédé. Arrivé au lieu du repos, on ne descend point le corps dans la terre, mais on le suspend dans un berceau qu'on recouvre d'un canot renversé, symbole du naufrage de la vie. Quelquefois une femme vient gémir auprès du moraï; elle s'assied les pieds dans la mer, la tête baissée, et ses cheveux retombant sur son visage : les vagues accompagnent le chant de sa douleur, et sa voix monte vers le Tout-Puissant avec la voix du tombeau et celle de l'océan Pacifique.

CHAPITRE VI.

TOMBEAUX CHRÉTIENS.

En parlant du sépulcre dans notre religion, le ton s'élève et la voix se fortifie : on sent que c'est là le vrai tombeau de l'homme. Le monument de l'idolâtre ne vous entretient que du passé; celui du chrétien ne vous parle que de l'avenir. Le christianisme a toujours fait en tout le mieux possible; jamais il n'a eu de ces demi-conceptions, si fréquentes dans les autres cultes. Ainsi, par rapport aux sépulcres, négligeant les idées intermédiaires qui tiennent aux accidents et aux lieux, il s'est distingué des autres religions par une coutume sublime : il a placé la cendre des fidèles dans l'ombre des temples du Seigneur, et déposé les morts dans le sein du Dieu vivant.

Lycurgue n'avait pas craint d'établir les tombeaux au milieu de Lacédémone; il avait pensé, comme notre religion, que la cendre des pères, loin d'abréger les jours des fils, prolonge en effet leur existence, en leur enseignant la modération et la vertu, qui conduisent à une heureuse vieillesse. Les raisons humaines qu'on a opposées à ces raisons divines sont bien loin d'être convaincantes. Meurt-on moins en France que dans le reste de l'Europe, où les cimetières sont encore dans les villes?

Lorsque autrefois parmi nous on sépara les tombeaux des églises, le peuple, qui n'est pas si prudent que les beaux esprits; qui n'a pas les mêmes raisons de craindre le bout de la vie; le peuple s'opposa à l'abandon des antiques sépultures. Et qu'avaient en effet les modernes cimetières qui pût le disputer aux anciens? Où étaient leurs lierres, leurs ifs, leurs gazons nourris depuis tant de siècles des biens de la tombe? pouvaient-ils montrer les os sacrés des aïeux, le temple, la maison du médecin spirituel, enfin cet appareil de religion qui promettait, qui assurait même une renaissance très-prochaine? Au lieu de ces cimetières fréquentés, on nous assigna dans quelque faubourg un enclos solitaire abandonné des vivants et des souvenirs, et où la mort, privée de tout signe d'espérance, semblait devoir être éternelle.

Qu'on nous en croie : c'est lorsqu'on vient à toucher à ces bases fondamentales de l'édifice que les royaumes trop remués s'écroulent[1]. Encore si l'on s'était

---

[1] Les anciens auraient cru un État renversé si l'on eût violé l'asile des morts. On connaît les belles lois de l'Égypte sur les sépultures. Les lois de Solon séparaient le violateur des tombeaux de la communion du temple, et l'abandonnaient aux Furies. Les *Institutes* de JUSTINIEN règlent jusqu'au legs, l'héritage, la vente et le rachat d'un sépulcre, etc.

contenté de changer simplement le lieu des sépultures! mais non satisfait de cette première atteinte portée aux mœurs, on fouilla les cendres de nos pères, on enleva leurs restes, comme le manant enlève dans son tombereau les boues et les ordures de nos cités.

Il fut réservé à notre siècle de voir ce qu'on regardait comme le plus grand malheur chez les anciens, ce qui était le dernier supplice dont on punissait les scélérats, nous entendons la dispersion des cendres; de voir, disons-nous, cette dispersion applaudie comme le chef-d'œuvre de la philosophie. Et où était donc le crime de nos aïeux, pour traiter ainsi leurs restes, sinon d'avoir mis au jour des fils tels que nous? Mais écoutez la fin de tout ceci, et voyez l'énormité de la sagesse humaine : dans quelques villes de France, on bâtit des cachots sur l'emplacement des cimetières; on éleva les prisons des hommes sur le champ où Dieu avait décrété la fin de tout esclavage; on édifia des lieux de douleurs, pour remplacer les demeures où toutes les peines viennent finir; enfin, il ne resta qu'une ressemblance, à la vérité effroyable entre ces prisons et ces cimetières : c'est là que s'exercèrent les jugements iniques des hommes, là où Dieu avait prononcé les arrêts de son inviolable justice [1].

CHAPITRE VII.

CIMETIÈRES DE CAMPAGNE.

Les anciens n'ont point eu de lieux de sépulture plus agréables que nos cimetières de campagne : des prairies, des champs, des eaux, des bois, une riante perspective, mariaient leurs simples images avec les tombeaux des laboureurs. On aimait à voir le gros if qui ne végétait plus que par son écorce, les pommiers du presbytère, le haut gazon, les peupliers, l'ormeau des morts, et le buis, et les petites croix de consolation et de grâce. Au milieu des paisibles monuments, le temple villageois élevait sa tour surmontée de l'emblème rustique de la vigilance. On n'entendait dans ces lieux que le chant du rouge-gorge, et le bruit des brebis qui broutaient l'herbe de la tombe de leur ancien pasteur.

Les sentiers qui traversaient l'enclos bénit aboutissaient à l'église, ou à la maison du curé : ils étaient tracés par le pauvre et le pèlerin, qui allaient prier le Dieu des miracles, ou demander le pain de l'aumône à l'homme de l'Évangile : l'indifférent ou le riche ne passait point sur ces tombeaux.

[1] Nous passons sous silence les abominations commises pendant les jours révolutionnaires. Il n'y a point d'animal domestique qui, chez une nation étrangère un peu civilisée, ne fût inhumé avec plus de décence que le corps d'un citoyen français. On sait comment les enterrements s'exécutaient, et comment, pour quelques deniers, on faisait jeter un père, une mère ou une épouse à la voirie. Encore ces morts sacrés n'y étaient-ils pas en sûreté; car il y avait des hommes qui faisaient le métier de dérober le linceul, le cercueil, ou les cheveux du cadavre. Il ne faut rapporter toutes ces choses qu'à un conseil de Dieu; c'était une suite de la première violation sous la monarchie. Il est bien à désirer qu'on rende au cercueil les signes de religion dont on l'a privé, et surtout qu'on ne fasse plus garder les cimetières par des chiens. Tel est l'excès de la misère où l'homme tombe, quand il perd la vue de Dieu, que, n'osant plus se confier à l'homme, dont rien ne garantit la foi, il se voit réduit à placer ses cendres sous la protection des animaux.

On y lisait pour toute épitaphe : *Guillaume* ou *Paul, né en telle année, mort en telle autre.* Sur quelques-uns il n'y avait pas même de nom. Le laboureur chrétien repose oublié dans la mort, comme ces végétaux utiles au milieu desquels il a vécu : la nature ne grave pas le nom des chênes sur leurs troncs abattus dans les forêts.

Cependant, en errant un jour dans un cimetière de campagne, nous aperçûmes une épitaphe latine sur une pierre qui annonçait le tombeau d'un enfant. Surpris de cette magnificence, nous nous en approchâmes, pour connaître l'érudition du curé du village ; nous lûmes ces mots de l'Évangile :

« *Sinite parvulos venire ad me.* »

« Laissez les petits enfants venir à moi. »

Les cimetières de la Suisse sont quelquefois placés sur des rochers (45), d'où ils commandent les lacs, les précipices et les vallées. Le chamois et l'aigle y fixent leur demeure, et la mort croît sur ces sites escarpés, comme ces plantes alpines dont la racine est plongée dans des glaces éternelles. Après son trépas, le paysan de Glaris ou de Saint-Gall est transporté sur ces hauts lieux par son pasteur. Le convoi a pour pompe funèbre la pompe de la nature, et pour musique sur les croupes des Alpes ces airs bucoliques qui rappellent au Suisse exilé son père, sa mère, ses sœurs, et les bêlements des troupeaux de sa montagne.

L'Italie présente au voyageur ses catacombes, ou l'humble monument d'un martyr dans les jardins de Mécène et de Lucullus. L'Angleterre a ses morts vêtus de laine, et ses tombeaux semés de réséda. Dans ces cimetières d'Albion, nos yeux attendris ont quelquefois rencontré un nom français au milieu des épitaphes étrangères. Revenons aux tombeaux de la patrie.

CHAPITRE VIII.

TOMBEAUX DANS LES ÉGLISES.

Rappelez-vous un moment les vieux monastères, ou les cathédrales gothiques telles qu'elles existaient autrefois ; parcourez ces ailes du chœur, ces chapelles, ces nefs, ces cloîtres pavés par la mort, ces sanctuaires remplis de sépulcres. Dans ce labyrinthe de tombeaux, quels sont ceux qui vous frappent davantage? Sont-ce ces monuments modernes, chargés de figures allégoriques, qui écrasent de leurs marbres glacés des cendres moins glacées qu'elles? Vains simulacres qui semblent partager la double léthargie du cercueil où ils sont assis, et des cœurs mondains qui les ont fait élever! A peine y jetez-vous un coup d'œil : mais vous vous arrêtez devant ce tombeau poudreux, sur lequel est couchée la figure gothique de quelque évêque revêtu de ses habits pontificaux, les mains jointes, les yeux fermés ; vous vous arrêtez devant ce monument où un abbé soulevé sur le coude, et la tête appuyée sur la main, semble rêver à la mort. Le sommeil du prélat et l'attitude du prêtre ont quelque chose de mystérieux : le premier paraît profondément occupé de ce qu'il voit dans ces rêves de la tombe ; le second, comme un homme en voyage, n'a pas voulu se coucher entièrement, tant le moment où il doit se relever est proche !

Et quelle est cette grande dame qui repose ici près de son époux? L'un et l'autre sont habillés dans toute la pompe gauloise ; un coussin supporte leurs têtes, et leurs têtes semblent si appesanties par les pavots de la mort, qu'elles ont fait fléchir cet oreiller de pierre : heureux si ces deux époux n'ont point eu de confidences pénibles à se faire sur le lit de leur hymen funèbre ! Au fond de cette chapelle retirée, voici quatre écuyers de marbre, bardés de fer, armés de toutes pièces, les mains jointes, et à genoux aux quatre coins de l'entablement d'un tombeau. Est-ce toi, Bayard, qui rendais la rançon aux vierges, pour les marier à leurs amants? Est-ce toi, Beaumanoir, qui buvais ton sang dans le combat des Trente? Est-ce quelque autre chevalier qui sommeille ici ? Ces écuyers semblent prier avec ferveur, car ces vaillants hommes, antique honneur du nom français, tout guerriers qu'ils étaient, n'en craignaient pas moins Dieu du fond du cœur; c'était en criant : *Montjoie et saint Denis*, qu'ils arrachaient la France aux Anglais, et faisaient des miracles de vaillance pour l'Église, leur dame et leur roi. N'y a-t-il donc rien de merveilleux dans ces temps des Roland, des Godefroi, des sires de Coucy et de Joinville; dans ces temps des Maures, des Sarrasins, des royaumes de Jérusalem et de Chypre; dans ces temps où l'Orient et l'Asie échangeaient d'armes et de mœurs avec l'Europe et l'Occident; dans ces temps où Thibault chantait, où les troubadours se mêlaient aux armes, les danses à la religion, et les tournois aux siéges et aux batailles [1] ?

Sans doute ils étaient merveilleux ces temps, mais ils sont passés. La religion avait averti les chevaliers de cette vanité des choses humaines, lorsqu'à la suite d'une longue énumération de titres pompeux: *Haut et puissant seigneur, messire Anne de Montmorency, connétable de France*, etc., etc., elle avait ajouté: *Priez pour lui, pauvre pécheur.* C'est tout le néant.

Quant aux sépultures souterraines, elles étaient généralement réservées aux rois et aux religieux.

Lorsqu'on voulait se nourrir de sérieuses et d'utiles pensées, il fallait descendre dans les caveaux des couvents, et contempler ces solitaires endormis, qui n'étaient pas plus calmes dans leurs demeures funèbres, qu'ils ne l'avaient été sur la terre. Que votre sommeil soit profond sous ces voûtes, homme de paix,

---

[1] On a sans doute de grandes obligations à l'artiste qui a rassemblé les débris de nos anciens sépulcres; mais quant aux effets de ces monuments, on sent trop qu'ils sont détruits. Resserrés dans un petit espace, divisés par siècles, privés de leurs harmonies avec l'antiquité des temples et du culte chrétien, ne servant qu'à l'histoire de l'art, et non à celle des mœurs et de la religion; n'ayant pas même gardé leur poussière, ils ne disent plus rien ni à l'imagination ni au cœur. Quand des hommes abominables eurent l'idée de violer l'asile des morts et de disperser leurs cendres pour effacer le souvenir du passé, la chose, tout horrible qu'elle est, pouvait avoir, aux yeux de la folie humaine, une certaine mauvaise grandeur ; mais c'était prendre l'engagement de bouleverser le monde, de ne pas laisser en France pierre sur pierre, et de parvenir, au travers des ruines, à des institutions inconnues. Se plonger dans ces excès pour rester dans des routes communes, et pour ne montrer qu'ineptie et absurdité, c'est avoir les fureurs du crime sans en avoir la puissance. Qu'est-il arrivé à ces spoliateurs des tombeaux? qu'ils sont tombés dans les gouffres qu'ils avaient ouverts, et que leurs cadavres sont restés comme en gage à la mort pour ceux qu'ils lui avaient dérobés.

qui aviez partagé votre héritage mortel à vos frères, et qui, comme le héros de la Grèce, partant pour la conquête d'un autre univers, ne vous étiez réservé que l'espérance.

CHAPITRE IX.

SAINT-DENIS.

On voyait autrefois, près de Paris, des sépultures fameuses entre les sépultures des hommes. Les étrangers venaient en foule visiter les merveilles de Saint-Denis. Ils y puisaient une profonde vénération pour la France, et s'en retournaient en disant en dedans d'eux-mêmes, comme saint Grégoire : *Ce royaume est réellement le plus grand parmi les nations;* mais il s'est élevé un vent de la colère autour de l'édifice de la Mort ; les flots des peuples ont été poussés sur lui, et les hommes étonnés se demandent encore : *Comment le temple d'*AMMON *a disparu sous les sables des déserts?*

L'abbaye gothique où se rassemblaient ces grands vassaux de la mort, ne manquait point de gloire : les richesses de la France étaient à ses portes ; la Seine passait à l'extrémité de sa plaine ; cent endroits célèbres remplissaient, à quelque distance, tous les sites de beaux noms, tous les champs de beaux souvenirs ; la ville de Henri IV et de Louis le Grand était assise dans le voisinage ; et la sépulture royale de Saint-Denis se trouvait au centre de notre puissance et de notre luxe, comme un trésor où l'on déposait les débris du temps, et la surabondance des grandeurs de l'empire français.

C'est là que venaient, tour à tour, s'engloutir les rois de la France. Un d'entre eux, et toujours le dernier descendu dans ces abîmes, restait sur les degrés du souterrain, comme pour inviter sa postérité à descendre. Cependant Louis XIV a vainement attendu ses deux derniers fils : l'un s'est précipité au fond de la voûte, en laissant son ancêtre sur le seuil ; l'autre, ainsi qu'Œdipe, a disparu dans une tempête. Chose digne de méditation ! le premier monarque que les envoyés de la justice divine rencontrèrent fut ce Louis si fameux par l'obéissance que les nations lui portaient. Il était encore tout entier dans son cercueil. En vain, pour défendre son trône, il parut se lever avec la majesté de son siècle, et une arrière-garde de huit siècles de rois ; en vain son geste menaçant épouvanta les ennemis des morts, lorsque, précipité dans une fosse commune, il tomba sur le sein de Marie de Médicis : tout fut détruit. Dieu, dans l'effusion de sa colère, avait juré par lui-même de châtier la France ; ne cherchons point sur la terre les causes de pareils événements ; elles sont plus haut.

Dès le temps de Bossuet, dans le souterrain *de ces princes anéantis*, on pouvait à peine déposer Madame Henriette, « *tant les rangs y sont pressés!* s'écrie le plus éloquent des orateurs ; *tant la mort est prompte à remplir ces places!* » En présence des âges, dont les flots écoulés semblent gronder encore dans ces profondeurs, les esprits sont abattus par le poids des pensées qui les oppressent. L'âme entière frémit en contemplant tant de néant et tant de grandeur.

Lorsqu'on cherche une expression assez magnifique pour peindre ce qu'il y a de plus élevé, l'autre moitié de l'objet sollicite le terme le plus bas, pour exprimer ce qu'il y a de plus vil. Ici, les ombres des vieilles voûtes s'abaissent pour se confondre avec les ombres des vieux tombeaux; là, des grilles de fer entourent inutilement ces bières, et ne peuvent défendre la mort des empressements des hommes. Écoutez le sourd travail du sépulcre, qui semble filer dans ces cercueils, les indestructibles réseaux de la mort ! Tout annonce qu'on est descendu à l'empire des ruines; et, à je ne sais quelle odeur de vétusté répandue sous ces arches funèbres, on croirait, pour ainsi dire, respirer la poussière des temps passés.

Lecteurs chrétiens, pardonnez aux larmes qui coulent de nos yeux en errant au milieu de cette famille de saint Louis et de Clovis. Si tout à coup, jetant à l'écart le drap mortuaire qui les couvre, ces monarques allaient se dresser dans leurs sépulcres, et fixer sur nous leurs regards, à la lueur de cette lampe !... Oui, nous les voyons tous se lever à demi, ces spectres des rois; nous les reconnaissons, nous osons interroger ces majestés du tombeau. Hé bien, peuple royal de fantômes, dites-le-nous : voudriez-vous revivre maintenant au prix d'une couronne ? Le trône vous tente-t-il encore ?... Mais d'où vient ce profond silence ? D'où vient que vous êtes tous muets sous ces voûtes ? Vous secouez vos têtes royales, d'où tombe un nuage de poussière; vos yeux se referment, et vous vous recouchez lentement dans vos cercueils !

Ah ! si nous avions interrogé ces morts champêtres, dont naguère nous visitions les cendres, ils auraient percé le gazon de leurs tombeaux; et, sortant du sein de la terre comme des vapeurs brillantes, ils nous auraient répondu : « Si Dieu l'ordonne ainsi, pourquoi refuserions-nous de revivre ? Pourquoi ne passerions-nous pas encore des jours résignés dans nos chaumières ? Notre hoyau n'était pas si pesant que vous le pensez; nos sueurs mêmes avaient leurs charmes, lorsqu'elles étaient essuyées par une tendre épouse, ou bénies par la religion. »

Mais où nous entraîne la description de ces tombeaux déjà effacés de la terre ? Elles ne sont plus, ces sépultures ! Les petits enfants se sont joués avec les os des puissants monarques : Saint-Denis est désert; l'oiseau l'a prise pour passage, l'herbe croît sur ses autels brisés; et au lieu du cantique de la mort, qui retentissait sous ses dômes, on n'entend plus que les gouttes de pluie qui tombent par son toit découvert, la chute de quelque pierre qui se détache de ses murs en ruine, ou le son de son horloge, qui va roulant dans les tombeaux vides et les souterrains dévastés (46).

LIVRE TROISIÈME.

Vue générale du Clergé.

CHAPITRE PREMIER.

DE JÉSUS-CHRIST ET DE SA VIE.

Vers le temps de l'apparition du Rédempteur sur la terre, les nations étaient dans l'attente de quelque personnage fameux.» Une ancienne et constante opinion, dit Suétone, était répandue dans l'Orient, qu'un homme s'élèverait de la Judée, et obtiendrait l'empire universel [1]. » Tacite raconte le même fait presque dans les mêmes mots. Selon cet historien, « la plupart des Juifs étaient convaincus, d'après un oracle conservé dans les anciens livres de leurs prêtres, que dans ce temps-là (le temps de Vespasien), l'Orient prévaudrait, et que quelqu'un, sorti de Judée, régnerait sur le monde [2]. »

Josèphe, parlant de la ruine de Jérusalem, rapporte que les Juifs furent principalement poussés à la révolte contre les Romains par une obscure [3] prophétie qui leur annonçait que, vers cette époque, *un homme s'élèverait parmi eux*, et *soumettrait l'univers* [4].

Le Nouveau Testament offre aussi des traces de cette espérance répandue dans Israël : la foule qui court au désert demande à saint Jean-Baptiste s'il est le *grand Messie*, le *Christ de Dieu*, depuis longtemps attendu : les disciples d'Emmaüs sont saisis de tristesse lorsqu'ils reconnaissent que Jean *n'est pas l'homme qui doit racheter Israël*. Les soixante-dix semaines de Daniel, ou les quatre cent quatre-vingt-dix ans, depuis la reconstruction du Temple, étaient accomplis. Enfin Origène, après avoir rapporté ces traditions des Juifs, ajoute « qu'un grand nombre d'entre eux avouèrent Jésus-Christ pour le libérateur promis par les prophètes [5]. »

Cependant le ciel prépare les voies du Fils de l'Homme. Les nations longtemps désunies de mœurs, de gouvernement, de langage, entretenaient des inimitiés héréditaires; tout à coup le bruit des armes cesse, et les peuples, réconciliés ou vaincus, viennent se perdre dans le peuple romain.

D'un côté, la religion et les mœurs sont parvenues à ce degré de corruption qui produit de force un changement dans les affaires humaines; de l'autre, les dogmes de l'unité d'un Dieu et de l'immortalité de l'âme commencent à se répandre (47) : ainsi les chemins s'ouvrent à la doctrine évangélique, qu'une langue universelle va servir à propager.

Cet empire romain se compose de nations, les unes sauvages, les autres policées, la plupart infiniment malheureuses : la simplicité du Christ pour les premières, ses vertus morales pour les secondes; pour toutes, sa miséricorde et sa charité sont des moyens de salut que le ciel ménage. Et ces moyens sont si efficaces, que deux siècles après le Messie, Tertullien disait aux juges de Rome : « Nous ne sommes que d'hier, et nous remplissons tout, vos cités, vos îles, vos forteresses, vos colonies, vos tribus, vos décuries, vos conseils, le palais, le sé-

---

[1] *Percrebuerat Oriente toto vetus et constans opinio, esse in fatis ut eo tempore Judæa profecti rerum potirentur.* (Suet., *in Vespas.*, cap. iv.)

[2] *Pluribus persuasio inerat, antiquis sacerdotum litteris contineri, eo ipso tempore fore, ut valesceret Oriens, profectique Judæa rerum potirentur.* (Tacit., *Hist.*, lib. v, cap. xiii.)

[3] Ἀμφίβολος, *applicable à plusieurs personnes*; et voilà pourquoi les historiens latins l'attribuent à Vespasien.

[4] Joseph., *de Bell. Judaic.* pag. 1283.

[5] Καὶ πεποιθέναι αὐτὸν εἶναι τὸν προφητευόμενον (Orig., *cont. Cels.*, pag. 127.)

nat, le forum; nous ne vous laissons que vos temples; » *Sola relinquimus templa*[1].

A la grandeur des préparations naturelles s'unit l'éclat des prodiges : les vrais oracles, depuis longtemps muets dans Jérusalem, recouvrent la voix, et les fausses sibylles se taisent. Une nouvelle étoile se montre dans l'Orient. Gabriel descend vers Marie, et un chœur d'esprits bienheureux chante au haut du ciel, pendant la nuit : *Gloire à Dieu, paix aux hommes!* Tout à coup le bruit se répand que le Sauveur a vu le jour dans la Judée : il n'est point né dans la pourpre, mais dans l'asile de l'indigence; il n'a point été annoncé aux grands et aux superbes, mais les anges l'ont révélé aux petits et aux simples; il n'a pas réuni autour de son berceau les heureux du monde, mais les infortunés; et, par ce premier acte de sa vie, il s'est déclaré de préférence le Dieu des misérables.

Arrêtons-nous ici pour faire une réflexion. Nous voyons, depuis le commencement des siècles, les rois, les héros, les hommes éclatants, devenir les dieux des nations. Mais voici que le fils d'un charpentier, dans un petit coin de la Judée, est un modèle de douleurs et de misère : il est flétri publiquement par un supplice; il choisit ses disciples dans les rangs les moins élevés de la société; il ne prêche que sacrifices, que renoncement aux pompes du monde, au plaisir, au pouvoir : il préfère l'esclave au maître, le pauvre au riche, le lépreux à l'homme sain; tout ce qui pleure, tout ce qui a des plaies, tout ce qui est abandonné du monde fait ses délices : la puissance, la fortune et le bonheur sont au contraire menacés par lui. Il renverse les notions communes de la morale; il établit des relations nouvelles entre les hommes, un nouveau droit des gens, une nouvelle foi publique : il élève ainsi sa divinité, triomphe de la religion des Césars, s'assied sur leur trône, et parvient à subjuguer la terre. Non, quand la voix du monde entier s'élèverait contre Jésus-Christ, quand toutes les lumières de la philosophie se réuniraient contre ses dogmes, jamais on ne nous persuadera qu'une religion fondée sur une pareille base soit une religion humaine. Celui qui a pu faire adorer une *croix*, celui qui a offert pour objet de culte aux hommes, *l'humanité souffrante*, *la vertu persécutée*, celui-là, nous le jurons, ne saurait être qu'un Dieu.

Jésus-Christ apparaît au milieu des hommes, plein de grâce et de vérité; l'autorité et la douceur de sa parole entraînent. Il vient pour être le plus malheureux des mortels, et tous ses prodiges sont pour les misérables. *Ses miracles*, dit Bossuet, *tiennent plus de la bonté que de la puissance*. Pour inculquer ses préceptes, il choisit l'apologue ou la parabole, qui se grave aisément dans l'esprit des peuples. C'est en marchant dans les campagnes qu'il donne ses leçons. En voyant les fleurs d'un champ, il exhorte ses disciples à espérer dans la Providence, qui supporte les faibles plantes et nourrit les petits oiseaux; en apercevant les fruits de la terre, il instruit à juger l'homme par ses œuvres. On lui apporte un enfant, et il recommande l'innocence; se trouvant au milieu des bergers, il se donne à lui-même le titre de *pasteur des âmes*, et se représente rapportant sur ses épaules la brebis égarée. Au printemps, il s'assied sur une montagne, et tire des objets environnants de quoi instruire la foule assise à ses pieds. Du spec-

---

[1] Tertull., *Apologet.*, cap. xxxviii.

tacle même de cette foule pauvre et malheureuse, il fait naître ses béatitudes : *Bienheureux ceux qui pleurent, bienheureux ceux qui ont faim et soif*, etc. Ceux qui observent ses préceptes et ceux qui les méprisent sont comparés à deux hommes qui bâtissent deux maisons, l'une sur le roc, l'autre sur un sable mouvant : selon quelques interprètes, il montrait, en parlant ainsi, un hameau florissant sur une colline, et au bas de cette colline, des cabanes détruites par une inondation [1]. Quand il demande de l'eau à la femme de Samarie, il lui peint sa doctrine sous la belle image d'une source d'eau vive.

Les plus violents ennemis de Jésus-Christ n'ont jamais osé attaquer sa personne. Celse, Julien, Volusien [2], avouent ses miracles, et Porphyre raconte que les oracles même des païens l'appelaient un homme illustre par sa piété [3]. Tibère avait voulu le mettre au rang des dieux [4] : selon Lampridius, Adrien lui avait élevé des temples, et Alexandre-Sévère le révérait avec les images des âmes saintes, entre Orphée et Abraham [5]. Pline a rendu un illustre témoignage à l'innocence de ces premiers chrétiens qui suivaient de près les exemples du Rédempteur. Il n'y a point de philosophie de l'antiquité à qui l'on n'ait reproché quelques vices : les patriarches mêmes ont eu des faiblesses ; le Christ seul est sans tache : c'est la plus brillante copie de cette beauté souveraine qui réside sur le trône des cieux. Pur et sacré comme le tabernacle du Seigneur, ne respirant que l'amour de Dieu et des hommes, infiniment supérieur à la vaine gloire du monde, il poursuivait, à travers les douleurs, la grande affaire de notre salut, forçant les hommes, par l'ascendant de ses vertus, à embrasser sa doctrine, et à imiter une vie qu'ils étaient contraints d'admirer (48).

Son caractère était aimable, ouvert et tendre, sa charité sans bornes. L'Apôtre nous en donne une idée en deux mots : *Il allait faisant le bien*. Sa résignation à la volonté de Dieu éclate dans tous les moments de sa vie ; il aimait, il connaissait l'amitié : l'homme qu'il tira du tombeau, Lazare, était son ami ; ce fut pour le plus grand sentiment de la vie qu'il fit son plus grand miracle. L'amour de la patrie trouva chez lui un modèle : « *Jérusalem ! Jérusalem !* s'écriait-il, en pensant au jugement qui menaçait cette cité coupable, *j'ai voulu rassembler tes enfants, comme la poule rassemble ses poussins sous ses ailes ; mais tu ne l'as pas voulu !* » Du haut d'une colline, jetant les yeux sur cette ville condamnée, pour ses crimes, à une horrible destruction, il ne put retenir ses larmes : *Il vit la cité*, dit l'Apôtre, *et il pleura*. Sa tolérance ne fut pas moins remarquable quand ses disciples le prièrent de faire descendre le feu sur un village de Samaritains qui lui avait refusé l'hospitalité. Il répondit avec indignation : *Vous ne savez pas ce que vous me demandez !*

Si le Fils de l'Homme était sorti du ciel avec toute sa force, il eût eu sans doute peu de peine à pratiquer tant de vertus, à supporter tant de maux ; mais c'est ici la gloire du mystère ; le Christ ressentait des douleurs ; son cœur se brisait comme celui d'un homme ; il ne donna jamais aucun signe de colère que

---

[1] Fortin., *on the truth of the Christ. Relig.*, pag. 218. — [2] Orig., *cont. Cels.*, I, II; Jul., *ap. Cyril.*, lib. VI; Aug., ep. III, IV, t. II. — [3] Euseb., *Dem. Ev.* III, 3. — [4] Tert., *Apologet.* — [5] Lamp., *in Alex. Sev.*, cap. IV et XXXI.

contre la dureté de l'âme et l'insensibilité. Il répétait éternellement : *Aimez-vous les uns les autres. Mon père*, s'écriait-il sous le fer des bourreaux, *pardonnez-leur, car ils ne savent ce qu'ils font.* Prêt à quitter ses disciples bien-aimés, il fondit tout à coup en larmes; il ressentit les terreurs du tombeau et les angoisses de la croix : une sueur de sang coula le long de ses joues divines ; il se plaignit que son père l'avait abandonné. Lorsque l'ange lui présenta le calice, il dit : *O mon père! fais que ce calice passe loin de moi; cependant, si je dois le boire, que ta volonté soit faite.* Ce fut alors que ce mot, où respire la sublimité de la douleur, échappa à sa bouche : *Mon âme est triste jusqu'à la mort.* Ah! si la morale la plus pure et le cœur le plus tendre, si une vie passée à combattre l'erreur et à soulager les maux des hommes, sont les attributs de la divinité, qui peut nier celle de Jésus-Christ? Modèle de toutes vertus, l'amitié le voit endormi dans le sein de saint Jean, ou léguant sa mère à ce disciple; la charité l'admire dans le jugement de la femme adultère : partout la pitié le trouve bénissant les pleurs de l'infortune; dans son amour pour les enfants, son innocence et sa candeur se décèlent; la force de son âme brille au milieu des tourments de la croix, et son dernier soupir est un soupir de miséricorde.

CHAPITRE II.

CLERGÉ SÉCULIER.

HIÉRARCHIE.

Le Christ, ayant laissé ses enseignements à ses disciples, monta sur le Thabor et disparut. Dès ce moment, l'Église subsiste dans les apôtres : elle s'établit à la fois chez les Juifs et chez les Gentils. Saint Pierre, dans une seule prédication, convertit cinq mille hommes à Jérusalem, et saint Paul reçoit sa mission pour les nations infidèles. Bientôt le prince des apôtres jette dans la capitale de l'empire romain les fondements de la puissance ecclésiastique (49). Les premiers Césars régnaient encore, et déjà circulait, au pied de leur trône, dans la foule, le prêtre inconnu qui devait les remplacer au Capitole. La hiérarchie commence; Lin succède à Pierre, Clément à Lin : cette chaîne de pontifes, héritiers de l'autorité apostolique, ne s'interrompt plus pendant dix-huit siècles, et nous unit à Jésus-Christ (50.)

Avec la dignité épiscopale, on voit s'établir dès le principe les deux autres grandes divisions de la hiérarchie, le *sacerdoce* et le *diaconat*. Saint Ignace exhorte les Magnésiens *à agir en unité avec leur évêque, qui tient la place de Jésus-Christ ; leurs prêtres, qui représentent les apôtres ; et leurs diacres, qui sont chargés du soin des autels*[1]. Pie, Clément d'Alexandrie, Origène et Tertullien, confirment ces degrés[2].

Quoiqu'il ne soit fait mention, pour la première fois, des métropolitains ou

---

[1] IGNAT., *Ep. ad Magnes.*, n° VI. — [2] PIUS, ep. II; CLEM. ALEX., *Strom.*, lib. VI, pag. 667; ORIG., hom. II, *in Num.*, hom. *in Cantic.*; TERTULL., *de Monogam.*, cap. XI; *de Fuga*, cap. XII; *de Baptismo*, cap. XVII.

des archevêques, qu'au concile de Nicée, néanmoins ce concile parle de cette dignité comme d'un degré hiérarchique établi depuis longtemps[1]. Saint Athanase[2] et saint Augustin[3] citent des métropolitains existants avant la date de cette assemblée. Dès le second siècle, Lyon est qualifié, dans les actes civils, de ville métropolitaine; et saint Irénée, qui en était évêque, gouvernait toute l'*Église* (παροχίον) gallicane[4].

Quelques auteurs ont pensé que les archevêques même sont d'institution apostolique[5]; en effet, Eusèbe et saint Chrysostôme disent que Tite, évêque, avait la surintendance des évêques de Crète[6].

Les opinions varient sur l'origine du patriarcat; Baronius, de Marca et Richerius la font remonter aux apôtres; mais il paraît néanmoins qu'il ne fut établi dans l'Église que vers l'an 385, quatre ans après le concile général de Constantinople.

Le nom de cardinal se donnait d'abord indistinctement aux premiers titulaires des églises[7]. Comme ces chefs du clergé étaient ordinairement des hommes distingués par leur science et leur vertu, les papes les consultaient dans les affaires délicates; ils devinrent peu à peu le conseil permanent du saint siége, et le droit d'élire le souverain pontife passa dans leur sein, quand la communion des fidèles devint trop nombreuse pour être assemblée.

Les mêmes causes qui avaient donné naissance aux cardinaux près des papes produisirent les chanoines près des évêques : c'était un certain nombre de prêtres qui composaient la cour épiscopale. Les affaires du diocèse augmentant, les membres du synode furent obligés de se partager le travail. Les uns furent appelés vicaires, les autres grands vicaires, etc., selon l'étendue de leur charge. Le conseil entier prit le nom de *Chapitre*, et les conseillers celui de *chanoines*, qui ne veut dire qu'administrateur canonique.

De simples prêtres, et même des laïques, nommés par les évêques à la direction d'une communauté religieuse, furent la source de l'ordre des abbés. Nous verrons combien les abbayes furent utiles aux lettres, à l'agriculture, et en général à la civilisation de l'Europe.

Les paroisses se formèrent à l'époque où les ordres principaux du clergé se subdivisèrent. Les évêchés étant devenus trop vastes pour que les prêtres de la métropole pussent porter les secours spirituels et temporels aux extrémités du diocèse, on éleva des églises dans les campagnes. Les ministres attachés à ces temples champêtres ont pris longtemps après le nom de curé, peut-être du latin *cura*, qui signifie *soin, fatigue*. Le nom du moins n'est pas orgueilleux, et on aurait dû le leur pardonner, puisqu'ils en remplissaient si bien les conditions[8].

---

[1] *Conc. Nicen.*, can. VI. — [2] ATHAN., *de Sentent. Dionys.*, tom. I, pag. 552. — [3] AUG., *Brevis. Collat. tert. die*, cap. XVI. — [4] EUSEB., *H. E.*, lib. V, cap. XXIII. De παροχίον nous avons fait *paroisse*. — [5] USHER., *de Orig. Epic. et Metrop. Revereg. cod. can. vind.*, lib. II, cap. VI, n° 12; HAMM., *Pref. to Titus in Dissert. 4 cont. Blondel*, cap. V. — [6] EUSEB., *H. E.*, lib. III, cap. IV; CHRYS., *Hom.* I, *in Tit.* — [7] HÉRICOURT, *Lois eccl. de France*, pag. 205. — [8] S. ATHANASE, dans sa seconde *Apologie*, dit que de son temps il y avait déjà dix églises paroissiales établies dans le Maréotis, qui relevait du diocèse d'Alexandrie

Outre ces églises paroissiales, on bâtit encore des chapelles sur le tombeau des martyrs et des solitaires. Ces temples particuliers s'appelaient *martyrium* ou *memoria;* et, par une idée encore plus douce et plus philosophique, on les nommait aussi *cimetières*, d'un mot grec qui signifie *sommeil* [1].

Enfin, les bénéfices séculiers durent leur origine aux *agapes*, ou repas des premiers chrétiens. Chaque fidèle apportait quelques aumônes pour l'entretien de l'évêque, du prêtre et du diacre, et pour le soulagement des malades et des étrangers [2]. Des hommes riches, des princes, des villes entières, donnèrent dans la suite des terres à l'Église, pour remplacer ces aumônes incertaines. Ces biens partagés en divers lots, par le conseil des supérieurs ecclésiastiques, prirent le nom de prébende, de canonicat, de commande, de bénéfices-cures, de bénéfices-manuels, simples, claustraux, selon les degrés hiérarchiques de l'administrateur aux soins duquel ils furent confiés [3].

Quant aux fidèles en général, le corps des chrétiens primitifs se distinguait en πιστοί, *croyants* ou *fidèles*, et κατεχούμενοι, *catéchumènes* [4]. Le privilége des *croyants* était d'être reçus à la sainte table, d'assister aux prières de l'Église, et de prononcer l'Oraison dominicale [5], que saint Augustin appelle pour cette raison *oratio fidelium*, et saint Chrysostôme εὐχὴ πιστῶν. Les catéchumènes ne pouvaient assister à toutes les cérémonies, et l'on ne traitait des mystères devant eux qu'en paraboles obscures [6].

Le nom de laïque fut inventé pour distinguer l'homme qui n'était pas engagé dans les ordres du corps général du clergé. Le titre de *clerc* se forma en même temps : *laïci* et κλερικός se lisent à chaque page des anciens auteurs. On se servait de la dénomination d'*ecclésiastique*, tantôt en parlant des chrétiens en opposition aux gentils [7], tantôt en désignant le clergé, par rapport au reste des fidèles. Enfin, le titre de *catholique*, ou d'universelle, fut attribué à l'Eglise dès sa naissance. Eusèbe, Clément d'Alexandrie et saint Ignace en portent témoignage [8]. Poleimon, le juge, ayant demandé à Pionos, martyr, de quelle Église il était, le confesseur répondit : *De l'Église catholique; car Jésus-Christ n'en connaît point d'autre* [9].

N'oublions pas, dans le développement de cette hiérarchie, que saint Jérôme compare à celle des anges, n'oublions pas les voies par où la chrétienté signalait sa sagesse et sa force, nous voulons dire les conseils et les persécutions: « Rappelez en votre mémoire, dit La Bruyère, rappelez ce grand et premier concile, où les Pères qui le composaient étaient remarquables chacun par quelques membres mutilés, ou par les cicatrices qui leur étaient restées des fureurs de la persécution : ils semblaient tenir de leurs plaies le droit de s'asseoir dans cette assemblée générale, de toute l'Église. »

Déplorable esprit de parti! Voltaire, qui montre souvent l'horreur du sang et

---

[1] Fleury, *Hist. eccl.* — [2] S. Just., *Apol.* — [3] Héric., *Lois eccl.*, pag. 204-13. — [4] Eus., *Demonst. Evang.*, lib. vii, cap. ii. — [5] *Constit. Apost.*, lib. viii, cap. viii et xii. — [6] Theodor., *Epit. div. dog.*, cap. xxiv; Aug., *Serm. ad Neophytos, in append.*, tom. x. pag 845. — [7] Eus., lib. v, cap. vii; lib. v, cap. xxvii; Cyril., *Catech.* xv, n° 4. — [8] Eus., lib. iv, Clem. cap. xv; Alex., *Strom.*, lib. vii; Ignat., cap. *ad Smyrn.*, n° 8. — [9] Act. Pion., ap. Bar., an. 254, n° 9.

l'amour de l'humanité, cherche à persuader qu'il y eut peu de martyrs dans l'Église primitive ¹ (51); et comme s'il n'eût jamais lu les historiens romains, il va presque jusqu'à nier cette première persécution dont Tacite nous a fait une si affreuse peinture. L'auteur de *Zaïre*, qui connaissait la puissance du malheur, a craint qu'on ne se laissât toucher par le tableau des souffrances des chrétiens; il a voulu leur arracher une couronne de martyre qui les rendait intéressants aux cœurs sensibles, et leur ravir jusqu'au charme de leurs pleurs.

Ainsi nous avons tracé le tableau de la hiérarchie apostolique : joignez-y le clergé régulier, dont nous allons bientôt nous entretenir, et vous aurez l'Église entière de Jésus-Christ. Nous osons l'avancer : aucune autre religion sur la terre n'a offert un pareil système de bienfaits, de prudence et de prévoyance, de force et de douceur, de lois morales et de lois religieuses. Rien n'est plus sagement ordonné que ces cercles qui, partant du dernier chantre de village, s'élèvent jusqu'au trône pontifical qu'ils supportent, et qui les couronne. L'Église ainsi, par ses différents degrés, touchait à nos divers besoins : arts, lettres, sciences, législation, politique, institutions littéraires, civiles et religieuses, fondations pour l'humanité, tous ces magnifiques bienfaits nous arrivaient par les rangs supérieurs de la hiérarchie, tandis que les détails de la charité et de la morale étaient répandus par les degrés inférieurs, chez les dernières classes du peuple. Si jadis l'Église fut pauvre, depuis le dernier échelon jusqu'au premier, c'est que la chrétienté était indigente comme elle. Mais on ne saurait exiger que le clergé fût demeuré pauvre, quand l'opulence croissait autour de lui. Il aurait alors perdu toute considération, et certaines classes de la société avec lesquelles il n'aurait pu vivre se fussent soustraites à son autorité morale. Le chef de l'Église était prince, pour pouvoir parler aux princes; les évêques, marchant de pair avec les grands, osaient les instruire de leurs devoirs : les prêtres séculiers et réguliers, au-dessus des nécessités de la vie, se mêlaient aux prêtres riches, dont ils épuraient les mœurs; et le simple curé se rapprochait des pauvres, qu'il était destiné à soulager par ses bienfaits, et à consoler par son exemple.

Ce n'est pas que le plus indigent des prêtres ne pût aussi instruire les grands du monde, et les rappeler à la vertu; mais il ne pouvait ni les suivre dans les habitudes de leur vie, comme le haut clergé, ni leur tenir un langage qu'ils eussent parfaitement entendu. La considération même dont ils jouissaient venait en partie des ordres supérieurs de l'Église. Il convient d'ailleurs à de grands peuples d'avoir un culte honorable, et des autels où l'infortuné puisse trouver des secours.

Au reste, il n'y a rien d'aussi beau dans l'histoire des institutions civiles et religieuses que ce qui concerne l'autorité, les devoirs et l'investiture du prélat, parmi les chrétiens. On y voit la parfaite image du pasteur des peuples et du ministre des autels. Aucune classe d'hommes n'a plus honoré l'humanité que celle des évêques, et l'on ne pourrait trouver ailleurs plus de vertus, de grandeur et de génie.

---

¹ Dans son *Essai sur les mœurs*.

Le chef apostolique devait être sans défaut de corps, et pareil au prêtre sans tache que Platon dépeint dans ses *Lois*. Choisi dans l'assemblée du peuple, il était peut-être le seul magistrat légal qui existât dans les temps barbares. Comme cette place entraînait une responsabilité immense, tant dans cette vie que dans l'autre, elle était loin d'être briguée. Les Basile et les Ambroise fuyaient au désert, dans la crainte d'être élevés à une dignité dont les devoirs effrayaient même leurs vertus.

Non-seulement l'évêque était obligé de remplir ses fonctions religieuses, comme d'enseigner la morale, d'administrer les sacrements, d'ordonner les prêtres, mais encore le poids des lois civiles et des débats politiques retombait sur lui. C'était un prince à apaiser, une guerre à détourner, une ville à défendre. L'évêque de Paris, au neuvième siècle, en sauvant par son courage la capitale de la France, empêcha peut-être la France entière de passer sous le joug des Normands.

« On était si convaincu, dit d'Héricourt, que l'obligation de recevoir les étrangers était un devoir dans l'épiscopat, que saint Grégoire voulut, avant de consacrer Florentinus, évêque d'Ancône, qu'on exprimât si c'était par impuissance ou par avarice qu'il n'avait point exercé jusqu'alors l'hospitalité envers les étrangers[1]. »

On voulait que l'évêque haït le péché, et non le pécheur[2]; qu'il supportât le faible: qu'il eût un cœur de père pour les pauvres[3]. Il devait néanmoins garder quelque mesure dans ses dons, et ne point entretenir de profession dangereuse ou inutile, comme les baladins et les chasseurs[4] : véritable loi politique, qui frappait d'un côté le vice dominant des Romains, et de l'autre la passion des Barbares.

Si l'évêque avait des parents dans le besoin, il lui était permis de les préférer à des étrangers, mais non pas de les enrichir: « Car, dit le canon, c'est leur état d'indigence, et non les liens du sang, qu'il doit regarder en pareil cas[5]. »

Faut-il s'étonner qu'avec tant de vertus les évêques obtinssent la vénération des peuples? On courbait la tête sous leur bénédiction; on chantait *Hosannah* devant eux; on les appelait *très-saints, très-chers à Dieu;* et ces titres étaient d'autant plus magnifiques, qu'ils étaient justement acquis.

Quand les nations se civilisèrent, les évêques, plus circonscrits dans leurs devoirs religieux, jouirent du bien qu'ils avaient fait aux hommes, et cherchèrent à leur en faire encore, en s'appliquant plus particulièrement au maintien de la morale, aux œuvres de charité et aux progrès des lettres. Leurs palais devinrent le centre de la politesse et des arts. Appelés par leurs souverains au ministère public, et revêtus des premières dignités de l'Église, ils y déployèrent des talents qui firent l'admiration de l'Europe. Jusque dans ces derniers temps, les évêques de France ont été des exemples de modération et de lumière. On pourrait sans doute citer quelques exceptions; mais tant que les hommes seront

---

[1] *Lois eccl. de France,* pag. 751. — [2] *Id. ibid.,* can. *Odio.* — [3] *Id.,* loc. cit. — [4] *Id. ibid.,* can. *Don. qui venatoribus.* — [5] *Lois eccl.,* p. 742, can. *Est probanda.*

sensibles à la vertu, on se souviendra que plus de soixante évêques catholiques ont erré fugitifs chez des peuples protestants, et qu'en dépit des préjugés religieux, et des préventions qui s'attachent à l'infortune, ils se sont attiré le respect et la vénération de ces peuples ; on se souviendra que le disciple de Luther et de Calvin est venu entendre le prélat romain exilé prêcher, dans quelque retraite obscure, l'amour de l'humanité et le pardon des offenses ; on se souviendra enfin que tant de nouveaux Cypriens, persécutés pour leur religion, que tant de courageux Chrysostômes se sont dépouillés du titre qui faisait leurs combats et leur gloire, sur un simple mot du chef de l'Église : heureux de sacrifier avec leur prospérité première l'éclat de douze ans de malheur à la paix de leur troupeau.

Quant au clergé inférieur, c'était à lui qu'on était redevable de ce reste de bonnes mœurs que l'on trouvait encore dans les villes et dans les campagnes. Le paysan sans religion est une bête féroce ; il n'a aucun frein d'éducation ni de respect humain : une vie pénible a aigri son caractère ; la propriété lui a enlevé l'innocence du Sauvage ; il est timide, grossier, défiant, avare, ingrat surtout. Mais, par un miracle frappant, cet homme, naturellement pervers, devient excellent dans les mains de la religion. Autant il était lâche, autant il est brave ; son penchant à trahir se change en une fidélité à toute épreuve, son ingratitude en un dévouement sans bornes, sa défiance en une confiance absolue. Comparez ces paysans impies, profanant les églises, dévastant les propriétés, brûlant à petit feu les femmes, les enfants et les prêtres ; comparez-les aux Vendéens défendant le culte de leurs pères, et seuls libres quand la France était abattue sous le joug de la Terreur ; comparez-les, et voyez la différence que la religion peut mettre entre les hommes !

On a pu reprocher aux curés des préjugés d'état ou d'ignorance ; mais après tout, la simplicité du cœur, la sainteté de la vie, la pauvreté évangélique, la charité de Jésus-Christ, en faisaient un des ordres les plus respectables de la nation. On en a vu plusieurs qui semblaient moins des hommes que des esprits bienfaisants descendus sur la terre pour soulager les misérables. Souvent ils se refusèrent le pain pour nourrir le nécessiteux, et se dépouillèrent de leurs habits pour en couvrir l'indigent. Qui oserait reprocher à de tels hommes quelque sévérité d'opinion ? Qui de nous, superbes philanthropes, voudrait, durant les rigueurs de l'hiver, être réveillé au milieu de la nuit, pour aller administrer, au loin, dans les campagnes, le moribond expirant sur la paille ? Qui de nous voudrait avoir sans cesse le cœur brisé du spectacle d'une misère qu'on ne peut secourir, se voir environné d'une famille dont les joues hâves et les yeux creux annoncent l'ardeur de la faim et de tous les besoins ? Consentirions-nous à suivre les curés de Paris, ces anges d'humanité, dans le séjour du crime et de la douleur, pour consoler le vice sous les formes les plus dégoûtantes, pour verser l'espérance dans un cœur désespéré ? Qui de nous enfin voudrait se séquestrer du monde des heureux pour vivre éternellement parmi les souffrances, et ne recevoir en mourant, pour tant de bienfaits, que l'ingratitude du pauvre et la calomnie du riche ?

CHAPITRE III.

CLERGÉ RÉGULIER.

ORIGINE DE LA VIE MONASTIQUE.

S'il est vrai, comme on pourrait le croire, qu'une chose soit poétiquement belle en raison de l'antiquité de son origine, il faut convenir que la vie monastique a quelques droits à notre admiration. Elle remonte aux premiers âges du monde. Le prophète Élie fuyant la corruption d'Israël, se retira le long du Jourdain, où il vécut d'herbes et de racines, avec quelques disciples. Sans avoir besoin de fouiller plus avant dans l'histoire, cette source des ordres religieux nous semble assez merveilleuse. Que n'eussent point dit les poëtes de la Grèce, s'ils avaient trouvé pour fondateur des colléges sacrés un homme ravi au ciel dans un char de feu, et qui doit reparaître sur la terre au jour de la consommation des siècles?

De là, la vie monastique, par un héritage admirable, descend à travers les prophètes et saint Jean-Baptiste jusqu'à Jésus-Christ, qui se dérobait souvent au monde pour aller prier sur les montagnes. Bientôt les Thérapeutes [1], embrassant les perfections de la retraite, offrirent, près du lac Mœris en Égypte, les premiers modèles des monastères chrétiens. Enfin, sous Paul, Antoine et Pacôme, paraissent ces saints de la Thébaïde qui remplirent le Carmel et le Liban des chefs-d'œuvre de la pénitence. Une voix de gloire et de merveille s'éleva du fond des plus affreuses solitudes. Des musiques divines se mêlaient au bruit des cascades et des sources; les Séraphins visitaient l'anachorète du rocher, ou enlevaient son âme brillante sur les nues; les lions servaient de messager au solitaire, les corbeaux lui apportaient la manne céleste. Les cités jalouses virent tomber leur réputation antique : ce fut le temps de la renommée du désert.

Marchant ainsi d'enchantement en enchantement dans l'établissement de la vie religieuse, nous trouvons une seconde sorte d'origines que nous appelons *locales*, c'est-à-dire certaines fondations d'ordres et de couvents : ces origines ne sont ni moins curieuses ni moins agréables que les premières. Aux portes mêmes de Jérusalem on voit un monastère bâti sur l'emplacement de la maison de Pilate; au mont Sinaï, le couvent de la *Transfiguration* marque le lieu où Jéhovah dicta ses lois aux Hébreux; et plus loin s'élève un autre couvent sur la montagne où Jésus-Christ disparut de la terre.

Et que de choses admirables l'Occident ne nous montre-t-il pas à son tour dans les fondations des communautés, monuments de nos antiquités gauloises, lieux consacrés par d'intéressantes aventures ou par des actes d'humanité! L'histoire, les passions du cœur, la bienfaisance, se disputent l'origine de nos

---

[1] Voltaire se moque d'Eusèbe, *qui prend*, dit-il, *les Thérapeutes pour des moines chrétiens*. Eusèbe était plus près de ces moines que Voltaire, et certainement plus versé que lui dans les antiquités chrétiennes. Montfaucon, Fleury, Héricourt, Hélyot et une foule d'autres savants, se sont rangés à l'opinion de l'évêque de Césarée.

monastères. Dans cette gorge des Pyrénées, voilà l'hôpital de Roncevaux, que Charlemagne bâtit à l'endroit même où la fleur des chevaliers, Roland, termina ses hauts faits : un asile de paix et de secours marque dignement le tombeau du preux qui défendit l'orphelin et mourut pour sa patrie. Aux plaines de Bovines, devant ce petit temple du Seigneur, j'apprends à mépriser les arcs de triomphe des Marius et des César ; je contemple avec orgueil ce couvent qui vit un roi français proposer la couronne au plus digne. Mais aimez-vous les souvenirs d'une autre sorte? Une femme d'Albion, surprise par un sommeil mystérieux, croit voir en songe la lune se pencher vers elle ; bientôt il lui naît une fille chaste et triste comme le flambeau des nuits, et qui fondant un monastère, devient l'astre charmant de la solitude.

On nous accuserait de chercher à surprendre l'oreille par de doux sons si nous rappelions ces couvents d'*Aqua-Bella*, de *Bel-Monte*, de *Vallombreuse* ou de *la Colombe*, ainsi nommé à cause de son fondateur, colombe céleste qui vivait dans les bois. La Trappe et le Paraclet gardaient le nom et le souvenir de Comminges et d'Héloïse. Demandez à ce paysan de l'antique Neustrie quel est ce monastère qu'on aperçoit au sommet de la colline. Il vous répondra : « C'est le prieuré *des deux Amants* : un jeune gentilhomme étant devenu amoureux d'une jeune demoiselle, fille du châtelain de Malmain, ce seigneur consentit à accorder sa fille à ce pauvre gentilhomme s'il pouvait la porter jusqu'au haut du mont. Il accepta le marché; et, chargé de sa dame, il monta tout au sommet de la colline, mais il mourut de fatigue en y arrivant : sa prétendue trépassa bientôt par grand déplaisir; les parents les enterrèrent ensemble dans ce lieu, et ils y firent le prieuré que vous voyez. »

Enfin, les cœurs tendres auront dans les origines de nos couvents de quoi se satisfaire, comme l'antiquaire et le poëte. Voyez ces retraites de la *Charité*, des *Pèlerins*, du *Bien-Mourir*, des *Enterreurs de Morts*, des *Insensés*, des *Orphelins;* tâchez, si vous le pouvez, de trouver dans le long catalogue des misères humaines une seule infirmité de l'âme ou du corps pour qui la religion n'ait pas fondé son lieu de soulagement ou son hospice !

Au reste, les persécutions des Romains contribuèrent d'abord à peupler les solitudes ; ensuite les Barbares s'étant précipités sur l'empire, et ayant brisé tous les liens de la société, il ne resta aux hommes que Dieu pour espérance, et les déserts pour refuges. Des congrégations d'infortunés se formèrent dans les forêts et dans les lieux les plus inaccessibles. Les plaines fertiles étaient en proie à des Sauvages qui ne savaient pas les cultiver, tandis que sur les crêtes arides des monts habitait un autre monde, qui, dans ces roches escarpées, avait sauvé comme d'un déluge les restes des arts et de la civilisation. Mais, de même que les fontaines découlent des lieux élevés pour fertiliser les vallées, ainsi les premiers anachorètes descendirent peu à peu de leurs hauteurs pour porter aux Barbares la parole de Dieu et les douceurs de la vie.

On dira peut-être que les causes qui donnèrent naissance à la vie monastique n'existant plus parmi nous, les couvents étaient devenus des retraites inutiles. Et quand donc ces causes ont-elles cessé? N'y a-t-il plus d'orphelins, d'infirmes, de voyageurs, de pauvres, d'infortunés ? Ah ! lorsque les maux des siècles barbares se sont évanouis, la société, si habile à tourmenter les âmes, et si ingénieuse en douleur, a bien su faire naître mille autres raisons d'adversité qui nous jettent dans la solitude! Que de passions trompées, que de sentiments trahis, que de dégoûts amers nous entraînent chaque jour hors du monde! C'était une chose fort belle que ces maisons religieuses où l'on trouvait une retraite assurée contre les coups de la fortune et les orages de son propre cœur. Une orpheline abandonnée de la société, à cet âge où de cruelles séductions sourient à la beauté et à l'innocence, savait du moins qu'il y avait un asile où l'on ne se ferait pas un jeu de la tromper. Comme il était doux pour cette pauvre étrangère sans parents d'entendre retentir le nom de sœur à ses oreilles! Quelle nombreuse et paisible famille la religion ne venait-elle pas de lui rendre! un père céleste lui ouvrait sa maison et la recevait dans ses bras!

C'est une philosophie bien barbare et une politique bien cruelle que celles-là qui veulent obliger l'infortuné à vivre au milieu du monde. Des hommes ont été assez peu délicats pour mettre en commun leurs voluptés; mais l'adversité a un plus noble égoïsme : elle se cache toujours pour jouir de ses plaisirs, qui sont ses larmes. S'il est des lieux pour la santé du corps, ah! permettez à la religion d'en avoir aussi pour la santé de l'âme, elle qui est bien plus sujette aux maladies, et dont les infirmités sont bien plus douloureuses, bien plus longues et bien plus difficiles à guérir.

Des gens se sont avisés de vouloir qu'on élevât des retraites *nationales* pour ceux *qui pleurent*. Certes, ces philosophes sont profonds dans la connaissance de la nature, et les choses du cœur humain leur ont été révélées! c'est-à-dire qu'ils veulent confier le malheur à la pitié des hommes, et mettre les chagrins sous la protection de ceux qui les causent. Il faut une charité plus magnifique que la nôtre pour soulager l'indigence d'une âme infortunée; Dieu seul est assez riche pour lui faire l'aumône.

On a prétendu rendre un grand service aux religieux et aux religieuses en les forçant de quitter leurs retraites : qu'en est-il advenu? Les femmes qui ont pu trouver un asile dans les monastères étrangers s'y sont réfugiées; d'autres se sont réunies pour former entre elles des monastères au milieu du monde, plusieurs enfin sont mortes de chagrin ; et ces Trappistes *si à plaindre*, au lieu de profiter des charmes de la liberté et de la vie, ont été continuer leurs macérations dans les bruyères de l'Angleterre et dans les déserts de la Russie.

Il ne faut pas croire que nous soyons tous également nés pour manier le hoyau ou le mousquet, et qu'il n'y ait point d'homme d'une délicatesse particulière, qui soit formé pour le labeur de la pensée, comme un autre pour le travail des mains. N'en doutons point, nous avons au fond du cœur mille raisons de solitude : quelques-uns y sont entraînés par une pensée tournée à la contemplation; d'autres, par une certaine pudeur craintive qui fait qu'ils aiment à habiter en eux-mêmes; enfin, il est des âmes trop excellentes, qui cherchent en vain dans la nature les autres âmes auxquelles elles sont faites pour s'unir, et qui semblent condamnées à une sorte de virginité morale ou de veuvage éternel.

C'était surtout pour ces âmes solitaires que la religion avait élevé ses retraites.

CHAPITRE IV.

DES CONSTITUTIONS MONASTIQUES.

On doit sentir que ce n'est pas l'histoire particulière des ordres religieux que nous écrivons, mais seulement leur histoire morale.

Ainsi, sans parler de saint Antoine, père des cénobites : de saint Paul, premier des anachorètes ; de sainte Synclétique, fondatrice des monastères de filles : sans nous arrêter à l'ordre de saint Augustin, qui comprend les chapitres connus sous le nom de *réguliers ;* à celui de saint Basile, adopté par les religieux et les religieuses d'Orient ; à la règle de saint Benoît, qui réunit la plus grande partie des monastères occidentaux ; à celle de saint François, pratiquée par les ordres mendiants, nous confondrons tous les religieux dans un tableau général où nous tâcherons de peindre leurs costumes, leurs usages, leurs mœurs, leur vie active ou contemplative, et les services sans nombre qu'ils ont rendus à la société.

Cependant nous ne pouvons nous empêcher de faire une observation. Il y a des personnes qui méprisent, soit par ignorance, soit par préjugés, ces constitutions sous lesquelles un grand nombre de cénobites ont vécu depuis plusieurs siècles. Ce mépris n'est rien moins que philosophique, et surtout dans un temps où l'on se pique de connaître et d'étudier les hommes. Tout religieux qui, au moyen d'une haire et d'un sac, est parvenu à rassembler sous ses lois plusieurs milliers de disciples, n'est point un homme ordinaire ; et les ressorts qu'il a mis en usage, l'esprit qui domine dans ses institutions, valent bien la peine d'être examinés.

Il est digne de remarque, sans doute, que de toutes ces règles monastiques les plus rigides ont été les mieux observées : les chartreux ont donné au monde l'unique exemple d'une congrégation qui a existé sept cents ans sans avoir besoin de réforme. Ce qui prouve que plus le législateur combat les penchants naturels, plus il assure la durée de son ouvrage. Ceux au contraire qui prétendent élever des sociétés en employant les passions comme matériaux de l'édifice, ressemblent à ces architectes qui bâtissent des palais avec cette sorte de pierre qui se fond à l'impression de l'air.

Les ordres religieux n'ont été, sous beaucoup de rapports, que des sectes philosophiques assez semblables à celles des Grecs. Les moines étaient appelés *philosophes* dans les premiers temps ; ils en portaient la robe et en imitaient les mœurs. Quelques-uns même avaient choisi pour seule règle le manuel d'Épictète. Saint Basile établit le premier les vœux *de pauvreté, de chasteté* et *d'obéissance.* Cette loi est profonde ; et si l'on y réfléchit, on verra que le génie de Lycurgue est enfermé dans ces trois préceptes.

Dans la règle de saint Benoît, tout est prescrit, jusqu'aux plus petits détails de la vie : lit, nourriture, promenade, conversation, prière. On donnait aux faibles des travaux plus délicats ; aux robustes, de plus pénibles : en un mot, la plupart de ces lois religieuses décèlent une connaissance incroyable dans l'art de gouverner les hommes. Platon n'a fait que rêver des républiques, sans pouvoir rien exécuter : saint Augustin, saint Basile, saint Benoît ont été de véritables législateurs, et les patriarches de plusieurs grands peuples.

On a beaucoup déclamé dans ces derniers temps contre la perpétuité des vœux ; mais il n'est peut-être pas impossible de trouver en sa faveur des raisons puisées dans la nature des choses et dans les besoins même de notre âme.

L'homme est surtout malheureux par son inconstance et par l'usage de ce libre arbitre qui fait à la fois sa gloire et ses maux, et qui fera sa condamnation. Il flotte de sentiment en sentiment, de pensée en pensée ; ses amours ont la mobilité de ses opinions, et ses opinions lui échappent comme ses amours. Cette inquiétude le plonge dans une misère dont il ne peut sortir que quand une force supérieure l'attache à un seul objet. On le voit alors porter avec joie sa chaîne ; car l'homme infidèle hait pourtant l'infidélité. Ainsi, par exemple, l'artisan est plus heureux que le riche désoccupé, parce qu'il est soumis à un travail impérieux qui ferme autour de lui toutes les voies du désir ou de l'inconstance. La même soumission à la puissance fait le bien-être des enfants, et la loi qui défend le divorce a moins d'inconvénients pour la paix des familles que la loi qui le permet.

Les anciens législateurs avaient reconnu cette nécessité d'imposer un joug à l'homme. Les républiques de Lycurgue et de Minos n'étaient en effet que des espèces de communautés où l'on était engagé en naissant par des vœux perpétuels. Le citoyen y était condamné à une existence uniforme et monotone. Il était assujetti à des règles fatigantes, qui s'étendaient jusque sur ses repas et ses loisirs ; il ne pouvait disposer ni des heures de sa journée, ni des âges de sa vie : on lui demandait un sacrifice rigoureux de ses goûts ; il fallait qu'il aimât, qu'il pensât, qu'il agît d'après la loi : en un mot, on lui avait retiré sa volonté pour le rendre heureux.

Le vœu perpétuel, c'est-à-dire la soumission à une règle inviolable, loin de nous plonger dans l'infortune, est donc, au contraire, une disposition favorable au bonheur, surtout quand ce vœu n'a d'autre but que de nous défendre contre les illusions du monde, comme dans les ordres monastiques. Les passions ne se soulèvent guère dans notre sein avant notre quatrième lustre ; à quarante ans elles sont déjà éteintes ou détrompées : ainsi le serment indissoluble nous prive tout au plus de quelques années de désirs, pour faire ensuite la paix de notre vie, pour nous arracher aux regrets ou aux remords le reste de nos jours. Or, si vous mettez en balance les maux qui naissent des passions avec le peu de moments de joie qu'elles vous donnent, vous verrez que le vœu perpétuel est encore un plus grand bien, même dans les plus beaux instants de la jeunesse.

Supposons, d'ailleurs, qu'une religieuse pût sortir de son cloître à volonté, nous demandons si cette femme serait heureuse. Quelques années de retraite auraient renouvelé pour elle la face de la société. Au spectacle du monde, si nous détournons un moment la tête, les décorations changent, les palais s'évanouissent ; et lorsque nous reportons les yeux sur la scène, nous n'apercevons plus que des déserts et des acteurs inconnus.

On verrait incessamment la folie du siècle entrer par caprice dans les couvents, et en sortir par caprice. Les cœurs agités ne seraient plus assez longtemps auprès des cœurs paisibles pour prendre quelque chose de leur repos, et les âmes sereines auraient bientôt perdu leur calme dans le commerce des âmes troublées. Au lieu de promener en silence leurs chagrins passés dans les abris du cloître, les malheureux iraient se racontant leurs naufrages, et s'excitant peut-être à braver encore les écueils. Femme du monde, femme de la solitude, l'infidèle épouse de Jésus-Christ ne serait propre ni à la solitude ni au monde : ce flux et reflux des passions, ces vœux tour à tour rompus et formés, banniraient des monastères la paix, la subordination, la décence. Ces retraites sacrées, loin d'offrir un port assuré à nos inquiétudes, ne seraient plus que des lieux où nous viendrions pleurer un moment l'inconstance des autres, et méditer nous-mêmes des inconstances nouvelles.

Mais, ce qui rend le vœu perpétuel de la religion bien supérieur à l'espèce de vœu politique du Spartiate et du Crétois, c'est qu'il vient de nous-mêmes; qu'il ne nous est imposé par personne, et qu'il présente au cœur une compensation pour ces amours terrestres que l'on sacrifie. Il n'y a rien que de grand dans cette alliance d'une âme immortelle avec le principe éternel; ce sont deux natures qui se conviennent et qui s'unissent. Il est sublime de voir l'homme né libre chercher en vain son bonheur dans sa volonté; puis, fatigué de ne rien trouver ici-bas qui soit digne de lui, se jurer d'aimer à jamais l'Être suprême, et se créer, comme Dieu, dans son propre serment, une *Nécessité*.

CHAPITRE V.

TABLEAU DES MŒURS ET DE LA VIE RELIGIEUSE.

MOINES, COPHTES, MARONITES, ETC.

Venons maintenant au tableau de la vie religieuse, et posons d'abord un principe. Partout où se trouve beaucoup de mystère, de solitude, de contemplation, de silence, beaucoup de pensées de Dieu, beaucoup de choses vénérables dans les costumes, les usages et les mœurs, là se doit trouver une abondance de toutes les sortes de beautés. Si cette observation est juste, on va voir qu'elle s'applique merveilleusement au sujet que nous traitons.

Remontons encore aux solitaires de la Thébaïde. Ils habitaient des cellules appelées *laures*, et portaient, comme leur fondateur Paul, des robes de feuilles de palmier; d'autres étaient vêtus de cilices tissus de poil de gazelle; quelques-uns, comme le solitaire Zénon, jetaient seulement sur leurs épaules la dépouille des bêtes sauvages; et l'anachorète Séraphion marchait enveloppé du linceul qui devait le couvrir dans la tombe. Les religieux maronites, dans les solitudes du Liban, les ermites nestoriens, répandus le long du Tigre; ceux d'Abyssinie, aux cataractes du Nil et sur les rivages de la mer Rouge, tous, enfin, mènent une vie aussi extraordinaire que les déserts où ils l'ont cachée. Le moine cophte, en entrant dans son monastère, renonce aux plaisirs, consume son temps en travail, en jeûnes, en prières, et à la pratique de l'hospitalité. Il couche sur la dure, dort à peine quelques instants, se relève, et, sous le beau firmament d'Égypte, fait entendre sa voix parmi les débris de Thèbes et de Memphis. Tantôt l'écho des Pyramides redit aux ombres des Pharaons les cantiques de cet enfant de la famille de Joseph; tantôt ce pieux solitaire chante au matin les louanges du vrai soleil, au même lieu où des statues harmonieuses soupiraient le réveil de l'aurore. C'est là qu'il cherche l'Européen égaré à la poursuite de ces ruines fameuses; c'est là que, le sauvant de l'Arabe, il l'enlève dans sa tour, et prodigue à cet inconnu la nourriture qu'il se refuse à lui-même. Les savants vont bien visiter les débris de l'Égypte; mais d'où vient que, comme les moines chrétiens, objet de leur mépris, ils ne vont pas s'établir dans ces mers de sable, au milieu de toutes les privations, pour donner un verre d'eau au voyageur, et l'arracher au cimeterre du Bédouin?

Dieu des chrétiens, quelles choses n'as-tu point faites! Partout où l'on tourne les yeux, on ne voit que les monuments de tes bienfaits. Dans les quatre parties du monde la religion a distribué ses milices et placé ses vedettes pour l'humanité. Le moine maronite appelle par le claquement de deux planches suspendues à la cime d'un arbre, l'étranger que la nuit a surpris dans les précipices du Liban; ce pauvre et ignorant artiste n'a pas de plus riche moyen de se faire entendre: le moine abyssinien vous attend dans ce bois au milieu des tigres: le missionnaire américain veille à votre conservation dans ses immenses forêts. Jeté par un naufrage sur des côtes inconnues, tout à coup vous apercevez une croix sur un rocher. Malheur à vous si ce signe de salut ne fait pas couler vos larmes. Vous êtes en pays d'amis; ici sont des chrétiens. Vous êtes un Français, il est vrai, et ils sont Espagnols, Allemands, Anglais peut-être! Et qu'importe? n'êtes-vous pas de la grande famille de Jésus-Christ? Ces étrangers vous reconnaîtront pour frère; c'est vous qu'ils invitent par cette croix; ils ne vous ont jamais vu, et cependant ils pleurent de joie en vous voyant sauvé du désert.

Mais le voyageur des Alpes n'est qu'au milieu de sa course. La nuit approche, les neiges tombent: seul, tremblant, égaré, il fait quelques pas et se perd sans retour. C'en est fait; la nuit est venue: arrêté au bord d'un précipice, il n'ose ni avancer, ni retourner en arrière. Bientôt le froid le pénètre, ses membres s'engourdissent, un funeste sommeil cherche ses yeux; ses dernières pensées sont pour ses enfants et son épouse! Mais n'est-ce pas le son d'une cloche qui frappe son oreille à travers le murmure de la tempête, ou bien est-ce le *glas* de la mort que son imagination effrayée croit ouïr au milieu des vents? Non: ce sont des sons réels, mais inutiles! car les pieds de ce voyageur refusent maintenant de le porter... Un autre bruit se fait entendre; un chien jappe sur les neiges; il approche, il arrive, il hurle de joie: un solitaire le suit.

Ce n'était donc pas assez d'avoir mille fois exposé sa vie pour sauver des hommes, et de s'être établi pour jamais au fond des plus affreuses solitudes? Il fallait encore que les animaux mêmes apprissent à devenir l'instrument de ces œuvres sublimes, qu'ils s'embrasassent, pour ainsi dire, de l'ardente charité de leurs maîtres, et que leurs cris sur le sommet des Alpes proclamassent aux échos les miracles de notre religion.

Qu'on ne dise pas que l'humanité seule puisse conduire à de tels actes; car d'où vient qu'on ne trouve rien de pareil dans cette belle antiquité, pourtant si sensible? On parle de la philanthropie ! c'est la religion chrétienne qui est seule philanthrope par excellence. Immense et sublime idée, qui fait du chrétien de la Chine un ami du chrétien de la France, du Sauvage néophyte un frère du moine égyptien! Nous ne sommes plus étrangers sur la terre, nous ne pouvons plus nous y égarer. Jésus-Christ nous a rendu l'héritage que le péché d'Adam nous avait ravi. Chrétien! il n'est plus d'océan ou de déserts inconnus pour toi ; tu trouveras partout la langue de tes aïeux et la cabane de ton père !

CHAPITRE VI.

SUITE DU PRÉCÉDENT.

TRAPPISTES, CHARTREUX, SOEURS DE SAINTE-CLAIRE, PÈRES DE LA RÉDEMPTION, MISSIONNAIRES, FILLES DE LA CHARITÉ, ETC.

Telles sont les mœurs et les coutumes de quelques-uns des ordres religieux de la vie contemplative; mais ces choses, néanmoins, ne sont si belles que parce qu'elles sont unies aux méditations et aux prières : ôtez le nom et la présence de Dieu de tout cela, et le charme est presque détruit.

Voulez-vous maintenant vous transporter à la Trappe, et contempler ces moines vêtus d'un sac, qui bêchent leurs tombes? Voulez-vous les voir errer comme des ombres dans cette grande forêt de Mortagne, et au bord de cet étang solitaire? Le silence marche à leurs côtés, ou s'ils se parlent quand ils se rencontrent, c'est pour se dire seulement : *Frères, il faut mourir.* Ces ordres rigoureux du christianisme étaient des écoles de morale en action: institués au milieu des plaisirs du siècle, ils offraient sans cesse des modèles de pénitence et de grands exemples de la misère humaine aux yeux du vice et de la prospérité.

Quel spectacle que celui du trappiste mourant ! quelle sorte de haute philosophie! quel avertissement pour les hommes! Étendu sur un peu de paille et de cendre, dans le sanctuaire de l'église, ses frères rangés en silence autour de lui, il les appelle à la vertu, tandis que la cloche funèbre sonne ses dernières agonies. Ce sont ordinairement les vivants qui engagent l'infirme à quitter courageusement la vie; mais ici c'est une chose plus sublime, c'est le mourant qui parle de la mort. Aux portes de l'éternité, il la doit mieux connaître qu'un autre; et, d'une voix qui résonne déjà entre des ossements, il appelle avec autorité ses compagnons, ses supérieurs même à la pénitence. Qui ne frémirait en voyant ce religieux qui vécut d'une manière si sainte, douter encore de son salut à l'approche du passage terrible? Le christianisme a tiré du fond du sépulcre toutes les moralités qu'il renferme. C'est par la mort que la morale est entrée dans la vie : si l'homme, tel qu'il est aujourd'hui après sa chute, fût demeuré immortel, peut-être n'eût-il jamais connu la vertu (52).

Ainsi s'offrent de toutes parts dans la religion les scènes les plus instructives ou les plus attachantes : là, de saints muets, comme un peuple enchanté par un philtre, accomplissent sans paroles les travaux des moissons et des vendanges; ici les filles de Claire foulent de leurs pieds nus les tombes glacées de leur cloître. Ne croyez pas toutefois qu'elles soient malheureuses au milieu de leurs austérités; leurs cœurs sont purs, et leurs yeux tournés vers le ciel, en signe de désir et d'espérance. Une robe de laine grise est préférable à des habits somptueux, achetés au prix des vertus; le pain de la charité est plus sain que celui de la prostitution. Eh! de combien de chagrins ce simple voile baissé entre ces filles et le monde ne les sépare-t-il pas!

En vérité, nous sentons qu'il nous faudrait un tout autre talent que le nôtre pour nous tirer dignement des objets qui se présentent à nos yeux. Le plus bel éloge que nous pourrions faire de la vie monastique serait de présenter le catalogue des travaux auxquels elle s'est consacrée. La religion, laissant à notre cœur le soin de nos joies, ne s'est occupée, comme une tendre mère, que du soulagement de nos douleurs; mais dans cette œuvre immense et difficile elle a appelé tous ses fils et toutes ses filles à son secours. Aux uns elle a confié le soin de nos maladies, comme cette multitude de religieux et de religieuses dévoués au service des hôpitaux; aux autres elle a délégué les pauvres, comme aux sœurs de la Charité. Le père de la Rédemption s'embarque à Marseille : où va-t-il seul ainsi avec son bréviaire et son bâton? Ce conquérant marche à la délivrance de l'humanité; et les armées qui l'accompagnent sont invisibles. La bourse de la charité à la main, il court affronter la peste, le martyre et l'esclavage. Il aborde le dey d'Alger, il lui parle au nom de ce roi céleste dont il est l'ambassadeur. Le Barbare s'étonne à la vue de cet Européen, qui ose seul, à travers les mers et les orages, venir lui redemander des captifs : dompté par une force inconnue, il accepte l'or qu'on lui présente; et l'héroïque libérateur, satisfait d'avoir rendu des malheureux à leur patrie, obscur et ignoré, reprend humblement à pied le chemin de son monastère.

Partout c'est le même spectacle : le missionnaire qui part pour la Chine rencontre au port le missionnaire qui revient, glorieux et mutilé, du Canada; la sœur grise court administrer l'indigent dans sa chaumière; le père capucin vole à l'incendie; le frère hospitalier lave les pieds du voyageur; le frère du *Bien-Mourir* console l'agonisant sur sa couche; le frère *Enterreur* porte le corps du pauvre décédé; la sœur de la Charité monte au septième étage pour prodiguer l'or, le vêtement et l'espérance; ces filles, si justement appelées *Filles-Dieu*, portent et reportent çà et là les bouillons, la charpie, les remèdes; la fille du *Bon-Pasteur* tend les bras à la fille prostituée, et lui crie : *Je ne suis point venue pour appeler les justes, mais les pécheurs!* l'orphelin trouve un père, l'insensé un médecin, l'ignorant un instructeur. Tous ces ouvriers en œuvres célestes se précipitent, s'animent les uns les autres. Cependant la religion, attentive, et tenant une couronne immortelle, leur crie : « Courage, mes enfants! courage! hâtez-vous, soyez plus prompts que les maux dans la carrière de la vie! méritez cette couronne que je vous prépare : elle vous mettra vous-mêmes à l'abri de tous maux et de tous besoins. »

Au milieu de tant de tableaux, qui mériteraient chacun des volumes de détails et de louanges, sur quelle scène particulière arrêterons-nous nos regards? Nous avons déjà parlé de ces hôtelleries que la religion a placées dans les solitudes des quatre parties du monde; fixons donc à présent les yeux sur des objets d'une autre sorte.

Il y a des gens pour qui le seul nom de capucin est un objet de risée. Quoi qu'il en soit, un religieux de l'ordre de saint François était souvent un personnage noble et simple.

Qui de nous n'a vu un couple de ces hommes vénérables, voyageant dans les campagnes, ordinairement vers la fête des Morts, à l'approche de l'hiver, au temps de la *quête des vignes?* Ils s'en allaient, demandant l'hospitalité, dans les vieux châteaux sur leur route. A l'entrée de la nuit, les deux pèlerins arrivaient chez le châtelain solitaire : ils montaient un antique perron, mettaient leurs longs bâtons et leurs besaces derrière la porte, frappaient au portique sonore, et demandaient l'hospitalité. Si le maître refusait ces hôtes du Seigneur, ils faisaient un profond salut, se retiraient en silence, reprenaient leurs besaces et leurs bâtons, et, secouant la poussière de leurs sandales, ils s'en allaient, à travers la nuit, chercher la cabane du laboureur. Si, au contraire, ils étaient reçus, après qu'on leur avait donné à laver, à la façon des temps de Jacob et d'Homère, ils venaient s'asseoir au foyer hospitalier. Comme aux siècles antiques, afin de se rendre les maîtres favorables (et parce que, comme Jésus-Christ, ils aimaient aussi les enfants), ils commençaient par caresser ceux de la maison; ils leur présentaient des reliques et des images. Les enfants, qui s'étaient d'abord enfuis tout effrayés, bientôt attirés par ces merveilles, se familiarisaient jusqu'à se jouer entre les genoux des bons religieux. Le père et la mère, avec un sourire d'attendrissement, regardaient ces scènes naïves et l'intéressant contraste de la gracieuse jeunesse de leurs enfants, et de la vieillesse chenue de leurs hôtes.

Or, la pluie et le *coup de vent des morts* battaient au dehors les bois dépouillés, les cheminées, les créneaux du château gothique; la chouette criait sur ses faîtes. Auprès d'un large foyer, la famille se mettait à table : le repas était cordial, et les manières affectueuses. La jeune demoiselle du lieu interrogeait timidement ses hôtes, qui louaient gravement sa beauté et sa modestie. Les bons pères entretenaient la famille par leurs agréables propos : ils racontaient quelque histoire bien touchante; car ils avaient toujours appris des choses remarquables dans leurs missions lointaines, chez les Sauvages de l'Amérique, ou chez les peuples de la Tartarie. A la longue barbe de ces pères, à leur robe de l'antique Orient, à la manière dont ils étaient venus demander l'hospitalité, on se rappelait ces temps où les Thalès et les Anacharsis voyageaient ainsi dans l'Asie et dans la Grèce.

Après le souper du château, la dame appelait ses serviteurs, et l'on invitait un des pères à faire en commun la prière accoutumée; ensuite les deux religieux se retiraient à leur couche, en souhaitant toutes sortes de prospérités à leurs hôtes. Le lendemain on cherchait les vieux voyageurs, mais ils s'étaient évanouis, comme ces saintes apparitions qui visitent quelquefois l'homme de bien dans sa demeure.

Était-il quelque chose qui pût briser l'âme, quelque commission dont les hommes ennemis des larmes n'osassent se charger, de peur de compromettre leurs plaisirs, c'était aux enfants du cloître qu'elle était aussitôt dévolue, et surtout aux Pères de l'ordre de saint François; on supposait que des hommes qui s'étaient voués à la misère, devaient être naturellement les hérauts du malheur. L'un était obligé d'aller porter à une famille la nouvelle de la perte de sa fortune; l'autre de lui apprendre le trépas de son fils unique. Le grand Bourdaloue remplit lui-même ce triste devoir : il se présentait en silence à la porte du père, croisait les mains sur sa poitrine, s'inclinait profondément et se retirait muet, comme la mort dont il était l'interprète.

Croit-on qu'il y eût beaucoup de plaisirs (nous entendons de ces plaisirs à la façon du monde), croit-on qu'il fût fort doux pour un cordelier, un carme, un franciscain, d'aller au milieu des prisons, annoncer la sentence au criminel, l'écouter, le consoler, et avoir, pendant des journées entières, l'âme transpercée des scènes les plus déchirantes? On a vu, dans ces actes de dévouement, la sueur tomber à grosses gouttes du front de ces compatissants religieux, et mouiller ce froc qu'elle a pour toujours rendu sacré, en dépit des sarcasmes de la philosophie. Et pourtant quel honneur, quel profit revenait-il à ces moines de tant de sacrifices, sinon la dérision du monde, et les injures même des prisonniers qu'ils consolaient! Mais du moins les hommes, tout ingrats qu'ils sont, avaient confessé leur nullité dans ces grandes rencontres de la vie, puisqu'ils les avaient abandonnées à la religion, seul véritable secours au dernier degré du malheur. O apôtre de Jésus-Christ, de quelles catastrophes n'étiez-vous point témoin, vous qui, près du bourreau, ne craigniez point de vous couvrir du sang des misérables, et qui étiez leur dernier ami! Voici un des plus hauts spectacles de la terre : aux deux coins de cet échafaud, les deux justices sont en présence, la justice humaine et la justice divine; l'une implacable et appuyée sur un glaive, est accompagnée du désespoir; l'autre, tenant un voile trempé de pleurs, se montre entre la pitié et l'espérance : l'une a pour ministre un homme de sang, l'autre un homme de paix : l'une condamne, l'autre absout : innocente ou coupable, la première dit à la victime : « Meurs ! » La seconde lui crie : « Fils de l'innocence ou du repentir, *Montez au ciel!* »

LIVRE QUATRIÈME.

Missions.

CHAPITRE PREMIER.

IDÉE GÉNÉRALE DES MISSIONS.

Voici encore une de ces grandes et nouvelles idées qui n'appartiennent qu'à la religion chrétienne. Les cultes idolâtres ont ignoré l'enthousiasme divin qui anime l'apôtre de l'Évangile. Les anciens philosophes eux-mêmes n'ont jamais quitté les avenues d'Académus et les délices d'Athènes, pour aller, au gré d'une impulsion sublime, humaniser le Sauvage, instruire l'ignorant, guérir le malade, vêtir le pauvre et semer la concorde et la paix parmi des nations ennemies : c'est ce que les religieux chrétiens ont fait et font encore tous les jours. Les mers, les orages, les glaces du pôle, les feux du tropique, rien ne les arrête : ils vivent avec l'Esquimau dans son outre de peau de vache marine; ils se nourrissent d'huile de baleine avec le Groënlandais; avec le Tartare ou l'Iroquois, ils parcourent la solitude ; ils montent sur le dromadaire de l'Arabe, ou suivent le Caffre errant dans ses déserts embrasés ; le Chinois, le Japonais, l'Indien, sont devenus leurs néophytes; il n'est point d'île ou d'écueil dans l'Océan qui ait pu échapper à leur zèle ; et, comme autrefois les royaumes manquaient à l'ambition d'Alexandre, la terre manque à leur charité.

Lorsque l'Europe régénérée n'offrit plus aux prédicateurs de la foi qu'une famille de frères, ils tournèrent les yeux vers les régions où des âmes languissaient encore dans les ténèbres de l'idolâtrie. Ils furent touchés de compassion en voyant cette dégradation de l'homme; ils se sentirent pressés du désir de verser leur sang pour le salut de ces étrangers. Il fallait percer des forêts profondes, franchir des marais impraticables, traverser des fleuves dangereux, gravir des rochers inaccessibles ; il fallait affronter des nations cruelles ; superstitieuses et jalouses; il fallait surmonter dans les unes l'ignorance de la barbarie, dans les autres les préjugés de la civilisation : tant d'obstacles ne purent les arrêter. Ceux qui ne croient plus à la religion de leurs pères conviennent du moins que si le missionnaire est fermement persuadé qu'il n'y a de salut que dans la religion chrétienne, l'acte par lequel il se condamne à des maux inouïs pour sauver un idolâtre est au-dessus des plus grands dévouements.

Qu'un homme, à la vue de tout un peuple, sous les yeux de ses parents et de ses amis, s'expose à la mort pour sa patrie, il échange quelques jours de vie pour des siècles de gloire; il illustre sa famille et l'élève aux richesses et aux honneurs. Mais le missionnaire dont la vie se consume au fond des bois, qui meurt d'une mort affreuse, sans spectateurs, sans applaudissements, sans avantages pour les siens, obscur, méprisé, traité de fou, d'absurde, de fanatique, et tout cela pour donner un bonheur éternel à un Sauvage inconnu... de quel nom faut-il appeler cette mort, ce sacrifice ?

Diverses congrégations religieuses se consacraient aux missions: les Dominicains, l'ordre de saint François, les Jésuites et les prêtres des missions étrangères.

Il y avait quatre sortes de missions :

Les missions du Levant, qui comprenaient l'Archipel, Constantinople, la Syrie, l'Arménie, la Crimée, l'Éthiopie, la Perse et l'Égypte ;

Les missions de l'Amérique, commençant par la baie d'Hudson, et remontant par le Canada, la Louisiane, la Californie, les Antilles et la Guiane, jusqu'aux fameuses *Réductions* ou peuplades du Paraguay ;

Les missions de l'Inde, qui renfermaient l'Indostan, la presqu'île en deçà et au delà du Gange, et qui s'étendaient jusqu'à Manille et aux Nouvelles-Philippines ;

Enfin, *les missions de la Chine*, auxquelles se joignent celles de Tong-King, de la Cochinchine et du Japon.

On comptait de plus quelques églises en Islande et chez les Nègres de l'Afrique, mais elles n'étaient pas régulièrement suivies. Des ministres presbytériens ont tenté dernièrement de prêcher l'Évangile à Otaïti.

Lorsque les Jésuites firent paraître la correspondance connue sous le nom de *Lettres édifiantes*, elle fut citée et recherchée par tous les auteurs. On s'appuyait de son autorité, et les faits qu'elle contenait passaient pour indubitables. Mais bientôt la mode vint de décrier ce qu'on avait admiré. Ces lettres étaient écrites par des prêtres chrétiens : pouvaient-elles valoir quelque chose? On ne rougit pas de préférer, ou de feindre de préférer aux Voyages des Dutertre et des Charlevoix ceux d'un baron de La Hontan, ignorant et menteur. Des savants qui avaient été à la tête des premiers tribunaux de la Chine, qui avaient passé trente et quarante années à la cour même des empereurs, qui parlaient et écrivaient la langue du pays, qui fréquentaient les petits, qui vivaient familièrement avec les grands, qui avaient parcouru, vu et étudié en détail les provinces, les mœurs, la religion et les lois de ce vaste empire; ces savants, dont les travaux nombreux ont enrichi les mémoires de l'Académie des sciences, se virent traités d'imposteurs par un homme qui n'était pas sorti du quartier des Européens à Canton, qui ne savait pas un mot de chinois, et dont tout le mérite consistait à contredire grossièrement les récits des missionnaires. On le sait aujourd'hui, et l'on rend une tardive justice aux Jésuites. Des ambassades faites à grands frais par des nations puissantes nous ont-elles appris quelque chose que les Duhalde et les Le Comte nous eussent laissé ignorer, ou nous ont-elles révélé quelques mensonges de ces Pères?

En effet, un missionnaire doit être un excellent voyageur. Obligé de parler la langue des peuples auxquels il prêche l'Évangile, de se conformer à leurs usages, de vivre longtemps avec toutes les classes de la société, de chercher à pénétrer dans les palais et dans les chaumières, n'eût-il reçu de la nature aucun génie, il parviendrait encore à recueillir une multitude de faits précieux. Au contraire, l'homme qui passe rapidement avec un interprète, qui n'a ni le temps ni la volonté de s'exposer à mille périls pour apprendre le secret des mœurs, cet homme eût-il tout ce qu'il faut pour bien observer, ne peut cependant acquérir que des connaissances très-vagues sur des peuples qui ne font que rouler et disparaître à ses yeux.

Le Jésuite avait encore sur le voyageur ordinaire l'avantage d'une éducation savante. Les supérieurs exigeaient plusieurs qualités des élèves qui se destinaient aux missions. Pour le Levant, il fallait savoir le grec, le cophte, l'arabe, le turc, et posséder quelques connaissances en médecine; pour l'Inde et la Chine, on voulait des astronomes, des géographes, des mathématiciens, des mécaniciens; l'Amérique était réservée aux naturalistes [1]. Et à combien de saints déguisements, de pieuses ruses, de changements de vie et de mœurs n'était-on pas obligé d'avoir recours pour annoncer la vérité aux hommes! A Maduré, le missionnaire prenait l'habit du pénitent indien, s'assujettissait à ses usages, se

---

[1] Voyez les *Lettres édifiantes*, et l'ouvrage de l'abbé FLEURY sur les qualités nécessaires à un missionnaire.

soumettait à ses austérités, si rebutantes ou si puériles qu'elles fussent ; à la Chine, il devenait mandarin et lettré ; chez l'Iroquois, il se faisait chasseur et sauvage.

Presque toutes les missions françaises furent établies par Colbert et Louvois, qui comprirent de quelle ressource elles seraient pour les arts, les sciences et le commerce. Les pères Fontenay, Tachard, Gerbillon, Le Comte, Bouvet et Visdelou, furent envoyés aux Indes par Louis XIV : ils étaient mathématiciens, et le roi les fit recevoir de l'Académie des sciences avant leur départ.

Le père Brédevent, connu par sa dissertation physico-mathématique, mourut malheureusement en parcourant l'Éthiopie ; mais on a joui d'une partie de ses travaux : le père Sicard visita l'Égypte avec des dessinateurs que lui avait fournis M. de Maurepas. Il acheva un grand ouvrage sous le titre de *Description de l'Égypte ancienne et moderne*. Ce manuscrit précieux, déposé à la maison professe des Jésuites, fut dérobé sans qu'on en ait jamais pu découvrir aucune trace. Personne sans doute ne pouvait mieux nous faire connaître la Perse et le fameux Thomas Koulikan que le moine Bazin, qui fut le premier médecin de ce conquérant, et le suivit dans ses expéditions. Le père Cœur-Doux nous donna des renseignements sur les toiles et les teintures indiennes. La Chine nous fut connue comme la France ; nous eûmes les manuscrits originaux et les traductions de son histoire ; nous eûmes des herbiers chinois, des géographies, des mathématiques chinoises ; et, pour qu'il ne manquât rien à la singularité de cette mission, le père Ricci écrivit des livres de morale dans la langue de Confucius, et passe encore pour un auteur élégant à Pékin.

Si la Chine nous est aujourd'hui fermée, si nous ne disputons pas aux Anglais l'empire des Indes, ce n'est pas la faute des Jésuites, qui ont été sur le point de nous ouvrir ces belles régions. « Ils avaient réussi en Amérique, dit Voltaire, en enseignant à des Sauvages les arts nécessaires ; ils réussirent à la Chine, en enseignant les arts les plus relevés à une nation spirituelle [1]. »

L'utilité dont ils étaient à leur patrie dans les échelles du Levant n'est pas moins avérée. En veut-on une preuve authentique? Voici un certificat dont les signatures sont assez belles.

Brevet du Roi.

« Aujourd'hui, septième de juin mil six cent soixante-dix-neuf, le roi étant à Saint-Germain en Laye, voulant gratifier et favorablement traiter les Pères Jésuites français, missionnaires au Levant, en considération de leur zèle pour la religion, *et des avantages que ses sujets qui résident et qui trafiquent dans toutes les échelles reçoivent de leurs instructions*, Sa Majesté les a retenus et retient pour ses chapelains dans l'Église et chapelle consulaire de la ville d'Alep en Syrie, etc.

« *Signé* Louis.

« *Et plus bas,* Colbert [2] (53). »

[1] *Essai sur les Missions chrétiennes*, chap. cxcv.
Lettres édif., tom. I, pag. 129, édit. de 1780.

C'est à ces mêmes missionnaires que nous devons l'amour que les Sauvages portent encore au nom français dans les forêts de l'Amérique. Un mouchoir blanc suffit pour passer en sûreté à travers les hordes ennemies, et pour recevoir partout l'hospitalité. C'étaient les Jésuites du Canada et de la Louisiane qui avaient dirigé l'industrie des colons vers la culture, et découvert de nouveaux objets de commerce pour les teintures et les remèdes. En naturalisant sur notre sol des insectes, des oiseaux et des arbres étrangers [1], ils ont ajouté des richesses à nos manufactures, des délicatesses à nos tables et des ombrages à nos bois.

Ce sont eux qui ont décrit les annales élégantes ou naïves de nos colonies. Quelle excellente histoire que celle des Antilles par le père Dutertre, ou celle de la Nouvelle-France par Charlevoix! Les ouvrages de ces hommes pieux sont pleins de toutes sortes de sciences : dissertations savantes, peintures de mœurs, plans d'amélioration pour nos établissements, objets utiles, réflexions morales, aventures intéressantes, tout s'y trouve ; l'histoire d'un acacia ou d'un saule de la Chine s'y mêle à l'histoire d'un grand empereur réduit à se poignarder ; et le récit de la conversion d'un Pariah à un traité sur les mathématiques des Brames. Le style de ces relations, quelquefois sublime, est souvent admirable par sa simplicité. Enfin, les missions fournissaient chaque année à l'astronomie, et surtout à la géographie, de nouvelles lumières. Un Jésuite rencontra en Tartarie une femme huronne qu'il avait connue au Canada : il conclut de cette étrange aventure que le continent de l'Amérique se rapproche au nord-ouest du continent de l'Asie, et il devina ainsi l'existence du détroit qui longtemps après a fait la gloire de Bering et de Cook. Une grande partie du Canada et toute la Louisiane avaient été découvertes par nos missionnaires. En appelant au christianisme les Sauvages de l'Acadie, ils nous avaient livré ces côtes où s'enrichissait notre commerce et se formaient nos marins : telle est une faible partie des services que ces hommes, aujourd'hui si méprisés, savaient rendre à leur pays.

CHAPITRE II.

MISSIONS DU LEVANT.

Chaque mission avait un caractère qui lui était propre, et un genre de souffrance particulier. Celles du Levant présentaient un spectacle bien philosophique. Combien elle était puissante cette voix chrétienne qui s'élevait des tombeaux d'Argos et des ruines de Sparte et d'Athènes! Dans les îles de Naxos et de Salamine, d'où partaient ces brillantes théories qui charmaient et enivraient la Grèce, un pauvre prêtre catholique, déguisé en Turc, se jette dans un esquif, aborde à quelque méchant réduit pratiqué sous des tronçons de colonnes, console sur la paille le descendant des vainqueurs de Xerxès, distribue des au-

---

[1] Deux moines, sous le règne de Justinien, apportèrent du Sérinde des vers à soie à Constantinople. Les dindes, et plusieurs arbres et arbustes étrangers naturalisés en Europe, sont dus à des missionnaires.

mônes au nom de Jésus-Christ, et, faisant le bien comme on fait le mal, en se cachant dans l'ombre, retourne secrètement au désert.

Le savant qui va mesurer les restes de l'antiquité dans les solitudes de l'Afrique et de l'Asie a sans doute des droits à notre admiration; mais nous voyons une chose encore plus admirable et plus belle ; c'est quelque Bossuet inconnu expliquant la parole des prophètes sur les débris de Tyr et de Babylone.

Dieu permettait que les moissons fussent abondantes dans un sol si riche : une pareille poussière ne pouvait être stérile. « Nous sortîmes de Serpho, dit le père Xavier, plus consolés que je ne puis vous l'exprimer ici, le peuple nous comblant de bénédictions, et remerciant Dieu mille fois de nous avoir inspiré le dessein de venir les chercher au milieu de leurs rochers [1]. »

Les montagnes du Liban, comme les sables de la Thébaïde, étaient témoins du dévouement des missionnaires. Ils ont une grâce infinie à rehausser les plus petites circonstances. S'ils décrivent les cèdres du Liban, ils vous parlent de quatre autels de pierre qui se voient au pied de ces arbres, et où les moines maronites célèbrent une messe solennelle le jour de la Transfiguration; on croit entendre les accents religieux qui se mêlent au murmure de ces bois chantés par Salomon et Jérémie, et au fracas des torrents qui tombent des montagnes.

Parlent-ils de la vallée où coule le fleuve *saint*, ils disent : « Ces rochers renferment de profondes grottes qui étaient autrefois autant de cellules d'un grand nombre de solitaires qui avaient choisi ces retraites pour être les seuls témoins sur terre de la rigueur de leur pénitence. Ce sont les larmes de ces pénitents qui ont donné au fleuve dont nous venons de parler le nom de fleuve *saint*. Sa source est dans les montagnes du Liban. La vue de ces grottes et de ce fleuve, dans cet affreux désert, inspire de la componction, de l'amour pour la pénitence, et de la compassion pour ces âmes sensuelles et mondaines qui préfèrent quelques jours de joie et de plaisir à une éternité bienheureuse [2]. »

Cela nous semble parfait, et comme style et comme sentiment.

Ces missionnaires avaient un instinct merveilleux pour suivre l'infortune à la trace, et la forcer, pour ainsi dire, jusque dans son dernier gîte. Les bagnes et les galères pestiférés n'avaient pu échapper à leur charité; écoutons parler le père Tarillon dans sa lettre à M. de Pontchartrain :

« Les services que nous rendons à ces pauvres gens (les esclaves chrétiens au bagne de Constantinople) consistent à les entretenir dans la crainte de Dieu et dans la foi, à leur procurer des soulagements de la charité des fidèles, à les assister dans leurs maladies, et enfin à leur aider à bien mourir. Si tout cela demande beaucoup de sujétion et de peine, je puis assurer que Dieu y attache en récompense de grandes consolations. . . . .

. . . .

« Dans les temps de peste, comme il faut être à portée de secourir ceux qui en sont frappés, et que nous n'avons ici que quatre ou cinq missionnaires, notre usage est qu'il n'y a qu'un seul père qui entre au bagne, et qui y demeure tout

---

[1] *Lettres édif.*, tom. I, pag. 15. — [2] *Ibid.*, pag. 285.

le temps que la maladie dure. Celui qui en obtient la permission du supérieur, s'y dispose pendant quelques jours de retraite, et prend congé de ses frères, comme s'il devait bientôt mourir. Quelquefois il y consomme son sacrifice, et quelquefois il échappe au danger [1]. »

Le père Jacques Cachod écrit au père Tarillon :

« Maintenant je me suis mis au-dessus de toutes les craintes que donnent les maladies contagieuses; et, s'il plaît à Dieu, je ne mourrai pas de ce mal, après les hasards que je viens de courir. Je sors du bagne, où j'ai donné les derniers sacrements à quatre-vingt-six personnes... Durant le jour, je n'étais, ce me semble, étonné de rien; il n'y avait que la nuit, pendant le peu de sommeil qu'on me laissait prendre, que je me sentais l'esprit tout rempli d'idées effrayantes. Le plus grand péril que j'aie couru, et que je courrai peut-être de ma vie, a été à fond de cale d'une sultane de quatre-vingt-deux canons. Les esclaves, de concert avec les gardiens, m'y avaient fait entrer sur le soir pour les confesser toute la nuit, et leur dire la messe de grand matin. Nous fûmes enfermés à double cadenas, comme c'est la coutume. De cinquante-deux esclaves que je confessai, douze étaient malades, et trois moururent avant que je fusse sorti. Jugez quel air je pouvais respirer dans ce lieu renfermé, et sans la moindre ouverture! Dieu qui, par sa bonté, m'a sauvé de ce pas-là, me sauvera de bien d'autres [2]. »

Un homme qui s'enferme volontairement dans un bagne en temps de peste; qui avoue ingénument ses terreurs, et qui pourtant les surmonte par charité; qui s'introduit ensuite à prix d'argent, comme pour goûter des plaisirs illicites, à fond de cale d'un vaisseau de guerre, afin d'assister des esclaves pestiférés; avouons-le, un tel homme ne suit pas une impulsion naturelle : il y a quelque chose ici de plus que *l'humanité;* les missionnaires en conviennent, et ils ne prennent point sur eux le mérite de ces œuvres sublimes : « C'est Dieu qui nous donne cette force, répètent-ils souvent; nous n'y avons aucune part. »

Un jeune missionnaire, non encore aguerri contre les dangers comme ces vieux chefs tout chargés de fatigues et de palmes évangéliques, est étonné d'avoir échappé au premier péril; il craint qu'il n'y ait de sa faute : il en paraît humilié. Après avoir fait à son supérieur le récit d'une peste, où souvent il avait été obligé de *coller son oreille sur la bouche des malades, pour entendre leurs paroles mourantes*, il ajoute : « Je n'ai pas mérité, mon révérend père, que Dieu ait bien voulu recevoir le sacrifice de ma vie, que je lui avais offert. Je vous demande donc vos prières pour obtenir de Dieu qu'il oublie mes péchés et me fasse la grâce de mourir pour lui. »

C'est ainsi que le père Bouchet écrit des Indes : « Notre mission est plus florissante que jamais; nous avons eu *quatre grandes persécutions* cette année. »

C'est ce même père Bouchet qui a envoyé en Europe les tables des Brames, dont M. Bailly s'est servi dans son *Histoire de l'Astronomie.* La société anglaise de Calcutta n'a jusqu'à présent fait paraître aucun monument des sciences indiennes, que nos missionnaires n'eussent découvert ou indiqué; et cependant

---

[1] *Lettres édif.*, tom. I, pag. 19 et 21. — [2] *Ibid.*, pag. 23.

les savants anglais, souverains de plusieurs grands royaumes, favorisés par tous les secours de l'art et de la puissance, devraient avoir bien d'autres moyens de succès qu'un pauvre Jésuite, seul, errant et persécuté. « Pour peu que nous parussions librement en public, écrit le père Royer, il serait aisé de nous reconnaître à l'air et à la couleur du visage. Ainsi, pour ne point susciter de persécution plus grande à la religion, il faut se résoudre à demeurer caché le plus qu'on peut. Je passe les jours entiers, ou enfermé dans un bateau, d'où je ne sors que la nuit pour visiter les villages qui sont proches des rivières, ou retiré dans quelque maison éloignée [1]. »

CHAPITRE III.

MISSIONS DE LA CHINE.

Deux religieux de l'ordre de saint François, l'un Polonais, et l'autre Français de nation, furent les premiers Européens qui pénétrèrent à la Chine, vers le milieu du douzième siècle. Marc Paole, Vénitien, et Nicolas et Matthieu Paole, de la même famille, y firent ensuite deux voyages. Les Portugais ayant découvert la route des Indes, s'établirent à Macao, et le père Ricci, de la compagnie de Jésus, résolut de s'ouvrir cet empire du *Cattay* dont on racontait tant de merveilles. Il s'appliqua d'abord à l'étude de la langue chinoise, l'une des plus difficiles du monde. Son ardeur surmonta tous les obstacles ; et, après bien des dangers et plusieurs refus, il obtint des magistrats chinois, en 1682, la permission de s'établir à Chouachen.

Ricci, élève de Cluvius, et lui-même très-habile en mathématiques, se fit, à l'aide de cette science, des protecteurs parmi les mandarins. Il quitta l'habit des bonzes, et prit celui des lettrés. Il donnait des leçons de géométrie, où il mêlait avec art les leçons plus précieuses de la morale chrétienne. Il passa successivement à Chouachen, Nemchem, Pékin, Nankin, tantôt maltraité, tantôt reçu avec joie, opposant aux revers une patience invincible, et ne perdant jamais l'espérance de faire fructifier la parole de Jésus-Christ. Enfin, l'empereur lui-même, charmé des vertus et des connaissances du missionnaire, lui permit de résider dans la capitale, et lui accorda, ainsi qu'aux compagnons de ses travaux, plusieurs priviléges. Les Jésuites mirent une grande discrétion dans leur conduite, et montrèrent une connaissance profonde du cœur humain. Il respectèrent les usages des Chinois, et s'y conformèrent en tout ce qui ne blessait pas les lois évangéliques. Ils furent traversés de tous côtés. « Bientôt la jalousie, dit Voltaire, corrompit les fruits de leur sagesse ; et cet esprit d'inquiétude et de contention, attaché en Europe aux connaissances et aux talents, renversa les plus grands desseins [2]. »

Ricci suffisait à tout. Il répondait aux accusations de ses ennemis en Europe, il veillait aux églises naissantes de la Chine. Il donnait des leçons de mathématiques, il écrivait en chinois des livres de controverse contre les lettrés qui l'attaquaient, il cultivait l'amitié de l'empereur, et se ménageait à la cour, où sa

---

[1] *Lettres édif.*, tom., p. 8. — [2] *Essai sur les mœurs*, chap. CXCV.

politesse le faisait aimer des grands. Tant de fatigues abrégèrent ses jours. Il termina à Pékin une vie de cinquante-sept années, dont la moitié avait été consumée dans les travaux de l'apostolat.

Après la mort du père Ricci, sa mission fut interrompue par les révolutions qui arrivèrent à la Chine. Mais lorsque l'empereur tartare Cun-chi monta sur le trône, il nomma le père Adam Schall président du tribunal des mathématiques. Cun-chi mourut, et pendant la minorité de son fils Cang-hi, la religion chrétienne fut exposée à de nouvelles persécutions.

A la majorité de l'empereur, le calendrier se trouvant dans une grande confusion, il fallut rappeler les missionnaires. Le jeune prince s'attacha au père Verbiest, successeur du père Schall. Il fit examiner le christianisme par le tribunal des états de l'empire, et minuta de sa propre main le mémoire des Jésuites. Les juges, après un mûr examen, déclarèrent que la religion chrétienne était bonne, qu'elle ne contenait rien de contraire à la pureté des mœurs et à la prospérité des empires.

Il était digne des disciples de Confucius de prononcer une pareille sentence en faveur de la loi de Jésus-Christ. Peu de temps après ce décret, le père Verbiest appela de Paris ces savants Jésuites qui ont porté l'honneur du nom français jusqu'au centre de l'Asie.

Le Jésuite qui partait pour la Chine s'armait du télescope et du compas. Il paraissait à la cour de Pékin avec l'urbanité de la cour de Louis XIV, et environné du cortége des sciences et des arts. Déroulant des cartes, tournant des globes, traçant des sphères, il apprenait aux mandarins étonnés et le véritable cours des astres, et le véritable nom de celui qui les dirige dans leurs orbites. Il ne dissipait les erreurs de la physique que pour attaquer celles de la morale; il replaçait dans le cœur, comme dans son véritable siége, la simplicité qu'il bannissait de l'esprit : inspirant à la fois, par ses mœurs et son savoir, une profonde vénération pour son Dieu, et une haute estime pour sa patrie.

Il était beau pour la France de voir ces simples religieux régler à la Chine les fastes d'un grand empire. On se proposait des questions de Pékin à Paris ; la chronologie, l'astronomie, l'histoire naturelle fournissaient des sujets de discussions curieuses et savantes. Les livres chinois étaient traduits en français, les français en chinois. Le père Parennin, dans sa lettre adressée à Fontenelle, écrivait à l'Académie des sciences :

« MESSIEURS,

« Vous serez peut-être surpris que je vous envoie de si loin un traité d'anatomie, un cours de médecine, et des questions de physique écrites en une langue qui sans doute vous est inconnue ; mais votre surprise cessera quand vous verrez que ce sont vos propres ouvrages que je vous envoie habillés à la tartare [1]. »

Il faut lire d'un bout à l'autre cette lettre, où respirent ce ton de politesse et ce style des honnêtes gens, presque oubliés de nos jours. « Le Jésuite nommé Parennin, dit Voltaire, homme célèbre par ses connaissances et par la sagesse

---

[1] *Lettres édif.*, tom. XIX, pag. 257.

de son caractère, parlait très-bien le chinois et le tartare..... C'est lui qui est principalement connu parmi nous par les réponses sages et instructives sur les sciences de la Chine, aux difficultés savantes d'un de nos meilleurs philosophes [1]. »

En 1711, l'empereur de la Chine donna aux Jésuites trois inscriptions, qu'il avait composées lui-même, pour une église qu'ils faisaient élever à Pékin. Celle du frontispice portait :

« Au principe de toutes choses. »

Sur l'une des deux colonnes du péristyle on lisait :

« Il est infiniment bon et infiniment juste, il éclaire, il soutient, il règle tout avec une suprême autorité et avec une souveraine justice. »

La dernière colonne était couverte de ces mots :

« Il n'a pas eu de commencement, il n'aura point de fin : il a produit toute chose dès le commencement ; c'est lui qui les gouverne et qui en est le véritable Seigneur. »

Quiconque s'intéresse à la gloire de son pays ne peut s'empêcher d'être vivement ému en voyant de pauvres missionnaires français donner de pareilles idées de Dieu au chef de plusieurs millions d'hommes : quel noble usage de la religion !

Le peuple, les mandarins, les lettrés embrassaient en foule la nouvelle doctrine : les cérémonies du culte avaient surtout un succès prodigieux. « Avant la communion, dit le père Prémare, cité par le père Fouquet, je prononçai tout haut les actes qu'on fait faire en approchant de ce divin sacrement. Quoique la langue chinoise ne soit pas féconde en affections du cœur, cela eut beaucoup de succès..... Je remarquai, sur les visages de ces bons chrétiens, une dévotion que je n'avais pas encore vue [2]. »

« Loukang, ajoute le même missionnaire, m'avait donné du goût pour les missions de la campagne. Je sortis de la bourgade, et je trouvai tous ces pauvres gens qui travaillaient de côté et d'autre; j'en abordai un d'entre eux, qui me parut avoir la physionomie heureuse, et je lui parlai de Dieu. Il me parut content de ce que je disais, et m'invita par honneur à aller dans la salle des ancêtres. C'est la plus belle maison de la bourgade; elle est commune à tous les habitants, parce que, s'étant fait depuis longtemps une coutume de ne point s'allier hors de leur pays, ils sont tous parents aujourd'hui et ont les mêmes aïeux. Ce fut donc là que plusieurs, quittant leur travail, accoururent pour entendre la sainte doctrine [3] (54). »

N'est-ce pas là une scène de l'Odyssée ou plutôt de la Bible ?

Un empire dont les mœurs inaltérables usaient depuis deux mille ans le temps, les révolutions et les conquêtes, cet empire change à la voix d'un moine chrétien, parti seul du fond de l'Europe. Les préjugés les plus enracinés, les usages les plus antiques, une croyance religieuse consacrée par les siècles, tout cela tombe et s'évanouit au seul nom du Dieu de l'Évangile. Au moment

---

[1] *Siècle de Louis XIV*, chap. xxxix. — [2] *Lettres édif.*, tom. xvii, pag. 149. — [3] *Lettres édif.*, tom. xvii, pag. 152 et suiv.

même où nous écrivons, au moment où le christianisme est persécuté en Europe, il se propage à la Chine. Ce feu qu'on avait cru éteint s'est ranimé, comme il arrive toujours après les persécutions. Lorsqu'on massacrait le clergé en France, et qu'on le dépouillait de ses biens et de ses honneurs, les ordinations secrètes étaient sans nombre; les évêques proscrits furent souvent obligés de refuser la prêtrise à des jeunes gens qui voulaient voler au martyre. Cela prouve, pour la millième fois, combien ceux qui ont cru anéantir le christianisme, en allumant les bûchers, ont méconnu son esprit. Au contraire des choses humaines, dont la nature est de périr dans les tourments, la véritable religion s'accroît dans l'adversité : Dieu l'a marquée du même sceau que la vertu.

CHAPITRE IV.

MISSIONS DU PARAGUAY.

CONVERSION DES SAUVAGES [1].

Tandis que le christianisme brillait au milieu des adorateurs de Fo-hi, que d'autres missionnaires l'annonçaient aux nobles Japonais, ou le portaient à la cour des sultans, on le vit se glisser, pour ainsi dire, jusque dans les nids des forêts du Paraguay, afin d'apprivoiser ces nations indiennes qui vivaient comme des oiseaux sur les branches des arbres. C'est pourtant un culte bien étrange que celui-là qui réunit, quand il lui plaît, les forces politiques aux forces morales, et qui crée, par surabondance de moyens, des gouvernements aussi sages que ceux de Minos et de Lycurgue. L'Europe ne possédait encore que des constitutions barbares, formées par le temps et le hasard; et la religion chrétienne faisait revivre au Nouveau-Monde les miracles des législations antiques. Les hordes errantes des Sauvages du Paraguay se fixaient, et une république évangélique sortait, à la parole de Dieu, du plus profond des déserts.

Et quels étaient les grands génies qui reproduisaient ces merveilles! De simples Jésuites, souvent traversés dans leurs desseins par l'avarice de leurs compatriotes.

C'était une coutume généralement adoptée dans l'Amérique espagnole, de réduire les Indiens en *commande*, et de les sacrifier aux travaux des mines. En vain le clergé séculier et régulier avait réclamé contre cet usage, aussi impolitique que barbare. Les tribunaux du Mexique et du Pérou, la cour de Madrid, retentissaient des plaintes des missionnaires [2]. « Nous ne prétendons pas, disaient-ils aux colons, nous opposer au profit que vous pouvez faire avec les Indiens par des voies légitimes; mais vous savez que l'intention du roi n'a jamais été que vous les regardiez comme des esclaves, et que la loi de Dieu vous le défend..... Nous

---

[1] Voyez, pour les deux chapitres suivants, les huitième et neuvième volumes des *Lettres édifiantes*; l'*Histoire du Paraguay*, par Charlevoix, in-4°, édit. 1744; Lozano, *Historia de la Compania de Jesus, en la provincia del Paraguay*, in-fol., 2 vol., Madrid, 1753; Muratori, *Il Cristianesimo felice*; et Montesquieu, *Esprit des Lois*.

[2] Robertson, *Histoire de l'Amérique*.

ne croyons pas qu'il soit permis d'attenter à leur liberté, à laquelle ils ont un droit naturel que rien n'autorise à leur contester [1]. »

Il restait encore au pied des Cordilières, vers le côté qui regarde l'Atlantique, entre l'*Orénoque* et *Rio de la Plata*, un pays rempli de Sauvages, où les Espagnols n'avaient point porté la dévastation. Ce fut dans ces forêts que les missionnaires entreprirent de former une république chrétienne, et de donner, du moins à un petit nombre d'Indiens, le bonheur qu'ils n'avaient pu procurer à tous.

Ils commencèrent par obtenir de la cour d'Espagne la liberté des Sauvages qu'ils parviendraient à réunir. A cette nouvelle, les colons se soulevèrent : ce ne fut qu'à force d'esprit et d'adresse que les Jésuites surprirent, pour ainsi dire, la permission de verser leur sang dans les déserts du Nouveau-Monde. Enfin, ayant triomphé de la cupidité et de la malice humaine, méditant un des plus nobles desseins qu'ait jamais conçus un cœur d'homme, ils embarquèrent pour *Rio de la Plata*.

C'est dans ce fleuve que vient se perdre l'autre fleuve qui a donné son nom au pays et aux missions dont nous retraçons l'histoire. *Paraguay*, dans la langue des Sauvages, signifie *le fleuve couronné*, parce qu'il prend sa source dans le lac *Xarayès*, qui lui sert comme de couronne. Avant d'aller grossir *Rio de la Plata*, il reçoit les eaux du *Parama* et de l'*Uraguay*. Des forêts qui renferment dans leur sein d'autres forêts tombées de vieillesse, des marais et des plaines entièrement inondées dans la saison des pluies, des montagnes qui élèvent des déserts sur des déserts, forment une partie des régions que le *Paraguay* arrose. Le gibier de toute espèce y abonde, ainsi que les tigres et les ours. Les bois sont remplis d'abeilles, qui font une cire fort blanche et un miel très-parfumé. On y voit des oiseaux d'un plumage éclatant, et qui ressemblent à de grandes fleurs rouges et bleues, sur la verdure des arbres. Un missionnaire français qui s'était égaré dans ces solitudes en fait la peinture suivante :

« Je continuai ma route sans savoir à quel terme elle devait aboutir, et sans qu'il y eût personne qui pût me l'enseigner. Je trouvais quelquefois, au milieu de ces bois, des endroits enchantés. Tout ce que l'étude et l'industrie des hommes ont pu imaginer pour rendre un lieu agréable, n'approche point de ce que la simple nature y avait rassemblé de beautés.

« Ces lieux charmants me rappelèrent les idées que j'avais eues autrefois en lisant les Vies des anciens solitaires de la Thébaïde. Il me vint en pensée de passer le reste de mes jours dans ces forêts, où la Providence m'avait conduit, pour y vaquer uniquement à l'affaire de mon salut, loin de tout commerce avec les hommes ; mais, comme je n'étais pas le maître de ma destinée, et que les ordres du Seigneur m'étaient certainement marqués par ceux de mes supérieurs, je rejetai cette pensée comme une illusion [2]. »

Les Indiens que l'on rencontrait dans ces retraites ne leur ressemblaient que par le côté affreux. Race indolente, stupide et féroce, elle montrait dans toute

[1] Charlevoix, *Histoire du Paraguay*, tom. II, pag. 26 et 27.
[2] *Lettres édif.*, tom. VIII, pag. 384.

sa laideur l'homme primitif dégradé par sa chute. Rien ne prouve davantage la dégénération de la nature humaine que la petitesse du Sauvage dans la grandeur du désert.

Arrivés à *Buenos-Ayres*, les missionnaires remontèrent *Rio de la Plata*, et, entrant dans les eaux du *Paraguay*, se dispersèrent dans les bois. Les anciennes relations nous les représentent un bréviaire sous le bras gauche, une grande croix à la main droite, et sans autre provision que leur confiance en Dieu. Elles nous les peignent se faisant jour à travers les forêts, marchant dans les terres marécageuses, où ils avaient de l'eau jusqu'à la ceinture, gravissant des roches escarpées, et furetant dans les antres et les précipices, au risque d'y trouver des serpents et des bêtes féroces, au lieu des hommes qu'ils y cherchaient.

Plusieurs d'entre eux y moururent de faim et de fatigue; d'autres furent massacrés et dévorés par les Sauvages. Le père *Lizardi* fut trouvé percé de flèches sur un rocher; son corps était à demi déchiré par les oiseaux de proie, et son bréviaire était ouvert auprès de lui à l'office des Morts. Quand un missionnaire rencontrait ainsi les restes d'un de ses compagnons, il s'empressait de leur rendre les honneurs funèbres, et, plein d'une grande joie, il chantait un *Te Deum* solitaire sur le tombeau du martyr.

De pareilles scènes, renouvelées à chaque instant, étonnaient les hordes barbares. Quelquefois elles s'arrêtaient autour du prêtre inconnu qui leur parlait de Dieu, et elles regardaient le ciel, que l'apôtre leur montrait; quelquefois elles le fuyaient comme un enchanteur, et se sentaient saisies d'une frayeur étrange : le religieux les suivait en leur tendant les mains au nom de Jésus-Christ. S'il ne pouvait les arrêter, il plantait sa croix dans un lieu découvert, et s'allait cacher dans les bois. Les Sauvages s'approchaient peu à peu pour examiner l'étendard de paix élevé dans la solitude : un aimant secret semblait les attirer à ce signe de leur salut. Alors le missionnaire, sortant tout à coup de son embuscade, et profitant de la surprise des Barbares, les invitait à quitter une vie misérable, pour jouir des douceurs de la société.

Quand les Jésuites se furent attachés quelques Indiens, ils eurent recours à un autre moyen pour gagner des âmes. Ils avaient remarqué que les Sauvages de ces bords étaient fort sensibles à la musique : on dit même que les eaux du *Paraguay* rendent la voix plus belle. Les missionnaires s'embarquèrent donc sur des pirogues avec les nouveaux catéchumènes ; ils remontèrent les fleuves en chantant des cantiques. Les néophytes répétaient les airs, comme des oiseaux privés chantent pour attirer dans les rets de l'oiseleur les oiseaux sauvages. Les Indiens ne manquèrent point de se venir prendre au doux piége. Ils descendaient de leurs montagnes, et accouraient au bord des fleuves pour mieux écouter ces accents : plusieurs d'entre eux se jetaient dans les ondes, et suivaient à la nage la nacelle enchantée. L'arc et la flèche échappaient à la main du Sauvage ; l'avant-goût des vertus sociales, et les premières douceurs de l'humanité entraient dans son âme confuse ; il voyait sa femme et son enfant pleurer d'une joie inconnue ; bientôt, subjugué par un attrait irrésistible, il tombait au pied de la croix, et mêlait des torrents de larmes aux eaux régénératrices qui coulaient sur sa tête.

Ainsi la religion chrétienne réalisait dans les forêts de l'Amérique ce que la Fable raconte des Amphion et des Orphée : réflexion si naturelle, qu'elle s'est présentée même aux missionnaires [1] : tant il est certain qu'on ne dit ici que la vérité, en ayant l'air de raconter une fiction !

CHAPITRE V.

SUITE DES MISSIONS DU PARAGUAY.

RÉPUBLIQUE CHRÉTIENNE. BONHEUR DES INDIENS.

Les premiers Sauvages qui se rassemblèrent à la voix des Jésuites furent les *Guaranis*, peuples répandus sur les bords du *Paranapané*, du *Pirapé* et de l'*Uraguay*. Ils composèrent une bourgade sous la direction des pères *Maceta* et *Cataldino*, dont il est juste de conserver les noms parmi ceux des bienfaiteurs des hommes. Cette bourgade fut appelée *Lorette;* et, dans la suite, à mesure que les églises indiennes s'élevèrent, elles furent comprises sous le nom général de *Réduction*. On en compta jusqu'à trente en peu d'années, et elles formèrent entre elles cette *république chrétienne* qui semblait un reste de l'antiquité découverte au Nouveau-Monde. Elles ont confirmé sous nos yeux cette vérité connue de Rome et de la Grèce, que c'est avec la religion, et non avec des principes abstraits de philosophie, qu'on civilise les hommes, et qu'on fonde les empires.

Chaque bourgade était gouvernée par deux missionnaires, qui dirigeaient les affaires spirituelles et temporelles des petites républiques. Aucun étranger ne pouvait y demeurer plus de trois jours ; et pour éviter toute intimité qui eût pu corrompre les mœurs des nouveaux chrétiens, il était défendu d'apprendre à parler la langue espagnole ; mais les néophytes savaient la lire et l'écrire correctement.

Dans chaque *Réduction* il y avait deux écoles : l'une pour les premiers éléments des lettres, l'autre pour la danse et la musique. Ce dernier art, qui servait aussi de fondement aux lois des anciennes républiques, était particulièrement cultivé par les *Guaranis*. Ils savaient faire eux-mêmes des orgues, des harpes, des flûtes, des guitares, et nos instruments guerriers.

Dès qu'un enfant avait atteint l'âge de sept ans, les deux religieux étudiaient son caractère. S'il paraissait propre aux emplois mécaniques, on le fixait dans un des ateliers de la *Réduction*, et dans celui-là même où son inclination le portait. Il devenait orfèvre, doreur, horloger, serrurier, charpentier, menuisier, tisserand, fondeur. Ces ateliers avaient eu pour premiers instituteurs les Jésuites eux-mêmes. Ces pères avaient appris exprès les arts utiles pour les enseigner à leurs Indiens, sans être obligés de recourir à des étrangers.

Les jeunes gens qui préféraient l'agriculture étaient enrôlés dans la tribu des laboureurs, et ceux qui retenaient quelque humeur vagabonde de leur première vie erraient avec les troupeaux.

Les femmes travaillaient, séparées des hommes, dans l'intérieur de leurs mé-

---

[1] Charlevoix.

nages. Au commencement de chaque semaine, on leur distribuait une certaine quantité de laine et de coton, qu'elles devaient rendre le samedi au soir, toute prête à être mise en œuvre; elles s'employaient aussi à des soins champêtres, qui occupaient leurs loisirs sans surpasser leurs forces.

Il n'y avait point de marchés publics dans les bourgades : à certains jours fixes, on donnait à chaque famille les choses nécessaires à la vie. Un des deux missionnaires veillait à ce que les parts fussent proportionnées au nombre d'individus qui se trouvaient dans chaque cabane.

Les travaux commençaient et cessaient au son de la cloche. Elle se faisait entendre au premier rayon de l'aurore. Aussitôt les enfants s'assemblaient à l'église, où leur concert matinal durait, comme celui des petits oiseaux, jusqu'au lever du soleil. Les hommes et les femmes assistaient ensuite à la messe, d'où ils se rendaient à leurs travaux. Au baisser du jour la cloche rappelait les nouveaux citoyens à l'autel, et l'on chantait la prière du soir à deux parties et en grande musique.

La terre était divisée en plusieurs lots, et chaque famille cultivait un de ces lots pour ses besoins. Il y avait, en outre, un champ public appelé *la possession de Dieu*[1]. Les fruits de ces terres communales étaient destinés à suppléer aux mauvaises récoltes, et à entretenir les veuves, les orphelins et les infirmes. Ils servaient encore de fonds pour la guerre. S'il restait quelque chose du trésor public au bout de l'année, on appliquait ce superflu aux dépenses du culte et à la décharge du tribut de l'écu d'or que chaque famille payait au roi d'Espagne[2].

Un *cacique* ou chef de guerre, un *corregidor* pour l'administration de la justice, des *regidores* et des *alcades* pour la police et la direction des travaux publics, formaient le corps militaire, civil et politique des *Réductions*. Ces magistrats étaient nommés par l'assemblée générale des citoyens; mais il paraît qu'on ne pouvait choisir qu'entre les sujets proposés par les missionnaires : c'était une loi empruntée du sénat et du peuple romain. Il y avait, en outre, un chef nommé *fiscal*, espèce de censeur public élu par les vieillards. Il tenait un registre des hommes en âge de porter les armes. Un *teniente* veillait sur les enfants; il les conduisait à l'église et les accompagnait aux écoles, en tenant une longue baguette à la main : il rendait compte aux missionnaires des observations qu'il avait faites sur les mœurs, le caractère, les qualités et les défauts de ses élèves.

Enfin, la bourgade était divisée en plusieurs quartiers, et chaque quartier avait un surveillant. Comme les Indiens sont naturellement indolents et sans prévoyance, un chef d'agriculture était chargé de visiter les charrues et d'obliger les chefs de familles à ensemencer leurs terres.

En cas d'infraction aux lois, la première faute était punie par une réprimande secrète des missionnaires; la seconde, par une pénitence publique à la porte de l'église, comme chez les premiers fidèles; la troisième, par la peine

---

[1] Montesquieu s'est trompé quand il a cru qu'il y avait communauté de biens au Paraguay; on voit ici ce qui l'a jeté dans l'erreur.

[2] CHARLEVOIX, *Hist. du Parag.* Montesquieu a évalué ce tribut à un cinquième des biens.

du fouet. Mais pendant un siècle et demi qu'a duré cette république, on trouve à peine un exemple d'un Indien qui ait mérité ce dernier châtiment. « Toutes leurs fautes sont des fautes d'enfants, dit le père Charlevoix; ils le sont toute leur vie en bien des choses, et ils en ont, d'ailleurs, toutes les bonnes qualités. »

Les paresseux étaient condamnés à cultiver une plus grande portion de champ commun; ainsi une sage économie avait fait tourner les défauts mêmes de ces hommes innocents au profit de la prospérité publique.

On avait soin de marier les jeunes gens de bonne heure, pour éviter le libertinage. Les femmes qui n'avaient pas d'enfants se retiraient, pendant l'absence de leurs maris, à une maison particulière, appelée *Maison de refuge*. Les deux sexes étaient à peu près séparés, comme dans les républiques grecques; ils avaient des bancs distincts à l'église, et des portes différentes par où ils sortaient sans se confondre.

Tout était réglé, jusqu'à l'habillement, qui convenait à la modestie sans nuire aux grâces. Les femmes portaient une tunique blanche, rattachée par une ceinture; leurs bras et leurs jambes étaient nus : elles laissaient flotter leur chevelure, qui leur servait de voile.

Les hommes étaient vêtus comme les anciens Castillans. Lorsqu'ils allaient au travail, ils couvraient ce noble habit d'un sarreau de toile blanche. Ceux qui s'étaient distingués par des traits de courage ou de vertu portaient un sarreau couleur de pourpre.

Les Espagnols, et surtout les Portugais du Brésil, faisaient des courses sur les terres de la *République chrétienne*, et enlevaient souvent des malheureux, qu'ils réduisaient en servitude. Résolus de mettre fin à ce brigandage, les Jésuites, à force d'habileté, obtinrent de la cour de Madrid la permission d'armer leurs néophytes. Ils se procurèrent des matières premières, établirent des fonderies de canons, des manufactures de poudre, et dressèrent à la guerre ceux qu'on ne voulait pas laisser en paix. Une milice régulière s'assembla tous les lundis, pour manœuvrer et passer la revue devant un cacique. Il y avait des prix pour les archers, les porte-lances, les frondeurs, les artilleurs, les mousquetaires. Quand les Portugais revinrent, au lieu de quelques laboureurs timides et dispersés, ils trouvèrent des bataillons qui les taillèrent en pièces, et les chassèrent jusqu'au pied de leurs forts. On remarqua que la nouvelle troupe ne reculait jamais, et qu'elle se ralliait, sans confusion, sous le feu de l'ennemi. Elle avait même une telle ardeur, qu'elle s'emportait dans ses exercices militaires, et l'on était souvent obligé de les interrompre de peur de quelque malheur.

On voyait ainsi au *Paraguay* un État qui n'avait ni les dangers d'une constitution toute guerrière, comme celle des Lacédémoniens; ni les inconvénients d'une société toute pacifique, comme la fraternité des Quakers. Le problème politique était résolu : l'agriculture qui fonde, et les armes qui conservent, se trouvaient réunies. Les *Guaranis* étaient cultivateurs sans avoir d'esclaves, et guerriers sans être féroces; immenses et sublimes avantages qu'ils devaient à la religion chrétienne, et dont n'avaient pu jouir, sous le polythéisme, ni les Grecs ni les Romains.

Ce sage milieu était partout observé : la *République chrétienne* n'était point absolument agricole, ni tout à fait tournée à la guerre, ni privée entièrement des lettres et du commerce ; elle avait un peu de tout, mais surtout des fêtes en abondance. Elle n'était ni morose comme Sparte, ni frivole comme Athènes ; le citoyen n'était ni accablé par le travail, ni enchanté par le plaisir. Enfin, les missionnaires, en bornant la foule aux premières nécessités de la vie, avaient su distinguer dans le troupeau les enfants que la nature avait marqués pour de plus hautes destinées. Ils avaient, ainsi que le conseille Platon, mis à part ceux qui annonçaient du génie, afin de les initier dans les sciences et les lettres. Ces enfants choisis s'appelaient *la Congrégation* : ils étaient élevés dans une espèce de séminaire, et soumis à la rigidité du silence, de la retraite et des études des disciples de Pythagore. Il régnait entre eux une si grande émulation, que la seule menace d'être renvoyé aux écoles communes jetait un élève dans le désespoir. C'était de cette troupe excellente que devaient sortir un jour les prêtres, les magistrats et les héros de la patrie.

Les bourgades des *Réductions* occupaient un assez grand terrain, généralement au bord d'un fleuve et sur un beau site. Les maisons étaient uniformes, à un seul étage, et bâties en pierres ; les rues étaient larges et tirées au cordeau. Au centre de la bourgade se trouvait la place publique, formée par l'église, la maison des Pères, l'arsenal, le grenier commun, la maison de refuge, et l'hospice pour les étrangers. Les églises étaient fort belles et fort ornées ; des tableaux, séparés par des festons de verdure naturelle, couvraient les murs. Les jours de fête on répandait des eaux de senteur dans la nef, et le sanctuaire était jonché de fleurs de lianes effeuillées.

Le cimetière, placé derrière le temple, formait un carré long environné de murs à hauteur d'appui ; une allée de palmiers et de cyprès régnait tout autour, et il était coupé dans sa longueur par d'autres allées de citronniers et d'orangers : celle du milieu conduisait à une chapelle où l'on célébrait tous les lundis une messe pour les morts.

Des avenues des plus beaux et des plus grands arbres partaient de l'extrémité des rues du hameau et allaient aboutir à d'autres chapelles bâties dans la campagne, et que l'on voyait en perspective. Ces monuments religieux servaient de termes aux processions les jours de grandes solennités.

Le dimanche, après la messe, on faisait les fiançailles et les mariages, et le soir on baptisait les catéchumènes et les enfants.

Ces baptêmes se faisaient, comme dans la primitive Église, par les trois immersions, les chants et le vêtement de lin.

Les principales fêtes de la religion s'annonçaient par une pompe extraordinaire. La veille, on allumait des feux de joie ; les rues étaient illuminées, et les enfants dansaient sur la place publique. Le lendemain, à la pointe du jour, la milice paraissait en armes. Le cacique de guerre, qui la précédait, était monté sur un cheval superbe, et marchait sous un dais que deux cavaliers portaient à ses côtés. A midi, après l'office divin, on faisait un festin aux étrangers, s'il s'en trouvait quelques-uns dans la république, et l'on avait permission de boire un peu de vin. Le soir, il y avait des courses de bagues, où les deux pères assistaient pour distribuer les prix aux vainqueurs. A l'entrée de la nuit, ils donnaient le signal de la retraite, et les familles, heureuses et paisibles, allaient goûter les douceurs du sommeil.

Au centre de ces forêts sauvages, au milieu de ce petit peuple antique, la fête du Saint-Sacrement présentait surtout un spectacle extraordinaire. Les Jésuites y avaient introduit les danses, à la manière des Grecs, parce qu'il n'y avait rien à craindre pour les mœurs chez des chrétiens d'une si grande innocence. Nous ne changerons rien à la description que le père Charlevoix en a faite :

« J'ai dit qu'on ne voyait rien de précieux à cette fête ; toutes les beautés de la simple nature sont ménagées avec une variété qui la représente dans son lustre ; elle y est même, si j'ose ainsi parler, toute vivante ; car sur les fleurs et les branches des arbres qui composent les arcs de triomphe sous lesquels le Saint-Sacrement passe, on voit voltiger des oiseaux de toutes les couleurs, qui sont attachés par les pattes à des fils si longs, qu'ils paraissent avoir toute leur liberté, et être venus d'eux-mêmes pour mêler leur gazouillement au chant des musiciens et de tout le peuple, et bénir à leur manière celui dont la Providence ne leur manque jamais. . . . .
. . . .

« D'espace en espace, on voit des tigres et des lions bien enchaînés, afin qu'ils ne troublent point la fête, et de très-beaux poissons qui se jouent dans de grands bassins remplis d'eau : en un mot, toutes les espèces de créatures vivantes y assistent, comme par députation, pour y rendre hommage à l'Homme-Dieu dans son auguste sacrement.

« On fait entrer aussi dans cette décoration toutes les choses dont on se régale dans les grandes réjouissances, les prémices de toutes les récoltes pour les offrir au Seigneur, et le grain qu'on doit semer, afin qu'il donne sa bénédiction. Le chant des oiseaux, le rugissement des lions, le frémissement des tigres, tout s'y fait entendre sans confusion, et forme un concert unique. . . . .
. . . .

« Dès que le Saint-Sacrement est rentré dans l'église, on présente aux missionnaires toutes les choses comestibles qui ont été exposées sur son passage. Ils en font porter aux malades tout ce qu'il y a de meilleur ; le reste est partagé à tous les habitants de la bourgade. Le soir on tire un feu d'artifice, ce qui se pratique dans toutes les grandes solennités, et au jour des réjouissances publiques. »

Avec un gouvernement si paternel et si analogue au génie simple et pompeux du Sauvage, il ne faut pas s'étonner que les nouveaux chrétiens fussent les plus purs et les plus heureux des hommes. Le changement de leurs mœurs était un miracle opéré à la vue du Nouveau-Monde. Cet esprit de cruauté et de vengeance, cet abandon aux vices les plus grossiers, qui caractérisent les hordes indiennes, s'étaient transformés en un esprit de douceur, de patience et de chasteté. On jugera de leurs vertus par l'expression naïve de l'évêque de *Buenos-Ayres.* « Sire, écrivait-il à Philippe V, dans ces peuplades nombreuses, composées d'Indiens, naturellement portés à toutes sortes de vices, il règne une si grande innocence que je ne crois pas qu'il s'y commette un seul péché mortel. »

Chez ces Sauvages chrétiens on ne voyait ni procès ni querelles ; le *tien* et le *mien* n'y étaient pas même connus : car, ainsi que l'observe Charlevoix, c'est n'avoir rien à soi que d'être toujours disposé à partager le peu qu'on a avec ceux qui sont dans le besoin. Abondamment pourvus des choses nécessaires à la vie ; gouvernés par les mêmes hommes qui les avaient tirés de la barbarie, et qu'ils regardaient, à juste titre, comme des espèces de divinités ; jouissant, dans leurs familles et dans leur patrie, des plus doux sentiments de la nature ; connaissant les avantages de la vie civile sans avoir quitté le désert, et les charmes de la société sans avoir perdu ceux de la solitude, ces Indiens se pouvaient vanter de jouir d'un bonheur qui n'avait point eu d'exemple sur la terre. L'hospitalité, l'amitié, la justice et les tendres vertus découlaient naturellement de leurs cœurs à la parole de la religion, comme des oliviers laissent tomber leurs fruits mûrs au souffle des brises. Muratori a peint d'un seul mot cette république chrétienne, en intitulant la description qu'il en a faite : *Il Cristianesimo felice*.

Il nous semble qu'on n'a qu'un désir en lisant cette histoire, c'est celui de passer les mers et d'aller, loin des troubles et des révolutions, chercher une vie obscure dans les cabanes de ces Sauvages, et un paisible tombeau sous les palmiers de leurs cimetières. Mais ni les déserts ne sont assez profonds, ni les mers assez vastes pour dérober l'homme aux douleurs qui le poursuivent. Toutes les fois qu'on fait le tableau de la félicité d'un peuple, il faut toujours en venir à la catastrophe ; au milieu des peintures les plus riantes, le cœur de l'écrivain est serré par cette réflexion qui se présente sans cesse : *Tout cela n'existe plus*. Les missions du *Paraguay* sont détruites ; les Sauvages, rassemblés avec tant de fatigues, sont errants de nouveau dans les bois, ou plongés vivants dans les entrailles de la terre. On a applaudi à la destruction d'un des plus beaux ouvrages qui fût sorti de la main des hommes. C'était une création du christianisme, une moisson engraissée du sang des apôtres ; elle ne méritait que haine et mépris ! Cependant, alors même que nous triomphions en voyant des Indiens retomber au Nouveau-Monde dans la servitude, tout retentissait en Europe du bruit de notre philanthropie et de notre amour de liberté. Ces honteuses variations de la nature humaine, selon qu'elle est agitée de passions contraires ; flétrissent l'âme, et rendraient méchant si on y arrêtait trop longtemps les yeux. Disons donc plutôt que nous sommes faibles, et que les voies de Dieu sont profondes, et qu'il se plaît à exercer ses serviteurs. Tandis que nous gémissons ici, les simples chrétiens du *Paraguay*, maintenant ensevelis dans les mines du Potose, adorent sans doute la main qui les a frappés ; et par des souffrances patiemment supportées, ils acquièrent une place dans cette république des saints qui est à l'abri des persécutions des hommes.

CHAPITRE VI.

MISSIONS DE LA GUIANE.

Si ces missions étonnent par leurs grandeurs, il en est d'autres qui, pour être ignorées, n'en sont pas moins touchantes. C'est souvent dans la cabane obscure et sur la tombe du pauvre que le Roi des rois aime à déployer les richesses de sa grâce et de ses miracles. En remontant vers le nord, depuis le Paraguay jusqu'au fond du Canada, on rencontrait une foule de petites missions, où le néophyte ne s'était pas civilisé pour s'attacher à l'apôtre, mais où l'apôtre s'était fait Sauvage pour suivre le néophyte. Les religieux français étaient à la tête de ces églises errantes, dont les périls et la mobilité semblaient être faits pour notre courage et notre génie.

Le père Creuilli, Jésuite, fonda les missions de Cayenne. Ce qu'il fit pour le soulagement des Nègres et des Sauvages paraît au-dessus de l'humanité. Les pères Lombard et Ramette, marchant sur les traces de ce saint homme, s'enfoncèrent dans les marais de la Guiane. Ils se rendirent aimables aux Indiens *Galibis*, à force de se dévouer à leurs douleurs, et parvinrent à obtenir d'eux quelques enfants qu'ils élevèrent dans la religion chrétienne. De retour dans leurs forêts, ces jeunes enfants civilisés prêchèrent l'Évangile à leurs vieux parents sauvages, qui se laissèrent aisément toucher par l'éloquence de ces nouveaux missionnaires. Les catéchumènes se rassemblèrent dans un lieu appelé *Kourou*, où le père Lombard avait bâti une case avec deux Nègres. La bourgade augmentant tous les jours, on résolut d'avoir une église. Mais comment payer l'architecte, charpentier de Cayenne, qui demandait quinze cents francs pour les frais de l'entreprise ? Le missionnaire et ses néophytes, riches en vertus, étaient d'ailleurs les plus pauvres des hommes. La foi et la charité sont ingénieuses : les Galibis s'engagèrent à creuser sept pirogues, que le charpentier accepta sur le pied de deux cents livres chacune. Pour compléter le reste de la somme, les femmes filèrent autant de coton qu'il en fallait pour faire huit hamacs. Vingt autres Sauvages se firent esclaves volontaires d'un colon pendant que ses deux Nègres, qu'il consentait à prêter, furent occupés à scier les planches du toit de l'édifice. Ainsi tout fut arrangé, et Dieu eut un temple au désert.

Celui qui de toute éternité a préparé les voies des choses vient de découvrir sur ces bords un de ces desseins qui échappent dans leur principe à la sagacité des hommes, et dont on ne pénètre la profondeur qu'à l'instant même où ils s'accomplissent. Quand le père Lombard jetait, il y a plus d'un siècle, les fondements de sa mission chez les Galibis, il ne savait pas qu'il ne faisait que disposer des Sauvages à recevoir des martyrs de la foi, et qu'il préparait les déserts d'une nouvelle Thébaïde à la religion persécutée. Quel sujet de réflexion ! Billaud de Varennes et Pichegru, le tyran et la victime, dans la même case à Synnamary, l'extrémité de la misère n'ayant pas même uni les cœurs ; des haines immortelles parmi les compagnons des mêmes fers, et les cris de quelques infortunés prêts à se déchirer se mêlant aux rugissements des tigres dans les forêts du Nouveau-Monde !

Voyez au milieu de ce trouble des passions le calme et la sérénité évangéliques des confesseurs de Jésus-Christ jetés chez les néophytes de la Guiane, et trouvant parmi des Barbares chrétiens la pitié que leur refusaient des Français ; de pauvres religieuses hospitalières, qui semblaient ne s'être exilées dans un climat destructeur que pour entendre un Collot-d'Herbois sur son lit de mort, et lui prodiguer les soins de la charité chrétienne ; ces saintes femmes, confondant l'innocent et le coupable dans leur amour de l'humanité, versant des pleurs sur tous, priant Dieu de secourir et les persécuteurs de son nom, et les martyrs de son culte : quelle leçon ! quel tableau ! que les hommes sont malheureux ! et que la religion est belle !

CHAPITRE VII.

MISSIONS DES ANTILLES.

L'établissement de nos colonies aux Antilles ou Ant-Iles, ainsi nommées parce qu'on les rencontre les premières à l'entrée du golfe Mexicain, ne remonte qu'à l'an 1627, époque à laquelle M. d'Enambuc bâtit un fort, et laissa quelques familles sur l'île Saint-Christophe.

C'était alors l'usage de donner des missionnaires pour curés aux établissements lointains, afin que la religion partageât en quelque sorte cet esprit d'intrépidité et d'aventure qui distinguait les premiers chercheurs de fortune au Nouveau-Monde. Les *Frères Prêcheurs* de la congrégation de Saint-Louis, les *Pères Carmes*, les *Capucins* et les *Jésuites* se consacrèrent à l'instruction des Caraïbes et des Nègres et à tous les travaux qu'exigeaient nos colonies naissantes de Saint-Christophe, de la Guadeloupe, de la Martinique et de Saint-Domingue.

On ne connaît encore aujourd'hui rien de plus satisfaisant et de plus complet sur les Antilles que l'histoire du père Dutertre, missionnaire de la congrégation de Saint-Louis.

« Les Caraïbes, dit-il, sont grands rêveurs ; ils portent sur leur visage une physionomie triste et mélancolique ; ils passent des demi-journées entières assis sur la pointe d'un roc ou sur la rive, les yeux fixés en terre ou sur la mer, sans dire un seul mot. . . . . Ils sont d'un naturel bénin, doux, affable et compatissant, bien souvent même jusqu'aux larmes, aux maux de nos Français, n'étant cruels qu'à leurs ennemis jurés.

« Les mères aiment tendrement leurs enfants, et sont toujours en alarme pour détourner tout ce qui peut leur arriver de funeste ; elles les tiennent presque toujours pendus à leurs mamelles, même la nuit ; et c'est une merveille que, couchant dans des lits suspendus qui sont fort incommodes, elles n'en étouffent jamais aucun..... Dans tous les voyages qu'elles font, soit sur mer, soit sur terre, elles les portent avec elles, sous leurs bras, dans un petit lit de coton qu'elles ont en écharpe, lié par-dessus l'épaule, afin d'avoir toujours devant les yeux l'objet de leurs soucis [1]. »

On croit lire un morceau de Plutarque traduit par Amyot.

Naturellement enclin à voir les objets sous un rapport simple et tendre, le père Dutertre ne peut manquer d'être fort touchant quand il parle des Nègres. Cependant il ne les représente point, à la manière des philanthropes, comme les plus vertueux des hommes ; mais il y a une sensibilité, une bonhomie, une raison admirable dans la peinture qu'il fait de leurs sentiments.

« L'on a vu, dit-il, à la Guadeloupe, une jeune Négresse si persuadée de

---

[1] *Hist. des Ant.*, tom. II, p. 375.

la misère de sa condition, que son maître ne put jamais la faire consentir à se marier au Nègre qu'il lui présentait. . . . . Elle attendit que le Père (*à l'autel*) lui demandât si elle voulait un tel pour son mari; car pour lors elle répondit avec une fermeté qui nous étonna : Non, mon père, je ne veux ni de celui-là, ni même d'aucun autre; je me contente d'être misérable en ma personne, sans mettre des enfants au monde qui seraient peut-être plus malheureux que moi, et dont les peines me seraient beaucoup plus sensibles que les miennes propres. Elle est aussi toujours constamment demeurée dans son état de fille, et on l'appelait ordinairement *la Pucelle des Iles.* »

Le bon père continue à peindre les mœurs des Nègres, à décrire leurs petits ménages, à faire aimer leur tendresse pour leurs enfants : il entremêle son récit des sentences de Sénèque, qui parle de la simplicité des cabanes où vivaient les peuples de l'âge d'or ; puis il cite Platon, ou plutôt Homère, qui dit que les dieux ôtent à l'esclavage une moitié de sa vertu : *Dimidiunt mentis Jupiter illis aufert;* il compare le Caraïbe sauvage dans la liberté au Nègre sauvage dans la servitude, et il montre combien le christianisme aide au dernier à supporter ses maux.

La mode du siècle a été d'accuser les prêtres d'aimer l'esclavage, et de favoriser l'oppression parmi les hommes ; il est pourtant certain que personne n'a élevé la voix avec autant de courage et de force en faveur des esclaves, des petits et des pauvres, que les écrivains ecclésiastiques. Ils ont constamment soutenu que la liberté est un droit imprescriptible du chrétien. Le colon protestant, convaincu de cette vérité, pour arranger sa cupidité et sa conscience, ne baptisait ses Nègres qu'à l'article de la mort; souvent même, dans la crainte qu'ils ne revinssent de leur maladie, et qu'ils ne réclamassent ensuite, comme *chrétiens*, leur liberté, il les laissait mourir dans l'idolâtrie [1] : la religion se montre ici aussi belle que l'avarice paraît hideuse.

Le ton sensible et religieux dont les missionnaires parlaient des Nègres de nos colonies, était le seul qui s'accordât avec la raison et l'humanité. Il rendait les maîtres plus pitoyables, et les esclaves plus vertueux ; il servait la cause du genre humain sans nuire à la patrie, et sans bouleverser l'ordre et les propriétés. Avec de grands mots on a tout perdu : on a éteint jusqu'à la pitié; car qui oserait encore plaider la cause des noirs après les crimes qu'ils ont commis? tant nous avons fait de mal ! tant nous avons perdu les plus belles causes et les plus belles choses !

Quant à l'histoire naturelle, le père Dutertre vous montre quelquefois tout un animal d'un seul trait; il appelle l'oiseau-mouche *une fleur céleste;* c'est le vers du père Commire sur le papillon :

Florem putares nare per liquidum æthera.

« Les plumes du flambant ou du flamant, dit-il ailleurs, sont de couleur incarnate; et quand il vole à l'opposite du soleil, il paraît tout flamboyant comme un brandon de feu [2] »

---

[1] *Hist. des Ant.*, tom. II, p. 503. — [2] *Ibid.*, tom. II, p. 268.

Buffon n'a pas mieux peint le vol d'un oiseau que l'historien des Antilles : « Cet oiseau (*la frégate*) a beaucoup de peine à se lever de dessus les branches; mais quand il a une fois pris son vol, on lui voit fendre l'air d'un vol paisible, tenant ses ailes étendues sans presque les remuer ni se fatiguer aucunement. Si quelquefois la pesanteur de la pluie ou l'impétuosité des vents l'importune, pour lors il brave les nues, se guinde dans la moyenne région de l'air, et se dérobe à la vue des hommes [1]. »

Il représente la femelle du colibri faisant son nid :

« . . . . Elle carde, s'il faut ainsi dire, tout le coton que lui apporte le mâle, et le remue quasi poil à poil avec son bec et ses petits pieds; puis elle forme son nid, qui n'est pas plus grand que la moitié de la coque d'un œuf de pigeon. A mesure qu'elle élève le petit édifice, elle fait mille petits tours, polissant avec sa gorge la bordure du nid, et le dedans avec sa queue.

« . . . .
. . . . Je n'ai jamais pu remarquer en quoi consiste la becquée que la mère leur apporte, sinon qu'elle leur donne sa langue à sucer, que je crois être tout emmiellée du suc qu'elle tire des fleurs. »

Si la perfection dans l'art de peindre consiste à donner une idée précise des objets, en les offrant toutefois sous un jour agréable, le missionnaire des Antilles a atteint cette perfection.

CHAPITRE VIII.

MISSIONS DE LA NOUVELLE-FRANCE.

Nous ne nous arrêterons point aux missions de la Californie, parce qu'elles n'offrent aucun caractère particulier, ni à celles de la Louisiane, qui se confondent avec ces terribles missions du Canada où l'intrépidité des apôtres de Jésus-Christ a paru dans toute sa gloire.

Lorsque les Français, sous la conduite de Champelain, remontèrent le fleuve Saint-Laurent, ils trouvèrent les forêts du Canada habitées par des Sauvages bien différents de ceux qu'on avait découverts jusqu'alors au Nouveau-Monde. C'étaient des hommes robustes, courageux, fiers de leur indépendance, capables de raisonnement et de calcul, n'étant étonnés ni des mœurs des Européens, ni de leurs armes [2], et qui, loin de nous admirer comme les innocents Caraïbes, n'avaient pour nos usages que du dégoût et du mépris.

Trois nations se partageaient l'empire du désert : l'Algonquine, la plus ancienne et la première de toutes, mais qui, s'étant attiré la haine par sa puissance, était prête à succomber sous les armes des deux autres; la Huronne, qui fut notre alliée, et l'Iroquoise notre ennemie.

Ces peuples n'étaient pas vagabonds; ils avaient des établissements fixes, des gouvernements réguliers. Nous avons eu nous-même occasion d'observer chez

---

[1] *Hist. des Ant.*, tom. II, p. 269. — [2] Dans le premier combat de Champelain contre les Iroquois, ceux-ci soutinrent le feu des Français sans donner d'abord le moindre signe de frayeur ou d'étonnement.

les Indiens du Nouveau-Monde toutes les formes de constitutions des peuples civilisés : ainsi les Natchez, à la Louisiane, offraient le despotisme dans l'état de nature ; les Creecks de la Floride, la monarchie ; et les Iroquois, au Canada, le gouvernement républicain.

Ces derniers et les Hurons représentaient encore les Spartiates et les Athéniens dans la condition sauvage : les Hurons, spirituels, gais, légers, dissimulés toutefois, braves, éloquents, gouvernés par des femmes, abusant de la fortune, et soutenant mal les revers, ayant plus d'honneur que d'amour de la patrie ; les Iroquois, séparés en cantons que dirigeaient des vieillards ambitieux, politiques, taciturnes, sévères, dévorés du désir de dominer, capables des plus grands vices et des plus grandes vertus, sacrifiant tout à la patrie ; les plus féroces et les plus intrépides des hommes.

Aussitôt que les Français et les Anglais parurent sur ces rivages, par un instinct naturel les Hurons s'attachèrent aux premiers ; les Iroquois se donnèrent aux seconds, mais sans les aimer : ils ne s'en servaient que pour se procurer des armes. Quand leurs nouveaux alliés devenaient trop puissants, ils les abandonnaient ; ils s'unissaient à eux de nouveau quand les Français obtenaient la victoire. On vit ainsi un petit troupeau de Sauvages se ménager entre deux grandes nations civilisées, chercher à détruire l'une par l'autre, toucher souvent au moment d'accomplir ce dessein, et d'être à la fois le maître et le libérateur de cette partie du Nouveau-Monde.

Tels furent les peuples que nos missionnaires entreprirent de nous concilier par la religion. Si la France vit son empire s'étendre en Amérique par delà les rives du Meschacébé ; si elle conserva si longtemps le Canada contre les Iroquois et les Anglais unis, elle dut presque tous ses succès aux Jésuites. Ce furent eux qui sauvèrent la colonie au berceau, en plaçant pour boulevard devant elle un village de Hurons et d'Iroquois chrétiens, en prévenant des coalitions générales d'Indiens, en négociant des traités de paix, en allant seuls s'exposer à la fureur des Iroquois pour traverser les desseins des Anglais. Les gouverneurs de la Nouvelle-Angleterre ne cessent dans leurs dépêches de peindre nos missionnaires comme leurs plus dangereux ennemis : « Ils déconcertent, disent-ils, les projets de la puissance britannique ; ils découvrent ses secrets, et lui enlèvent le cœur et les armes des Sauvages. »

La mauvaise administration du Canada, les fausses démarches des commandants, une politique étroite ou oppressive, mettaient souvent plus d'entraves aux bonnes intentions des Jésuites que l'opposition de l'ennemi. Présentaient-ils les plans les mieux concertés pour la prospérité de la colonie, on les louait de leur zèle, et l'on suivait d'autres avis. Mais aussitôt que les affaires devenaient difficiles, on recourait à ces mêmes hommes qu'on avait si dédaigneusement repoussés. On ne balançait point à les employer dans des négociations dangereuses, sans être arrêté par la considération du péril auquel on les exposait : l'histoire de la Nouvelle-France en offre un exemple remarquable.

La guerre était allumée entre les Français et les Iroquois : ceux-ci avaient l'avantage ; ils s'étaient avancés jusque sous les murs de Québec, massacrant et dévorant les habitants des campagnes. Le père Lamberville était en ce moment même missionnaire chez les Iroquois. Quoique sans cesse exposé à être brûlé vif par les vainqueurs, il n'avait pas voulu se retirer, dans l'espoir de les ramener à des mesures pacifiques et de sauver les restes de la colonie; les vieillards l'aimaient et l'avaient protégé contre les guerriers.

Sur ces entrefaites, il reçoit une lettre du gouverneur du Canada, qui le supplie d'engager les Sauvages à envoyer des ambassadeurs au fort Catarocouy pour y traiter de la paix. Le missionnaire court chez les anciens, et fait tant par ses remontrances et ses prières, qu'il les décide à accepter la trêve et à députer leurs principaux chefs. Ces chefs, en arrivant au rendez-vous, sont arrêtés, mis aux fers, et envoyés en France aux galères.

Le père Lamberville avait ignoré le dessein secret du commandant, et il avait agi de si bonne foi, qu'il était demeuré au milieu des Sauvages. Quand il apprit ce qui était arrivé, il se crut perdu. Les anciens le firent appeler; il les trouva assemblés au conseil, le visage sévère et l'air menaçant. Un d'entre eux lui raconta avec indignation la trahison du gouverneur, puis il ajouta:

« On ne saurait disconvenir que toutes sortes de raisons ne nous autorisent à te traiter en ennemi, mais nous ne pouvons nous y résoudre. Nous te connaissons trop pour n'être pas persuadés que ton cœur n'a point de part à la trahison que tu nous as faite, et nous ne sommes pas assez injustes pour te punir d'un crime dont nous te croyons innocent, et que tu détestes sans doute autant que nous... Il n'est pourtant pas à propos que tu restes ici: tout le monde ne t'y rendrait peut-être pas la même justice; et quand une fois notre jeunesse aura chanté la guerre, elle ne verra plus en toi qu'un perfide qui a livré nos chefs à un dur et rude esclavage, et elle n'écoutera plus que sa fureur, à laquelle nous ne serions plus les maîtres de te soustraire [1]. »

Après ce discours, on contraignit le missionnaire de partir, et on lui donna des guides qui le conduisirent par des routes détournées au delà de la frontière. Louis XIV fit relâcher les Indiens aussitôt qu'il eut appris la manière dont on les avait arrêtés. Le chef qui avait harangué le père Lamberville se convertit peu de temps après et se retira à Québec. Sa conduite en cette occasion fut le premier fruit des vertus du christianisme qui commençait à germer dans son cœur.

Mais aussi quels hommes que les Brébeuf, les Lallemant, les Jogues, qui réchauffèrent de leur sang les sillons glacés de la Nouvelle-France! J'ai rencontré moi-même un de ces apôtres au milieu des solitudes américaines. Un matin que je cheminais lentement dans les forêts, j'aperçus venant à moi un grand vieillard à barbe blanche, vêtu d'une longue robe, lisant attentivement dans un livre, et marchant appuyé sur un bâton; il était tout illuminé par un rayon de l'aurore qui tombait sur lui à travers le feuillage des arbres: on eût cru voir Thermosiris sortant du bois sacré des Muses, dans les déserts de la Haute-Égypte. C'était un missionnaire de la Louisiane; il revenait de la Nouvelle-Orléans, et retournait aux Illinois, où il dirigeait un petit troupeau de Français et de Sauvages chrétiens. Il m'accompagna pendant plusieurs jours:

---

[1] CHARLEVOIX, *Hist. de la Nouv. France,* in-4°, tom. I, liv. XI, p. 511.

quelque diligent que je fusse au matin, je trouvais toujours le vieux voyageur levé avant moi, et disant son bréviaire en se promenant dans la forêt. Ce saint homme avait beaucoup souffert; il racontait bien les peines de sa vie; il en parlait sans aigreur, et surtout sans plaisir, mais avec sérénité : je n'ai point vu un sourire plus paisible que le sien. Il citait agréablement et souvent des vers de Virgile, et même d'Homère, qu'il appliquait aux belles scènes qui se succédaient sous nos yeux, ou aux pensées qui nous occupaient. Il me parut avoir des connaissances en tous genres, qu'il laissait à peine apercevoir sous sa simplicité évangélique; comme ses prédécesseurs les apôtres, sachant tout, il avait l'air de tout ignorer. Nous eûmes un jour une conversation sur la révolution française, et nous trouvâmes quelque charme à causer des troubles des hommes dans les lieux les plus tranquilles. Nous étions assis dans une vallée, au bord d'un fleuve dont nous ne savions pas le nom, et qui, depuis nombre de siècles, rafraîchissait de ses eaux cette rive inconnue : j'en fis faire la remarque au vieillard qui s'attendrit; les larmes lui vinrent aux yeux à cette image d'une vie ignorée, sacrifiée dans les déserts à d'obscurs bienfaits.

Le père Charlevoix nous décrit ainsi un des missionnaires du Canada :

« Le père Daniel était trop près de Québec pour n'y pas faire un tour avant de reprendre le chemin de sa mission. . . . . Il arriva au port dans un canot, l'aviron à la main, accompagné de trois ou quatre Sauvages, les pieds nus, épuisé de force, une chemise pourrie et une soutane toute déchirée sur son corps décharné; mais avec un visage content et charmé de la vie qu'il menait, et inspirant, par son air et par ses discours, l'envie d'aller partager avec lui des croix auxquelles le Seigneur attachait tant d'onction [1]. »

Voilà de ces joies et de ces larmes telles que Jésus-Christ les a véritablement promises à ses élus.

Écoutons encore l'historien de la Nouvelle-France :

« Rien n'était plus apostolique que la vie qu'ils menaient (les missionnaires chez les Hurons). Tous leurs moments étaient comptés par quelque action héroïque, par des conversions ou par des souffrances, qu'ils regardaient comme de vrais dédommagements, lorsque leurs travaux n'avaient pas produit tout le fruit dont ils s'étaient flattés. Depuis quatre heures du matin qu'ils se levaient, lorsqu'ils n'étaient pas en course, jusqu'à huit, ils demeuraient ordinairement renfermés : c'était le temps de la prière, et le seul qu'ils eussent de libre pour leurs exercices de piété. A huit heures chacun allait où son devoir l'appelait : les uns visitaient les malades; les autres suivaient, dans les campagnes, ceux qui travaillaient à cultiver la terre ; d'autres se transportaient dans les bourgades voisines qui étaient destituées de pasteurs. Ces causes produisaient plusieurs bons effets ; car, en premier lieu, il ne mourait point ou il mourait bien peu d'enfants sans baptême; des adultes même qui avaient refusé de se faire inscrire tandis qu'ils étaient en santé, se rendaient dès qu'ils étaient malades ; ils ne pouvaient tenir contre l'industrieuse et constante charité de leurs médecins [2]. »

---

[1] Charlevoix, *Hist. de la Nouvelle-France*, in-4º, tom. I, liv. v, p. 200. — [2] *Ibid.*, liv. v, p. 217.

Si l'on trouvait de pareilles descriptions dans le *Télémaque*, on se récrierait sur le goût simple et touchant de ces choses ; on louerait avec transport la fiction du poëte, et l'on est insensible à la vérité présentée avec les mêmes attraits.

Ce n'était là que les moindres travaux de ces hommes évangéliques : tantôt ils suivaient les Sauvages dans des chasses qui duraient plusieurs années, et pendant lesquelles ils se trouvaient obligés de manger jusqu'à leur vêtement. Tantôt ils étaient exposés aux caprices de ces Indiens, qui, comme des enfants, ne savent jamais résister à un mouvement de leur imagination ou de leurs désirs. Mais les missionnaires s'estimaient récompensés de leurs peines s'ils avaient, durant leurs longues souffrances, acquis une âme à Dieu, ouvert le ciel à un enfant, soulagé un malade, essuyé les pleurs d'un infortuné. Nous avons déjà vu que la patrie n'avait point de citoyens plus fidèles ; l'honneur d'être Français leur valut souvent la persécution et la mort : les Sauvages les reconnaissaient pour être *de la chair blanche de Québec*, à l'intrépidité avec laquelle ils supportaient les plus affreux supplices.

Le ciel, touché de leurs vertus, accorda à plusieurs d'entre eux cette palme qu'ils avaient tant désirée, et qui les a fait monter au rang des premiers apôtres. La bourgade huronne, où le père Daniel [1] était missionnaire, fut surprise par les Iroquois au matin du 4 juillet 1648 ; les jeunes guerriers étaient absents. Le Jésuite dans ce moment même disait la messe à ses néophytes. Il n'eut que le temps d'achever la consécration et de courir à l'endroit d'où partaient les cris. Une scène lamentable s'offrit à ses yeux : femmes, enfants, vieillards, gisaient pêle-mêle expirants. Tout ce qui vivait encore tombe à ses pieds et lui demande le baptême. Le père trempe un voile dans l'eau, et, le secouant sur la foule à genoux, procure la vie des cieux à ceux qu'il ne pouvait arracher à la mort temporelle. Il se ressouvint alors d'avoir laissé dans les cabanes quelques malades qui n'avaient point encore reçu le sceau du christianisme ; il y vole, les met au nombre des rachetés, retourne à la chapelle, cache les vases sacrés, donne une absolution générale aux Hurons qui s'étaient réfugiés à l'autel, les presse de fuir, et, pour leur en donner le temps, marche à la rencontre des ennemis. A la vue de ce prêtre, qui s'avançait seul contre une armée, les Barbares étonnés s'arrêtent, et reculent quelques pas ; n'osant approcher du saint, ils le percent de loin avec leurs flèches. « Il en était tout hérissé, dit Charlevoix, qu'il parlait encore avec une action surprenante, tantôt à Dieu, à qui il offrait son sang pour le troupeau, tantôt à ses meurtriers, qu'il menaçait de la colère du ciel, en les assurant néanmoins qu'ils trouveraient toujours le Seigneur disposé à les recevoir en grâce s'ils avaient recours à sa clémence [2]. » Il meurt, et sauve une partie de ses néophytes, en arrêtant ainsi les Iroquois autour de lui.

Le père Garnier montra le même héroïsme dans une autre bourgade : il était tout jeune encore, et s'était arraché nouvellement aux pleurs de sa famille, pour sauver des âmes dans les forêts du Canada. Atteint de deux balles sur le

---

[1] Le même dont Charlevoix nous a fait le portrait. — [2] *Hist. de la Nouvelle-France*, tom. I, liv. VII, p. 286.

champ de carnage, il est renversé sans connaissance : un Iroquois le croyant mort le dépouille. Quelque temps après le père revient de son évanouissement; il soulève la tête, et voit à quelque distance un Huron qui rendait le dernier soupir. L'apôtre fait un effort pour aller absoudre le catéchumène ; il se traîne, il retombe : un Barbare l'aperçoit, accourt; et lui fend les entrailles de deux coups de hache : « Il expire, dit encore Charlevoix, dans l'exercice et pour ainsi dire dans le sein de la charité [1]. » Enfin le père Brébeuf, oncle du poëte du même nom, fut brûlé avec ces tourments horribles que les Iroquois faisaient subir à leurs prisonniers.

« Ce père, que vingt années de travaux les plus capables de faire mourir tous les sentiments naturels, un caractère d'esprit d'une fermeté à l'épreuve de tout, une vertu nourrie dans la vue toujours prochaine d'une mort cruelle, et porté jusqu'à en faire l'objet de ses vœux les plus ardents, prévenu d'ailleurs par plus d'un avertissement céleste que ses vœux seraient exaucés, se riait également des menaces et des tortures ; mais la vue de ses chers néophytes cruellement traités à ses yeux répandait une grande amertume sur la joie qu'il ressentait de voir ses espérances accomplies. . . . .

« Les Iroquois connurent bien d'abord qu'ils avaient affaire à un homme à qui ils n'auraient pas le plaisir de voir échapper la moindre faiblesse ; et comme s'ils eussent appréhendé qu'il ne communiquât aux autres son intrépidité, ils le séparèrent, après quelque temps, de la troupe des prisonniers, le firent monter seul sur un échafaud, et s'acharnèrent de telle sorte sur lui, qu'ils paraissaient hors d'eux-mêmes de rage et de désespoir.

« Tout cela n'empêchait point le serviteur de Dieu de parler d'une voix forte, tantôt aux Hurons qui ne le voyaient plus, mais qui pouvaient encore l'entendre, tantôt à ses bourreaux qu'il exhortait à craindre la colère du ciel s'ils continuaient à persécuter les adorateurs du vrai Dieu. Cette liberté étonna les Barbares; ils voulurent lui imposer silence, et, n'en pouvant venir à bout, ils lui coupèrent la lèvre inférieure et l'extrémité du nez, lui appliquèrent par tout le corps des torches allumées, lui brûlèrent les gencives, etc. [2]. »

On tourmentait auprès du père Brébeuf un autre missionnaire nommé le père Lallemant, et qui ne faisait que d'entrer dans la carrière évangélique. La douleur lui arrachait quelquefois des cris involontaires ; il demandait de la force au vieil apôtre, qui, ne pouvant lui parler, lui faisait de douces inclinations de tête, et souriait avec ses lèvres mutilées pour encourager le jeune martyr : les fumées des deux bûchers montaient ensemble vers le ciel, et affligeaient et réjouissaient les anges. On fit un collier de haches ardentes au père Brébeuf; on lui coupa des lambeaux de chair que l'on dévora à ses yeux, en lui disant que la chair des Français était excellente [3] ; puis, continuant ces railleries : « Tu nous assurais tout à l'heure, criaient les Barbares, que plus on souffre sur la terre, plus on est heureux dans le ciel ; c'est par amitié pour toi que nous nous étudions à augmenter tes souffrances [4]. »

---

[1] *Hist. de la Nouvelle-France*, tom. 1, p. 298. — [2] Charlevoix, tom. 1, liv. vii, p. 292. — [3] *Hist. de la Nouvelle-France*, p. 293 et 294. — [4] *Ibid.* p. 294.

Lorsqu'on portait dans Paris des cœurs de prêtres au bout des piques, on chantait : *Ah! il n'est point de fête quand le cœur n'en est pas.*

Enfin, après avoir souffert plusieurs autres tourments que nous n'oserions transcrire, le père Brébeuf rendit l'esprit, et son âme s'envola au séjour de celui qui guérit toutes les plaies de ses serviteurs.

C'était en 1649 que ces choses se passaient en Canada, c'est-à-dire au moment de la plus grande prospérité de la France, et pendant les fêtes de Louis XIV : tout triomphait alors, le missionnaire et le soldat.

Ceux pour qui un prêtre est un objet de haine et de risée, se réjouiront de ces tourments des confesseurs de la foi. Les sages, avec un esprit de prudence et de modération, diront qu'après tout les missionnaires étaient les victimes de leur fanatisme; ils demanderont, avec une pitié superbe, *ce que les moines allaient faire dans les déserts de l'Amérique.* A la vérité, nous convenons qu'ils n'allaient pas, sur un plan de savants, tenter de grandes découvertes philosophiques; ils obéissaient seulement à ce Maître qui leur avait dit : « Allez et enseignez, » *Docete omnes gentes* ; et sur la foi de ce commandement, avec une simplicité extrême, ils quittaient les délices de la patrie pour aller, au prix de leur sang, révéler à un Barbare qu'ils n'avaient jamais vu... — Quoi? Rien, selon le monde, presque rien : *L'existence de Dieu et l'immortalité de l'âme :* DOCETE OMNES GENTES!

CHAPITRE IX.

FIN DES MISSIONS.

Ainsi nous avons indiqué les voies que suivaient les différentes missions : voies de simplicité, voies de science, voies de législation, voies d'héroïsme. Il nous semble que c'était un juste sujet d'orgueil pour l'Europe, et surtout pour la France, qui fournissait le plus grand nombre de missionnaires, de voir tous les ans sortir de son sein des hommes qui allaient faire éclater les miracles des arts, des lois, de l'humanité et du courage, dans les quatre parties de la terre. De là provenait la haute idée que les étrangers se formaient de notre nation et du Dieu qu'on y adorait. Les peuples les plus éloignés voulaient entrer en liaison avec nous; l'ambassadeur du Sauvage de l'Occident rencontrait à notre cour l'ambassadeur des nations de l'Aurore. Nous ne nous piquons pas du don de prophétie; mais on se peut tenir assuré, et l'expérience le prouvera, que jamais des savants dépêchés aux pays lointains, avec les instruments et les plans d'une académie, ne feront ce qu'un pauvre moine, parti à pied de son couvent, exécutait seul avec son chapelet et son bréviaire.

LIVRE CINQUIÈME.

Ordres militaires, ou Chevalerie.

CHAPITRE PREMIER.

CHEVALIERS DE MALTE.

Il n'y a pas un beau souvenir, pas une belle institution dans les siècles modernes que le christianisme ne réclame. Les seuls temps poétiques de notre histoire, les temps chevaleresques, lui appartiennent encore; la vraie religion a le singulier mérite d'avoir créé parmi nous l'âge de la féerie et des enchantements.

M. de Sainte-Palaye semble vouloir séparer la chevalerie militaire de la chevalerie religieuse, et tout invite au contraire à les confondre. Il ne croit pas qu'on puisse faire remonter l'institution de la première au delà du onzième siècle[1]; or, c'est précisément l'époque des croisades qui donna naissance aux hospitaliers, aux templiers et à l'ordre Teutonique[2]. La loi formelle par laquelle la chevalerie militaire s'engageait à défendre la foi, la ressemblance de ses cérémonies avec celles des sacrements de l'Église, ses jeûnes, ses ablutions, ses confessions, ses prières, ses engagements monastiques[3], montrent suffisamment que tous les chevaliers avaient la même origine religieuse. Enfin, le vœu du célibat, qui paraît établir une différence essentielle entre des héros chastes et des guerriers qui ne parlent que d'amour, n'est pas une chose qui doive arrêter: car ce vœu n'était pas général dans les ordres militaires chrétiens: les chevaliers de Saint-Jacques de l'Épée, en Espagne, pouvaient se marier[4], et dans l'ordre de Malte on n'est obligé de renoncer au lien conjugal qu'en passant aux dignités de l'ordre, ou en entrant en jouissance de ses bénéfices.

D'après l'abbé Giustiniani, ou sur le témoignage plus certain, mais moins agréable, du frère Hélyot, on trouve trente ordres religieux militaires: neuf sous la règle de saint Basile, quatorze sous celle de saint Augustin, et sept attachés à l'institut de saint Benoît. Nous ne parlerons que des principaux, à savoir: les hospitaliers ou chevaliers de Malte en Orient, les Teutoniques à l'Occident et au Nord, et les chevaliers de Calatrava (en y comprenant ceux d'Alcantara et de Saint-Jacques de l'Épée) au Midi de l'Europe.

Si les historiens sont exacts, on peut compter encore plus de vingt-huit autres ordres militaires, qui n'étant point soumis à des règles particulières, ne sont considérés que comme d'illustres confréries religieuses: tels sont ces chevaliers du Lion, du Croissant, du Dragon, de l'Aigle-Blanche, du Lys, du Fer-

---

[1] *Mém. sur l'anc. chev.*, tom. I, II° part., p. 66. — [2] Hén., *Hist. de France*, tom. I, p. 467; Fleury, *Hist. ecclés.*, tom. XIV, p. 387; tom. XV, p. 604; Hélyot, *Hist. des ordres relig.*, tom. III, p. 74, 143. — [3] Sainte-Palaye, *loc. cit.*, et la note II°. — [4] Fleury, *Hist. ecclés.* t. XV, liv. LXXII, p. 406, édit. 4749, in-4°.

d'Or; et ces chevalières de la Hache, dont les noms rappellent les Roland, les Roger, les Renaud, les Clorinde, les Bradamante, et les prodiges de la Table ronde.

Quelques marchands d'Amalfi, dans le royaume de Naples, obtiennent de Romensor, calife d'Égypte, la permission de bâtir une église latine à Jérusalem; ils y ajoutent un hôpital pour y recevoir les étrangers et les pèlerins : Gérard de Provence les gouverne. Les croisades commencent. Godefroy de Bouillon arrive, il donne quelques terres aux nouveaux *hospitaliers*. Boyant-Roger succède à Gérard, Raymond-Dupuy à Roger. Dupuy prend le titre de grand maître, divise les hospitaliers en *chevaliers*, pour assurer les chemins aux pèlerins et pour combattre les infidèles; en *chapelains*, consacrés au service des autels, et en *frères servants*, qui devaient aussi prendre les armes.

L'Italie, l'Espagne, la France, l'Angleterre, l'Allemagne et la Grèce, qui, tour à tour ou toutes ensemble, viennent aborder aux rivages de la Syrie, sont soutenues par les braves hospitaliers. Mais la fortune change sans changer la valeur : Saladin reprend Jérusalem. Acre ou Ptolémaïde est bientôt le seul port qui reste aux Croisés en Palestine. On y voit réunis le roi de Jérusalem et de Chypre, le roi de Naples et de Sicile, le roi d'Arménie, le prince d'Antioche, le comte de Jaffa, le patriarche de Jérusalem, les chevaliers du Saint-Sépulcre, le légat du pape, le comte de Tripoli, le prince de Galilée, les templiers, les hospitaliers, les chevaliers teutoniques, ceux de Saint-Lazare, les Vénitiens, les Génois, les Pisans, les Florentins, le prince de Tarente, et le duc d'Athènes. Tous ces princes, tous ces peuples, tous ces ordres ont leur quartier séparé, où ils vivent indépendants les uns des autres : « En sorte, dit l'abbé Fleury, qu'il y avait cinquante-huit tribunaux qui jugeaient à mort [1]. »

Le trouble ne tarda pas à se mettre parmi tant d'hommes de mœurs et d'intérêts divers. On en vient aux mains dans la ville. Charles d'Anjou et Hugues III, roi de Chypre, prétendant tous deux au royaume de Jérusalem, augmentent encore la confusion. Le soudan Mélec-Messor profite de ces querelles intestines, et s'avance avec une puissante armée, dans le dessein d'arracher aux Croisés leur dernier refuge. Il est empoisonné par un de ses émirs en sortant d'Égypte; mais avant d'expirer il fit jurer à son fils de ne point donner de sépulture aux cendres paternelles qu'il n'ait fait tomber Ptolémaïde.

Mélec-Séraph exécute la dernière volonté de son père : Acre est assiégée et emportée d'assaut le 18 de mai 1291. Des religieuses donnèrent un exemple effrayant de chasteté chrétienne : elles se mutilèrent le visage, et furent trouvées dans cet état par les infidèles, qui en eurent horreur, et les massacrèrent.

Après la réduction de Ptolémaïde, les hospitaliers se retirèrent dans l'île de Chypre, où ils demeurèrent dix-huit ans. Rhodes, révoltée contre Andronic, empereur d'Orient, appelle les Sarrasins dans ses murs. Villaret, grand maître des hospitaliers, obtient d'Andronic l'investiture de l'île, en cas qu'il puisse la soustraire au joug des mahométans. Ses chevaliers se couvrent de peaux de brebis, et, se traînant sur les mains au milieu d'un troupeau, ils se glissent dans

---

[1] *Hist. ecclés.*

la ville pendant un épais brouillard, se saisissent d'une des portes, égorgent la garde, et introduisent dans les murs le reste de l'armée chrétienne.

Quatre fois les Turcs essaient de reprendre l'île de Rhodes sur les chevaliers, et quatre fois ils sont repoussés. Au troisième effort, le siége de la ville dura cinq ans, et au quatrième, Mahomet battit les murs avec seize canons d'un calibre tel qu'on n'en avait point encore vu en Europe.

Ces mêmes chevaliers, à peine échappés à la puissance ottomane, en devinrent les protecteurs. Un prince Zizime, fils de ce Mahomet II qui naguère foudroyait les remparts de Rhodes, implore le secours des chevaliers contre Bajazet son frère, qui l'avait dépouillé de son héritage. Bajazet, qui craignait une guerre civile, se hâte de faire la paix avec l'ordre, et consent à lui payer une certaine somme tous les ans, pour la pension de Zizime. On vit alors, par un de ces jeux si communs de la fortune, un puissant empereur des Turcs tributaire de quelques hospitaliers chrétiens.

Enfin, sous le grand maître Villiers de l'Ile-Adam, Soliman s'empare de Rhodes après avoir perdu cent mille hommes devant ses murs. Les chevaliers se retirent à Malte, que leur abandonne Charles-Quint. Ils y sont attaqués de nouveau par les Turcs; mais leur courage les délivre, et ils restent paisibles possesseurs de l'île, sous le nom de laquelle ils sont encore connus aujourd'hui [1].

CHAPITRE II.

ORDRE TEUTONIQUE.

A l'autre extrémité de l'Europe la chevalerie religieuse jetait les fondements de ces États qui sont devenus de puissants royaumes.

L'ordre Teutonique avait pris naissance pendant le premier siége d'Acre par les chrétiens, vers l'an 1190. Dans la suite, le duc de Massovie et de Pologne l'appela à la défense de ses États contre les incursions des Prussiens. Ceux-ci étaient des peuples barbares qui sortaient de temps en temps de leurs forêts pour ravager les contrées voisines. Ils avaient réduit la province du Culm en une affreuse solitude, et n'avaient laissé debout sur la Vistule que le seul château de Plotzko. Les chevaliers teutoniques, pénétrant peu à peu dans les bois de la Prusse, y bâtirent des forteresses. Les Warmiens, les Barthes, les Natangues, subirent tour à tour le joug, et la navigation des mers du Nord fut assurée.

Les chevaliers de Porte-glaive, qui de leur côté avaient travaillé à la conquête des pays septentrionaux, en se réunissant aux chevaliers teutoniques, leur donnèrent une puissance vraiment royale. Les progrès de l'ordre furent cependant retardés par la division qui régna longtemps entre les chevaliers et les évêques de Livonie; mais enfin, tout le nord de l'Europe s'étant soumis, Albert, marquis de Brandebourg, embrassa la doctrine de Luther, chassa les chevaliers de leurs gouvernements, et se rendit seul maître de la Prusse, qui prit

---

[1] Vert., *Hist. des chev. de Malte;* Fleury, *Hist. eccl.;* Giustiniani, *Ist. cron. dell' or. degli Ord. milit.;* Helyot, *Hist. des Ord. relig.*, t. III.

alors le nom de Prusse ducale. Ce nouveau duché fut érigé en royaume en 1701, sous l'aïeul du grand Frédéric.

Les restes de l'ordre Teutonique subsistent encore en Allemagne, et c'est le prince Charles qui en est le grand maître aujourd'hui [1].

CHAPITRE III.

CHEVALIERS DE CALATRAVE ET DE SAINT-JACQUES DE L'ÉPÉE, EN ESPAGNE.

La chevalerie faisait au centre de l'Europe les mêmes progrès qu'aux deux extrémités de cette partie du monde.

Vers l'an 1147, Alphonse le Batailleur, roi de Castille, enlève aux Maures la place de Calatrave en Andalousie. Huit ans après, les Maures se préparent à la reprendre sur don Sanche, successeur d'Alphonse. Don Sanche, effrayé de ce dessein, fait publier qu'il donne la place à quiconque voudra la défendre. Personne n'ose se présenter, hors un bénédictin de l'ordre de Cîteaux, dom Didace Vilasquès, et Raymond son abbé. Ils se jettent dans Calatrave avec les paysans et les familles qui dépendaient de leur monastère de Fitero : ils font prendre les armes aux frères convers, et fortifient la ville menacée. Les Maures, étant informés de ces préparatifs, renoncent à leur entreprise : la place demeure à l'abbé Raymond, et les frères convers se changent en chevaliers du nom de *Calatrava*.

Ces nouveaux chevaliers firent dans la suite plusieurs conquêtes sur les Maures de Valence et de Jaën : Favera, Maella, Macalon, Valdetormo, la Fresueda, Valderobbes, Calenda, Aqua-Viva, Ozpipa, tombèrent tour à tour entre leurs mains. Mais l'ordre reçut un échec irréparable à la bataille d'Alarcos, que les Maures d'Afrique gagnèrent en 1195 sur le roi de Castille. Les chevaliers de Calatrave y périrent presque tous, avec ceux d'Alcantara et de Saint-Jacques de l'Épée.

Nous n'entrerons dans aucun détail touchant ces derniers, qui eurent aussi pour but de combattre les Maures, et de protéger les voyageurs contre les incursions des infidèles [2].

Il suffit de jeter les yeux sur l'histoire à l'époque de l'institution de la chevalerie religieuse, pour reconnaître les importants services qu'elle a rendus à la société. L'ordre de Malte, en Orient, a protégé le commerce et la navigation renaissante, et a été, pendant plus d'un siècle, le seul boulevard qui empêchât les Turcs de se précipiter sur l'Italie; dans le Nord, l'ordre Teutonique, en subjuguant les peuples errants sur les bords de la Baltique, a éteint le foyer de ces terribles éruptions qui ont tant de fois désolé l'Europe : il a donné le temps à la civilisation de faire des progrès, et de perfectionner ces nouvelles armes qui nous mettent pour jamais à l'abri des Alaric et des Attila.

Ceci ne paraîtra point une vaine conjecture, si l'on observe que les courses

---

[1] Shoonbeck, *Ord. milit.*; Giustiniani, *Ist. cronol. dell' or. degli Ord. milit.*; Hélyot, *Hist. des Ord. relig.*, t. III; Fleury, *Hist. ecclés.* — [2] Shoonbeck, Giustiniani, Hélyot, Fleury et Mariana.

des Normands n'ont cessé que vers le dixième siècle, et que les chevaliers teutoniques, à leur arrivée dans le Nord, trouvèrent une population réparée et d'innombrables Barbares, qui s'étaient déjà débordés autour d'eux. Les Turcs descendant de l'orient, les Livoniens, les Prussiens, les Poméraniens, arrivant de l'occident et du septentrion, auraient renouvelé dans l'Europe, à peine reposée, les scènes des Huns et des Goths.

Les chevaliers teutoniques rendirent même un double service à l'humanité ; car, en domptant des Sauvages, ils les contraignirent de s'attacher à la culture, et d'embrasser la vie sociale. Chrisbourg, Bartenstein, Wissembourg, Wesel, Brumberg, Thorn, la plupart des villes de la Prusse, de la Courlande et de la Sémigalie, furent fondées par cet ordre militaire religieux; et tandis qu'il peut se vanter d'avoir assuré l'existence des peuples de la France et de l'Angleterre, il peut aussi se glorifier d'avoir civilisé le nord de la Germanie.

Un autre ennemi était encore peut-être plus dangereux que les Turcs et les Prussiens, parce qu'il se trouvait au centre même de l'Europe : les Maures ont été plusieurs fois sur le point d'asservir la chrétienté. Et quoique ce peuple paraisse avoir eu dans ses mœurs plus d'élégance que les autres Barbares, il avait toutefois dans sa religion, qui admettait la polygamie et l'esclavage, dans son tempérament despotique et jaloux; il avait, disons-nous, un obstacle invincible aux lumières et au bonheur de l'humanité.

Les ordres militaires de l'Espagne, en combattant ces infidèles, ont donc, ainsi que l'ordre Teutonique et celui de Saint-Jean de Jérusalem, prévenu de très-grands malheurs. Les chevaliers chrétiens remplacèrent en Europe les troupes soldées, et furent une espèce de milice régulière, qui se transportait où le danger était le plus pressant. Les rois et les barons, obligés de licencier leurs vassaux au bout de quelques mois de service, avaient été souvent surpris par les Barbares : ce que l'expérience et le génie des temps n'avaient pu faire, la religion l'exécuta; elle associa des hommes qui jurèrent, au nom de Dieu, de verser leur sang pour la patrie : les chemins devinrent libres, les provinces furent purgées des brigands qui les infestaient, et les ennemis du dehors trouvèrent une digue à leurs ravages.

On a blâmé les chevaliers d'avoir été chercher les infidèles jusque dans leurs foyers. Mais on n'observe pas que ce n'était, après tout, que de justes représailles contre des peuples qui avaient attaqué les premiers les peuples chrétiens : les Maures, que Charles-Martel extermina, justifient les croisades. Les disciples du Coran sont-ils demeurés tranquilles dans les déserts de l'Arabie, et n'ont-ils pas porté leur loi et leurs ravages jusqu'aux murailles de Delhi et jusqu'aux remparts de Vienne? Il fallait peut-être attendre que le repaire de ces bêtes féroces se fût rempli de nouveau; et parce qu'on a marché contre elles sous la bannière de la religion, l'entreprise n'était ni juste ni nécessaire ! tout était bon, Teutatès, Odin, Allah, pourvu qu'on n'eût pas Jésus-Christ (55) !

CHAPITRE IV.

VIE ET MŒURS DES CHEVALIERS.

Les sujets qui parlent le plus à l'imagination ne sont pas les plus faciles à peindre, soit qu'ils aient dans leur ensemble un certain vague plus charmant que les descriptions qu'on en peut faire, soit que l'esprit du lecteur aille toujours au delà de vos tableaux. Le seul mot de *chevalerie*, le seul nom d'un illustre *chevalier*, est proprement une merveille, que les détails les plus intéressants ne peuvent surpasser; tout est là dedans, depuis les fables de l'Arioste jusqu'aux exploits des véritables paladins, depuis le palais d'Alcine et d'Armide jusqu'aux tourelles de Cœuvres et d'Anet.

Il n'est guère possible de parler, même historiquement, de la chevalerie, sans avoir recours aux troubadours qui l'ont chantée, comme on s'appuie de l'autorité d'Homère en ce qui concerne les anciens héros : c'est ce que les critiques les plus sévères ont reconnu. Mais alors on a l'air de ne s'occuper que de fictions. Nous sommes accoutumés à une vérité si stérile, que tout ce qui n'a pas la même sécheresse nous paraît mensonge : comme ces peuples nés dans les glaces du pôle, nous préférons nos tristes déserts à ces champs où

> Le terra molle e lieta e dilettosa
> Simili a se gli abitator produce [1].

L'éducation du chevalier commençait à l'âge de sept ans [2]. Duguesclin, encore enfant, s'amusait, dans les avenues du château de son père, à représenter des siéges et des combats avec des petits paysans de son âge. On le voyait courir dans les bois, lutter contre les vents, sauter de larges fossés, escalader les ormes et les chênes, et déjà montrer dans les landes de la Bretagne le héros qui devait sauver la France [3].

Bientôt on passait à l'office de page ou de *damoiseau* dans le château de quelque baron. C'était là qu'on prenait les premières leçons sur la foi gardée à Dieu et aux dames [4]. Souvent le jeune page y commençait pour la fille du seigneur, une de ces durables tendresses que des miracles de vaillance devaient immortaliser. De vastes architectures gothiques, de vieilles forêts, de grands étangs solitaires, nourrissaient, par leur aspect romanesque, ces passions que rien ne pouvait détruire, et qui devenaient des espèces de sort et d'enchantement.

Excité par l'amour au courage, le page poursuivait les mâles exercices qui lui ouvraient la route de l'honneur. Sur un coursier indompté il lançait, dans l'épaisseur des bois, les bêtes sauvages, ou, rappelant le faucon du haut des cieux, il forçait le tyran des airs à venir, timide et soumis, se poser sur sa main assurée. Tantôt, comme Achille enfant, il faisait voler des chevaux sur la plaine, s'élançant de l'un à l'autre, d'un saut franchissant leur croupe, ou s'asseyant sur leur dos; tantôt il montait tout armé jusqu'au haut d'une tremblante échelle, et

---

[1] Tass., cant. I, ott. 62. — [2] Sainte-Palaye, tom. I, 1re part. — [3] *Vie de Duguesclin.* — [4] Sainte-Palaye, tom. I, pag. 7.

se croyait déjà sur la brèche, criant : *Montjoie et Saint-Denis* [1] ! Dans la cour de son baron, il recevait les instructions et les exemples propres à former sa vie. Là se rendaient sans cesse des chevaliers connus ou inconnus, qui s'étaient voués à des aventures périlleuses, qui revenaient seuls des royaumes du Cattay, des confins de l'Asie, et de tous ces lieux incroyables où ils redressaient les torts, et combattaient les infidèles.

« On veoit, dit Froissart parlant de la maison du duc de Foix, on veoit en la salle, en la chambre, en la cour, chevaliers et escuyers d'honneur aller et marcher, et les oyoit-on parler d'armes et d'amour : tout honneur étoit là dedans trouvé, toute nouvelle, de quelque pays, de quelque royaume que ce fust, là dedans on y apprenoit ; car de tout pays, pour la vaillance du seigneur, elles y venoient. »

Au sortir de page on devenait écuyer, et la religion présidait toujours à ces changements. De puissants parrains et de belles marraines promettaient à l'autel, pour le héros futur, religion, fidélité et amour. Le service de l'écuyer consistait, en paix, à trancher à table, à servir lui-même les viandes, comme les guerriers d'Homère ; à donner à laver aux convives. Les plus grands seigneurs ne rougissaient point de remplir ces offices. « A une table, devant le roi, dit le sire de Joinville, mangeoit le roi de Navarre, qui moult étoit paré et aourné de drap d'or, en cotte et mantel, la ceinture, le fermail et chapel d'or fin, devant lequel je tranchoys. »

L'écuyer suivait le chevalier à la guerre, portait sa lance, et son heaume élevé sur le pommeau de la selle, et conduisait ses chevaux en les tenant par la droite. « Quand il entra dans la forest, il rencontra quatre escuyers qui menoient quatre blancs destriers en dextre. » Son devoir, dans les duels et batailles, était de fournir des armes à son chevalier, de le relever quand il était abattu, de lui donner un cheval frais, de parer les coups qu'on lui portait, mais sans pouvoir combattre lui-même.

Enfin lorsqu'il ne manquait plus rien aux qualités du *poursuivant d'armes*, il était admis aux honneurs de la chevalerie. Les lices d'un tournoi, un champ de bataille, le fossé d'un château, la brèche d'une tour, étaient souvent le théâtre honorable où se conférait l'ordre des vaillants et des preux. Dans le tumulte d'une mêlée, de braves écuyers tombaient aux genoux du roi ou du général, qui les créait chevaliers en leur frappant sur l'épaule trois coups du plat de son épée. Lorsque Bayard eut conféré la chevalerie à François Ier : « Tu es bien heureuse, dit-il en s'adressant à son épée, d'avoir aujourd'hui, à un si beau et si puissant roi, donné l'ordre de la chevalerie ; certes, ma bonne espée, vous serez comme relique gardée, et sur toute autre honorée. » Et puis, ajoute l'historien, « fit deux saults ; et après remit au fourreau son espée. »

A peine le nouveau chevalier jouissait-il de toutes ses armes, qu'il brûlait de se distinguer par quelques faits éclatants. Il allait par *monts* et par *vaux*, cherchant périls et aventures ; il traversait d'antiques forêts, de vastes bruyères, de profondes solitudes Vers le soir il s'approchait d'un château dont il apercevait

---

[1] Sainte-Palaye, tom. I, pag. 2.

les tours solitaires; il espérait achever dans ce lieu quelque terrible fait d'armes. Déjà il baissait sa visière, et se recommandait à la dame de ses pensées, lorsque le son d'un cor se faisait entendre. Sur les faîtes du château s'élevait un *heaume*, enseigne éclatante de la demeure d'un chevalier hospitalier. Les ponts-levis s'abaissaient, et l'aventureux voyageur entrait dans ce manoir écarté. S'il voulait rester inconnu, il couvrait son écu d'une *housse*, ou d'un *voile vert*, ou d'une *guimpe plus fine que fleur de lys*. Les dames et les damoiselles s'empressaient de le désarmer, de lui donner de riches habits, de lui servir des vins précieux dans des vases de cristal. Quelquefois il trouvait son hôte dans la joie : « Le seigneur Amanieu des Escas, au sortir de table, étant l'hiver auprès d'un bon feu, dont la salle bien jonchée ou tapissée de nattes, ayant autour de lui ses écuyers, s'entretenoit avec eux d'armes et d'amour; car tout dans sa maison, jusqu'aux derniers *varlets*, se mesloit d'aimer[1]. »

Ces fêtes des châteaux avaient toujours quelque chose d'énigmatique; c'était le festin de *la licorne*, le *vœu du paon*, ou *du faisan*. On y voyait des convives non moins mystérieux, les chevaliers du Cygne, de l'Écu-Blanc, de la Lance-d'Or, du Silence; guerriers qui n'étaient connus que par les devises de leurs boucliers, et par les pénitences auxquels ils s'étaient soumis [2].

Des troubadours, ornés de plumes de paon, entraient dans la salle vers la fin de la fête, et chantaient des *lays* d'amour :

> Armes, amours, déduit, joie et plaisance,
> Espoir, désir, souvenir, hardement,
> Jeunesse, aussi manière et contenance,
> Humble regard, traict amoureusement,
> Gents corps, jolis, parez très-richement;
> Avisez bien ceste saison nouvelle;
> Le jour de may, ceste grand'feste et belle,
> Qui par le roy se faict à Saint-Denis;
> A bien jouter gardez vostre querelle,
> Et vous serez honorez et chéris.

Le principe du métier des armes chevaleresques était :

> Grand bruit au champ, et grand'joie au logis.
> « *Bruits es chants, et joie à l'ostel.* »

Mais le chevalier arrivé aux châteaux n'y trouvait pas toujours des fêtes; c'était quelquefois l'habitation d'une piteuse dame qui gémissait dans les fers d'un jaloux : *Le biau sire, noble, courtois et preux*, à qui l'on avait refusé l'entrée du manoir, passait la nuit au pied d'une tour d'où il entendait les soupirs de quelque Gabrielle qui appelait en vain le valeureux Couci. Le chevalier, aussi tendre que brave, jurait, par sa *durandals* et son *aquilain*, sa fidèle épée et son coursier rapide, de défier en combat singulier le félon qui tourmentait la beauté contre toute loi d'honneur et de chevalerie.

S'il était reçu dans ces sombres forteresses, c'était alors qu'il avait besoin de

---

[1] SAINTE-PALAYE. — [2] *Hist. du maréchal de Boucicault.*

tout son grand cœur. Des varlets silencieux, aux regards farouches, l'introduisaient, par de longues galeries à peine éclairées, dans la chambre solitaire qu'on lui destinait. C'était quelque donjon qui gardait le souvenir d'une fameuse histoire; on l'appelait la chambre du *roi Richard*, ou de la *dame des Sept Tours*. Le plafond en était marqueté de vieilles armoiries peintes, et les murs couverts de tapisseries à grands personnages, qui semblaient suivre des yeux le chevalier, et qui servaient à cacher des portes secrètes. Vers minuit, on entendait un bruit léger, les tapisseries s'agitaient, la lampe du paladin s'éteignait, un cercueil s'élevait auprès de sa couche.

La lance et la masse d'armes étant inutiles contre les morts, le chevalier avait recours à des vœux de pèlerinage. Délivré par la faveur divine, il ne manquait point d'aller consulter l'ermite du rocher qui lui disait : « Si tu avais autant de possessions comme en avait le roi Alexandre, et de sens comme le sage Salomon, et de chevalerie comme le preux Hecteur de Troie; seul orgueil, s'il régnait en toi, détruirait tout [1]. »

Le bon chevalier comprenait par ces paroles que les visions qu'il avait eues n'étaient que la punition de ses fautes, et il travaillait à se rendre *sans peur et sans reproche*.

Ainsi chevauchant, il mettait à fin par cent coups de lance toutes ces aventures chantées par nos poëtes, et recordées dans nos chroniques. Il délivrait des princesses retenues dans des grottes, punissait des mécréants, secourait les orphelins et les veuves, et se défendait à la fois de la perfidie des nains et de la force des géants. Conservateur des mœurs comme protecteur des faibles, quand il passait devant le château d'une dame de mauvaise renommée, il faisait aux portes une note d'infamie [2]. Si, au contraire, la dame de céans avait bonne grâce et vertu, il lui criait : « Ma bonne amie, ou ma bonne dame ou damoiselle, je prie à Dieu que en ce bien et en cet honneur, il vous veuille maintenir au nombre des bonnes, car bien devez estre louée et honorée. »

L'honneur de ces chevaliers allait quelquefois jusqu'à cet excès de vertu qu'on admire et qu'on déteste dans les premiers Romains. Quand la reine Marguerite, femme de saint Louis, apprit à Damiette, où elle était prête d'accoucher, la défaite de l'armée chrétienne et la prise du roi son époux, « elle fit vuidier toute sa chambre, dit Joinville, fors le chevalier (un chevalier âgé de quatre-vingts ans), et s'agenoilla devant li, et li requist un don : et le chevalier li otrya par son serment : elle li dit: *Je vous demande*, fist-elle, *par la foi que vous m'avez baillée, que se les Sarrazins prennent ceste ville, que vous me copez la tête avant qu'ils me preignent*. Et le chevalier respondit : *Soiés certeinne que je le ferai volontiers, car je l'avois jà bien enpensé que vous occiroie avant qu'ils nous eussent prins* [3].

Les entreprises solitaires servaient au chevalier comme d'échelons pour arriver au plus haut degré de gloire. Averti par les ménestriers des tournois qui se préparaient au gentil pays de France, il se rendait aussitôt au rendez-vous des braves. Déjà les lices sont préparées ; déjà les dames, placées sur des écha-

---

[1] SAINTE-PALAYE. — [2] DU CANGE, *Gloss*. — [3] JOINVILLE, édition de Capperonnier, pag. 81.

fauds élevés en forme de tours, cherchent des yeux les guerriers parés de leurs couleurs. Des troubadours vont chantant :

> Servants d'amour, regardez doulcement
> Aux eschafaux anges de paradis ;
> Lors jousterez fort et joyeusement,
> Et vous serez honorez et chéris.

Tout à coup un cri s'élève : « *Honneur aux fils des preux!* » Les fanfares sonnent, les barrières s'abaissent. Cent chevaliers s'élancent des deux extrémités de la lice, et se rencontrent au milieu. Les lances volent en éclats ; front contre front, les chevaux se heurtent et tombent. Heureux le héros qui, ménageant ses coups, et ne frappant, en loyal chevalier, que de la ceinture à l'épaule, a renversé sans le blesser son adversaire! Tous les cœurs sont à lui, toutes les dames veulent lui envoyer de nouvelles faveurs pour orner ses armes. Cependant des hérauts crient au chevalier : *Souviens-toi de qui tu es fils, et ne forligne pas !* Joutes, castilles, pas d'armes, combats à la foule, font tour à tour briller la vaillance, la force et l'adresse des combattants. Mille cris mêlés au fracas des armes montent jusqu'aux cieux. Chaque dame encourage son chevalier et lui jette un bracelet, une boucle de cheveux, une écharpe. Un Sargine, jusqu'alors éloigné du champ de la gloire, mais transformé en héros par l'amour, un brave inconnu, qui a combattu sans armes et sans vêtements, et qu'on distingue à *sa camise sanglante* [1], sont proclamés vainqueurs de la joute ; ils reçoivent un baiser de leur dame, et l'on crie : « L'amour des dames, la mort des hérauts [2], louenge et priz aux chevaliers. »

C'était dans ces fêtes qu'on voyait briller la vaillance ou la courtoisie de La Trémouille, de Boucicault, de Bayard, de qui les hauts faits ont rendu probables les exploits des Perceforest, des Lancelot et des Gandifer. Il en coûtait cher aux chevaliers étrangers pour oser s'attaquer aux chevaliers de France. Pendant les guerres du règne de Charles VI, Sampi et Boucicault soutinrent seuls les défis que les vainqueurs leur portaient de toutes parts ; et, joignant la générosité à la valeur, ils rendaient les chevaux et les armes aux téméraires qui les avaient appelés en champ clos.

Le roi voulait empêcher ses chevaliers de *relever le gant*, et de ressentir ces insultes particulières. Mais ils lui dirent : « Sire, l'honneur de la France est si naturellement cher à ses enfants que, si le diable lui-même sortait de l'enfer pour un défi de valeur, il se trouverait des gens pour le combattre. »

« Et en ce temps aussi, disait un historien, estoient chevaliers d'Espagne et de Portugal, dont trois de Portugal, bien renommés de chevalerie, prindrent, par je ne sais quelle folle entreprise, champ de bataille encontre trois chevaliers de France ; mais en bonne vérité de Dieu, ils ne mirent pas tant de temps à aller de la porte Saint-Martin à la porte Saint-Antoine à cheval, que les Portugallois ne fussent déconfits par les trois François [3]. »

---

[1] Sainte-Palaye, *Hist. des trois chevaliers de la Chanise.* — [2] Héros. — [3] *Journal de Paris*, sous Charles VI et VII.

Les seuls champions qui pussent tenir devant les chevaliers de France étaient les chevaliers d'Angleterre. Et ils avaient de plus pour eux la fortune, car nous nous déchirions alors de nos propres mains. La bataille de Poitiers, si funeste à la France, fut encore honorable à la chevalerie. Le prince Noir, qui ne voulut jamais, par respect, s'asseoir à la table du roi Jean, son prisonnier, lui dit : « Il m'est advis que avez grand raison de vous éliesser, combien que la journée ne soit tournée à vostre gré ; car vous avez aujourd'huy conquis le haut nom de prouësse, et avez passé aujourd'huy tous les mieux faisants de votre costé : je ne le die mie, chier sire, pour vous louer ; car tous ceux de nostre patrie qui ont veu les uns et les autres se sont par pleine conscience à ce accordez, et vous en donnent le prix et chapelet. »

Le chevalier de Ribaumont, dans une action qui se passait aux portes de Calais, abattit deux fois à ses genoux Édouard III, roi d'Angleterre; mais le monarque, se relevant toujours, força enfin Ribaumont à lui rendre son épée. Les Anglais, étant demeurés vainqueurs, rentrèrent dans la ville avec leurs prisonniers. Édouard, accompagné du prince de Galles, donna un grand repas aux chevaliers français ; et, s'approchant de Ribaumont, il lui dit : « Vous estes le chevalier au monde que je visse oncques plus vaillamment assaillir ses ennemis. Adonc print le roi son chapelet qu'il portoit sur son chef (qui estoit bon et riche), et le mit sur le chef de monseigneur Eustache, et dit : Monseigneur Eustache, je vous donne ce chapelet pour le mieux combattant de la journée. Je sais que vous estes gay et amoureux, et que volontiers vous trouvez entre dames et damoiselles : si, dites partout où vous irez que je le vous ai donné. Si, vous quitte vostre prison, et vous en pouvez partir demain s'il vous plaist[1]. »

Jeanne d'Arc ranima l'esprit de la chevalerie en France ; on prétend que son bras était armé de la fameuse *joyeuse* de Charlemagne, qu'elle avait retrouvée dans l'église de Sainte-Catherine de Fierbois, en Touraine.

Si donc nous fûmes quelquefois abandonnés de la fortune, le courage ne nous manqua jamais. Henri IV à la bataille d'Ivry criait à ses gens qui pliaient : « Tournez la tête, si ce n'est pour combattre, du moins pour me voir mourir. » Nos guerriers ont toujours pu dire dans leur défaite ce mot qui fut inspiré par le génie de la nation au dernier chevalier français à Pavie : « Tout est perdu *fors* l'honneur. »

Tant de vertus et de vaillance méritaient bien d'être honorées. Si le héros recevait la mort dans les champs de la patrie, la chevalerie en deuil lui faisait d'illustres funérailles ; s'il succombait au contraire dans les entreprises lointaines, s'il ne lui restait aucun frère d'armes, aucun écuyer pour prendre soin de sa sépulture, le ciel lui envoyait pour l'ensevelir quelqu'un de ces solitaires qui habitaient alors dans les déserts, et qui

> . . . . Su 'l Libano spesso, e su 'l Carmelo
> In acrea magion fan dimoranza.

C'est ce qui a fourni au Tasse son épisode de Suénon : tous les jours un soli-

[1] FROISSART.

taire de la Thébaïde ou un ermite du Liban recueillait les cendres de quelque chevalier massacré par les infidèles ; le chantre de Solyme ne fait que prêter à la vérité le langage des muses.

« Soudain de ce beau globe, ou de ce soleil de la nuit, je vis descendre un rayon qui s'allongeant comme un trait d'or, vint toucher le corps du héros...
....

« Le guerrier n'était point prosterné dans la poudre; mais de même qu'autrefois tous ses désirs tendaient aux régions étoilées, son visage était tourné vers le ciel, comme le lieu de son unique espérance. Sa main droite était fermée, son bras raccourci ; il serrait le fer, dans l'attitude d'un homme qui va frapper ; son autre main, d'une manière humble et pieuse, reposait sur sa poitrine, et semblait demander pardon à Dieu.................................
....

« Bientôt un nouveau miracle vint attirer mes regards.

« Dans l'endroit où mon maître gisait étendu s'élève tout à coup un grand sépulcre, qui, sortant du sein de la terre, embrasse le corps du jeune prince, et se referme sur lui.... Une courte inscription rappelle au voyageur le nom et les vertus du héros. Je ne pouvais arracher mes yeux de ce monument, et je contemplais tour à tour et les caractères, et le marbre funèbre.

« Ici, dit le vieillard, le corps de ton général reposera auprès de ses fidèles amis, tandis que leurs âmes généreuses jouiront, en s'aimant dans les cieux, d'une gloire et d'un bonheur éternels [1]. »

Mais le chevalier qui avait formé dans sa jeunesse ces liens héroïques qui ne se brisaient pas même avec la vie, n'avait point à craindre de mourir seul dans les déserts : au défaut des miracles du ciel, ceux de l'amitié le suivaient. Constamment accompagné de son *frère d'armes*, il trouvait en lui des mains guerrières pour creuser sa tombe, et un bras pour le venger. Ces unions étaient confirmées par les plus redoutables serments : quelquefois les deux amis se faisaient tirer du sang, et le mêlaient dans la même coupe ; ils portaient pour gage de leur foi mutuelle ou un cœur d'or, ou une chaîne, ou un anneau. L'amour, pourtant si cher aux chevaliers, n'avait, dans ces occasions, que le second droit sur leurs âmes, et l'on secourait son ami de préférence à sa maîtresse.

Une chose néanmoins pouvait dissoudre ces nœuds, c'était l'inimitié des patries. Deux frères d'armes de diverses nations cessaient d'être unis dès que leurs pays ne l'étaient plus. Hue de Carvalay, chevalier anglais, avait été l'ami de Bertrand Duguesclin : lorsque le prince Noir eut déclaré la guerre au roi Henri de Castille, Hue fut obligé de se séparer de Bertrand, il vint lui faire ses adieux et lui dit :

« Gentil sire, il nous convient de despartir. Nous avons esté ensemble en bonne compagnie, et avons tousjours eu du vostre à nostre (de l'argent en commun) : si pense bien que j'ai plus receu que vous ; et pour ce vous prie que nous en comptions ensemble... — Si, dit Bertrand, ce n'est qu'un sermon ; je n'ai point pensé à ce compte... Il n'y a que du bien à faire : raison donne que

[1] *Ger. lib.*, cant. VIII.

vous suiviez vostre maistre. Ainsi le doit faire tout preudhomme : bonne amour fust l'amour de nous, et aussi en sera la despartie, dont me poise qu'il convient qu'elle soit. Lors le baisa Bertrand et tous ses compagnons aussi : moult fut piteuse la despartie[1]. »

Ce désintéressement des chevaliers, cette élévation d'âme, qui mérita à quelques-uns le glorieux surnom de *sans reproche*, couronnera le tableau de leurs vertus chrétiennes. Ce même Duguesclin, la fleur et l'honneur de la chevalerie, étant prisonnier du prince Noir, égala la magnanimité de Porus entre les mains d'Alexandre. Le prince l'ayant rendu maître de sa rançon, Bertrand la porta à une somme excessive. «Où prendrez-vous tout cet or? dit le héros anglais étonné.
— Chez mes amis, repartit le fier connétable : il n'y a pas de *fileresse* en France qui ne filast sa quenouille pour me tirer de vos mains. »

La reine d'Angleterre, touchée des vertus de Duguesclin, fut la première à donner une grosse somme, pour hâter la liberté du plus redoutable ennemi de sa patrie. « Ah! madame, s'écria le chevalier breton en se jetant à ses pieds, j'avais cru jusqu'ici estre le plus laid homme de France, mais je commence à n'avoir pas si mauvaise opinion de moi, puisque les dames me font de tels présents. »

LIVRE SIXIÈME.

Services rendus à la société par le Clergé et la Religion chrétienne en général.

CHAPITRE PREMIER.

IMMENSITÉ DES BIENFAITS DU CHRISTIANISME [2].

Ce ne serait rien connaître que de connaître vaguement les bienfaits du christianisme : c'est le détail de ses bienfaits, c'est l'art avec lequel la religion a varié ses dons, répandu ses secours, distribué ses trésors, ses remèdes, ses lumières; c'est ce détail, c'est cet art qu'il faut pénétrer. Jusqu'aux délicatesses des sentiments, jusqu'aux amours-propres, jusqu'aux faiblesses, la religion a tout ménagé en soulageant tout. Pour nous, qui depuis quelques années nous occupons de ces recherches, tant de traits de charité, tant de fondations admirables, tant d'inconcevables sacrifices, sont passés sous nos yeux, que nous croyons qu'il y a dans ce seul mérite du christianisme de quoi expier tous les crimes des hommes : culte céleste, qui nous force d'aimer cette triste humanité qui le calomnie.

[1] *Vie de Bertrand Duguesclin.* — [2] Voyez, pour toute cette partie, HÉLYOT, *Hist. des Ordres relig. et milit.*, 8 vol. in-4°; HERMANT, *Étab. des Ordres relig.*; BONNANI, *Catal. omn. Ord. relig.*, GIUSTINIANI, MENNEHIUS et SHOONBECK, dans leur *Hist. des Ordres milit.*; SAINT-FOIX, *Essais sur Paris*; *Vie de saint Vincent de Paul*; *Vie des Pères du Désert*; SAINT-BASILE, *Oper.*; LOBINEAU, *Hist., de Bretagne.*

Ce que nous allons citer est bien peu de chose, et nous pourrions remplir plusieurs volumes de ce que nous rejetons; nous ne sommes pas même sûr d'avoir choisi ce qu'il y a de plus frappant : mais dans l'impossibilité de tout décrire, et de juger qui l'emporte en vertu par un si grand nombre d'œuvres charitables, nous recueillons presque au hasard ce que nous donnons ici.

Pour se faire d'abord une idée de l'immensité des bienfaits de la religion, il faut se représenter la chrétienté comme une vaste république, où tout ce que nous rapportons d'une partie se passe en même temps dans une autre. Ainsi, quand nous parlerons des hôpitaux, des missions, des colléges de la France, il faut aussi se figurer les hôpitaux, les missions, les colléges de l'Italie, de l'Espagne, de l'Allemagne, de la Russie, de l'Angleterre, de l'Amérique, de l'Afrique et de l'Asie; il faut voir deux cents millions d'hommes, au moins, chez qui se pratiquent les mêmes vertus et se font les mêmes sacrifices ; il faut se ressouvenir qu'il y a dix-huit cents ans que ces vertus existent, et que les mêmes actes de charité se répètent : calculez maintenant, si votre esprit ne s'y perd, le nombre d'individus soulagés et éclairés par le christianisme, chez tant de nations, et pendant une aussi longue suite de siècles !

CHAPITRE II.

HÔPITAUX.

La charité, vertu absolument chrétienne, et inconnue des anciens, a pris naissance dans Jésus-Christ; c'est la vertu qui le distingua principalement du reste des mortels, et qui fut en lui le sceau de la rénovation de la nature humaine. Ce fut par la charité, à l'exemple de leur divin Maître, que les apôtres gagnèrent si rapidement les cœurs, et séduisirent saintement les hommes.

Les premiers fidèles, instruits dans cette grande vertu, mettaient en commun quelques deniers pour secourir les nécessiteux, les malades et les voyageurs : ainsi commencèrent les hôpitaux. Devenue plus opulente, l'Église fonda pour nos maux des établissements dignes d'elle. Dès ce moment les œuvres de miséricorde n'eurent plus de retenue : il y eut comme un débordement de la charité sur les misérables, jusqu'alors abandonnés sans secours par les heureux du monde. On demandera peut-être comment faisaient les anciens, qui n'avaient point d'hôpitaux? Ils avaient pour se défaire des pauvres et des infortunés deux moyens que les chrétiens n'ont pas : l'infanticide et l'esclavage.

Les *maladreries* ou *léproseries* de Saint-Lazare semblent avoir été en Orient les premières maisons de refuge. On y recevait ces lépreux qui, renoncés de leurs proches, languissaient aux carrefours des cités, en horreur à tous les hommes. Ces hôpitaux étaient desservis par des religieux de l'ordre de Saint-Basile.

Nous avons dit un mot des *Trinitaires*, ou des pères de la *Rédemption des captifs*. Saint Pierre de Nolasque en Espagne imita saint Jean de Matha en France. On ne peut lire sans attendrissement les règles austères de ces ordres. Par leur première constitution, les trinitaires ne pouvaient manger que des légumes et du laitage. Et pourquoi cette vie rigoureuse? Parce que plus ces pères se privaient des nécessités de la vie, plus il restait de trésors à prodiguer aux Barbares; parce que, s'il fallait des victimes à la colère céleste, on espérait que le Tout-Puissant recevrait les expiations de ces religieux en échange des maux dont ils délivraient les prisonniers.

L'ordre de *la Merci* donna plusieurs saints au monde. Saint Pierre Pascal, évêque de Jaën, après avoir employé ses revenus au rachat des captifs et au soulagement des pauvres, passa chez les Turcs, où il fut chargé de fers. Le clergé et le peuple de son église lui envoyèrent une somme d'argent pour sa rançon. « Le saint, dit Hélyot, la reçut avec beaucoup de reconnaissance; mais, au lieu de l'employer à se procurer la liberté, il en racheta quantité de femmes et d'enfants, dont la faiblesse lui faisait craindre qu'ils n'abandonnassent la religion chrétienne, et il demeura toujours entre les mains de ces Barbares, qui lui procurèrent la couronne du martyre en 1300. »

Il se forma aussi dans cet ordre une congrégation de femmes qui se dévouaient au soulagement des pauvres étrangères. Une des fondatrices de ce tiers ordre était une grande dame de Barcelone, qui distribua son bien aux malheureux : son nom de famille s'est perdu; elle n'est plus connue aujourd'hui que par le nom de *Marie* du Secours, que les pauvres lui avaient donné.

L'ordre des *religieuses pénitentes*, en Allemagne et en France, retirait du vice de malheureuses filles exposées à périr dans la misère, après avoir vécu dans le désordre. C'était une chose tout à fait divine de voir la religion, surmontant ses dégoûts par un excès de charité, exiger jusqu'aux preuves du vice, de peur qu'on ne trompât ses institutions, et que l'innocence, sous la forme du repentir, n'usurpât une retraite qui n'était pas établie pour elle. « Vous savez, dit Jean Simon, évêque de Paris, dans les constitutions de cet ordre, qu'aucunes sont venues à nous qui estoient vierges... à la suggestion de leurs mères et parents, qui ne demandoient qu'à s'en défaire; ordonnons que, si aucune vouloit entrer en vostre congrégation, elle soit interrogée, etc. »

Les noms les plus doux et les plus miséricordieux servaient à couvrir les erreurs passées de ces pécheresses. On les appelait les *filles du Bon Pasteur*, ou les *filles de la Madeleine*, pour désigner leur retour au bercail, et le pardon qui les attendait. Elles ne prononçaient que des vœux simples; on tâchait même de les marier quand elles le désiraient, et on leur assurait une petite dot. Afin qu'elles n'eussent que des idées de pureté autour d'elles, elles étaient vêtues de blanc, d'où on les nommait aussi *filles blanches*. Dans quelques villes on leur mettait une couronne sur la tête, et l'on chantait : *Veni, sponsa Christi* : « Venez, épouse du Christ. » Ces contrastes étaient touchants, et cette délicatesse bien digne d'une religion qui sait secourir sans offenser, et ménager les faiblesses du cœur humain, tout en l'arrachant à ses vices. A l'hôpital du Saint-Esprit à Rome, il est défendu de suivre les personnes qui déposent les orphelins à la porte du Père-Universel.

Il y a dans la société des malheureux qu'on n'aperçoit pas, parce que, descendus de parents honnêtes, mais indigents, ils sont obligés de garder les dehors de l'aisance dans les privations de la pauvreté : il n'y a guère de situation plus cruelle; le cœur est blessé de toutes parts, et pour peu qu'on ait l'âme élevée, la vie n'est qu'une longue souffrance. Que deviendront les malheureuses demoiselles nées dans de telles familles? Iront-elles chez des parents riches et hautains se soumettre à toutes sortes de mépris, ou embrasseront-elles des métiers que les préjugés sociaux et leur délicatesse naturelle leur défendent? La religion a trouvé le remède. *Notre-Dame de Miséricorde* ouvre à ces femmes sensibles ses pieuses et respectables solitudes. Il y a quelques années que nous n'aurions osé parler de Saint-Cyr, car il était alors convenu que de pauvres filles nobles ne méritaient ni asile ni pitié.

Dieu a différentes voies pour appeler à lui ses serviteurs. Le capitaine Caraffa sollicitait à Naples la récompense des services militaires qu'il avait rendus à la couronne d'Espagne. Un jour, comme il se rendait au palais, il entre par hasard dans l'église d'un monastère. Une jeune religieuse chantait; il fut touché jusqu'aux larmes de la douceur de sa voix : il jugea que le service de Dieu doit être plein de délices, puisqu'il donne de tels accents à ceux qui lui ont consacré leurs jours. Il retourne à l'instant chez lui, jette au feu ses certificats de service, se coupe les cheveux, embrasse la vie monastique, et fonde l'ordre *des Ouvriers pieux*, qui s'occupe en général du soulagement des infirmités humaines. Cet ordre fit d'abord peu de progrès, parce que, dans une peste qui survint à Naples, les religieux moururent tous en assistant les pestiférés, à l'exception de deux prêtres et de trois clercs.

Pierre de Bétancourt, frère de l'ordre de Saint-François, étant à Guatimala, ville et province de l'Amérique espagnole, fut touché du sort des esclaves qui n'avaient aucun lieu de refuge pendant leurs maladies. Ayant obtenu par aumône le don d'une chétive maison, où il tenait auparavant une école pour les pauvres, il bâtit lui-même une espèce d'infirmerie, qu'il recouvrit de paille, dans le dessein d'y retirer les esclaves qui manquaient d'abri. Il ne tarda pas à rencontrer une femme nègre, estropiée, abandonnée par son maître. Aussitôt le saint religieux charge l'esclave sur ses épaules, et, tout glorieux de son fardeau, il le porte à cette méchante cabane qu'il appelait son hôpital. Il allait courant toute la ville afin d'obtenir quelques secours pour sa négresse. Elle ne survécut pas longtemps à tant de charité; mais en répandant ses dernières larmes elle promit à son gardien des récompenses célestes, qu'il a sans doute obtenues.

Plusieurs riches, attendris par ses vertus, donnèrent des fonds à Bétancourt, qui vit la chaumière de la femme nègre se changer en un hôpital magnifique. Ce religieux mourut jeune; l'amour de l'humanité avait consumé son cœur. Aussitôt que le bruit de son trépas se fut répandu, les pauvres et les esclaves se précipitèrent à l'hôpital pour voir encore une fois leur bienfaiteur. Ils baisaient ses pieds, ils coupaient des morceaux de ses habits; ils l'eussent déchiré pour en emporter quelques reliques, si l'on n'eût mis des gardes à son cercueil : on eût cru que c'était le corps d'un tyran qu'on défendait contre la haine des peuples, et c'était un pauvre moine qu'on dérobait à leur amour.

L'ordre du frère Bétancourt se répandit après lui; l'Amérique entière se couvrit de ses hôpitaux, desservis par des religieux qui prirent le nom de *Bethléémites*. Telle était la formule de leurs vœux : « Moi, frère... je fais vœu de pauvreté, de chasteté et d'hospitalité, et m'oblige de servir les pauvres convalescents, *encore bien qu'ils soient infidèles et attaqués de maladies contagieuses*[1]. »

Si la religion nous a attendus sur le sommet des montagnes, elle est aussi descendue dans les entrailles de la terre, loin de la lumière du jour, afin d'y chercher des infortunés. Les frères Bethléémites ont des espèces d'hôpitaux jusqu'au fond des mines du Pérou et du Mexique. Le christianisme s'est efforcé de réparer au Nouveau-Monde les maux que les hommes y ont faits, et dont on l'a si injustement accusé d'être l'auteur. Le docteur Robertson, Anglais, protestant, et même ministre presbytérien, a pleinement justifié sur ce point l'Église romaine : « C'est avec plus d'injustice encore, dit-il, que beaucoup d'écrivains ont attribué à l'esprit d'intolérance de la religion romaine la destruction des Américains, et ont accusé les ecclésiastiques espagnols d'avoir excité leurs compatriotes à massacrer ces peuples innocents comme des idolâtres et des ennemis de Dieu. Les premiers missionnaires, quoique simples et sans lettres, étaient des hommes pieux ; ils épousèrent de bonne heure la cause des Indiens, et défendirent ce peuple contre les calomnies dont s'efforcèrent de le noircir les conquérants, qui le représentaient comme incapable de se former jamais à la vie sociale, et de comprendre les principes de la religion, et comme une espèce imparfaite d'hommes que la nature avait marquée du sceau de la servitude. Ce que j'ai dit du zèle constant des missionnaires espagnols pour la défense et la protection du troupeau commis à leurs soins, les montre sous un point de vue digne de leurs fonctions ; ils furent des ministres de paix pour les Indiens, et s'efforcèrent toujours d'arracher la verge de fer des mains de leurs oppresseurs. C'est à leur puissante médiation que les Américains durent tous les règlements qui tendaient à adoucir la rigueur de leur sort. Les Indiens regardent encore les ecclésiastiques, tant séculiers que réguliers, dans les établissements espagnols, comme leurs défenseurs naturels, et c'est à eux qu'ils ont recours pour repousser les exactions et les violences auxquelles ils sont encore exposés [2]. »

Le passage est formel, et d'autant plus décisif, qu'avant d'en venir à cette conclusion, le ministre protestant fournit les preuves qui ont déterminé son opinion. Il cite les plaidoyers des Dominicains pour les Caraïbes ; car ce n'était pas Las Casas seul qui prenait leur défense ; c'était son ordre entier, et le reste des ecclésiastiques espagnols. Le docteur anglais joint à cela les bulles des papes, les ordonnances des rois, accordées à la sollicitation du clergé, pour adoucir le sort des Américains, et mettre un frein à la cruauté des colons.

Au reste, le silence que la philosophie a gardé sur ce passage de Robertson est bien remarquable. On cite tout de cet auteur, hors le fait qui présente sous un jour nouveau la conquête de l'Amérique, et qui détruit une des plus atroces calomnies dont l'histoire se soit rendue coupable. Les sophistes ont voulu rejeter sur la religion un crime que non-seulement la religion n'a pas commis, mais dont elle a eu horreur : c'est ainsi que les tyrans ont souvent accusé leur victime [3] (56).

---

[1] Hélyot, tom. III, pag. 366. — [2] *Hist. de l'Amérique*, t. IV, liv. VIII, pag. 142-3, trad. franç., édit. in-8°, 1780.

[3] On trouvera le morceau de Robertson tout entier à la fin de ce volume, ainsi qu'une explication sur le massacre d'Irlande et sur la Saint-Barthélemy ; le passage de l'écrivain anglais

CHAPITRE III.

HÔTEL-DIEU, SOEURS GRISES.

Nous venons à ce moment où la religion a voulu, comme d'un seul coup et sous un seul point de vue, montrer qu'il n'y a pas de souffrances humaines qu'elle n'ose envisager, ni de misère au-dessus de son amour.

La fondation de l'Hôtel-Dieu remonte à saint Landry, huitième évêque de Paris. Les bâtiments en furent successivement augmentés par le chapitre de Notre-Dame, propriétaire de l'hôpital; par saint Louis, par le chancelier Duprat, et par Henri IV; en sorte qu'on peut dire que cette retraite de tous les maux s'élargissait à mesure que les maux se multipliaient, et que la charité croissait à l'égal des douleurs.

L'hôpital était desservi dans le principe par des religieux et des religieuses sous la règle de saint Augustin; mais depuis longtemps les religieuses seules y sont restées. « Le cardinal de Vitry, dit Hélyot, a voulu sans doute parler des religieuses de l'Hôtel-Dieu, lorsqu'il dit qu'il y en avait qui, se faisant violence, souffraient avec joie et sans répugnance l'aspect hideux de toutes les misères humaines, et qu'il lui semblait qu'aucun genre de pénitence ne pouvait être comparé à cette espèce de martyre.

« Il n'y a personne, » continue l'auteur que nous citons, « qui, en voyant les religieuses de l'Hôtel-Dieu non-seulement panser, nettoyer les malades, faire leurs lits, mais encore, au plus fort de l'hiver, casser la glace de la rivière qui passe au milieu de cet hôpital, et y entrer jusqu'à la moitié du corps pour laver leurs linges pleins d'ordures et de vilenies, ne les regarde comme autant de saintes victimes qui, par un excès d'amour et de charité pour secourir leur prochain, courent volontiers à la mort qu'elles affrontent, pour ainsi dire, au milieu de tant de puanteur et d'infection causées par le grand nombre des malades. »

Nous ne doutons point des vertus qu'inspire la philosophie ; mais elles seront encore bien plus frappantes pour le vulgaire, ces vertus, quand la philosophie nous aura montré de pareils dévouements. Et cependant la naïveté de la peinture d'Hélyot est loin de donner une idée complète des sacrifices de ces femmes chrétiennes : cet historien ne parle ni de l'abandon des plaisirs de la vie, ni de la perte de la jeunesse et de la beauté, ni du renoncement à une famille, à un époux, à l'espoir d'une postérité; il ne parle point de tous les sacrifices du cœur, des plus doux sentiments de l'âme étouffés, hors la pitié qui, au milieu de tant de douleurs, devient un tourment de plus.

était trop long pour être inséré ici. Il ne laisse rien à désirer ; et il fait tomber les bras d'étonnement à ceux qui n'ont pas été accoutumés aux déclamations des philosophes sur les massacres du Nouveau-Monde. Il ne s'agit pas de savoir si des monstres ont fait brûler des hommes en l'honneur des douze apôtres, mais si c'est la *religion* qui a *provoqué* ces horreurs, ou si c'est elle qui les a *dénoncés* à l'exécration de la postérité. Un seul prêtre osa justifier les Espagnols ; il faut voir, dans ROBERTSON, comme il fut traité par le clergé, et quels cris d'indignation il excita.

Eh bien! nous avons vu les malades, les mourants près de passer, se soulever sur leurs couches, et faisant un dernier effort, accabler d'injures les femmes angéliques qui les servaient. Et pourquoi? parce qu'elles étaient chrétiennes! Eh! malheureux, qui vous servirait si ce n'était des chrétiennes? D'autres filles, semblables à celles-ci, et qui méritaient des autels, ont été publiquement *fouettées*, nous ne déguiserons point le mot. Après un pareil retour pour tant de bienfaits, qui eût voulu encore retourner auprès des misérables? Qui? elles! ces femmes! elles-mêmes! Elles ont volé au premier signal, ou plutôt elles n'ont jamais quitté leur poste. Voyez ici réunies la nature humaine religieuse et la nature humaine impie, et jugez-les.

La sœur grise ne renfermait pas toujours ses vertus, ainsi que les filles de l'Hôtel-Dieu, dans l'intérieur d'un lieu pestiféré; elle les répandait au dehors comme un parfum dans les campagnes; elle allait chercher le cultivateur infirme dans sa chaumière. Qu'il était touchant de voir une femme, jeune, belle et compatissante, exercer au nom de Dieu, près de l'homme rustique, la profession de médecin! On nous montrait dernièrement, près d'un moulin, sous des saules, dans une prairie, une petite maison qu'avaient occupée trois sœurs grises. C'était de cet asile champêtre qu'elles partaient à toutes les heures de la nuit et du jour, pour secourir les laboureurs. On remarquait en elles, comme dans toutes leurs sœurs, cet air de propreté et de contentement qui annonce que le corps et l'âme sont également exempts de souillures; elles étaient pleines de douceur, mais toutefois sans manquer de fermeté pour soutenir la vue des maux, et pour se faire obéir des malades. Elles excellaient à rétablir les membres brisés par des chutes ou par ces accidents si communs chez les paysans. Mais ce qui était d'un prix inestimable, c'est que la sœur grise ne manquait pas de dire un mot de Dieu à l'oreille du nourricier de la patrie, et que jamais la morale ne trouva de formes plus divines pour se glisser dans le cœur humain.

Tandis que ces filles hospitalières étonnaient par leur charité ceux même qui étaient accoutumés à ces actes sublimes, il se passait dans Paris d'autres merveilles : de grandes dames s'exilaient de la ville et de la cour, et partaient pour le Canada. Elles allaient sans doute acquérir des habitations, réparer une fortune délabrée, et jeter les fondements d'une vaste propriété? Ce n'était pas là leur but : elles allaient, au milieu des forêts et des guerres sanglantes, fonder des hôpitaux pour des Sauvages ennemis.

En Europe, nous tirons le canon en signe d'allégresse pour annoncer la destruction de plusieurs milliers d'hommes; mais dans les établissements nouveaux et lointains, où l'on est plus près du malheur et de la nature, on ne se réjouit que de ce qui mérite en effet des bénédictions, c'est-à-dire des actes de bienfaisance et d'humanité. Trois pauvres hospitalières, conduites par madame de La Peltrie, descendent sur les rives canadiennes, et voilà toute la colonie troublée de joie. « Le jour de l'arrivée de personnes si ardemment désirées, dit Charlevoix, fut pour toute la ville un jour de fête; tous les travaux cessèrent, et les boutiques furent fermées. Le gouverneur reçut les héroïnes sur le rivage à la tête de ses troupes, qui étaient sous les armes, et au bruit du canon; après les premiers compliments, il les mena, au milieu des acclamations du peuple, à l'église, où le *Te Deum* fut chanté...

« Ces saintes filles, de leur côté, et leur généreuse conductrice, voulurent, dans le premier transport de leur joie, baiser une terre après laquelle elles avaient si longtemps soupiré, qu'elles se promettaient bien d'arroser de leurs sueurs, et qu'elles ne désespéraient pas même de teindre de leur sang. Les Français mêlés avec les Sauvages, les infidèles même confondus avec les chrétiens, ne se lassaient point, et continuèrent plusieurs jours à faire retentir tout de leurs cris d'allégresse, et donnèrent mille bénédictions à celui qui seul peut inspirer tant de force et de courage aux personnes les plus faibles. A la vue des cabanes sauvages où l'on mena les religieuses le lendemain de leur arrivée, elles se trouvèrent saisies d'un nouveau transport de joie : la pauvreté et la malpropreté qui y régnaient ne les rebutèrent point, et des objets si capables de ralentir leur zèle ne le rendirent que plus vif : elles témoignèrent une grande impatience d'entrer dans l'exercice de leurs fonctions.

« Madame de La Peltrie, qui n'avait jamais désiré d'être riche, et qui s'était faite pauvre d'un si bon cœur pour Jésus-Christ, ne s'épargnait en rien pour le salut des âmes. Son zèle la porta même à cultiver la terre de ses propres mains pour avoir de quoi soulager les pauvres néophytes. Elle se dépouilla en peu de jours de ce qu'elle avait réservé pour son usage, jusqu'à se réduire à manquer du nécessaire, pour vêtir les enfants qu'on lui présentait presque nus ; et toute sa vie, qui fut assez longue, ne fut qu'un tissu d'actions les plus héroïques de la charité [1]. »

Trouve-t-on dans l'histoire ancienne rien qui soit aussi touchant, rien qui fasse couler des larmes d'attendrissement aussi douces, aussi pures ?

CHAPITRE IV.

ENFANTS-TROUVÉS, DAMES DE LA CHARITÉ, TRAITS DE BIENFAISANCE.

Il faut maintenant écouter un moment saint Justin le Philosophe. Dans sa première apologie adressée à l'empereur, il parle ainsi :

« On expose les enfants sous votre empire. Des personnes élèvent ensuite ces enfants pour les prostituer. On ne rencontre par toutes les nations que des enfants destinés aux plus exécrables usages, et qu'on nourrit comme des troupeaux de bêtes ; vous levez un tribut sur ces enfants... et toutefois ceux qui abusent de ces petits innocents, outre le crime qu'ils commettent envers Dieu, peuvent par hasard abuser de leurs propres enfants... Pour nous autres chrétiens, détestant ces horreurs, nous ne nous marions que pour élever notre famille, ou nous renonçons au mariage pour vivre dans la chasteté [2]. »

Voilà donc les hôpitaux que le polythéisme élevait aux orphelins. O vénérable Vincent de Paul ! où étais-tu, où étais-tu, pour dire aux dames de Rome,

---

[1] *Hist. de la Nouv.-France*, liv. v, pag. 207, tom. I, in-4°. — [2] S. JUSTINI *Oper.* 1742, pag. 60 et 61.

comme à ces pieuses Françaises qui t'assistaient dans tes œuvres : « Or, sus, mesdames, voyez si vous voulez délaisser à votre tour ces petits innocents, dont vous êtes devenues les mères selon la grâce, après qu'ils ont été abandonnés par leur mère selon la nature. » Mais c'est en vain que nous demandons l'*homme de miséricorde* à des cultes idolâtres.

Le siècle a pardonné le christianisme à saint Vincent de Paul ; on a vu la philosophie pleurer à son histoire. On sait que, gardien de troupeaux, puis esclave à Tunis, il devint un prêtre illustre par sa science et par ses œuvres ; on sait qu'il est le fondateur de l'hôpital des Enfants-Trouvés, de celui des Pauvres Vieillards, de l'hôpital des Galériens de Marseille, du collège des prêtres de la Mission, des Confréries de Charité dans les paroisses, des Compagnies de Dames pour le service de l'Hôtel-Dieu, des Filles de la Charité, servantes des malades, et enfin des retraites pour ceux qui désirent choisir un état de vie, et qui ne sont pas encore déterminés. Où la charité va-t-elle prendre toutes ses institutions, toute sa prévoyance !

Saint Vincent de Paul fut puissamment secondé par mademoiselle Legras, qui, de concert avec lui, établit les Sœurs de la Charité. Elle eut aussi la direction de l'hôpital du Nom de Jésus, qui, d'abord fondé pour quarante pauvres, a été l'origine de l'hôpital général de Paris. Pour emblème et pour récompense d'une vie consumée dans les travaux les plus pénibles, mademoiselle Legras demanda qu'on mît sur son tombeau une petite croix avec ces mots : *Spes mea*. Sa volonté fut faite.

Ainsi de pieuses familles se disputaient, au nom du Christ, le plaisir de faire du bien aux hommes. La femme du chancelier de France et madame Fouquet étaient de la congrégation des Dames de la Charité. Elles avaient chacune leur jour pour aller instruire et exhorter les malades, leur parler des choses nécessaires au salut d'une manière touchante et familière. D'autres dames recevaient les aumônes, d'autres avaient soin du linge, des meubles, des pauvres, etc. Un auteur dit que plus de sept cents calvinistes rentrèrent dans le sein de l'Église romaine, parce qu'ils reconnurent la vérité de sa doctrine dans *les productions d'une charité si ardente et si étendue*. Saintes dames de Miramion, de Chantal, de La Peltrie, de Lamoignon, vos œuvres ont été pacifiques ! Les pauvres ont accompagné vos cercueils ; ils les ont arrachés à ceux qui les portaient pour les porter eux-mêmes ; vos funérailles retentissaient de leurs gémissements, et l'on eût cru que tous les cœurs bienfaisants étaient passés sur la terre parce que vous veniez de mourir.

Terminons par une remarque essentielle cet article des institutions du christianisme en faveur de l'humanité souffrante (57). On dit que sur le mont Saint-Bernard, un air trop vif use les ressorts de la respiration, et qu'on y vit rarement plus de dix ans : ainsi, le moine qui s'enferme dans l'hospice peut calculer à peu près le nombre de jours qu'il restera sur la terre ; tout ce qu'il gagne au service ingrat des hommes, c'est de connaître le moment de la mort, qui est caché au reste des humains. On assure que presque toutes les filles de l'Hôtel-Dieu ont habituellement une petite fièvre qui les consume et qui provient de l'atmosphère corrompue où elles vivent : les religieux qui habitent les mines du

Nouveau-Monde, au fond desquelles ils ont établi des hospices dans une nuit éternelle, pour les infortunés Indiens, ces religieux abrègent aussi leur existence ; ils sont empoisonnés par la vapeur métallique : enfin, les pères qui s'enferment dans les bagnes pestiférés de Constantinople se dévouent au martyre le plus prompt.

Le lecteur nous le pardonnera si nous supprimons ici les réflexions ; nous avouons notre incapacité à trouver des louanges dignes de telles œuvres : des pleurs et de l'admiration sont tout ce qui nous reste. Qu'ils sont à plaindre ceux qui veulent détruire la religion, et qui ne goûtent pas la douceur des fruits de l'Évangile ! « Le stoïcisme ne nous a donné qu'un Épictète, dit Voltaire, et la philosophie chrétienne forme des milliers d'Épictètes qui ne savent pas qu'ils le sont, et dont la vertu est poussée jusqu'à ignorer leur vertu même [1]. »

CHAPITRE V.

ÉDUCATION.

ÉCOLES, COLLÈGES, UNIVERSITÉS, BÉNÉDICTINS ET JÉSUITES.

Consacrer sa vie à soulager nos douleurs est le premier des bienfaits ; le second est de nous éclairer. Ce sont encore des prêtres *superstitieux* qui nous ont guéris de notre ignorance, et qui, depuis dix siècles, se sont ensevelis dans la poussière des écoles pour nous tirer de la barbarie. Ils ne craignaient pas la lumière, puisqu'ils nous en ouvraient les sources ; ils ne songeaient qu'à nous faire partager ces clartés, qu'ils avaient recueillies au péril de leurs jours, dans les débris de Rome et de la Grèce.

Le bénédictin qui savait tout, le Jésuite qui connaissait la science et le monde, l'oratorien, le docteur de l'université, méritent peut-être moins notre reconnaissance que ces humbles frères qui s'étaient consacrés à l'enseignement gratuit des pauvres. « *Les clercs réguliers des écoles pieuses* s'obligeaient à montrer, par charité, *à lire, à écrire au petit peuple, en commençant par l'a, b, c, à compter, à calculer, et même à tenir les livres chez les marchands et dans les bureaux.* Ils enseignent encore, non-seulement la rhétorique et les langues latine et grecque ; mais, dans les villes, ils tiennent aussi des écoles de philosophie et de théologie scolastique et morale, de mathématiques, de fortifications et de géométrie... Lorsque les écoliers sortent de classe, ils vont par bandes chez leurs parents, où ils sont conduits par un religieux, de peur qu'ils ne s'amusent par les rues à jouer et à perdre leur temps [2]. »

La naïveté du style fait toujours grand plaisir ; mais quand elle s'unit, pour ainsi dire, à la naïveté des bienfaits, elle devient aussi admirable qu'attendrissante.

Après ces premières écoles, fondées par la charité chrétienne, nous trouvons les congrégations savantes vouées aux lettres et à l'éducation de la jeunesse par des articles exprès de leur institut. Tels sont les religieux de Saint-Basile, en

---

[1] *Corresp. gén.*, t. III, p. 222. — [2] HÉLYOT, tom. IV, pag. 307.

Espagne, qui n'ont pas moins de quatre colléges par province. Ils en possédaient un à Soissons, en France, et un autre à Paris : c'était le collége de Beauvais, fondé par le cardinal Jean de Dorman. Dès le neuvième siècle, Tours, Corbeil, Fontenelle, Fuldes, Saint-Gall, Saint-Denis, Saint-Germain d'Auxerre, Ferrière, Aniane, et en Italie, le Mont-Cassin, étaient des écoles fameuses [1]. Les *clercs de la vie commune*, aux Pays-Bas, s'occupaient de la collation des originaux dans les bibliothèques, et du rétablissement du texte des manuscrits.

Toutes les universités de l'Europe ont été établies ou par des princes religieux, ou par des évêques, ou par des prêtres, et toutes ont été dirigées par des ordres chrétiens. Cette fameuse université de Paris, d'où la lumière s'est répandue sur l'Europe moderne, était composée de quatre facultés. Son origine remontait jusqu'à Charlemagne, jusqu'à ces temps où, luttant seul contre la barbarie, le moine Alcuin voulait faire de la France une *Athènes chrétienne* [2]. C'est là qu'avaient enseigné Budé, Casaubon, Grenan, Rollin, Coffin, Lebeau ; c'est là que s'étaient formés Abailard, Amyot, de Thou, Boileau. En Angleterre, Cambridge a vu Newton sortir de son sein, et Oxford présente, avec les noms de Bacon et de Thomas Morus, sa bibliothèque persane, ses manuscrits d'Homère, ses marbres d'Arundel et ses éditions des classiques ; Glascow et Édimbourg, en Écosse ; Leipsick, Jena, Tubingue, en Allemagne ; Leyde, Utrecht et Louvain, aux Pays-Bas ; Gandie, Alcala, et Salamanque, en Espagne : tous ces foyers de lumières attestent les immenses travaux du christianisme. Mais deux ordres ont particulièrement cultivé les lettres, les Bénédictins et les Jésuites.

L'an 540 de notre ère, saint Benoît jeta au Mont-Cassin, en Italie, les fondements de l'ordre célèbre qui devait, par une triple gloire, convertir l'Europe, défricher ses déserts, et rallumer dans son sein le flambeau des sciences [3].

Les Bénédictins, et surtout ceux de la congrégation de Saint-Maur, établie en France vers l'an 543, nous ont donné ces hommes dont le savoir est devenu proverbial, et qui ont retrouvé, avec des peines infinies, les manuscrits antiques ensevelis dans la poudre des monastères. Leur entreprise littéraire, la plus effrayante (car l'on peut parler ainsi), c'est l'édition complète des Pères de l'Église. S'il est difficile de faire imprimer un seul volume correctement dans sa propre langue, qu'on juge ce que c'est qu'une révision entière des Pères grecs et latins qui forment plus de cent cinquante volumes *in-folio* : l'imagination peut à peine embrasser ces travaux énormes. Rappeler Ruinart, Lobineau, Calmet, Tassin, Lami, d'Acheri, Martène, Mabillon, Montfaucon, c'est rappeler des prodiges de sciences.

On ne peut s'empêcher de regretter ces corps enseignants, uniquement occupés de recherches littéraires et de l'éducation de la jeunesse. Après une révolution qui a relâché les liens de la morale et interrompu le cours des études, une société, à la fois religieuse et savante, porterait un remède assuré à la source de nos maux. Dans les autres formes d'institut, il ne peut y avoir ce travail ré-

---

[1] Fleury, *Hist eccl.*, tom. x, liv. xlvi, p. 34. — [2] *Ibid.*, liv. xlv, p. 32. — [3] L'Angleterre, la Frise et l'Allemagne reconnaissent pour leurs apôtres S. Augustin de Cantorbéry, S. Willibord et S. Boniface, tous trois sortis de l'institut de Saint-Benoît.

gulier, cette laborieuse application au même sujet, qui régnent parmi des solitaires, et qui, continués sans interruption pendant plusieurs siècles, finissent par enfanter des miracles.

Les Bénédictins étaient des savants, et les Jésuites des gens de lettres : les uns et les autres furent à la société religieuse ce qu'étaient au monde deux illustres académies.

L'ordre des Jésuites était divisé en trois degrés, *écoliers approuvés*, *coadjuteurs formés*, et *profès*. Le postulant était d'abord éprouvé par dix ans de noviciat, pendant lesquels on exerçait sa mémoire, sans lui permettre de s'attacher à aucune étude particulière : c'était pour connaître où le portait son génie. Au bout de ce temps, il servait les malades pendant un mois dans un hôpital, et faisait un pèlerinage à pied, en demandant l'aumône : par là on prétendait l'accoutumer au spectacle des douleurs humaines, et le préparer aux fatigues des missions.

Il achevait alors de fortes ou de brillantes études. N'avait-il que les grâces de la société, et cette vie élégante qui plaît au monde, on le mettait en vue dans la capitale, on le poussait à la cour et chez les grands. Possédait-il le génie de la solitude, on le retenait dans les bibliothèques et dans l'intérieur de la compagnie. S'il s'annonçait comme orateur, la chaire s'ouvrait à son éloquence ; s'il avait l'esprit clair, juste et patient, il devenait professeur dans les collèges ; s'il était ardent, intrépide, plein de zèle et de foi, il allait mourir sous le fer du Mahométan ou du Sauvage ; enfin s'il montrait des talents propres à gouverner les hommes, le Paraguay l'appelait dans ses forêts, ou l'Ordre à la tête de ses maisons.

Le général de la compagnie résidait à Rome. Les pères provinciaux, en Europe, étaient obligés de correspondre avec lui une fois par mois. Les chefs des missions étrangères lui écrivaient toutes les fois que les vaisseaux ou les caravanes traversaient les solitudes du monde. Il y avait en outre, pour les cas pressants, des missionnaires qui se rendaient de Pékin à Rome, de Rome en Perse, en Turquie, en Éthiopie, au Paraguay ou dans quelque autre partie de la terre.

L'Europe savante a fait une perte irréparable dans les Jésuites. L'éducation ne s'est jamais bien relevée depuis leur chute. Ils étaient singulièrement agréables à la jeunesse ; leurs manières polies ôtaient à leurs leçons ce ton pédantesque qui rebute l'enfance. Comme la plupart de leurs professeurs étaient des hommes de lettres recherchés dans le monde, les jeunes gens ne se croyaient avec eux que dans une illustre académie. Ils avaient su établir entre leurs écoliers de différentes fortunes une sorte de patronage qui tournait au profit des sciences. Ces liens, formés dans l'âge où le cœur s'ouvre aux sentiments généreux, ne se brisaient plus dans la suite, et établissaient, entre le prince et l'homme de lettres, ces antiques et nobles amitiés qui existaient entre les Scipions et les Lélius.

Ils ménageaient encore ces vénérables relations de disciples et de maître, si chères aux écoles de Platon et de Pythagore. Ils s'enorgueillissaient du grand homme dont ils avaient préparé le génie, et réclamaient une partie de sa gloire. Voltaire, dédiant sa *Mérope* au père Porée, et l'appelant son *cher maître*, est une de ces choses aimables que l'éducation moderne ne présente plus. Naturalistes, chimistes, botanistes, mathématiciens, mécaniciens, astronomes, poëtes, historiens, traducteurs, antiquaires, journalistes, il n'y a pas une branche des sciences que les Jésuites n'aient cultivée avec éclat. Bourdaloue rappelait l'éloquence romaine, Brumoy introduisait la France au théâtre des Grecs, Gresset marchait sur les traces de Molière; Lecomte, Parennin, Charlevoix, Ducerceau, Sanadon, Duhalde, Noël, Bouhours, Daniel, Tournemine, Maimbourg, Larue, Jouvency, Rapin, Vanière, Commire, Sirmond, Bougeant, Petau, ont laissé des noms qui ne sont pas sans honneur. Que peut-on reprocher aux Jésuites? un peu d'ambition, si naturelle au génie. « Il sera toujours beau, dit Montesquieu en parlant de ces pères, de gouverner les hommes en les rendant heureux. » Pesez la masse du bien que les Jésuites ont fait; souvenez-vous des écrivains célèbres que leur corps a donnés à la France, ou de ceux qui se sont formés dans leurs écoles; rappelez-vous les royaumes entiers qu'ils ont conquis à notre commerce par leur habileté, leurs sueurs et leur sang; repassez dans votre mémoire les miracles de leurs missions au Canada, au Paraguay, à la Chine, et vous verrez que le peu de mal dont on les accuse ne balance pas un moment les services qu'ils ont rendus à la société.

CHAPITRE VI.

PAPES ET COUR DE ROME, DÉCOUVERTES MODERNES, ETC.

Avant de passer aux services que l'Église a rendus à l'agriculture, rappelons ce que les papes ont fait pour les sciences et les beaux-arts. Tandis que les ordres supérieurs travaillaient dans toute l'Europe à l'éducation de la jeunesse, à la découverte des manuscrits, à l'explication de l'antiquité, les pontifes romains, prodiguant aux savants les récompenses et jusqu'aux honneurs du sacerdoce, étaient le principe de ce mouvement général vers les lumières. Certes, c'est une grande gloire pour l'Église qu'un pape ait donné son nom au siècle qui commence l'ère de l'Europe civilisée, et qui s'élevant du milieu des ruines de la Grèce, emprunta ses clartés du siècle d'Alexandre, pour les réfléchir sur le siècle de Louis.

Ceux qui représentent le christianisme comme arrêtant le progrès des lumières contredisent manifestement les témoignages historiques. Partout la civilisation a marché sur les pas de l'Évangile, au contraire des religions de Mahomet, de Brama et de Confucius, qui ont borné les progrès de la société, et forcé l'homme à vieillir dans son enfance.

Rome chrétienne était comme un grand port, qui recueillait tous les débris des naufrages des arts. Constantinople tombe sous le joug des Turcs, aussitôt l'Église ouvre mille retraites honorables aux illustres fugitifs de Byzance et d'Athènes. L'imprimerie, proscrite en France, trouve une retraite en Italie. Des cardinaux épuisent leurs fortunes à fouiller les ruines de la Grèce et à acquérir des manuscrits. Le siècle de Léon X avait paru si beau au savant abbé Barthélemy, qu'il l'avait d'abord préféré à celui de Périclès pour sujet de son grand ouvrage : c'était dans l'Italie chrétienne qu'il prétendait conduire un moderne Anacharsis.

« A Rome, dit-il, mon voyageur voit Michel-Ange élevant la coupole de Saint-Pierre; Raphaël peignant les galeries du Vatican; Sadolet et Bembe, depuis cardinaux, remplissant alors auprès de Léon X la place de secrétaires; le Trissin donnant la première représentation de *Sophonisbe*, première tragédie composée par un moderne; Béroald, bibliothécaire du Vatican, s'occupant à publier les *Annales* de Tacite, qu'on venait de découvrir en Westphalie, et que Léon X avait acquises pour la somme de cinq cents ducats d'or; le même pape proposant des places aux savants de toutes les nations qui viendraient résider dans ses États, et des récompenses distinguées à ceux qui lui apporteraient des manuscrits inconnus... Partout s'organisaient des universités, des collèges, des imprimeries pour toutes sortes de langues et de sciences, des bibliothèques sans cesse enrichies des ouvrages qu'on y publiait, et des manuscrits nouvellement apportés des pays où l'ignorance avait conservé son empire. Les académies se multipliaient tellement, qu'à Ferrare on en comptait dix à douze; à Bologne, environ quatorze; à Sienne, seize. Elles avaient pour objet les sciences, les belles-lettres, les langues, l'histoire, les arts. Dans deux de ces académies, dont l'une était simplement dévouée à Platon, et l'autre à son disciple Aristote, étaient discutées les opinions de l'ancienne philosophie, et pressenties celles de la philosophie moderne. A Bologne, ainsi qu'à Venise, une de ces sociétés veillait sur l'imprimerie, sur la beauté du papier, la fonte des caractères, la correction des épreuves, et sur tout ce qui pouvait contribuer à la perfection des éditions nouvelles..... Dans chaque État, les capitales et même des villes moins considérables, étaient extrêmement avides d'instruction et de gloire : elles offraient presque toutes, aux astronomes, des observatoires; aux anatomistes, des amphithéâtres; aux naturalistes, des jardins de plantes; à tous les gens de lettres, des collections de livres, de médailles et de monuments antiques; à tous les genres de connaissances des marques éclatantes de considération, de reconnaissance et de respect... Les progrès des arts favorisaient le goût des spectacles et de la magnificence. L'étude de l'histoire et des monuments des Grecs et des Romains inspirait des idées de décence, d'ensemble et de perfection qu'on n'avait point eues jusqu'alors. Julien de Médicis, frère de Léon X, ayant été proclamé citoyen romain, cette proclamation fut accompagnée de jeux publics; et, sur un vaste théâtre, construit exprès dans la place du Capitole, on représenta pendant deux jours une comédie de Plaute, dont la musique et l'appareil extraordinaire excitèrent une admiration générale. »

Les successeurs de Léon X ne laissèrent point s'éteindre cette noble ardeur pour les travaux du génie. Les évêques pacifiques de Rome rassemblaient dans leurs *villa* les précieux débris des âges. Dans les palais des Borghèse et des Farnèse le voyageur admirait les chefs-d'œuvre de Praxitèle et de Phidias; c'était des papes qui achetaient au poids de l'or les statues de l'Hercule et de l'Apollon; c'était des papes qui, pour conserver les ruines trop insultées de l'antiquité, les couvraient du manteau de la religion. Qui n'admirera la pieuse industrie de ce pontife qui plaça des images chrétiennes sur les beaux débris des

Thermes de Dioclétien? Le Panthéon n'existerait plus s'il n'eût été consacré par le culte des apôtres, et la colonne Trajane ne serait pas debout si la statue de saint Pierre ne l'eût couronnée.

Cet esprit conservateur se faisait remarquer dans tous les ordres de l'Église. Tandis que les dépouilles qui ornaient le Vatican surpassaient les richesses des anciens temples, de pauvres religieux protégeaient dans l'enceinte de leurs monastères les ruines des maisons de Tibur et de Tusculum, et promenaient l'étranger dans les jardins de Cicéron et d'Horace. Un chartreux vous montrait le laurier qui croît sur la tombe de Virgile, et un pape couronnait le Tasse au Capitole.

Ainsi depuis quinze cents ans l'Église protégeait les sciences et les arts; son zèle ne s'était ralenti à aucune époque. Si dans le huitième siècle le moine Alcuin enseigne la grammaire à Charlemagne, dans le dix-huitième *un autre moine industrieux et patient* [1] trouve un moyen de dérouler les manuscrits d'Herculanum : si en 740 Grégoire de Tours décrit les antiquités des Gaules, en 1754 le chanoine Mozzochi explique les tables législatives d'Héraclée. La plupart des découvertes qui ont changé le système du monde civilisé ont été faites par des membres de l'Eglise. L'invention de la poudre à canon, et peut-être celle du télescope, sont dues au moine Roger Bacon; d'autres attribuent la découverte de la poudre au moine allemand Berthold Schwartz; les bombes ont été inventées par Galen, évêque de Munster; le diacre Flavio de Gioia, Napolitain, a trouvé la boussole; le moine Despina, les lunettes, et Pacificus, archidiacre de Vérone, ou le pape Silvestre II, l'horloge à roues. Que de savants, dont nous avons déjà nommé un grand nombre dans le cours de cet ouvrage, ont illustré les cloîtres, ou ajouté de la considération aux chaires éminentes de l'Église! Que d'écrivains célèbres! que d'hommes de lettres distingués! que d'illustres voyageurs! que de mathématiciens, de naturalistes, de chimistes, d'astronomes, d'antiquaires! que d'orateurs fameux! que d'hommes d'État renommés! Parler de Suger, de Ximenès, d'Alberoni, de Richelieu, de Mazarin, de Fleury, n'est-ce pas rappeler à la fois les plus grands ministres et les plus grandes choses de l'Europe moderne?

Au moment même où nous traçons ce rapide tableau des bienfaits de l'Église, l'Italie en deuil rend un témoignage touchant d'amour et de reconnaissance à la dépouille mortelle de Pie VI [2]. La capitale du monde chrétien attend le cercueil du pontife infortuné qui, par des travaux dignes d'Auguste et de Marc-Aurèle, a desséché des marais infects, retrouvé le chemin des consuls romains, et réparé les aqueducs des premiers monarques de Rome. Pour dernier trait de cet amour des arts, si naturel aux chefs de l'Église, le successeur de Pie VI, en même temps qu'il rend la paix aux fidèles, trouve encore, dans sa noble indigence, des moyens de remplacer par de nouvelles statues les chefs-d'œuvre que Rome, tutrice des beaux-arts, a cédés à l'héritière d'Athènes.

Après tout, les progrès des lettres étaient inséparables des progrès de la religion, puisque c'était dans la langue d'Homère et de Virgile que les Pères expli-

---

[1] BARTHÉLEMY, *Voyage en Italie*. — [2] En l'année 1800.

quaient les principes de la foi : le sang des martyrs, qui fut la semence des chrétiens, fit croître aussi le laurier de l'orateur et du poëte.

Rome chrétienne a été pour le monde moderne ce que Rome païenne fut pour le monde antique, le lien universel ; cette capitale des nations remplit toutes les conditions de sa destinée, et semble véritablement la *Ville éternelle.* Il viendra peut-être un temps où l'on trouvera que c'était pourtant une grande idée, une magnifique institution que celle du trône pontifical. Le père spirituel, placé au milieu des peuples, unissait ensemble les diverses parties de la chrétienté. Quel beau rôle que celui d'un pape, vraiment animé de l'esprit apostolique ! Pasteur général du troupeau, il peut ou contenir les fidèles dans les devoirs, ou les défendre de l'oppression. Ses États, assez grands pour lui donner l'indépendance, trop petits pour qu'on ait rien à craindre de ses efforts, ne lui laissent que la puissance de l'opinion ; puissance admirable quand elle n'embrasse dans son empire que des œuvres de paix, de bienfaisance et de charité.

Le mal passager que quelques mauvais papes ont fait a disparu avec eux ; mais nous ressentons encore tous les jours l'influence des biens immenses et inestimables que le monde entier doit à la cour de Rome. Cette cour s'est presque toujours montrée supérieure à son siècle. Elle avait des idées de législation, de droit public ; elle connaissait les beaux-arts, les sciences, la politesse, lorsque tout était plongé dans les ténèbres des institutions gothiques : elle ne se réservait pas exclusivement la lumière ; elle la répandait sur tous ; elle faisait tomber les barrières que les préjugés élèvent entre les nations : elle cherchait à adoucir nos mœurs, à nous tirer de notre ignorance, à nous arracher à nos coutumes grossières ou féroces. Les papes parmi nos ancêtres furent des missionnaires des arts envoyés à des Barbares, des législateurs chez des Sauvages. « Le règne seul de Charlemagne, dit Voltaire, eut une lueur de politesse, qui fut probablement le fruit du voyage de Rome. »

C'est donc une chose assez généralement reconnue, que l'Europe doit au saint siége sa civilisation, une partie de ses meilleures lois, et presque toutes ses sciences et ses arts. Les souverains pontifes vont maintenant chercher d'autres moyens d'être utiles aux hommes : une nouvelle carrière les attend, et nous avons des présages qu'ils la rempliront avec gloire. Rome est remontée à cette pauvreté évangélique qui faisait tout son trésor dans les anciens jours. Par une conformité remarquable, il y a des gentils à convertir, des peuples à rappeler à l'unité, des haines à éteindre, des larmes à essuyer, des plaies à fermer, et qui demandent tous les baumes de la religion. Si Rome comprend bien sa position, jamais elle n'a eu devant elle de plus grandes espérances et de plus brillantes destinées. Nous disons des espérances, car nous comptons les tribulations au nombre des désirs de l'Église de Jésus-Christ. Le monde dégénéré appelle une seconde publication de l'Évangile, le christianisme se renouvelle, et sort victorieux du plus terrible des assauts que l'enfer lui ait encore livrés. Qui sait si ce que nous avons pris pour la chute de l'Église n'est pas sa réédification ! Elle périssait dans la richesse et dans le repos ; elle ne se souvenait plus de la croix : la croix a reparu, elle sera sauvée.

CHAPITRE VII.

AGRICULTURE.

C'est au clergé séculier et régulier que nous devons encore le renouvellement de l'agriculture en Europe, comme nous lui devons la fondation des colléges et des hôpitaux. Défrichements des terres, ouverture des chemins, agrandissements des hameaux et des villes, établissements des messageries et des auberges, arts et métiers, manufactures, commerce intérieur et extérieur, lois civiles et politiques; tout enfin nous vient originairement de l'Église. Nos pères étaient des Barbares à qui le christianisme était obligé d'enseigner jusqu'à l'art de se nourrir.

La plupart des concessions faites aux monastères dans les premiers siècles de l'Église, étaient des terres vagues, que les moines cultivaient de leurs propres mains. Des forêts sauvages, des marais impraticables, de vastes landes, furent la source de ces richesses que nous avons tant reprochées au clergé.

Tandis que les chanoines prémontrés labouraient les solitudes de la Pologne et une portion de la forêt de Coucy en France, les bénédictins fertilisaient nos bruyères. Molesme, Colan et Cîteaux, qui se couvrent aujourd'hui de vignes et de moissons, étaient des lieux semés de ronces et d'épines, où les premiers religieux habitaient sous des huttes de feuillages, comme les Américains au milieu de leurs défrichements.

Saint Bernard et ses disciples fécondèrent les vallées stériles que leur abandonna Thibaut, comte de Champagne. Fontevrault fut une véritable colonie, établie par Robert d'Arbrissel, dans un pays désert, sur les confins de l'Anjou et de la Bretagne. Des familles entières cherchèrent un asile sous la direction de ces bénédictins: il s'y forma des monastères de veuves, de filles, de laïques, d'infirmes et de vieux soldats. Tous devinrent cultivateurs, à l'exemple des pères, qui abattaient eux-mêmes les arbres, guidaient la charrue, semaient les grains, et couronnaient cette partie de la France de ces belles moissons qu'elle n'avait point encore portées.

La colonie fut bientôt obligée de verser au dehors une partie de ses habitants, et de céder à d'autres solitudes le superflu de ses mains laborieuses. Raoul de la Futaye, compagnon de Robert, s'établit dans la forêt du Nid-du-Merle, et Vital, autre bénédictin, dans les bois de Savigny. La forêt de l'Orges, dans le diocèse d'Angers; Chaufournois, aujourd'hui Chantenois, en Touraine; Bellay, dans la même province; la Puie, en Poitou; l'Encloître, dans la forêt de Gironde; Gaisne, à quelques lieues de Loudun; Luçon, dans les bois du même nom; la Lande, dans les landes de Garnache; la Madeleine, sur la Loire; Bourbon, en Limousin; Cadouin, en Périgord; enfin, Haute-Bruyère, près de Paris, furent autant de colonies de Fontevrault, et qui, pour la plupart, d'incultes qu'elles étaient, se changèrent en opulentes campagnes.

Nous fatiguerions le lecteur si nous entreprenions de nommer tous les sillons que la charrue des bénédictins a tracés dans les Gaules sauvages. Maurecourt, Longpré, Fontaine, le Charme, Colinance, Foici, Bellomer, Cousanie, Sauvement, les Épines, Eube, Vanassel, Pons, Charles, Vairville et cent autres lieux dans la Bretagne, l'Anjou, le Berry, l'Auvergne, la Gascogne, le Languedoc, la Guienne, attestent leurs immenses travaux. Saint Colomban fit fleurir le désert de Vauge; des filles bénédictines même, à l'exemple des pères de leur ordre, se consacrèrent à la culture; celles de Montreuil-les-Dames « s'occupaient, dit Hermann, à coudre, à filer et à défricher les épines de la forêt, à l'imitation de Laon et de tous les religieux de Clairvaux [1]. »

En Espagne, les bénédictins déployèrent la même activité. Ils achetèrent des terres en friche au bord du Tage, près de Tolède, et ils fondèrent le couvent de Venghalia, après avoir planté en vignes et en orangers tout le pays d'alentour.

Le Mont-Cassin, en Italie, n'était qu'une profonde solitude, lorsque saint Benoît s'y retira, le pays changea de face en peu de temps, et l'abbaye nouvelle devint si opulente par ses travaux, qu'elle fut en état de se défendre, en 1057, contre les Normands, qui lui firent la guerre.

Saint Boniface, avec les religieux de son ordre, commença toutes les cultures dans les quatre évêchés de Bavière. Les bénédictins de Fulde défrichèrent entre la Hesse, la Franconie et la Thuringe, un terrain du diamètre de huit mille pas géométriques, ce qui donnait vingt-quatre mille pas, ou seize lieues de circonférence; ils comptèrent bientôt jusqu'à dix-huit mille métairies, tant en Bavière qu'en Souabe. Les moines de Saint-Benoît-Polironne, près de Mantoue, employèrent au labourage plus de trois mille bœufs.

Remarquons, en outre, que la règle, presque générale, qui interdisait l'usage de la viande aux ordres monastiques vint sans doute, en premier lieu, d'un principe d'économie rurale. Les sociétés religieuses étant alors fort multipliées, tant d'hommes qui ne vivaient que de poissons, d'œufs, de lait et de légumes, durent favoriser singulièrement la propagation des races de bestiaux. Ainsi nos campagnes, aujourd'hui si florissantes, sont en partie redevables de leurs moissons et de leurs troupeaux au travail des moines et à leur frugalité.

De plus, l'exemple, qui est souvent peu de chose en morale, parce que les passions en détruisent les bons effets, exerce une grande puissance sur le côté matériel de la vie. Le spectacle de plusieurs milliers de religieux cultivant la terre, mina peu à peu ces préjugés barbares, qui attachaient le mépris à l'art qui nourrit les hommes. Le paysan apprit, dans les monastères, à retourner la glèbe et à fertiliser le sillon. Le baron commença à chercher dans son champ des trésors plus certains que ceux qu'il se procurait par les armes. Les moines furent donc réellement les pères de l'agriculture, et comme laboureurs eux-mêmes, et comme les premiers maîtres de nos laboureurs.

Ils n'avaient point perdu, de nos jours, ce génie utile. Les plus belles cultures, les paysans les plus riches, les mieux nourris et les moins vexés, les équipages champêtres les plus parfaits, les troupeaux les plus gras, les fermes les mieux entretenues se trouvaient dans les abbayes. Ce n'était pas là, ce nous semble, un sujet de reproches à faire au clergé.

[1] *De Miracul.*, lib. III, cap. XVII.

CHAPITRE VIII.

VILLES ET VILLAGES, PONTS, GRANDS CHEMINS, ETC.

Mais si le clergé a défriché l'Europe sauvage, il a aussi multiplié nos hameaux, accru et embelli nos villes. Divers quartiers de Paris, tels que ceux de Sainte-Geneviève et de Saint-Germain-l'Auxerrois, se sont élevés en partie, aux frais des abbayes du même nom [1]. En général, partout où il se trouvait un monastère, là se formait un village : la *Chaise-Dieu*, *Abbeville*, et plusieurs autres lieux, portent encore dans leurs noms la marque de leur origine. La ville de Saint-Sauveur, au pied du Mont-Cassin, en Italie, et les bourgs environnants, sont l'ouvrage des religieux de Saint-Benoît. A Fulde, à Mayence, dans tous les cercles ecclésiastiques de l'Allemagne ; en Prusse, en Pologne, en Suisse, en Espagne, en Angleterre, une foule de cités ont eu pour fondateurs des ordres monastiques ou militaires. Les villes qui sont sorties le plus tôt de la barbarie sont celles même qui ont été soumises à des princes ecclésiastiques. L'Europe doit la moitié de ses monuments et de ses fondations utiles à la munificence des cardinaux, des abbés et des évêques.

Mais on dira peut-être que ces travaux n'attestent que la richesse immense de l'Église.

Nous savons qu'on cherche toujours à atténuer les services : l'homme hait la reconnaissance. Le clergé a trouvé des terres incultes ; il y a fait croître des moissons. Devenu opulent par son propre travail, il a appliqué ses revenus à des monuments publics. Quand vous lui reprochez des biens si nobles, et dans leur emploi et dans leur source, vous l'accusez à la fois du crime de deux bienfaits.

L'Europe entière n'avait ni chemins ni auberges ; ses forêts étaient remplies de voleurs et d'assassins : ses lois étaient impuissantes, ou plutôt il n'y avait point de lois ; la religion seule, comme une grande colonne élevée au milieu des ruines gothiques, offrait des abris, et un point de communication aux hommes.

Sous la seconde race de nos rois, la France étant tombée dans l'anarchie la plus profonde, les voyageurs étaient surtout arrêtés, dépouillés et massacrés aux passages des rivières. Des moines habiles et courageux entreprirent de remédier à ces maux. Ils formèrent entre eux une compagnie, sous le nom d'*Hospitaliers pontifes* ou *faiseurs de ponts*. Ils s'obligeaient, par leur institut, à prêter main-forte aux voyageurs, à réparer les chemins publics, à construire des ponts, et à loger des étrangers dans des hospices qu'ils élevèrent au bord des rivières. Ils se fixèrent d'abord sur la Durance, dans un endroit dangereux, appelé *Maupas* ou *Mauvais-pas*, et qui, grâce à ces généreux moines, prit bientôt le nom de *Bon-pas*, qu'il porte encore aujourd'hui. C'est cet ordre qui a bâti le pont du Rhône à Avignon. On sait que les messageries et les postes, perfectionnées par Louis XI, furent d'abord établies par l'université de Paris.

[1] *Histoire de la ville de Paris.*

Sur une rude et haute montagne du Rouergue, couverte de neige et de brouillards pendant huit mois de l'année, on aperçoit un monastère, bâti vers l'an 1120, par Alard, vicomte de Flandre. Ce seigneur, revenant d'un pèlerinage, fut attaqué dans ce lieu par des voleurs; il fit vœu, s'il se sauvait de leurs mains, de fonder dans ce désert un hôpital pour les voyageurs, et de chasser les brigands de la montagne. Étant échappé au péril, il fut fidèle à ses engagements, et l'hôpital d'Abrac ou d'Aubrac s'éleva *in loco horroris et vastæ solitudinis*, comme le porte l'acte de fondation. Alard y établit des prêtres pour le service de l'église, des chevaliers hospitaliers pour escorter les voyageurs, et des dames de qualité pour laver les pieds des pèlerins, faire leurs lits et prendre soin de leurs vêtements.

Dans les siècles de barbarie, les pèlerinages étaient fort utiles; ce principe religieux, qui attirait les hommes hors de leurs foyers, servait puissamment au progrès de la civilisation et des lumières. Dans l'année du grand jubilé [1], on ne reçut pas moins de quatre cent quarante mille cinq cents étrangers à l'hôpital de Saint-Philippe de Néri, à Rome; chacun d'eux fut nourri, logé et défrayé entièrement pendant trois jours.

Il n'y avait point de pèlerin qui ne revînt dans son village avec quelque préjugé de moins et quelque idée de plus. Tout se balance dans les siècles : certaines classes riches de la société voyagent peut-être à présent plus qu'autrefois; mais, d'une autre part, le paysan est plus sédentaire. La guerre l'appelait sous la bannière de son seigneur, et la religion, dans les pays lointains. Si nous pouvions revoir un de ces anciens vassaux que nous nous représentons comme une espèce d'esclave stupide, peut-être serions-nous surpris de lui trouver plus de bon sens et d'instruction qu'au paysan libre d'aujourd'hui.

Avant de partir pour les royaumes étrangers, le voyageur s'adressait à son évêque, qui lui donnait une lettre apostolique avec laquelle il passait en sûreté dans toute la chrétienté. La forme de ces lettres variait selon le rang et la profession du porteur, d'où on les appelait *formatæ*. Ainsi, la religion n'était occupée qu'à renouer les fils sociaux que la barbarie rompait sans cesse.

En général, les monastères étaient des hôtelleries où les étrangers trouvaient en passant le vivre et le couvert. Cette hospitalité, qu'on admire chez les anciens, et dont on voit encore les restes en Orient, était en honneur chez nos religieux : plusieurs d'entre eux, sous le nom d'*hospitaliers*, se consacrèrent particulièrement à cette vertu touchante. Elle se manifestait, comme aux jours d'Abraham, dans toute sa beauté antique, par le lavement des pieds, la flamme du foyer et les douceurs du repas et de la couche. Si le voyageur était pauvre, on lui donnait des habits, des vivres, et quelque argent pour se rendre à un autre monastère, où il recevait les mêmes secours. Les dames montées sur leur palefroi, les preux cherchant aventures, les rois égarés à la chasse, frappaient, au milieu de la nuit, à la porte des vieilles abbayes, et venaient partager l'hospitalité qu'on donnait à l'obscur pèlerin. Quelquefois deux chevaliers ennemis s'y rencontraient ensemble, et se faisaient joyeuse réception jus-

---

[1] En 1600.

qu'au lever du soleil, où, le fer à la main, ils maintenaient l'un contre l'autre la supériorité de leurs dames et de leurs patries. Boucicault, au retour de la croisade de Prusse, logeant dans un monastère avec plusieurs chevaliers anglais, soutint seul contre tous qu'un chevalier écossais attaqué par eux dans les bois, avait été traîtreusement mis à mort.

Dans ces hôtelleries de la religion, on croyait faire beaucoup d'honneur à un prince quand on lui proposait de rendre quelques soins aux pauvres qui s'y trouvaient par hasard avec lui. Le cardinal de Bourbon, revenant de conduire l'infortunée Élisabeth en Espagne, s'arrêta à l'hôpital de Roncevaux dans les Pyrénées; il servit à table trois cents pèlerins, et donna à chacun d'eux trois réaux pour continuer leur voyage. Le Poussin est un des derniers voyageurs qui aient profité de cette coutume chrétienne; il allait à Rome, de monastère en monastère, peignant des tableaux d'autel pour prix de l'hospitalité qu'il recevait, et renouvelant ainsi chez les peintres l'aventure d'Homère.

CHAPITRE IX.

ARTS ET MÉTIERS, COMMERCE.

Rien n'est plus contraire à la vérité historique que de se représenter les premiers moines comme des hommes oisifs, qui vivaient dans l'abondance aux dépens des superstitions humaines. D'abord cette abondance n'était rien moins que réelle. L'ordre, par ses travaux, pouvait être devenu riche, mais il est certain que le religieux vivait très-durement. Toutes ces délicatesses du cloître, si exagérées, se réduisaient, même de nos jours, à une étroite cellule, des pratiques désagréables, et une table fort simple, pour ne rien dire de plus. Ensuite, il est très-faux que les moines ne fussent que de pieux fainéants; quand leurs nombreux hospices, leurs collèges, leurs bibliothèques, leurs cultures, et tous les autres services dont nous avons parlé n'auraient pas suffi pour occuper leurs loisirs, ils avaient encore trouvé bien d'autres manières d'être utiles; ils se consacraient aux arts mécaniques, et étendaient le commerce au dehors et au dedans de l'Europe.

La congrégation du tiers ordre de Saint-François, appelée des *Bons-Fieux*, faisait des draps et des galons, en même temps qu'elle montrait à lire aux enfants des pauvres, et qu'elle prenait soin des malades. La compagnie des *Pauvres frères cordonniers et tailleurs* était instituée dans le même esprit. Le couvent des Hiéronymites, en Espagne, avait dans son sein plusieurs manufactures. La plupart des premiers religieux étaient maçons aussi bien que laboureurs. Les bénédictins bâtissaient leurs maisons de leurs propres mains, comme on le voit par l'histoire des couvents du Mont-Cassin, de ceux de Fontevrault et de plusieurs autres.

Quant au commerce intérieur, beaucoup de foires et de marchés appartenaient aux abbayes, et avaient été établis par elles. La célèbre foire du *Landyt*, à Saint-Denis, devait sa naissance à l'université de Paris. Les religieuses filaient une grande partie des toiles de l'Europe. Les bières de Flandre, et la plupart des vins fins de l'Archipel, de la Hongrie, de l'Italie, de la France et de l'Espagne, étaient faits par les congrégations religieuses ; l'exportation et l'importation des grains, soit pour l'étranger, soit pour les armées, dépendaient encore en partie des grands propriétaires ecclésiastiques. Les églises faisaient valoir le parchemin, la cire, le lin, la soie, les marbres, l'orfévrerie, les manufactures en laine, les tapisseries et les matières premières d'or et d'argent ; elles seules, dans les temps barbares, procuraient quelque travail aux artistes, qu'elles faisaient venir exprès de l'Italie et jusque du fond de la Grèce. Les religieux eux-mêmes cultivaient les beaux-arts, et étaient les peintres, les sculpteurs et les architectes de l'âge gothique. Si leurs ouvrages nous paraissent grossiers aujourd'hui, n'oublions pas qu'ils forment l'anneau où les siècles antiques viennent se rattacher aux siècles modernes ; que sans eux, la chaîne de la tradition des lettres et des arts eût été totalement interrompue : il ne faut pas que la délicatesse de notre goût nous mène à l'ingratitude.

A l'exception de cette petite partie du nord comprise dans la ligne des villes anséatiques, le commerce extérieur se faisait autrefois par la Méditerranée. Les Grecs et les Arabes nous apportaient les marchandises de l'Orient qu'ils chargeaient à Alexandrie. Mais les croisades firent passer entre les mains des Francs cette source de richesses. « Les conquêtes des Croisés, dit l'abbé Fleury, leur assurèrent la liberté du commerce pour les marchandises de la Grèce, de Syrie et d'Égypte, et par conséquent pour celles des Indes, qui ne venaient point encore en Europe par d'autres routes [1]. »

Le docteur Robertson, dans son excellent ouvrage sur le commerce des anciens et des modernes aux Indes orientales, confirme par les détails les plus curieux, ce qu'avance ici l'abbé Fleury. Gênes, Venise, Pise, Florence et Marseille durent leurs richesses et leur puissance à ces entreprises d'un zèle exagéré, que le véritable esprit du christianisme a condamnées depuis longtemps [2]. Mais enfin on ne peut se dissimuler que la marine et le commerce moderne ne soient nés de ces fameuses expéditions. Ce qu'il y eut de bon en elles appartient à la religion, le reste aux passions humaines. D'ailleurs, si les Croisés ont eu tort de vouloir arracher l'Égypte et la Syrie aux Sarrasins, ne gémissons donc plus quand nous voyons ces belles contrées en proie à ces Turcs, qui semblent arrêter la peste et la barbarie sur la patrie de Phidias et d'Euripide. Quel mal y aurait-il si l'Égypte était depuis saint Louis une colonie de la France, et si les descendants des chevaliers français régnaient à Constantinople, à Athènes, à Damas, à Tripoli, à Carthage, à Tyr, à Jérusalem ?

Au reste, quand le christianisme a marché *seul* aux expéditions lointaines, on a pu juger que les désordres des croisades n'étaient pas venus de lui, mais de l'emportement des hommes. Nos missionnaires nous ont ouvert des sources de commerce pour lesquelles ils n'ont versé de sang que le leur, dont à la vérité, ils ont été prodigues. Nous renvoyons le lecteur à ce que nous avons dit sur ce sujet au livre *des Missions.*

---

[1] *Hist. ecclés.*, tom. XVIII, sixième disc., pag. 20. — [2] *Vide* FLEURY, *loc. cit.*

CHAPITRE X.

DES LOIS CIVILES ET CRIMINELLES.

Rechercher quelle a été l'influence du christianisme sur les lois et sur les gouvernements, comme nous l'avons fait pour la morale et pour la poésie, serait le sujet d'un fort bel ouvrage. Nous indiquerons seulement la route, et nous offrirons quelques résultats, afin d'additionner la somme des bienfaits de la religion.

Il suffit d'ouvrir au hasard les conciles, le droit canonique, les bulles et les rescrits de la cour de Rome, pour se convaincre que nos anciennes lois recueillies dans les capitulaires de Charlemagne, dans les formules de Marculfe, dans les ordonnances des rois de France, ont emprunté une foule de règlements à l'Église, ou plutôt qu'elles ont été rédigées en partie par de savants prêtres, ou des assemblées d'ecclésiastiques.

De temps immémorial les évêques et les métropolitains ont eu des droits assez considérables en matière civile. Ils étaient chargés de la promulgation des ordonnances impériales relatives à la tranquillité publique; on les prenait pour arbitres dans les procès; c'était des espèces de juges de paix naturels que la religion avait donnés aux hommes. Les empereurs chrétiens, trouvant cette coutume établie, la jugèrent si salutaire [1], qu'ils la confirmèrent par des articles de leurs codes. Chaque gradué, depuis le sous-diacre jusqu'au souverain pontife, exerçait une petite juridiction, de sorte que l'esprit religieux agissait par mille points et de mille manières sur les lois. Mais cette influence était-elle favorable ou dangereuse aux citoyens? Nous croyons qu'elle était favorable.

D'abord, dans tout ce qui s'appelle *administration*, la sagesse du clergé a constamment été reconnue, même des écrivains les plus opposés au christianisme [2]. Lorsqu'un État est tranquille, les hommes ne font pas le mal pour le seul plaisir de le faire. Quel intérêt un concile pouvait-il avoir à porter une loi inique touchant l'ordre des successions ou les conditions d'un mariage? ou pourquoi un official, ou un simple prêtre, admis à prononcer sur un point de droit, aurait-il prévariqué? S'il est vrai que l'éducation et les principes qui nous sont inculqués dans la jeunesse influent sur notre caractère, des ministres de l'Évangile devaient être, en général, guidés par un conseil de douceur et d'impartialité; mettons, si l'on veut, une restriction, et disons dans tout ce qui ne regardait pas ou leur ordre ou leurs personnes. D'ailleurs l'esprit de corps, qui peut être mauvais dans l'ensemble, est toujours bon dans la partie. Il est à présumer qu'un membre d'une grande société religieuse se distinguera plutôt par sa droiture dans une place civile que par ses prévarications, ne fût-ce que pour la gloire de son ordre et le joug que cet ordre lui impose.

De plus, les conciles étaient composés de prélats de tous les pays, et partant, ils avaient l'immense avantage d'être comme étrangers aux peuples pour lesquels ils faisaient des lois. Ces haines, ces amours, ces préjugés feudataires qui

---

[1] Eus., *de Vit. Const.*, lib. xv, cap. xvii; Sozom. lib., 1, cap. ix, *Cod. Justin.*, lib. i, tit. iv, leg. 7. — [2] Voyez VOLTAIRE, dans l'*Essai sur les mœurs*.

accompagnent ordinairement le législateur, étaient inconnus aux Pères des conciles. Un évêque français avait assez de lumières touchant sa patrie pour combattre un canon qui en blessait les mœurs; mais il n'avait pas assez de pouvoir sur des prélats italiens, espagnols, anglais, pour leur faire adopter un règlement injuste; libre dans le bien, sa position le bornait dans le mal. C'est Machiavel, ce nous semble, qui propose de faire rédiger la constitution d'un État par un étranger. Mais cet étranger pourrait être, ou gagné par intérêt, ou ignorant du génie de la nation dont il fixerait le gouvernement, deux grands inconvénients que le concile n'avait pas, puisqu'il était à la fois au-dessus de la corruption par ses richesses, et instruit des inclinations particulières des royaumes par les divers membres qui le composaient.

L'Église, prenant toujours la morale pour base, de préférence à la politique (comme on le voit par les questions de rapt, de divorce, d'adultère), ses ordonnances doivent avoir un fonds naturel de rectitude et d'universalité. En effet, la plupart des canons ne sont point relatifs à telle ou telle contrée; ils comprennent toute la chrétienté. La charité, le pardon des offenses formant tout le christianisme, et étant spécialement recommandés dans le sacerdoce, l'action de ce caractère sacré sur les mœurs doit participer de ces vertus. L'histoire nous offre sans cesse le prêtre priant pour le malheureux, demandant grâce pour le coupable ou intercédant pour l'innocent. Le droit d'asile dans les églises, tout abusif qu'il pouvait être, est néanmoins une grande preuve de la tolérance que l'esprit religieux avait introduite dans la justice criminelle. Les dominicains furent animés par cette pitié évangélique lorsqu'ils dénoncèrent avec tant de force les cruautés des Espagnols dans le Nouveau-Monde. Enfin, comme notre code a été formé dans des temps de barbarie, le prêtre étant le seul homme qui eût alors quelques lettres, il ne pouvait porter dans les lois qu'une influence heureuse et des lumières qui manquaient au reste des citoyens.

On trouve un bel exemple de l'esprit de justice que le christianisme tendait à introduire dans nos tribunaux. Saint Ambroise observe que si, en matière criminelle, les évêques sont obligés par leur caractère d'implorer la clémence du magistrat, ils ne doivent jamais intervenir dans les causes civiles qui ne sont pas portées à leur propre juridiction : « Car, dit-il, vous ne pouvez solliciter pour une des parties sans nuire à l'autre, et vous rendre peut-être coupable d'une grande injustice [1]. »

Admirable esprit de la religion!

La modération de saint Chrysostôme n'est pas moins remarquable : « Dieu, dit ce grand saint, a permis à un homme de renvoyer sa femme pour cause d'adultère, mais non pas pour cause d'*idolâtrie*[2]. Selon le droit romain, les infâmes ne pouvaient être juges. Saint Ambroise et saint Grégoire poussent encore plus loin cette belle loi, *car ils ne veulent pas que ceux qui ont commis de grandes fautes demeurent juges, de peur qu'ils ne se condamnent eux-mêmes en condamnant les autres* [3]. »

---

[1] Ambros., *de Offic.*, lib. III, cap. III. — [2] *In cap.*, Is. 3. — [3] Héricourt, *Lois eccl.* pag. 760, quest. VIII.

En matière criminelle, le prélat se récusait, parce que la religion a horreur du sang. Saint Augustin obtint par ses prières la vie des Circumcellions, convaincus d'avoir assassiné des prêtres catholiques. Le concile de Sardique fait même une loi aux évêques d'interposer leur médiation dans les sentences d'exil et de bannissement [1]. Ainsi le malheureux devait à cette charité chrétienne non-seulement la vie, mais, ce qui est bien plus précieux encore, la douceur de respirer son air natal.

Ces autres dispositions de notre jurisprudence criminelle sont tirées du droit canonique : « 1° On ne doit point condamner un absent, qui peut avoir des moyens légitimes de défense; 2° L'accusateur et le juge ne peuvent servir de témoins; 3° Les grands criminels ne peuvent être accusateurs [2]; 4° En quelque dignité qu'une personne soit constituée, sa seule déposition ne peut suffire pour condamner un accusé [3]. »

On peut voir dans Héricourt la suite de ces lois qui confirment ce que nous avons avancé, savoir, que nous devons les meilleures dispositions de notre code civil et criminel au droit canonique. Ce droit est en général beaucoup plus doux que nos lois, et nous avons repoussé sur plusieurs points son indulgence chrétienne. Par exemple, le septième concile de Carthage décide que quand il y a plusieurs chefs d'accusation, si l'accusateur ne peut prouver le premier chef, il ne doit point être admis à la preuve des autres; nos coutumes en ont ordonné autrement.

Cette grande obligation que notre système civil doit aux règlements du christianisme est une chose très-grave, très-peu observée, et pourtant très-digne de l'être [4].

Enfin les juridictions seigneuriales, sous la féodalité, furent de nécessité moins vexatoires dans la dépendance des abbayes et des prélatures que sous le ressort d'un comte ou d'un baron. Le seigneur ecclésiastique était tenu à de certaines vertus que le guerrier ne se croyait pas obligé de pratiquer. Les abbés cessèrent promptement de marcher à l'armée, et leurs vassaux devinrent de paisibles laboureurs. Saint Benoît d'Aniane, réformateur des bénédictins en France, recevait les terres qu'on lui offrait, mais il ne voulait point accepter les *serfs*; il leur rendait sur-le-champ la liberté [5] : cet exemple de magnanimité, au milieu du dixième siècle, est bien frappant; et c'est un *moine* qui l'a donné !

CHAPITRE XI.

POLITIQUE ET GOUVERNEMENT.

La coutume qui accordait le premier rang au clergé dans les assemblées des nations modernes tenait au grand principe religieux, que l'antiquité entière regardait comme le fondement de l'existence politique. Je ne sais, dit Cicéron,

---

[1] *Conc. Sard.*, can. XVII. — [2] Cet admirable canon n'était pas suivi dans nos lois. — [3] Hér., *loc. cit.* et seq. — [4] Montesquieu et le docteur Robertson en ont dit quelques mots. — [5] Hélyot.

si anéantir la piété envers les dieux, ce ne serait point aussi anéantir la bonne foi, la société du genre humain, et la plus excellente des vertus, la justice[1] : « *Haud scio an, pietate adversus deos sublata, fides etiam, et societas humani generis et una excellentissima virtus, justitia, tollatur.*

Puisqu'on avait cru jusqu'à nos jours que la religion est la base de la société civile, ne faisons pas un crime à nos pères d'avoir pensé comme Platon, Aristote, Cicéron, Plutarque, et d'avoir mis l'autel et ses ministres au degré le plus éminent de l'ordre social.

Mais si personne ne nous conteste sur ce point l'influence de l'Église dans le corps politique, on soutiendra peut-être que cette influence a été funeste au bonheur public et à la liberté. Nous ne ferons qu'une réflexion sur ce vaste et profond sujet : remontons un instant aux principes généraux d'où il faut toujours partir quand on veut atteindre à quelque vérité.

La nature, au moral et au physique, semble n'employer qu'un seul moyen de création : c'est de mêler, pour produire, la force à la douceur. Son énergie paraît résider dans la loi générale des contrastes. Si elle joint la violence à la violence, ou la faiblesse à la faiblesse, loin de former quelque chose, elle détruit par excès ou par défaut. Toutes les législations de l'antiquité offrent ce système d'opposition qui enfante le corps politique.

Cette vérité une fois reconnue, il faut chercher les points d'opposition : il nous semble que les deux principaux résident, l'un dans les mœurs du peuple, l'autre dans les institutions à donner à ce peuple. S'il est d'un caractère timide et faible, que sa constitution soit hardie et robuste; s'il est fier, impétueux, inconstant, que son gouvernement soit doux, modéré, invariable. Ainsi la théocratie ne fut pas bonne aux Égyptiens; elle les asservit sans leur donner des vertus qui leur manquaient : c'était une nation pacifique; il lui fallait des institutions militaires.

L'influence sacerdotale, au contraire, produisit à Rome des effets admirables : cette reine du monde dut sa grandeur à Numa, qui sut placer la religion au premier rang chez un peuple de guerriers : qui ne craint pas les hommes doit craindre les dieux.

Ce que nous venons de dire du Romain s'applique au Français; il n'a pas besoin d'être excité, mais d'être retenu. On parle du danger de la théocratie; mais chez quelle nation belliqueuse un prêtre a-t-il conduit l'homme à la servitude?

C'est donc de ce grand principe général qu'il faut partir pour considérer l'influence du clergé dans notre ancienne constitution, et non pas de quelques détails particuliers, locaux et accidentels. Toutes ces déclamations contre la richesse de l'Église, contre son ambition, sont de petites vues d'un sujet immense; c'est considérer à peine la surface des objets, et ne pas jeter un coup d'œil ferme dans leurs profondeurs. Le christianisme était dans notre corps politique, comme ces instruments religieux dont les Spartiates se servaient dans les batailles, moins pour animer le soldat que pour modérer son ardeur.

Si l'on consulte l'histoire de nos états généraux, on verra que le clergé a

---

[1] *De Nat. Deor.*, I, II.

toujours rempli ce beau rôle de modérateur. Il calmait, il adoucissait les esprits ; il prévenait les résolutions extrêmes. L'Église avait seule de l'instruction et de l'expérience, quand des barons hautains et d'ignorantes communes ne connaissaient que les factions et une obéissance absolue ; elle seule, par l'habitude des synodes et des conciles, savait parler et délibérer ; elle seule avait de la dignité, lorsque tout en manquait autour d'elle. Nous la voyons tour à tour s'opposer aux excès du peuple, présenter de libres remontrances aux rois, et braver la colère des nobles. La supériorité de ses lumières, son génie conciliant, sa mission de paix, la nature même de ses intérêts, devaient lui donner en politique des idées généreuses qui manquaient aux deux autres ordres. Placée entre ceux-ci, elle avait tout à craindre des grands, et rien des communes, dont elle devenait par cette seule raison le défenseur naturel. Aussi la voit-on, dans les moments de troubles, voter de préférence avec les dernières. La chose la plus vénérable qu'offraient nos anciens états généraux était ce banc de vieux évêques qui, la mitre en tête et la crosse à la main, plaidaient tour à tour la cause du peuple contre les grands, et celle du souverain contre des seigneurs factieux.

Ces prélats furent souvent la victime de leur dévouement. La haine des nobles contre le clergé fut si grande au commencement du treizième siècle, que saint Dominique se vit contraint de prêcher une espèce de croisade pour arracher les biens de l'Église aux barons qui les avaient envahis. Plusieurs évêques furent massacrés par les nobles, ou emprisonnés par la cour. Ils subissaient tour à tour les vengeances monarchiques, aristocratiques, et populaires.

Si vous voulez considérer plus en grand l'influence du christianisme sur l'existence politique des peuples de l'Europe, vous verrez qu'il prévenait les famines, et sauvait nos ancêtres de leurs propres fureurs, en proclamant ces paix appelées *paix de Dieu*, pendant lesquelles on recueillait les moissons et les vendanges. Dans les commotions publiques souvent les papes se montrèrent comme de très-grands princes. Ce sont eux qui, en réveillant les rois, sonnant l'alarme et faisant des ligues, ont empêché l'Occident de devenir la proie des Turcs. Ce seul service rendu au monde par l'Église mériterait des autels.

Des hommes indignes du nom de chrétiens égorgeaient les peuples du Nouveau-Monde, et la cour de Rome fulminait des bulles pour prévenir ces atrocités [1]. L'esclavage était reconnu légitime, et l'Église ne reconnaissait point d'esclaves [2] parmi ses enfants. Les excès mêmes de la cour de Rome ont servi à répandre les principes généraux du droit des peuples. Lorsque les papes mettaient les royaumes en interdit, lorsqu'ils forçaient les empereurs à venir rendre compte de leur conduite au saint siége, ils s'arrogeaient sans doute un pouvoir qu'ils n'avaient pas ; mais en blessant la majesté du trône ils faisaient peut-être du bien à l'humanité. Les rois devenaient plus circonspects ; ils sentaient qu'ils avaient un frein, et le peuple une égide. Les rescrits des pontifes ne manquaient jamais de mêler la voix des nations et l'intérêt général des hommes aux plaintes particulières. « *Il nous est venu des rapports que Philippe, Ferdinand,*

---

[1] La fameuse bulle de Paul III. — [2] Le décret de Constantin, qui déclare libre tout esclave qui embrasse le christianisme.

Henri opprimait son peuple, etc. » Tel était à peu près le début de tous ces arrêts de la cour de Rome.

S'il existait au milieu de l'Europe un tribunal qui jugeât, au nom de Dieu, les nations et les monarques, et qui prévînt les guerres et les révolutions, ce tribunal serait le chef d'œuvre de la politique, et le dernier degré de la perfection sociale : les papes, par l'influence qu'ils exerçaient sur le monde chrétien, ont été au moment de réaliser ce beau songe.

Montesquieu a fort bien prouvé que le christianisme est opposé d'esprit et de conseil au pouvoir arbitraire, *et que ses principes font plus que l'honneur dans les monarchies, la vertu dans les républiques, et la crainte dans les États despotiques*. N'existe-t-il pas d'ailleurs des républiques chrétiennes qui paraissent même plus attachées à leur religion que les monarchies ? N'est-ce pas encore sous la loi évangélique que s'est formé ce gouvernement dont l'excellence paraissait telle au plus grave des historiens [1], qu'il le croyait impraticable pour les hommes ? « Dans toutes les nations, dit Tacite, c'est le peuple, ou les nobles, ou un seul qui gouverne ; une forme de gouvernement qui se composerait à la fois des trois ordres est une brillante chimère, etc. [2]. »

Tacite ne pouvait pas deviner que cette espèce de miracle s'accomplirait un jour chez les Sauvages dont il nous a laissé l'histoire [3]. Les passions, sous le polythéisme, auraient bientôt renversé un gouvernement qui ne se conserve que par la justesse des contre-poids. Le phénomène de son existence était réservé à une religion qui, en maintenant l'équilibre moral le plus parfait, permet d'établir la plus parfaite balance politique.

Montesquieu a vu le principe du gouvernement anglais dans les forêts de la Germanie : il était peut-être plus simple de le découvrir dans la division des trois ordres ; division connue de toutes les grandes monarchies de l'Europe moderne.

L'Angleterre a commencé, comme la France et l'Espagne, par ses états généraux : l'Espagne passa à une monarchie absolue, la France à une monarchie tempérée, et l'Angleterre à une monarchie mixte. Ce qu'il y a de remarquable, c'est que les *cortès* de la première jouissaient de plusieurs priviléges que n'avaient pas les *états généraux* de la seconde et les *parlements* de la troisième, et que le peuple le plus libre est tombé sous le gouvernement le plus absolu. D'une autre part, les Anglais, qui étaient presque réduits en servitude, se rapprochèrent de l'indépendance, et les Français, qui n'étaient ni très-libres ni très-asservis, demeurèrent à peu près au même point.

Enfin ce fut une grande et féconde idée politique que cette division des trois ordres. Totalement ignorée des anciens, elle a produit chez les modernes le système représentatif, qu'on peut mettre au nombre de ces trois ou quatre découvertes qui ont créé un autre univers. Et qu'il soit encore dit à la gloire de notre religion, que le système représentatif découle en partie des institutions ecclésiastiques, d'abord parce que l'Église en offrit la première image dans ses conciles,

---

[1] Il faut se souvenir que ceci était écrit sous Buonaparte. L'auteur semble annoncer ici la Charte de Louis XVIII. Ses opinions constitutionnelles, comme on le voit, datent de loin. — [2] Tac., *Ann.*, lib. iv, xxxiii. — [3] *In Vit. Agric.*

composés du *souverain pontife*, des *prélats* et des *députés* du *bas clergé*, et ensuite parce que les prêtres chrétiens ne s'étant pas séparés de l'État ont donné naissance à un nouvel ordre de citoyens, qui, par sa réunion aux deux autres, a entraîné la représentation du corps politique.

Nous ne devons pas négliger une remarque qui vient à l'appui des faits précédents, et qui prouve que le génie évangélique est éminemment favorable à la liberté. La religion chrétienne établit en dogme l'égalité morale, la seule qu'on puisse prêcher sans bouleverser le monde. Le polythéisme cherchait-il à Rome à persuader au patricien qu'il n'était pas d'une poussière plus noble que le plébéien? Quel pontife eût osé faire retentir de telles paroles aux oreilles de Néron et de Tibère? On eût bientôt vu le corps du lévite imprudent exposé aux gémonies. C'est cependant de telles leçons que les potentats chrétiens reçoivent tous les jours dans cette chaire si justement appelée la chaire de vérité.

En général, le christianisme est surtout admirable pour avoir converti *l'homme physique* en *l'homme moral*. Tous les grands principes de Rome et de la Grèce, l'égalité, la liberté, se trouvent dans notre religion, mais appliqués à l'âme et au génie, et considérés sous des rapports sublimes.

Les conseils de l'Évangile forment le véritable philosophe, et ses préceptes le véritable citoyen. Il n'y a pas un petit peuple chrétien chez lequel il ne soit plus doux de vivre que chez le peuple antique le plus fameux, excepté Athènes, qui fut charmante, mais horriblement injuste. Il y a une paix intérieure dans les nations modernes, un exercice continuel des plus tranquilles vertus, qu'on ne vit point régner au bord de l'Ilissus et du Tibre. Si la république de Brutus ou la monarchie d'Auguste sortait tout à coup de la poudre, nous aurions horreur de la vie romaine. Il ne faut que se représenter les jeux de la déesse Flore, et cette boucherie continuelle de gladiateurs, pour sentir l'énorme différence que l'Évangile a mise entre nous et les païens; le dernier des chrétiens, honnête homme, est plus *moral* que le premier des philosophes de l'antiquité.

« Enfin, dit Montesquieu, nous devons au christianisme, et dans le gouvernement un certain droit politique, et dans la guerre un certain droit des gens que la nature humaine ne saurait assez reconnaître.

« C'est ce droit qui fait que parmi nous la victoire laisse aux peuples vaincus ces grandes choses, la vie, la liberté, les lois, les biens, et toujours la religion, quand on ne s'aveugle pas soi-même[1]. »

Ajoutons, pour couronner tant de bienfaits, un bienfait qui devrait être écrit en lettres d'or dans les annales de la philosophie :

L'ABOLITION DE L'ESCLAVAGE.

CHAPITRE XII.

RÉCAPITULATION GÉNÉRALE.

Ce n'est pas sans éprouver une sorte de crainte que nous touchons à la fin de notre ouvrage. Les graves idées qui nous l'ont fait entreprendre, la dange-

---

[1] *Esprit des Lois*, liv. XXIV, chap. III.

reuse ambition que nous avons eue de déterminer, autant qu'il dépendait de nous, la question sur le christianisme, toutes ces considérations nous alarment. Il est difficile de découvrir jusqu'à quel point Dieu approuve que les hommes prennent dans leurs débiles mains la cause de son éternité, se fassent les avocats du Créateur au tribunal de la créature, et cherchent à justifier par des raisons humaines ces conseils qui ont donné naissance à l'univers. Ce n'est donc qu'avec une défiance extrême, trop motivée par l'insuffisance de nos talents, que nous offrons ici la récapitulation générale de cet ouvrage.

Toute religion a des mystères ; toute la nature est un secret.

Les mystères chrétiens sont les plus beaux possibles : ils sont l'archétype du système de l'homme et du monde.

Les sacrements sont une législation morale, et des tableaux pleins de poésie.

La foi est une force, la charité un amour, l'espérance toute une félicité, ou, comme parle la religion, toute une vertu.

Les lois de Dieu sont le code le plus parfait de la justice naturelle.

La chute de notre premier père est une tradition universelle.

On peut en trouver une preuve nouvelle dans la constitution de l'homme moral, qui contredit la constitution générale des êtres.

La défense de toucher au fruit de science est un commandement sublime, et le seul qui fût digne de Dieu.

Toutes les prétendues preuves de l'antiquité de la terre peuvent être combattues.

Dogme de l'existence de Dieu démontré par les merveilles de l'univers ; dessein visible de la Providence dans les instincts des animaux ; enchantement de la nature.

La seule morale prouve l'immortalité de l'âme. L'homme désire le bonheur, et il est le seul être qui ne puisse l'obtenir : il y a donc une félicité au delà de la vie ; car on ne désire point ce qui n'est pas.

Le système de l'athéisme n'est fondé que sur des exceptions : ce n'est point le corps qui agit sur l'âme, c'est l'âme qui agit sur le corps. L'homme ne suit point les règles générales de la matière ; il diminue où l'animal augmente.

L'athéisme n'est bon à personne, ni à l'infortuné auquel il ravit l'espérance, ni à l'heureux, dont il dessèche le bonheur, ni au soldat qu'il rend timide, ni à la femme dont il flétrit la beauté et la tendresse, ni à la mère qui peut perdre son fils, ni aux chefs des hommes qui n'ont pas de plus sûr garant de la fidélité des peuples que la religion.

Les châtiments et les récompenses que le christianisme dénonce ou promet dans une autre vie s'accordent avec la raison et la nature de l'âme.

En poésie, les caractères sont plus beaux, et les passions plus énergiques sous la religion chrétienne qu'ils ne l'étaient sous le polythéisme. Celui-ci ne présentait point de partie dramatique, point de combats des penchants naturels et des vertus.

La mythologie rapetissait la nature ; et les anciens, par cette raison, n'avaient point de poésie descriptive. Le christianisme rend au désert et ses tableaux et ses solitudes.

Le *merveilleux* chrétien peut soutenir le parallèle avec le *merveilleux* de la

Fable. Les anciens fondent leur poésie sur Homère, et les chrétiens sur la Bible; et les beautés de la Bible surpassent les beautés d'Homère.

C'est au christianisme que les beaux-arts doivent leur renaissance et leur perfection.

En philosophie, il ne s'oppose à aucune vérité naturelle. S'il a quelquefois combattu les sciences, il a suivi l'esprit de son siècle, et l'opinion des plus grands législateurs de l'antiquité.

En histoire, nous fussions demeurés inférieurs aux anciens sans le caractère nouveau d'images, de réflexions et de pensées qu'a fait naître la religion chrétienne : l'éloquence moderne fournit la même observation.

Restes des beaux-arts, solitudes des monastères, charmes des ruines, gracieuses dévotions du peuple, harmonies du cœur, de la religion et des déserts, c'est ce qui conduit à l'examen du culte.

Partout, dans le culte chrétien, la pompe et la majesté sont unies aux intentions morales, aux prières touchantes ou sublimes. Le sépulcre vit et s'anime dans notre religion : depuis le laboureur qui repose au cimetière champêtre jusqu'au roi couché à Saint-Denis, tout dort dans une poussière poétique. Job et David, appuyés sur le tombeau du chrétien, chantent tour à tour la mort aux portes de l'éternité.

Nous venons de voir ce que les hommes doivent au clergé séculier et régulier, aux institutions, au génie du christianisme.

Si Shoonbeck, Bonnani, Giustiniani et Hélyot avaient mis plus d'ordre dans leurs laborieuses recherches, nous pourrions donner ici le catalogue complet des services rendus par la religion à l'humanité. Nous commencerions par faire la liste des calamités qui accablent l'âme ou le corps de l'homme, et nous placerions sous chaque douleur l'ordre chrétien qui se dévoue au soulagement de cette douleur. Ce n'est point une exagération : un homme peut penser telle misère qu'il voudra, et il y a mille à parier contre un que la religion a deviné sa pensée et préparé le remède. Voici ce que nous avons trouvé après un calcul aussi exact que nous l'avons pu faire.

On compte à peu près, sur la surface de l'Europe chrétienne, quatre mille trois cents villes et villages.

Sur ces quatre mille trois cents villes et villages, trois mille deux cent quatre-vingt-quatorze sont de la première, de la seconde, de la troisième et de la quatrième grandeur.

En accordant un hôpital à chacune de ces trois mille deux cent quatre-vingt-quatorze villes (calcul au-dessous de la vérité), vous aurez trois mille deux cent quatre-vingt-quatorze hôpitaux, presque tous institués par le génie du christianisme, dotés sur les biens de l'Église, et desservis par des ordres religieux.

Prenant une moyenne proportionnelle, et donnant seulement cent lits à chacun de ces hôpitaux, ou, si l'on veut, cinquante lits pour deux malades, vous verrez que la religion, indépendamment de la foule immense de pauvres qu'elle nourrit, soulage et entretient par jour, depuis plus de mille ans, environ trois cent vingt-neuf mille quatre cents hommes.

Sur un relevé des colléges et des universités, on trouve à peu près les mêmes calculs, et l'on peut admettre hardiment qu'elle enseigne au moins trois cent mille jeunes gens dans les divers États de la chrétienté¹. (58).

Nous ne faisons point entrer ici en ligne de compte les hôpitaux et les colléges chrétiens dans les trois autres parties du monde, ni l'éducation des filles par les religieuses.

Maintenant il faut ajouter à ces résultats le dictionnaire des hommes célèbres sortis du sein de l'Eglise, et qui forment à peu près les deux tiers des grands hommes des siècles modernes : il faut dire, comme nous l'avons montré, que le renouvellement des sciences, des arts et des lettres, est dû à l'Église ; que la plupart des grandes découvertes modernes, telles que la poudre à canon, l'horloge, les lunettes, la boussole, et en politique le système représentatif, lui appartiennent ; que l'agriculture, le commerce, les lois et le gouvernement lui ont des obligations immenses ; que ses missions ont porté les sciences et les arts chez des peuples civilisés, et les lois chez des peuples sauvages ; que sa chevalerie a puissamment contribué à sauver l'Europe d'une invasion de nouveaux Barbares ; que le genre humain lui doit :

Le culte d'un seul Dieu ;

Le dogme plus fixe de l'existence de cet Être suprême ;

La doctrine moins vague et plus certaine de l'immortalité de l'âme, ainsi que celle des peines et des récompenses dans une autre vie ;

Une plus grande humanité chez les hommes ;

Une vertu tout entière, et qui vaut seule toutes les autres, la charité ;

Un droit politique et un droit des gens, inconnus des peuples antiques ; et par-dessus tout cela, l'abolition de l'esclavage.

Qui ne serait pas convaincu de la beauté et de la grandeur du christianisme ? Qui n'est écrasé par cette effrayante masse de bienfaits ?

CHAPITRE XIII ET DERNIER.

QUEL SERAIT AUJOURD'HUI L'ÉTAT DE LA SOCIÉTÉ SI LE CHRISTIANISME N'EUT POINT PARU SUR LA TERRE.

CONJECTURES. — CONCLUSION.

Nous terminerons cet ouvrage par l'examen de l'importante question qui fait le titre de ce dernier chapitre : en tâchant de découvrir ce que nous serions probablement aujourd'hui si le christianisme n'eût pas paru sur la terre, nous apprendrons à mieux apprécier ce que nous devons à cette religion divine.

Auguste parvint à l'empire par des crimes, et régna sous la forme des vertus. Il succédait à un conquérant, et, pour se distinguer, il fut tranquille.

Ne pouvant être un grand homme, il voulut être un prince heureux. Il donna beaucoup de repos à ses sujets : un immense foyer de corruption s'assoupit ; ce calme fut appelé prospérité. Auguste eut le génie des circonstances : c'est

---

¹ On a mis sous les yeux du lecteur les bases de tous ces calculs, que l'on a laissés exprès infiniment au-dessous de la vérité.

celui qui recueille les fruits que le véritable génie a préparés; il le suit, et ne l'accompagne pas toujours.

Tibère méprisa trop les hommes, et surtout leur fit trop voir ce mépris. Le seul sentiment dans lequel il mit de la franchise était le seul où il eût dû dissimuler; mais c'était un cri de joie qu'il ne pouvait s'empêcher de pousser, en trouvant le peuple et le sénat romain au-dessous même de la bassesse de son propre cœur.

Lorsqu'on vit ce peuple-roi se prosterner devant Claude, et adorer le fils d'Enobarbus, on put juger qu'on l'avait honoré en gardant avec lui quelque mesure. Rome aima Néron. Longtemps après la mort de ce tyran, ses fantômes faisaient tressaillir l'empire de joie et d'espérance. C'est ici qu'il faut s'arrêter pour contempler les mœurs romaines. Ni Titus, ni Antonin, ni Marc-Aurèle, ne purent en changer le fond : un Dieu seul le pouvait.

Le peuple romain fut toujours un peuple horrible : on ne tombe point dans les vices qu'il fit éclater sous ses maîtres, sans une certaine perversité naturelle et quelque défaut de naissance dans le cœur. Athènes corrompue ne fut jamais exécrable : dans les fers, elle ne songea qu'à jouir. Elle trouva que ses vainqueurs ne lui avaient pas tout ôté, puisqu'ils lui avaient laissé le temple des Muses.

Quand Rome eut des vertus, ce furent des vertus contre nature. Le premier Brutus égorge ses fils, et le second assassine son père. Il y a des vertus de position qu'on prend trop facilement pour des vertus générales, et qui ne sont que des résultats locaux. Rome libre fut d'abord frugale, parce qu'elle était pauvre; courageuse, parce que ses institutions lui mettaient le fer à la main, et qu'elle sortait d'une caverne de brigands. Elle était d'ailleurs féroce, injuste, avare, luxurieuse : elle n'eut de beau que son génie; son caractère fut odieux.

Les décemvirs la foulent aux pieds. Marius verse à volonté le sang des nobles, et Sylla celui du peuple : pour dernière insulte, celui-ci abjure publiquement la dictature. Les conjurés de Catilina s'engagent à massacrer leurs propres pères [1], et se font un jeu de renverser cette majesté romaine que Jugurtha se propose d'acheter [2]. Viennent les triumvirs et leurs proscriptions : Auguste ordonne au père et au fils de s'entre-tuer [3], et le père et le fils s'entre-tuent. Le sénat se montre trop vil, même pour Tibère [4]. Le dieu Néron a des temples. Sans parler de ces délateurs sortis des premières familles patriciennes; sans montrer les chefs d'une même conjuration, se dénonçant et s'égorgeant les uns les autres [5]; sans représenter les philosophes discourant sur la vertu au milieu des débauches de Néron, Sénèque excusant un parricide, Burrhus [6] le louant et pleurant à la fois; sans rechercher sous Galba, Vitellius, Domitien, Commode, ces actes de lâcheté qu'on a lus cent fois, et qui étonnent toujours, un seul trait nous peindra l'infamie romaine : Plautien, ministre de Sévère, en

---

[1] *Sed filii familiarum, quorum ex nobilitate maxuma pars erat, parentes interficerent.* (SALLUST., *in Catil.*, XLIV.) — [2] SALLUST., *in Bell. Jugurth.* — [3] SUET., *in Aug.*; et AMM. ALEX. — [4] TACIT., *Ann.* — [5] *Id. Ibid.*, lib. xv, 56, 57. — [6] *Id. Ibid.*, lib. xiv, 15. Papinien, jurisconsulte et préfet du prétoire, qui ne se piquait pas de philosophie, répondit à Caracalla qui lui ordonnait de justifier le meurtre de son frère Géta : « Il est plus aisé de commettre un parricide que de le justifier. » (*Hist. Aug.*)

mariant sa fille au fils aîné de l'empereur, fit mutiler cent Romains libres, dont quelques-uns étaient mariés et pères de famille, « afin, dit l'historien, que sa fille eût à sa suite des eunuques dignes d'une reine d'Orient [1]. »

A cette lâcheté de caractère joignez une épouvantable corruption de mœurs. Le grave Caton vient pour assister aux prostitutions des jeux de Flore. Sa femme Marcia étant enceinte, il la cède à Hortensius; quelque temps après Hortensius meurt, et ayant laissé Marcia héritière de tous ses biens, Caton la reprend au préjudice du fils d'Hortensius. Cicéron se sépare de Térentia pour épouser Publilia sa pupille. Sénèque nous apprend qu'il y avait des femmes qui ne comptaient plus leurs années par consuls, mais par le nombre de leurs maris [2] : Tibère invente les *scellarii* et les *spintriæ;* Néron épouse publiquement l'affranchi Pythagore [3], et Héliogabale célèbre ses noces avec Hiéroclès [4].

Ce fut ce même Néron, déjà tant de fois cité, qui institua les fêtes Juvénales. Les chevaliers, les sénateurs et les femmes du premier rang étaient obligés de monter sur le théâtre, à l'exemple de l'empereur, et de chanter des chansons dissolues, en copiant les gestes des histrions [5]. Pour le repas de Tigellin, sur l'étang d'Agrippa, on avait bâti des maisons au bord du lac, où les plus illustres Romaines étaient placées vis-à-vis de courtisanes toutes nues.

A l'entrée de la nuit tout fut illuminé [6], afin que les débauches eussent un sens de plus et un voile de moins.

La mort faisait une partie essentielle de ces divertissements antiques. Elle était là pour contraste et pour rehaussement des plaisirs de la vie. Afin d'égayer le repas, on faisait venir des gladiateurs avec des courtisanes et des joueurs de flûte. En sortant des bras d'une infâme, on allait voir une bête féroce boire du sang humain : de la vue d'une prostitution on passait au spectacle des convulsions d'un homme expirant. Quel peuple que celui-là, qui avait placé l'opprobre à la naissance et à la mort, et élevé sur un théâtre les deux grands mystères de la nature pour déshonorer d'un seul coup tout l'ouvrage de Dieu!

Les esclaves qui travaillaient à la terre avaient constamment les fers aux pieds : pour toute nourriture on leur donnait un peu de pain, d'eau et de sel; la nuit on les renfermait dans des souterrains qui ne recevaient d'air que par une lucarne pratiquée à la voûte de ces cachots. Il y avait une loi qui défendait de tuer les lions d'Afrique, réservés pour les spectacles de Rome. Un paysan qui eût disputé sa vie contre un de ces animaux eût été sévèrement puni [7]. Quand un malheureux périssait dans l'arène déchiré par une panthère ou percé par les bois d'un cerf, certains malades couraient se baigner dans son sang et le recevoir sur leurs lèvres avides [8]. Caligula souhaitait que le peuple romain n'eût qu'une seule tête, pour l'abattre d'un seul coup [9]. Ce même empereur, en attendant les jeux du Cirque, nourrissait les lions de chair humaine; et Néron fut sur le point de faire manger des hommes tout vivants à un Égyptien connu par sa voracité [10]. Titus, pour célébrer la fête de son père Ves-

---

[1] Dion., lib. LXXVI, pag. 1274. — [2] *De Benefic.*, III, 16. — [3] Tacit., *Ann.* XV, 37. — [4] Dion, lib. XXIX, p. 1363; *Hist. Aug.*, p. 10. — [5] Tacit., *Ann.*, XIV, 15. — [6] *Id. ibid.*, XV, 37. — [7] *Cod. Theod.*, tom. VI, p. 92. — [8] Tert., *Apologet.* — [9] Suet., *in Vit.*, — [10] *Id., in Calig. et Ner.*

pasien, donna trois mille Juifs à dévorer aux bêtes [1]. On conseillait à Tibère de faire mourir un de ses anciens amis qui languissait en prison : « Je ne me suis pas réconcilié avec lui, » répondit le tyran par un mot qui respire tout le génie de Rome.

C'était une chose assez ordinaire qu'on égorgeât cinq mille, six mille, dix mille, vingt mille personnes de tout rang, de tout sexe, et de tout âge sur un soupçon de l'empereur [2] ; et les parents des victimes ornaient leurs maisons de feuillages, baisaient les mains du *dieu*, et assistaient à ses fêtes. La fille de Séjan, âgée de neuf ans, qui disait qu'*elle ne le ferait plus* et qui demandait qu'*on lui donnât le fouet* [3] lorsqu'on la conduisait en prison, fut violée par le bourreau avant d'être étranglée par lui : tant ces vertueux Romains avaient de respect pour les *lois!* On vit sous Claude (et Tacite le rapporte comme un beau spectacle [4]) dix-neuf mille hommes s'égorger sur le lac Fucin pour l'amusement de la populace romaine : avant d'en venir aux mains, les combattants saluèrent l'empereur : *Ave, imperator ; morituri te salutant!* « César, ceux qui vont mourir te saluent! » Mot aussi lâche qu'il est touchant.

C'est l'extinction absolue du sens moral qui donnait aux Romains cette facilité de mourir qu'on a si follement admirée. Les suicides sont toujours communs chez les peuples corrompus. L'homme réduit à l'instinct de la brute meurt indifféremment comme elle. Nous ne parlerons point des autres vices des Romains, de l'infanticide autorisé par une loi de Romulus, et confirmé par celle des Douze Tables ; de l'avarice sordide de ce peuple fameux. Scaptius avait prêté quelques fonds au sénat de Salamine. Le sénat n'ayant pu le rembourser au terme fixé, Scaptius le tint si longtemps assiégé par des cavaliers, que plusieurs sénateurs moururent de faim. Le stoïque Brutus, ayant quelque affaire commune avec ce concussionnaire, s'intéresse pour lui auprès de Cicéron, qui ne peut s'empêcher d'en être indigné [5].

Si donc les Romains tombèrent dans la servitude, ils ne durent s'en prendre qu'à leurs mœurs. C'est la bassesse qui produit d'abord la tyrannie ; et, par une juste réaction, la tyrannie prolonge ensuite la bassesse. Ne nous plaignons plus de l'état actuel de la société ; le peuple moderne le plus corrompu est un peuple de sages auprès des nations païennes.

Quand on supposerait un instant que l'ordre politique des anciens fût plus beau que le nôtre, leur ordre moral n'approcha jamais de celui que le christianisme a fait naître parmi nous. Et comme enfin la morale est en dernier lieu la base de toute institution sociale, jamais nous n'arriverons à la dépravation de l'antiquité, tandis que nous serons chrétiens.

Lorsque les liens politiques furent brisés à Rome et dans la Grèce, quel frein resta-t-il aux hommes? Le culte de tant de divinités infâmes pouvait-il maintenir des mœurs que les lois ne soutenaient plus? Loin de remédier à la cor-

---

[1] Joseph., *de Bell. Jud.*, lib. vii. — [2] Tacit., *Ann.*, lib. xv ; Dion., lib. lxvii ; p. 1290 ; Hérod., lib. iv, pag. 150. — [3] Tacit., *Ann.*, lib. v, 9. — [4] *Id. ibid*, lib. xii, 56. — [5] L'intérêt de la somme était de quatre pour cent par mois. (*Vid.* Cicer., *Epist. ad Att.*, lib. vi, epist. ii.)

ruption, il en devint un des agents les plus puissants. Par un excès de misère qui fait frémir, l'idée de l'existence des dieux, qui nourrit la vertu chez les hommes, entretenait les vices parmi les païens, et semblait éterniser le crime en lui donnant un principe d'éternelle durée.

Des traditions nous sont restées de la méchanceté des hommes, et des catastrophes terribles qui n'ont jamais manqué de suivre la corruption des mœurs. Ne serait-il pas possible que Dieu eût combiné l'ordre physique et moral de l'univers de manière qu'un bouleversement dans le dernier entraînât des changements nécessaires dans l'autre, et que les grands crimes amenassent naturellement les grandes révolutions? La pensée agit sur le corps d'une manière inexplicable; l'homme est peut-être la pensée du grand corps de l'univers. Cela simplifierait beaucoup la nature et agrandirait prodigieusement la sphère de l'homme; ce serait aussi une clef pour l'explication des miracles, qui rentreraient dans le cours ordinaire des choses. Que les déluges, les embrasements, le renversement des États, eussent leurs causes secrètes dans les vices de l'homme, que le crime et le châtiment fussent les deux poids moteurs placés dans les deux bassins de la balance morale et physique du monde, la correspondance serait belle, et ne ferait qu'un tout d'une création qui semble double au premier coup d'œil.

Il se peut donc faire que la corruption de l'empire romain ait attiré du fond de leurs déserts les Barbares qui, sans connaître la mission qu'ils avaient de détruire, s'étaient appelés par instinct *le fléau de Dieu* (59). Que fût devenu le monde si la grande arche du christianisme n'eût sauvé les restes du genre humain de ce nouveau déluge? Quelle chance restait-il à la postérité? où les lumières se fussent-elles conservées?

Les prêtres du polythéisme ne formaient point un corps d'hommes lettrés, hors en Perse et en Égypte; mais les mages et les prêtres égyptiens, qui d'ailleurs ne communiquaient point leurs sciences au vulgaire, n'existaient déjà plus en corps lors de l'invasion des Barbares. Quant aux sectes philosophiques d'Athènes et d'Alexandrie, elles se renfermaient presque entièrement dans ces deux villes, et consistaient tout au plus en quelques centaines de rhéteurs qui eussent été égorgés avec le reste des citoyens.

Point d'esprit de prosélytisme chez les anciens; aucune ardeur pour enseigner; point de retraite au désert pour y vivre avec Dieu et pour y sauver les sciences. Quel pontife de Jupiter eût marché au-devant d'Attila pour l'arrêter? Quel lévite eût persuadé à un Alaric de retirer ses troupes de Rome? Les Barbares qui entraient dans l'empire étaient déjà à demi chrétiens; mais voyons-les marcher sous la bannière sanglante du dieu de la Scandinavie ou des Tartares, ne rencontrant sur leur route ni une force d'opinion religieuse qui les oblige à respecter quelque chose, ni un fonds de mœurs qui commence à se renouveler chez les Romains par le christianisme : n'en doutons point, ils eussent tout détruit. Ce fut même le projet d'Alaric : « Je sens en moi, disait ce roi barbare, quelque chose qui me porte à brûler Rome. » C'est un homme monté sur des ruines et qui paraît gigantesque.

Des différents peuples qui envahirent l'empire, les Goths semblent avoir eu le génie le moins dévastateur. Théodoric, vainqueur d'Odoacre, fut un grand prince; mais il était chrétien; mais Boëce, son premier ministre, était un homme de lettres chrétien ; cela trompe toutes les conjectures. Qu'eussent fait des Goths *idolâtres?* Ils auraient sans doute tout renversé comme les autres Barbares. D'ailleurs ils se corrompirent très-vite, et si, au lieu de vénérer Jésus-Christ, ils s'étaient mis à adorer Priape, Vénus et Bacchus, quel effroyable mélange ne fût-il point résulté de la religion sanglante d'Odin et des fables dissolues de la Grèce?

Le polythéisme était si peu propre à conserver quelque chose, qu'il tombait lui-même en ruine de toutes parts, et que Maximin voulut lui faire prendre les formes chrétiennes pour le soutenir. Ce César établit dans chaque province un lévite qui correspondait à l'évêque, un grand-prêtre qui représentait le métropolitain [1]. Julien fonda des couvents de païens, et fit prêcher les ministres de Baal dans leurs temples. Cet échafaudage, imité du christianisme, se brisa bientôt, parce qu'il n'était pas soutenu par un esprit de vertu, et ne s'appuyait pas sur les mœurs.

La seule classe des vaincus respectée par les Barbares fut celle des prêtres et des religieux. Les monastères devinrent autant de foyers où le feu sacré des arts se conserva avec la langue grecque et la langue latine. Les premiers citoyens de Rome et d'Athènes, s'étant réfugiés dans le sacerdoce chrétien, évitèrent ainsi la mort ou l'esclavage auquel ils eussent été condamnés avec le reste du peuple.

On peut juger de l'abîme où nous serions plongés aujourd'hui, si les Barbares avaient surpris le monde sous le polythéisme, par l'état actuel des nations où le christianisme s'est éteint. Nous serions tous des esclaves turcs, ou quelque chose de pis encore ; car le mahométisme a du moins un fond de morale qu'il tient de la religion chrétienne, dont il n'est, après tout, qu'une secte très-éloignée. Mais, de même que le premier Ismaël fut ennemi de l'antique Jacob, le second est le persécuteur de la nouvelle.

Il est donc très-probable que sans le christianisme le naufrage de la société et des lumières eût été total. On ne peut calculer combien de siècles eussent été nécessaires au genre humain pour sortir de l'ignorance et de la barbarie corrompue dans lesquelles il se fût trouvé enseveli. Il ne fallait rien moins qu'un corps immense de solitaires répandus dans les trois parties du globe, et travaillant de concert à la même fin, pour conserver ces étincelles qui ont rallumé chez les modernes le flambeau des sciences. Encore une fois, aucun ordre politique, philosophique ou religieux du paganisme n'eût pu rendre ce service inappréciable, au défaut de la religion chrétienne. Les écrits des anciens, se trouvant dispersés dans les monastères, échappèrent en partie aux ravages des Goths. Enfin, le polythéisme n'était point, comme le christianisme, une espèce de religion *lettrée,* si nous osons nous exprimer ainsi, parce qu'il ne joignait point, comme lui, la métaphysique et la morale aux dogmes religieux. La nécessité où les prêtres chrétiens se trouvèrent de publier eux-mêmes des livres, soit

---

[1] Eus., lib. VIII, cap. XIV; lib. IX, cap. II-VIII.

pour propager la foi, soit pour combattre l'hérésie, a puissamment servi à la conservation et à la renaissance des lumières.

Dans toutes les hypothèses imaginables, on trouve toujours que l'Évangile a prévenu la destruction de la société; car, en supposant qu'il n'eût point paru sur la terre, et que, d'un autre côté, les Barbares fussent demeurés dans leurs forêts, le monde romain, pourrissant dans ses mœurs, était menacé d'une dissolution épouvantable.

Les esclaves se fussent-ils soulevés? Mais ils étaient aussi pervers que leurs maîtres; ils partageaient les mêmes plaisirs et la même honte; ils avaient la même religion, et cette religion passionnée détruisait toute espérance de changement dans les principes moraux. Les lumières n'avançaient plus, elles reculaient; les arts tombaient en décadence. La philosophie ne servait qu'à répandre une sorte d'impiété qui, sans conduire à la destruction des idoles, produisait les crimes et les malheurs de l'athéisme dans les grands en laissant aux petits ceux de la superstition. Le genre humain avait-il fait des progrès parce que Néron ne croyait plus aux dieux du Capitole[1], et qu'il souillait par mépris les statues des dieux?

Tacite prétend qu'il y avait encore des mœurs au fond des provinces[2]; mais ces provinces commençaient à devenir chrétiennes[3], et nous raisonnons dans la supposition que le christianisme n'eût pas été connu, et que les Barbares ne fussent pas sortis de leurs déserts. Quant aux armées romaines, qui vraisemblablement auraient démembré l'empire, les soldats en étaient aussi corrompus que le reste des citoyens, et l'eussent été bien davantage s'ils n'avaient été recrutés par les Goths et les Germains. Tout ce que l'on peut conjecturer, c'est qu'après de longues guerres civiles, et un soulèvement général qui eût duré plusieurs siècles, la race humaine se fût trouvée réduite à quelques hommes errants sur des ruines. Mais que d'années n'eût-il point fallu à ce nouvel arbre des peuples pour étendre ses rameaux sur tant de débris! Combien de temps les sciences, oubliées ou perdues, n'eussent-elles point mis à renaître, et dans quel état d'enfance la société ne serait-elle point encore aujourd'hui!

De même que le christianisme a sauvé la société d'une destruction totale, en convertissant les Barbares et en recueillant les débris de la civilisation et des arts, de même il eût sauvé le monde romain de sa propre corruption, si ce monde n'eût point succombé sous des armes étrangères : une religion seule peut renouveler un peuple dans ses sources. Déjà celle du Christ rétablissait toutes les bases morales. Les anciens admettaient l'infanticide et la dissolution du lien du mariage, qui n'est, en effet, que le premier lien social; leur probité et leur justice étaient relatives à la patrie : elles ne passaient pas les limites de leurs pays. Les peuples en corps avaient d'autres principes que le citoyen en

---

[1] TACIT., *Ann.*, lib. XIV; SUET. *in Ner. Religionum usquequaque contemptor, præter unius deæ Syriæ. Hanc mox ita sprevit, ut urina contaminaret.* — [2] TACIT., *Ann.*, lib. XVI, 5. — [3] DIONYS. et IGNAT., *Epist. ap. Eus.*, IV, 23; CHRYS., *Op.* tom. VII, p. 658 et 810, edit. Savil.; PLIN., epist. X; LUCIAN., *in Alexandro*, cap. XXV. Pline, dans sa fameuse lettre ici citée, se plaint que les temples sont déserts, et qu'on ne trouve plus d'acheteurs pour les victimes sacrées, etc.

particulier. La pudeur et l'humanité n'étaient pas mises au rang des vertus. La classe la plus nombreuse était esclave; les sociétés flottaient éternellement entre l'anarchie populaire et le despotisme : voilà les maux auxquels le christianisme apportait un remède certain, comme il l'a prouvé en délivrant de ces maux les sociétés modernes. L'excès même des premières austérités des chrétiens était nécessaire; il fallait qu'il y eût des martyrs de la chasteté, quand il y avait des prostitutions publiques; des pénitents couverts de cendre et de cilice, quand la loi autorisait les plus grands crimes contre les mœurs; des héros de la charité, quand il y avait des monstres de barbarie; enfin, pour arracher tout un peuple corrompu aux vils combats du cirque et de l'arène, il fallait que la religion eût, pour ainsi dire, ses athlètes et ses spectacles dans les déserts de la Thébaïde.

Jésus-Christ peut donc en toute vérité être appelé, dans le sens matériel, le *Sauveur du monde*, comme il l'est dans le sens spirituel. Son passage sur la terre est, humainement parlant, le plus grand événement qui soit jamais arrivé chez les hommes, puisque c'est à partir de la prédication de l'Évangile que la face du monde a été renouvelée. Le moment de la venue du Fils de l'Homme est bien remarquable : un peu plus tôt sa morale n'était pas absolument nécessaire; les peuples se soutenaient encore par leurs anciennes lois; un peu plus tard, ce divin Messie n'eût paru qu'après le naufrage de la société.

Nous nous piquons de philosophie dans ce siècle; mais certes, la légèreté avec laquelle nous traitons les institutions chrétiennes n'est rien moins que philosophique. L'Évangile, sous tous les rapports, a changé les hommes; il leur a fait faire un pas immense vers la perfection. Considérez-le comme une grande institution religieuse en qui la race humaine a été régénérée, alors toutes les petites objections, toutes les chicanes de l'impiété disparaissent. Il est certain que les nations païennes étaient dans une espèce d'enfance morale, par rapport à ce que nous sommes aujourd'hui : de beaux traits de justice échappés à quelques peuples anciens ne détruisent pas cette vérité et n'altèrent pas le fond des choses. Le christianisme nous a indubitablement apporté de nouvelles lumières : c'est le culte qui convient à un peuple mûri par le temps; c'est, si nous osons parler ainsi, la religion naturelle à l'âge présent du monde, comme le règne des figures convenait au berceau d'Israël. Au ciel elle n'a placé qu'un Dieu; sur la terre elle a aboli l'esclavage. D'une autre part, si vous regardez ses mystères, ainsi que nous l'avons fait, comme l'archétype des lois de la nature, il n'y aura en cela rien d'affligeant pour un grand esprit : les vérités du christianisme, loin de demander la soumission de la raison, en réclament au contraire l'exercice le plus sublime.

Cette remarque est si juste, la religion chrétienne, qu'on a voulu faire passer pour la religion des Barbares, est si bien le culte des philosophes, qu'on peut dire que Platon l'avait presque devinée. Non-seulement la morale, mais encore la doctrine du disciple de Socrate, a des rapports frappants avec celle de l'Évangile. Dacier la résume ainsi :

« Platon prouve que le Verbe a arrangé et rendu visible cet univers; que la connaissance de ce Verbe fait mener ici-bas une vie heureuse, et procure la félicité après la mort;

« Que l'âme est immortelle; que les morts ressusciteront: qu'il y aura un dernier jugement des bons et des méchants, où l'on ne paraîtra qu'avec ses vertus ou ses vices, qui seront la cause du bonheur ou du malheur éternel.

« Enfin, ajoute le savant traducteur, Platon avait une idée si grande et si vraie de la souveraine justice, et il connaissait si parfaitement la corruption des hommes, qu'il a fait voir que, si un homme souverainement juste venait sur la terre, il trouverait tant d'opposition dans le monde qu'il serait mis en prison, bafoué, fouetté, et enfin CRUCIFIÉ par ceux qui, étant pleins d'injustice, passeraient cependant pour justes [1]. »

Les détracteurs du christianisme sont dans une position dont il leur est difficile de ne pas reconnaître la fausseté : s'ils prétendent que la religion du Christ est un culte formé par des Goths et des Vandales, on leur prouve aisément que les écoles de la Grèce ont eu des notions assez distinctes des dogmes chrétiens ; s'ils soutiennent, au contraire, que la doctrine évangélique n'est que la doctrine *philosophique* des anciens, pourquoi donc ces philosophes la rejettent-ils ? Ceux même qui ne voient dans le christianisme que d'antiques allégories du ciel, des planètes, des signes, etc., ne détruisent pas la grandeur de cette religion : il en résulterait toujours qu'elle serait profonde et magnifique dans ses mystères, antique et sacrée dans ses traditions, lesquelles, par cette nouvelle route, iraient encore se perdre au berceau du monde. Chose étrange, sans doute, que toutes les interprétations de l'incrédulité ne puissent parvenir à donner quelque chose de petit ou de médiocre au christianisme !

Quant à la morale évangélique, tout le monde convient de sa beauté; plus elle sera connue et pratiquée, plus les hommes seront éclairés sur leur bonheur et leurs véritables intérêts. La science politique est extrêmement bornée : le dernier degré de perfection où elle puisse atteindre est le système représentatif, né, comme nous l'avons montré, du christianisme; mais une *religion* dont les préceptes sont un code de morale et de vertu est une institution qui peut suppléer à tout, et devenir, entre les mains des saints et des sages, un moyen universel de félicité. Peut-être un jour les diverses formes de gouvernement, hors le despotisme, paraîtront-elles indifférentes, et l'on s'en tiendra aux simples lois morales et religieuses, qui sont le fond permanent des sociétés et le véritable gouvernement des hommes.

Ceux qui raisonnent sur l'antiquité, et qui voudraient nous ramener à ses institutions, oublient toujours que l'ordre social n'est plus ni ne peut être le même. Au défaut d'une grande puissance morale, une grande force coercitive est du moins nécessaire parmi les hommes. Dans les républiques de l'antiquité, la foule, comme on le sait, était esclave ; l'homme qui laboure la terre appartenait à un autre homme : il y avait des *peuples*, il n'y avait point de *nations*.

Le polythéisme, religion imparfaite de toutes les manières, pouvait donc convenir à cet état imparfait de la société, parce que chaque maître était une espèce de magistrat absolu, dont le despotisme terrible contenait l'esclave dans le devoir, et suppléait par des fers à ce qui manquait à la force morale reli-

---

[1] DACIER, *Discours sur Platon*, pag. 22.

gieuse : le paganisme, n'ayant pas assez d'excellence pour rendre le pauvre vertueux, était obligé de le laisser traiter comme un malfaiteur.

Mais dans l'ordre présent des choses, pourrez-vous réprimer une masse énorme de paysans libres et éloignés de l'œil du magistrat; pourrez-vous, dans les faubourgs d'une grande capitale, prévenir les crimes d'une populace indépendante, sans une religion qui prêche les devoirs et la vertu à toutes les conditions de la vie? Détruisez le culte évangélique, et il vous faudra dans chaque village une police, des prisons et des bourreaux. Si jamais, par un retour inouï, les autels des dieux passionnés du paganisme se relevaient chez les peuples modernes; si dans un ordre de société où la servitude est abolie on allait a dorer *Mercure le voleur* et *Vénus la prostituée*, c'en serait fait du genre humain.

Et c'est ici la grande erreur de ceux qui louent le polythéisme d'avoir séparé les forces morales des forces religieuses, et qui blâment en même temps le christianisme d'avoir suivi un système opposé. Ils ne s'aperçoivent pas que le paganisme s'adressait à un immense troupeau d'esclaves, que par conséquent il devait craindre d'éclairer la race humaine, qu'il devait tout donner aux sens, et ne rien faire pour l'éducation de l'âme : le christianisme, au contraire, qui voulait détruire la servitude, dut révéler aux hommes la dignité de leur nature, et leur enseigner les dogmes de la raison et de la vertu. On peut dire que le culte évangélique est le culte d'un peuple libre, par cela seul qu'il unit la morale à la religion.

Il est temps enfin de s'effrayer sur l'état où nous avons vécu depuis quelques années. Qu'on songe à la race qui s'élève dans nos villes et dans nos campagnes, à tous ces enfants qui, nés pendant la révolution, n'ont jamais entendu parler ni de Dieu, ni de l'immortalité de leur âme, ni des peines ou des récompenses qui les attendent dans une autre vie; qu'on songe à ce que peut devenir une pareille génération, si l'on ne se hâte d'appliquer le remède sur la plaie: déjà se manifestent les symptômes les plus alarmants, et l'âge de l'innocence a été souillé de plusieurs crimes [1]. Que la philosophie qui ne peut, après tout, pénétrer chez le pauvre, se contente d'habiter les salons du riche, et qu'elle laisse au moins les chaumières à la religion; ou plutôt que, mieux dirigée et plus digne de son nom, elle fasse tomber elle-même les barrières qu'elle avait voulu élever entre l'homme et son créateur.

Appuyons nos dernières conclusions sur des autorités qui ne seront pas suspectes à la philosophie.

« Un peu de philosophie, dit Bacon, éloigne de la religion, et beaucoup de philosophie y ramène; personne ne nie qu'il y ait un Dieu, si ce n'est celui à qui il importe qu'il n'y en ait point. »

Selon Montesquieu, « dire que la religion n'est pas un motif réprimant, parce qu'elle ne réprime pas toujours, c'est dire que les lois civiles ne sont pas un motif réprimant non plus... La question n'est pas de savoir s'il vaudrait mieux

---

[1] Les papiers publics retentissent des crimes commis par de petits malheureux de onze ou douze ans. Il faut que le danger soit bien grave, puisque les paysans eux-mêmes se plaignent des vices de leurs enfants.

qu'un certain homme ou qu'un certain peuple n'eût point de religion, que d'abuser de celle qu'il a; mais de savoir quel est le moindre mal, que l'on abuse quelquefois de la religion, ou qu'il n'y en ait point du tout parmi les hommes [1]. »

« L'histoire de Sabaccon, » dit l'homme célèbre que nous continuons de citer, « est admirable. Le dieu de Thèbes lui apparut en songe, et lui ordonna de faire mourir tous les prêtres de l'Égypte; il jugea que les dieux n'avaient plus pour agréable qu'il régnât, puisqu'ils lui ordonnaient des choses si contraires à leur volonté ordinaire; et il se retira en Éthiopie [2]. »

« Enfin, s'écrie J.-J. Rousseau, fuyez ceux qui, sous prétexte d'expliquer la nature, sèment dans le cœur des hommes de désolantes doctrines, et dont le scepticisme apparent est cent fois plus affirmatif et plus dogmatique que le ton décidé de leurs adversaires. Sous le hautain prétexte qu'eux seuls sont éclairés, vrais, de bonne foi, ils nous soumettent impérieusement à leurs décisions tranchantes, et prétendent nous donner, pour les vrais principes des choses, les inintelligibles systèmes qu'ils ont bâtis dans leur imagination. Du reste, renversant, détruisant, foulant aux pieds tout ce que les hommes respectent, ils ôtent aux affligés la dernière consolation de leur misère, aux puissants et aux riches le seul frein de leurs passions; ils arrachent au fond des cœurs le remords du crime, l'espoir de la vertu, et se vantent encore d'être les bienfaiteurs du genre humain. Jamais, disent-ils, la vérité n'est nuisible aux hommes : je le crois comme eux, et c'est, à mon avis, une grande preuve que ce qu'ils enseignent n'est pas la vérité.

« Un des sophismes les plus familiers au parti philosophiste est d'opposer un peuple supposé de bons philosophes à un peuple de mauvais chrétiens : comme si un peuple de vrais philosophes était plus facile à faire qu'un peuple de vrais chrétiens. Je ne sais si, parmi les individus, l'un est plus facile à trouver que l'autre; mais je sais bien que, dès qu'il est question du peuple, il en faut supposer qui abuseront de la philosophie sans religion, comme les nôtres abusent de la religion sans philosophie; et cela me paraît changer beaucoup l'état de la question.

« D'ailleurs, il est aisé d'étaler de belles maximes dans des livres; mais la question est de savoir si elles tiennent bien à la doctrine, si elles en découlent nécessairement; et c'est ce qui n'a point paru jusqu'ici. Reste à savoir encore si la philosophie, à son aise et sur le trône, commanderait bien à la gloriole, à l'intérêt, à l'ambition, aux petites passions de l'homme, et *si elle pratiquerait cette humanité si douce qu'elle nous vante la plume à la main.*

« PAR LES PRINCIPES, LA PHILOSOPHIE NE PEUT FAIRE AUCUN BIEN QUE LA RELIGION NE LE FASSE ENCORE MIEUX ; ET LA RELIGION EN FAIT BEAUCOUP QUE LA PHILOSOPHIE NE SAURAIT FAIRE.

« Nos gouvernements modernes doivent incontestablement au christianisme leur plus solide autorité, et leurs révolutions moins fréquentes : il les a rendus

---

[1] MONTESQUIEU, *Esprit des lois,* liv. XXIV, chap. II — [2] *Id., ibid.,* chap. IV.

eux-mêmes moins sanguinaires ; cela se prouve par le fait, en les comparant aux gouvernements anciens. La religion, mieux connue, écartant le fanatisme, a donné plus de douceur aux mœurs chrétiennes. *Ce changement n'est point l'ouvrage des lettres;* car, partout où elles ont brillé, l'humanité n'en a pas été plus respectée : les cruautés des Athéniens, des Égyptiens, des empereurs de Rome, des Chinois, en font foi. Que d'œuvres de miséricorde sont l'ouvrage de l'Évangile ! »

Pour nous, nous sommes convaincus que le christianisme sortira triomphant de l'épreuve terrible qui vient de le purifier; ce qui nous le persuade, c'est qu'il soutient parfaitement l'examen de la raison, et que, plus on le sonde, plus on y trouve de profondeur. Ses mystères expliquent l'homme et la nature ; ses œuvres appuient ses préceptes : sa charité, sous mille formes, a remplacé la cruauté des anciens ; il n'a rien perdu des pompes antiques, et son culte satisfait davantage le cœur et la pensée ; nous lui devons tout, lettres, sciences, agriculture, beaux-arts ; il joint la morale à la religion et l'homme à Dieu : Jésus-Christ, sauveur de l'homme moral, l'est encore de l'homme physique; il est arrivé comme un grand événement heureux pour contrebalancer le déluge des Barbares et la corruption générale des mœurs. Quand on nierait même au christianisme ses preuves surnaturelles, il resterait encore dans la sublimité de sa morale, dans l'immensité de ses bienfaits, dans la beauté de ses pompes, de quoi prouver suffisamment qu'il est le culte le plus divin et le plus pur que jamais les hommes aient pratiqué.

« A ceux qui ont de la répugnance pour la religion, dit Pascal, il faut commencer par leur montrer qu'elle n'est point contraire à la raison ; ensuite qu'elle est vénérable et en donner respect; après, la rendre aimable et faire souhaiter qu'elle fût vraie ; et puis montrer par des preuves incontestables qu'elle est vraie; faire voir son antiquité et sa sainteté par sa grandeur et son élévation. »

Telle est la route que ce grand homme a tracée, et que nous avons essayé de suivre. Nous n'avons pas employé les arguments ordinaires des apologistes du christianisme, mais un autre enchaînement de preuves nous amène toutefois à la même conclusion : elle sera le résultat de cet ouvrage :

Le christianisme est parfait : les hommes sont imparfaits.

Or, une conséquence parfaite ne peut sortir d'un principe imparfait.

Le christianisme n'est donc pas venu des hommes.

S'il n'est pas venu des hommes, il ne peut être venu que de Dieu.

S'il est venu de Dieu, les hommes n'ont pu le connaître que par révélation.

Donc le christianisme est une religion révélée.

FIN DE LA QUATRIÈME ET DERNIÈRE PARTIE.

DÉFENSE DU GÉNIE DU CHRISTIANISME,

PAR L'AUTEUR [1].

Il n'y a peut-être qu'une réponse noble pour un auteur attaqué, le silence : c'est le plus sûr moyen de s'honorer dans l'opinion publique.

Si un livre est bon, la critique tombe ; s'il est mauvais, l'apologie ne le justifie pas.

Convaincu de ces vérités, l'auteur du *Génie du Christianisme* s'était promis de ne jamais répondre aux critiques : jusqu'à présent il avait tenu sa résolution.

Il a supporté sans orgueil et sans découragement les éloges et les insultes : les premiers sont souvent prodigués à la médiocrité, les secondes au mérite.

Il a vu avec indifférence certains critiques passer de l'injure à la calomnie, soit qu'ils aient pris le silence de l'auteur pour du mépris, soit qu'ils n'aient pu lui pardonner l'offense qu'ils lui avaient faite en vain.

Les honnêtes gens vont donc demander pourquoi l'auteur rompt le silence, pourquoi il s'écarte de la règle qu'il s'était prescrite ?

Parce qu'il est visible que, sous prétexte d'attaquer l'auteur, on veut maintenant anéantir le peu de bien qu'a pu faire l'ouvrage.

Parce que ce n'est ni sa personne, ni ses talents vrais ou supposés, que l'auteur va défendre, mais le livre lui-même ; et ce livre, il ne le défendra pas comme ouvrage *littéraire*, mais comme ouvrage *religieux*.

Le *Génie du Christianisme* a été reçu du public avec quelque indulgence. A ce symptôme d'un changement dans l'opinion, l'esprit de sophisme s'est alarmé ; il a cru voir s'approcher le terme de sa trop longue faveur. Il a eu recours à toutes les armes ; il a pris tous les déguisements, jusqu'à se couvrir du manteau de la religion pour frapper un livre écrit en faveur de cette religion même.

Il n'est donc plus permis à l'auteur de se taire. Le même esprit qui lui a inspiré son livre le force aujourd'hui à le défendre. Il est assez clair que les critiques dont il est question dans cette défense n'ont pas été de bonne foi dans leur censure : ils ont feint de se méprendre sur le but de l'ouvrage ; ils ont crié à la profanation ; ils se sont donné garde de voir que l'auteur ne parlait de la grandeur, de la beauté, de la poésie même du christianisme, que parce qu'on ne parlait, depuis cinquante ans, que de la petitesse, du ridicule et de la barbarie de cette religion. Quand il aura développé les raisons qui lui ont fait entreprendre son ouvrage, quand il aura désigné l'espèce de lecteurs à qui cet ouvrage est particulièrement adressé, il espère qu'on cessera de méconnaître ses intentions et l'objet de son travail.

L'auteur ne croit pas pouvoir donner une plus grande preuve de son dévoue-

---

[1] On sent bien que les critiques dont il est question dans la *Défense* ne sont pas *ceux* qui ont mis de la décence ou de la bonne foi dans leurs censures ; à ceux-là je ne dois que des remerciments.

ment à la cause qu'il a défendue qu'en répondant aujourd'hui à des critiques, malgré la répugnance qu'il s'est toujours sentie pour ces controverses.

Il va considérer le *sujet*, le *plan* et les *détails* du *Génie du Christianisme*.

SUJET DE L'OUVRAGE.

On a d'abord demandé si l'auteur avait le droit de faire cet ouvrage.

Cette question est sérieuse ou dérisoire. Si elle est sérieuse, le critique ne se montre pas fort instruit de son sujet.

Qui ne sait que, dans les temps difficiles, tout chrétien est prêtre et confesseur de Jésus-Christ[1]? La plupart des apologies de la religion chrétienne ont été écrites par des laïques. Aristide, saint Justin, Minucius Félix, Arnobe et Lactance étaient-ils prêtres! Il est probable que saint Prosper ne fut jamais engagé dans l'état ecclésiastique ; cependant il défendit la foi contre les erreurs des semi-pélagiens : l'Église cite tous les jours ses ouvrages à l'appui de sa doctrine. Quand Nestorius débita son hérésie, il fut combattu par Eusèbe, depuis évêque de Dorylée, mais qui n'était alors qu'un simple avocat. Origène n'avait point encore reçu les ordres lorsqu'il expliqua l'Écriture dans la Palestine, à la sollicitation même des prélats de cette province. Démétrius, évêque d'Alexandrie, qui était jaloux d'Origène, se plaignit de ces discours comme d'une nouveauté. Alexandre, évêque de Jérusalem, et Théoctiste de Césarée, répondirent « que c'était une coutume ancienne et générale dans l'Église de voir des évêques se servir indifféremment de ceux qui avaient de la piété et quelque talent pour la parole. » Tous les siècles offrent les mêmes exemples. Quand Pascal entreprit sa sublime apologie du christianisme; quand La Bruyère écrivit si éloquemment contre les *esprits forts;* quand Leibnitz défendit les principaux dogmes de la foi; quand Newton donna son explication d'un livre saint; quand Montesquieu fit ses beaux chapitres de l'*Esprit des Lois* en faveur du culte évangélique, a-t-on demandé s'ils étaient prêtres? Des poëtes même ont mêlé leur voix à la voix de ces puissants apologistes, et le fils de Racine a défendu en vers harmonieux la religion qui avait inspiré *Athalie* à son père.

Mais si jamais de simples laïques ont dû prendre en main cette cause sacrée, c'est sans doute dans l'espèce d'apologie que l'auteur du *Génie du Christianisme* a embrassée; genre de défense que commandait impérieusement le genre d'attaque, et qui, vu l'esprit des temps, était peut-être le seul dont on pût se promettre quelque succès. En effet, une pareille apologie ne devait être entreprise que par un laïque. Un ecclésiastique n'aurait pu, sans blesser toutes les convenances, considérer la religion dans ses rapports purement humains, et lire, pour les réfuter, tant de satires calomnieuses, de libelles impies et de romans obscènes.

Disons la vérité : les critiques qui ont fait cette objection en connaissaient bien la frivolité; mais ils espéraient s'opposer, par cette voie détournée, aux bons effets qui pouvaient résulter du livre. Ils voulaient faire naître des doutes sur la

---

[1] S. Hieron., *Dial. c. Lucif.*

compétence de l'auteur, afin de diviser l'opinion et d'effrayer des personnes simples qui peuvent se laisser tromper à l'apparente bonne foi d'une critique. Que les consciences timorées se rassurent, ou plutôt qu'elles examinent bien, avant de s'alarmer, si ces censeurs scrupuleux qui accusent l'auteur de *porter la main à l'encensoir*, qui montrent une si grande tendresse, de si vives inquiétudes pour la religion, ne seraient point des hommes connus par leur mépris ou leur indifférence pour elle. Quelle dérision ! *Tales sunt hominum mentes*.

La seconde objection que l'on fait au *Génie du Christianisme* a le même but que la première ; mais elle est plus dangereuse, parce qu'elle tend à confondre toutes les idées, à obscurcir une chose fort claire, et surtout à faire prendre le change au lecteur sur le véritable objet du livre.

Les mêmes critiques, toujours zélés pour la prospérité de la religion, disent :

« On ne doit pas parler de la religion sous les rapports purement humains, ni considérer ses beautés littéraires et poétiques. C'est nuire à la religion même, c'est en ravaler la dignité, c'est toucher au voile du sanctuaire, c'est profaner l'arche sainte, etc. Pourquoi l'auteur ne s'est-il pas contenté d'employer les raisonnements de la théologie? Pourquoi ne s'est-il pas servi de cette logique sévère qui ne met que des idées saines dans la tête des enfants, confirme dans la foi le chrétien, édifie le prêtre, et satisfait le docteur? »

Cette objection est, pour ainsi dire, la seule que fassent les critiques ; elle est la base de toutes leurs censures, soit qu'ils parlent du *sujet*, du *plan* ou des *détails* de l'ouvrage. Ils ne veulent jamais entrer dans l'esprit de l'auteur, en sorte qu'il peut leur dire : « On croirait que le critique a juré de n'être jamais au fait de l'état de la question, et de n'entendre pas un seul des passages qu'il attaque[1]. »

Toute la force de l'argument, quant à la *dernière partie* de l'objection, se réduit à ceci :

« L'auteur a voulu considérer le christianisme dans ses relations avec la poésie, les beaux-arts, l'éloquence, la littérature ; il a voulu montrer en outre tout ce que les hommes doivent à cette religion sous les rapports moraux, civils et politiques. Avec un tel projet, il n'a pas fait un livre de théologie : il n'a pas défendu ce qu'il ne voulait pas défendre ; il ne s'est pas adressé à des lecteurs auxquels il ne voulait pas s'adresser : donc il est coupable *d'avoir fait* précisément ce qu'*il voulait faire*. »

Mais, en supposant que l'auteur ait atteint *son but*, devait-il chercher ce *but ?* Ceci ramène la *première partie* de l'objection, tant de fois répétée, qu'*il ne faut pas envisager la religion sous le rapport de ses simples beautés humaines, morales, poétiques ; c'est en ravaler la dignité*, etc. etc.

L'auteur va tâcher d'éclaircir ce point principal de la question dans les paragraphes suivants.

I. D'abord l'auteur n'*attaque* pas, il *défend* ; il n'a pas *cherché* le but, le but lui a été offert : ceci change d'un seul coup l'état de la question et fait tomber la critique. L'auteur ne vient pas vanter de propos délibéré une religion chérie, admirée et respectée de tous, mais une religion haïe, méprisée et couverte

---

[1] Montesquieu, *Défense de l'Esprit des Lois*.

de ridicule par les sophistes. Il n'y a pas de doute que le *Génie du Christianisme* eût été un ouvrage fort déplacé au siècle de Louis XIV ; et le critique qui observe que Massillon n'eût pas publié une pareille apologie a dit une grande vérité. Certes, l'auteur n'aurait jamais songé à écrire son livre s'il n'eût existé des poëmes, des romans, des livres de toutes les sortes, où le christianisme est exposé à la dérision des lecteurs. Mais, puisque ces poëmes, ces romans existent, il est nécessaire d'arracher la religion aux sarcasmes de l'impiété ; mais puisque on a dit et écrit de toutes parts que le christianisme est *barbare, ridicule, ennemi des arts et du génie*, il est essentiel de prouver qu'il n'est ni barbare, ni ridicule, ni ennemi des arts et du génie, et que ce qui semble petit, ignoble, de mauvais goût, sans charmes et sans tendresse sous la plume du scandale, peut être grand, noble, simple, dramatique et divin sous la plume de l'homme religieux.

II. S'il n'est pas permis de défendre la religion sous le rapport de sa beauté, pour ainsi dire humaine ; si l'on ne doit pas faire ses efforts pour empêcher le ridicule de s'attacher à ses institutions sublimes, il y aura donc toujours un côté de cette religion qui restera à découvert? Là, tous les coups seront portés ; là, vous serez surpris sans défense ; vous périrez par là. N'est-ce pas ce qui a déjà pensé vous arriver? N'est-ce pas avec des grotesques et des plaisanteries que Voltaire est parvenu à ébranler les bases mêmes de la foi? Répondrez-vous par de la théologie et des syllogismes à des contes licencieux et à des folies? Des argumentations en forme empêcheront-elles un monde frivole d'être séduit par des vers piquants, ou écarté des autels par la crainte du ridicule? Ignorez-vous que chez la nation française un bon mot, une impiété d'un tour agréable, *felix culpa*, ont plus de pouvoir que des volumes de raisonnement et de métaphysique? Persuadez à la jeunesse qu'un honnête homme peut être chrétien sans être un sot ; ôtez-lui de l'esprit qu'il n'y a que des capucins et des imbéciles qui puissent croire à la religion, votre cause sera bientôt gagnée : il sera temps alors, pour achever la victoire, de vous présenter avec des raisons théologiques ; mais commencez par vous faire lire. Ce dont vous avez besoin d'abord, c'est d'un ouvrage religieux qui soit pour ainsi dire populaire. Vous voudriez conduire votre malade d'un seul trait au haut d'une montagne escarpée, et il peut à peine marcher! Montrez-lui donc à chaque pas des objets variés et agréables ; permettez-lui de s'arrêter pour cueillir les fleurs qui s'offriront sur sa route, et, de repos en repos, il arrivera au sommet.

III. L'auteur n'a pas écrit seulement son apologie pour les *écoliers*, pour les *chrétiens*, pour les *prêtres*, pour les *docteurs*[1] : il l'a écrite surtout pour les *gens de lettres* et pour le *monde ;* c'est ce qui a été dit plus haut, c'est ce qui est impliqué dans les deux derniers paragraphes. Si l'on ne part point de cette base, que l'on feigne toujours de méconnaître la classe de lecteurs à qui le *Génie du Christianisme* est particulièrement adressé, il est assez clair qu'on ne doit rien

---

[1] Et pourtant ce ne sont ni les vrais chrétiens, ni les docteurs de Sorbonne, mais les *philosophes* (comme nous l'avons déjà dit), qui se montrent si *scrupuleux* sur l'ouvrage ; c'est ce qu'il ne faut pas oublier. (*Note de l'Auteur.*)

comprendre à l'ouvrage. Cet ouvrage a été fait pour être lu de l'homme de lettres le plus incrédule, du jeune homme le plus léger, avec la même facilité que le premier feuillette un livre impie, le second un roman dangereux. Vous voulez donc, s'écrient ces rigoristes si bien intentionnés pour la religion chrétienne, vous voulez donc faire de la religion une chose de mode? Hé! plût à Dieu qu'elle fût à la mode, cette divine religion, dans ce sens que la mode est l'opinion du monde ! Cela favoriserait peut-être, il est vrai, quelques hypocrisies particulières; mais il est certain, d'une autre part, que la morale publique y gagnerait. Le riche ne mettrait plus son amour-propre à corrompre le pauvre, le maître à pervertir le domestique, le père à donner des leçons d'athéisme à ses enfants, la pratique du culte mènerait à la croyance du dogme, et l'on verrait renaître, avec la piété, le siècle des mœurs et des vertus.

IV. Voltaire, en attaquant le christianisme, connaissait trop bien les hommes pour ne pas chercher à s'emparer de cette opinion qu'on appelle l'*opinion du monde;* aussi employa-t-il tous ses talents à faire une espèce de *bon ton* de l'impiété. Il y réussit en rendant la religion ridicule aux yeux des gens frivoles. C'est ce ridicule que l'auteur du *Génie du Christianisme* a cherché à effacer; c'est le but de tout son travail, le but qu'il ne faut jamais perdre de vue si l'on veut juger son ouvrage avec impartialité. Mais l'auteur l'a-t-il effacé, ce ridicule? Ce n'est pas là la question. Il faut demander : A-t-il fait tous ses efforts pour l'effacer? Sachez-lui gré de ce qu'il a entrepris, non de ce qu'il a exécuté. *Permitte divis cætera.* Il ne défend rien de son livre, hors l'idée qui en fait la base. Considérer le christianisme dans ses rapports avec les sociétés humaines; montrer quel changement il a apporté dans la raison et les passions de l'homme, comment il a civilisé les peuples gothiques, comment il a modifié le génie des arts et des lettres, comment il a dirigé l'esprit et les mœurs des nations modernes; en un mot, découvrir tout ce que cette religion a de merveilleux dans ses relations poétiques, morales, politiques, historiques, etc., cela semblera toujours à l'auteur un des plus beaux sujets d'ouvrage que l'on puisse imaginer. Quant à la manière dont il a exécuté son ouvrage, il l'abandonne à la critique.

V. Mais ce n'est pas ici le lieu d'affecter une modestie, toujours suspecte chez les auteurs modernes, qui ne trompe personne. La cause est trop grande, l'intérêt trop pressant, pour ne pas s'élever au-dessus de toutes les considérations de convenance et de respect humain. Or, si l'auteur compte le nombre des suffrages et l'autorité de ces suffrages, il ne peut se persuader qu'il ait tout à fait manqué le but de son livre. Qu'on prenne un tableau impie, qu'on le place auprès d'un tableau religieux composé sur le même sujet, et tiré du *Génie du Christianisme*, on ose avancer que ce dernier tableau, tout imparfait qu'il puisse être, affaiblira le dangereux effet du premier : tant a de force la simple vérité rapprochée du plus brillant mensonge ! Voltaire, par exemple, s'est souvent moqué des religieux; eh bien, mettez auprès de ses burlesques peintures le morceau des Missions, celui où l'on peint les ordres des hospitaliers secourant le voyageur dans les déserts, le chapitre où l'on voit des moines se consacrant aux hôpitaux, assistant les pestiférés dans les bagnes, ou accompagnant le criminel à l'échafaud : quelle ironie ne sera pas désarmée, quel sourire ne se convertira pas en larmes? Répondez aux reproches d'ignorance que l'on fait au culte des chrétiens par les travaux immenses de ces religieux qui ont sauvé les manuscrits de l'antiquité ; répondez aux accusations de mauvais goût et de barbarie, par les ouvrages de Bossuet et de Fénelon ; opposez aux caricatures des saints et des anges les effets sublimes du christianisme dans la partie dramatique de la poésie, dans l'éloquence et les beaux-arts, et dites si l'impression du ridicule pourra longtemps subsister. Quand l'auteur n'aurait fait que mettre à l'aise l'amour-propre des gens du monde, quand il n'aurait eu que le succès de dérouler, sous les yeux d'un siècle incrédule, une série de tableaux religieux, sans dégoûter ce siècle, il croirait encore n'avoir pas été inutile à la cause de la religion.

VI. Pressés par cette vérité, qu'ils ont trop d'esprit pour ne pas sentir, et qui fait peut-être le motif secret de leurs alarmes, les critiques ont recours à un autre subterfuge ; ils disent : « Eh ! qui vous nie que le christianisme, comme toute autre religion, n'ait des beautés poétiques et morales, que ses cérémonies ne soient pompeuses, etc.? » Qui le nie? Vous, vous-mêmes qui naguère encore faisiez des choses saintes l'objet de vos moqueries ; vous qui, ne pouvant plus vous refuser à l'évidence des preuves, n'avez d'autre ressource que de dire que personne n'attaque ce que l'auteur défend. Vous avouez maintenant qu'il y a des choses excellentes dans les institutions monastiques ; vous vous attendrissez sur les moines du Saint-Bernard, sur les missionnaires du Paraguay, sur les filles de la Charité ; vous confessez que les idées religieuses sont nécessaires aux effets dramatiques ; que la morale de l'Évangile, en opposant une barrière aux passions, en a tout à la fois épuré la flamme et redoublé l'énergie ; vous reconnaissez que le christianisme a sauvé les lettres et les arts de l'inondation des Barbares ; que lui seul vous a transmis la langue et les écrits de Rome et de la Grèce ; qu'il a fondé vos colléges, bâti ou embelli vos cités, modéré le despotisme de vos gouvernements, rédigé vos lois civiles, adouci vos lois criminelles, policé et même défriché l'Europe moderne : conveniez-vous de tout cela avant la publication d'un ouvrage, très-imparfait sans doute, mais qui pourtant a rassemblé sous un seul point de vue ces importantes vérités?

VII. On a déjà fait remarquer la tendre sollicitude des critiques pour la pureté de la religion ; on devait donc s'attendre qu'ils se formaliseraient des deux épisodes que l'auteur a introduits dans son livre. Cette délicatesse des critiques rentre dans la grande objection qu'ils ont fait valoir contre tout l'ouvrage, et elle se détruit par la réponse générale, que l'on vient de faire à cette objection. Encore une fois, l'auteur a dû combattre des poëmes et des romans impies, avec des poëmes et des romans pieux ; il s'est couvert des mêmes armes dont il voyait l'ennemi revêtu : c'était une conséquence naturelle et nécessaire du genre d'apologie qu'il avait choisi. Il a cherché à donner l'exemple avec le précepte : dans la partie théorique de son ouvrage, il avait dit que la religion embellit notre existence, corrige les passions sans les éteindre, jette un intérêt singulier sur tous les sujets où elle est employée ; il avait dit que sa doctrine et son culte se mêlent merveilleusement aux émotions du cœur et aux scènes de la nature, qu'elle est enfin la seule ressource dans les grands malheurs de la vie : il ne suffisait pas d'avancer tout cela, il fallait encore le prouver. C'est ce que l'auteur a essayé de faire dans les deux épisodes de son livre. Ces épisodes étaient, en outre, une amorce préparée à l'espèce de lecteurs pour qui l'ouvrage est spécialement écrit. L'auteur avait-il donc si mal connu le cœur humain, lorsqu'il a tendu ce piége innocent aux incrédules? Et n'est-il pas probable que tel lecteur n'eût jamais ouvert le *Génie du Christianisme,* s'il y avait cherché *René* et *Atala* [1]?

> Sa che là corre il mondo, ove più versi
> Delle sue dolcezze il lusinghier Parnaso,
> E che 'l vero, condito in molli versi,
> I più schivi allettando, ha persuaso.

VIII. Tout ce qu'un critique impartial, qui veut entrer dans l'esprit de l'ouvrage, était en droit d'exiger de l'auteur, c'est que les épisodes de cet ouvrage eussent une tendance visible à faire aimer la religion et à en démontrer l'utilité. Or, la nécessité des cloîtres pour certains malheurs de la vie, et ceux-là même qui sont les plus grands; la puissance d'une religion qui peut seule fermer des plaies que tous les baumes de la terre ne sauraient guérir, ne sont-elles pas invinciblement prouvées dans l'histoire de René? L'auteur y combat, en outre, le travers particulier des jeunes gens du siècle, le travers qui mène directement au suicide. C'est J.-J. Rousseau qui introduisit le premier parmi nous ces rêveries si désastreuses et si coupables. En s'isolant des hommes, en s'abandonnant à ses songes, il a fait croire à une foule de jeunes gens qu'il est beau de se jeter ainsi dans le *vague* de la vie. Le roman de *Werther* a développé depuis ce germe de poison. L'auteur du *Génie du Christianisme*, obligé de faire entrer dans le cadre de son apologie quelques tableaux pour l'imagination, a voulu dénoncer cette espèce de vice nouveau, et peindre les funestes conséquences de l'amour outré de la solitude. Les couvents offraient autrefois des retraites à ces âmes contemplatives que la nature appelle impérieusement aux méditations. Elles y trouvaient auprès de Dieu de quoi remplir le vide qu'elles sentent en elles-mêmes, et souvent l'occasion d'exercer de rares et sublimes vertus. Mais, depuis la destruction des monastères et les progrès de l'incrédulité, on doit s'attendre à voir se multiplier au milieu de la société (comme il est arrivé en Angleterre) des espèces de solitaires tout à la fois passionnés et philosophes, qui ne pouvant ni renoncer aux vices du siècle, ni aimer ce siècle, prendront la haine des hommes pour de l'élévation de génie, renonceront à tout devoir divin et humain, se nourriront, à l'écart des plus vaines chimères, et se plongeront de plus en plus dans une misanthropie orgueilleuse qui les conduira à la folie ou à la mort.

Afin d'inspirer plus d'éloignement pour ces rêveries criminelles, l'auteur a pensé qu'il devait prendre la punition de René dans le cercle de ces malheurs épouvantables, qui appartiennent moins à l'individu qu'à la famille de l'homme, et que les anciens attribuaient à la fatalité. L'auteur eût choisi le sujet de Phèdre,

---

[1] Voyez, dans la préface nouvelle du *Génie du Christianisme*, ce qui a déterminé l'auteur à placer ces épisodes dans un volume à part.

s'il n'eût été traité par Racine : il ne restait que celui d'Érope et de Thyeste [1] chez les Grecs, ou d'Ammon et de Thamar chez les Hébreux [2] ; et bien que ce sujet ait été aussi transporté sur notre scène [3], il est toutefois moins connu que le premier. Peut-être aussi s'applique-t-il mieux au caractère que l'auteur a voulu peindre. En effet, les folles rêveries de René commencent le mal, et ses extravagances l'achèvent ; par les premières, il égare l'imagination d'une faible femme ; par les dernières, en voulant attenter à ses jours, il oblige cette infortunée à se réunir à lui : ainsi le malheur naît du sujet, et la punition sort de la faute.

Il ne restait qu'à sanctifier, par le christianisme, cette catastrophe empruntée à la fois de l'antiquité païenne et de l'antiquité sacrée. L'auteur, même alors, n'eut pas tout à faire, car il trouva cette histoire presque naturalisée chrétienne dans une vieille ballade de Pèlerin, que les paysans chantent encore dans plusieurs provinces [4]. Ce n'est pas par les maximes répandues dans un ouvrage, mais par l'impression que cet ouvrage laisse au fond de l'âme, que l'on doit juger de sa moralité. Or, la sorte d'épouvante et de mystère qui règne dans l'épisode de *René*, serre et contriste le cœur sans y exciter d'émotion criminelle. Il ne faut pas perdre de vue qu'Amélie meurt heureuse et guérie, et que René finit misérablement. Ainsi le vrai coupable est puni, tandis que sa trop faible victime, remettant son âme blessée entre les mains de *celui qui retourne le malade sur sa couche*, sent renaître une joie ineffable du fond même des tristesses de son cœur. Au reste, le discours du père Souël ne laisse aucun doute sur le but et les moralités religieuses de l'histoire de *René*.

IX. A l'égard d'*Atala*, on en a tant fait de commentaires, qu'il serait superflu de s'y arrêter. On se contentera d'observer que les critiques qui ont jugé le plus sévèrement cette histoire, ont reconnu toutefois qu'elle *faisait aimer la religion chrétienne*, et cela suffit à l'auteur. En vain s'appesantirait-on sur quelques tableaux ; il n'en semble pas moins vrai que le public a vu sans trop de peine le vieux missionnaire, tout prêtre qu'il est, et qu'il a aimé dans cet épisode indien la description des cérémonies de notre culte. C'est *Atala* qui a annoncé, et qui peut-être a fait lire le *Génie du Christianisme ;* cette Sauvage a réveillé dans un certain monde les idées chrétiennes, et rapporté pour ce monde la religion du père Aubry des déserts où elle était exilée.

X. Au reste, cette idée d'appeler l'imagination au secours des principes religieux n'est pas nouvelle. N'avons-nous pas eu de nos jours le *Comte de Valmont, ou les Égarements de la Raison?* Le père Marin, minime, n'a-t-il pas cherché à introduire les vérités chrétiennes dans les cœurs incrédules, en les faisant entrer déguisés sous les voiles de la fiction [5]? Plus anciennement encore,

---

[1] Sen., *in Atr. et Th.* Voyez aussi Canacé et Macareus, et Caune et Byblis dans les *Métamorphoses* et dans les *Héroïdes* d'Ovide. — [2] *Reg.* 13, 14. — [3] Dans l'*Abufar* de M. Ducis.
[4] C'est le chevalier des Landes,
Malheureux chevalier, etc.
[5] Nous avons de lui dix romans pieux fort répandus : *Adélaïde de Witzbury, ou la Pieuse Pensionnaire ; Virginie, ou la Vierge chrétienne ;* le *Baron de Van-Hesden, ou la République des incrédules ; Farfalla, ou la Comédienne convertie,* etc.

Pierre Camus, évêque de Belley, prélat connu par l'austérité de ses mœurs, écrivit une foule de romans pieux[1] pour combattre l'influence des romans de d'Urfé. Il y a bien plus : ce fut saint François de Sales lui-même qui lui conseilla d'entreprendre ce genre d'apologie, par pitié pour les gens du monde, et pour les rappeler à la religion, en la leur présentant sous des ornements qu'ils connaissaient. Ainsi Paul *se rendait faible avec les faibles pour gagner les faibles*[2]. Ceux qui condamnent l'auteur voudraient donc qu'il eût été plus scrupuleux que l'auteur du *Comte de Valmont*, que le père Marin, que Pierre Camus, que saint François de Sales, qu'Héliodore[3], évêque de Tricca, qu'Amyot[4], grand aumônier de France, ou qu'un autre prélat fameux, qui, pour donner des leçons de vertu à un prince, et à un prince *chrétien*, n'a pas craint de représenter le trouble des passions avec autant de vérité que d'énergie? Il est vrai que les Faidyt et les Gueudeville reprochèrent aussi à Fénelon la peinture des amours d'*Eucharis;* mais leurs critiques sont aujourd'hui oubliées (60) : le *Télémaque* est devenu un livre classique entre les mains de la jeunesse; personne ne songe plus à faire un crime à l'archevêque de Cambrai d'avoir voulu guérir les passions par le tableau du désordre des passions; pas plus qu'on ne reproche à saint Augustin et à saint Jérôme d'avoir peint si vivement leurs propres faiblesses et les charmes de l'amour.

XI. Mais ces censeurs qui savent tout sans doute, puisqu'ils jugent l'auteur de si haut, ont-ils réellement cru que cette manière de défendre la religion, en la rendant douce et touchante pour le cœur, en la parant même des charmes de la poésie, fût une chose si inouïe, si extraordinaire? « Qui oserait dire, s'écrie saint Augustin, que la vérité doit demeurer désarmée contre le mensonge, et qu'il sera permis aux ennemis de la foi d'effrayer les fidèles par des paroles fortes, et de les réjouir par des rencontres d'esprit agréables, mais que les catholiques ne doivent écrire qu'avec une froideur de style qui endorme les lecteurs? » C'est un sévère disciple de Port-Royal qui traduit ce passage de saint Augustin; c'est Pascal lui-même; et il ajoute à l'endroit cité [5], qu'il y a deux choses dans les vérités de notre religion, une beauté divine qui les rend *aimables,* et une sainte majesté qui les rend vénérables. » Pour démontrer que les preuves rigoureuses ne sont pas toujours celles qu'on doit employer en matière de religion, il dit ailleurs (dans ses *Pensées*) *que le cœur a ses raisons que la raison ne connait point*[6]. Le grand Arnauld, chef de cette école austère du christianisme, combat à son tour[7] l'académicien du Bois, qui prétendait aussi qu'on ne doit pas faire servir l'éloquence humaine à prouver les vérités de la

---

[1] *Dorothée, Alcine, Daphnide, Hyacinthe,* etc.
[2] I. Cor., ix, 22.
[3] Auteur de *Théagène et Chariclée.* On sait que l'histoire ridicule, rapportée par Nicéphore au sujet de ce roman, est dénuée de toute vérité. Socrate, Photius, et les autres auteurs ne disent pas un mot de la prétendue déposition de l'évêque de Tricca.
[4] Traducteur de *Théagène et Chariclée*, et de *Daphnis et Chloé.*
[5] *Lettres provinciales*, lettre xie, pag. 154-98.
[6] *Pensées de Pascal*, chap. xxviii, pag. 179.
[7] Dans un petit traité intitulé : *Réflexions sur l'éloquence des Prédicateurs.*

religion, Ramsay, dans sa *Vie de Fénelon*, parlant du *Traité de l'Existence de Dieu* par cet illustre prélat, observe « que M. de Cambrai savait que la plaie de la plupart de ceux qui doutent vient, non de leur esprit, mais de leur cœur, et qu'*il faut donc répandre partout des sentiments pour toucher, pour intéresser, pour saisir le cœur* [1]. » Raymond de Sébonde a laissé un ouvrage écrit à peu près dans les mêmes vues que le *Génie du Christianisme;* Montaigne a pris la défense de cet auteur contre ceux qui avancent *que les chrétiens se font tort de vouloir appuyer leur créance par des raisons humaines* [2]. « C'est la foy seule, » ajoute Montaigne, « qui embrasse vivement et certainement les hauts mystères de nostre religion. Mais ce n'est pas à dire que ce ne soit une très-belle et très-louable entreprise d'accommoder encore au service de nostre foy les outils naturels et humains que Dieu nous a donnez... Il n'est occupation ni desseins plus dignes d'un homme chrestien que de viser par tous ses estudes et pensemens à embellir, estendre et amplifier la vérité de sa créance [3]. »

L'auteur ne finirait point s'il voulait citer tous les écrivains qui ont été de son opinion sur la nécessité de rendre la religion aimable, et tous les livres où l'imagination, les beaux-arts et la poésie ont été employés comme un moyen d'arriver à ce but. Un ordre tout entier de religieux connus par leur piété, leur aménité et leur science du monde, s'est occupé pendant plusieurs siècles de cette unique idée. Ah! sans doute, aucun genre d'éloquence ne peut être interdit à cette sagesse, *qui ouvre la bouche des muets* [4], *et qui rend diserte la langue des petits enfants.* Il nous reste une lettre de saint Jérôme où ce Père se justifie d'avoir employé l'érudition païenne à la défense de la doctrine des chrétiens (61). Saint Ambroise eût-il donné saint Augustin à l'Eglise, s'il n'eût fait usage de tous les charmes de l'élocution? « Augustin, encore tout enchanté de l'éloquence profane, dit Rollin, ne cherchait dans les prédications de saint Ambroise que les agrémens du discours, et non la solidité des choses; mais il n'était pas en son pouvoir de faire cette séparation. » Et n'est-ce pas sur les ailes de l'imagination que saint Augustin s'est élevé à son tour jusqu'à la *Cité de Dieu?* Ce Père ne fait point de difficulté de dire qu'on doit ravir aux païens leur éloquence, en leur laissant leurs mensonges, afin de l'appliquer à la prédication de l'Évangile, comme Israël emporta l'or des Égyptiens sans toucher à leurs idoles, pour embellir l'arche sainte [5]. C'était une vérité si unanimement reconnue des Pères, qu'il est bon d'appeler l'imagination au secours des idées religieuses, que ces saints hommes ont été jusqu'à penser que Dieu s'était servi de la poétique philosophie de Platon pour amener l'esprit humain à la croyance des dogmes du christianisme.

XII. Mais il y a un fait historique qui prouve invinciblement la méprise étrange où les critiques sont tombés lorsqu'ils ont cru l'auteur coupable d'in-

---

[1] *Hist. de la vie de Fénelon*, pag. 193.
[2] *Essais* de MONTAIGNE, tom. IV. liv. II, ch. XII, pag. 172.
[3] *Id., ibid.*, pag. 174.
[4] *Sapientia aperuit os mutorum, et linguas infantium fecit disertas.*
[5] *De Doct. chr.*, lib. II, n° 7.

novation dans la manière dont il a défendu le christianisme. Lorsque Julien, entouré de ses sophistes, attaqua la religion avec les armes de la plaisanterie, comme on l'a fait de nos jours; quand il défendit aux *Galiléens* d'enseigner[1] et même d'apprendre les belles-lettres; quand il dépouilla les autels du Christ, dans l'espoir d'ébranler la fidélité des prêtres, ou de les réduire à l'avilissement de la pauvreté, plusieurs fidèles élevèrent la voix pour repousser les sarcasmes de l'impiété, et pour défendre la beauté de la religion chrétienne. Apollinaire le père, selon l'historien Socrate, mit en vers héroïques tous les livres de Moïse, et composa des tragédies et des comédies sur les autres livres de l'Écriture. Apollinaire le fils écrivit des dialogues à l'imitation de Platon, et il renferma dans ces dialogues la morale de l'Évangile et les préceptes des Apôtres (62). Enfin, ce Père de l'Église surnommé par excellence *le théologien*, Grégoire de Nazianze, combattit aussi les sophistes avec les armes du poëte. Il fit une tragédie de la mort de Jésus-Christ, que nous avons encore. Il mit en vers la morale, les dogmes et les mystères mêmes de la religion chrétienne[2]. L'historien de sa vie affirme positivement que ce saint illustre ne se livra à son talent poétique que pour défendre le christianisme contre la dérision de l'impiété[3]; c'est aussi l'opinion du sage Fleury. « Saint Grégoire, dit-il, vou-lait donner à ceux qui aiment la poésie et la musique des sujets utiles pour se divertir, et ne pas laisser aux païens l'avantage de croire qu'ils fussent les seuls qui pussent réussir dans les belles-lettres (63). »

Cette espèce d'apologie poétique de la religion a été continuée, presque sans interruption, depuis Julien jusqu'à nos jours. Elle prit une nouvelle force à la renaissance des lettres : Sannazar écrivit son poëme *de partu Virginis* (64), et Vida son poëme de la Vie de Jésus-Christ (*Christiade*)[4]; Buchanan donna ses tragédies de *Jephté* et de *saint Jean-Baptiste*. La *Jérusalem délivrée*, le *Paradis perdu*, *Polyeucte*, *Esther*, *Athalie*, sont devenus depuis de véritables apologies en faveur de la beauté de la religion. Enfin Bossuet, dans le second chapitre de sa préface intitulée *de grandiloquentia et suavitate Psalmorum*; Fleury, dans son traité *des Poésies sacrées*; Rollin, dans son chapitre de l'*Éloquence de l'Écriture*; Lowth, dans son excellent livre *de sacra Poesi Hebræorum*; tous se sont complu à faire admirer la grâce et la magnificence de la religion. Quel besoin d'ailleurs y a-t-il d'appuyer de tant d'exemples ce que le seul bon sens suffit pour enseigner? Dès lors que l'on a voulu rendre la religion ridicule, il est tout simple de montrer qu'elle est belle. Hé quoi! Dieu lui-même nous aurait fait annoncer son Église par des poëtes inspirés; il se serait servi pour nous peindre les grâces de l'*Épouse* des plus beaux accords de la harpe du roi-prophète : et nous, nous ne pourrions dire les charmes de *celle qui vient du Li-*

---

[1] Nous avons encore l'édit de Julien. JUL., p. 42. *Vid.* GREG. NAZ., or. III, cap. IV; AMM., lib. XXII.

[2] L'abbé de Billy a recueilli cent quarante-sept poëmes de ce Père, à qui saint Jérôme et Suidas attribuent plus de trente mille vers pieux.

[3] Naz. *Vit.*, pag. 12.

[4] Dont on a retenu ce vers sur le dernier soupir du Christ :

Supremamque auram, ponens caput, expiravit.

ban¹, *qui regarde les montagnes de Sanir et d'Hermon*², *qui se montra comme l'aurore*³, *qui est belle comme la lune, et dont la taille est semblable à un palmier*⁴ ! La Jérusalem nouvelle que saint Jean vit s'élever du désert *était toute brillante de clarté.*

Peuples de la terre, chantez,
Jérusalem renaît plus charmante et plus belle⁵ !

Oui, *chantons-la* sans crainte, cette religion sublime; défendons-la contre la dérision, faisons valoir toutes ses beautés, comme au temps de Julien; et, puisque des siècles semblables ont ramené à nos autels des insultes pareilles, employons contre les modernes sophistes le même genre d'apologie que les Grégoire et les Apollinaire employaient contre les Maxime et les Libanius.

PLAN DE L'OUVRAGE.

L'auteur ne peut pas parler *d'après lui-même* du plan de son ouvrage, comme il a parlé du fond de son sujet; car un plan est une chose de l'art, qui a ses lois, et pour lesquelles on est obligé de s'en rapporter à la décision des maîtres. Ainsi, en rappelant les critiques qui désapprouvent le plan de son livre, l'auteur sera forcé de compter aussi les voix qui lui sont favorables.

Or, s'il se fait une illusion sur son plan, et qu'il ne le croie pas tout à fait défectueux, ne doit-on pas excuser un peu en lui cette illusion, puisqu'elle semble être aussi le partage de quelques écrivains dont la supériorité en critique n'est contestée de personne ? Ces écrivains ont bien voulu donner leur approbation publique à l'ouvrage; M. de La Harpe l'avait pareillement jugé avec indulgence. Une telle autorité est trop précieuse à l'auteur pour qu'il manque à s'en prévaloir, dût-il se faire accuser de vanité. Ce grand critique avait donc repris pour le *Génie du Christianisme* le projet qu'il avait eu longtemps pour *Atala*⁶; il voulait composer la *Défense* que l'auteur est réduit à composer lui-même aujourd'hui: celui-ci eût été sûr de triompher, s'il eût été secondé par un homme aussi habile; mais la Providence a voulu le priver de ce puissant secours et de ce glorieux suffrage.

Si l'auteur passe des critiques qui semblent l'approuver aux critiques qui le condamnent, il a beau lire et relire leurs censures, il n'y trouve rien qui puisse l'éclairer: il n'y a rien de précis, rien de déterminé; ce sont partout des expressions vagues ou ironiques. Mais au lieu de juger l'auteur si superbement,

---

¹ *Veni de Libano, sponsa mea.* (*Cant.*, cap. IV, pag. 8.)
² *De vertice Sanir et Hermon.* (*Id., ibid.*)
³ *Quasi aurora consurgens, pulchra ut luna.* (*Id.*, cap. VI, p. 9.)
⁴ *Statura tua assimilata est palmæ.* (*Cant.*, cap. VI, p. 7.)
⁵ *Athalie.*
⁶ Je connaissais à peine M. de La Harpe dans ce temps-là; mais ayant entendu parler de son dessein, je le fis prier par ses amis de ne point répondre à la critique de M. l'abbé Morellet. Toute glorieuse qu'eût été pour moi une défense d'*Atala* par M. de La Harpe, je crus avec raison que j'étais trop peu de chose pour exciter une controverse entre deux écrivains célèbres.

les critiques ne devraient-ils pas avoir pitié de sa faiblesse, lui montrer les vices de son plan, lui enseigner les remèdes? « Ce qui résulte de tant de critiques amères, dit M. de Montesquieu dans sa *Défense*, c'est que l'auteur n'a point fait son ouvrage suivant le plan et les vues de ses critiques, et que, si ses critiques avaient fait un ouvrage sur le même sujet, ils y auraient mis un grand nombre de choses qu'ils savent [1]. »

Puisque ces critiques refusent (sans doute parce que cela n'en vaut pas la peine) de montrer l'inconvénient attaché au plan, ou plutôt au sujet du *Génie du Christianisme*, l'auteur va lui-même essayer de le découvrir.

Quand on veut considérer la religion chrétienne ou le génie du christianisme sous toutes ses faces, on s'aperçoit que ce sujet offre deux parties très-distinctes:

1° Le christianisme proprement dit, à savoir ses dogmes, sa doctrine et son culte; et sous ce dernier rapport se rangent aussi ses bienfaits et ses institutions morales et politiques;

2° La poétique du christianisme ou l'influence de cette religion sur la poésie, les beaux-arts, l'éloquence, l'histoire, la philosophie, la littérature en général; ce qui mène aussi à considérer les changements que le christianisme a apportés dans les passions de l'homme et dans le développement de l'esprit humain.

L'inconvénient du sujet est donc le *manque d'unité*, et cet inconvénient est inévitable. En vain pour le faire disparaître l'auteur a essayé d'autres combinaisons de chapitres et de parties dans les deux éditions qu'il a supprimées. Après s'être obstiné longtemps à chercher le plan le plus régulier, il lui a paru en dernier résultat qu'il s'agissait bien moins, pour le but qu'il se proposait, de faire un ouvrage extrêmement méthodique, que de porter un grand coup au cœur et de frapper vivement l'imagination. Ainsi, au lieu de s'attacher à l'ordre des sujets, comme il l'avait fait d'abord, il a préféré l'ordre des preuves. Les preuves de sentiment sont renfermées dans le premier volume, où l'on traite du charme et de la grandeur des mystères, de l'existence de Dieu, etc.; les preuves pour l'esprit et l'imagination remplissent le second et le troisième volume, consacrés à la *poétique;* enfin, ces mêmes preuves pour le cœur, l'esprit et l'imagination, réunies aux preuves pour la raison, c'est-à-dire aux preuves de fait, occupent le quatrième volume, et terminent l'ouvrage. Cette gradation de preuves semblait promettre d'établir une progression d'intérêt dans le *Génie du Christianisme;* il paraît que le jugement du public a confirmé cette espérance de l'auteur. Or, si l'intérêt va croissant de volume en volume, le plan du livre ne saurait être tout à fait vicieux.

Qu'il soit permis à l'auteur de faire remarquer une chose de plus. Malgré *les écarts de son imagination*, perd-il souvent de vue son sujet dans son ouvrage? Il en appelle au critique impartial: quel est le chapitre, quelle est, pour ainsi dire, la page où l'objet du livre ne soit pas reproduit [2]? Or, dans une apologie du christianisme, où l'on ne veut que montrer au lecteur la beauté de cette religion, peut-on dire que le plan de cette apologie est essentiellement défectueux,

---

[1] *Défense de l'Esprit des Lois.*

[2] Cette vérité a été reconnue par le critique même qui s'est le plus élevé contre l'ouvrage.

si, dans les choses les plus directes comme dans les plus éloignées, on a fait reparaître partout la grandeur de Dieu, les merveilles de la Providence, l'influence, les charmes et les bienfaits des dogmes, de la doctrine et du culte de Jésus-Christ?

En général, on se hâte un peu trop de prononcer sur le plan d'un livre. Si ce plan ne se déroule pas d'abord aux yeux des critiques comme ils l'ont conçu sur le titre de l'ouvrage, ils le condamnent impitoyablement. Mais ces critiques ne voient pas ou ne se donnent pas la peine de voir que, si le plan qu'ils imaginent était exécuté, il aurait peut-être une foule d'inconvénients qui le rendraient encore moins bon que celui que l'auteur a suivi.

Quand un écrivain n'a pas composé son ouvrage avec précipitation ; quand il y a employé plusieurs années ; quand il a consulté les livres et les hommes, et qu'il n'a rejeté aucun conseil, aucune critique ; quand il a recommencé plusieurs fois son travail d'un bout à l'autre ; quand il a livré deux fois aux flammes son ouvrage tout imprimé, ce ne serait que justice de supposer qu'il a peut-être aussi bien vu son sujet que le critique qui, sur une lecture rapide, condamne d'un mot un plan médité pendant des années. Que l'on donne toute autre forme au *Génie du Christianisme*, et l'on ose assurer que l'ensemble des beautés de la religion, l'accumulation des preuves aux derniers chapitres, la force de la conclusion générale, auront beaucoup moins d'éclat et seront beaucoup moins frappants que dans l'ordre où le livre est actuellement disposé. On ose encore avancer qu'il n'y a point de grand monument en prose dans la langue française (le *Télémaque* et les ouvrages historiques exceptés) dont le plan ne soit exposé à autant d'objections que l'on en peut faire au plan de l'auteur. Que d'arbitraire dans la distribution des parties et des sujets de nos livres les plus beaux et les plus utiles ! Et certainement (si l'on peut comparer un chef-d'œuvre à une œuvre très-imparfaite), l'admirable **Esprit des Lois** est une composition qui n'a peut-être pas plus de régularité que l'ouvrage dont on essaie de justifier le plan dans cette défense. Toutefois la méthode était encore plus nécessaire au sujet traité par Montesquieu qu'à celui dont l'auteur du *Génie du Christianisme* a tenté une si faible ébauche.

DÉTAILS DE L'OUVRAGE.

Venons maintenant aux critiques de détail.

On ne peut s'empêcher d'observer d'abord que la plupart de ces critiques tombent sur le premier et sur le second volume. Des censeurs ont marqué un singulier dégoût pour le troisième et le quatrième. Ils les passent presque toujours sous silence. L'auteur doit-il s'en attrister ou s'en réjouir? Serait-ce qu'il n'y a rien à redire sur ces deux volumes, ou qu'ils ne laissent rien à dire?

On s'est donc presque uniquement attaché à combattre quelques opinions littéraires particulières à l'auteur, et répandues dans le second volume [1] ; opinions qui, après tout, sont d'une petite importance, et qui peuvent être reçues ou re-

---

[1] Encore n'a-t-on fait que répéter les observations judicieuses et polies qui avaient paru à ce sujet dans quelques journaux accrédités.

jetées sans qu'on en puisse rien conclure contre le fond de l'ouvrage : il faut ajouter à la liste de ces graves reproches une douzaine d'expressions véritablement répréhensibles, et que l'on a fait disparaître dans les nouvelles éditions.

Quant à quelques phrases dont on a détourné le sens (par un art si merveilleux et si nouveau) pour y trouver d'indécentes allusions, comment éviter ce malheur, et quel remède y apporter? « Un auteur (c'est La Bruyère qui le dit), un auteur n'est pas obligé de remplir son esprit de toutes les extravagances, de toutes les saletés, de tous les mauvais mots qu'on peut dire, et de toutes les ineptes applications que l'on peut faire au sujet de quelques endroits de son ouvrage, et encore moins de les supprimer; il est convaincu que, quelque scrupuleuse exactitude qu'on ait dans sa manière d'écrire, la raillerie froide des mauvais plaisants est un mal inévitable, et que les meilleures choses ne leur servent souvent qu'à leur faire rencontrer une sottise [1]. »

L'auteur a beaucoup cité dans son livre, mais il paraît encore qu'il eût dû citer davantage. Par une fatalité singulière, il est presque toujours arrivé qu'en voulant blâmer l'auteur, les critiques ont compromis leur mémoire. Ils ne veulent pas que l'auteur dise, *déchirer le rideau des mondes, et laisser voir les abîmes de l'éternité;* et ces expressions sont de Tertullien[2] : ils soulignent *le puits de l'abîme* et le cheval *pâle de la mort,* apparemment comme étant une vision de l'auteur; et ils ont oublié que ce sont des images de l'Apocalypse [3] : ils rient des tours gothiques *coiffées de nuages ;* et ils ne voient pas que l'auteur traduit littéralement un vers de Shakespeare [4] ; ils croient que les *ours enivrés de raisins* sont une circonstance inventée par l'auteur; et l'auteur n'est ici qu'historien fidèle (65); l'Esquimau qui s'embarque sur un rocher de glace leur paraît une imagination bizarre ; et c'est un fait rapporté par Charlevoix [5] ; le crocodile qui *pond un œuf* est une expression d'Hérodote [6] ; *ruse de la sagesse* appartient à la Bible [7], etc. Un critique prétend qu'il faut traduire l'épithète d'Homère, ἡδυεπής, appliquée à Nestor, par Nestor *au doux langage.* Mais ἡδυεπής ne voulut jamais dire *au doux langage.* Rollin traduit à peu près comme l'auteur du *Génie du*

---

[1] *Caract. de* La Bruyère.

[2] *Cum ergo finis et limes medius, qui interhiat, adfuerit, ut etiam mundi ipsius species transferatur œque temporalis, quæ illi dispositioni æternitatis aulæi vice oppansa est.* (*Apolog.*, cap. xlviii.)

[3] *Equus pallidus,* cap. vi, v. 8; *Puteus abyssi,* cap. ix, v. 2.

[4] The clouds-capt towers, the gorgeous palaces, etc. (*In the Temp.*)

Delille avait dit dans *les Jardins,* en parlant des rochers.

J'aime à voir leur front chauve et leur tête sauvage
Se coiffer de verdure, et s'entourer d'ombrage.

J'ai cependant mis, dans les dernières éditions, *couronnées d'un chapiteau de nuages.*

[5] « Croirait-on que sur ces glaces énormes on rencontre des hommes qui s'y sont embarqués exprès? On assure pourtant qu'on y a plus d'une fois aperçu des Esquimaux, etc. » (*Histoire de la Nouvelle-France,* tom. ii, liv. x, pag. 293, édit. de Paris, 1744.)

[6] Τίκτει μὲν γὰρ ᾠὰ ἐν γῇ, καὶ ἐκλέπει. (Hérod., lib. ii, cap. lxviii.)

[7] *Astutias sapientiæ* (*Eccl.*, cap. i, v. 6.)

Christianisme, Nestor *cette bouche éloquente* [1], d'après le texte grec, et non d'après la leçon latine du scoliaste, *Suaviloquus*, que le critique a visiblement suivie.

Au reste l'auteur a déjà dit qu'il ne prétendait pas défendre des talents qu'il n'a pas sans doute; mais il ne peut s'empêcher d'observer que tant de petites remarques sur un long ouvrage ne servent qu'à dégoûter un auteur sans l'éclairer; c'est la réflexion que Montesquieu fait lui-même dans ce passage de sa *Défense*:

« Les gens qui veulent tout enseigner empêchent beaucoup d'apprendre; il n'y a point de génie qu'on ne rétrécisse lorsqu'on l'enveloppera d'un million de scrupules vains : avez-vous les meilleures intentions du monde, on vous forcera vous-même d'en douter. Vous ne pouvez plus être occupé à bien dire quand vous êtes effrayé par la crainte de dire mal, et qu'au lieu de suivre votre pensée, vous ne vous occupez que des termes qui peuvent échapper à la subtilité des critiques. On vient nous mettre un béguin sur la tête, pour nous dire à chaque mot : Prenez garde de tomber : vous voulez parler comme vous, je veux que vous parliez comme moi. Va-t-on prendre l'essor, ils vous arrêtent par la manche. A-t-on de la force et de la vie, on vous l'ôte à coups d'épingle. Vous élevez-vous un peu, voilà des gens qui prennent leur pied ou leur toise, lèvent la tête, et vous crient de descendre pour vous mesurer... Il n'y a ni science ni littérature qui puisse résister à ce pédantisme [2]. »

C'est bien pis encore quand on y joint les dénonciations et les calomnies. Mais l'auteur les pardonne aux critiques; il conçoit que cela peut faire partie de leur plan, et ils ont le droit de réclamer pour leur ouvrage l'indulgence que l'auteur demande pour le sien. Cependant que revient-il de tant de censures multipliées, où l'on n'aperçoit que l'envie de nuire à l'ouvrage et à l'auteur, et jamais un goût impartial de critique? Que l'on provoque des hommes que leurs principes retenaient dans le silence, et qui, forcés de descendre dans l'arène, peuvent y paraître quelquefois avec des armes qu'on ne leur soupçonnait pas.

FIN DE LA DÉFENSE DU GÉNIE DU CHRISTIANISME.

LETTRE A M. DE FONTANES,

SUR LA 2ᵉ ÉDITION DE L'OUVRAGE DE Mᵐᵉ DE STAEL [3].

J'attendais avec impatience, mon cher ami, la seconde édition du livre de madame de Staël, sur *la Littérature*. Comme elle avait promis de répondre à votre critique, j'étais curieux de savoir ce qu'une femme aussi spirituelle dirait pour la défense de la *perfectibilité*. Aussitôt que l'ouvrage m'est parvenu

---

[1] *Traité des Études*, tom. i, pag. 375, *de la lecture d'Homère.*

[2] *Défense de l'Esprit des Lois*, iiiᵉ partie.

[3] *De la Littérature dans ses rapports avec la morale*, etc. (1801).

dans ma solitude, je me suis hâté de lire la préface et les notes; mais j'ai vu qu'on n'avait résolu aucune de vos objections[1]. On a seulement tâché d'expliquer le mot sur lequel roule tout le système. Hélas! il serait fort doux de croire que nous nous perfectionnons d'âge en âge, et que le fils est toujours meilleur que son père. Si quelque chose pouvait prouver cette excellence du cœur humain, ce serait de voir que madame de Staël a trouvé le principe de cette illusion dans son propre cœur. Toutefois, j'ai peur que cette dame, qui se plaint si souvent des hommes en vantant leur perfectibilité, ne soit comme ces prêtres qui ne croient point à l'idole dont ils encensent les autels.

Je vous dirai aussi, mon cher ami, qu'il me semble tout à fait indigne d'une femme du mérite de l'auteur d'avoir cherché à vous répondre en élevant des doutes sur vos opinions politiques. Et que font ces prétendues opinions à une querelle purement littéraire? Ne pourrait-on pas rétorquer l'argument contre madame de Staël, et lui dire qu'elle a bien l'air de ne pas aimer le gouvernement actuel[2], et de regretter les jours d'une plus grande liberté? madame de Staël était trop au-dessus de ces moyens pour les employer.

A présent, mon cher ami, il faut que je vous dise ma façon de penser sur ce nouveau cours de littérature; mais en combattant le système qu'il renferme, je vous paraîtrai peut-être aussi déraisonnable que mon adversaire. Vous n'ignorez pas que ma folie est de voir *Jésus-Christ* partout, comme madame de Staël la *perfectibilité*. J'ai le malheur de croire, avec Pascal, que la religion chrétienne a seule exprimé le problème de l'homme. Vous voyez que je commence par me mettre à l'abri sous un grand nom, afin que vous épargniez un peu mes idées étroites et ma superstition antiphilosophique. Au reste, je m'enhardis en songeant avec quelle indulgence vous avez déjà annoncé mon ouvrage[3]; mais cet ouvrage, quand paraîtra-t-il? Il y a deux ans qu'on l'imprime, et il y a deux ans que le libraire ne se lasse point de me faire attendre, ni moi de corriger. Ce que je vais donc vous dire dans cette lettre sera tiré en partie de mon livre futur sur les beautés de la religion chrétienne. Il sera divertissant pour vous de voir comment deux esprits partant de deux points opposés sont quelquefois arrivés aux mêmes résultats. Madame de Staël donne à la philosophie ce que j'attribue à la religion; et, en commençant par la littérature ancienne, je vois bien avec l'ingénieux auteur que vous avez réfuté, que notre théâtre est supérieur au théâtre ancien; je vois bien encore que cette supériorité découle d'une plus profonde étude du cœur humain. Mais à quoi devons-nous cette connaissance des passions? — Au christianisme et non à la philosophie. Vous riez, mon ami; écoutez-moi :

S'il existait une religion dont la qualité essentielle fût de poser une barrière aux passions de l'homme, elle augmenterait nécessairement le jeu de ces passions dans le drame et dans l'épopée; elle serait, par sa nature même, beaucoup plus favorable au développement des caractères que toute autre institution reli-

---

[1] M. de Fontanes avait fait trois extraits d'une excellente critique sur la première édition de l'ouvrage de madame de Staël.
[2] Le consulat, en 1801. — [3] *Génie du Christianisme*

gieuse qui, ne se mêlant point aux affections de l'âme, n'agirait sur nous que par des scènes extérieures. Or, la religion chrétienne a cet avantage sur les cultes de l'antiquité : c'est un vent céleste qui enfle les voiles de la vertu, et multiplie les orages de la conscience autour du vice.

Toutes les bases du vice et de la vertu ont changé parmi les hommes, du moins parmi les hommes chrétiens, depuis la prédication de l'Évangile. Chez les anciens, par exemple, l'humilité était une bassesse, et l'orgueil une qualité. Parmi nous, c'est tout le contraire : l'orgueil est le premier des vices, et l'humilité la première des vertus. Cette seule mutation de principes bouleverse la morale entière. Il n'est pas difficile de voir que c'est le christianisme qui a raison, et que lui seul a rétabli la véritable nature. Mais il résulte de là que nous devons découvrir dans les passions des choses que les anciens n'y voyaient pas, sans qu'on puisse attribuer ces nouvelles vues du cœur humain à une perfection croissante du génie de l'homme.

Donc, pour nous, la racine du mal est la vanité, et la racine du bien la charité ; de sorte que les passions vicieuses sont toujours un composé d'orgueil, et les passions vertueuses un composé d'amour. Avec ces deux termes extrêmes, il n'est point de termes moyens qu'on ne trouve aisément dans l'échelle de nos passions. Le christianisme a été si loin en morale, qu'il a, pour ainsi dire, donné les abstractions ou les règles mathématiques des émotions de l'âme.

Je n'entrerai point ici, mon cher ami, dans le détail des caractères dramatiques, tels que ceux du père, de l'époux, etc. Je ne traiterai point aussi de chaque sentiment en particulier : vous verrez tout cela dans mon ouvrage. J'observerai seulement, à propos de l'amitié, en pensant à vous, que le christianisme en développe singulièrement les charmes, parce qu'il est tout en contrastes comme elle. Pour que deux hommes soient parfaits amis, ils doivent s'attirer et se repousser sans cesse par quelque endroit : il faut qu'ils aient des génies d'une même force, mais d'un genre différent ; des opinions opposées, des principes semblables ; des haines et des amours diverses, mais au fond la même dose de sensibilité ; des humeurs tranchantes, et pourtant des goûts pareils ; en un mot, de grands contrastes de caractère, et de grandes harmonies de cœur.

En amour, madame de Staël a commenté *Phèdre* : ses observations sont fines, et l'on voit par la leçon du scoliaste qu'elle a parfaitement entendu son texte. Mais si ce n'est que dans les siècles modernes que s'est formé ce mélange des sens et de l'âme, cette espèce d'amour dont l'amitié est la partie morale, n'est-ce pas encore au christianisme que l'on doit ce sentiment perfectionné ? N'est-ce pas lui qui, tendant sans cesse à épurer le cœur, est parvenu à répandre de la spiritualité jusque dans le penchant qui en paraissait le moins susceptible ? Et combien n'en a-t-il pas redoublé l'énergie en le contrariant dans le cœur de l'homme ? Le christianisme seul a établi ces terribles combats de la chair et de l'esprit, si favorables aux grands effets dramatiques.

Voyez dans *Héloïse*, la plus fougueuse des passions luttant contre une religion menaçante. Héloïse aime, Héloïse brûle ; mais là s'élèvent des murs glacés ; là, tout s'éteint sous des marbres insensibles ; là, des châtiments ou des récompenses éternelles attendent sa chute ou son triomphe. Didon ne perd qu'un amant ingrat : oh! qu'Héloïse est travaillée d'un tout autre soin! Il faut qu'elle choisisse entre Dieu et un amant fidèle. Et qu'elle n'espère pas détourner secrètement, au profit d'Abailard, la moindre partie de son cœur : le Dieu qu'elle sert est un Dieu jaloux, un Dieu qui veut être aimé de préférence; il punit jusqu'à l'ombre d'une pensée, jusqu'au songe qui s'adresse à d'autres qu'à lui.

Au reste, on sent que ces cloîtres, que ces voûtes, que ces mœurs austères, en contraste avec l'amour malheureux, en doivent augmenter encore la force et la mélancolie. Je suis fâché que madame de Staël ne nous ait pas développé *religieusement* le système des passions. La *perfectibilité* n'était pas, du moins selon moi, l'instrument dont il fallait se servir pour mesurer des faiblesses. J'en aurais plutôt appelé aux erreurs mêmes de ma vie : forcé de faire l'histoire des songes, j'aurais interrogé mes songes; et si j'eusse trouvé que nos passions sont réellement plus déliées que les passions des anciens, j'en aurais seulement conclu que nous sommes plus parfaits en illusions.

Si le temps et le lieu le permettaient, mon cher ami, j'aurais bien d'autres remarques à faire sur la littérature ancienne : je prendrais la liberté de combattre plusieurs jugements littéraires de madame de Staël.

Je ne suis pas de son opinion touchant la métaphysique des anciens: leur dialectique était plus verbeuse et moins pressante que la nôtre; mais en métaphysique, ils en savaient autant que nous.

Le genre humain a-t-il fait un pas dans les sciences morales? Non; il avance seulement dans les sciences physiques : encore, combien il serait aisé de contester les principes de nos sciences! Certainement Aristote, avec ses dix catégories, qui renfermaient toutes les forces de la pensée, était aussi savant que Bayle et Condillac en *idéologie;* mais on passera éternellement d'un système à l'autre sur ces matières : tout est doute, obscurité, incertitude en métaphysique. La réputation et l'influence de Locke sont déjà tombées en Angleterre. Sa doctrine, qui devait prouver si clairement qu'il n'y a pas d'idées innées, n'est rien moins que certaine, puisqu'elle échoue contre les vérités mathématiques qui ne peuvent jamais être entrées dans l'âme par les sens. Est-ce l'odorat, le goût, le toucher, l'ouïe, la vue, qui ont démontré à Pythagore que, dans un triangle rectangle, le carré de l'hypothénuse est égal à la somme des carrés faits sur les deux autres côtés? Tous les arithméticiens et tous les géomètres diront à madame de Staël que les nombres et les rapports des trois dimensions de la matière sont de pures abstractions de la pensée, et que les sens, loin d'entrer pour quelque chose dans ces connaissances, en sont les plus grands ennemis. D'ailleurs, les vérités mathématiques, si j'ose le dire, sont innées en nous, par cela seul qu'elles sont éternelles. Or, si ces vérités sont éternelles, elles ne peuvent être que les émanations d'une source de vérité qui existe quelque part. Cette source de vérité ne peut être que Dieu. Donc l'idée de Dieu, dans l'esprit humain, est à son tour une idée innée; donc notre âme, qui contient des vérités éternelles, est au moins une immortelle substance.

Voyez, mon cher ami, quel enchaînement de choses, et combien madame de Staël est loin d'avoir approfondi tout cela. Je serai obligé, malgré moi, de porter ici un jugement sévère. Madame de Staël, se hâtant d'élever un système, et croyant apercevoir que Rousseau avait plus pensé que Platon, et Sénèque plus que Tite-Live, s'est imaginé tenir tous les fils de l'âme et de l'intelligence humaine ; mais les esprits pédantesques, comme moi, ne sont point du tout contents de cette marche précipitée. Ils voudraient qu'on eût creusé plus avant dans le sujet, qu'on n'eût pas été si superficiel, et que dans un livre où l'on fait la guerre à l'imagination et aux préjugés, dans un livre où l'on traite de la chose la plus grave du monde, la pensée de l'homme, on eût moins senti l'imagination, le goût du sophisme, et la pensée inconstante et versatile de la femme.

Vous savez, mon cher ami, ce que les philosophes nous reprochent, à nous autres gens religieux ; ils disent que nous n'avons pas la *tête forte*. Ils lèvent les épaules de pitié quand nous leur parlons du *sentiment moral*. Ils demandent *qu'est-ce que tout cela prouve ?* En vérité, je vous avouerai, à ma confusion, que je n'en sais rien moi-même, car je n'ai jamais cherché à me démontrer mon cœur ; j'ai toujours laissé ce soin à mes amis.

Toutefois, n'allez pas abuser de cet aveu, et me trahir auprès de la philosophie. Il faut que j'aie l'air de m'entendre, lors même que je ne m'entends pas du tout. On m'a dit, dans ma retraite, que cette manière réussissait. Mais il est bien singulier que tous ceux qui nous accablent de leur mépris pour notre défaut d'*argumentation*, et qui regardent nos misérables idées comme *les habitués de la maison* [1], oublient le fond même des choses dans le sujet qu'ils traitent ; de sorte que nous sommes obligés de nous faire violence, et de *penser*, au péril de nos jours, contre notre tempérament religieux, pour rappeler à ces penseurs ce qu'ils auraient dû penser.

N'est-il pas tout à fait incroyable qu'en parlant de l'avilissement des Romains sous les empereurs, madame de Staël ait négligé de nous faire valoir l'influence du christianisme naissant sur l'esprit des hommes ? Elle a l'air de ne se souvenir de la religion, qui a changé la face du monde, qu'au moment de l'invasion des Barbares. Mais, bien avant cette époque, des cris de justice et de liberté avaient retenti dans l'empire des Césars. Et qui est-ce qui les avait poussés, ces cris ? les chrétiens. Fatal aveuglement des systèmes ! madame de Staël appelle la *folie du martyre* des actes que son cœur généreux louerait ailleurs avec transport : je veux dire de jeunes vierges préférant la mort aux caresses des tyrans, des hommes refusant de sacrifier aux idoles, et scellant de leur sang, aux yeux du monde étonné, le dogme de l'unité d'un Dieu et de l'immortalité de l'âme ; je pense que c'est là de la philosophie.

Quel dut être l'étonnement de la race humaine, lorsqu'au milieu des superstitions les plus honteuses, *lorsque tout était Dieu, excepté Dieu même*, comme parle Bossuet, Tertullien fit tout à coup entendre ce symbole de la foi chrétienne :
« Le Dieu que nous adorons est un seul Dieu, qui a créé l'univers avec les
« éléments, les corps et les esprits qui le composent, et qui, par sa parole, sa
« raison et sa toute-puissance, a transformé le néant en un monde, pour être
« l'ornement de sa grandeur... Il est invisible, quoiqu'il se montre partout ;
« impalpable, quoique nous nous en fassions une image ; incompréhensible,

---

[1] Phrase de madame de Staël.

« quoique appelé par toutes les lumières de la raison... Rien ne fait mieux
« comprendre le souverain Être que l'impossibilité de le concevoir : son im-
« mensité le cache et le découvre à la fois aux hommes ¹. »

Et quand le même apologiste osait seul parler la langue de la liberté au milieu du silence du monde, n'était-ce point encore de la philosophie? Qui n'eût cru que le premier Brutus, évoqué de la tombe, menaçait le trône des Tibères, lorsque ces fiers accents ébranlèrent les portiques où venaient se perdre les soupirs de Rome esclave.

« Je ne suis point l'esclave de l'empereur. Je n'ai qu'un maître, c'est le Dieu
« tout-puissant et éternel, qui est aussi le maître de César ²... Voilà donc pour-
« quoi vous exercez sur nous toutes sortes de cruautés ! Ah ! s'il nous était per-
« mis de rendre le mal pour le mal, une seule nuit et quelques flambeaux suf-
« firaient à notre vengeance. Nous ne sommes que d'hier, et nous remplissons
« tout : vos cités, vos îles, vos forteresses, vos camps, vos colonies, vos tribus,
« vos décuries, vos conseils, le palais, le sénat, le forum ³; nous ne vous lais-
« sons que vos temples. »

Je puis me tromper, mon cher ami, mais il me semble que madame de Staël, en faisant l'histoire de l'esprit philosophique, n'aurait pas dû omettre de pareilles choses. Cette littérature des Pères, qui remplit tous les siècles, depuis Tacite jusqu'à saint Bernard, offrait une carrière immense d'observations. Par exemple, un des noms injurieux que le peuple donnait aux premiers chrétiens, était celui de *philosophe* ⁴. On les appelait aussi *athées* ⁵, et on les forçait d'abjurer leur religion en ces termes : Αἶρε τοὺς ἀθέους, *confusion aux athées* ⁶. Étrange destinée des chrétiens. Brûlés, sous Néron, pour cause d'athéisme; guillotinés, sous Robespierre, pour cause de crédulité : lequel des deux tyrans eut raison? Selon la loi de la *perfectibilité*, ce doit être Robespierre.

On peut remarquer, mon cher ami, d'un bout à l'autre de l'ouvrage de madame de Staël, des contradictions singulières. Quelquefois elle paraît presque *chrétienne*, et je suis prêt à me réjouir. Mais l'instant d'après, la *philosophie* reprend le dessus. Tantôt, inspirée par sa sensibilité naturelle, qui lui dit qu'il n'y a rien de touchant, rien de beau sans religion, elle laisse échapper son âme. Mais tout à coup l'*argumentation* se réveille et vient contrarier les élans du cœur ; l'analyse prend la place de ce vague infini où la pensée aime à se perdre ; et l'*entendement* cite à son tribunal les causes qui *ressortissaient* autrefois à ce vieux siège de la vérité, que nos pères gaulois appelaient les *entrailles de l'homme*. Il résulte que le livre de madame de Staël est pour moi un mélange singulier de vérités et d'erreurs. Ainsi, lorsqu'elle attribue au christianisme la mélancolie qui règne dans le génie des peuples modernes, je suis absolu-

---

¹ Tertull., *Apologet.* cap. xvii.
² *Ceterum liber sum illi. Dominus enim meus unus est, Deus omnipotens, et æternus, idem qui et ipsius.* (*Apologet.*, cap xxxiv.)
³ *Apologet.*, cap, xxxvii.
⁴ Saint-Just., *Apologet.*; Tert., *Apologet.*, etc.
⁵ Athenagor. *Legat. pro Christ.*; Arnob., lib. I.
⁶ Euseb., lib. iv, cap. xv.

ment de son avis ; mais quand elle joint à cette cause je ne sais quelle maligne influence du Nord, je ne reconnais plus l'auteur qui me paraissait si judicieux auparavant. Vous voyez, mon cher ami, que je me tiens dans mon sujet, et que je passe maintenant à la littérature moderne.

La religion des Hébreux, née au milieu des foudres et des éclairs, dans les bois d'Horeb et de Sinaï, avait je ne sais quelle tristesse formidable. La religion chrétienne, en retenant ce que celle de Moïse avait de sublime, en a adouci les autres traits. Faite pour les misères et pour les besoins de notre cœur, elle est essentiellement tendre et mélancolique. Elle nous représente toujours l'homme comme un voyageur qui passe ici-bas dans une vallée de larmes et qui ne se repose qu'au tombeau. Le Dieu qu'elle offre à nos adorations est le Dieu des infortunés ; il a souffert lui-même, les enfants et les faibles sont les objets de sa prédilection, et il chérit ceux qui pleurent.

Les persécutions qu'éprouvèrent les premiers fidèles augmentèrent sans doute leur penchant aux méditations sérieuses. L'invasion des Barbares mit le comble à tant de calamités, et l'esprit humain en reçut une impression de tristesse qui ne s'est jamais effacée. Tous les liens qui attachent à la vie étant brisés à la fois il ne reste plus que Dieu pour espérance, et les déserts pour refuge. Comme au temps du déluge, les hommes se sauvèrent sur le sommet des montagnes, emportant avec eux les débris des arts et de la civilisation. Les solitudes se remplirent d'anachorètes qui, vêtus de feuilles de palmier, se dévouaient à des pénitences sans fin pour fléchir la colère céleste. De toutes parts s'élevèrent des couvents, où se retirèrent des malheureux trompés par le monde, et des âmes qui aimaient mieux ignorer certains sentiments de l'existence que de s'exposer à les voir cruellement trahis. Une prodigieuse mélancolie dut être le fruit de cette vie monastique ; car la mélancolie s'engendre du vague des passions, lorsque ces passions, sans objet, se consument d'elles-mêmes dans un cœur solitaire.

Ce sentiment s'accrut encore par les règles qu'on adopta dans la plupart des communautés. Là, des religieux bêchaient leurs tombeaux, à la lueur de la lune, dans les cimetières de leurs cloîtres ; ici, ils n'avaient pour lit qu'un cercueil : plusieurs erraient comme des ombres sur les débris de Memphis et Babylone, accompagnés par des lions qu'ils avaient apprivoisés au son de la harpe de David. Les uns se condamnaient à un perpétuel silence ; les autres répétaient, dans un éternel cantique, ou les soupirs de Job, ou les plaintes de Jérémie, ou les pénitences du roi-prophète. Enfin les monastères étaient bâtis dans les sites les plus sauvages : on les trouvait dispersés sur les cimes du Liban, au milieu des sables de l'Égypte, dans l'épaisseur des forêts des Gaules et sur les grèves des mers britanniques. Oh ! comme ils devaient être tristes, les tintements de la cloche religieuse qui, dans le calme des nuits, appelaient les vestales aux veilles et aux prières, et se mêlaient, sous les voûtes du temple, aux derniers sons des cantiques et aux faibles bruissements des flots lointains ! Combien elles étaient profondes les méditations du solitaire qui, à travers les barreaux de sa fenêtre, rêvait à l'aspect de la mer, peut-être agitée par l'orage ! la tempête sur les flots, le calme dans sa retraite ! des hommes brisés par des écueils au pied de l'asile de la paix ! l'infini de l'autre côté du mur d'une cellule, de même qu'il n'y a que la pierre du tombeau entre l'éternité et la vie !... Toutes ces diverses puissances du malheur, de la religion, des souvenirs, des mœurs, des scènes de la nature, se réunirent pour faire du génie chrétien le génie même de la mélancolie.

Il me paraît donc inutile d'avoir recours aux Barbares du Nord pour expliquer ce caractère de tristesse que madame de Staël trouve particulièrement dans la littérature anglaise et germanique, et qui pourtant n'est pas moins remarquable chez les maîtres de l'école française. Ni l'Angleterre, ni l'Allemagne, n'a produit Pascal et Bossuet, ces deux grands modèles de la mélancolie en sentiments et en pensées.

Mais Ossian, mon cher ami, n'est-il pas la grande fontaine du Nord où tous les bardes se sont enivrés de mélancolie, de même que les anciens peignaient Homère sous la figure d'un grand fleuve où tous les petits fleuves venaient remplir leurs urnes? J'avoue que cette idée de madame de Staël me plaît fort. J'aime à me représenter les deux aveugles, l'un sur la cime d'une montagne d'Écosse, la tête chauve, la barbe humide, la harpe à la main, et dictant ses lois, du milieu des brouillards, à tout le peuple poétique de la Germanie; l'autre, assis sur le sommet du Pinde, environné des Muses qui tiennent sa lyre, élevant son front couronné sous le beau ciel de la Grèce, et gouvernant avec un sceptre orné de lauriers la patrie du Tasse et celle de Racine.

« Vous abandonnez donc ma cause? » allez-vous vous écrier ici. Sans doute, mon cher ami; mais il faut que je vous en dise la raison secrète : *c'est qu'Ossian lui-même est chrétien.* Ossian chrétien! Convenez que je suis bien heureux d'avoir converti ce barde, et qu'en le faisant entrer dans les rangs de la religion, j'enlève un des premiers héros à *l'âge de la mélancolie.*

Il n'y a plus que les étrangers qui soient encore dupes d'Ossian. Toute l'Angleterre est convaincue que les poëmes qui portent ce nom sont l'ouvrage de M. Macpherson lui-même. J'ai été longtemps trompé par cet ingénieux mensonge : enthousiaste d'Ossian comme un jeune homme que j'étais alors, il m'a fallu passer plusieurs années à Londres, parmi les gens de lettres, pour être entièrement désabusé. Mais enfin je n'ai pu résister à la conviction, et les palais de Fingal se sont évanouis pour moi, comme beaucoup d'autres songes.

Vous connaissez toute l'ancienne querelle du docteur Johnson et du traducteur supposé du barde calédonien. M. Macpherson, poussé à bout, ne put jamais montrer le manuscrit de *Fingal*, dont il avait fait une histoire ridicule, prétendant qu'il l'avait trouvée dans un vieux coffre chez un paysan ; que ce manuscrit était en papier et en caractères runiques. Or Johnson démontra que ni le papier ni l'alphabet runique n'étaient en usage en Écosse à l'époque fixée par M. Macpherson. Quant au texte qu'on voit maintenant imprimé avec quelques poëmes de Smith, ou à celui qu'on peut imprimer encore [1], on sait que les poëmes d'Ossian ont été traduits *de l'anglais* dans la langue *calédonienne;*

---

[1] Quelques journaux anglais ont dit, et des journaux français ont répété, que le texte véritable d'Ossian allait enfin paraître ; mais ce ne peut être que la version écossaise faite sur le texte même de Macpherson.

car plusieurs montagnards écossais sont devenus complices de la fraude de leur compatriote. C'est ce qui a trompé.

Au reste, c'est une chose fort commune en Angleterre que tous ces manuscrits *retrouvés*. On a vu dernièrement une tragédie de Shakespeare, et, ce qui est plus extraordinaire, des ballades du temps de Chaucer, si parfaitement imitées pour le style, le parchemin et les caractères antiques, que tout le monde s'y est mépris. Déjà mille volumes se préparaient pour développer les beautés et prouver l'authenticité de ces merveilleux ouvrages, lorsqu'on surprit l'*éditeur* écrivant et composant lui-même ces poëmes saxons. Les admirateurs en furent quittes pour rire et pour jeter leurs commentaires au feu ; mais je ne sais si le jeune homme qui s'était exercé dans cet art singulier ne s'est point brûlé la cervelle de désespoir.

Cependant il est certain qu'il existe d'anciens poëmes qui portent le nom d'*Ossian*. Ils sont irlandais ou erses d'origine. C'est l'ouvrage de quelque moine du treizième siècle. Fingal est un géant qui ne fait qu'une enjambée d'Écosse en Irlande ; et les héros vont en terre sainte pour expier les meurtres qu'ils ont commis.

Et, pour dire la vérité, il est même incroyable qu'on ait pu se tromper sur l'auteur des poëmes d'Ossian. L'homme du dix-huitième siècle y perce de toutes parts. Je n'en veux pour exemple que l'apostrophe du barde au soleil : « O soleil, lui dit-il, qui es-tu? d'où viens-tu? où vas-tu? ne tomberas-tu point un jour, etc. [1] ? »

Madame de Staël, qui reconnaît si bien l'histoire de l'entendement humain, verra qu'il y a là dedans tant d'idées complexes sous les rapports moraux, physiques et métaphysiques, qu'on ne peut presque sans absurdité les attribuer à un Sauvage. En outre, les notions les plus abstraites du *temps*, de la *durée*, de l'*étendue*, se trouvent à chaque page d'Ossian. J'ai vécu parmi les Sauvages de l'Amérique, et j'ai remarqué qu'ils parlent souvent des temps écoulés, mais jamais des temps à naître. Quelques grains de poussière au fond du tombeau leur restent en témoignage de la vie dans le néant du passé ; mais qui peut leur indiquer l'existence dans le néant de l'avenir? Cette anticipation du futur, qui nous est si familière, est néanmoins une des plus fortes abstractions où la pensée de l'homme soit arrivée. Heureux toutefois le Sauvage qui ne sait pas, comme nous, que la douleur est suivie de la douleur, et dont l'âme, sans souvenir et sans prévoyance, ne concentre pas en elle-même, par une sorte d'éternité douloureuse, le passé, le présent et l'avenir !

Mais ce qui prouve incontestablement que M. Macpherson est l'auteur des poëmes d'Ossian, c'est la perfection, ou *le beau idéal de la morale* dans ces poëmes. Ceci mérite quelque développement.

Le beau idéal est né de la société. Les hommes très-près de la nature ne le connaissent pas. Ils se contentent dans leurs chansons de peindre exactement ce qu'ils voient. Mais, comme ils vivent au milieu des déserts, leurs tableaux

---

[1] J'écris de mémoire, et je puis me tromper sur quelques mots ; mais c'est le sens, et cela suffit.

sont toujours grands et poétiques. Voilà pourquoi vous ne trouvez point de mauvais goût dans leurs compositions. Mais aussi elles sont monotones, et les sentiments qu'ils expriment ne vont pas jusqu'à l'héroïsme.

Le siècle d'Homère s'éloignait déjà de ces premiers temps. Qu'un Sauvage perce un chevreuil de sa flèche; qu'il le dépouille au milieu de toutes les forêts; qu'il étende la victime sur les charbons du tronc d'un chêne, tout est noble dans cette action. Mais dans la tente d'Achille il y a déjà des bassins, des broches, des couteaux. Un instrument de plus, et Homère tombait dans la bassesse des descriptions allemandes; ou bien il fallait qu'il cherchât le *beau idéal physique, en commençant à cacher.* Remarquez bien ceci. L'explication suivante va tout éclaircir.

A mesure que la société multiplia les besoins et les commodités de la vie, les poëtes apprirent qu'ils ne devaient plus, comme par le passé, peindre tout aux yeux, mais voiler certaines parties du tableau. Ce premier pas fait, ils virent encore qu'il fallait *choisir;* ensuite, que la chose choisie était susceptible d'une forme plus belle et d'un plus bel effet dans telle ou telle position. Toujours cachant et choisissant, retranchant ou ajoutant, ils se trouvèrent peu à peu dans des formes qui n'étaient plus naturelles, mais qui étaient plus belles que celles de la nature; et les artistes appelèrent ces formes *le beau idéal.* On peut donc définir le beau idéal l'*art de choisir et de cacher.*

Le beau idéal *moral* se forma comme le beau idéal *physique.* On déroba à la vue certains mouvements de l'âme, car l'âme a ses honteux besoins et ses bassesses comme le corps. Et je ne puis m'empêcher de remarquer que l'homme est le seul de tous les êtres vivants qui soit susceptible d'être représenté plus parfait que nature et comme approchant de la Divinité. On ne s'avise pas de peindre le beau idéal d'un aigle, d'un lion, etc. Si j'osais m'élever jusqu'au *raisonnement,* mon cher ami, je vous dirais que j'entrevois ici une grande pensée de l'Auteur des êtres, et une preuve de notre immortalité.

La société où la morale atteignit le plus vite tout son développement, dut atteindre le plus tôt au beau idéal des caractères. Or c'est ce qui distingue éminemment les sociétés formées dans la religion chrétienne. C'est une chose étrange, et cependant rigoureusement vraie, qu'au moyen de l'Évangile la morale avait acquis chez nos pères son plus haut point de perfection, tandis qu'ils étaient de vrais barbares dans tout le reste.

Je demande à présent où Osssian aurait pris cette morale parfaite qu'il donne partout à ses héros? Ce n'est pas dans sa religion, puisqu'on convient qu'il n'y a point de religion dans ses ouvrages. Serait-ce dans la nature même? et comment le sauvage Ossian, sur un rocher de la Calédonie, tandis que tout était cruel, barbare, sanguinaire, grossier autour de lui, serait-il arrivé en quelques jours à des connaissances morales que Socrate eut à peine dans les siècles les plus éclairés de la Grèce, et que l'Évangile seul a révélées au monde, comme le résultat de quatre mille ans d'observations sur le caractère de hommes? La mémoire de madame de Staël l'a trahie, lorsqu'elle avance que les poésies scandinaves ont la même couleur que les poésies du prétendu barde écossais. Chacun sait que c'est tout le contraire. Les premières ne respirent que brutalité et vengeance. M. Macpherson lui-même a bien soin de remarquer cette différence, et de mettre en contraste les guerriers de *Morven* et les guerriers de *Lochlin*. L'ode que madame de Staël rappelle dans une note a même été citée et commentée par le docteur Blair, en opposition aux poésies d'Ossian. Cette ode ressemble beaucoup à la chanson de mort des Iroquois : « Je ne crains « point la mort, je suis brave que ne puis-je boire dans le crâne de mes enne- « mis et leur dévorer le cœur ! etc. » Enfin M. Macpherson a fait des fautes en histoire naturelle, qui suffiraient seules pour découvrir le mensonge. Il a planté des chênes où jamais il n'est venu que des bruyères, et fait crier des aigles où l'on n'entend que la voix de la barnache et le sifflement du courlieu.

M. Macpherson était membre du parlement d'Angleterre. Il était riche; il avait un fort beau parc dans les montagnes d'Écosse, où, à force d'art et de soin, il était parvenu à faire croître quelques arbres; il était en outre très-bon chrétien et profondément nourri de la lecture de la Bible [1]; il a chanté sa montagne, son parc, et le génie de sa religion.

Cela, sans doute, ne détruit rien du mérite des poëmes de *Temora* et de *Fingal*; ils n'en sont pas moins le vrai modèle d'une sorte de mélancolie du désert, pleine de charmes. J'ai fait venir la petite édition qu'on vient de publier dernièrement en Écosse; et, ne vous en déplaise, mon cher ami, je ne sors plus sans mon Homère de Westein dans une poche, et mon Ossian de *Glascow* dans l'autre. Mais cependant, il résulte de tout ce que je viens de vous dire que le système de madame de Staël, touchant l'influence d'Ossian sur la littérature du Nord, s'écroule; et quand elle s'obstinerait à croire que le barde écossais a existé, elle a trop d'esprit et de raison pour ne pas sentir que c'est toujours un mauvais système que celui qui repose sur une base aussi contestée [2]. Pour moi, mon cher ami, vous voyez que j'ai tout à gagner par la chute d'Ossian, et que chassant la *perfectibilité* mélancolique des tragédies de Shakespeare, des *Nuits* de Young, de l'*Héloïse* de Pope, de la *Clarisse* de Richardson, j'y rétablis victorieusement la mélancolie des idées religieuses. Tous ces auteurs étaient chrétiens, et l'on croit même que Shakespeare était catholique.

Si j'allais maintenant, mon cher ami, suivre madame de Staël dans le siècle de Louis XIV, c'est alors que vous me reprocheriez d'être tout à fait extravagant. J'avoue que, sur ce sujet, je suis d'une superstition ridicule. J'entre dans une sainte colère quand on veut rapprocher les auteurs du dix-huitième siècle des écrivains du dix-septième; et même, à présent que je vous en parle, ce

---

[1] Plusieurs morceaux d'Ossian sont visiblement imités de la Bible, et d'autres traduits d'Homère, tels que la belle expression *the joy of grief;* χρυεροῖο τεταρπώμεσθα γόοιο (*Od.*, lib. II, v. 214, *le plaisir de la douleur.*) J'observerai qu'Homère a une teinte mélancolique dans le grec que toutes les traductions ont fait disparaître. Je ne crois pas, comme madame de Staël, qu'il y ait un âge particulier de la mélancolie; mais je crois que tous les grands génies ont été mélancoliques.

[2] D'ailleurs, quand ces poëtes auraient existé avant Macpherson (ce qui est sans vraisemblance), ils n'étaient point rassemblés, et les poëtes célèbres de l'Angleterre ne les connaissaient pas. Gray lui-même, si voisin de nous, dans son ode du *Barde*, ne rappelle pas une seule fois le nom d'Ossian.

seul souvenir est prêt à m'emporter *la raison hors des gonds*, comme dit Blaise Pascal. Il faut que je sois bien séduit par le talent de madame de Staël pour rester muet dans une pareille cause.

Mon ami, nous n'avons pas d'historiens, dit-elle. Je pensais que Bossuet était quelque chose! Montesquieu lui-même lui doit son livre de la *Grandeur et de la décadence de l'empire romain*, dont il a trouvé l'abrégé sublime dans la troisième partie du *Discours sur l'Histoire universelle*. Les Hérodote, les Tacite, les Tite-Live sont petits, selon moi, auprès de Bossuet; c'est dire assez que les Guichardin, les Mariana, les Hume, les Robertson, disparaissaient devant lui. Quelle revue il fait de la terre! il est en mille lieux à la fois: patriarche sous le palmier de Tophel, ministre à la cour de Babylone, prêtre à Memphis, législateur à Sparte, citoyen à Athènes et à Rome, il change de temps et de place à son gré; il passe avec la rapidité et la majesté des siècles. La verge de la loi à la main, avec une autorité incroyable, il chasse pêle-mêle devant lui et Juifs et gentils au tombeau; il vient enfin lui-même à la suite du convoi de tant de générations, et, marchant appuyé sur Isaïe et sur Jérémie, il élève ses lamentations prophétiques à travers la poudre et les débris du genre humain.

Sans religion on peut avoir de l'esprit, mais il est presque impossible d'avoir du génie. Qu'ils me semblent petits la plupart de ces hommes du dix-huitième siècle, qui, au lieu de l'instrument infini dont les Racine et les Bossuet se servaient pour trouver la note fondamentale de leur éloquence, emploient l'échelle d'une étroite philosophie, qui subdivise l'âme en degrés et en minutes, et réduit tout l'univers, Dieu compris, à une simple soustraction du néant!

Tout écrivain qui refuse de croire en un Dieu, auteur de l'univers et juge des hommes, dont il a fait l'âme immortelle, bannit l'infini de ses ouvrages. Il enferme sa pensée dans un cercle de boue, dont il ne saurait plus sortir. Il ne voit plus rien de noble dans la nature. Tout s'y opère par d'impurs moyens de corruption et de régénération. Le vaste abîme n'est qu'un peu d'eau *bitumineuse;* les montagnes sont de petites protubérances de pierres *calcaires* ou *vitrescibles*. Ces deux admirables flambeaux des cieux, dont l'un s'éteint quand l'autre s'allume, afin d'éclairer nos travaux et nos veilles, ne sont que deux masses pesantes formées au hasard par je ne sais quelle agrégation fortuite de matière. Ainsi, tout est désenchanté, tout est mis à découvert par l'incrédule: il vous dira même qu'il sait ce que c'est que l'homme; et si vous voulez l'en croire, il vous expliquera d'où vient la pensée, et ce qui fait que votre cœur se remue au récit d'une belle action : tant il a compris facilement ce que les plus grands génies n'ont pu comprendre! Mais approchez et voyez en quoi consistent les hautes lumières de la philosophie! Regardez au fond de ce tombeau ; contemplez ce cadavre enseveli, cette statue du néant, voilée d'un linceul : c'est tout l'homme de l'athée.

Voilà une lettre bien longue, mon cher ami, et cependant je ne vous ai pas dit la moitié des choses que j'aurais à vous dire.

On m'appellera capucin, mais vous savez que Diderot aimait fort les capucins. Quant à vous, en votre qualité de poëte, pour quoi seriez-vous effrayé d'une barbe blanche? Il y a longtemps qu'Homère a réconcilié les muses avec elle. Quoi qu'il en soit, il est temps de mettre fin à cette épître. Mais, comme vous savez que nous autres papistes avons la fureur de vouloir convertir notre prochain, je vous avouerai en confidence que je donnerais beaucoup de choses pour voir madame de Staël se ranger sous les drapeaux de la religion. Voici ce que j'oserais lui dire si j'avais l'honneur de la connaître :

« Vous êtes sans doute une femme supérieure : votre tête est forte, et votre
« imagination quelquefois pleine de charmes, témoin ce que vous dites d'Herminie
« déguisée en guerrier. Votre expression a souvent de l'éclat et de l'élévation.

« Mais, malgré tous ces avantages, votre ouvrage est bien loin d'être ce qu'il
« aurait pu devenir. Le système en est monotone, sans mouvement, et trop
« mêlé d'expressions métaphysiques. Le sophisme des idées repousse, l'érudi-
« tion ne satisfait pas, et le cœur surtout est trop sacrifié à la pensée. D'où pro-
« viennent ces défauts? de votre philosophie. C'est la partie éloquente qui
« manque essentiellement à votre ouvrage. Or, il n'y a point d'éloquence sans
« religion. L'homme a tellement besoin d'une éternité d'espérance, que vous
« avez été obligée de vous en former une sur la terre par votre système de *per-*
« *fectibilité*, pour remplacer cet *infini*, que vous refusez de voir dans le ciel.
« Si vous êtes sensible à la renommée, revenez aux idées religieuses. Je suis
« convaincu que vous avez en vous le germe d'un ouvrage beaucoup plus beau
« que tous ceux que vous nous avez donnés jusqu'à présent. Votre talent n'est
« qu'à demi développé ; la philosophie l'étouffe ; et si vous demeurez dans vos
« opinions, vous ne parviendrez point à la hauteur où vous pouviez atteindre
« en suivant la route qui a conduit Pascal, Bossuet et Racine à l'immortalité. »

Voilà comme je parlerais à madame de Staël sous les rapports de la gloire. Quand je viendrais à l'article du bonheur, pour rendre mes sermons moins ennuyeux, je varierais ma manière. J'emprunterais cette langue des forêts qui m'est permise en ma qualité de Sauvage. Je dirais à ma néophyte :

« Vous paraissez n'être pas heureuse : vous vous plaignez souvent, dans votre
« ouvrage, de manquer de cœurs qui vous entendent. Sachez qu'il y a de cer-
« taines âmes qui cherchent en vain dans la nature les âmes auxquelles elles
« sont faites pour s'unir, et qui sont condamnées par le grand Esprit à une
« sorte de veuvage éternel.

« Si c'est là votre mal, la religion seule peut le guérir. Le mot *philosophie*,
« dans le langage de l'Europe, me semble correspondre au mot *solitude* dans
« l'idiome des Sauvages. Or, comment la *philosophie* remplira-t-elle le vide de
« vos jours? Comble-t-on le désert avec le désert ?

« Il y avait une femme des monts Apalaches qui disait : Il n'y a point de bons
« génies, car je suis malheureuse, et tous les habitants des cabanes sont mal-
« heureux. Je n'ai point encore rencontré d'homme, quel que fût son air de fé-
« licité, qui n'entretînt une plaie cachée. Le cœur le plus serein en apparence
« ressemble au puits naturel de la savane *Alachua :* la surface vous en paraît
« calme et pure; mais lorsque vous regardez au fond du bassin tranquille, vous
« apercevez un large crocodile que le puits nourrit dans ses ondes.

« La femme alla consulter le jongleur du désert de *Scambre*, pour savoir s'il
« y avait de bons génies. Le jongleur lui répondit : Roseau du fleuve, qui est-

« ce qui t'appuiera s'il n'y a pas de bons génies? Tu dois y croire par cela seul
« que tu es malheureuse. Que feras-tu de la vie si tu es sans bonheur, et en-
« core sans espérance? Occupe-toi, remplis secrètement la solitude de tes jours
« par des bienfaits. Sois l'astre de l'infortune, répands tes clartés modestes dans
« les ombres; sois témoin des pleurs qui coulent en silence, et que les misé-
« rables puissent attacher les yeux sur toi sans être éblouis. Voilà le seul moyen
« de trouver ce bonheur qui te manque. Le grand Esprit ne t'a frappée que
« pour te rendre sensible aux maux de tes frères, et pour que tu cherches à les
« soulager. Si notre cœur est comme le puits du crocodile, il est aussi comme
« ces arbres qui ne donnent leur baume pour les blessures des hommes que
« lorsque le fer les a blessés eux-mêmes.

« Le jongleur du désert de *Scambre*, ayant ainsi parlé à la femme des monts
« Apalaches, rentra dans le creux de son rocher. »

Adieu, mon cher ami, je vous aime et vous embrasse de tout mon cœur.

L'Auteur du Génie du Christianisme.

FIN DU GÉNIE DU CHRISTIANISME.

NOTES ET ÉCLAIRCISSEMENTS

Note 1, page 6. — L'*Encyclopédie* est un fort mauvais ouvrage ; c'est l'opinion de Voltaire lui-même.

« J'ai vu par hasard quelques articles de ceux qui se font, comme moi, les garçons de cette
« grande boutique : ce sont, pour la plupart, des dissertations sans méthode. On vient d'im-
« primer dans un journal l'article *Femme*, qu'on tourne horriblement en ridicule. Je ne
« peux croire que vous ayez souffert un tel article dans un ouvrage si sérieux : *Chloé presse
« du genou un petit-maître, et chiffonne les dentelles d'un autre*; il semble que cet article
« soit fait pour le laquais de Gil-Blas.

« J'ai vu *Enthousiasme*, qui est meilleur ; mais on n'a que faire d'un si long discours
« pour savoir que l'enthousiasme doit être gouverné par la raison. Le lecteur veut savoir
« d'où vient ce mot, pourquoi les anciens le consacrèrent à la divination, à la poésie, à l'é-
« loquence, au zèle de la superstition ; le lecteur veut des exemples de ce transport secret
« de l'âme appelé enthousiasme ; ensuite il est permis de dire que la raison, qui préside à
« tout, doit aussi conduire ce transport. Enfin, je ne voudrais, dans votre *Dictionnaire*,
« que vérité et méthode. Je ne me soucie pas qu'on me donne son avis particulier sur la co-
« médie ; je veux qu'on m'en apprenne la naissance et les progrès chez chaque nation : voilà
« ce qui plaît, voilà ce qui instruit. On ne lit point ces petites déclamations dans lesquelles
« un auteur ne donne que ses propres idées, qui ne sont qu'un sujet de dispute. » (*Correspondance de Voltaire et de d'Alembert*, vol. 1er, pag. 19, édit. in-8°, de Beaumarchais. Lettre du 13 novembre 1756.)

Page 25. — « Vous m'encouragez à vous représenter en général qu'on se plaint de la lon-
« gueur des dissertations vagues et sans méthode que plusieurs personnes vous fournissent
« pour se faire valoir ; il faut songer à l'ouvrage, et non à soi. Pourquoi n'avez-vous pas re-
« commandé une espèce de protocole à ceux qui vous servent : étymologie, définitions,
« exemples, raison, clarté et brièveté ? Je n'ai vu qu'une douzaine d'articles, mais je n'y ai
« rien trouvé de tout cela. » (22 décembre 1756.)

Page 62. — « Je cherche, dans les articles dont vous me chargez, à ne rien dire que de
« nécessaire, et je crains de n'en pas dire assez ; d'un autre côté je crains de tomber dans la
« déclamation.

« Il me paraît qu'on vous a donné plusieurs articles remplis de ce défaut ; il me revient
« toujours qu'on s'en plaint beaucoup. Le lecteur ne veut qu'être instruit, et il ne l'est point
« du tout par les dissertations vagues et puériles, qui, pour la plupart, renferment des pa-
« radoxes, des idées hasardées, dont le contraire est souvent vrai, des phrases ampoulées,
« des exclamations qu'on sifflerait dans une académie de province. » (29 décembre 1757.)

D'Alembert, dans le discours à la tête du troisième volume de l'*Encyclopédie*, et Diderot, dans le cinquième volume, article *Encyclopédie*, ont fait eux-mêmes la satire la plus amère de leur ouvrage.

Note 2, page 27. — Il est curieux de rapprocher de ce fragment de l'*Apologie* de saint Justin le tableau des mœurs des chrétiens que l'on trouve dans la fameuse lettre de Pline le Jeune à Trajan. Cette lettre, ainsi que la réponse de l'empereur, prouve que l'innocence des chrétiens était parfaitement reconnue, et que leur *foi* était leur seul crime. On y voit aussi la merveilleuse rapidité de la propagation de l'Évangile, puisque dès lors, dans une partie de l'empire, *les temples étaient presque déserts*. Pline écrivait cette lettre un an ou deux après la mort de saint Jean l'évangéliste, et environ quarante ans avant que saint Justin publiât son *Apologie*.

Quoique cette lettre soit extrêmement connue, on a cru qu'il ne serait pas hors de propos de l'insérer ici.

PLINE, *proconsul dans la Bithynie et le Pont, à l'empereur* TRAJAN.

« Je me fais une religion, seigneur, de vous exposer mes scrupules ; car qui peut mieux
« me déterminer ou m'instruire ? Je n'ai jamais assisté à l'instruction et au jugement du procès
« d'aucun chrétien ; ainsi, je ne sais sur quoi tombe l'information que l'on fait contre eux,
« ni jusqu'où on doit porter leur punition. J'hésite beaucoup sur la différence des âges. Faut-
« il les assujettir tous à la peine, sans distinguer les plus jeunes des plus âgés ? Doit-on par-
« donner à celui qui se repent ? ou est-il inutile de renoncer au christianisme quand une fois
« on l'a embrassé ? Est-ce le nom seul que l'on punit en eux, ou sont-ce les crimes attachés
« à ce nom ? Cependant, voici la règle que j'ai suivie dans les accusations intentées devant
« moi contre les chrétiens. Je les ai interrogés s'ils étaient chrétiens : ceux qui l'ont avoué,
« je les ai interrogés une seconde et une troisième fois, et les ai menacés du supplice : quand
« ils ont persisté, je les y ai envoyés ; car, de quelque nature que fût ce qu'ils confessaient,
« j'ai cru que l'on ne pouvait manquer à punir en eux leur désobéissance et leur invincible
« opiniâtreté. Il y en a eu d'autres, entêtés de la même folie, que j'ai réservés pour envoyer
« à Rome, parce qu'ils sont citoyens romains. Dans la suite, ce crime venant à se répandre,
« comme il arrive ordinairement, il s'en est présenté de plusieurs espèces. On m'a mis entre
« les mains un mémoire sans nom d'auteur, où l'on accuse d'être chrétiens différentes per-
« sonnes qui nient de l'être et de l'avoir jamais été. Ils ont, en ma présence, et dans les
« termes que je leur prescrivais, invoqué les dieux, et offert de l'encens et du vin à votre image,
« que j'avais fait apporter exprès avec des statues de nos divinités ; ils se sont encore emportés
« en imprécations contre le Christ ; c'est à quoi, dit-on, l'on ne peut jamais forcer ceux qui
« sont véritablement chrétiens. J'ai donc cru qu'il les fallait absoudre. D'autres, déférés par
« un dénonciateur, ont d'abord reconnu qu'ils étaient chrétiens, et aussitôt après ils l'ont nié,
« déclarant que véritablement ils l'avaient été, mais qu'ils ont cessé de l'être, les uns il y
« avait plus de trois ans, les autres depuis un plus grand nombre d'années, quelques-uns
« depuis plus de vingt ans. Tous ces gens-là ont adoré votre image et les statues des dieux ;
« tous ont chargé le Christ de malédictions. Ils assuraient que toute leur erreur ou leur faute
« avait été renfermée dans ces points : qu'à un jour marqué ils s'assemblaient avant le lever
« du soleil, et chantaient tour à tour des vers à la louange du Christ, comme s'il eût été Dieu ;
« qu'ils s'engageaient par serment, non à quelque crime, mais à ne point commettre le vol
« ni l'adultère, à ne point manquer à leur promesse, à ne point nier un dépôt ; qu'après cela,
« ils avaient coutume de se séparer, et ensuite de se rassembler pour manger en commun des
« mets innocents ; qu'ils avaient cessé de le faire depuis mon édit, par lequel, selon vos
« ordres, j'avais défendu toute sorte d'assemblées. Cela m'a fait juger d'autant plus néces-
« saire d'arracher la vérité par la force des tourments à des filles esclaves qu'ils disaient être
« dans le ministère de leur culte ; mais je n'y ai découvert qu'une mauvaise superstition portée
« à l'excès, et par cette raison j'ai tout suspendu pour vous demander vos ordres. L'affaire
« m'a paru digne de vos réflexions, par la multitude de ceux qui sont enveloppés dans ce
« péril ; car un très-grand nombre de personnes de tout âge, de tout ordre, de tout sexe, sont
« et seront tous les jours impliquées dans cette accusation. Ce mal contagieux n'a pas seule-
« ment infecté les villes, il a gagné les villages et les campagnes. Je crois pourtant que l'on
« y peut remédier, et qu'il peut être arrêté. Ce qu'il y a de certain, c'est que les temples
« qui étaient presque déserts sont fréquentés, et que les sacrifices longtemps négligés recom-
« mencent : on vend partout des victimes qui trouvaient auparavant peu d'acheteurs. De là on
« peut juger quelle quantité de gens peuvent être ramenés de leur égarement, si l'on fait
« grâce au repentir. »

L'empereur lui fit cette réponse :

TRAJAN A PLINE.

« Vous avez, mon très-cher Pline, suivi la voie que vous deviez dans l'instruction du procès
« des chrétiens qui vous ont été déférés ; car il n'est pas possible d'établir une forme certaine
« et générale dans cette sorte d'affaire : il ne faut pas en faire perquisition. S'ils sont accusés
« et convaincus, il les faut punir : si pourtant l'accusé nie qu'il soit chrétien, et qu'il le
« prouve par sa conduite, je veux dire en invoquant les dieux, il faut pardonner à son re-
« pentir, de quelque soupçon qu'il ait été auparavant chargé. Au reste, dans nul genre de crime,
« l'on ne doit recevoir des dénonciations qui ne sont souscrites de personne, car cela est d'un
« pernicieux exemple et très-éloigné de nos maximes. »

NOTE 3, page 28 — On peut encore voir un résultat bien effroyable de l'excès de population à la Chine, où l'on est obligé de jeter pour ainsi dire les enfants aux pourceaux. Plus on examine la question, plus on est porté à croire que Jésus-Christ fit un acte digne du législateur universel, en invitant quelques hommes, par son exemple, à vivre dans la chasteté. Le libertinage a pu sans doute profiter du conseil de saint Paul, pour voiler des excès attentatoires à la société, et des esprits superficiels ont pu prendre l'abus pour le défaut du conseil même : mais de quoi la corruption n'abuse-t-elle pas? et de quelle institution un génie médiocre, qui n'embrasse pas toutes les parties d'un objet, ne peut-il pas trouver à médire? D'ailleurs, sans les solitaires chrétiens qui parurent dans le monde trois cents ans après le Messie, que seraient devenus les lettres, les sciences et les arts? Enfin, les économistes modernes confirment eux-mêmes l'opinion que j'ai avancée, puisqu'ils prétendent (et entre autres Arthur Young) que les grandes propriétés sont plus favorables que les petites à tous les genres de culture, la vigne peut-être exceptée. Or, dans tout pays peu livré au commerce et essentiellement agricole, si la population est excessive, les propriétés seront nécessairement très-divisées, ou bien ce pays sera exposé à d'éternelles révolutions; à moins toutefois que le paysan ne soit esclave comme chez les anciens, ou serf comme en Russie et dans une partie de l'Allemagne.

NOTE 4, page 38. — M. de Ramsay, Écossais, passa de la religion anglicane au socinianisme, de là au pur déisme, et il tomba enfin dans un pyrrhonisme universel. Il vint chercher la vérité auprès de Fénelon, qui le convertit au christianisme et à la religion catholique. C'est M. de Ramsay lui-même qui nous a conservé le précieux entretien dont sa conversion fut le fruit. Nous en citerons la partie dans laquelle Fénelon fixe les bornes *de la raison et de la foi*. Il avait prouvé à M. de Ramsay l'authenticité des livres saints, et lui avait montré la beauté de la morale qu'ils contiennent. « Mais, monseigneur, reprit M. de Ramsay (c'est lui-même qui
« parle), pourquoi trouve-t-on dans la Bible un contraste si choquant de vérités lumineuses
« et de dogmes obscurs? Je voudrais bien séparer les idées sublimes, dont vous venez de me
« parler, d'avec ce que les prêtres appellent *mystères*. » Il me répondit ainsi : « Pourquoi
« rejeter tant de lumières qui consolent le cœur, parce qu'elles sont mêlées d'ombres qui
« humilient l'esprit? La vraie religion ne doit-elle pas élever et abattre l'homme, lui montrer
« tout ensemble sa grandeur et sa faiblesse? Vous n'avez pas encore une idée assez étendue
« du christianisme. Il n'est pas seulement une loi sainte qui purifie le cœur, il est aussi une
« sagesse mystérieuse qui dompte l'esprit. C'est un sacrifice continuel de tout soi-même en
« hommage à la souveraine raison. En pratiquant sa *morale*, on renonce aux plaisirs pour
« l'amour de la beauté suprême. En croyant ses *mystères*, on immole ses idées par respect
« pour la vérité éternelle. Sans ce double sacrifice des *pensées* et des *passions*, l'holocauste
« est imparfait, notre victime est défectueuse. C'est par là que l'homme tout entier disparaît
« et s'évanouit devant l'*Être des êtres*. *Il ne s'agit pas d'examiner s'il est nécessaire que*
« *Dieu nous révèle ainsi des mystères pour humilier notre esprit; il s'agit de savoir s'il*
« *en a révélé ou non. S'il a parlé à sa créature, l'obéissance et l'amour sont insépa-*
« *rables. Le christianisme est un fait. Puisque vous ne doutez plus des preuves de ce fait,*
« *il ne s'agit plus de choisir ce qu'on croira et ce qu'on ne croira pas*. Toutes les difficultés
« dont vous avez rassemblé des exemples s'évanouissent dès qu'on a l'esprit guéri de la présomption. Alors on n'a nulle peine à croire qu'il y ait dans la nature divine, et dans la conduite de sa providence, une profondeur impénétrable à notre faible raison. L'Être infini
« doit être incompréhensible à la créature. D'un côté, on voit un législateur dont la loi est
« tout à fait divine, qui prouve sa mission par des faits miraculeux dont on ne saurait douter
« par des raisons aussi fortes que celles qu'on a de les croire. D'un autre côté, on trouve
« plusieurs mystères qui nous choquent. Que faire entre ces deux extrémités embarrassantes
« d'une révélation claire et d'un obscur incompréhensible? On ne trouve de ressources que
« dans le sacrifice de l'esprit, et ce sacrifice est une partie du culte dû au souverain Être.
« *Dieu n'a-t-il point des connaissances infinies que nous n'avons point? Quand il*
« *en découvre quelques-unes par une voie naturelle, il ne s'agit plus d'examiner le com-*
« *ment de ces mystères, mais la certitude de leur révélation*. Ils nous paraissent incompatibles, sans l'être en effet; et cette incompatibilité apparente vient de la petitesse de notre
« esprit, qui n'a pas de connaissances assez étendues pour voir la liaison de nos idées naturelles
« avec ces vérités surnaturelles. »

NOTE 5, page 43. — La Polyglotte d'Antoine Vitré donne, Vulgate :
    Ego sum Dominus Deus tuus.
Septante :
    Ἐγὼ εἰμί Κύριος ὁ Θεὸς σοῦ.
Latin du texte chaldaïque :
    Ego Dominus tuus.

La Polyglotte de Walton porte,
Vulgate et Septante, comme ci-dessus;
Latin de la version syriaque :
Ego sum Dominus Deus tuus.
Version latine interlignée sur l'hébreu :
Et e terra Ægypti eduxi te, qui tuus Dominus Deus ego.
Latin de l'hébreu samaritain :
Ego sum Dominus Deus tuus.
Latin de la version arabe :
Ego sum Dominus Deus tuus.

Note 6, page 45. — Les vérités de l'Écriture se retrouvent jusque chez les Sauvages du Nouveau-Monde.

« Vous avez pu voir, dit Charlevoix, dans la fable d'Atahensic chassé du ciel, quelques vestiges de l'histoire de la première femme exilée du paradis terrestre, en punition de sa désobéissance, et la tradition du déluge aussi bien que l'arche dans laquelle Noé se sauva avec sa famille. Cette circonstance m'empêche d'adhérer au sentiment du père d'Acosta, qui prétend que cette tradition ne regarde pas le déluge universel, mais un déluge particulier à l'Amérique. En effet, les Algonquins, et presque tous les peuples qui parlent leur langue, supposant la création du premier homme, disent que sa postérité ayant péri presque tout entière par une inondation générale, un nommé *Messou*, d'autres l'appellent *Saketchack*, qui vit toute la terre abîmée sous les eaux par le débordement d'un lac, envoya un corbeau au fond de cet abîme pour lui en rapporter de la terre; que ce corbeau ayant mal fait sa commission, il y envoya un rat musqué qui y réussit mieux; que de ce peu de terre que l'animal lui avait apporté, il rétablit le monde dans son premier état, qu'il tira des flèches contre les troncs des arbres qui paraissaient encore, et que ces flèches se changèrent en branches; qu'il fit plusieurs autres merveilles, et que, par reconnaissance du service que lui avait rendu le rat musqué, il épousa une femelle de son espèce, dont il eut des enfants qui repeuplèrent le monde; qu'il avait communiqué son immortalité à un certain Sauvage, et la lui avait donnée dans un petit paquet, en lui défendant de l'ouvrir, sous peine de perdre un don si précieux. »

Le père Bouchet, dans sa lettre à l'évêque d'Avranches, donne les détails les plus curieux sur les rapports des fables indiennes avec les principales vérités de notre religion et les traditions de l'Écriture : les *Mémoires de la Société anglaise* de Calcutta confirment tout ce que dit ici le savant missionnaire français :

« La plupart des Indiens assurent que ce grand nombre de divinités qu'ils adorent aujourd'hui ne sont que des dieux subalternes, et soumis au souverain Être, qui est également le Seigneur des dieux et des hommes. Ce grand Dieu, disent-ils, est infiniment élevé au-dessus de tous les êtres, et cette distance infinie empêchait qu'il eût aucun commerce avec de faibles créatures. Quelle proportion, en effet, continuent-ils, entre un être infiniment parfait et des êtres créés, remplis comme nous d'imperfections et de faiblesse? C'est pour cela même, selon eux, que *Parabaravastou* (c'est *le Dieu suprême*) a créé trois dieux inférieurs, savoir : *Bruma*, *Wishnou* et *Routren*. Il a donné au premier la puissance de créer, au second le pouvoir de conserver, et au troisième le droit de détruire.

« Mais ces trois dieux qu'adorent les Indiens sont, aux sentiments de leurs savants, les enfants d'une femme qu'ils appellent *Parachatti*, c'est-à-dire la *Puissance suprême*. Si l'on réduisait cette fable à ce qu'elle était dans son origine, on y découvrirait aisément la vérité, tout obscurcie qu'elle est par les idées ridicules que l'esprit de mensonge y a ajoutées.

« Les premiers Indiens ne voulaient dire autre chose, sinon que tout ce qui se fait dans le monde, soit par la création, qu'ils attribuent à *Bruma*, soit par la conservation, qui est le partage de *Wishnou*, soit enfin par les différents changements, qui sont l'ouvrage de *Routren*, vient uniquement de la puissance absolue du *Parabaravastou*, ou du Dieu suprême. Ces esprits charnels ont fait ensuite une femme de leur *Parachatti*, et lui ont donné trois enfants, qui ne sont que les principaux effets de la toute-puissance. En effet, *chatti*, en langue indienne, signifie puissance, et *para*, suprême ou absolue.

« Cette idée qu'ont les Indiens d'un être infiniment supérieur aux autres divinités marque au moins que leurs anciens n'adoraient effectivement qu'un Dieu, et que le *polythéisme* ne s'est introduit parmi eux que de la manière dont il s'est répandu dans tous les pays idolâtres.

« Je ne prétends pas, monseigneur, que cette première connaissance prouve d'une manière bien évidente le commerce des Indiens avec les Egyptiens ou avec les Juifs. Je sais que, sans un tel secours, l'auteur de la nature a gravé cette vérité fondamentale dans l'esprit de tous les hommes, et qu'elle ne s'altère chez eux que par le dérèglement et la corruption de leur cœur. C'est pour la même raison que je ne vous dis rien de ce que les Indiens ont pensé sur l'immortalité de nos âmes et sur plusieurs autres vérités semblables.

« Je m'imagine cependant que vous ne serez pas fâché de savoir comment nos Indiens trouvent expliquée, dans leurs auteurs, la ressemblance de l'homme avec le souverain Etre. Voici ce qu'un savant brame m'a assuré avoir tiré, sur ce sujet, d'un de leurs plus anciens livres. Imaginez-vous, dit cet auteur, un million de grands vases tout remplis d'eau, sur lesquels le soleil répand les rayons de sa lumière : ce bel astre, quoique unique, se multiplie en quelque sorte et se peint tout entier, en un moment, dans chacun de ces vases ; on en voit partout une image très-ressemblante. Nos corps sont ces vases remplis d'eau ; le soleil est la figure du souverain Etre ; et l'image du soleil, peinte dans chacun de ces vases, nous représente assez naturellement notre âme créée à la ressemblance de Dieu même.

« Je passe, monseigneur, à quelques traits plus marqués et plus propres à satisfaire un discernement aussi exquis que le vôtre : trouvez bon que je vous raconte ici simplement les choses telles que je les ai apprises ; il me serait fort inutile, en écrivant à un aussi savant prélat que vous, d'y mêler des réflexions particulières.

« Les Indiens, comme j'ai eu l'honneur de vous le dire, croient que *Bruma* est celui des trois dieux subalternes qui a reçu du Dieu suprême la puissance de créer. Ce fut donc *Bruma* qui créa le premier homme ; mais ce qui fait à mon sujet, c'est que *Bruma* forma l'homme du limon de la terre encore toute récente. Il eut, à la vérité, quelque peine à finir son ouvrage : il y revint à plusieurs fois, et ce ne fut qu'à la troisième tentative que ses mesures se trouvèrent justes. La fable a ajouté cette dernière circonstance à la vérité ; et il n'est pas surprenant qu'un Dieu du second ordre ait eu besoin d'apprentissage pour créer l'homme dans la parfaite proportion de toutes les parties où nous le voyons. Mais si les Indiens s'en étaient tenus à ce que la nature, et probablement le commerce des Juifs, leur avaient enseigné de l'unité de Dieu, ils se seraient aussi contentés de ce qu'ils avaient appris, par la même voie, de la création de l'homme. Ils se seraient bornés à dire, comme ils font après l'Écriture sainte, que l'homme fut formé du limon de la terre tout nouvellement sortie des mains du Créateur.

« Ce n'est pas tout, monseigneur ; l'homme une fois créé par *Bruma*, avec la peine dont je vous ai parlé, le nouveau créateur fut d'autant plus charmé de sa créature, qu'elle lui avait plus coûté à perfectionner. Il s'agit maintenant de la placer dans une habitation digne d'elle.

« L'Écriture est magnifique dans la description qu'elle nous fait du paradis terrestre. Les Indiens ne le sont guère moins dans les peintures qu'ils nous tracent de leur *Chorcam* : c'est, selon eux, un jardin de délices où tous les fruits se trouvent en abondance ; on y voit même un arbre dont les fruits communiqueraient l'immortalité, s'il était permis d'en manger. Il serait bien étrange que des gens qui n'auraient jamais entendu parler du paradis terrestre, en eussent fait sans le savoir une peinture si ressemblante.

« Ce qu'il y a de merveilleux, monseigneur, c'est que les dieux inférieurs qui, dès la création du monde, se multiplièrent à l'infini, n'avaient pas ou du moins n'étaient pas sûrs d'avoir le privilège de l'immortalité, dont ils se seraient cependant fort accommodés. Voici une histoire que les Indiens racontent à cette occasion. Cette histoire, toute fabuleuse qu'elle est, n'a point assurément d'autre origine que la doctrine des Hébreux, et peut-être même celle des chrétiens.

« Les dieux, disent nos Indiens, tentèrent toutes sortes de voies pour parvenir à l'immortalité. A force de chercher, ils s'avisèrent d'avoir recours à l'arbre de vie qui était dans le *Chorcam*. Ce moyen leur réussit ; et en mangeant de temps en temps des fruits de cet arbre, ils se conservèrent le précieux trésor qu'ils ont tant d'intérêt de ne pas perdre. Un fameux serpent nommé *Cheien*, s'aperçut que l'arbre de vie avait été découvert par les dieux du second ordre ; comme apparemment on avait confié à ses soins la garde de cet arbre, il conçut une si grande colère de la surprise qu'on lui avait faite, qu'il répandit sur-le-champ une grande quantité de poison : toute la terre s'en ressentit, et un homme ne devait échapper aux atteintes de ce poison mortel. Mais le dieu *Chiven* eut pitié de la nature humaine : il parut sous la forme d'un homme, et avala sans façon tout le venin dont le malicieux serpent avait infecté l'univers.

« Vous voyez, monseigneur, qu'à mesure que nous avançons, les choses s'éclaircissent toujours un peu. Ayez la patience d'écouter une nouvelle fable que je vais vous raconter ; car certainement je me tromperais si je m'engageais à vous dire quelque chose de plus sérieux : vous n'aurez pas de peine à y démêler l'histoire du déluge et les principales circonstances que nous en rapporte l'Écriture.

« Le dieu *Routren* (c'est le grand destructeur des êtres créés) prit un jour la résolution de noyer tous les hommes, dont il prétendait avoir lieu de n'être pas content. Son dessein ne put être si secret qu'il ne fût pressenti par *Wishnou*, conservateur des créatures. Vous verrez, monseigneur, qu'ils lui eurent, dans cette rencontre, une obligation bien essentielle. Il découvrit donc précisément le jour auquel le déluge devait arriver. Son pouvoir ne s'étendait pas jusqu'à suspendre l'exécution des projets du dieu *Routren*, mais aussi sa qualité de dieu conservateur des choses créées lui donnait droit d'en empêcher, s'il y avait moyen, l'effet le plus pernicieux ; et voici la manière dont il s'y prit :

« Il apparut un jour à *Sattiavarti*, son grand confident, et l'avertit en secret qu'il aufait bientôt un déluge universel, que la terre serait inondée, et que *Routren* ne prétendait rien moins que d'y faire périr tous les hommes et tous les animaux ; il l'assura cependant qu'il n'y avait rien à craindre pour lui, et qu'en dépit de *Routren* il trouverait bien moyen de le conserver, et de se ménager à soi-même ce qui lui serait nécessaire pour repeupler le monde. Son dessein était de faire paraître une barque merveilleuse au moment que *Routren* s'y attendrait le moins, d'y enfermer une bonne provision d'au moins huit cent quarante millions d'âmes et de semences d'êtres. Il fallait au reste que *Sattiavarti* se trouvât, au temps du déluge, sur une certaine montagne fort haute, qu'il eut soin de lui faire bien reconnaître. Quelque temps après, *Sattiavarti*, comme on le lui avait prédit, aperçut une multitude infinie de nuages qui s'assemblaient : il vit avec tranquillité l'orage se former sur la tête des hommes coupables ; il tomba du ciel la plus horrible pluie qu'on vit jamais. Les rivières s'enflèrent et se répandirent avec rapidité sur la surface de la terre ; la mer franchit ses bornes, et se mêlant avec les fleuves débordés, couvrit en peu de temps les montagnes les plus élevées ; arbres, animaux, hommes, villes, royaumes, tout fut submergé ; tous les êtres animés périrent et furent détruits.

« Cependant *Sattiavarti*, avec quelques-uns de ses pénitents, s'était retiré sur la montagne ; il y attendait le secours dont le dieu l'avait assuré : il ne laissa pas d'avoir quelques moments de frayeur. L'eau, qui prenait toujours de nouvelles forces, et qui s'approchait insensiblement de sa retraite, lui donnait de temps en temps de terribles alarmes ; mais, dans l'instant qu'il se croyait perdu, il vit paraître la barque qui devait le sauver. Il y entra incontinent avec les dévots de sa suite : les huit cent quarante millions d'âmes et de semences d'êtres s'y trouvèrent renfermés.

« La difficulté était de conduire la barque et de la contenir contre l'impétuosité des flots, qui étaient dans une furieuse agitation. Le dieu *Wishnou* eut soin d'y pourvoir ; car, sur-le-champ, il se fit poisson, et il se servit de sa queue, comme d'un gouvernail, pour diriger le vaisseau. Le dieu poisson et pilote fit une manœuvre si habile, que *Sattiavarti* attendit fort en repos dans son asile que les eaux s'écoulassent de dessus la surface de la terre.

« La chose est claire, comme vous voyez, monseigneur, et il ne faut pas être bien pénétrant pour apercevoir dans ce récit, mêlé de fables et des plus bizarres imaginations, ce que les livres sacrés nous apprennent du déluge, de l'arche et de la conservation de Noé avec sa famille.

« Nos Indiens n'en sont pas demeurés là ; et, après avoir défiguré Noé sous le nom de *Sattiavarti*, ils pourraient bien avoir mis sur le compte de *Bruma* les aventures les plus singulières de l'histoire d'Abraham. En voici quelques traits, monseigneur, qui me paraissent fort ressemblants.

« La conformité du nom pourrait d'abord appuyer mes conjectures : il est visible que de *Bruma* à Abraham il n'y a pas beaucoup de chemin à faire ; et il serait à souhaiter que nos savants en matière d'étymologie n'en eussent point adopté de moins raisonnables et de plus forcées.

« Ce *Bruma*, dont le nom est si semblable à celui d'Abraham, était marié à une femme que tous les Indiens nomment *Sarasvadi*. Vous jugerez, monseigneur, du poids que le nom de cette femme ajoute à ma première conjecture. Les deux dernières syllabes du mot *Sarasvadi* sont, dans la langue indienne, une terminaison honorifique ; ainsi *vadi* répond assez bien à notre mot français *madame*. Cette terminaison se trouve dans plusieurs noms de femmes distinguées : par exemple dans celui de *Parvadi*, femme de *Routren*; il est dès lors évident que les deux premières syllabes du mot *Sarasvadi*, qui font proprement le nom tout entier de la femme de *Bruma*, se réduisent à *Sara*, qui est le nom de *Sara*, femme d'Abraham.

« Il y a cependant quelque chose de plus singulier : *Bruma*, chez les Indiens, comme Abraham chez les Juifs, a été le chef de plusieurs *castes* ou tribus différentes. Les deux peuples se rencontrent même fort juste sur le nombre de ces tribus. A *Tichirapali*, où est maintenant le plus fameux temple de l'Inde, on célèbre tous les ans une fête dans laquelle un vénérable vieillard mène devant soi douze enfants qui représentent, disent les Indiens, les douze chefs des principales castes. Il est vrai que quelques docteurs croient que ce vieillard tient, dans cette cérémonie, la place de *Wishnou*; mais ce n'est pas l'opinion commune des savants ni du peuple, qui disent communément que *Bruma* est le chef de toutes les tribus.

« Quoi qu'il en soit, monseigneur, je ne crois pas que, pour reconnaître dans la doctrine des Indiens celle des anciens Hébreux, il soit nécessaire que tout se rencontre parfaitement conforme de part et d'autre. Les Indiens partagent souvent à différentes personnes ce que l'Écriture nous raconte d'une seule, ou bien rassemblent dans une seule ce que l'Écriture divise dans plusieurs ; mais cette différence, loin de détruire nos conjectures, doit servir, ce me semble, à les appuyer ; et je crois qu'une ressemblance trop affectée ne serait bonne qu'à les rendre suspectes.

« Cela supposé, monseigneur, je continue à vous raconter ce que les Indiens ont tiré de l'histoire d'Abraham, soit qu'ils l'attribuent à *Bruma*, soit qu'ils en fassent honneur à quelque autre de leurs dieux ou de leurs héros.

« Les Indiens honorent la mémoire d'un de leurs pénitents qui, comme le patriarche Abraham, se mit en devoir de sacrifier son fils à un des dieux du pays. Ce dieu lui avait demandé cette victime; mais il se contenta de la bonne volonté du père, et ne souffrit pas qu'il en vînt jusqu'à l'exécution. Il y en a pourtant qui disent que l'enfant fut mis à mort, mais que ce dieu le ressuscita.

« J'ai trouvé une coutume qui m'a surpris, dans une des castes qui sont aux Indes, c'est celle qu'on nomme la caste des voleurs. N'allez pas croire, monseigneur, que, parce qu'il y a parmi ces peuples une tribu entière de voleurs, tous ceux qui font cet *honorable* métier soient rassemblés dans un corps particulier, et qu'ils aient pour voler un privilége à l'exclusion de tout autre : cela veut dire seulement que tous les Indiens de cette caste volent effectivement avec une extrême licence; mais, par malheur, ils ne sont pas les seuls dont il faille se défier.

« Après cet éclaircissement, qui m'a paru nécessaire, je reviens à mon histoire. J'ai donc trouvé que, dans une caste, on garde la cérémonie de la circoncision; mais elle ne se fait pas dès l'enfance, c'est environ à l'âge de vingt ans; tous même n'y sont pas sujets, et il n'y a que les principaux de la caste qui s'y soumettent : cet usage est fort ancien, et il serait difficile de découvrir d'où leur est venue cette coutume, au milieu d'un peuple entièrement idolâtre.

« Vous avez vu, monseigneur, l'histoire du déluge et de Noé dans *Wishnou* et dans *Sattiavarti*; celle d'Abraham dans *Bruma* et dans *Wishnou*; vous verrez encore avec plaisir celle de Moïse dans les mêmes dieux, et je suis persuadé que vous la trouverez encore moins altérée que les précédentes.

« Rien ne me paraît plus ressemblant à Moïse que le *Wishnou* des Indiens, métamorphosé en *Crichnen*; car d'abord *crichnen*, en langue indienne, signifie *noir* : c'est pour faire entendre que *Crichnen* est venu d'un pays où les habitants sont de cette couleur. Les Indiens ajoutent qu'un des plus proches parents de *Crichnen* fut exposé, dès son enfance, dans un petit berceau sur une grande rivière, où il fut dans un danger évident de périr : on l'en tira; et, comme c'était un fort bel enfant, on l'apporta à une grande princesse, qui le fit nourrir avec soin, et qui se chargea ensuite de son éducation.

« Je ne sais pourquoi les Indiens se sont avisés d'appliquer cet événement à un des parents de *Crichnen* plutôt qu'à *Crichnen* même. Que faire à cela, monseigneur? Il faut bien vous dire les choses telles qu'elles sont; et, pour rendre les aventures plus ressemblantes, je n'irai pas vous déguiser la vérité. Ce ne fut donc point *Crichnen*, mais un de ses parents qui fut élevé au palais d'une grande princesse : en cela la comparaison avec Moïse se trouve défectueuse; voici de quoi réparer un peu ce défaut.

« Dès que *Crichnen* fut né, on l'exposa aussi sur un grand fleuve, afin de le soustraire à la colère du roi, qui attendait le moment de sa naissance pour le faire mourir : le fleuve s'entr'ouvrit par respect, et ne voulut pas incommoder de ses eaux un dépôt si précieux. On retira l'enfant de cet endroit périlleux, et il fut élevé parmi des bergers; il se maria dans la suite avec les filles de ces bergers, et il garda longtemps les troupeaux de ses beaux-pères. Il se distingua bientôt parmi tous ses compagnons, qui le choisirent pour leur chef. Il fit alors des choses merveilleuses en faveur des troupeaux et de ceux qui les gardaient : il fit mourir le roi qui leur avait déclaré une cruelle guerre; il fut poursuivi par ses ennemis; et, comme il ne se trouva pas en état de résister, il se retira vers la mer; elle lui ouvrit un chemin à travers son sein, dans lequel elle enveloppa ceux qui le poursuivaient : ce fut par ce moyen qu'il échappa aux tourments qu'on lui préparait.

« Qui pourrait douter après cela, monseigneur, que les Indiens n'aient connu Moïse sous le nom de *Wishnou* métamorphosé en *Crichnen*? Mais, à la connaissance de ce fameux conducteur du peuple de Dieu, ils ont joint celle de plusieurs coutumes qu'il a décrites dans ses livres, et plusieurs lois qu'il a publiées, et dont l'observation s'est conservée après lui.

« Parmi ces coutumes, que les Indiens ne peuvent avoir tirées que des Juifs, et qui persévèrent encore aujourd'hui dans le pays, je compte, monseigneur, les bains fréquents, les purifications, une horreur extrême pour les cadavres, par l'attouchement desquels ils se croient souillés; l'ordre différent et la distinction des castes, la loi inviolable qui défend les mariages hors de sa caste particulière. Je ne finirais point, monseigneur, si je voulais épuiser ce détail : je m'attache à quelques remarques qui ne sont pas tout à fait si communes dans les livres des savants.

« J'ai connu un brame très-habile parmi les Indiens, qui m'a raconté l'histoire suivante, dont il ne comprenait pas lui-même le sens, tandis qu'il est demeuré dans les ténèbres de l'idolâtrie. Les Indiens font un sacrifice nommé *Ekiam* (c'est le plus célèbre de tous ceux qui se font aux Indes) : on y sacrifie un mouton; on y récite une espèce de prière, dans laquelle on dit à haute voix ces paroles : *Quand sera-ce que le Sauveur naîtra? Quand sera-ce que le Rédempteur varaitra?*

« Ce sacrifice d'un mouton me paraît avoir beaucoup de rapport avec celui de l'agneau pascal : car il faut remarquer sur cela, monseigneur, que, comme les Juifs étaient tous obligés de

172 NOTES ET ÉCLAIRCISSEMENTS.

manger leur part de la victime, aussi les brames, quoiqu'ils ne puissent manger de viande, sont cependant dispensés de leur abstinence au jour du sacrifice de l'*Ekiam*, et sont obligés par la loi de manger du mouton qu'on immole, et que les brames partagent entre eux.

« Plusieurs Indiens adorent le feu : leurs dieux même ont immolé des victimes à cet élément : il y a un précepte particulier pour le sacrifice d'*Oman*, par lequel il est ordonné de conserver toujours le feu, et de ne le laisser jamais éteindre : celui qui assiste à l'*Ekiam* doit, tous les matins et tous les soirs, mettre du bois au feu pour l'entretenir. Ce soin scrupuleux répond assez juste au commandement porté dans le Lévitique, cap. v, vi. 12 et 13 : *Ignis in altare semper ardebit, quem nutriet sacerdos, subjiciens ligna mane per singulos dies.* Les Indiens ont fait quelque chose de plus en considération du feu : ils se précipitent eux-mêmes au milieu des flammes. Vous jugerez comme moi, monseigneur, qu'ils auraient beaucoup mieux fait de ne point ajouter cette cruelle cérémonie à ce que les Juifs leur avaient appris sur cette matière.

« Les Indiens ont encore une fort grande idée des serpents : ils croient que ces animaux ont quelque chose de divin, et que leur vue porte bonheur. Ainsi plusieurs adorent les serpents, et leur rendent les plus profonds respects ; mais ces animaux, peu reconnaissants, ne laissent pas de mordre cruellement leurs adorateurs. Si le serpent d'airain que Moïse montra au peuple de Dieu, et qui guérissait par sa seule vue, eût été aussi cruel que les serpents animés des Indes, je doute fort que les Juifs eussent jamais été tentés de l'adorer.

« Ajoutons enfin, monseigneur, la charité que les Indiens ont pour leurs esclaves : ils les traitent presque comme leurs propres enfants ; ils ont grand soin de les bien élever ; ils les pourvoient de tout libéralement ; rien ne leur manque, soit pour leur vêtement, soit pour la nourriture ; ils les marient, et presque toujours ils leur rendent la liberté. Ne semble-t-il pas que ce soit aux Indiens, comme aux Israélites, que Moïse ait adressé sur cet article les préceptes que nous lisons dans le Lévitique ?

« Quelle apparence y a-t-il donc, monseigneur, que les Indiens n'aient pas eu autrefois quelque connaissance de la loi de Moïse ? Ce qu'ils disent encore de leur loi et de *Bruma*, leur législateur, détruit, ce me semble, d'une manière évidente, ce qui pourrait rester de doute sur cette matière.

« *Bruma* a donné la loi aux hommes. C'est ce *Vedam* ou *Livre* de la loi que les Indiens regardent comme infaillible : c'est, selon eux, la pure parole de Dieu dictée par l'*Abadam*, c'est-à-dire par celui qui ne peut se tromper, et qui dit essentiellement la vérité. Le *Vedam* ou la loi des Indiens est divisé en quatre parties ; mais, au sentiment de plusieurs doctes Indiens, il y en avait anciennement une cinquième qui a péri par l'injure des temps, et qu'il a été impossible de recouvrer.

« Les Indiens ont une estime inconcevable pour la loi qu'ils ont reçue de leur *Bruma*. Le profond respect avec lequel ils l'entendent prononcer, le choix des personnes propres à en faire la lecture, les préparatifs qu'on y doit apporter, cent autres circonstances semblables, sont parfaitement conformes à ce que nous savons des Juifs par rapport à la loi sainte, et à Moïse qui la leur a annoncée.

« Le malheur est, monseigneur, que le respect des Indiens pour la loi va jusqu'à nous en faire un mystère impénétrable ; j'en ai cependant assez appris par quelques docteurs, pour vous faire voir que les livres de la loi du prétendu *Bruma* sont une imitation du Pentateuque de Moïse.

« La première partie du *Vedam*, qu'ils appellent *Irroucouvedam*, traite de la première cause et de la manière dont le monde a été créé. Ce qu'ils m'en ont dit de plus singulier, par rapport à notre sujet, c'est qu'au commencement il n'y avait que Dieu et l'eau, et que Dieu était porté sur les eaux. La ressemblance de ce trait avec le premier chapitre de la Genèse n'est pas difficile à remarquer.

« J'ai appris de plusieurs brames que, dans le troisième livre, qu'ils nomment *Samavedam*, il y a quantité de préceptes de morale. Cet enseignement a paru avoir beaucoup de rapport avec les préceptes moraux répandus dans l'Exode.

« Le quatrième livre, qu'ils appellent *Adarnanvedam*, contient les différents sacrifices qu'on doit offrir, les qualités requises dans les victimes, la manière de bâtir les temples, et les diverses fêtes que l'on doit célébrer. Ce peut être là, sans trop deviner, une idée prise sur les livres du Lévitique et du Deutéronome.

« Enfin, monseigneur, de peur qu'il ne manque quelque chose au parallèle, comme ce fut sur la fameuse montagne de Sinaï que Moïse reçut la loi, ce fut aussi sur la célèbre montagne de *Mahamerou* que *Bruma* se trouva avec le *Vedam* des Indiens. Cette montagne des Indes est celle que les Grecs ont appelée *Meros*, où ils disent que Bacchus est né, et qui a été le séjour des dieux. Les Indiens disent encore aujourd'hui que cette montagne est l'endroit où sont placés leurs *Chorcams* ou les différents paradis qu'ils reconnaissent.

« N'est-il pas juste, monseigneur, qu'après avoir parlé assez longtemps de Moïse et de la loi, nous disions aussi quelques mots de Marie, sœur de ce grand prophète ? Je me trompe beaucoup, ou son histoire n'a pas été tout à fait inconnue à nos Indiens.

« L'Écriture nous dit de Marie, qu'après le passage miraculeux de la mer Rouge elle assembla les femmes israélites, elle prit des instruments de musique, et se mit à danser avec ses compagnes, et à chanter les louanges du Tout-Puissant. Voici un trait assez semblable que les Indiens racontent de leur fameuse *Lakcoumi*. Cette femme, aussi bien que Marie, sœur de Moïse, sortit de la mer par une espèce de miracle. Elle ne fut pas plutôt échappée au danger où elle avait été de périr, qu'elle fit un bal magnifique, dans lequel tous les dieux et toutes les déesses dansèrent au son des instruments.

« Il me serait aisé, monseigneur, en quittant les livres de Moïse, de parcourir les autres livres historiques de l'Ecriture, et de trouver dans la tradition de nos Indiens de quoi continuer ma comparaison; mais je craindrais qu'une trop grande exactitude ne vous fatiguât : je me contenterai de vous raconter encore une ou deux histoires qui m'ont le plus frappé, et qui font le plus à mon sujet.

« La première qui se présente à moi est celle que les Indiens débitent sous le nom d'*Arichandiren*. C'est un roi de l'Inde, fort ancien, et qui, au nom et à quelques circonstances près, est, à le bien prendre, le Job de l'Écriture.

« Les dieux se réunirent un jour dans leur *Chorcam*, ou, si nous l'aimons mieux, dans le paradis des délices. *Devendiren*, le dieu de la gloire, présidait à cette illustre assemblée : il s'y trouva une foule de dieux et de déesses; les plus fameux pénitents y eurent aussi leur place, et surtout les sept principaux anachorètes.

« Après quelques discours indifférents, on proposa cette question : Si parmi les hommes il se trouve un prince sans défaut? Presque tous soutinrent qu'il n'y en avait pas un seul qui ne fût sujet à de grands vices, et *Vichouva-Moutren* se mit à la tête de ce parti : mais le célèbre *Vachichten* prit un sentiment contraire, et soutint fortement que le roi *Arichandiren*, son disciple, était un prince parfait. *Vichouva-Moutren*, qui, du génie impérieux dont il est, n'aime pas à se voir contredit, se mit en grande colère, et assura les dieux qu'il saurait bien leur faire connaître les défauts de ce prétendu prince parfait, si on voulait le lui abandonner.

« Le défi fut accepté par *Vachichten*, et l'on convint que celui des deux qui aurait le dessous céderait à l'autre tous les mérites qu'il avait pu acquérir par une longue pénitence. Le pauvre roi *Arichandiren* fut la victime de cette dispute. *Vichouva-Moutren* le mit à toutes sortes d'épreuves : il le réduisit à la plus extrême pauvreté; il le dépouilla de son royaume; il fit périr le seul fils qu'il eût, il lui enleva sa femme *Chandirandi*.

« Malgré tant de disgrâces, le prince se soutint toujours dans la pratique de la vertu, avec une égalité d'âme dont n'auraient pas été capables les dieux mêmes qui l'éprouvaient avec si peu de ménagements : aussi l'en récompensèrent-ils avec la plus grande magnificence. Les dieux l'embrassèrent l'un après l'autre; il n'y eut pas jusqu'aux déesses qui lui firent leurs compliments. On lui rendit sa femme et on ressuscita son fils. Ainsi *Vichouva-Moutren* céda, suivant la convention, tous ses mérites à *Vachichten*, qui en fit présent au roi *Arichandiren*; et le vaincu alla, fort à regret, recommencer une longue pénitence pour faire, s'il y avait moyen, bonne provision de nouveaux mérites.

« La seconde histoire qui me reste à vous raconter, monseigneur, a quelque chose de plus funeste, et ressemble encore mieux à un trait de l'histoire de Samson, que la fable d'*Arichandiren* ne ressemble à l'histoire de Job.

« Les Indiens assurent donc que leur dieu *Ramen* entreprit un jour de conquérir Ceylan, et voici le stratagème dont ce conquérant, tout dieu qu'il était, jugea à propos de se servir. Il leva une armée de singes, et leur donna pour général un singe distingué, qu'ils nomment *Anouman* : il lui fit envelopper la queue de plusieurs pièces de toile, sur lesquelles on versa de grands vases d'huile; on y mit le feu, et ce singe courant par les campagnes, au milieu des blés, des bois, des bourgades et des villes, porta l'incendie partout : il brûla tout ce qui se trouva sur sa route, et réduisit en cendres l'île presque tout entière. Après une telle expédition, la conquête n'en devait pas être fort difficile, et il n'était pas nécessaire d'être un dieu bien puissant pour en venir à bout.

« Je me suis peut-être trop arrêté, monseigneur, sur la conformité de la doctrine des Indiens avec celle du peuple de Dieu; j'en serai quitte pour abréger un peu ce qui me resterait à vous dire sur un second point que j'étais résolu de soumettre, comme le premier, à vos lumières et à votre pénétration; je me bornerai à quelques réflexions assez courtes, qui me persuadent que les Indiens les plus avancés dans les terres ont eu, dès les premiers temps de l'Église, la connaissance de la religion chrétienne; et qu'eux, aussi bien que les habitants de la côte, ont reçu les instructions de saint Thomas et des premiers disciples des apôtres.

« Je commence par l'idée confuse que les Indiens conservent encore de l'adorable Trinité qui leur fut autrefois prêchée. Je vous ai parlé, monseigneur, des trois principaux dieux des Indiens, *Bruma*, *Wishnou* et *Routren*. La plupart des gentils disent, à la vérité, que ce sont trois divinités différentes et effectivement séparées. Mais plusieurs *Nianigneuls*, ou hommes spirituels, assurent que ces trois dieux, séparés en apparence, ne font réellement qu'un seul dieu : que ce dieu s'appelle *Bruma* lorsqu'il crée et qu'il exerce sa toute-puissance ; qu'il s'appelle *Wishnou* lorsqu'il conserve les êtres créés, et qu'il donne les marques de sa bonté ; et qu'enfin il prend le nom de *Routren* lorsqu'il détruit les villes, qu'il châtie les coupables, et qu'il fait sentir les effets de sa juste colère.

« Il n'y a que quelques années qu'un brame expliquait ainsi ce qu'il concevait de la fameuse Trinité des païens. Il faut, disait-il, se représenter Dieu et ses trois noms différents qui répondent à ses trois principaux attributs, à peu près sous l'idée de ces pyramides triangulaires qu'on voit élevées devant la porte de quelques temples.

« Vous jugez bien, monseigneur, que je ne prétends pas vous dire que cette imagination des Indiens réponde fort juste à la vérité que les chrétiens reconnaissent ; mais au moins fait-elle comprendre qu'ils ont eu autrefois des lumières plus pures, et qu'elles se sont obscurcies par la difficulté que renferme un mystère si fort au-dessus de la faible raison des hommes.

« Les fables ont encore plus de part dans ce qui regarde le mystère de l'Incarnation ; mais du reste, tous les Indiens conviennent que Dieu s'est incarné plusieurs fois. Presque tous s'accordent à attribuer ces incarnations à *Wishnou*, le second dieu de leur Trinité. Et jamais ce dieu ne s'est incarné, selon eux qu'en qualité de sauveur et de libérateur des hommes.

« J'abrège, comme vous le voyez, monseigneur, autant qu'il m'est possible, et je passe à ce qui regarde nos sacrements. Les Indiens disent que le bain pris dans certaines rivières efface entièrement les péchés, et que cette eau mystérieuse lave non-seulement les corps, mais purifie aussi les âmes d'une manière admirable. Ne serait-ce point là un reste de l'idée qu'on leur aurait donnée du saint baptême ?

« Je n'avais rien remarqué sur la divine Eucharistie ; mais un brame converti me fit faire attention, il y a quelques années, à une circonstance assez considérable pour avoir ici sa place. Les restes des sacrifices et le riz qu'on distribue à manger dans les temples conservent chez les Indiens le nom de *Prajadam*. Ce mot indien signifie en notre langue *divine grâce*, et c'est ce que nous exprimons par le terme grec *Eucharistie*.

« Il y a quelque chose de plus marqué sur la confession, et je crois, monseigneur, devoir y donner un peu plus d'étendue.

« C'est une espèce de maxime parmi les Indiens, que celui qui confessera son péché en recevra le pardon. *Cheira param chounal Tiroum*. Ils célèbrent une fête tous les ans pendant laquelle ils vont se confesser, sur le bord d'une rivière, afin que leurs péchés soient entièrement effacés. Dans le fameux sacrifice *Ekiam*, la femme de celui qui y préside est obligée de se confesser, de descendre dans le détail des fautes les plus humiliantes, et de déclarer jusqu'au nombre de ses péchés. »

Note 7, page 54. — « La chronologie n'est qu'un amas de vessies remplies de vent ; tous ceux qui ont cru y marcher sur un terrain solide sont tombés. Nous avons aujourd'hui quatre-vingts systèmes, dont il n'y a pas un de vrai.

« Les Babyloniens disaient : Nous comptons quatre cent soixante-treize mille années d'observations célestes. Vient un Parisien qui leur dit : Votre compte est juste ; vos années étaient d'un jour solaire ; elles reviennent à mille deux cent quatre-vingt-dix-sept des nôtres, depuis Atlas, roi d'Afrique, grand astronome, jusqu'à l'arrivée d'Alexandre à Babylone. . . . .

. . . .

« Il fallait seulement que ce nouveau venu de Paris dît aux Chaldéens : Vous êtes des exagérateurs, et nos ancêtres des ignorants ; les nations sont sujettes à trop de révolutions pour conserver des quatre mille sept cent trente-six siècles de calculs astronomiques ; et quant au roi des Maures, Atlas, personne ne sait en quel temps il a vécu. Pythagore avait autant de raison de prétendre avoir été coq, que vous de vous vanter de l'art d'observation. » (Voltaire, *Questions encycloped.*, tom. III, pag. 59, article *Chronolog.*)

Note 8, page 59. Il est clair d'abord, et pour mille raisons, qu'on ne peut attribuer aux Sauvages actuels de l'Amérique les ouvrages des rives du Scioto. En outre, toutes les peuplades racontent uniformément que, quand leurs aïeux arrivèrent dans l'Ouest pour s'établir dans la solitude, ils y trouvèrent les ruines telles que nous les voyons aujourd'hui.

Seraient-ce des monuments mexicains ? Mais on n'a rien trouvé de semblable au Mexique, ni même au Pérou ; mais ces monuments paraissent avoir exigé le fer, et des arts plus avancés qu'ils ne l'étaient dans les deux empires du Nouveau-Monde ; enfin la domination de Montézume ne s'étendait pas si loin à l'Orient, puisque, quand les Natchez et les Chicassas quittèrent le Nouveau-Mexique, vers le commencement du seizième siècle, ils ne rencontrèrent sur les bords du *Meschacébé* [1] que des hordes vagabondes et libres.

---

[1] Père bardu des fleuves, vrai nom du Mississipi ou Méchassipi. On peut voir, sur ce que nous disons ici, Duprat, Charlevoix, etc., et les derniers voyageurs en Amérique, tels que Bartram, Imley, etc. Nous parlons aussi d'après ce que nous avons appris nous-même sur les lieux.

On a voulu donner ces espèces de fortifications à Ferdinand de Soto. Quelle apparence que cet Espagnol, suivi d'une poignée d'aventuriers, et qui n'a passé que trois ans dans les Florides, ait jamais eu assez de bras et de loisir pour élever ces énormes ouvrages? D'ailleurs, la forme des tombeaux, et même de plusieurs parties des ruines, contredit les mœurs et les arts européens. Ensuite c'est un fait certain que le conquérant de la Floride n'a pas pénétré plus avant que Chattafallai, village des Chicassas, sur l'une des branches de la Maubile. Enfin ces monuments prennent leurs racines dans des jours beaucoup plus reculés que ceux où l'on a découvert l'Amérique. Nous avons vu sur ces ruines un chêne décrépit qui avait poussé sur les débris d'un autre chêne tombé à ses pieds, et dont il ne restait plus que l'écorce; celui-ci, à son tour, s'était élevé sur un troisième, et ce troisième sur un quatrième. L'emplacement des deux derniers se marquait encore par l'intervention de deux cercles d'un aubier rouge et pétrifié, qu'on découvrait à fleur de terre, en écartant un épais humus composé de feuilles et de mousses. Accordez seulement trois siècles de vie à ces quatre chênes successifs, et voilà une époque de douze cents années que la nature a gravée sur ces ruines.

Si nous poursuivons cette dissertation historique (qui toutefois ne conclut rien en faveur de l'antiquité des hommes), nous verrons qu'on ne peut former aucun système raisonnable sur le peuple qui a élevé ces anciens monuments. Les chroniques des Welches parlent d'un certain Madoc, fils d'un prince de Galles, qui, mécontent de son pays, s'embarqua en 1170, fit voile à l'ouest en laissant l'Irlande au nord, découvrit une contrée fertile, revint en Angleterre, d'où il repartit avec douze vaisseaux pour la terre qu'il avait trouvée. On prétend qu'il existe encore, vers les sources du Missouri, des Sauvages blancs qui parlent le celte et qui sont chrétiens. Que Madoc et sa colonie, supposé qu'ils aient abordé au Nouveau-Monde, n'aient pu construire les immenses ouvrages de l'Ohio, c'est, je pense, ce qui n'a pas besoin de discussion.

Vers le milieu du neuvième siècle, les Danois, alors grands navigateurs, découvrirent l'Islande, d'où ils passèrent à une terre à l'ouest, qu'ils nommèrent *Vinland* [1] à cause de la quantité de vignes dont les bois étaient remplis. On ne peut guère douter que ce continent ne fût l'Amérique, et que les Esquimaux du Labrador ne soient les descendants des aventuriers danois. On veut aussi que les Gaulois aient abordé au Nouveau-Monde; mais ni les Scandinaves, ni les Celtes de l'Armorique ou de la Neustrie n'ont laissé de monuments semblables à ceux dont nous recherchons maintenant les fondateurs.

Si des peuples modernes on passe aux peuples anciens, on dira peut-être que les Phéniciens ou les Carthaginois, dans leur commerce à la Bétique, aux îles Britanniques ou Cassitérides, et le long de la côte occidentale d'Afrique [2], ont été jetés par les vents au Nouveau-Monde : il y a même des auteurs qui prétendent que les Carthaginois y avaient des colonies régulières, lesquelles furent abandonnées dans la suite par un effet de la politique du sénat.

Si les choses ont été ainsi, pourquoi donc n'a-t-on retrouvé aucune trace des mœurs phéniciennes chez les Caraïbes, les Sauvages de la Guiane, du Paraguay, ou même des Florides? Pourquoi les ruines dont il est ici question sont-elles dans l'intérieur de l'Amérique du nord, plutôt que dans l'Amérique méridionale, sur la côte opposée à la côte d'Afrique?

D'autres auteurs réclament la préférence pour les Juifs, et veulent que l'Orphir des Ecritures ait été placé dans les Indes occidentales. Colomb disait même avoir vu les restes des fourneaux de Salomon dans les mines de Cibao. On pourrait ajouter à cela que plusieurs coutumes des Sauvages semblent être d'origine judaïque, telles que celles de ne point briser les os de la victime dans les repas sacrés, de manger toute l'hostile, d'avoir des retraites, ou des *huttes de purification* pour les femmes. Malheureusement ces inductions sont peu de chose; car on pourrait demander comment il se fait que la langue et les divinités huronnes soient grecques plutôt que juives. N'est-il pas étrange qu'*Ares-Koui* ait été le dieu de la guerre dans la citadelle d'Athènes et dans le fort d'un Iroquois? Enfin les critiques les plus judicieux ne laissent aucun jour à faire passer les Israélites à la Louisiane; car ils démontrent assez clairement qu'Orphir était sur la côte d'Afrique [3]

Les Egyptiens sont donc le dernier peuple dont il nous reste à examiner les droits [4]. Ils ouvrirent, fermèrent et reprirent tour à tour le commerce de la Trapobane, par le golfe Persique. Ont-ils connu le quatrième continent, et peut-on leur attribuer les monuments du Nouveau-Monde?

Nous répondons que les ruines de l'Ohio ne sont point d'architecture égyptienne; que les ossements qu'on trouve dans ces ruines ne sont point embaumés; que les squelettes y sont couchés et non debout ou assis. Ensuite, par quel incompréhensible hasard ne rencontre-t-on aucun de ces anciens ouvrages, depuis le rivage de la mer jusqu'aux Alléghanys? et pourquoi sont-ils tous cachés derrière cette chaîne de montagnes? De quelque peuple que vous supposiez

---

[1] MALL., *Intr. à l'Hist. du Dan.* — [2] Voyez STRAB., PTOL., HANN. *Périp.*; D'ANVILLE, etc. — [3] Voyez SAUR., D'ANVIL. — [4] Si nous ne parlons point des Grecs (et surtout des habitants de l'île de Rhodes), quoiqu'ils soient devenus d'assez habiles navigateurs, c'est qu'ils sortirent rarement de la Méditerranée.

la colonie établie en Amérique, avant d'avoir pénétré, dans un espace de plus de quatre cents lieues, jusqu'aux fleuves où se voient ces monuments, il faut que cette colonie ait d'abord habité la plaine qui s'étend de la base des monts aux grèves de l'Atlantique. Toutefois on pourrait dire avec quelque vraisemblance que l'ancien rivage de l'Océan était au pied même des Apalaches et des Alléghanys, et que la Pensylvanie, le Maryland, la Virginie, la Caroline, la Géorgie et les Florides, sont des plages nouvellement abandonnées par les eaux.

Note 9, page 63. — Fréret a fait la même chose pour les Chinois, et M. Bailly a réduit pareillement la chronologie de ces derniers, ainsi que celle des Égyptiens et des Chaldéens, au calcul des Septante. Ces auteurs ne peuvent être soupçonnés de partialité en faveur de notre opinion. (Voyez Bailly, tom. I.)

Note 10, page 65. — Buffon, qui voulut accorder son système avec la Genèse, avait reculé l'origine du monde, considérant chacun des six jours de Moïse comme un long écoulement de siècles; mais il faut convenir que ces raisonnements ne donnent pas un grand poids à ses conjectures. Il est inutile de revenir sur ce système, que les premières notions de physique et de chimie ruinent de fond en comble; et sur la formation de la terre détachée de la masse du soleil, par le choc oblique d'une comète, et soumise tout à coup aux lois de gravitation des corps célestes; le refroidissement graduel de la terre, qui suppose dans le globe la même homogénéité que dans le boulet de canon qui avait servi à l'expérience; la formation des montagnes du premier ordre, qui suppose encore la transmutation de la terre argileuse en terre siliceuse, etc.

On pourrait grossir cette liste de systèmes qui, après tout, ne sont que des *systèmes*. Ils se sont détruits entre eux ; et, pour un esprit droit, ils n'ont jamais rien prouvé contre l'Écriture. (Voyez l'admirable commentaire de la Genèse par M. de Luc, et les Lettres du savant Euler.)

Note 11, page 66. — Je donnerai ici ces preuves métaphysiques de l'existence de Dieu et de l'immortalité de l'âme, pour compléter ce que j'ai dit sur ce grand sujet.

Toutes les preuves abstraites de l'existence de Dieu se tirent de ces trois sources : la *matière*, le *mouvement*, la *pensée*.

La Matière.

PREMIÈRE PROPOSITION.

QUELQUE CHOSE A EXISTÉ DE TOUTE ÉTERNITÉ.

Preuves. Par la raison que quelque chose existe. Dieu ou matière, peu importe à présent.

SECONDE PROPOSITION. 1. *Quelque chose a existé de toute éternité*, 2. ET CET ÊTRE EXISTANT EST INDÉPENDANT ET IMMUABLE.

Preuves. Il faudrait autrement qu'il y eût une succession infinie de causes et d'effets sans cause première; ce qui est contradictoire. On le prouve,

Parce que, si la série d'êtres vivants est UNE et TOUTE, elle ne peut avoir au dehors une cause de son existence *successive*, puisqu'elle comprend *tout*. Or,

Il est évident que chaque être, dans la chaîne progressive, n'a pas, au dedans de soi, la cause efficiente de son existence, puisqu'il est produit par un être *précédent*. Contradiction manifeste.

Objection. On dit : C'est la nécessité qui fait que cette chaîne d'êtres existe.

Réponse. Des êtres *dépendants* les uns des autres peuvent *exister* ou *n'exister pas*. Il n'y a pas de *nécessité*; donc la cause de cette existence est déterminée par *rien*. (Absurdité.) Donc il doit y avoir de toute éternité un Être indépendant et immuable, cause première de la génération des êtres.

TROISIÈME PROPOSITION. 1. *Quelque chose a existé de toute éternité*. 2. *Cet être existant est indépendant et immuable*, 3. ET NE PEUT ÊTRE LA MATIÈRE.

Première preuve. Si cela était, la matière existerait *nécessairement* et par elle-même : la seule supposition qu'elle n'existe pas serait une contradiction dans les termes. Or, il est prouvé

Que le mode de son existence n'est pas de cette nature, puisqu'on peut concevoir, sans contradiction, qu'elle (la matière) pourrait ne pas exister, ou être tout autre chose que ce qu'elle est. En effet,

Ce caillou que vous roulez sous votre pied n'existe pas *nécessairement* puisque vous le concevez fort bien ou anéanti, ou de toute autre espèce, sans qu'il en arrive aucun changement dans l'univers. Ainsi, d'objets en objets, vous verrez, clair comme le jour, que l'existence de la matière n'est pas de *nécessité*.

Seconde preuve. En outre, on ne peut pas se figurer la durée éternelle de la matière de la même manière qu'on entend celle de Dieu : celui-ci, par la simplicité et la non-étendue de sa substance, se fait concevoir à la pensée comme existant à la fois dans le passé, le présent et l'avenir. Mais la durée de la matière ne peut être que progressive, puisqu'elle a l'étendue et les dimensions des corps, et qu'elle se perpétue par destructions et par générations : elle n'existe plus pour la minute écoulée, et comme l'homme, elle avance dans l'avenir en perdant le passé.

Or, si l'éternité est successive, comme elle l'est démonstrativement dans le cas de la matière, elle renferme des *siècles infinis* :

Or des *siècles infinis* ne peuvent être *épuisés*, ou ils ne seraient pas *infinis*;

Donc l'éternité de la matière étant successive, cette matière ne pourrait être venue jusqu'à nos jours, puisqu'il faudrait supposer qu'elle eût franchi des siècles *infinis*, et que des siècles *infinis* qui pourraient se *franchir* ne seraient point infinis [1].

Troisième preuve. S'il n'y a que la matière dans la nature, et que cette matière n'existe pas de *nécessité* (ce qui implique déjà contradiction), qui est-ce qui fait durer les êtres?

S'il n'y a pas une puissance *nécessaire* qui conserve tout par sa seule vertu ou sa seule volonté, la cohésion des corps est impossible. Mon bras doit tomber en poussière, si les atomes dont il est formé ne sont sans cesse forcés de se tenir ensemble, ou même s'ils ne sont sans cesse créés [2]. Or, cette puissance *nécessaire* ne peut être la matière, puisqu'elle n'existe pas de *nécessité*, et qu'elle n'a pas elle-même la cohésion des parties. Enfin, cette volonté conservatrice ne peut émaner de la matière, puisque la matière est un être purement passif et sans volonté.

Concluons que l'être primitif, indépendant et immuable, ne peut être la matière.

QUATRIÈME PROPOSITION. 1. *Quelque chose a existé de toute éternité.* 2. *Cet être existant est indépendant et immuable*; 3. *il ne peut être la matière*; 4. IL EST NÉCESSAIREMENT UNIQUE.

Première preuve. Si deux principes *indépendants* existent ensemble, on concevra que l'un peut également exister seul, puisqu'il n'est pas de la *même* nature que l'autre; d'où il résulte que ni l'un ni l'autre de ces principes n'existe *nécessairement*. Que devient la matière et l'être quelconque, démontré existant de toute éternité, par la seule raison que quelque chose existe à présent?

Seconde preuve. Si deux principes existent ensemble, qui est-ce qui a arrangé la matière?

Ce ne peut être *Dieu*, parce qu'il ne connaît point *l'autre principe*, et n'a aucun droit sur lui [3].

Si la matière est incréée, Dieu ne peut la mouvoir, ni en former aucune chose; car Dieu ne peut l'arranger sagement sans la connaître; il ne peut la connaître s'il ne l'a pas créée, puisque étant un principe *indépendant* par lui-même il ne peut tirer ses connaissances que de lui; rien ne peut agir en lui ni l'éclairer [4].

Ainsi s'évanouit cet épouvantail de l'école des athées : *Ex nihilo nihil fit.* Si Dieu *existe*, la matière n'est pas *éternelle*, et la création est *obligée*. Si vous supposez que Dieu *n'existe pas*, vous rentrez dans le cercle de nos propositions.

L'être existant de toute éternité est donc nécessairement unique [5].

CINQUIÈME PROPOSITION. 1. *Quelque chose a existé de toute éternité.* 2. *Cet être existant est indépendant et immuable*; 3. *il ne peut être la matière*; 4. *il est nécessairement unique*; 5. IL N'EST POINT UN AGENT AVEUGLE, SANS CHOIX ET SANS VOLONTÉ.

Preuves. Si la cause suprême est sans liberté, une chose qui n'existe pas dans le moment actuel n'a jamais pu exister; car,

Si la puissance de la cause suprême vient de l'enchaînement nécessaire des êtres, tout ce qui existe existe par une nécessité rigoureuse; alors, si cette nécessité est de *rigueur*, comment se trouve-t-il un temps où cette chose n'existait pas?

Que si on rapporte cette nécessité d'existence à une certaine époque de la succession des temps, c'est complètement déraisonner. Dans le cas d'une existence d'*absolue* nécessité, il n'y a point de *succession* de temps. Les temps sont UN et TOUT.

Ensuite,

Il n'y a dans le monde aucune apparence d'une nécessité *absolue*. Chacun peut concevoir les choses d'une tout autre manière, et dans un ordre tout différent de ce qu'elles sont; mais on aperçoit une nécessité de *convenances* relatives aux lois de l'harmonie et de la beauté. Cette nécessité du *meilleur possible* dans les êtres est fort digne d'une cause intelligente, et très-compatible avec sa liberté.

De plus,

---

[1] ABBADIE. — [2] DESCARTES. — [3] BAYLE, art. *Anaxim.* — [4] MALEBR. — [5] La seule objection qu'on pourrait me faire ici se tirerait du spinosisme, qui admet l'unité de Dieu et de la matière; mais on sait combien cette opinion est absurde. On peut voir BAYLE, art. *Spinosa.*

L'être intelligent prouve encore sa liberté par les causes finales. Aucun athée ne s'avise de soutenir à présent, comme jadis Epicure, que l'œil n'est pas formé pour voir, et l'oreille pour entendre. Il suffirait de renvoyer cet incrédule aux anatomistes.

Enfin,

Si la cause première agit par nécessité, aucun *effet* de cette cause ne sera *fini*. Une nature qui agit *nécessairement*, agit de *toute sa puissance*. Or, une nature *infinie*, agissant à la fois de toutes parts et de toute sa puissance, ne peut jamais *compléter* un être, puisqu'elle y ajouterait *sans fin* en raison de son *infinité* ; il n'y aurait donc point d'objet fini dans l'univers, ce qui est visiblement absurde.

Donc la cause première n'est point un agent aveugle, sans choix et sans volonté.

SIXIÈME PROPOSITION. 1. *Quelque chose a existé de toute éternité.* 2. *Cet être existant est indépendant et immuable* ; 3. *il ne peut être la matière* ; 4. *il est nécessairement unique* ; 5. *il n'est point un agent aveugle, sans choix et sans volonté* ; 6. IL POSSÈDE UNE PUISSANCE INFINIE.

Preuves. Cette puissance ne peut s'étendre que sur deux espèces d'êtres, qui constituent toutes les choses, savoir : les êtres matériels et les êtres immatériels.

Par rapport aux premiers,

Nous avons vu que la *cause nécessairement unique* doit avoir créé la matière, et conséquemment en être la maîtresse absolue.

Quant aux derniers,

Nous prouverons ailleurs que Dieu a pu seul les créer, lorsque nous examinerons la nature de la pensée de l'homme.

SEPTIÈME ET DERNIÈRE PROPOSITION. 1. *Quelque chose a existé de toute éternité.* 2. *Cet être existant est indépendant et immuable* ; 3. *il ne peut être la matière* ; 4. *il est nécessairement unique* ; 5. *il n'est point un agent aveugle, sans choix et sans volonté* ; 6. *il possède une puissance infinie* ; 7. ET IL EST INFINIMENT SAGE, BON, JUSTE, ETC.

Preuves. Cela se démontre,

A priori,

1° Parce qu'un être parfaitement intelligent doit connaître ses propres facultés, et qu'étant infini en puissance, rien ne peut l'empêcher de faire ce qui est le meilleur et le plus sage ;

2° Parce que l'être infini connaissant toutes les convenances et toutes les relations des choses, n'étant jamais détourné de la vérité par les passions, la force ou l'ignorance, il doit toujours agir conformément aux propriétés des choses ;

A posteriori,

Les preuves de la bonté, de la sagesse et de la justice de Dieu se tirent de la beauté de l'univers.

Récapitulation :

1° Quelque chose a existé de toute éternité ;
2° Cette chose existante est immuable et indépendante.
3° Elle n'est pas la matière ;
4° Elle est unique ;
5° Elle n'est point un agent aveugle ;
6° Elle est toute-puissante ;
7° Elle est souverainement sage, bonne et juste :

Voilà Dieu.

Du Mouvement.

D'où vient le MOUVEMENT de la MATIÈRE ?

Premier syllogisme (genre positif).

Ou ce mouvement lui est essentiel, ou il lui est communiqué.

Si le mouvement est *essentiel* à la matière, c'est une nécessité pour elle que ses parties soient toujours en mouvement : or,

L'expérience la plus commune démontre qu'il y a des corps en repos ; donc

Le mouvement n'est pas essentiel à la matière ; donc

Il lui est communiqué.

Second syllogisme (genre destructif).

Si le mouvement est *essentiel* à la matière, toutes ses parties doivent tendre sans cesse et également de tous côtés : or,

De l'éternel mouvement résulte l'éternel repos : donc

Tout est en repos dans l'univers (*absurde*).

Troisième syllogisme (genre démonstratif).

Le mouvement, par sa nature connue, n'a aucune régularité ;

Il s'exerce dans toutes les dimensions et dans toutes les vitesses :

Il s'échappe par la tangente, coupe par la sécante, se plonge dans la perpendiculaire, se roule par le cercle, se glisse par l'ellipse et la parabole ;

Il se communique par le choc ; il prend des directions nouvelles, selon l'opposition ou la réflexion des corps ; or,

Les lois motrices des astres, du soleil et des planètes, s'accomplissent dans une inaltérable régularité géométrique ; donc

Ces lois d'un mouvement permanent et régulier ne peuvent être engendrées par le mouvement confus et désordonné de la matière.

Il suit, de ces trois syllogismes, que le mouvement n'est point essentiel à la matière :

1° Parce qu'il y a des corps en repos ;

2° Parce que l'universel mouvement serait le repos universel, ce qui choque l'expérience ;

3° Parce que le mouvement irrégulier de la matière ne peut jamais être admis comme créateur de l'*ordre*, de l'univers. Une cause ne peut pas produire un effet dont elle n'a pas elle-même le principe, puisqu'il y aurait alors un effet sans cause ; un composé ne peut avoir des vertus qui ne sont pas dans ses éléments simples. Enfin, si le mouvement était une qualité résidante dans la matière ou dans l'arrangement de ses parties, depuis le temps que les plus habiles mécaniciens cherchent le mouvement perpétuel, n'est-il pas plus que probable qu'ils auraient trouvé la machine propre à le mettre en évidence? Mais l'expérience a démontré jusqu'à présent qu'il fallait un moteur étranger.

On doit conclure de ces arguments qu'il existe quelque part, *hors* de la matière, un mobile universel, premier agent du mouvement, à la fois immuable et dans un mouvement éternel.

Voilà Dieu.

Éclaircissements sur ces dernières preuves touchant le mouvement.

Le mouvement de la matière fournissant une preuve sans réplique en faveur de l'existence de Dieu, il sera bon d'y jeter encore quelque lumière.

Pour démontrer l'impossibilité de la formation des mondes par le mouvement et le hasard, Cicéron tire des lettres de l'alphabet cette objection si connue :

« Ne dois-je pas m'étonner, dit-il [1], qu'il y ait un homme qui se persuade que de certains corps solides et indivisibles se meuvent d'eux-mêmes par leur poids naturel, et que, de leur concours fortuit, s'est fait un monde d'une si grande beauté? Quiconque croit cela possible, pourquoi ne croirait-il pas que si l'on jetait à terre quantité de caractères d'or, ou de quelque matière que ce fût, qui représentassent les vingt et une lettres, ils pourraient tomber arrangés dans un tel ordre, qu'ils formeraient lisiblement les Annales d'Ennius? Je doute si le hasard rencontrerait assez juste pour en faire un seul vers. Mais ces gens-là, comment assurent-ils que des corpuscules qui n'ont point de couleur, point de qualité, point de sentiment, qui ne font que voltiger au gré du hasard, ont fait ce monde-ci, ou plutôt en font à chaque moment d'innombrables qui en remplacent d'autres? Quoi! si le concours des atomes peut faire un monde, ne pourrait-il pas faire des choses bien plus aisées, un portique, un temple, une maison, une ville ? »

Cette absurdité, qui frappait si justement l'orateur romain, a aussi été relevée par Bayle. Nous aimons à citer Bayle aux athées. « Ce dialecticien (c'est Leibnitz qui parle) passe aisément du blanc au noir ; il s'accommode de tout ce qui lui convient pour combattre l'adversaire qu'il a en tête, n'ayant pour but que d'embarrasser les philosophes, et de faire voir la faiblesse de notre raison. Jamais Arcésilas et Carnéades n'ont soutenu le pour et le contre avec plus d'esprit et d'*éloquence* [2] : »

Voici donc ce que dit Bayle sur la nécessité d'une cause intelligente [3] :

« Puisque, de l'aveu de toutes les sectes, les lois du mouvement ne sont pas capables de produire, je ne dirai pas un moulin, une horloge, mais le plus grossier instrument qui se voit dans la boutique d'un serrurier, comment seraient-elles capables de produire le corps d'un chien, ou même une rose et une grenade? Recourir aux astres ou aux formes substantielles, c'est un pitoyable asile. Il faut aussi une cause qui ait l'idée de son ouvrage, et qui connaisse les moyens de le construire : tout cela est nécessaire à ceux qui font une montre et un vaisseau, à plus forte raison se doit-il trouver dans ce qui fait l'organisation des êtres vivants. »

A la note R de l'article Démocrite, il s'exprime ainsi :

« En quittant le droit chemin, qui est le système d'un Dieu créateur libre du monde, il faut nécessairement tomber dans la multiplicité des principes ; il faut reconnaître entre eux des antipathies et des sympathies, les supposer indépendants les uns des autres, quant à l'exercice et à la vertu d'agir, mais capables néanmoins de s'entre-nuire par l'action et la réaction. Ne demandez pas pourquoi, en certaines rencontres, l'effet de la réaction est plutôt ceci que cela ;

---

[1] *De Nat. Deor.*, II, 37. trad. de D'Olivet. — [2] Leib. *Théodyc.*, part. III, § 353. On sait ce que c'est que l'éloquence de Bayle ; mais il faut pardonner ce jugement à Leibnitz. — [3] Art. *Sennert*, note C.

car on ne peut donner raison des propriétés d'une chose que lorsqu'elle a été faite librement par une cause qui a eu ses raisons et ses motifs en la produisant. »

Crouzas, qui cite ce passage à la huitième section de son examen du pyrrhonisme, ajoute [1] :

« Quand on supposerait les atomes éternels et en mouvement de toute éternité, on pourrait bien en conclure qu'en s'approchant ils formeraient de certaines masses, et, si vous voulez encore, que ces masses seraient propres à produire de certains effets. Mais de là il y a infiniment loin à supposer que ces masses, formées par le concours fortuit des atomes, auraient pris un agencement régulier, et que les propriétés des unes auraient été précisément telles qu'il fallait pour l'usage des autres.

« Que l'on ploie dix billets numérotés, l'un par le chiffre 1, le second par le chiffre 2 : combien de reprises ne faudrait-il pas pour les tirer, sans choix, dans un tel ordre, que le numéro 1 vînt précisément le premier, le numéro 2 le second, et ainsi jusqu'au 10?

« S'il y en avait vingt, le cas ne serait pas seulement deux fois plus difficile, mais incomparablement plus, comme le démontrent ceux qui ont étudié la doctrine abstraite des combinaisons. Cinq choses mélangées 2 à 2 donnent 15 combinaisons ; à 3, 35 ; à 4, 70 ; à 5, 126 ; à 6, 210 ; à 7, 330.

« La difficulté de ranger plusieurs choses, sans le secours du discernement, dans un ordre croissant avec le nombre de ces choses, devient toujours plus grande dans une proportion qui va si fort en augmentant. Pour donner un arrangement, sans le secours de l'intelligence et du choix, à une infinité de parties en désordre, il faudrait surmonter des difficultés infiniment infinies. Quelle étendue d'intelligence ne serait pas nécessaire pour ranger dans un grand ordre, dans un ordre exquis, dans un ordre qui se soutînt, une infinité de choses dont chacune hors de sa place serait une cause de désordre ! Prenez autant de lettres qu'il y en a dans une ligne ; agencez les billets où elles sont écrites, une seule par billet, sans les voir : à peine, après avoir épuisé votre vie en tentatives, viendrez-vous une fois à bout de les ranger à faire lire cette ligne. La difficulté sera beaucoup plus que double, s'il faut ainsi venir à bout d'agencer les expressions de deux lignes : où n'irait point la difficulté de les ranger, sans le secours du discernement, dans l'ordre où elles sont dans une page entière ? Leurs agencements fortuits iraient-ils enfin à composer un livre ? Une cause infinie en perfection peut seule lever les obstacles qui naissent d'une confusion infinie.

« J'ajouterai ici un exemple aisé de la variété et de la multiplicité des combinaisons. *A* et *b* se combinent en deux manières, *ab, ba*; *abc*, en six, *ab, ac, ba, bc, ca, cb*, et cela sans être répétées ; *abcd*, en vingt-quatre, *abcd, abdc, acbd, acdb, adbc, adcb* ; en voilà six : il y en aura autant si l'on commence par *b*, autant par *c*, autant par *d*.

« Une infinité combinée 2 à 2 irait à l'infini : combinée 3 à 3, encore à l'infini et à un plus grand infini ; combinées toutes ensemble, à une infinité d'infinies manières. Quelles sources de confusions, quelle infinité de dérangements, et à combien d'infinies manières ne montent pas les chaos et les confusions possibles ! Si cette confusion ne se change pas tout d'un coup en régularité, elle subsistera ; car quelque léger principe de régularité serait bientôt détruit par les chocs de l'infinie confusion restante.

« Dire que, dans la suite infinie des temps, la combinaison régulière a enfin eu son tour, ce serait supposer une infinie régularité dans la confusion, puisque ce serait supposer que toutes les combinaisons différentes à l'infini se seraient succédé par ordre, et que par là la combinaison régulière aurait paru dans sa place, et en aurait eu une assignée dans cette succession, où elles se présentaient par ordre, comme si une intelligence en avait fait les agencements, les essais et les revues. »

Ces raisonnements sont d'une grande force, et précisément comme les demandent les esprits positifs, c'est-à-dire des raisonnements mathématiques. Il y a des athées qui ont l'ingénuité de croire que ce n'est que dans leur secte qu'on démontre par $A + B$, et que les pauvres chrétiens sont réduits à l'*imagination* pour toute ressource. C'est bien quelque chose pourtant que cette imagination ; et il y a tel profane qui aurait la témérité de croire qu'il est plus difficile d'écrire une seule belle page de pensées morales ou de sentiments, que de compiler des volumes entiers d'abstractions. Quoi qu'il en soit, ces incrédules ne savent donc pas que Leibnitz a prouvé Dieu géométriquement dans sa Théodycée ? Ils ne savent donc pas qu'on a emprunté d'Huygens, de Keil, de Marcalle, et de cent autres, des théorèmes rigoureux pour établir l'existence d'un Être suprême ? Platon n'appelait Dieu que l'*éternel géomètre*, et c'est l'art d'Archimède qui a fourni la plus belle et la plus puissante image de Dieu, *le triangle inscrit au cercle*.

Newton a posé ainsi l'axiome fondamental de la mécanique :

« *Quand un corps est en repos ou en mouvement, il ne cesse jamais de rester en repos, ou de se mouvoir en ligne droite avec la même force, sans qu'elle reçoive*

---

[1] Page 426.

aucune augmentation ou aucune diminution, à moins que quelque autre force, venant à agir sur lui, n'y cause du changement. »

« Le médecin Nieuwentyt, raisonnant sur cet axiome, dans son livre *de l'Existence de Dieu, démontrée par les merveilles de la nature*, fait cette curieuse observation [1] :

« Lorsqu'un petit corps, qui ne sera pas si grand qu'une petite boule, de la grosseur, par exemple, d'un grain de sable très-petit, après avoir reçu une chiquenaude, va heurter contre un corps que nous supposerons aussi gros que tout le globe de la terre, ou, si vous voulez, mille fois plus grand, pourvu que ni l'un ni l'autre n'ait pas de ressort; il s'ensuit, dis-je, que ce grand corps sera entraîné avec le grain de sable en ligne droite; et à moins que quelque force ou quelque obstacle n'intervienne et n'arrête ce mouvement, la force d'une seule chiquenaude suffira pour faire mouvoir continuellement en ligne droite ce grand corps et le petit grain de sable tout ensemble; et si dans leur route ils rencontraient cent mille autres corps, chacun un million de fois plus grand que la terre, ils les entraîneraient tous avec cette petite force, sans qu'il y en eût jamais aucun en état de prendre une autre direction.

« Que ceci soit vrai, quelque merveilleux qu'il paraisse, c'est une chose que les mathématiciens ne sauraient nier. Misérables pyrrhoniens, qui espérez, en déduisant nécessairement les lois de la nature l'une de l'autre, d'éluder les preuves de la Providence divine! misérables pyrrhoniens, montrez-nous par vos principes, si vous pouvez en aucune manière comprendre, non pas qu'une pareille chose arrive continuellement (car les mathématiques leur montreront ceci), mais comment et de quelle manière agit la force de ce petit grain de sable, de sorte que, pour peu qu'il pousse ces corps prodigieux, il les met non-seulement en mouvement, mais il les y conserve sans jamais cesser. »

Telle est la remarque de cet excellent homme, qui, avec Hippocrate et Galien, avait reconnu dans la merveilleuse machine de notre corps la main d'une intelligence divine.

Enfin, le docteur Hancock se sert d'une comparaison frappante pour faire sentir l'absurdité de ceux qui attribuent l'ordre de l'univers au concours fortuit des atomes.

« Supposons, dit-il [2], que tous les hommes qu'il y a sur la terre fussent aveugles, et que dans cet état il leur fût ordonné de se rendre dans les plaines de la *Mésopotamie* : combien de siècles leur faudrait-il pour trouver cette route et pour venir à leur commun rendez-vous? Y arriveraient-ils même jamais, quelque immense que fût leur durée? Cela serait pourtant infiniment plus facile à faire pour des hommes, qu'il n'a été aux *atomes* de *Démocrite* d'exécuter l'ouvrage qu'il leur attribue. Posé cependant que ce concours si heureux ne leur ait pas été impossible, comment est-il arrivé qu'il n'ait plus rien produit de nouveau, ou que le même hasard qui les assembla pour former l'univers ne les ait pas dissipés pour le détruire? Dira-t-on que c'est un principe d'*attraction* et de *gravitation* qui les retient ainsi dans leur situation primitive? Mais ce principe d'*attraction* et de *gravitation* est ou antérieur ou postérieur à la formation de l'univers. S'il est antérieur, comment est-ce que l'activité en était suspendue? et s'il est postérieur, quelle en est l'origine, et ne doit-elle pas venir d'ailleurs que de la matière, qui de sa nature est susceptible de se mouvoir en tout sens? Si l'on dit d'ailleurs que c'est la *nature* qui se maintient d'elle-même dans cet état permanent, on ne peut entendre par ce terme, dans le système de *Démocrite*, que le *concours fortuit*, et l'on sent d'abord que cela ne suffit pas plus pour rendre raison de la conservation du monde, que pour celle de sa formation. »

Pour se tirer des difficultés insurmontables qui résultent de la formation du monde par le mouvement de la matière, Spinosa, d'après Straton, a soutenu qu'il n'y a dans l'univers qu'une seule substance; que cette substance est Dieu, à la fois esprit et matière, possédant l'attribut de la pensée et de l'étendue. Ainsi, mon pied, ma main, un caillou, tous les accidents physiques et moraux, toutes les saletés de la nature sont des parties de Dieu. Rare et admirable divinité, sortie toute formée et sans douleur du cerveau d'un incrédule! Les païens avaient bien attaché des dieux aux objets les plus vils de la terre; mais il n'appartenait qu'à un athée de déifier, en une seule et éternelle substance, tous les crimes et toutes les immondices de l'univers. Il se passe d'étranges choses dans l'intérieur de ces hommes que Dieu a éloignés de lui, et les plus habiles gens malaisé d'expliquer les mouvements du cœur d'un athée. On peut voir comment Bayle, Clarke, Leibnitz, Crouzas, etc., ont renversé le spinosisme, qui est en même temps le plus impie et le plus insoutenable des systèmes.

Anaximandre, par une autre folie, voulait que les *formes* et les *qualités*, provenues de la matière, eussent arrangé l'univers.

D'un autre côté, les stoïciens supposaient des *formes plastiques*, destituées d'intelligence, et pourtant distinctes de la matière. A la vérité quelques-uns les dérivaient de Dieu, et ne les avaient imaginées que pour expliquer l'action d'un être immatériel sur des êtres matériels.

Qu'est-il besoin d'appeler les mépris du lecteur sur ces rêveries philosophiques? Elles ont été combattues par les incrédules eux-mêmes.

Liv. III, chap. III, pag. 541. — [2] Hancock, *on the Exist. of God*, sect. V, trad. franç.

Il ne reste donc plus à faire valoir que la loi banale de la *nécessité*. On s'en sert d'autant plus volontiers, qu'on ne sait ce que c'est, et qu'en lâchant ce grand mot, on se croit dispensé de l'expliquer. Mais cette terrible nécessité est-elle une chose créée ou incréée? Si elle est créée, qui est-ce qui en est le créateur? Si elle est incréée, cette nécessité qui arrange tout, qui produit tout dans un si bel ordre, qui est une, indivisible, sans étendue, est-elle autre que Dieu?

La pensée.

D'où vient la pensée de l'homme, et quelle est la nature de cette pensée?

Elle ne peut être que *matière*, *mouvement* ou *repos*, la *chose* même, ou les *deux accidents* de cette *chose*, puisqu'il n'y a dans l'univers que *matière*, *mouvement* et *repos*.

Que la *pensée* n'est pas *matérielle*, cela parle de soi.

Que la *pensée* n'est pas le *repos* de la matière, cela est encore prouvé, puisqu'au contraire la *pensée* est un *mouvement*.

La *pensée* est donc un *mouvement*. Est-elle le *mouvement matériel*, ou l'effet du *mouvement matériel?*

Examinons.

Si la pensée est l'*effet* du mouvement ou le *mouvement* lui-même, elle doit ressembler à cet *effet* de mouvement ou à ce mouvement. Or,

Le *mouvement* rompt, désunit, déplace ; la *pensée* ne fait rien de tout cela :

Elle touche les corps sans les séparer, sans les mouvoir.

Le *mouvement* lui-même est aussi un déplacement. Un corps qui se meut change de disposition, s'arrange d'une autre manière, occupe une autre place, acquiert d'autres proportions : la *pensée* ne fait rien de tout cela :

Elle se meut sans cesser d'être en repos et sans quitter son siège ; elle n'a ni dimension, ni localité, ni forme.

Le *mouvement* a sa mesure et ses degrés : la *pensée*, au contraire, est *indivisible*. Il n'y a point de moitié, de quart, de fraction de *pensée* : une *pensée* est une.

Le *mouvement* de la matière a des bornes qui l'empêchent de s'étendre au delà de certains espaces :

La *pensée* n'a d'autres champs que l'infini. Or, comment concevoir qu'un atome, parti de mon cerveau avec la rapidité de la *pensée*, atteigne au même instant le ciel et l'enfer, et pourtant sans quitter mon cerveau? car, s'il en était ainsi, ma pensée subsisterait hors de moi, et ne serait plus moi. Qui aurait donné à cet atome cette force immense de mouvement, incomparablement plus grande que celle qui entraîne tous les corps célestes? Comment un si chétif insecte que l'homme aurait-il une pareille puissance *physique?*

Le *mouvement* ne peut agir qu'au présent.

Le passé et l'avenir sont également du ressort de la *pensée*. L'espérance, par exemple, ne peut être qu'un mouvement futur ; et comment un mouvement *futur matériel* existe-t-il au *présent?*

La pensée ne peut donc être le mouvement matériel. En est-elle l'*effet?*

La pensée ne peut être l'*effet* du mouvement, parce qu'un effet ne peut être plus noble que sa cause, une conséquence plus puissante qu'un principe. Or, que la *pensée* soit plus noble et plus forte que ce *mouvement*, qui ne le voit du premier coup d'œil, puisque la pensée connaît ce *mouvement* et que ce *mouvement* ne la connaît pas, puisque la *pensée* parcourt, dans la plus petite fraction de temps, des espaces que ce *mouvement* ne pourrait franchir que dans des milliers de siècles?

Que si l'on dit à présent que la pensée n'est ni un *mouvement*, ni un *effet* de mouvement *intérieur* dans mon cerveau, mais un ébranlement produit par un mouvement *extérieur*, c'est seulement retourner les termes de la proposition ; car il est encore peut-être plus absurde d'imaginer que tel atome, émané de la lumière d'une étoile, descende dans la vitesse de la *pensée*, pour choquer telle partie de mon cerveau, tandis que d'autres millions de *mouvements* viennent en même temps l'assaillir de tous côtés. Par la seule loi de la pesanteur, un atome tombé du soleil sur ma tête me réduirait en poussière. Objecter que la gravité n'existe plus pour les parties extrêmement ténues de la matière, ce serait se moquer des gens, en voulant appliquer ce principe physique à la théorie de la pensée. Examinez donc un peu ce qui arriverait dans votre entendement toutes les fois que vous pensez, si votre *pensée* était le *mouvement* matériel, un *effet* de ce mouvement. Une petite portion de votre cervelle se détache, et s'en va roulant de tel côté, ce qui vous donne telle idée. Cet atome est long ou rond, large ou étroit, mince ou épais ; et vous voilà, en conséquence de cette figure du hasard, obligé d'être triste ou gai, insensé ou sage. Mais comme l'homme pense à mille choses à la fois, quel chaos, quel dérangement dans sa tête! Une *pensée sublime* sous la forme d'un embryon blanc ou bleu, en traversant votre entendement, rencontre une autre *pensée rouge* qui l'arrête. D'autres *idées* surviennent, se heurtent, etc.

Ce n'est pas là toute la difficulté ; car, si le *mouvement* est la *pensée*, le *mouvement* est un *principe pensant*. Or, dans ce cas, le flot qui roule, le pied qui marche, la pierre qui tombe, pensent. Vous dites que je pense en raison d'un ébranlement produit dans une certaine partie de mon cerveau : d'accord ; mais cette partie de mon cerveau qui s'ébranle n'est pas d'une autre nature que les éléments de l'univers. C'est de l'eau, de la terre, de l'air ou du feu ; ou, si vous aimez mieux parler comme la physique du jour, c'est de l'oxygène, de l'hydrogène etc. Amalgamez ces principes tout comme il vous plaira, ils resteront toujours tels par leur essence. Or, de leur mélange tel quel, comment ferez-vous naître la *pensée*, si le *principe* de cette pensée n'est pas renfermé dans les *éléments* qui la composent? Vous ne voulez pas déraisonner et dire qu'un *composé* a des effets qui ne sont pas dans des *simples*, et qu'un accident peut être provenu sans cause? Vous serez donc réduit à vous jeter dans une autre absurdité, et à dire que les éléments de la matière *pensent en certains cas*. Comment se fait-il alors que ces éléments, qui se trouvent combinés de tant de manières, ne répètent pas quelquefois *hors de l'homme* l'effet de la pensée?

Disons donc, car on ne le peut nier sans folie, que la *pensée* n'est ni la *matière* ni le *mouvement*. Si l'on veut absolument que le *mouvement* fasse une des conditions de la *pensée*, du moins est-il certain que cette pensée n'est pas le mouvement lui-même, mais quelque chose qui *se joint* ou *s'applique* au mouvement, puisqu'il est indubitable qu'*il y a des mouvements qui ne pensent pas*.

Venons à la grande conclusion.

Si la *pensée* est différente (comme elle l'est) de la *matière* et du *mouvement* matériel, qu'est-elle, et d'où vient-elle?

Comme elle n'existait pas chez moi avant que je fusse créé, elle a donc été produite.

Si elle a été produite, elle l'a été nécessairement par quelque chose hors de la *matière*, puisque nous avons reconnu que la *matière* n'est pas de *principe pensant*.

Cette chose, placée hors de la matière qui a produit ma *pensée*, ne peut être qu'une chose encore *plus excellente* que ma pensée, quoique la pensée de l'homme soit ce qu'il y a de beau dans l'univers : un principe est plus puissant que son effet.

Ma pensée étant indivisible est immortelle, par l'axiome reçu de tous les philosophes, qu'une chose se dissout que par la divisibilité de ses parties.

Or, la *cause* qui a produit ma *pensée* est donc *indivisible* comme elle ; elle est donc *immortelle* comme elle.

Mais comme cette *cause* était avant ma *pensée*, cette *cause* a elle-même été produite, ou elle est de *toute éternité*.

Si elle a été produite, où est son principe? Si vous me montrez ce principe, quel est le principe de ce principe?

Ainsi, vous élevant sans fin, vous arrivez au premier anneau ; Dieu montre sa face au fond des ombres de l'éternité : notre âme est la chaîne immortelle qu'il nous a tendue pour remonter jusqu'à lui.

C'est ainsi que la pensée de l'homme prouve irrévocablement l'existence de la Divinité, de même qu'à son tour l'existence de cette Divinité démontre l'existence de l'immortalité de l'âme, puisque Dieu ne peut être, s'il est injuste, et que l'homme, jeté sur la terre pour couler des jours infortunés et mourir, n'annoncerait que le caprice d'un affreux tyran. Ceci doit nous donner la plus haute opinion de notre nature ; car, qu'est-ce qu'un être dont Dieu est la preuve, et qui est à son tour la preuve de Dieu? L'Écriture a-t-elle parlé trop magnifiquement de cet être-là? « *Quand l'univers écraserait l'homme*, dit Pascal, *l'homme serait encore plus grand que l'univers ; car il sentirait que l'univers l'écrase, et l'univers ne le sentirait pas.* »

Il faut donc admettre que, s'il y a un Dieu, ses perfections prouvent que l'homme a une âme immortelle, et, *vice versa*, conclure, de l'excellence de l'âme humaine et des malheurs de ce monde, que Dieu existe de nécessité.

Quelques autres preuves de l'immortalité de l'âme.

La science est éternelle ; donc le siège de la science, l'âme, doit être immortel.

La raison et l'âme ne sont qu'un ; or la raison est immuable et éternelle.

La matière ne peut cesser d'être sans un acte immédiat de la volonté de Dieu : elle demeure toujours, rien ne se crée, rien ne s'anéantit ; or, la vie étant l'essence de l'âme, l'âme ne peut en être privée.

L'âme n'est point l'arrangement des parties du corps, puisque plus on la dégage des sens, plus on a de facilité à comprendre les choses [1].

---

[1] Saint Augustin, *de Immort. Anim.*

Le concevant se présente toujours avant le concevable.

Nous éprouvons d'abord qu'il existe des idées ; nous comprenons un objet sans le voir, nos sens nous en assurent ensuite. Ce sont les idées abstraites qui font les abstractions des choses. Le mouvement, par exemple, ne serait pas le mouvement, sans la comparaison que l'esprit fait du présent au passé. L'âme et ses opérations se montrent donc toujours les premières, et les corps ne viennent qu'ensuite. Ce fait, d'une vérité rigoureuse, est contraire au rapport des sens, qui ne voient que la matière, ou qui passent de celle-ci à l'esprit, au lieu de descendre de l'esprit au corps. Or, si l'âme se retrouve partout séparée de la matière, elle a donc de l'existence réelle [1] ; donc, etc.

De cette preuve de l'existence de l'âme, et conséquemment de son immortalité, nous allons faire naître cette autre preuve.

Le monde métaphysique n'existe point dans la nature-matière.

Les nombres, comme la pensée les considère, sont hors de la nature, où il ne peut y avoir que des unités. Cet incompréhensible mystère des appositions de chiffres, qui fournissent des quantités abstraites, croissant ou diminuant dans des rapports donnés ; ce mystère, disons-nous, n'est point dans l'ordre physique. Or donc, le monde métaphysique étant placé hors de la matière, ce monde doit être ou un univers intellectuel existant à part, ou seulement une modification de l'âme. Dans les deux cas, l'immortalité de l'âme est prouvée ; car l'homme purement matériel ne pourrait concevoir hors de la matière un monde métaphysique et éternel, ni encore moins avoir au dedans de lui quelque chose qui renfermât un monde de pensées abstraites et de vérités éternelles.

« Par l'esprit humain, dit Cicéron [2], tel qu'il est, nous devons juger qu'il y a quelque autre intelligence supérieure et divine ; car *d'où viendrait à l'homme,* dit Socrate dans Xénophon, *l'entendement dont il est doué ?* On voit que c'est à un peu de terre, d'eau, de feu et d'air, que nous devons les parties solides de notre corps, la chaleur et l'humidité qui y sont répandues, le souffle même qui nous anime. Mais, ce qui est bien au-dessus de tout cela, j'entends la raison, et, pour le dire en plusieurs termes, l'esprit, le jugement, la pensée, la prudence, où l'avons-nous prise ?

« On ne peut absolument trouver sur la terre [3] l'origine des âmes : car il n'y a rien dans les âmes qui soit mixte et composé : rien qui paraisse venir de la terre, de l'eau, de l'air ou du feu. Tous ces éléments n'ont rien qui fasse la mémoire, l'intelligence, la réflexion ; rien qui puisse rappeler le passé, prévoir l'avenir, embrasser le présent. Jamais on ne trouvera d'où l'homme reçoit ces divines qualités, à moins que de remonter à un Dieu. Par conséquent l'âme est d'une nature singulière, qui n'a rien de commun avec les éléments que nous connaissons. Quelle que soit donc la nature d'un être qui a sentiment, intelligence, volonté, principe de vie, cet être-là est céleste, il est divin, et dès là immortel.

« Je comprends bien, ce me semble [4], de quoi et comment ont été produits le sang, la bile, la pituite, les os, les nerfs, les veines, et généralement tout notre corps, tel qu'il est. L'âme elle-même, si ce n'était autre chose dans nous que le principe de la vie, me paraîtrait un effet purement naturel, comme ce qui fait vivre à leur manière la vigne et l'arbre. Et si l'âme humaine n'avait en partage que l'instinct de se porter à ce qui lui convient, et de fuir ce qui ne lui convient pas, elle n'aurait rien de plus que les bêtes.

« Mais ses propriétés sont premièrement, une mémoire capable de renfermer en elle-même une infinité de choses.

« Voyons ce qui fait la mémoire [5], et d'où elle procède. Ce n'est certainement ni du cœur, ni du cerveau, ni du sang, ni des atomes. Je ne sais si notre âme est de feu ou d'air ; et je ne rougis point, comme d'autres, d'avouer que j'ignore ce qu'en effet j'ignore. Mais qu'elle soit divine, j'en jurerais, si dans une matière obscure je pouvais parler affirmativement : car enfin, je vous le demande, la mémoire vous paraît-elle n'être qu'un assemblage de parties terrestres, qu'un amas d'air grossier et nébuleux ? Si vous ne savez ce qu'elle est, du moins vous voyez de quoi elle est capable. Hé bien ! dirons-nous qu'il y a dans notre âme une espèce de réservoir, où les choses que nous confions à notre mémoire se versent comme dans un vase ? Proposition absurde : car peut-on se figurer que l'âme serait d'une forme à loger un réservoir si profond ! Dirons-nous que l'on grave dans l'âme comme sur la cire, et qu'ainsi le souvenir est l'empreinte, la trace de ce qui a été gravé dans l'âme ? Mais des paroles et des idées peuvent-elles laisser des traces ? Et quel espace ne faudrait-il pas d'ailleurs, pour tant de traces différentes ?

« Qu'est-ce que cette autre faculté, qui s'étudie à découvrir ce qu'il y a de caché, et qui se nomme intelligence, génie ? Jugez-vous qu'il ne fût entré que du terrestre et du corruptible dans la composition de cet homme qui, le premier, imposa un nom à chaque chose ? Pythagore trouvait à cela une sagesse infinie. Regardez-vous comme pétri de limon ou celui qui a rassemblé les hommes et leur a inspiré de vivre en société, ou celui qui, dans un petit nombre

---

1 *Phedon de Mos.* — 2 *De Nat. Deor.*, II, 7, 8. (trad. DE D'OLIVET. — 3 *Frag. de Consol.* — 4 *Tuscul.*, 1, 24 et 25. — 5 *Id., ibid.*

de caractères, a renfermé tous les sons que la voix forme, et dont la diversité paraissait inépuisable, ou celui qui a observé comment se meuvent les planètes, et qu'elles sont tantôt rétrogrades, tantôt stationnaires? Tous étaient de grands hommes, ainsi que d'autres encore plus anciens, qui enseignèrent à se nourrir de blé, à se vêtir, à se faire des habitations, à se procurer les besoins de la vie, à se précautionner contre les bêtes féroces: c'est par eux que nous fûmes apprivoisés et civilisés. Des arts nécessaires, on passa ensuite aux beaux-arts. On trouva pour charmer l'oreille les règles de l'harmonie. On étudia les étoiles, tant celles qui sont fixes que celles qui sont appelées errantes, quoiqu'elles ne le soient pas. Quiconque découvrit les diverses révolutions des astres fit voir par là que son esprit tenait de celui qui les a formés dans le ciel. »

Note 12, page 42. — « Mais si tout ce que nous avons dit concernant les sens ne suffit pas pour convaincre un incrédule, avançons encore un peu, et faisons voir que les bornes mêmes dans lesquelles l'étendue du pouvoir de nos sens extérieurs se trouve renfermée, contribuent aussi à nous rendre plus heureux que si leur pouvoir s'étendait beaucoup plus loin, comme cela s'est trouvé dans ces derniers siècles, avec le secours de certains instruments.

« Supposons que nos yeux aient le pouvoir de distinguer les objets qu'ils ne sauraient voir sans le microscope : il est vrai qu'ils nous feraient voir un monde de créatures nouvelles ; une goutte d'eau dans laquelle on aurait fait tremper du poivre, ou une goutte de vinaigre, ou de matière séminale, nous paraîtrait comme un lac, ou une rivière pleine de poissons ; l'écume des liqueurs puantes et corrompues nous paraîtrait un champ couvert de fleurs et de plantes ; le fromage paraîtrait un composé de grosses araignées couvertes de poil ; il en serait de même à proportion d'une infinité d'autres choses : mais il est aussi aisé de concevoir le dégoût que la vue de ces insectes produirait pour beaucoup de choses, qui d'ailleurs sont très-bonnes et très-utiles en elles-mêmes. J'ai vu de personnes faire des éclats de rire à la vue des petits animaux qui s'offrent dans un morceau de fromage, par le moyen d'un microscope, et retirer vitement leurs mains lorsque quelqu'un de ces insectes venait à tomber, de crainte qu'il ne tombât sur elles ; mais d'autres faisaient des réflexions plus sérieuses sur la sagesse de Dieu, qui a bien voulu cacher ces choses aux yeux des ignorants et des personnes craintives, et les manifester à d'autres par le moyen des microscopes, afin que les moyens nécessaires ne manquassent point à ceux qui tâchent de pénétrer dans ses merveilles.

« Les philosophes incrédules oseraient-ils jamais souhaiter que leurs yeux eussent les propriétés des meilleurs microscopes, supposé qu'ils en connussent la nature et le fondement ? et se croiraient-ils plus heureux en voyant des objets si petits qui grossiraient jusqu'à ce point-là, tandis qu'en même temps tout ce qui leur tomberait sous les yeux n'occuperait pas plus d'espace qu'un grain de sable ? Ils ne sauraient voir aucun objet distinctement, à moins qu'ils ne fussent à une très-petite distance de l'œil, à un ou deux pouces, par exemple. Quant aux autres objets plus éloignés, comme les hommes, les bêtes, les arbres et les plantes, pour ne rien dire du soleil, de la lune et des étoiles, ces corps où brille la majesté de l'Être suprême, ils leur seraient entièrement invisibles, ou ils ne les verraient que dans une grande confusion, si tout cela se trouvait ainsi, et si nos yeux seuls pouvaient pénétrer aussi avant que lorsqu'ils sont armés de bons microscopes. Tous ceux qui en ont fait l'expérience conviennent que, par leur moyen, on peut voir des corps composés d'un millier de petites parties ; d'où il s'ensuit que, pour bien voir chaque chose jusqu'à ses particules primitives, la vue doit encore s'étendre infiniment plus loin qu'elle ne s'étend avec le secours des meilleurs microscopes.

« D'un autre côté, supposons que nos yeux soient de grands télescopes, semblables à ceux dont nous nous servons pour observer tant de nouvelles étoiles dans les cieux, et pour faire tant de découvertes dans le soleil, la lune et les étoiles, ils seraient encore sujets à cet inconvénient : c'est qu'ils ne seraient presque d'aucun usage pour voir les objets qui nous environnent, et ils nous priveraient aussi de la vue des autres objets qui sont sur la terre, parce que nous verrions les vapeurs et les exhalaisons qui s'élèvent continuellement, et qui, comme des nuages épais, nous cacheraient tous les autres objets visibles : cela n'est que trop connu de ceux qui se servent de ces instruments.

« De même, si l'odorat était aussi fin et aussi délicat dans les hommes qu'il paraît l'être dans certains chiens de chasse, il n'est personne, il n'est aucune créature qui pût nous joindre ; et il nous serait impossible de passer par les endroits où elles auraient passé, sans ressentir de fortes impressions des corpuscules qui en partent ; mille distractions partageraient malgré nous notre attention ; et, lorsque nous serions forcés de nous appliquer à des objets plus relevés, nous serions obligés de nous fixer à des choses méprisables.

« Si notre langue était d'un tissu si délicat, qu'elle nous fît éprouver autant de goût dans les choses qui n'en ont presque pas, que dans celles dont le goût est aussi fort que celui des ragoûts ou des épiceries, il n'est personne qui n'avouât que cela seul suffirait pour nous rendre les aliments très-désagréables, après que nous en aurions mangé seulement deux ou trois fois.

« L'oreille pourrait-elle distinguer tous les sons avec la même exactitude qu'elle les distingue à présent, lorsque, par le moyen d'un porte-voix, quelqu'un parle doucement dans son extrémité la plus évasée, ou ferait-on plus d'attention à un grand nombre de choses? On n'en ferait certainement pas plus que lorsque nous nous trouvons au milieu d'un bruit confus et d'un grand nombre de voix, au milieu du bruit des tambours et du canon: Ceux qui ont été témoins des inconvénients que souffrent les malades qui ont l'ouïe trop fine, n'auront pas de peine à être convaincus de cette vérité.

« Si dans toutes les parties de notre corps le toucher était aussi délicat que dans les endroits extrêmement sensibles et dans les membranes des yeux, ne faut-il pas avouer que nous serions bien malheureux, et que nous souffririons de grandes douleurs, lors même qu'une plume très-légère nous toucherait ?

« Enfin, peut-on réfléchir sur tout cela sans reconnaître la bonté de celui qui en est l'auteur, qui non-seulement nous a donné des organes aussi nobles que nos sens extérieurs, sans quoi il ne serait pas à préférer à un morceau de bois ; mais qui a même, par un effet de son adorable sagesse, renfermé nos sens dans de certaines bornes, sans lesquelles ils ne nous auraient servi que d'embarras, et il nous aurait été impossible d'examiner mille objets de plus grande conséquence? » (NIEUWENTYT, *Existence de Dieu*, liv. I, chap. III, page 431.)

NOTE 13, page 58. — Les véritables philosophes n'auraient pas prétendu, comme l'auteur du *Système de la Nature*, que le jésuite Needham eût créé des anguilles, et que Dieu n'avait pu créer l'homme. Needham ne leur aurait pas paru philosophe, et l'auteur du *Système de la nature* n'eût été regardé que comme un discoureur par l'empereur Marc-Aurèle. » (*Questions encycl.*, tom. VI, art. *Philosoph.*)

Dans un autre endroit, combattant les athées, il dit à propos des Sauvages qu'on croyait sans dieu :

« Mais on peut insister, on peut dire : Ils vivent en société, et ils sont sans dieu ; donc on peut vivre en société sans religion.

« En ce cas, je répondrai que les loups vivent ainsi, et que ce n'est pas une société qu'un assemblage de barbares anthropophages, tels que vous les supposez : et je vous demanderai toujours si, quand vous avez prêté votre argent à quelqu'un de votre société, vous voudriez que ni votre débiteur, ni votre procureur, ni votre notaire, ni votre juge, ne crussent en Dieu. » (*Ibid.*, tom. II, art. *Ath.*)

Tout cet article sur l'athéisme mérite d'être parcouru. En politique, **Voltaire** montre le même mépris de toutes ces vaines théories qui troublent le monde. « Je n'aime pas le gouvernement de la canaille, » répète-t-il en cent endroits. (Voyez les *Lettres au roi de Prusse*.) Ses plaisanteries sur les républiques populaires, son indignation contre les excès des peuples, tout enfin dans ses ouvrages prouve qu'il haïssait de bonne foi les charlatans de la philosophie.

C'est ici le lieu de mettre sous les yeux du lecteur un certain nombre de passages tirés de la *Correspondance* de Voltaire, qui prouvent que je n'ai pas trop hasardé, lorsque j'ai dit qu'il haïssait secrètement les sophistes. Du moins l'on sera forcé de conclure (si on n'est pas convaincu) que Voltaire ayant soutenu éternellement le *pour* et le *contre*, et varié sans cesse dans ses sentiments, son opinion en morale, en philosophie et en religion doit être comptée pour peu de chose.

Année 1766.

« *Contre les philosophes et le philosophisme. Je n'ai rien de commun avec les philosophes modernes*, que cette horreur pour le fanatisme intolérant. » (*Corresp. gén.*, tom. X, pag. 337.)

Année 1741.

« La supériorité qu'une physique sèche et abstraite a usurpée sur les belles-lettres commence à m'indigner. Nous avions, il y a cinquante ans, de bien plus grands hommes en physique et en géométrie qu'aujourd'hui, et à peine parlait-on d'eux. Les choses ont bien changé. J'ai aimé la physique tant qu'elle n'a point voulu dominer sur la poésie : à présent qu'elle a écrasé tous les arts ; je ne veux plus la regarder que comme un tyran de mauvaise compagnie. Je viendrai à Paris faire abjuration entre vos mains. Je ne veux plus d'autre étude que celle qui peut rendre la société plus agréable, et le déclin de la vie plus doux. On ne saurait parler physique un quart d'heure et s'entendre. On peut parler poésie, musique, histoire, littérature, tout le long du jour, etc. (*Correspondance gén.*, tom. III, pag. 170.)

« Les mathématiques sont fort belles ; mais, hors une vingtaine de théorèmes utiles pour la mécanique et l'astronomie, le reste n'est qu'une curiosité fatigante. » (Tom. IX, pag. 484.)

A Damilaville.

« J'entends par *peuple* la populace qui n'a que ses bras pour vivre. Je doute que cet ordre de citoyens ait jamais le temps ni la capacité de s'instruire ; ils mourraient de faim avant de devenir philosophes. Il me paraît essentiel qu'il y ait des gueux ignorants. Si vous faisiez valoir comme moi une terre, et si vous aviez des charrues, vous seriez bien de mon avis. » (Tom. x, pag. 396.)

« J'ai lu quelque chose d'une Antiquité dévoilée, ou plutôt très-voilée. L'auteur commence par le déluge, et finit toujours par le chaos : j'aime mieux, mon cher confrère, un seul de vos contes que tout ce fatras. » (Tom. x, pag. 409.)

Année 1766.

« Je serais très-fâché de l'avoir fait (*le Christianisme dévoilé*), non-seulement comme académicien, mais comme philosophe, et encore plus comme citoyen. Il est entièrement opposé à mes principes. Ce livre conduit à l'athéisme, que je déteste. J'ai toujours regardé l'athéisme comme le plus grand égarement de la raison, parce qu'il est aussi ridicule de dire que l'arrangement du monde ne prouve pas un artisan suprême, qu'il serait impertinent de dire qu'une horloge ne prouve pas un horloger.

« Je ne réprouve pas moins ce livre comme citoyen ; l'auteur paraît trop ennemi des puissances. Des hommes qui penseraient comme lui ne formeraient qu'une anarchie.

« Ma coutume est d'écrire sur la marge de mes livres ce que je pense d'eux : vous verrez, quand vous daignerez venir à Ferney, les marges du *Christianisme dévoilé* chargées de remarques, qui prouvent que l'auteur s'est trompé sur les faits les plus essentiels. » (*Correspondance gén.*, tom. xi, pag. 143.)

Année 1762. A Damilaville.

« Les frères doivent toujours respecter la morale et le trône. La morale est trop blessée dans le livre d'Helvétius, et le trône est trop peu respecté dans le livre qui lui est dédié. » (*Le Despotisme oriental.*)

Il dit plus haut, en parlant de ce même ouvrage : « On dira que l'auteur veut qu'on ne soit gouverné ni par Dieu ni par les hommes. » (Tom. viii, pag. 148.)

Année 1768. A M. de Villevieille.

« Mon cher marquis, il n'y a rien de bon dans l'athéisme. Ce système est fort mauvais dans le physique et dans le moral. Un honnête homme peut fort bien s'élever contre la superstition et contre le fanatisme ; il peut détester la persécution ; il rend service au genre humain s'il répand les principes de la tolérance : mais quel service peut-il rendre s'il répand l'athéisme ? Les hommes en seront-ils plus vertueux pour ne pas reconnaître un Dieu qui ordonne la vertu ? Non, sans doute. Je veux que les princes et leurs ministres en reconnaissent un, et même un Dieu qui punisse et qui pardonne. Sans ce frein, je les regarderai comme des animaux féroces, qui, à la vérité, ne me mangeront pas quand ils sortiront d'un bon repas, et qu'ils digéreront doucement sur un canapé avec leurs maîtresses, mais qui certainement me mangeront s'ils me rencontrent sous leurs griffes quand ils auront faim, et, qui, après m'avoir mangé, ne croiront pas seulement avoir fait une mauvaise action. » (Tom. xii, pag. 349.)

Année 1749.

« Je ne suis point du tout de l'avis de Saunderson, qui nie un Dieu parce qu'il est né aveugle. Je me trompe peut être ; mais j'aurais, à sa place, reconnu un être très-intelligent, qui m'aurait donné tant de suppléments de la vue ; et, en apercevant, par la pensée, des rapports infinis dans toutes les choses, j'aurais soupçonné un ouvrier infiniment habile. Il est fort impertinent de deviner qui il est et pourquoi il a fait tout ce qui existe ; mais il me paraît bien hardi de nier qu'il est. » (*Correspondance gén.*, tom. iv, pag. 44.)

Année 1753.

« Il me paraît absurde de faire dépendre l'existence de Dieu d'*a* plus *b*, divisé par *z*.

« Où en serait le genre humain, s'il fallait étudier la dynamique et l'astronomie pour connaître l'Être suprême ? Celui qui nous a créés tous doit être manifesté à tous, et les preuves les plus communes sont les meilleures, par la raison qu'elles sont les plus communes ; il ne faut que des yeux et point d'algèbre pour voir le jour. » (*Corresp. gén.*, tom. IV, pag. 463.)

« Mille principes se dérobent à nos recherches, parce que tous les secrets du Créateur ne sont pas faits pour nous. On a imaginé que la nature agit toujours par le chemin le plus court, qu'elle emploie le moins de force et la plus grande économie possible : mais que répondraient les partisans de cette opinion à ceux qui leur feraient voir que nos bras exercent une force de près de cinquante livres pour lever un poids d'une seule livre ; que le cœur en exerce une immense pour exprimer une goutte de sang ; qu'une carpe fait des milliers d'œufs pour produire une ou deux carpes ; qu'un chêne donne un nombre innombrable de glands, qui souvent ne font pas naître un seul chêne ? Je crois toujours, comme je vous le mandais il y a longtemps, qu'il y a plus de profusion que d'économie dans la nature. » (Tom. IV, pag. 463.)

NOTE 14, page 58. — Comme la philosophie du jour loue précisément le polythéisme d'avoir fait cette séparation, et blâme le christianisme d'avoir uni les forces morales aux forces religieuses, je ne croyais pas que cette proposition pût être attaquée. Cependant un homme de beaucoup d'esprit et de goût, et à qui l'on doit toute déférence, a paru douter de l'assertion. Il m'a objecté la personnification des êtres moraux, comme la sagesse dans Minerve, etc.

Il me semble, sauf erreur, que les personnifications ne prouvent pas que la morale fût unie à la religion dans le polythéisme. Sans doute, en adorant tous les vices divinisés, on adorait aussi les vertus ; mais le prêtre enseignait-il la morale dans les temples et chez les pauvres ? Son ministère consistait-il à consoler les malheureux par l'espoir d'une autre vie, à inviter le pauvre à la vertu, le riche à la charité ? Que s'il y avait quelque morale attachée au culte de la déesse de *la Justice*, de *la Sagesse*, cette morale n'était-elle pas presque absolument détruite, et surtout pour le peuple, par le culte des plus infâmes divinités ? Tout ce qu'on pourrait dire, c'est qu'il y avait quelques sentences gravées sur le frontispice et sur les murs des temples, et qu'en général le prêtre et le législateur recommandaient au peuple la crainte des dieux. Mais cela ne suffit pas pour prouver que *la profession de la morale* fût essentiellement liée au polythéisme, quand tout démontre au contraire qu'elle en était séparée.

Les moralités qu'on trouve dans Homère sont presque toujours indépendantes de l'action céleste : c'est une simple réflexion que le poëte fait sur l'événement qu'il raconte, ou la catastrophe qu'il décrit. S'il personnifie le remords, la colère divine, etc. ; s'il peint le coupable au Tartare et le juste aux Champs-Elysées, ce sont sans doute de belles fictions, mais qui ne constituent pas un code moral attaché au polythéisme comme l'Évangile l'est à la religion chrétienne. Otez l'Évangile à Jésus-Christ, et le christianisme n'existe plus ; enlevez aux anciens l'allégorie de Minerve, de Thémis, de Némésis, et le polythéisme existe encore. Il est certain, d'ailleurs, qu'un culte qui n'admet qu'un seul Dieu doit s'unir étroitement à la morale, parce qu'il est uni à la vérité ; tandis qu'un culte qui reconnaît la pluralité des dieux s'écarte nécessairement de la morale, en se rapprochant de l'erreur.

Quant à ceux qui font un crime au christianisme d'avoir ajouté la force morale à la force religieuse, ils trouveront ma réponse dans le dernier chapitre de cet ouvrage, où je montre qu'*au défaut de l'esclavage antique, les peuples modernes doivent avoir un frein puissant dans leur religion.*

NOTE 15, page 75. — Voici quelques fragments que nous avons retenus de mémoire, et qui semblent être échappés à un poëte grec, tant ils sont pleins du goût de l'antiquité.

> Accours, jeune Chromis ; je t'aime, et je suis belle,
> Blanche comme Diane, et légère comme elle ;
> Comme elle grande et fière ; et les bergers, le soir,
> Lorsque les yeux baissés, je passe sans les voir,
> Doutent si je ne suis qu'une simple mortelle.
> Et, me suivant des yeux, disent : « Comme elle est belle !
> Néère, ne va point te confier aux flots,
> De peur d'être déesse, et que les matelots
> N'invoquent, au milieu de la tourmente amère,
> La blanche Galatée et la blanche Néère.

Une autre idylle intitulée *le Malade*, trop longue pour être citée, est pleine des beautés les plus touchantes. Le fragment qui suit est d'un genre différent : par la mélancolie dont il est empreint, on dirait qu'André Chénier, en le composant, avait un pressentiment de sa destinée :

> Souvent, las d'être esclave et de boire la lie
> De ce calice amer que l'on nomme la vie ;
> Las du mépris des sots qui suit la pauvreté,
> Je regarde la tombe, asile souhaité ;

> Je souris à la mort volontaire et prochaine ;
> Je la prie, en pleurant, d'oser rompre ma chaîne.
> Le fer libérateur qui percerait mon sein
> Déjà frappe mes yeux et frémit sous ma main.
>
> . . . .
> Et puis mon cœur s'écoute et s'ouvre à la faiblesse :
> Mes parents, mes amis, l'avenir, ma jeunesse,
> Mes écrits imparfaits ; car à ses propres yeux
> L'homme sait se cacher d'un voile spécieux.
> A quelque noir destin qu'elle soit asservie,
> D'une étreinte invincible il embrasse la vie,
> Et va chercher bien loin, plutôt que de mourir,
> Quelque prétexte ami pour vivre et pour souffrir.
> Il a souffert, il souffre : aveugle d'espérance,
> Il se traîne au tombeau de souffrance en souffrance,
> Et la mort, de nos maux ce remède si doux,
> Lui semble un nouveau mal, le plus cruel de tous.

Les écrits de ce jeune homme, ses connaissances variées, son courage, sa noble proposition à M. de Malesherbes, ses malheurs et sa mort, tout sert à répandre le plus vif intérêt sur sa mémoire. Il est remarquable que la France a perdu, sur la fin du dernier siècle, trois beaux talents à leur aurore : Malfilâtre, Gilbert et André Chénier ; les deux premiers sont morts de misère, le troisième a péri sur l'échafaud.

Note 16, page 78. — Nous ne voulons qu'éclaircir ce mot *descriptif*, afin qu'on ne l'interprète pas dans un sens différent de celui que nous lui donnons. Quelques personnes ont été choquées de notre assertion, faute d'avoir bien compris ce que nous voulions dire. Certainement les poëtes de l'antiquité ont des morceaux *descriptifs* ; il serait absurde de le nier, surtout si l'on donne la plus grande extension à l'expression, et qu'on entende par là des descriptions de vêtements, de repas, d'armées, de cérémonies, etc., etc. ; mais ce genre de *description* est totalement différent du nôtre ; en général, les anciens ont peint les *mœurs*, nous peignons les *choses :* Virgile décrit la *maison rustique*, Théocrite les *bergers*, et Thomson les *bois* et les *déserts*. Quand les Grecs et les Latins ont dit quelques mots d'un paysage, ce n'a jamais été que pour y placer des personnages et faire rapidement un fond de tableau ; mais ils n'ont jamais représenté nuement, comme nous, les fleuves, les montagnes et les forêts : c'est tout ce que nous prétendons dire ici. Peut-être objectera-t-on que les anciens avaient raison de regarder la poésie descriptive comme l'objet *accessoire*, et non comme l'objet *principal* du tableau ; je le pense aussi, et l'on a fait de nos jours un étrange abus du genre descriptif ; mais il n'en est pas moins vrai que c'est un moyen de plus entre nos mains, et qu'il a étendu la sphère des images poétiques, sans nous priver de la peinture des mœurs et des passions, telle qu'elle existait pour les anciens.

POÉSIES SANSKRITES. *Sacontala.*

Note 17, page 80. — Écoutez, ô vous arbres de cette forêt sacrée ! écoutez, et pleurez le départ de Sacontala pour le palais de l'époux ! Sacontala, celle qui ne buvait point l'onde pure avant d'avoir arrosé vos tiges ; celle qui, par tendresse pour vous, ne détacha jamais une seule feuille de votre aimable verdure, quoique ses beaux cheveux en demandassent une guirlande ; celle qui mettait le plus grand de tous ses plaisirs dans cette saison qui entremêle de fleurs vos flexibles rameaux !

Chœur des Nymphes des bois.

Puissent toutes les prospérités accompagner ses pas ! puissent les brises légères disperser, pour ses délices, la poussière odorante des fleurs ! puissent les lacs d'une eau claire et verdoyante sous les feuilles du lotos, la rafraîchir dans sa marche ! puissent de doux ombrages la défendre des rayons brûlants du soleil ! (*Robertson's Indie.*)

POÉSIE ERSE.

CHANT DES BARDES ; *First Bard.*

Night is dull and dark ; the clouds rest ont the hills ; no star with green trembling beam : no moon looks from the sky. I hear the blast in the wood ; but I hear it distant far. The stream of the valley murmurs, but its murmur is sullen and sad. From the tree at the grave of the dead, the longhowling owl is heard. I see a dim form on the plain! It is a ghost! It fades, it flies. Some funeral shall pass this way. The meteor marks the path.

The distant dog is howling from the but of the hill; the stag lies on the mountain moss : the hind is at his side. She hears the wind in his branchy horns. She starts, but lies again.

The roe is in the clift of the rock. The heathcock's head is beneath his wing. No beast, no bird is abroad, but the owl and the howling fox. She on a leafless tree, he in a cloud on the hill.

Dark, panting, trembling, sad, the traveller has lost his way. Through shrubs, through thorns, he goes, along the gurgling rill; he fears the rocks and the fen. He fears the ghost of night. The old tree groans to the blast. The falling branch resounds. The wind drives the withered burs, clung together, along the grass. It is the light tread of a ghost! he trembles amidst the night.

Dark, dusky, howling is night, cloudy, windy and full of ghosts! the dead are abroad! my freinds, receive me from the night. (*Ossian.*)

NOTE 18, page 85.

IMITATION DE VOLTAIRE.

« Toi sur qui mon tyran prodigue ses bienfaits,
Soleil, astre de feu, jour heureux que je hais,
Jour qui fais mon supplice, et dont mes yeux s'étonnent,
Toi qui sembles le dieu des cieux qui t'environnent,
Devant qui tout éclat disparaît et s'enfuit,
Qui fais pâlir le front des astres de la nuit ;
Image du Très-Haut qui régla ta carrière,
Hélas! j'eusse autrefois éclipsé ta lumière !
Sur la voûte des cieux élevé plus que toi,
Le trône où tu t'assieds s'abaissait devant moi ;
Je suis tombé : l'orgueil m'a plongé dans l'abîme.
Hélas! je suis ingrat, c'est là mon plus grand crime ;
J'osai me révolter contre mon Créateur :
C'est peu de me créer, il fut mon bienfaiteur.
Il m'aimait ; j'ai forcé sa justice éternelle
D'appesantir son bras sur ma tête rebelle :
Je l'ai rendu barbare en sa sévérité;
Il punit à jamais, et je l'ai mérité.
Mais si le repentir pouvait obtenir grâce !...
Non, rien ne fléchira ma haine et mon audace ;
Non, je déteste un maître, et sans doute il vaut mieux
Régner dans les enfers qu'obéir dans les cieux. »

NOTE 19, page 91. — Le Dante a répandu quelques beaux traits dans son *Purgatoire*; mais son imagination, si féconde dans les tourments de *l'Enfer*, n'a plus la même abondance quand il faut peindre des peines mêlées de quelques joies. Cependant cette aurore qu'il trouve au sortir du Tartare, cette lumière qu'il voit passer rapidement sur la mer, ont du vague et de la fraîcheur :

Dolce color d'oriental zaffiro,
Che s'accoglieva nel sereno aspetto
Dell' aer puro infino al primo giro,

Agli occhi miei ricominciò diletta
Tosto ch' io usci' fuor d'ell' aura morta
Che m'avea contristati gli occhi e 'l petto.

Lo bel pianeta ch' ad amar conforta
Faceva tutto rider l' oriente,
Velando i pesci ch' erano in sua scorta.

Io mi volsi a man destra e posi mente
All' altro polo, e vidi quatro stelle
Non viste mai fuor ch' alla prima gente.

Goder pareva 'l ciel di lor fiammelle.
O settentrional vedovo sito,
Poi che privato se' di mirar quelle !

Com'io da loro sguardo fui partito
Un poco me volgendo all' altro poi
Là onde 'l Carro già era sparito ;

Vidi presso di me un veglio solo
Degno di tanta reverenza in vista,
Che più non dee a padre alcun figliuolo.

Lunga la barba e di pel bianco mista
Portava a' suoi capegli simigliante
De' quai cadeva al petto doppia lista.

Li raggi delle quattro luci sante
Fregiavan sì la sua faccia di lume
Ch' io 'l vedea come 'l sol fosse davante.

. . . .
. . . .
. . . .

Venimmo poi in sul lito diserto
Che mai non vide navicar sue acque
Uom che di ritornar sia poscia sperto.

. . . .
. . . .
. . . .

Già era il sole all' orizzonte giunto
Lo cui meridian cerchio coverchia
Gerusalem col suo più alto punto;

E la notte, ch' opposita a lui cerchia
Uscia di Gange fuor con le bilance
Che le caggion di man quando soverchia;

Si che le bianche e le vermiglie guance,
Là, dov' io era, delle bella Aurora
Per troppa étade divenivan rance,

Noi eravam lunghesso 'l mare ancora
Come gente che pensa a suo cammino,
Che va col cuore e col corpo dimora :

Ed ecco, qual su 'l presso del mattino
Per li grossi vapor Marte rosseggia
Giù nel ponente sopra 'l suol marino,

Cotal m' apparve, s' io ancor lo veggia,
Un lume per lo mar venir sì ratto
Che 'l muover suo nessum volar pareggia;

Dal qual cum' io un poco ebbi ritratto
L' occhio per dimandar lo duca mio,
Rividil più lucente e maggior fatto.

Purgatorio di DANTE, canto I e II.

NOTE 20, page 208. — *Fragment du sermon de Bossuet sur le bonheur du ciel.*

Si l'apôtre saint Paul a dit [1] que les fidèles sont un spectacle au monde, aux anges et aux hommes, nous pouvons encore ajouter qu'ils sont un spectacle à Dieu même. Nous apprenons de Moïse que ce grand et sage architecte, diligent contemplateur de son propre ouvrage, à mesure qu'il bâtissait ce bel édifice du monde, en admirait toutes les parties [2] : *Vidit Deus lucem quòd esset bona* : « Dieu vit que la lumière était bonne : » qu'en ayant composé le tout, parce qu'en effet la beauté de l'architecture paraît dans le tout, et dans l'assemblage plus encore que dans les parties détachées, il avait encore enchéri et l'avait trouvé parfaitement beau : [3] *Et erant valde bona* : et enfin, qu'il s'était contenté lui-même en considérant dans ses créatures les traits de sa sagesse et l'effusion de sa bonté. Mais comme le juste et l'homme de bien est le miracle de sa grâce et le chef-d'œuvre de sa main puissante, il est aussi le spectacle le plus agréable à ses yeux [4] : *Oculi Domini super justos* : « Les yeux de Dieu, dit « le saint psalmiste, sont attachés sur les justes, » non-seulement parce qu'il veille sur eux pour les protéger, mais encore parce qu'il aime à les regarder du plus haut des cieux comme le plus cher objet de ses complaisances [5] « N'avez-vous point vu, dit-il, mon serviteur Job, « comme il est droit et juste, et craignant Dieu ; comme il évite le mal avec soin, et n'a point « son semblable sur la terre ? »

Que le soldat est heureux qui combat ainsi sous les yeux de son capitaine et de son roi, à

[1] I Cor., iv, 6. — [2] Gen., 1, 4. — [3] Gen., 1, 31. — [4] Psalm., xxxiii, 15. — [5] Job, 1, 8.

qui sa valeur invincible prépare un si beau spectacle! Que si les justes sont le spectacle de Dieu, il veut aussi à son tour être leur spectacle : comme il se plaît à les voir, il veut aussi qu'ils le voient : il les ravit par la claire vue de son éternelle beauté, et leur montre à découvert sa vérité même dans une lumière si pure qu'elle dissipe toutes les ténèbres et tous les nuages. . . .
. . . .

Mais, mes frères, ce n'est pas à moi de publier ces merveilles, pendant que le Saint-Esprit nous représente si vivement la joie triomphante de la céleste Jérusalem par la bouche du prophète Isaïe. « Je créerai, dit le Seigneur, un nouveau ciel et une nouvelle terre, et toutes les
« angoisses seront oubliées, et ne reviendront jamais : mais vous vous réjouirez, et votre âme
« nagera dans la joie durant toute l'éternité dans les choses que je crée pour votre bonheur :
« car je ferai que Jérusalem sera toute transportée d'allégresse, et que son peuple sera dans
« le ravissement : et moim ême je me réjouirai en Jérusalem, et je triompherai de joie dans
« la félicité de mon peuple [1]. »

Voilà de quelle manière le Saint-Esprit nous représente les joies de ses enfants bienheureux. Puis, se tournant à ceux qui sont sur la terre, à l'Église militante, il les invite, en ces termes, à prendre part aux transports de la sainte et triomphante Jérusalem. « Réjouissez-vous, dit-
« il, avec elle, ô vous qui l'aimez! réjouissez-vous avec elle d'une grande joie, et sucez avec
« elle par une foi vive la mamelle de ses consolations divines, afin que vous abondiez en
« délices spirituelles, parce que le Seigneur a dit : Je ferai couler sur elle un fleuve de paix ;
« et ce torrent se débordera avec abondance : toutes les nations de la terre y auront part ;
« et avec la même tendresse qu'une mère caresse son enfant, ainsi je vous consolerai, dit le
« Seigneur [2]. »

Quel cœur serait insensible à ces divines tendresses ? Aspirons à ces joies célestes, qui seront d'autant plus touchantes qu'elles seront accompagnées d'un parfait repos, parce que nous ne les pouvons jamais perdre. (*Sermons de Bossuet*, tom. III.) (*Note de l'Editeur.*)

Note 21, page 212. — On sera bien aise de trouver ici le beau morceau de Bossuet sur saint Paul... « Afin que vous compreniez quel est donc ce prédicateur, destiné par la Providence pour confondre la sagesse humaine, écoutez la description que j'en ai tirée de lui-même dans la première épître aux Corinthiens.

« Trois choses contribuent ordinairement à rendre un orateur agréable et efficace : la personne de celui qui parle, la beauté des choses qu'il traite, la manière ingénieuse dont il les explique : et la raison en est évidente ; car l'estime de l'orateur prépare une attention favorable, les belles choses nourrissent l'esprit, et l'adresse de les expliquer d'une manière qui plaise les fait doucement entrer dans le cœur ; mais de la manière que se représente le prédicateur dont je parle, il est bien aisé de juger qu'il n'a aucun de ces avantages.

« Et premièrement, chrétiens, si vous regardez son extérieur, il avoue lui même que sa mine n'est pas relevée [3] : *Præsentia corporis infirma*; et si vous considérez sa condition, il est méprisable, et réduit à gagner sa vie par l'exercice d'un art mécanique. De là vient qu'il dit aux Corinthiens : « J'ai été « au milieu de vous avec beaucoup de crainte et d'infirmité [4] ; » d'où il est aisé de comprendre combien sa personne était méprisable. Chrétiens, quel prédicateur pour convertir tant de nations !

« Mais peut-être que sa doctrine sera si plausible et si belle, qu'elle donnera du crédit à cet homme si méprisé. Non, il n'en est pas de la sorte : « Il ne sait, dit-il, autre chose que son maître crucifié [5] : » *Non judicavi me scire aliquid intervos, nisi Jesum Christum, et hunc crucifixum*, c'est-à-dire qu'il ne sait rien que ce qui choque, que ce qui scandalise, que ce qui paraît folie et extravagance. Comment peut-il espérer que ses auditeurs soient persuadés ? Mais, grand Paul ! si la doctrine que vous annoncez est si étrange et si difficile, cherchez du moins des termes polis, couvrez des fleurs de la rhétorique cette face hideuse de votre Évangile, et adoucissez son austérité par les charmes de votre éloquence. A Dieu ne plaise, répond ce grand homme, que je mêle la sagesse humaine à la sagesse du Fils de Dieu ; c'est la volonté de mon maître, que mes paroles ne soient pas moins rudes que ma doctrine paraît incroyable [6] : *Non in persuasibilibus humanæ sapientiæ verbis...* Saint Paul rejette tous les artifices de la rhétorique. Son discours, bien loin de couler avec cette douceur agréable, avec cette égalité tempérée que nous admirons dans les orateurs, paraît inégal et sans suite à ceux qui ne l'ont pas assez pénétré ; et les délicats de la terre, qui ont, disent-ils, les oreilles

---

[1] . . . Oblivioni traditæ sunt angustiæ priores, et non ascendent super cor. Gaudebitis, et exultabitis usque in sempiternum, in his quæ ego creo : quia ecce ego creo Jerusalem exultationem, et populum ejus gaudium. Et exultabo in Jerusalem, et gaudebo in populo meo. (Is., LXV, 16 et suiv.)
[2] Lætamini cum Jerusalem, et exultate in ea omnes qui diligitis eam : gaudete cum ea gaudio... Ut sugatis et repleamini ab ubere consolationis ejus ut mulgeatis et deliciis affluatis ab omnimoda gloria ejus. Quia hæc dicit Dominus : Ecce ego declinabo super eam quasi fluvium pacis, et quasi torrentem inundantem gloriam gentium. . Quomodo si cui mater blandiatur, ita ego consolabor vos. (Is., LXVI, 10 et suiv.) — [3] Cor. x, 10. — [4] Et ego in infirmitate, et timore et tremore multo fui apud vos. (I Cor. II, 3.) — [5] Cor. II. — [6] Cor., IV.

fines, sont offensés de la dureté de son style irrégulier. Mais, mes frères, n'en rougissons pas. Le discours de l'apôtre est simple, mais ses pensées sont toutes divines. S'il ignore la rhétorique, s'il méprise la philosophie, Jésus-Christ lui tient lieu de tout ; et son nom, qu'il a toujours à la bouche, ses mystères, qu'il traite si divinement, rendront sa simplicité toute-puissante. Il ira, cet ignorant dans l'art de bien dire, avec cette locution rude, avec cette phrase qui sent l'étranger ; il ira en cette Grèce polie, la mère des philosophes et des orateurs : et, malgré la résistance du monde, il y établira plus d'églises que Platon n'y a gagné de disciples par cette éloquence qu'on a crue divine. Il prêchera Jésus dans Athènes, et le plus savant de ses sénateurs passera de l'Aréopage à l'école de ce Barbare. Il poussera encore plus loin ses conquêtes ; il abattra aux pieds du Sauveur la majesté des faisceaux romains en la personne d'un proconsul, et il fera trembler dans leurs tribunaux les juges devant lesquels on le cite. Rome même entendra sa voix ; et un jour cette ville maîtresse se tiendra bien plus honorée d'une lettre du style de Paul adressée à ses citoyens, que de tant de fameuses harangues qu'elle a entendues de son Cicéron.

« Et d'où vient cela, chrétiens ; c'est que Paul a des moyens pour persuader, que la Grèce n'enseigne pas, et que Rome n'a pas appris. Une puissance surnaturelle, qui se plaît de relever ce que les superbes méprisent, s'est répandue et mêlée dans l'auguste simplicité de ses paroles. De là vient que nous admirons dans ses admirables épîtres une certaine vertu plus qu'humaine, qui persuade contre les règles, ou plutôt qui ne persuade pas tant qu'elle captive les entendements ; qui ne flatte pas les oreilles, mais qui porte ses coups droit au cœur. De même qu'on voit un grand fleuve qui retient encore, coulant dans la plaine, cette force violente et impétueuse qu'il avait acquise aux montagnes d'où il tire son origine ; ainsi cette vertu céleste, qui est contenue dans les écrits de saint Paul, même dans cette simplicité de style, conserve toute la vigueur qu'elle apporte du ciel, d'où elle descend.

« C'est par cette vertu divine que la simplicité de l'apôtre a assujetti toutes choses. Elle a renversé les idoles, établi la croix de Jésus, persuadé à un million d'hommes de mourir pour en défendre la gloire : enfin, dans ses admirables épîtres elle a expliqué de si grands secrets, qu'on a vu les plus sublimes esprits, après s'être exercés longtemps dans les plus hautes spéculations où pouvait aller la philosophie, descendre de cette vaine hauteur où ils se croyaient élevés, pour apprendre à bégayer humblement dans l'école de Jésus-Christ, sous la discipline de Paul... »

NOTE 22, page 229. — Voici le catalogue de Pline :

Peintres des trois grandes Écoles, IONIQUE, SICYONIENNE et ATTIQUE.

Polygnote de Thasos peignit un Guerrier avec son bouclier. Il peignit, de plus, le temple de Delphes, et le portique d'Athènes, en concurrence avec Mylon.

Apollodore d'Athènes : Un Prêtre en adoration ; Ajax tout enflammé des feux de la foudre.

Zeuxis : Une Alcmène ; un dieu Pan ; une Pénélope ; un Jupiter assis sur son trône, et entouré des dieux, qui sont debout ; Hercule enfant, étouffant deux serpents, en présence d'Amphitryon et d'Alcmène, qui pâlit d'effroi ; Junon Lacinienne ; le Tableau des Raisins ; une Hélène et un Marsyas.

Parrhasius : Le Rideau ; le peuple d'Athènes personnifié ; le Thésée ; Méléagre ; Hercule et Persée ; le Grand-Prêtre de Cybèle ; une Nourrice crétoise avec son enfant ; un Philoctète ; un dieu Bacchus ; deux Enfants accompagnés de la Vertu ; un Pontife assisté d'un jeune garçon qui tient une boîte d'encens, et qui a une couronne de fleurs sur la tête ; un Coureur armé, courant dans la lice ; un autre Coureur armé, déposant ses armes à la fin de la course ; un Énée ; un Achille ; un Agamemnon ; un Ajax disputant à Ulysse l'armure d'Achille.

Timanthe : Sacrifice d'Iphigénie ; Polyphème endormi, dont de petits satyres mesurent le pouce avec un thyrse.

Pamphile : Un Combat devant la ville de Philius ; une Victoire des Athéniens ; Ulysse dans son vaisseau.

Échion : Un Bacchus ; la Tragédie et la Comédie personnifiées ; une Sémiramis ; une Vieille qui porte deux lampes devant une nouvelle mariée.

Apelles : Campaspe nue, sous les traits de Vénus Anadyomène ; le roi Antigone ; Alexandre tenant un foudre ; la pompe de Mégabyse, pontife de Diane ; Clitus partant pour la guerre, et prenant son casque des mains de son écuyer ; un Habron, ou homme efféminé ; un Ménandre, roi de Carie ; un Ancée ; un Gorgosthènes le tragédien ; les Dioscures ; Alexandre et la Victoire ; Bellone enchaînée au char d'Alexandre ; un Héros nu, un Cheval ; un Néoptolème combattant à cheval contre les Perses ; Archéloüs avec sa femme et sa fille ; Antigonus armé ; Diane dansant avec de jeunes filles ; les trois tableaux connus sous les noms de l'*Éclair*, du *Tonnerre*, de la *Foudre*.

Aristide de Thèbes : Une Ville prise d'assaut, et pour sujet une Mère blessée et mourante : Bataille contre les Perses ; des Quadriges en course ; un Suppliant ; des Chasseurs avec leur

NOTES ET ÉCLAIRCISSEMENTS.

gibier; le Portrait du peintre Léontion; Biblis; Bacchus et Ariane; un Tragédien accompagné d'un jeune garçon; un Vieillard qui montre à un enfant à jouer de la lyre; un Malade.

Protogène: Le Lialyssus; un Satyre mourant d'amour; un Cydippe; un Tlépolème; un Philisque méditant; un Athlète; le Roi Antigonus; la Mère d'Aristote; un Alexandre; un Pan.

Asclépiodore: Les douze grands Dieux.

Nicomaque: L'Enlèvement de Proserpine; une Victoire s'élevant dans les airs sur un char; un Ulysse; un Apollon; une Diane; une Cybèle assise sur un lion; des Bacchantes et des Satyres; la Scylla.

Philoxène d'Érétrie: La bataille d'Alexandre contre Darius; trois Silènes.

Genre grotesque et peinture à fresque.

Ici Pline parle de Pyréicus, qui peignit, dans une grande perfection, des boutiques de barbiers, de cordonniers, des ânes, etc. C'est l'Ecole flamande. Il dit ensuite qu'Auguste fit représenter sur les murs des palais et des temples des paysages et des marines. Parmi les peintures à fresque de ce genre, la plus célèbre était connue sous le nom de *Maraîchers*. C'étaient des paysans à l'entrée d'un village, faisant prix avec des femmes pour les porter sur leurs épaules à travers une mare, etc. Ce sont les seuls paysages dont il soit fait mention dans l'antiquité, et encore n'était-ce que des peintures à fresque. Nous reviendrons dans une autre note sur ce sujet.

Peinture encaustique.

Pausanias de Sicyone: L'Hémerésios, ou l'Enfant; Glycère assise et couronnée de fleurs; une Hécatombe.

Euphranor: Un combat équestre; les douze Dieux; Thésée; un Ulysse contrefaisant l'insensé; un Guerrier remettant son épée dans le fourreau.

Cydias: Les Argonautes.

Antidotas: Le Champion armé du bouclier; le Lutteur et le Joueur de flûte.

Nicias, Athénien: Une Forêt; Némée personnifiée; un Bacchus; l'Hyacinthe; une Diane; le Tombeau de Mégabyse; la Nécromancie d'Homère; Calypso, Io et Andromède; Alexandre; Calypso assise.

Athénion: Un Phylarque; un Syngénicon, un Achille déguisé en fille; un Palefrenier avec un cheval.

Limonaque de Byzance: Ajax; Médée; Oreste; Iphigénie en Tauride; un Lécythion, ou maître à voltiger; une Famille noble; une Gorgone.

Aristolaüs: Un Epaminondas; un Périclès; une Médée; la Vertu; Thésée; le Peuple athénien personnifié; une Hécatombe.

Socrate: Les filles d'Esculape, Higie, Eglé, Panacée, Laso; Œnos, ou le Cordier fainéant.

Antiphile: L'Enfant soufflant le feu; les Fileuses au fuseau; la Chasse du roi Ptolémée, et le Satyre aux aguets.

Aristophon. Ancée blessé par le sanglier de Calydon; un tableau allégorique de Priam et d'Ulysse.

Artemon: Danaé et les Corsaires; la reine Stratonice; Hercule et Déjanire; Hercule au mont Œta, Laomédon.

Pline continue à nommer environ une quarantaine de peintres inférieurs, dont il ne cite que quelques tableaux.

(PLINE, liv. xxxv.)

Nous n'avons à opposer à ce catalogue que celui que tous les lecteurs peuvent se procurer au *Muséum*. Nous observerons seulement que la plupart de ces tableaux antiques sont des portraits ou des tableaux d'histoire; et que, pour être impartial, il ne faut mettre en parallèle avec des sujets chrétiens que des sujets mythologiques.

NOTE 23, page 230. — Le catalogue que Pline nous a laissé des tableaux de l'antiquité n'offre pas un seul tableau de paysage, si l'on en excepte les peintures à fresque. Il se peut faire que quelques-uns des tableaux des grands maîtres eussent un arbre, un rocher, un coin de vallon ou de forêt, un courant d'eau dans le second ou troisième plan; mais cela ne constitue pas le paysage proprement dit, et tel que nous l'ont donné les Lorrain et les Berghem.

Dans les antiquités d'Herculanum on n'a rien trouvé qui pût porter à croire que l'ancienne école de peinture eût des paysagistes. On voit seulement, dans le *Télépho*, une femme assise, couronnée de guirlandes, appuyée sur un panier rempli d'épis, de fruits et de fleurs. Hercule est vu par le dos, debout devant elle, et une biche allaite un enfant à ses pieds. Un Faune joue de la flûte dans l'éloignement, et une femme ailée fait le fond de la figure d'Hercule. Cette composition est gracieuse; mais ce n'est pas là encore le véritable paysage, le paysage *nu*, représentant seulement un accident de la nature.

Quoique Vitruve prétende qu'Anaxagore et Démocrite avaient parlé de la perspective en traitant de la scène grecque, on peut encore douter que les anciens connussent cette partie de l'art, sans laquelle toutefois il ne peut y avoir de paysage. Le dessin des sujets d'Herculanum est sec, et tient beaucoup de la sculpture et des bas-reliefs. Les ombres, d'un rouge mêlé de noir, sont également épaisses depuis le haut jusqu'au bas de la figure, et conséquemment ne font point fuir les objets. Les fruits même, les fleurs et les vases manquent de perspective, et le contour supérieur de ces derniers ne répond pas au même horizon que leur base. Enfin, tous ces sujets, tirés de la Fable, que l'on trouve dans les ruines d'Herculanum, prouvent que la mythologie dérobait aux peintres le vrai paysage, comme elle cachait aux poëtes la vraie nature.

Les voûtes des thermes de Titus, dont Raphaël étudia les peintures, ne représentaient que des personnages.

Quelques empereurs iconoclastes avaient permis de dessiner des *fleurs* et des *oiseaux* sur les murs des églises de Constantinople. Les Egyptiens qui avaient la mythologie grecque et latine, avec beaucoup d'autres divinités, n'ont point su rendre la nature. Quelques-unes de leurs peintures, que l'on voit encore sur les murailles de leurs temples, ne s'élèvent guère, pour la composition, au delà du *faire* des Chinois.

Le père Sicard, parlant d'un petit temple situé au milieu des grottes de la Thébaïde, dit : « La voûte, les murailles, le dedans, le dehors, tout est peint, mais avec des couleurs si brillantes et si douces, qu'il faut les avoir vues pour le croire.

« Au côté droit, on voit un homme debout, avec une canne de chaque main, appuyé sur un crocodile, et une fille auprès de lui, ayant une canne à la main.

« On voit, à gauche de la porte, un homme pareillement debout, et appuyé sur un crocodile, tenant une épée de la main droite, et de la gauche une torche allumée. Au dedans du temple des fleurs de toutes couleurs, des instruments de différents arts, et d'autres figures grotesques et emblématiques, y sont dépeints. On y voit aussi d'un autre côté une chasse, où tous les oiseaux qui aiment le Nil sont pris d'un seul coup de rets ; et de l'autre on y voit une pêche, où les poissons de cette rivière sont enveloppés dans un seul filet, etc. »

(*Lettr. édif.*, tom. v, pag. 144.)

Pour trouver des *paysages* chez les anciens, il faudrait avoir recours aux mosaïques ; encore ces paysages sont-ils tous historiés. La fameuse mosaïque du palais des princes Barberins à Palestrine représente dans sa partie supérieure un pays de montagnes, avec des chasseurs et des animaux ; dans la partie inférieure, le Nil qui serpente autour de plusieurs petites îles. Des Egyptiens poursuivent des crocodiles ; des Egyptiennes sont couchées sous des berceaux ; une femme offre une palme à un guerrier, etc.

Il y a bien loin de tout cela aux paysages de Claude le Lorrain.

Note 24, page 236. — L'abbé Barthélemy trouva le prélat Baiardi, occupé à répondre à des moines de Calabre, qui l'avaient consulté sur le système de Copernic. « Le prélat répondait longuement et savamment à leurs questions, exposait les lois de la gravitation, s'élevait contre l'imposture de nos sens, et finissait par conseiller aux moines de ne pas troubler les cendres de Copernic. » (*Voyage en Italie.*)

Note 25, page 250. — On se refuse presque à croire que quelques-unes de ces notes soient de Voltaire, tant elles sont au-dessous de lui. Mais on ne peut s'empêcher d'être révolté à chaque instant de la mauvaise foi des éditeurs, et des louanges qu'ils se donnent entre eux. Qui croirait, à moins de l'avoir vu imprimé, que dans une *notule*, faite sur une *note*, on appelle le commentateur, *le Secrétaire de Marc-Aurèle*, et Pascal, *le Secrétaire de Port-Royal*? Dans cent autres endroits on force les idées de Pascal, pour le faire passer pour athée. Par exemple, lorsqu'il dit que *la raison de l'homme seule ne peut arriver à une démonstration parfaite de l'existence de Dieu*, on triomphe, on s'écrie qu'il est beau de voir Voltaire prendre le parti de Dieu contre Pascal. En vérité, c'est bien se jouer du sens commun, et compter sur la bonhomie du lecteur.

N'est-il pas évident que Pascal raisonne en *chrétien* qui veut presser l'argument de la nécessité d'une révélation ? Il y a d'ailleurs quelque chose de pis que tout cela dans cette édition commentée. Il ne nous est pas démontré que les *Pensées nouvelles* qu'on y a ajoutées ne soient pas au moins dénaturées, pour ne rien dire de plus. Ce qui autorise à le croire, c'est qu'on s'est permis de retrancher plusieurs des anciennes, et qu'on a souvent divisé les autres, sous prétexte que le premier ordre était arbitraire, de manière à ce qu'elles ne donnent plus le même sens. On conçoit combien il est aisé d'altérer un passage en rompant la chaîne des idées, et en séparant deux membres de phrase, pour en faire deux sens complets. Il y a une adresse, une ruse, une intention cachée dans cette édition, qui l'auraient rendue dangereuse, si les notes n'avaient heureusement détruit tout le fruit qu'on s'en était promis.

Note 26, page 252. — Outre les projets de réforme et d'amélioration qui sont venus à la connaissance du public, on prétend que l'on a trouvé depuis la révolution, dans les anciens papiers du ministère, une foule de projets proposés dans le conseil de Louis XIV, entre autres celui de reculer les frontières de la France jusqu'au Rhin, et de s'emparer de l'Egypte. Quant aux monuments et aux travaux pour l'embellissement de Paris, ils paraissent avoir tous été discutés. On voulait achever le Louvre, faire venir des eaux, découvrir les quais de la Cité, etc., etc.

Des raisons d'économie ou quelque autre motif arrêtèrent apparemment les entreprises. Ce siècle avait tant fait qu'il fallait bien qu'il laissât quelque chose à faire à l'avenir.

NOTE 27, page 259. — Je répondrai par un seul fait à toutes les objections qu'on peut me faire contre l'ancienne censure. N'est-ce pas en France que tous les ouvrages contre la religion ont été composés, vendus et publiés, et souvent même imprimés ? et les grands eux-mêmes n'étaient-ils pas les premiers à les faire valoir et à les protéger ? Dans ce cas, la censure n'était donc qu'une mesure dérisoire, puisqu'elle n'a jamais pu empêcher un livre de paraître, ni un auteur d'écrire librement sa pensée sur toute espèce de sujets : après tout, le plus grand mal qui pouvait arriver à un écrivain, était d'aller passer quelques mois à la Bastille, d'où il sortait bientôt avec les honneurs d'une persécution, qui quelquefois était son seul titre à la célébrité.

NOTE 28, page 264. — L'auteur du *Génie de l'homme*, M. de Chênedollé, a reproduit en très-beaux vers quelques traits de ce chapitre, dans un des plus brillants morceaux de ses *Études poétiques*, intitulé BOSSUET.

> Ainsi quand, défenseur d'Athène,
> Au plus redoutable des rois,
> Jadis l'impétueux et libre Démosthène
> Lançait, brûlant d'éclairs, les foudres de sa voix ;
> Ou quand, par l'art de la vengeance,
> Armé d'une double puissance,
> Il réclamait le prix de la couronne d'or,
> Et pressant son rival du poids de son génie,
> Sous son éloquence infinie,
> L'accablait plus terrible encor ;
>
> Bouillant de verve et de pensée,
> Et fort de ses expressions,
> L'orateur sur la foule autour de lui pressée,
> Promenait à son gré toutes les passions.
> A la Grèce entière assemblée,
> Muette, et ravie et troublée,
> De sa foudre il faisait sentir les traits vainqueurs ;
> Et de l'art agrandi redoublant les miracles,
> Tonnait, renversait les obstacles,
> Et triomphait de tous les cœurs.
>
> Tel, et plus éloquent encore,
> Bossuet parut parmi nous,
> Quand, s'annonçant au nom du grand Dieu qu'il adore,
> De sa parole aux rois il fit sentir les coups.
> Dès qu'à la tribune sacrée,
> De ses vieux défauts épurée,
> Il monte étincelant de génie et d'ardeur ;
> Des grands talents soudain la palme ceint sa tête,
> Et l'art dont il fait sa conquête
> Luit d'une plus vive splendeur.
>
> Toujours sublime et magnifique,
> Soit que, plein de nobles douleurs,
> Il nous montre un abîme où fut un trône antique,
> Et d'une grande reine étale les malheurs ;
> Soit lorsqu'entr'ouvrant le ciel même,
> Il peint le monarque suprême
> Courbant tous les États sous d'immuables lois,
> Et de sa main terrible ébranlant les couronnes,
> Secouant et brisant les trônes,
> Et donnant des leçons aux rois !
>
> Mais de quelle mélancolie
> Il frappe et saisit tous les cœurs,
> Lorsqu'attristant notre âme et sombre et recueillie,
> Au cercueil d'Henriette il invoque nos pleurs !
> Et comme il peint cette princesse,
> Riche de grâce et de jeunesse,
> Tout à coup arrêtée au sein du plus beau sort,
> Et des sommets riants d'une gloire croissante
> Et d'une santé florissante,
> Tombant dans les bras de la mort !

NOTES ET ÉCLAIRCISSEMENTS.

> Voyez, à ce coup de tonnerre [1],
> Comme il méprise nos grandeurs ;
> De ce qu'on crut pompeux sur notre triste terre
> Comme il voit en pitié les trompeuses splendeurs !
> Du plus haut des cieux élancée
> Sa vaste et sublime pensée
> Redescend et s'assied sur les bords d'un cercueil ;
> Et là, dans la muette et commune poussière,
> D'une voix redoutable et fière,
> Des rois il terrasse l'orgueil.
>
> Castillan si fier de tes armes,
> Quoi ! tu fuis aux champs de Rocroi ?
> Ton intrépide cœur, étranger aux alarmes,
> Vient donc aussi d'apprendre à connaître l'effroi !
> Quel précoce amant de la gloire,
> Dans ses yeux portant la victoire,
> Rompt tes vieux bataillons jusqu'alors si vaillants ;
> Et de tant de soldats, en ce combat funeste,
> Laisse à peine échapper un reste
> Qu'il promet aux plaines de Lens 2 ?
>
> C'est Condé qui, dans la carrière,
> Entre pour la première fois ;
> C'est lui dont Bossuet peint la fougue guerrière.
> Couronné à vingt ans par les plus hauts exploits.
> Oh ! comme l'orateur s'enflamme !
> Du jeune Enghien à la grande âme
> Comme il suit tous les pas, de carnage fumants !
> Ce n'est plus un tableau, c'est la bataille même,
> Bossuet, dont ton art suprême
> Reproduit tous les mouvements !
>
> Comme une aigle aux ailes immenses,
> Agile habitante des cieux,
> Franchit en un instant les plus vastes distances,
> Parcourt tout de son vol et voit tout de ses yeux ;
> Tel à son gré changeant de place,
> Bossuet à notre œil retrace
> Sparte, Athènes, Memphis aux destins éclatants ;
> Tel il passe, escorté de leurs grandes images,
> Avec la majesté des âges
> Et la rapidité du temps 3.
>
> Oui, s'il parut jamais sublime,
> C'est lorsqu'armé de son flambeau,
> Interprète inspiré des siècles qu'il ranime,
> Des États écroulés il sonde le tombeau ;
> C'est lorsqu'en sa douleur profonde,
> Pour fermer le convoi du monde
> Il scelle le cercueil de l'empire romain,
> Et qu'il élève alors ses accents prophétiques
> A travers les débris antiques
> Et la poudre du genre humain !   (*Note de l'Éditeur.*)

NOTE 29, page 270. — On jugera de l'éloquence de saint Chrysostôme par ces deux morceaux traduits ou extraits par Rollin, dans son *Traité des Études*, tom. II, ch. II, pag. 493.

Extrait du discours de saint Chrysostôme, sur la disgrâce d'Eutrope.

Eutrope était un favori tout-puissant auprès de l'empereur Arcade, et qui gouvernait absolument l'esprit de son maître. Ce prince, aussi faible à soutenir ses ministres qu'imprudent à les élever, se vit obligé malgré lui d'abandonner son favori. En un moment Eutrope tomba du comble de la grandeur dans l'extrémité de la misère. Il ne trouva de ressource que dans la pieuse générosité de saint Jean Chrysostôme, qu'il avait souvent maltraité, et dans l'asile sacré des autels, qu'il s'était efforcé d'abolir par diverses lois, et où il se réfugia dans son malheur. Le lendemain, jour destiné à la célébration des saints mystères, le peuple accourut en foule à l'église pour y voir dans Eutrope une image éclatante de la faiblesse des hommes, et du néant des grandeurs humaines. Le saint évêque parla sur ce sujet d'une manière si vive et si touchante, qu'il changea la haine et l'aversion qu'on avait pour Eutrope en compassion, et fit fondre en larmes tout son auditoire. Il faut se souvenir que le caractère de saint Chry-

---

[1] Expression même de Bossuet. — [2] *Oraison funèbre du grand Condé*. — [3] *Disc. sur l'Hist. univ.*, IIIe partie, intitulée *les Empires*.

sostôme était de parler aux grands et aux puissants même dans le temps de leur plus grande prospérité, avec une force et une liberté vraiment épiscopales.

« Si l'on a dû jamais s'écrier : *Vanité des vanités, et tout n'est que vanité*, certaine-
« ment c'est dans la conjecture présente. Où est maintenant cet éclat des plus hautes di-
« gnités ? Où sont ces marques d'honneur et de distinction ? Qu'est devenu cet appareil des
« festins et des jours de réjouissances ? Où se sont terminées ces acclamations si fréquentes et
« ces flatteries si outrées de tout un peuple assemblé dans le Cirque pour assister au spec-
« tacle ? Un seul coup de vent a dépouillé cet arbre superbe de toutes ses feuilles, et après
« l'avoir ébranlé jusque dans ses racines, l'a arraché en un moment de la terre. Où sont ces
« faux amis, ces vils adulateurs, ces parasites si empressés à faire leur cour, et à témoigner
« par leurs actions et leurs paroles un servile dévouement ? Tout cela a disparu et s'est éva-
« noui comme un songe, comme une fleur, comme une ombre. Nous ne pouvons donc trop
« répéter cette sentence du Saint-Esprit : *Vanité des vanités, et tout n'est que vanité*. Elle
« devrait être écrite en caractères éclatants dans toutes les places publiques, aux portes des
« maisons, dans toutes nos chambres : mais elle devrait encore bien plus être gravée dans nos
« cœurs, et faire le continuel sujet de nos entretiens.

« N'avais-je pas raison, dit saint Chrysostôme en s'adressant à Eutrope, de vous représenter
« l'inconstance et la fragilité de vos richesses ? Vous connaissez, maintenant, par votre expé-
« rience, que comme des esclaves fugitifs elles vous ont abandonné, et qu'elles sont même,
« en quelque sorte, devenues perfides et homicides à votre égard, puisqu'elles sont la prin-
« cipale cause de votre désastre. Je vous répétais souvent que vous deviez faire plus de cas de
« mes reproches, quelque amers qu'ils vous parussent, que de ces fades louanges dont vos
« flatteurs ne cessaient de vous accabler, parce que *les blessures que fait celui qui aime
« valent mieux que les baisers trompeurs de celui qui hait*. Avais-je tort de vous parler
« ainsi ? Que sont devenus tous ces courtisans ? Ils se sont retirés : ils ont renoncé à votre
« amitié : ils ne songent qu'à leur sûreté, à leurs intérêts, aux dépens même des vôtres. Il
« n'en est pas ainsi de nous. Nous avons souffert vos emportements dans votre élévation ; et,
« dans votre chute, nous vous soutenons de tout notre pouvoir. L'Église, à qui vous avez fait
« la guerre, ouvre son sein pour vous recevoir ; et les théâtres, objet éternel de vos complai-
« sances qui nous ont si souvent attiré votre indignation, vous ont abandonné et trahi.

« Je ne parle pas ainsi pour insulter au malheur de celui qui est tombé, ni pour rouvrir
« et aigrir des plaies encore toutes sanglantes, mais pour soutenir ceux qui sont debout, et
« leur faire éviter de pareils maux. Et le moyen de les éviter, c'est de se bien convaincre de
« la fragilité et de la vanité des grandeurs humaines. De les appeler une fleur, une herbe,
« une fumée, un songe, ce n'est pas encore en dire assez, puisqu'elles sont au-dessous même
« du néant. Nous en avons une preuve bien sensible devant les yeux. Qui jamais est parvenu à
« une plus haute élévation ? N'avait-il pas des biens immenses ? Lui manquait-il quelque di-
« gnité ? N'était-il pas craint et redouté de tout l'Empire ? Et maintenant, plus abandonné et
« plus tremblant que les derniers des malheureux, que les plus vils esclaves, que les prisonniers
« enfermés dans de noirs cachots, n'ayant devant les yeux que les épées préparées contre lui,
« que les tourments et les bourreaux, privé de la lumière du jour au milieu du jour même, il
« attend à chaque moment la mort, et ne la perd point de vue.

« Vous fûtes témoins, hier, quand on vint du palais pour le tirer d'ici par force, comment
« il courut aux vases sacrés, tremblant de tous ses membres, le visage pâle et défait, laissant à
« peine entendre une faible voix entrecoupée de sanglots, et plus mort que vif. Je le répète
« encore, ce n'est point pour insulter à sa chute que je dis tout ceci, mais pour vous atten-
« drir sur ses maux, et pour vous inspirer des sentiments de clémence et de compassion à
« son égard.

« Mais, disent quelques personnes dures et impitoyables, qui même nous savent mauvais
« gré de lui avoir ouvert l'asile de l'Église, n'est-ce pas cet homme-là qui en a été le plus
« cruel ennemi, et qui a fermé cet asile sacré par diverses lois ? Cela est vrai, répond saint
« Chrysostôme, et ce doit être pour nous un motif bien pressant de glorifier Dieu de ce qu'il
« oblige un ennemi si formidable de venir rendre lui-même hommage, et à la puissance de
« l'Église, et à sa clémence : à sa puissance, puisque c'est la guerre qu'il lui a faite qui lui a
« attiré sa disgrâce ; à sa clémence, puisque, malgré tous les maux qu'elle en a reçus, ou-
« bliant tout le passé, elle lui ouvre son sein, elle le cache sous ses ailes, elle le couvre de
« sa protection comme d'un bouclier, et le reçoit dans l'asile sacré des autels, que lui-même
« avait plusieurs fois entrepris d'abolir. Il n'y a point de victoires, point de trophées, qui
« pussent faire tant d'honneur à l'Église. Une telle générosité, dont elle seule est capable,
« couvre de honte et les Juifs et les infidèles. Accorder hautement sa protection à un ennemi
« déclaré, tombé dans la disgrâce, abandonné de tous, devenu l'objet du mépris et de la
« haine publique ; montrer à son égard une tendresse plus que maternelle ; s'opposer en
« même temps et à la colère d'un prince, et à l'aveugle fureur du peuple : voilà ce qui fait
« la gloire de notre sainte religion.

« Vous dites avec indignation qu'il a fermé cet asile par diverses lois. O homme, qui que
« vous soyez, vous est-il donc permis de vous souvenir des injures qu'on vous a faites? Ne
« sommes-nous pas les serviteurs d'un Dieu crucifié, qui dit en expirant, *Mon père, pardon-*
« *nez-leur, car ils ne savent ce qu'ils font?* Et cet homme, prosterné au pied des autels,
« et exposé en spectacle à tout l'univers, ne vient-il pas lui-même abroger ses lois, et en re-
« connaître l'injustice? Quel honneur pour cet autel, et combien est-il devenu terrible et res-
« pectable, depuis qu'à nos yeux il tient ce lion enchaîné! C'est ainsi que ce qui rehausse
« l'éclat et l'image d'un prince n'est pas qu'il soit assis sur un trône, revêtu de pourpre et
« ceint du diadème; mais qu'il foule aux pieds les Barbares vaincus et captifs.
« Je vois dans notre temple une assemblée aussi nombreuse qu'à la grande fête de Pâques.
« Quelle leçon pour tous que le spectacle qui vous occupe maintenant, et combien le silence
« même de cet homme, réduit en l'état où vous le voyez, est-il plus éloquent que tous nos
« discours! Le riche, en entrant ici, n'a qu'à ouvrir les yeux pour reconnaître la vérité de
« cette parole : *Toute chair n'est que de l'herbe, et toute sa gloire est comme la fleur des*
« *champs. L'herbe s'est séchée, la fleur est tombée, parce que le Seigneur l'a frappée*
« *de son souffle.* Et le pauvre apprend ici à juger de son état tout autrement qu'il ne fait,
« et, loin de se plaindre, à savoir même bon gré à sa pauvreté, qui lui tient lieu d'asile,
« de port, de citadelle, en le mettant en repos et en sûreté, et le délivrant des craintes et
« des alarmes dont il voit que les richesses sont la cause et l'origine. »

Le but qu'avait saint Chrysostôme en tenant tout ce discours n'était pas seulement d'instruire son peuple, mais de l'attendrir par le récit des maux dont il lui faisait une peinture si vive. Aussi eut-il la consolation, comme je l'ai dit, de faire fondre en larmes tout son auditoire, quelque aversion qu'on eût pour Eutrope, qu'on regardait avec raison comme l'auteur de tous les maux publics et particuliers. Quand il s'en aperçut il continua ainsi : « Ai-
« je calmé vos esprits? Ai-je chassé la colère? Ai-je éteint l'inhumanité? Ai-je excité la
« compassion? Oui, sans doute; et l'état où je vous vois, et ces larmes qui coulent de vos
« yeux en sont de bons garants. Puisque vos cœurs sont attendris, et qu'une ardente charité
« en a fondu la glace et amolli la dureté, allons donc tous ensemble nous jeter aux pieds de
« l'Empereur; ou plutôt prions le Dieu de miséricorde de l'adoucir, en sorte qu'il nous
« accorde la grâce entière. »

Ce discours eut son effet, et saint Chrysostôme sauva la vie à Eutrope. Mais quelques jours après, ayant eu l'imprudence de sortir de l'église pour se sauver, il fut pris et banni en Chypre, d'où on le tira dans la suite pour lui faire son procès à Chalcédoine, et il fut décapité.

Extrait tiré du premier livre du Sacerdoce.

Saint Chrysostôme avait un ami intime, nommé Basile, qui lui avait persuadé de quitter la maison de sa mère pour mener avec lui une vie solitaire et retirée. « Dès que cette mère désolée eut appris cette nouvelle, elle me prit la main, dit saint Chrysostôme, me mena dans sa chambre; et m'ayant fait asseoir auprès d'elle sur le même lit où elle m'avait mis au monde, elle commença à pleurer, et à me parler en des termes qui me donnèrent encore plus de pitié que ses larmes. « Mon fils, me dit-elle, Dieu n'a pas voulu que je jouisse longtemps
« de la vertu de votre père. Sa mort, qui suivit de près les douleurs que j'avais endurées pour
« vous mettre au monde, vous rendit orphelin, et me laissa veuve plus tôt qu'il n'eût été utile
« à l'un et à l'autre. J'ai souffert toutes les peines et toutes les incommodités du veuvage, les-
« quelles, certes, ne peuvent être comprises par les personnes qui ne les ont point éprouvées.
« Il n'y a point de discours qui puisse représenter le trouble et l'orage où se voit une jeune
« femme qui ne vient que de sortir de la maison de son père, qui ne sait point les affaires,
« et qui, étant plongée dans l'affliction, doit prendre de nouveaux soins, dont la faiblesse de
« son âge et celle de son sexe sont peu capables. Il faut qu'elle supplée à la négligence de
« ses serviteurs, et se garde de leur malice; qu'elle se défende des mauvais desseins de ses
« proches; qu'elle souffre constamment les injures des partisans, l'insolence et la barbarie
« qu'ils exercent dans la levée des impôts.
« Quand un père en mourant laisse des enfants, si c'est une fille, je sais que c'est beau-
« coup de peine et de soin pour une veuve : ce soin néanmoins est supportable, pourvu qu'il
« n'est pas mêlé de crainte ni de dépense. Mais si c'est un fils, l'éducation en est bien plus
« difficile, et c'est un sujet continuel d'appréhensions et de soins, sans parler de ce qu'il coûte
« pour le faire bien instruire. Tous ces maux pourtant ne m'ont point portée à me remarier. Je
« suis demeuré ferme parmi ces orages et ces tempêtes; et, me confiant surtout en la grâce
« de Dieu, je me suis résolue de souffrir tous ces troubles que le veuvage apporte avec soi.
« Mais ma seule consolation dans ces misères a été de vous voir sans cesse, et de contempler
« dans votre visage l'image vivante et le portrait fidèle de mon mari mort : consolation qui
« a commencé dès votre enfance, lorsque vous ne saviez pas encore parler, qui est le temps
« où les pères et les mères reçoivent plus de plaisirs de leurs enfants.
« Je ne vous ai pointaussi donné sujet de me dire que, à la vérité, j'ai soutenu avec courage

« les maux de ma condition présente, mais aussi que j'ai diminué le bien de votre père pour
« me tirer de ces incommodités, qui est un malheur que je sais arriver souvent aux pupilles ;
« car je vous ai conservé tout ce qu'il vous a laissé, quoique je n'aie rien épargné de tout ce qui
« vous a été nécessaire pour votre éducation. J'ai pris ces dépenses sur mon bien, et sur ce
« que j'ai eu de mon père en mariage : ce que je ne vous dis pas, mon fils, dans la vue de
« vous reprocher les obligations que vous m'avez. Pour tout cela je ne vous demande qu'une
« grâce ; ne me rendez pas veuve une seconde fois. Ne rouvrez pas une plaie qui commençait
« à se fermer. Attendez au moins le jour de ma mort ; peut-être n'est-il pas éloigné. Ceux qui
« sont jeunes peuvent espérer de vieillir ; mais, à mon âge, je n'ai plus que la mort à attendre.
« Quand vous m'aurez ensevelie dans le tombeau de votre père, et que vous aurez réuni mes
« os à ses cendres, entreprenez alors d'aussi longs voyages, et naviguez sur telle mer que
« vous voudrez, personne ne vous en empêchera. Mais, pendant que je respire encore, sup-
« portez ma présence, et ne vous ennuyez point de vivre avec moi. N'attirez pas sur vous l'in-
« dignation de Dieu, en causant une douleur si sensible à une mère qui ne l'a point méritée.
« Si je songe à vous engager dans les soins du monde, et que je veuille vous obliger de prendre
« la conduite de mes affaires, qui sont les vôtres, n'ayez plus d'égard, j'y consens, ni aux lois
« de la nature, ni aux peines que j'ai essuyées pour vous élever, ni au respect que vous devez
« à une mère, ni à aucun autre motif pareil : fuyez-moi comme l'ennemi de votre repos,
« comme une personne qui vous tend des pièges dangereux. Mais si je fais tout ce qui dé-
« pend de moi afin que vous puissiez vivre dans une parfaite tranquillité, que cette considé-
« ration pour le moins vous retienne, si toutes les autres sont inutiles. Quelque grand nombre
« d'amis que vous ayez, nul ne vous laissera vivre avec autant de liberté que je fais. Aussi n'y
« en a-t-il point qui ait la même passion que moi pour votre avancement et pour votre bien.»
Saint Chrysostôme ne put résister à un discours si touchant, et quelque sollicitation que
Basile son ami continuât toujours à lui faire, il ne put se résoudre à quitter une mère si pleine
de tendresse pour lui, et si digne d'être aimée.

L'antiquité païenne peut-elle nous fournir un discours plus beau, plus vif, plus tendre, plus
éloquent que celui-ci, mais de cette éloquence simple et naturelle, qui passe infiniment tout
ce que l'art le plus étudié pourrait avoir de plus brillant ? Y a-t-il dans tout ce discours aucune pensée recherchée, aucun tour extraordinaire ou affecté ? Ne voit-on pas que tout y
coule de source, et que c'est la nature même qui l'a dicté ? Mais ce que j'admire le plus, c'est
la retenue inconcevable d'une mère affligée à l'excès, et pénétrée de douleur, à qui, dans un
état si violent, il n'échappe pas un seul mot ni d'emportement, ni même de plainte contre l'auteur de ses peines et de ses alarmes, soit par respect pour la vertu de Basile, soit par la crainte
d'irriter son fils, qu'elle ne songeait qu'à gagner et à attendrir.

Note 30, page 273. — « C'est au grand talent, dit M. de La Harpe, qu'il est donné de réveiller la froideur et de peindre l'indifférence ; et lorsque l'exemple s'y joint (heureusement
encore tous nos prédicateurs illustres ont eu cet avantage), il est certain que le ministère de
la parole n'a nulle part plus de puissance et de dignité que dans la chaire. Partout ailleurs,
c'est un homme qui parle à des hommes : ici, c'est un être d'une autre espèce, élevé entre le
ciel et la terre, c'est un médiateur que Dieu place entre la créature et lui. Indépendant des
considérations du siècle, il annonce les oracles de l'éternité. Le lieu même d'où il parle,
où on l'écoute, confond et fait disparaître toutes les grandeurs pour ne laisser sentir que la
sienne. Les rois s'humilient comme le peuple devant son tribunal, et n'y viennent que pour
être instruits. Tout ce que l'environne ajoute un nouveau poids à sa parole : sa voix retentit
dans l'étendue d'une enceinte sacrée, et dans le silence d'un recueillement universel. S'il atteste
Dieu, Dieu est présent sur les autels ; s'il annonce le néant de la vie, la mort est auprès de lui
pour lui rendre témoignage, et montre à ceux qui l'écoutent qu'ils sont assis sur des tombeaux.

« Ne doutons pas que les objets extérieurs, l'appareil des temples et des cérémonies n'influent beaucoup sur les hommes, et n'agissent sur eux avant l'orateur, pourvu qu'il n'en dé-
truise pas l'effet. Représentons-nous Massillon dans la chaire, prêt à faire l'oraison funèbre
de Louis XIV, jetant d'abord les yeux autour de lui, les fixant quelque temps sur cette pompe
lugubre et imposante qui suit les rois jusque dans ces asiles de mort où il n'y a que des cercueils et des cendres, les baissant ensuite un moment avec l'air de la méditation, puis les relevant vers le ciel, et prononçant ces mots d'une voix ferme et grave : *Dieu seul est grand,
mes frères !* Quel exorde renfermé dans une seule parole accompagnée de cette action ! comme
elle devient sublime par le spectacle qui entoure l'orateur ! comme ce seul mot anéantit tout
ce qui n'est pas Dieu ! »

L'auteur d'une *Épître à M. de Chateaubriand*, publiée en 1809, avait placé dans ses vers
un tableau du siècle de Louis le Grand, où l'on reconnaîtra une imitation de ce passage :
Comme on voit le soleil, disait-il ;

Comme on voit le soleil, ce monarque des mondes,
A l'approche du soir s'incliner vers les ondes,

Des forêts et des monts colorer le penchant,
Et de ses feux encore embraser le couchant :
Tel Louis, atteignant la vieillesse glacée,
Conservait les debris de sa gloire passée,
Et de la royauté déposant le fardeau,
Grand par ses souvenirs, descendait au tombeau.
Turenne n'était plus; mais, rival de sa gloire,
Villars, sous nos drapeaux, ramenait la victoire ;
Et Denain avait vu du haut de ses remparts
L'Anglais épouvanté s'enfuir de toutes parts.
Corneille avait fini sa brillante carrière.
Melpomène aux douleurs se livrait tout entière ;
Mais Rousseau n'écoutant que ses nobles transports,
Enfantait chaque jour de plus brillants accords,
Et savait allier, dans son heureuse audace,
La harpe de David et la lyre d'Horace.
Fénelon, sage aimable, et rival de Nestor,
Instruisait Télémaque aux leçons de Mentor;
Bossuet adressait, dans sa mâle éloquence,
A l'ombre de Condé les regrets de la France,
Et dans nos temples saints sa redoutable voix,
Au nom seul du Seigneur faisait trembler les rois :
Fléchier, moins énergique et non moins plein de charmes,
Sur Turenne au tombeau faisait verser des larmes ;
Et lorsqu'en des instants de regrets et de deuil,
Les chrétiens de Louis entouraient le cercueil,
Quand la nef des lieux saints répétait leurs cantiques,
Massillon écoutait ces chœurs mélancoliques,
Et sa voix s'animant à ce lugubre chant,
Faisait tonner ces mots : « Chrétiens ! Dieu seul est grand ! »

(Note de l'Editeur.

NOTE 31, page 278.

LICHTENSTEIN.

Les encyclopédistes sont une secte de soi-disant philosophes, formée de nos jours ; ils se croient supérieurs à tout ce que l'antiquité a produit en ce genre. A l'effronterie des cyniques ils joignent la noble impudence de débiter tous les paradoxes qui leur tombent dans l'esprit ; ils se targuent de géométrie, et soutiennent que ceux qui n'ont pas étudié cette science ont l'esprit faux; que par conséquent ils ont seuls le don de bien raisonner : leurs discours les plus communs sont farcis de termes scientifiques. Ils diront, par exemple, que telles lois sont sagement établies en raison inverse du carré des distances ; que telle puissance, prête à former une alliance avec une autre, se sent attirer à elle par l'effet de l'attraction, et que bientôt les deux nations seront assimilées. Si on leur propose une promenade, c'est le problème d'une courbe à résoudre. S'ils ont une colique néphrétique, ils s'en guérissent par les règles de l'hydrostatique. Si une puce les a mordus, ce sont des infiniment petits du premier ordre qui les incommodent. S'ils font une chute, c'est pour avoir perdu le centre de gravité. Si quelque folliculaire a l'audace de les attaquer, ils le noient dans un déluge d'encre et d'injures; ce crime de lèse-philosophie est irrémissible.

EUGÈNE.

Mais quel rapport ont ces fous avec notre nom, avec le jugement qu'on porte de nous ?

LICHTENSTEIN.

Beaucoup plus que vous ne croyez, parce qu'ils dénigrent toutes les sciences, hors celle de leurs calculs. Les poésies sont des frivolités dont il faut exclure les fables ; un poëte ne doit rimer avec énergie que les équations algébriques. Pour l'histoire, ils veulent qu'on l'étudie à rebours, à commencer de nos temps pour remonter avant le déluge. Les gouvernements, ils les réforment tous : la France doit devenir un Etat républicain, dont un géomètre sera le législateur, et que des géomètres gouverneront en soumettant toutes les opérations de la nouvelle république au calcul infinitésimal. Cette république conservera une paix constante, et se soutiendra sans armée.......... Ils affectent tous une sainte horreur pour la guerre.......... S'ils haïssent les armées et les généraux qui se rendent célèbres, cela ne les empêche pas de se battre à coups de plume, et de se dire souvent des grossièretés dignes des halles ; et, s'ils avaient des troupes, ils les feraient marcher les unes contre les autres....... En leur style, ces beaux propos s'appellent des libertés philosophiques ; il faut penser tout haut ; toute vérité est bonne à dire ; et comme, selon leur sens, ils sont seuls les dépositaires des vérités, ils croient pouvoir débiter toutes les extravagances qui leur viennent dans l'esprit, sûrs d'être applaudis.

MARLBOROUGH.

Apparemment qu'il n'y a plus en Europe de Petites-Maisons ; s'il en restait, mon avis serait d'y loger ces messieurs, pour qu'ils fussent les législateurs des fous leurs semblables.

EUGÈNE.

Mon avis serait de leur donner à gouverner une province qui méritât d'être châtiée ; ils apprendraient par leur expérience, après qu'ils y auraient tout mis sens dessus dessous, qu'ils sont des ignorants, que la critique est aisée, mais l'art difficile ; et surtout qu'on s'expose à dire force sottises, quand on se mêle de parler de ce qu'on n'entend pas.

LICHTENSTEIN.

Des présomptueux n'avouent jamais qu'ils ont tort. Selon leurs principes, le sage ne se trompe jamais ; il est le seul éclairé, de lui doit émaner la lumière qui dissipe les sombres vapeurs dans lesquelles croupit le vulgaire imbécile et aveugle : aussi Dieu sait comment ils l'éclairent. Tantôt c'est en lui découvrant l'origine des préjugés, tantôt c'est un livre sur l'esprit, tantôt le système de la nature ; cela ne finit point. Un tas de polissons, soit par air ou par mode, se comptent parmi leurs disciples ; ils affectent de les copier, et s'érigent en sous-précepteurs du genre humain ; et, comme il est plus facile de dire des injures que d'alléguer des raisons, le ton de leurs élèves est de se déchaîner indécemment en toute occasion contre les militaires.

EUGÈNE.

Un fat trouve toujours un plus fat qui l'admire ; mais les militaires souffrent-ils les injures tranquillement ?

LICHTENSTEIN.

Ils laissent aboyer ces roquets, et continuent leur chemin.

MARLBOROUGH.

Mais pourquoi cet acharnement contre la plus noble des professions, contre celle sous l'abri de laquelle les autres peuvent s'exercer en paix ?

LICHTENSTEIN.

Comme ils sont tous très-ignorants dans l'art de la guerre, ils croient rendre cet art méprisable en le déprimant ; mais, comme je vous l'ai dit, ils décrient généralement toutes les sciences, et ils élèvent la seule géométrie sur ces débris, pour anéantir toute gloire étrangère, et la concentrer uniquement sur leurs personnes.

MARLBOROUGH.

Mais nous n'avons méprisé ni la philosophie, ni la géométrie, ni les belles-lettres, et nous nous sommes contentés d'avoir du mérite dans notre genre.

EUGÈNE.

J'ai plus fait. A Vienne j'ai protégé tous les savants, et les ai distingués lors même que personne n'en faisait aucun cas.

LICHTENSTEIN.

Je le crois bien ; c'est que vous étiez de grands hommes, et ces soi-disant philosophes ne sont que des polissons, dont la vanité voudrait jouer un rôle : cela n'empêche pas que les injures si souvent répétées ne fassent du tort à la mémoire des grands hommes. On croit que raisonner hardiment de travers, c'est être philosophe, et qu'avancer des paradoxes, c'est emporter la palme. Combien n'ai-je pas entendu, par de ridicules propos, condamner vos plus belles actions, et vous traiter d'hommes qui avaient usurpé une réputation dans un siècle d'ignorance qui manquait de vrais appréciateurs du mérite !

MARLBOROUGH.

Notre siècle, un siècle d'ignorance ! ah ! je n'y tiens plus.

LICHTENSTEIN.

Le siècle présent est celui des philosophes.   (*OEuvres de Frédéric II.*)

NOTE 32, page 279. — PORTRAITS DE J.-J. ROUSSEAU ET DE VOLTAIRE,

PAR LA HARPE.

. . . .
Deux surtout dont le nom, les talents, l'éloquence,
Faisant aimer l'erreur, ont fondé sa puissance,
Préparèrent de loin des maux inattendus,
Dont ils auraient frémi s'ils les avaient prévus.
Oui, je le crois, témoins de leur affreux ouvrage,
Ils auraient des Français désavoué la rage.
Vaine et tardive excuse aux fautes de l'orgueil !
Qui prend le gouvernail, doit connaître l'écueil.
La faiblesse réclame un pardon légitime :
Mais de tout grand pouvoir l'abus est un grand crime.
Par les dons de l'esprit placés aux premiers rangs,
Ils ont parlé d'en haut aux peuples ignorants ;
Leur voix montait au ciel pour y porter la guerre ;
Leur parole hardie a parcouru la terre.
Tous deux ont entrepris d'ôter au genre humain
Le joug sacré qu'un dieu n'imposa pas en vain.
Et des coups que ce dieu frappa pour les confondre,
Au monde, leur disciple, ils auront à répondre.
Leurs noms, toujours chargés de reproches nouveaux,

NOTES ET ÉCLAIRCISSEMENTS. 203

Commenceront toujours le récit de nos maux,
Ils ont frayé la route à ce peuple rebelle :
De leurs tristes succès la honte est immortelle.

L'un qui, dès sa jeunesse errant et rebuté,
Nourrit dans les affronts son orgueil révolté,
Sur l'horizon des arts sinistre météore,
Marqua par le scandale une tardive aurore,
Et, pour premier essai d'un talent imposteur,
Calomnia les arts, ses seuls titres d'honneur;
D'un moderne cynique affecta l'arrogance,
Du paradoxe altier orna l'extravagance,
Ennoblit le sophisme, et cria *vérité*.
Mais par quel art honteux s'est-il accrédité?
Courtisan de l'envie, il la sert, la caresse,
Va dans les derniers rangs en flatter la bassesse;
Jusques aux fondements de la société
Il a porté la faux de son *égalité* :
Il sema, fit germer, chez un peuple volage,
Cet esprit novateur, le monstre de notre âge,
Qui couvrira l'Europe et de sang et de deuil.
Rousseau fut parmi nous l'apôtre de l'orgueil :
Il vanta son enfance à Genève nourrie,
Et pour venger un livre, il troubla sa patrie;
Tandis qu'en ses écrits, par un autre travers,
Sur sa ville chétive il réglait l'univers.
J'admire ses talents, j'en déteste l'usage ;
Sa parole est un feu, mais un feu qui ravage,
Dont les sombres lueurs brillent sur des débris.
Tout, jusqu'aux vérités, trompe dans ses écrits;
Et du faux et du vrai ce mélange adultère
Est d'un sophiste adroit le premier caractère.
Tour à tour apostat de l'une et l'autre foi
Admirant l'Évangile, et réprouvant la loi,
Chrétien, déiste, armé contre Genève et Rome,
Il épuise à lui seul l'inconstance de l'homme,
Demande une statue, implore une prison ;
Et l'amour-propre enfin, égarant sa raison,
Frappe ses derniers ans du plus triste délire ;
Il fuit le monde entier qui contre lui conspire ;
Il se confesse au monde, et, toujours plein de soi,
Dit hautement à Dieu : *Nul n'est meilleur que moi.*

L'autre, encor plus fameux, plus éclatant génie,
Fut pour nous soixante ans le dieu de l'harmonie.
Ceint de tous les lauriers, fait pour tous les succès,
Voltaire a de son nom fait un titre aux Français.
Il nous a vendu cher ce brillant héritage,
Quand, libre en son exil, rassuré par son âge,
De son esprit fougueux l'essor indépendant
Prit sur l'esprit du siècle un si haut ascendant;
Quand son ambition, toujours plus indocile,
Prétendit détrôner le Dieu de l'Évangile.
Voltaire dans Ferney, son bruyant arsenal,
Secouait sur l'Europe un magique fanal
Que pour embraser tout, trente ans on a vu luire.
Par lui l'impiété, puissante pour détruire,
Ébranla d'un effort aveugle et furieux,
Les trônes de la terre appuyés dans les cieux.
Ce flexible Protée était né pour séduire :
Fort de tous les talents, et de plaire et de nuire,
Il sut multiplier son fertile poison ;
Armé du ridicule, éludant la raison,
Prodiguant le mensonge, et le sel et l'injure,
De cent masques divers il revêt l'imposture,
Impose à l'ignorant, insulte à l'homme instruit;
Il sut jusqu'au vulgaire abaisser son esprit,
Faire du vice un jeu, du scandale une école.
Grâce à lui, le blasphème, et piquant et frivole,
Circulait embelli des traits de la gaîté;
Au bon sens il ôta sa vieille autorité,
Repoussa l'examen, fit rougir du scrupule,
Et mit au premier rang le titre d'incrédule.

Note 33, page 279. — Voici ce que Montesquieu écrivait en 1752 à l'abbé de Guasco : « Huart veut faire une nouvelle édition des *Lettres Persanes*; mais il y a quelques *juvenilia* que je voudrais auparavant retoucher. »

Sous ce passage on trouve cette note de l'éditeur :

« Il a dit à quelques amis que, s'il avait eu à donner actuellement ces Lettres, il en aurait omis quelques-unes dans lesquelles le feu de la jeunesse l'avait transporté ; qu'obligé par son père de passer toute la journée sur le Code, il s'en trouvait le soir si excédé, que pour s'amuser il se mettait à composer une Lettre persane, et que cela coulait de sa plume sans étude. » *(OEuvres de Montesquieu*, tom. VII, pag. 233.)

Note 34, page 280. — Voltaire, que j'aime à citer aux incrédules, pensait ainsi sur le siècle de Louis XIV et sur le nôtre. Voici plusieurs passages de ses lettres (où l'on doit toujours chercher ses sentiments intimes) qui le prouvent assez.

« C'est Racine qui est véritablement grand, et d'autant plus grand, qu'il ne paraît jamais chercher à l'être. C'est l'auteur d'*Athalie* qui est l'homme parfait. » (*Corresp. gén.*, t. VIII, page 465.)

« J'avais cru que Racine serait ma consolation, mais il est mon désespoir. C'est le comble de l'insolence de faire une tragédie après ce grand homme. Aussi après lui je ne connais que de mauvaises pièces, et avant lui que quelques bonnes scènes. » (*Ibid.*, tom. VIII, page 467.)

« Je ne peux me plaindre de la bonté avec laquelle vous parlez d'un *Brutus* et d'un *Orphelin* ; j'avouerai même qu'il y a quelques beautés dans ces deux ouvrages ; mais encore une fois vive Jean (Racine) ! plus on le lit, et plus on lui découvre un talent unique, soutenu par toutes les finesses de l'art ; en un mot, s'il y a quelque chose sur la terre qui approche de la perfection, c'est Jean. » (*Ibid.*, tom. VIII, page 501.)

« La mode est aujourd'hui de mépriser Colbert et Louis XIV ; cette mode passera, et ces deux hommes resteront à la postérité avec Boileau. » (*Ibid.*, tom. XV, page 108.)

« Je prouverais bien que les choses passables de ce temps-ci sont toutes puisées dans les bons écrits du siècle de Louis XIV. Nos mauvais livres sont moins mauvais que les mauvais que l'on faisait du temps de Boileau, de Racine et de Molière, parce que dans ces plats ouvrages d'aujourd'hui il y a toujours quelques morceaux tirés visiblement des auteurs du règne du bon goût. Nous ressemblons à des voleurs qui changent et qui ornent ridiculement les habits qu'ils ont dérobés, de peur qu'on ne les reconnaisse. A cette friponnerie s'est jointe la rage de la dissertation et celle du paradoxe ; le tout compose une impertinence qui est d'un ennui mortel. » *Ibid.*, tom. XIII, p. 219.)

« Accoutumez-vous à la disette des talents en tout genre, à l'esprit devenu commun, et au génie devenu rare, à une inondation de livres sur la guerre pour être battus, sur les finances pour n'avoir pas un sou, sur la population pour manquer de recrues et de cultivateurs, et sur tous les arts pour ne réussir dans aucun. » (*Ibid.*, tom. VI, pag. 391.)

Enfin, Voltaire a dit, dans sa belle lettre à milord Hervey, tout ce qu'on a répété moins bien et redit mille fois depuis, sur le siècle de Louis XIV. Voici cette lettre à milord Hervey, en 1740.

Année 1740.

« ... Mais, surtout, milord, soyez moins fâché contre moi de ce que j'appelle le siècle dernier le siècle de Louis XIV. Je sais bien que Louis XIV n'a pas eu l'honneur d'être le maître ni le bienfaiteur d'un Bayle, d'un Newton, d'un Halley, d'un Addison, d'un Dryden ; mais dans le siècle qu'on nomme de Léon X, ce pape avait-il tout fait ? N'y avait-il pas d'autres princes qui contribuèrent à polir et à éclairer le genre humain ? Cependant le nom de Léon X a prévalu, parce qu'il encouragea les arts plus qu'aucun autre. Hé ! quel roi a donc, en cela, rendu plus de services à l'humanité que Louis XIV ? quel roi a répandu plus de bienfaits, a marqué plus de goût, s'est signalé par de plus beaux établissements ? Il n'a pas fait tout ce qu'il pouvait faire, sans doute, parce qu'il était homme ; mais il a fait plus qu'aucun autre, parce qu'il était un grand homme : ma plus forte raison pour l'estimer beaucoup, c'est qu'avec des fautes connues il a plus de réputation qu'aucun de ses contemporains ; c'est que, malgré un million d'hommes dont il a privé la France, et qui tous ont été intéressés à le décrier, toute l'Europe l'estime et le met au rang des plus grands et des meilleurs monarques.

« Nommez-moi donc, milord, un souverain qui ait attiré chez lui plus d'étrangers habiles, et qui ait plus encouragé le mérite dans ses sujets. Soixante savants de l'Europe reçurent à la fois des récompenses de lui, étonnés d'en être connus.

« *Quoique le roi ne soit pas votre souverain*, leur écrivait M. de Colbert, *il veut être votre bienfaiteur ; il m'a commandé de vous envoyer la lettre de change ci-jointe, comme un gage de son estime*. Un Bohémien, un Danois, recevaient de ces lettres datées de Versailles. *Guillemini* bâtit à Florence une maison des bienfaits de Louis XIV ; il mit le nom de ce roi sur le frontispice, et vous ne voulez pas qu'il soit à la tête du siècle dont je parle !

« Ce qu'il a fait dans son royaume doit servir à jamais d'exemple. Il chargea de l'éducation de son fils et de son petit-fils les plus éloquents et les plus savants hommes de l'Europe. Il eut l'attention de placer trois enfants de Pierre Corneille, deux dans les troupes, et l'autre dans l'Église ; il excita le mérite naissant de Racine par un présent considérable pour un jeune homme inconnu et sans bien ; et quand ce génie se fut perfectionné, ces talents, qui souvent sont l'exclusion de la fortune, firent la sienne. Il eut plus que de la fortune, il eut la faveur et quelquefois la familiarité d'un maître dont un regard était un bienfait. Il était, en 1688 et 1689, de ces voyages de Marly tant brigués par les courtisans ; il couchait dans la chambre du roi pendant ses maladies, et lui lisait ces chefs-d'œuvre d'éloquence et de poésie qui décoraient ce beau règne.

« Cette faveur, accordée avec discernement, est ce qui produit de l'émulation et qui échauffe les grands génies ; c'est beaucoup de faire des fondations, c'est quelque chose de les soutenir : mais s'en tenir à ces établissements, c'est souvent préparer les mêmes asiles pour l'homme inutile et pour le grand homme ; c'est recevoir dans la même ruche l'abeille et le frelon.

« Lous XIV songeait à tout ; il protégeait les académies, et distinguait ceux qui se signalaient ; il ne prodiguait point sa faveur à un genre de mérite, à l'exclusion des autres, comme tant de princes qui favorisent, non ce qui est beau, mais ce qui leur plaît ; la physique et l'étude de l'antiquité attirèrent son attention. Elle ne se ralentit pas même dans les guerres qu'il soutenait contre l'Europe ; car, en bâtissant trois cents citadelles, en faisant marcher quatre cent mille soldats, il faisait élever l'Observatoire, et tracer une méridienne d'un bout du royaume à l'autre, ouvrage unique dans le monde. Il faisait imprimer dans son palais les traductions des bons auteurs grecs et latins ; il envoyait des géomètres et des physiciens au fond de l'Afrique et de l'Amérique, chercher de nouvelles connaissances. Songez, milord, que sans le voyage et les expériences de ceux qu'il envoya à Cayenne en 1672, et sans les mesures de M. Picard, jamais Newton n'eût fait ses découvertes sur l'attraction. Regardez, je vous prie, un Cassini et un Huyghens, qui renoncent tous deux à leur patrie qu'ils honorent, pour venir en France jouir de l'estime et des bienfaits de Louis XIV. Et pensez-vous que les Anglais même ne lui aient pas obligation ? Dites-moi, je vous prie, dans quelle cour Charles II puisa tant de politesse et tant de goût ? Les bons auteurs de Louis XIV n'ont-ils pas été vos modèles ? n'est-ce pas d'eux que votre sage Addison, l'homme de votre nation qui avait le goût le plus sûr a tiré souvent ses excellentes critiques ? L'évêque Burnet avoue que ce goût, acquis en France par les courtisans de Charles II, réforma chez vous jusqu'à la chaire, malgré la différence de nos religions : tant la saine raison a partout d'empire ! Dites-moi si les bons livres de ce temps n'ont pas servi à l'éducation de tous les princes de l'empire. Dans quelles cours d'Allemagne n'a-t-on pas vu des théâtres français ? Quel prince ne tâchait pas d'imiter Louis XIV ? Quelle nation ne suivait pas alors les modes de la France ?

« Vous m'apportez, milord, l'exemple de *Pierre le Grand*, qui a fait naître les arts dans son pays, et qui est le créateur d'une nation nouvelle ; vous me dites cependant que son siècle ne sera pas appelé dans l'Europe le siècle du czar *Pierre* : vous en concluez que je ne dois pas appeler le siècle passé le siècle de Louis XIV. Il me semble que la différence est bien palpable. Le czar *Pierre* s'est instruit chez les autres peuples ; il a porté leurs arts chez lui, mais Louis XIV a instruit les nations : tout, jusqu'à ses fautes, leur a été utile. Les protestants, qui ont quitté ses Etats, ont porté chez vous-mêmes une industrie qui faisait la richesse de la France. Comptez-vous pour rien tant de manufactures de soie et de cristaux ? Ces dernières furent perfectionnées chez vous par nos réfugiés, et nous avons perdu ce que vous avez acquis.

« Enfin, la langue française, milord, est devenue presque la langue universelle. A qui en est-on redevable ? était-elle aussi étendue du temps de Henri IV ? Non sans doute ; on ne connaissait que l'italien et l'espagnol. Ce sont nos excellents écrivains qui ont fait ce changement : mais qui a protégé, employé, encouragé ces excellents écrivains ? C'était M. de Colbert, me direz-vous ; je l'avoue, et je prétends bien que le ministre doit partager la gloire du maître. Mais qu'eût fait un Colbert sous un autre prince ? sous votre roi Guillaume qui n'aimait rien, sous le roi d'Espagne Charles II, sous tant d'autres souverains ?

« Croiriez-vous, milord, que Louis XIV a réformé le goût de la cour en plus d'un genre ? Il choisit Lulli pour son musicien, et ôta le privilége à Lambert, parce que Lambert était un homme médiocre, et Lulli un homme supérieur. Il savait distinguer l'esprit du génie ; il donnait à Quinault les sujets de ses opéras ; il dirigeait les peintures de Lebrun ; il soutenait Boileau, Racine, Molière contre leurs ennemis ; il encourageait les arts utiles comme les beaux-arts, et toujours en connaissance de cause ; il prêtait de l'argent à Van-Robais pour ses manufactures ; il avançait des millions à la compagnie des Indes, qu'il avait formée ; il donnait des pensions aux savants et aux braves officiers. Non-seulement il s'est fait de grandes choses sous son règne, mais c'est lui qui les faisait. Souffrez donc, milord, que je tâche d'élever à sa gloire un monument que je consacre encore plus à l'utilité du genre humain.

« Je ne considère pas seulement Louis XIV parce qu'il a fait du bien aux Français, mais parce qu'il a fait du bien aux hommes : c'est comme homme et non comme sujet que j'écris ; je veux peindre le dernier siècle, et non pas simplement un prince. Je suis las des histoires où il n'est question que des aventures d'un roi, comme s'il existait seul, ou que rien n'existât que par rapport à lui ; en un mot, c'est encore plus d'un grand siècle que d'un grand roi que j'écris l'histoire.

« Pélisson eût écrit plus éloquemment que moi, mais il était courtisan, et il était payé. Je ne suis ni l'un ni l'autre ; c'est à moi qu'il appartient de dire la vérité. » (*Corresp. gén.* t. III, page 53.)

Note 35, page 284. — M. l'abbé Fleury, dans ses *Mœurs des Chrétiens*, pense que les anciens monastères sont bâtis sur le plan des maisons romaines, telles qu'elles sont décrites dans Vitruve et dans Palladio. « L'église, dit-il, qu'on trouve la première, afin que l'entrée en soit libre aux séculiers, semble tenir lieu de cette première salle que les Romains appelaient *atrium* : de là on passait dans une cour environnée de galeries couvertes, à qui l'on donnait le nom de *péristyle* ; c'est justement le cloître où l'on entre de l'église, et d'où l'on va ensuite dans les autres pièces, comme le chapitre, qui est l'*exèdre* des anciens ; le réfectoire, qui est le *triclinium* ; et le jardin, qui est derrière tout le reste, comme il était aux maisons antiques.

Note 36, page 288. — On trouve dans un poëme de M. Alex. Soumet, intitulé l'*Incrédulité*, entre autres imitations du *Génie du Christianisme*, ce fragment sur les ruines des monuments chrétiens :

> « Hé ! qui n'a parcouru d'un pas mélancolique
> Le dôme abandonné, la vieille basilique,
> Où devant l'Éternel s'inclinaient ses aïeux ?
> Ces débris éloquents, ce seuil religieux,
> Ce seuil où tant de fois, le front dans la poussière,
> Gémit le Repentir, espéra la Prière ;
> Ce long rang de tombeaux que la mousse a couvert,
> Ces vases mutilés et ce comble entr'ouvert ;
> Du Temps et de la Mort tout proclame l'empire :
> Frappé de son néant, l'homme observe et soupire.
> L'Imagination, à ces murs dévastés,
> Rend leur encens, leur culte et leurs solennités,
> A travers tout un siècle écoute les cantiques
> Que la Religion chantait sous ces portiques.
> Là rougissait l'Hymen ; ici l'adolescent,
> Beau comme son offrande, et comme elle innocent,
> Consacrait au Seigneur, modeste tributaire,
> Des jeunes fleurs, des fruits, prémices de la terre.
> Mais tout a disparu, le Temps a fait un pas :
> Où souriait l'enfance est assis le Trépas ;
> L'herbe croît sur l'autel ; l'oiseau des funérailles
> De son cri prophétique attriste ces murailles.
> Seulement, quelquefois un cénobite en deuil
> Y vient de son ami visiter le cercueil.
> C'est lui ; le souvenir vers ces lieux le ramène ;
> De tombeaux en tombeaux sa douleur se promène.
> Parmi des ossements et des marbres brisés,
> Témoins de ses regrets, de ses pleurs arrosés,
> Il creuse, sans pâlir, sa retraite dernière.
> L'aquilon de minuit se mêle à sa prière,
> Et le cloître attentif en redit les accents.
> « A ces restes sacrés, à ces murs vieillissants,
> Quel pouvoir inconnu malgré moi m'intéresse ?
> C'est la Religion ; oui, cette enchanteresse
> Se plaît à nous unir d'un nœud mystérieux
> A tous les monuments consacrés par les cieux.
> Le tombeau du martyr, le rocher, la retraite,
> Où dans un long exil vieillit l'anachorète,
> Tout parle à notre cœur ; et toi, signe sacré,
> Des chrétiens et du monde à l'envi révéré,
> Croix modeste, quel est ton ineffable empire ?
> Tes muettes leçons aux mortels semblent dire :
> « Un Dieu périt pour vous, n'oubliez point ses lois. »
> Ton aspect imprévu rendit plus d'une fois
> La paix au repentir, des pleurs à la souffrance,
> Au crime le remords, au malheur l'espérance. »
>   (*Note de l'Éditeur.*)

Note 37, page 290. Voici encore un fragment poétique emprunté aux harmonies du *Génie du Christianisme* ; il est extrait d'un poëme de M. F. de Barqueville, intitulé les *Cloîtres en ruine* :

> . . . .
> Voici l'humble cellule où, vers l'éternité,
> S'élançait chaque jour l'ardente piété ;
> Ici son cœur à Dieu confiait ses alarmes ;
> Cet autel fut souvent arrosé de ses larmes.
> Ces murs, encor noircis d'un deuil religieux,
> Répétèrent souvent ses cantiques pieux ;

NOTES ET ÉCLAIRCISSEMENTS.

Elle-même attachait aux pilastres antiques
D'un saint ou d'un martyr les modestes reliques ;
Dans cet étroit enclos cultivait quelques fleurs,
Image de son âme et de ses chastes mœurs.
Quels souvenirs surtout rappelle à ma pensée
Cette cloche jadis dans les airs balancée !
Que de fois de l'airain les terribles accents
De l'athée endurci firent frémir les sens,
Alors qu'au sein des nuits leur funèbre harmonie
Annonçait qu'un mortel allait quitter la vie !
    coutez le récit des crédules hameaux :
Un fantôme, à minuit, dans la vieille chapelle,
Par d'affreux tintements a troublé leur repos,
Et chaque nuit amène une terreur nouvelle.
Au point du jour l'oiseau, par son chant matinal,
Du champêtre labeur donnait-il le signal,
Soudain retentissait la cloche vigilante :
Dans le temple accourait la foule impatiente ;
Femmes, enfants, venaient au pied du saint autel
Pour la moisson naissante implorer l'Éternel.

NOTE 38, page 291. — AUTRE FRAGMENT DES CLOITRES EN RUINES.

. . . .
Mais de plus fiers débris appellent mes pinceaux...
Courons vers ces rochers, noir berceau des orages,
Aux bords de cette mer si féconde en naufrages,
Dont le fils de Fingal a chanté les héros.
Là, d'antiques forêts, un vallon solitaire,
Où le daim vagabond pait l'herbe des tombeaux,
Quelques sapins épars, un torrent dont les eaux
Roulent avec fracas à travers la bruyère ;
Le tonnerre grondant sous un ciel nébuleux,
Et des vents et des flots le sauvage murmure ;
Aux gothiques débris d'un cloître ténébreux
La fougère mêlant sa funèbre parure,
Tout enchante mes sens, tout en ces sombres lieux
D'une sublime horreur épouvante mes yeux.
L'Imagination, de ses rapides ailes
Embrasse de ces monts les neiges éternelles,
Et les peuples bientôt de mille souvenirs.
Son regard suit encor ces pieux solitaires,
Errant sous les arceaux de leurs noirs monastères ;
Dans la brise du soir elle entend leurs soupirs ;
En silence, elle écoute, immobile, rêveuse,
De l'orgue qui gémit la plainte harmonieuse :
Il lui semble qu'au loin d'invisibles concerts
S'élèvent, emportés dans le vague des airs ;
Et de l'autel brisé relevant l'édifice,
A l'Éternel encore elle offre un sacrifice.   *Note de l'Éditeur.*)

NOTE 39, page 5, tome II. — Les offices ont emprunté leurs noms de la division du jour chez les Romains.
La première partie du jour s'appelait *Prima*; la seconde, *Tertia*; la troisième, *Sexta*; la quatrième *Nona*; parce qu'elles commençaient à la première, la troisième, la sixième et la neuvième heure. La première veille s'appelait *Vespera*, soir.

NOTE 40, page 11. — « Autrefois je disais la messe avec la légèreté qu'on met à la longue aux choses les plus graves, quand on les fait trop souvent. Depuis mes nouveaux principes, je la célèbre avec plus de vénération : je me pénètre de la majesté de l'Etre suprême, de sa présence, de l'insuffisance de l'esprit humain, qui conçoit si peu ce qui se rapporte à son auteur. En songeant que je lui porte les vœux du peuple sous une forme prescrite, je suis avec soin tous les rites ; je récite attentivement, je m'applique à n'omettre jamais ni le moindre mot, ni la moindre cérémonie. Quand j'approche du moment de la consécration, je me recueille pour la faire avec toutes les dispositions qu'exigent l'Église et la grandeur du sacrement ; je tâche d'anéantir ma raison devant la suprême Intelligence. Je me dis : Qui es-tu pour mesurer la puissance infinie ? Je prononce avec respect les mots sacramentaux, et je donne à leur effet toute la foi qui dépend de moi. Quoi qu'il en soit de ce mystère inconcevable, je ne crains pas qu'au jour du jugement je sois puni pour l'avoir jamais profané dans mon cœur.»
(ROUSSEAU, *Emile*, tom. III.)

NOTE 41, page 13. — « Les absurdes rigoristes en religion ne connaissent pas l'effet des cérémonies extérieures sur le peuple. Ils n'ont jamais vu notre adoration de la croix le Vendredi-Saint, l'enthousiasme de la multitude à la procession de la Fête-Dieu, enthousiasme qui me gagne moi-même quelquefois. Je n'ai vu jamais cette longue file de prêtres en habits sacerdotaux, ces jeunes acolytes vêtus de leurs aubes blanches, ceints de leurs larges ceintures bleues, et jetant des fleurs devant le Saint-Sacrement ; cette foule qui les précède et qui les suit dans un silence religieux ; tant d'hommes, le front prosterné contre la terre : je n'ai jamais entendu ce chant grave et pathétique, entonné par les prêtres, et répondu affectueusement par une infinité de voix d'hommes, de femmes, de jeunes filles et d'enfants, sans que mes entrailles ne s'en soient émues, n'en aient tressailli, et que les larmes ne m'en soient venues aux yeux. Il y a là dedans je ne sais quoi de sombre, de mélancolique. J'ai connu un peintre protestant qui avait fait un long séjour à Rome, et qui convenait qu'il n'avait jamais vu le souverain pontife officier dans Saint-Pierre, au milieu des cardinaux et de toute la prélature romaine, sans devenir catholique. . . . . Supprimez tous les symboles sensibles, et le reste se réduira bientôt à un galimatias métaphysique, qui prendra autant de formes et de tournures bizarres qu'il y aura de têtes. »

(DIDEROT, *Essai sur la peinture.*)

NOTE 42, page 13. — LA FÊTE-DIEU DANS UN HAMEAU [1].

PAR M. DE LA RENAUDIÈRE.

Quand du brûlant Cancer les fécondes chaleurs
Jaunissent les moissons et colorent les fleurs,
Belle de tous ses dons, la brillante nature
Revêt avec orgueil l'éclat de sa parure ;
Et l'Été, sur son trône, au milieu de sa cour,
Apparaît, rayonnant de tous les feux du jour.
Dans les champs fortunés qu'embellit sa présence,
Tout assure un plaisir ou promet l'abondance.
L'homme, rempli d'espoir dans ces jours radieux,
Élève un chant d'amour vers la voûte des cieux ;
Et la religion se parant de guirlandes,
Au roi de l'univers apporte ses offrandes.
Éloignés des cités, dans le calme des champs,
Oh ! combien me charmaient ces hommages touchants !
Ces lieux semblent porter à la reconnaissance.
Tout d'un ciel bienfaisant y montre la puissance :
Nos vœux y sont plus purs, tout y peint la candeur,
Et la bouche y dit mieux ce qu'a senti le cœur.
Le tableau séduisant de la pompe champêtre
A mon œil enchanté semble encore apparaître ;
Je revois la douceur des fêtes des hameaux,
Et cette heureuse image appelle mes pinceaux.

Déjà l'astre du jour, poursuivant sa carrière,
Laissait tomber sur nous des torrents de lumière,
Et dans un ciel d'azur s'avançait radieux ;
Près du temple, à l'entour des tombes des aïeux,
Qui, dépouillant leur deuil, couvertes de verdure,
Semblaient de l'espérance accueillir la parure,
Le hameau s'assemblait en groupe séparé.
Oh ! comme avec délices, en ce jour désiré,
Il revoit tout l'éclat des fêtes solennelles
Que proscrivit l'athée et ses lois criminelles !
Comme alors, éprouvant un plaisir enchanteur,
La foule avec transport accueillit son pasteur !
Il allait revêtir ses parures sacrées,
Dans un coupable oubli trop longtemps demeurées.
Tel, au trépas ravi, l'heureux convalescent
Jette sur la nature un coup d'œil caressant ;
Tel l'antique pasteur, retrouvant sa patrie,
Aux plus doux sentiments ouvre une âme attendrie.
Pendant nos jours de deuil et nos maux passagers,
Dix ans d'exil coulés sur des bords étrangers
Payèrent ses vertus et surtout son courage.
Souvent il demandait, sur un lointain rivage,
L'église où du Très-Haut il chantait les faveurs,
Où son discours sans art captivait tous les cœurs,
Le jardin qu'il planta, ses amis de l'enfance,
Son simple presbytère, et sa modeste aisance.
Hé bien ! il les revoit ces objets désirés ;
Son âme oublie alors tous les maux endurés,
Et malgré leurs rigueurs et son sort moins prospère,
Il fait pétrir encor le pain de la misère.

[1] L'auteur de ce petit poëme avait traité ce sujet d'après ses propres idées, ou plutôt d'après celles que lui a inspirées la vue d'une procession à C... Quelques pensées, en petit nombre, se sont trouvées être celles que M. de Chateaubriand a exprimées. Cette pièce avait déjà paru dans le *Mercure* du 2 juillet 1808 ; la version que nous donnons ici contient quelques additions qui nous ont été communiquées par l'auteur. (*Note de l'Éditeur.*)

NOTES ET ÉCLAIRCISSEMENTS.

Bientôt l'airain bruyant, dans les airs entendu,
Annonça du départ le moment attendu ;
Le hameau s'avançait partagé sur deux files.
Fuyez loin de ces lieux, faste brillant des villes :
Là ne se montraient pas ces tissus précieux ;
L'or, l'opale, l'azur n'y frappaient point les yeux ;
Des bouquets sans parfums, enfants de l'imposture,
N'y chargeaient point l'autel du Dieu de la nature ;
Et des puissants du jour l'orgueilleuse grandeur
N'y venait point du luxe étaler la splendeur.
Combien je préférais la pompe du village !
Modeste, sans apprêts, et même un peu sauvage,
Sa vue attendrissait le cœur religieux.
D'abord les laboureurs, vieux enfants de ces lieux,
Au front chauve attestant leur utile existence,
Sans ordre s'avançaient et priaient en silence.
Le cortége pieux, non loin, à mes regards
Se montrait précédé des sacrés étendards ;
Le feuillage bientôt le couvrit de son ombre,
Dans un sentier profond, asile frais et sombre,
La foule se pressait sur les pas de son Dieu,
Et de ses chants sacrés venait remplir ce lieu.
Devant le Roi des rois, sous ces vertes feuillées,
Les jeunes villageois de roses effeuillées
Sur la terre à l'envi parsemaient les couleurs ;
Et, mêlant son parfum à celui de ces fleurs,
L'encens, qui de Saba fit l'antique opulence,
Comme un nuage au loin qui dans l'air se balance,
S'élevait lentement et planait sur les champs,
Aux voix des laboureurs entremêlant leurs chants,
Les oiseaux s'unissaient à ces pompes rustiques ;
Et de son palais d'or embrasant les portiques,
Le soleil, couronné d'une immense splendeur,
Sur ces arbres touffus arrêtait son ardeur.

J'aimais, j'aimais à voir ce peuple des villages
Sous la feuille des bois, ainsi qu'aux premiers âges,
Célébrant l'Éternel et lui portant ses vœux.
Ils ne demandaient pas, ces hommes vertueux,
L'éclat de nos palais, le luxe de nos villes,
Et nos plaisirs bruyants et nos grandeurs serviles.
« Bénissez, disaient-ils, nos troupeaux et nos blés :
« Que nos enfants un jour, près de nous rassemblés,
« Sur l'hiver de nos ans répandent quelques charmes;
« Que leur destin jamais ne provoque nos larmes ;
« Et, simples dans nos goûts, heureux d'être chéris,
« Toujours de nos vergers que nos cœurs soient épris. »
De sa pompe sacrée alors la troupe sainte
Du modeste hameau vient réjouir l'enceinte.
Quel spectacle touchant s'offrait à mes regards !
Retenus par les ans, quelques faibles vieillards,
Adorant l'Éternel au seuil de leurs chaumières,
Regrettaient leur printemps et leurs forces premières,
Consolez-vous, vieillards ; vos champs fertilisés,
Vos jours laborieux dans les travaux usés,
Votre âme qui, toujours fermée à la vengeance,
Consola le malheur, accueillit l'indigence,
De l'asile des cieux vous promet la douceur.
Mais déjà tout ici vous offre le bonheur ;
Vos fils, à votre aspect redoublant d'allégresse,
D'un sourire d'amour charment votre vieillesse :
Ce sourire d'amour a calmé vos douleurs.
Au retour de la fête, au déclin des chaleurs,
Alors que l'horizon, moins brûlant et plus sombre,
Se bordera de pourpre, avant-coureur de l'ombre,
Et que le vent du soir glissera dans les bois,
Ils viendront, réunis devant vos humbles toits,
De l'amour filial épuiser les délices ;
Leurs jeux s'embelliront sous vos heureux auspices,
Et du vieux patriarche, en ces jours enchantés,
Vous croirez retrouver les douces voluptés.
Je vous quitte : la fête à la suivre m'engage.
Non loin, couvert de lierre et rembruni par l'âge,
Un chêne vénérable étendait ses rameaux.
Là, dès le point du jour, les vierges des hameaux
Elevaient sous son ombre un trône de verdure ;
La mousse en longs festons en formait la bordure,
Le lis, aux deux côtés, balançait sa blancheur,
Et la rose, en bouquet, y montrait sa fraîcheur :
L'Éternel, sur ce trône orné par l'innocence,
Devait quelques instants reposer sa puissance.

GÉNIE DU CHRISTIANISME. — D.

A l'aspect de ces lieux, je sentis dans mon cœur
Couler d'un calme pur la secrète douceur ;
Et ma pensée, alors tranquille et solitaire,
Pour un monde meilleur abandonnait la terre.
Alors faisant cesser ce calme solennel,
Le hameau lentement environna l'autel.
Avec quel saint respect le pasteur du village,
Seul, et foulant les fleurs qui couvrent son passage,
Porte le Roi des rois et l'élève à nos yeux
Sous l'emblème immortel d'un pain mystérieux !
La foule tout à coup, prosternée en silence,
Du Roi de l'univers adora la présence.
Chacun crut que son Dieu descendait dans son cœur,
Non ce maître irrité, ce monarque vengeur,
Qui doit au dernier jour, s'armant d'un front sévère,
Au fracas de la foudre apparaître à la terre,
Et, juge sans pardon, au monde épouvanté
De ses arrêts divins proclamer l'équité ;
Mais un Dieu tempérant tout l'éclat dont il brille,
Tel qu'un père adoré se montre à sa famille,
Accueillant l'infortune, et portant dans les cœurs
L'espoir d'un meilleur sort et l'oubli des douleurs.

Vers le séjour antique où se plaît la Prière
Le hameau dirigeait sa modeste bannière.
Quel groupe harmonieux, marchant confusément,
Non loin du dais sacré se montre en ce moment?
J'aperçois, de respect et d'amour entourées,
Les mères du hameau de leurs enfants parées.
Tout sourit à leurs yeux dans ce jour de bonheur,
Et leurs yeux laissent voir les plaisirs de leur cœur.
Là, de jeunes beautés, de lin blanc revêtues,
Unissant à l'envi leurs grâces ingénues,
Semblent à l'œil charmé reproduire en ce jour
Ces anges embellis d'innocence et d'amour.
Toutes suivaient le Dieu que fêtait la nature ;
Leur voix comme leur cœur ignorait l'imposture :
La Piété fidèle aux charmes si touchants,
Par leur bouche exhalait la douceur de ses chants ;
Et, portés dans les airs jusqu'aux divins portiques,
Ces chants semblaient s'unir aux célestes cantiques.
Bientôt du temple saint le cortége pieux
En foule vint remplir les murs religieux,
Et bientôt commença l'auguste sacrifice :
Ce mystère d'amour qui rend le ciel propice,
Qui peut même des morts abréger la douleur,
Des pompes de ce jour termina la splendeur.

NOTE 43, page 16. — L'auteur du poëme de *la Pitié*, Jacques Delille, n'a pas dédaigné d'emprunter aussi quelques traits au chapitre sur la fête des *Rogations*.

Enfin on la revoit, dans la saison nouvelle,
Cette solennité, si joyeuse et si belle,
Où la Religion, par un culte pieux,
Seconde des hameaux les soins laborieux ;
Et, dès que mai sourit, les agrestes peuplades
Reprennent dans les champs leurs longues promenades.
A peine de nos cours le chantre matinal
De cette grande fête a donné le signal,
Femmes, enfants, vieillards, rustique caravane,
En foule ont déserté le château, la cabane.
A la porte du temple, avec ordre rangé,
En deux files déjà le peuple est partagé.
Enfin paraît du lieu le curé respectable,
Et du troupeau chéri le pasteur charitable.
Lui-même il a réglé l'ordre de ce beau jour,
La route, les repos, le départ, le retour.
Ils partent ; des zéphyrs l'haleine printanière
Souffle, et vient se jouer dans leur riche bannière :
Puis vient la croix d'argent ; et leur plus cher trésor,
Leur patron, enfermé dans sa chapelle d'or,
Jadis martyr, apôtre, ou pontife des Gaules,
Sous ce poids précieux fléchissent leurs épaules.
De leurs aubes de lin et de leurs blancs surplis
Le vent frais du matin fait voltiger les plis ;
La chape aux bosses d'or, la ceinture de soie,
Dans les champs étonnés en pompe se déploie ;
Et de la piété l'imposant appareil
Vient s'embellir encore aux rayons du soleil.
Le chef de la prière et l'âme de la fête,

> Le pontife sacré marche et brille à leur tête.
> Murmure son bréviaire, ou, renforçant ses sons,
> Enjonpe avec éclat des hymnes, des répons.
> Chacun charme à son gré le saint itinéraire.
> Dans ses dévotes mains l'un a pris son rosaire ;
> Du chapelet pendant l'autre parcourt les grains ;
> Un autre, tour à tour invoquant tous les saints,
> Pour obtenir des cieux une faveur plus grande,
> Épuise tous les noms de la vieille légende ;
> L'autre, dans la ferveur de ses pieux accès,
> Du prophète royal entonne les versets.
> Leurs prières, leurs vœux, leurs hymnes se confondent.
> L'Olympe en retentit, les coteaux leur répondent ;
> Et du creux des rochers, des vallons et des bois,
> L'écho sonore écoute et répète leurs voix ;
> Leurs chants montent ensemble à la céleste voûte.
> Ils marchent : l'aubépine a parfumé leur route :
> On côtoie en chantant le fleuve, le ruisseau ;
> Un nuage de fleurs pleut de chaque arbrisseau ;
> Et leurs pieds en glissant sur la terre arrosée,
> En liquides rubis dispersent la rosée.
> On franchit les forêts, les taillis, les buissons,
> Et la verte pelouse et les jaunes moissons.
> Quelquefois, au sommet d'une haute colline,
> Qui sur les champs voisins avec orgueil domine,
> L'homme du ciel étend ses vénérables mains ;
> Pour la grappe naissante et pour les jeunes grains
> Il invoque le ciel. Comme la fraîche ondée
> Baigne, en tombant des cieux, la terre fécondée,
> Sur les fruits et les blés nouvellement éclos
> Les bénédictions descendent à grands flots.
> Les coteaux, les vallons, les champs se réjouissent,
> Le feuillage verdit, les fleurs s'épanouissent ;
> Devant eux, autour d'eux, tout semble prospérer,
> L'espoir guide leurs pas ; prier c'est espérer.
> L'Espérance au front gai plane sur les campagnes,
> Sur le creux des vallons, sur le front des montagnes.
> Trouvent-ils en chemin, sous un chêne, un ormeau,
> Une chapelle agreste, un patron du hameau...
> Là s'arrêtent leurs pas ; le simulacre antique
> Reçoit leurs simples vœux et leur hymne rustique.
> La nuit vient : on repart, et jusques au réveil
> Des songes fortunés vont bercer leur sommeil :
> Un rêve heureux remplit leurs celliers et leurs granges
> D'abondantes moissons, de fertiles vendanges ;
> Et jusques à l'aurore ils pressent, assoupis,
> Des oreillers de fleurs et des chevets d'épis.
> Ils pensent voir les fruits, les gerbes qu'ils attendent,
> Et jouissent déjà des trésors qu'ils demandent.
> O riant Chanonat ! ô fortuné séjour !
> Je crois revoir encor ces beaux lieux, ce beau jour,
> Où, fier d'accompagner le saint pèlerinage,
> Enfant, je me mêlais aux enfants du village !
> Hélas ! depuis longtemps je n'ai vu ces tableaux !
>
> (*Note de l'Éditeur.*)

NOTE 44, page 23. — Les *Feralia* des anciens Romains différaient de notre *Jour des Morts* en ce qu'elles ne se célébraient qu'à la mémoire des citoyens morts dans l'année. Elles commençaient le 18 du mois de février, et duraient onze jours consécutifs. Pendant tout ce temps, les mariages étaient interdits, les sacrifices suspendus, les statues des dieux voilées, et les temples fermés. Nos services anniversaires, ceux du septième, du neuvième et du quarantième jour, nous viennent des Romains, qui les tenaient eux-mêmes des Grecs. Ceux-ci avaient Ἐναγίσματα, les obsèques et les offrandes qu'on faisait pour les âmes aux dieux infernaux ; Νεκύσια, les funérailles ; Ταρχήματα, les enterrements ; Ἔννατα, la neuvaine ; ensuite les Triacades et Triacontades, le trentième jour.

Les Latins avaient *Justa, Exequiæ, Inferiæ, Parentationes, Novendialia, Denicalia, Februa, Feralia.*

Quand le mourant était près d'expirer, son ami, ou son proche parent, posait sa bouche sur la sienne pour recueillir son dernier soupir ; ensuite le corps était livré aux *Pollinctores*, aux *Libitinaires*, aux *Vespilles*, aux *Désignateurs*, chargés de le laver, de l'embaumer, de le porter au sépulcre ou au bûcher avec les cérémonies accoutumées. Les pontifes et les prêtres marchaient devant le convoi, où l'on portait les tableaux des ancêtres du mort, des couronnes et des trophées. Deux chœurs, l'un chantant des airs vifs et gais, l'autre des airs lents et tristes, précédaient la pompe. Les anciens philosophes se figuraient que l'âme (qu'ils disaient n'être qu'une harmonie) remontait au bruit de ces concerts funèbres dans l'Olympe, pour y jouir de la mélodie des cieux, dont elle était une émanation. (Voyez MACROBE, sur *le Songe de Scipion*). Le corps était déposé au sépulcre, ou dans l'urne funéraire, et l'on prononçait sur lui le dernier adieu : *Vale, vale, vale ! Nos te ordine quo natura permiscrit sequemur !*

Le lecteur trouvera ici avec plaisir une citation du beau poëme de M. de Fontanes, sur *le Jour des Morts dans une campagne :*

 Déjà du haut des cieux le cruel Sagittaire
 Avait tendu son arc et ravageait la terre ;
 Les coteaux et les champs, et les prés défleuris,
 N'offraient de toutes parts que de vastes débris :
 Novembre avait compté sa première journée.
 Seul alors, et témoin du déclin de l'année,
 Heureux de mon repos, je vivais dans les champs.
 Et quel poëte, épris de leurs tableaux touchants,
 Quel sensible mortel des scènes de l'automne
 N'a chéri quelquefois la beauté monotone !
 Oh ! comme avec plaisir la rêveuse douleur,
 Le soir, foule à pas lents ces vallons sans couleur,
 Cherche les bois jaunis, et se plaît au murmure
 Du vent qui fait tomber leur dernière verdure !
 Ce bruit sourd a pour moi je ne sais quel attrait.
 Tout à coup si j'entends s'agiter la forêt,
 D'un ami qui n'est plus la voix longtemps chérie
 Me semble murmurer dans la feuille flétrie.
 Aussi c'est dans ce temps que tout marche au cercueil,
 Que la religion prend un habit de deuil :
 Elle en est plus auguste ; et sa grandeur divine
 Croît encore à l'aspect de ce monde en ruine.

 Aujourd'hui, ramenant un usage pieux,
 Sa voix rouvrait l'asile où dorment nos aïeux.
 Hélas ! ce souvenir frappe encor ma pensée !

 L'aurore paraissait ; la cloche balancée,
 Mêlant un son lugubre aux sifflements du nord,
 Annonçait, dans les airs la fête de la Mort.
 Vieillards, femmes, enfants, accouraient vers le temple.
 Là préside un mortel dont la voix et l'exemple
 Maintiennent dans la paix ses heureuses tribus,
 Un prêtre, ami des lois, et zélé sans abus,
 Qui, peu jaloux d'un nom, d'une orgueilleuse mitre,
 Aimé de son troupeau, ne veut point d'autre titre,
 Et des apôtres saints fidèle imitateur,
 A mérité comme eux ce doux nom de pasteur.
 Jamais dans ses discours une fausse sagesse
 Des fêtes du hameau n'attrista l'allégresse.
 Il est pauvre, et nourrit le pauvre consolé ;
 Près du lit des vieillards quelquefois appelé,
 Il accourt, et sa voix, pour calmer leur souffrance,
 Fait descendre auprès d'eux la paisible espérance.
 « Mon frère, de la mort ne craignez point les coups ;
 « Vous remontez vers Dieu, Dieu s'avance vers vous. »
 Le mourant se console, et sans terreur expire.
 Lorsque de ses travaux l'homme des champs respire,
 Qu'il laisse avec le bœuf reposer le sillon,
 Ce pontife sans art, rustique Fénelon,
 Nous lit du Dieu qu'il sert les touchantes paroles.
 Il ne réveille pas ces combats des écoles,
 Ces tristes questions qu'agitèrent en vain
 Et Thomas, et Prosper, et Pélage, et Calvin.
 Toutefois, en ce jour de grâce et de vengeance,
 A ses enfants chéris que charmait sa présence,
 Et loin d'armer contre eux le céleste courroux,
 Il rappela l'objet qui les rassemblait tous ;
 Il sut par l'espérance adoucir la tristesse.

 « Hier, dit-il, nos chants, nos hymnes d'allégresse
 « Célébraient à l'envi ces morts victorieux,
 « Dont le zèle enflammé sut conquérir les cieux.
 « Pour les mânes plaintifs, à la douleur en proie,
 « Nous pleurons aujourd'hui ; notre deuil est leur joie :
 « La puissante prière a droit de soulager
 « Tous ceux qu'éprouve encore un tourment passager.
 « Allons donc visiter leur funèbre demeure.
 « L'homme, hélas ! s'en approche, y descend à toute heure.

 « Consolons-nous pourtant : un céleste rayon
 « Percera des tombeaux la sombre région.

NOTES ET ÉCLAIRCISSEMENTS.

« Oui, tous ses habitants, sous leur forme première,
« S'éveilleront surpris de revoir la lumière :
« Et moi puissé-je alors, vers un monde nouveau,
« En triomphe à mon Dieu ramener mon troupeau ! »

Il dit, et prépara l'auguste sacrifice.
Tantôt ses bras tendus rendaient le ciel propice ;
Tantôt il adorait humblement incliné.
O moment solennel ! Ce peuple prosterné ;
Ce temple dont la mousse a couvert les portiques ;
Ses vieux murs, son jour sombre et ses vitraux gothiques ;
Cette lampe d'airain qui, dans l'antiquité,
Symbole du soleil et de l'éternité,
Luit devant le Très-Haut, jour et nuit suspendue ;
La majesté d'un Dieu parmi nous descendue ;
Les pleurs, les vœux, l'encens qui montent vers l'autel ;
Et de jeunes beautés, qui, sous l'œil maternel,
Adoucissent encor, par leur voix innocente,
De la religion la pompe attendrissante ;
Cet orgue qui se tait, ce silence pieux,
L'invisible union de la terre et des cieux ;
Tout enflamme, agrandit, émeut l'homme sensible ;
Il croit avoir franchi ce monde inaccessible,
Où, sur des harpes d'or, l'immortel Séraphin
Aux pieds de Jéhovah chante l'hymne sans fin.
C'est alors que sans peine un Dieu se fait entendre,
Il se cache au savant, se révèle au cœur tendre ;
Il doit moins se prouver qu'il ne doit se sentir.
Mais du temple à grands flots se hâtait de sortir
La foule qui déjà, par groupe séparée,
Vers le séjour des morts s'avançait éplorée :
L'étendard de la croix marchait devant nos pas.
Nos chants majestueux, consacrés au trépas,
Se mêlaient à ce bruit précurseur des tempêtes ;
Des nuages obscurs s'étendaient sur nos têtes.
Et nos fronts attristés, nos funèbres concerts,
Se conformaient au deuil et des champs et des airs.

Cependant du trépas on atteignait l'asile.
L'if, et le buis lugubre, et le lierre stérile,
Et la ronce, à l'entour, croissent de toutes parts ;
On y voit s'élever quelques tilleuls épars ;
Le vent court en sifflant sur leur cime flétrie.
Non loin s'égare un fleuve ; et mon âme attendrie
Vit dans le double aspect des tombes et des flots
L'éternel mouvement et l'éternel repos.

Avec quel saint transport tout ce peuple champêtre,
Honorant ses aïeux, aimait à reconnaître
La pierre ou le gazon qui cachait leurs débris !
Il nomme, il croit revoir tous ceux qu'il a chéris,
Mais, hélas ! dans nos murs, de l'ami le plus tendre
Où peut l'œil incertain redemander la cendre ?
Les morts en sont bannis, leurs droits sont violés ;
Et leurs restes, sans gloire, au hasard sont mêlés.
Ah ! déjà contre nous j'entends frémir leurs mânes.
Tremblons ! malheur au temps, aux nations profanes,
Chez qui, dans tous les cœurs affaiblis par degré,
Le culte des tombeaux cesse d'être sacré !
Les morts ici du moins n'ont pas reçu d'outrage ;
Ils conservent en paix leur antique héritage.
Leurs noms ne chargent point des marbres fastueux ;
Un pâtre, un laboureur, un fermier vertueux,
Sous ces pierres sans art tranquillement sommeille
Elles couvrent peut-être un Turenne, un Corneille,
Qui dans l'ombre a vécu, de lui-même ignoré.
Hé bien ! si de la foule autrefois séparé ,
Illustre dans les camps, ou sublime au théâtre,
Son nom charmait encor l'univers idolâtre ,
Aujourd'hui son sommeil en serait-il plus doux ?

De ce nom, de ce bruit dont l'homme est si jaloux,
Combien auprès des morts j'oubliais les chimères !
Ils réveillaient en moi des pensers plus austères.
Quel spectacle ! D'abord un sourd gémissement
Sur le fatal enclos erra confusément.
Bientôt les vœux, les cris, les sanglots retentissent ;
Tous les yeux sont en pleurs, toutes les voix gémissent ;
Seulement j'aperçois une jeune beauté
Dont la douleur se tait et veut fuir la clarté.

Ses larmes cependant coulent en dépit d'elle ;
Son œil est égaré, son pied tremble et chancelle :
Hélas ! elle a perdu l'amant qu'elle adorait,
Que son cœur pour époux se choisit en secret :
Son cœur promet encor de n'être point parjure.

Une veuve non loin de ce tronc sans verdure,
Regrettait un époux : tandis qu'à ses côtés
Un enfant, qui n'a vu qu'à peine trois étés,
Ignorant son malheur, pleurait aussi comme elle.
Là, d'un fils qui mourut en suçant la mamelle,
Une mère au destin reprochait le trépas,
Et sur la pierre étroite elle attachait ses bras.
Ici des laboureurs, au front chargé de rides,
Tremblants, agenouillés, sur des feuilles arides,
Venaient encor prier, s'attendrir dans ces lieux,
Où les redemandait la voix de leurs aïeux.

Quelques vieillards surtout, d'une voix languissante
Embrassaient tour à tour une tombe récente :
C'était celle d'Hombert, d'un mortel respecté,
Qui depuis neuf soleils en ces lieux fut porté.
Il a vécu cent ans, il fut cent ans utile.
Des fermes d'alentour le sol rendu fertile,
Les arbres qu'il planta, les heureux qu'il a faits,
A ses derniers neveux conteront ses bienfaits.
Souvent on les vanta dans nos longues soirées :

Lorsqu'un hiver fameux désolait nos contrées,
Et que le grand Louis, dans son palais en deuil,
Vaincu pleurait trop tard les fautes de l'orgueil,
Hombert dans l'âge heureux qu'embellit l'espérance,
Déjà d'un premier fils bénissait la naissance ;
Le rigoureux janvier ramenant l'aquilon,
Détruit tous les trésors qu'attendait le sillon :
Sur les champs dévastés la mort seule domine ;
Deux mois, dans nos climats, la hideuse Famine
Courut seule et muette, en dévorant toujours.
Hombert désespéré, sa femme sans secours,
Voyaient le monstre affreux menacer leur asile ;
Ils pleuraient sur leur fils, leur fils dormait tranquille.
O courage ! ô vertu ! renfermant ses douleurs,
Hombert, pour la sauver, fuit une épouse en pleurs,
Soldat, il prend un glaive, il s'exile loin d'elle ;
Mais du milieu des camps sa tendresse fidèle
A sa femme, à son fils, se hâtait d'envoyer
Ce salaire indigent, noble fruit du guerrier.
On dit que de Villars il mérita l'estime ;
Et même sous les yeux de ce chef magnanime,
Aux bataillons d'Eugène il ravit un drapeau.
La paix revint ; alors il revit son hameau,
Et, pour le soc paisible, oublia son armure.

Son exemple, éclairant une aveugle culture,
Apprit à féconder ces domaines ingrats.
Ce rempart tutélaire, élevé par son bras,
Du fleuve débordé contient les eaux rebelles.
Que de fois il calma les naissantes querelles !
Lui seul para ces monts de leurs premiers raisins ;
Et même il transplanta sur les mûriers voisins,
Ce ver laborieux qui s'entoure en silence
Des fragiles réseaux filés pour l'opulence.
Tu méritais sans doute, ô vieillard généreux !
Les honneurs de ce jour, nos regrets et nos vœux :
Aussi le prêtre saint, guidant la pompe auguste,
S'arrêta tout à coup près des cendres du juste.
Là, retentit le chant qui délivre les morts.
C'en est fait ! et trois fois dans ses pieux transports,
Le peuple a parcouru l'enceinte sépulcrale :
L'homme sacré trois fois y jeta l'eau lustrale ;
Et l'écho de la tombe, aux mânes satisfaits,
Répéta sourdement : *Qu'ils reposent en paix !*
Tout se tut ; et soudain, ô fortuné présage !
Le ciel vit s'éloigner les fureurs de l'orage ;
Et brillant, au milieu des brouillards entr'ouverts,
Le soleil, jusqu'au soir, consola l'univers. (*Note de l'Éditeur.*)

Note 45, page 29. — « Au-dessus de Brig, la vallée se transforme en un étroit et inabordable précipice dont le Rhône occupe et ravage le fond. La route s'élève sur les montagnes septentrionales, et l'on s'enfonce dans la plus sauvage des solitudes ; les Alpes n'offrent rien de plus lugubre. On marche deux heures sans rencontrer la moindre trace d'habitation, le long d'un sentier dangereux, ombragé par de sombres forêts, et suspendu sur un précipice dont la vue ne saurait pénétrer l'obscure profondeur. Ce passage est célèbre par des meurtres ; et plusieurs têtes exposées sur des piques étaient, lorsque je le traversai, la digne décoration de son affreux paysage. On atteint enfin le village de *Lax*, situé dans le lieu le plus désert et le plus écarté de cette contrée. Le sol sur lequel il est bâti penche rapidement vers le précipice, du fond duquel s'élève le sourd mugissement du Rhône. Sur l'autre bord de cet abîme, on voit un hameau dans une situation pareille ; les deux églises sont opposées l'une à l'autre, et, du cimetière de l'une, j'entendais successivement le chant des deux paroisses, qui semblaient se répondre. Que ceux qui connaissent la triste et grave harmonie des cantiques allemands les imaginent chantés dans ce lieu, accompagnés par le murmure éloigné du torrent et le frémissement du sapin. »

(*Lettres sur la Suisse*, de Williams COXE, tome II, *Note de M.* RAMOND.)

NOTE 46, page 32
Monuments détruits dans l'abbaye de Saint-Denis, les 6, 7 et 8 août 1793.
Nous donnerons ici au lecteur des notes bien précieuses sur les exhumations de Saint-Denis : elles ont été prises par un religieux de cette abbaye, témoin oculaire de ces exhumations.

SITUATION DES TOMBEAUX.

Dans le sanctuaire, du côté de l'épître.

Le tombeau du roi Dagobert Ier, mort en 638, et les deux statues de pierre de liais, l'une couchée, l'autre en pied, et celle de la reine Nanthilde sa femme, en pied.

On a été obligé de briser la statue couchée de Dagobert, parce qu'elle faisait partie du massif du tombeau et du mur : on a conservé le reste du tombeau, qui représente la vision d'un ermite, au sujet de ce que l'on dit être arrivé à l'âme de Dagobert après sa mort, parce que ce morceau de sculpture peut servir à l'histoire de l'art et à celle de l'esprit humain.

Dans la croisée du chœur, du côté de l'épître, le long des grilles.

Le tombeau de Clovis II, fils de Dagobert, mort en 666.
Ce tombeau était en pierre de liais.
Celui de Charles Martel, père de Pépin, mort en 741. Il était en pierre. Celui de Pépin, son fils, premier roi de la deuxième race, mort en 768. A côté, celui de Berthe ou Bertrade sa femme, morte en 783.

Du côté de l'évangile, le long des grilles.

Le tombeau de Carloman, fils de Pépin, et frère de Charlemagne, mort en 771 ; et celui d'Hermentrude, femme de Charles le Chauve, à côté, laquelle mourut en 869. Ces deux tombeaux en pierre.

Du côté de l'épître.

Le tombeau de Louis III, fils de Louis le Bègue, mort en 882, et celui de Carloman, frère de Louis III, mort en 884. L'un et l'autre en pierre.

Du côté de l'évangile.

Le tombeau d'Eudes le Grand, oncle de Hugues Capet, mort en 899, et celui de Hugues Capet, mort en 996.
Celui de Henri Ier, mort en 1060 ; de Louis VI, dit le Gros, mort en 1137, et celui de Philippe, fils aîné de Louis le Gros, couronné du vivant de son père, mort en 1131.
Celui de Constance de Castille, seconde femme de Louis VII, dit le Jeune, morte en 1159.
Tous ces monuments étaient en pierre, et avaient été construits sous le règne de saint Louis, au treizième siècle. Ils contenaient chacun deux petits cercueils de pierre, d'environ trois pieds de long, recouverts d'une pierre en dos d'âne, où étaient renfermées les cendres de ces princes et princesses.
Tous les monuments qui suivaient étaient de marbre, à l'exception de deux qu'on aura soin de remarquer : ils avaient été construits dans le siècle où ont vécu les personnages dont ils contenaient les cendres.

Dans la croisée du chœur, du côté de l'épître.

Le tombeau de Philippe le Hardi, mort en 1285, et celui d'Isabelle d'Aragon, sa femme, morte en 1272. Ces deux tombeaux étaient creux, et contenaient chacun un coffre de plomb, d'environ trois pieds de long sur huit pouces de haut. Ils renfermaient les cendres de ces deux époux.
Celui de Philippe IV, dit le Bel, mort en 1314.

Côté de l'évangile.

Louis X, dit le Hutin, mort en 1316, et celui de son fils posthume (Jean, que la plupart des historiens ne comptent pas au nombre des rois de France), mort la même année que son père, et quatre jours après sa naissance, pendant lequel temps il porta le titre de roi.

Aux pieds de Louis le Hutin, Jeanne, reine de Navarre, sa fille, morte en 1349.

Dans le sanctuaire, du côté de l'évangile.

Philippe V, dit le Long, mort le 3 janvier 1321, avec le cœur de sa femme, Jeanne de Bourgogne, morte le 21 janvier 1329; Charles IV, dit le Bel, mort en 1328, et Jeanne d'Evreux, sa femme, morte en 1370.

Chapelle de Notre-Dame la Blanche, du côté de l'épître.

Blanche, fille de Charles le Bel, duchesse d'Orléans, morte en 1392, et Marie sa sœur, morte en 1341; plus bas, deux effigies de ces deux princesses, en pierre, adossées aux piliers de l'entrée de la chapelle.

Dans le sanctuaire de cette chapelle, côté de l'évangile.

Philippe de Valois, mort en 1350, et Jeanne de Bourgogne, sa première femme, morte en 1348.

Blanche de Navarre, sa deuxième femme, morte en 1398. Jeanne, fille de Philippe de Valois et de Blanche, morte en 1373; plus bas, deux effigies en pierre, de Blanche et Jeanne, adossées aux piliers du bas de ladite chapelle.

Chapelle de Saint-Jean-Baptiste, dite des Charles.

Charles V, surnommé le Sage, mort en 1380, et Jeanne de Bourbon, sa femme, morte en 1378.

Charles VI, mort en 1422, et Isabeau de Bavière, sa femme, morte en 1435.

Charles VII, mort en 1461, et Marie d'Anjou sa femme, morte en 1463.

Revenus dans le sanctuaire, du côté du maître-autel, côté de l'évangile, le roi Jean, mort en Angleterre, prisonnier, en 1364.

Au bas du sanctuaire et des degrés, du côté de l'évangile, le massif du monument de Charles VIII, mort en 1498, dont l'effigie et les quatre anges qui étaient aux quatre coins avaient été retirés en 1792, a été démoli le 8 août 1793.

Dans la chapelle de Notre-Dame la Blanche étaient les deux effigies, en marbre blanc, de Henri II, mort en 1559, et de Catherine de Médicis sa femme, morte en 1589; l'un et l'autre revêtus de leurs habits royaux, couchés sur un lit recouvert de lames de cuivre doré, aux chiffres de l'un et de l'autre, et ornés de fleurs de lis. Dans la chapelle des Charles, le tombeau de Bertrand Duguesclin, mort en 1380.

Nota. Ce tombeau, qui n'avait pas été compris dans le décret, avait été détruit par les ouvriers le 7 août; mais on a rapporté son effigie dans la chapelle de Turenne, en attendant qu'il fût transporté à sa destination.

Nota. Les cendres des rois et reines, renfermées dans les cercueils de pierre ou de plomb des tombeaux creux mentionnés ci-dessus, ont été déposées, comme il a été dit ci-devant, dans l'endroit où avait été érigée la tour des Valois, attenant à la croisée de l'église, du côté du septentrion, servant alors de cimetière. Ce magnifique monument avait été détruit en 1719.

L'on n'a trouvé que très-peu de chose dans les cercueils des tombeaux creux; il y avait un peu de fil d'or faux dans celui de Pépin. Chaque cercueil contenait la simple inscription du nom sur une lame de plomb, et la plupart de ces lames étaient fort endommagées par la rouille.

Ces inscriptions, ainsi que les coffres de plomb de Philippe le Hardi et d'Isabelle d'Aragon, ont été transportés à l'Hôtel-de-Ville, et ensuite à la fonte. Ce qu'on a trouvé de plus remarquable est le sceau d'argent, de forme ogive, de Constance de Castille, deuxième femme de Louis VII, dit le Jeune, morte en 1160 : il pèse trois onces et demie; on l'a déposé à la municipalité pour être remis au cabinet des antiques de la Bibliothèque du Roi.

Le nombre des monuments détruits du 6 au 8 août 1793, au soir, qu'on a fini la destruction, monte à cinquante et un : ainsi, en trois jours, on a détruit l'ouvrage de douze siècles.

P. S. Le tombeau du maréchal de Turenne, qui avait été conservé intact, fut démoli en avril 1796, et transporté aux Petits-Augustins, au faubourg Saint-Germain, à Paris, où l'on rassemble tous les monuments qui méritent d'être conservés pour les arts.

L'église, qui était toute couverte en plomb, ne fut découverte, et le plomb porté à Paris, qu'en 1795; mais, le 6 septembre 1796, on a apporté de la tuile et de l'ardoise de Paris, pour, dit-on, la recouvrir, afin de conserver ce magnifique monument.

Les superbes grilles de fer, faites en 1702, par un nommé Pierre Denys, très-habile serrurier, ont été déposées et transportées à la bibliothèque du collège Mazarin à Paris, en juillet 1796.

Ce même serrurier avait fait de pareilles grilles pour l'abbaye de Chelles, lorsque madame d'Orléans en était abbesse.

Extraction des corps de rois, reines, princes et princesses, ainsi que des autres grands personnages qui étaient enterrés dans l'église de l'abbaye de Saint-Denis en France, faite en octobre 1793.

Le samedi 12 octobre 1793, on a ouvert le caveau des Bourbons, du côté des chapelles souterraines, et on a commencé par en tirer le cercueil du roi Henri IV, mort le 14 mai 1610, âgé de cinquante-sept ans.

Remarques. Son corps s'est trouvé bien conservé, et les traits du visage parfaitement reconnaissables. Il est resté dans le passage des chapelles basses, enveloppé de son suaire, également bien conservé. Chacun a eu la liberté de le voir jusqu'au lundi matin, 14, qu'on l'a porté dans le chœur, au bas des marches du sanctuaire, où il est resté jusqu'à deux heures après midi, qu'on l'a déposé dans le cimetière dit des Valois, ainsi qu'il a été ci-devant dit, dans une grande fosse creusée dans le bas dudit cimetière, à droite, du côté du nord.

Le lundi 14 octobre 1793.

Ce jour, après le dîner des ouvriers, vers les trois heures après midi, on continua l'extraction des autres cercueils des Bourbons.

Celui de Louis XIII, mort en 1643, âgé de quarante-deux ans ;
Celui de Louis XIV, mort en 1715, âgé de soixante-dix-sept ans ;
De Marie de Médicis, deuxième femme de Henri IV, morte en 1642, âgée de soixante-huit ans ;
D'Anne d'Autriche, femme de Louis XIII, morte en 1666, âgée de soixante-quatre ans ;
De Marie-Thérèse, infante d'Espagne, épouse de Louis XIV, morte en 1683, âgée de quarante-cinq ans ;
De Louis, dauphin, fils de Louis XIV, mort en 1711, âgé de près de cinquante ans.

Remarques. Quelques-uns de ces corps étaient bien conservés, surtout celui de Louis XIII, reconnaissable à sa moustache ; Louis XIV l'était aussi par ses grands traits, mais il était noir comme de l'encre. Les autres corps, et surtout celui du grand dauphin, étaient en putréfaction liquide.

Le mardi 15 octobre 1793.

Vers les sept heures du matin, on a repris et continué l'extraction des cercueils des Bourbons par celui de Marie Leczinska, princesse de Pologne, épouse de Louis XV, morte en 1768, âgée de soixante-cinq ans ;

Celui de Marie-Anne-Christine-Victoire de Bavière, épouse de Louis, grand dauphin, morte en 1690, âgée de trente ans ;

De Louis, duc de Bourgogne, fils de Louis, grand dauphin, mort en 1712, âgé de trente ans ;
De Marie-Adélaïde de Savoie, épouse de Louis, duc de Bourgogne, morte en 1712, âgée de vingt-six ans ;
De Louis, duc de Bretagne, premier fils de Louis, duc de Bourgogne, mort en 1705, âgé de neuf mois et dix-neuf jours ;
De Louis, duc de Bretagne, second fils du duc de Bourgogne, mort en 1712, âgé de six ans ;
De Marie-Thérèse d'Espagne, première femme de Louis, dauphin, fils de Louis XV, morte en 1746, âgée de vingt ans ;
De Xavier de France, duc d'Aquitaine, second fils de Louis, dauphin, mort le 22 février 1754, âgé de cinq mois et demi ;
De Marie-Séphirine de France, fille de Louis, dauphin, morte le 27 avril 1748, âgée de vingt et un mois ;
De N. duc d'Anjou, fils de Louis XV, mort le 7 avril 1733, âgé de deux ans sept mois trois jours.

On a aussi retiré du caveau les cœurs de Louis, dauphin, fils de Louis XV, mort à Fontainebleau le 20 décembre 1765, et de Marie-Josèphe de Saxe, son épouse, morte le 13 mars 1767.

Nota. Leurs corps avaient été enterrés dans l'église cathédrale de Sens, ainsi qu'ils l'avaient demandé.

Remarques. Le plomb en figure de cœur a été mis de côté, et ce qu'il contenait a été porté au cimetière, et jeté dans la fosse commune avec tous les cadavres des Bourbons. Les cœurs des Bourbons étaient recouverts d'autres de vermeil ou argent doré, et surmontés chacun d'une couronne aussi d'argent doré. Les cœurs d'argent et leurs couronnes ont été déposés à la municipalité, et le plomb a été remis **aux commissaires aux plombs.**

Ensuite on alla prendre les autres cercueils à mesure qu'ils se présentaient à droite et à gauche.

Le premier fut celui d'Anne-Henriette de France, fille de Louis XV, morte le 10 février 1752, âgée de vingt-quatre ans cinq mois vingt-sept jours;

De Louise-Marie de France, fille de Louis XV, morte le 27 février 1733, âgée de quatre ans et demi;

De Louise-Elisabeth de France, fille de Louis XV, mariée au duc de Parme, morte à Versailles le 6 décembre 1759, âgée de trente-deux ans trois mois et vingt-deux jours;

De Louis-Joseph-Xavier de France, duc de Bourgogne, fils de Louis, dauphin, frère aîné de Louis XVI, mort le 22 mars 1761, âgé de neuf à dix ans;

De N. d'Orléans, second fils d'Henri IV, mort en 1611, âgé de quatre ans;

De Marie de Bourbon de Montpensier, première femme de Gaston, fils de Henri IV, morte en 1627, âgée de vingt-deux ans;

De Gaston Jean-Baptiste, duc d'Orléans, fils de Henri IV, mort en 1660, âgé de cinquante-deux ans;

De Marie-Louise d'Orléans, duchesse de Montpensier, fille de Gaston et de Marie de Bourbon, morte en 1693, âgée de soixante-six ans;

De Marguerite de Lorraine, seconde femme de Gaston, morte le 3 avril 1672, âgée de cinquante-huit ans;

De Jean Gaston d'Orléans, fils de Gaston Jean-Baptiste et de Marguerite de Lorraine, mort le 10 août 1652, à l'âge de deux ans;

De Marie-Anne d'Orléans, fille de Gaston et de Marguerite de Lorraine, morte le 17 août 1656, à l'âge de quatre ans;

Nota. Rien n'a été remarquable dans l'extraction des cercueils faite dans la journée du mardi 15 octobre 1793 : la plupart de ces corps étaient en putréfaction ; il en sortait une vapeur noire et épaisse d'une odeur infecte, qu'on chassait à force de vinaigre et de poudre qu'on eut la précaution de brûler ; ce qui n'empêcha pas les ouvriers de gagner des dévoiements et des fièvres, qui n'ont pas eu de mauvaises suites.

Le mercredi 16 octobre 1793.

Vers les sept heures du matin, on a continué l'extraction des corps et cercueils du caveau des Bourbons. On a commencé par celui de Henriette-Marie de France, fille de Henri IV, et épouse de l'infortuné Charles Ier, roi d'Angleterre, morte en 1669, âgée de soixante ans; et on a continué par celui de Henriette-Anne Stuart, fille dudit Charles Ier, et première femme de Monsieur, frère unique de Louis XIV, morte en 1670, âgée de vingt-six ans;

De Philippe d'Orléans, dit Monsieur, frère unique de Louis XIV, mort en 1701, âgé de soixante et un ans;

D'Elisabeth-Charlotte de Bavière, seconde femme de Monsieur, morte en 1722, âgée de soixante-dix ans;

De Charles, duc de Berri, petit-fils de Louis XIV, mort en 1714, âgé de vingt-huit ans;

De Marie-Louise-Elisabeth d'Orléans, fille du duc régent du royaume, épouse de Charles, duc de Berri, morte en 1719, âgée de vingt-quatre ans;

De Philippe d'Orléans, petit-fils de France, régent du royaume sous la minorité de Louis XV, mort le jeudi 2 décembre 1723, âgé de quarante-neuf ans;

D'Anne-Elisabeth de France, fille aînée de Louis XIV, morte le 30 décembre 1662, laquelle n'a vécu que quarante-deux jours;

De Marie-Anne de France, seconde fille de Louis XIV, morte le 28 décembre 1664, âgée de quarante et un jours;

De Philippe, duc d'Anjou, fils de Louis XIV, mort le 10 juillet 1671, âgé de trois ans;

De Louis, duc d'Anjou, frère du précédent, mort le 4 novembre 1672, lequel n'a vécu que quatre mois et dix-sept jours;

De Marie-Thérèse de France, troisième fille de Louis XIV, morte le 1er mars 1672, âgée de cinq ans;

De Philippe-Charles d'Orléans, fils de Monsieur, mort le 8 décembre 1666, âgé de deux ans six mois;

De N., fille de Monsieur, morte en naissant, en 1665;

D'Alexandre-Louis d'Orléans, duc de Valois, fils de Monsieur, mort le 15 mars 1676, âgé de trois ans;

De Charles de Berri, duc d'Alençon, fils du duc de Berri, mort le 16 avril 1748, âgé de vingt et un jours;

De N. de Berri, fille du duc de Berri, morte en naissant, le 21 juillet 1711;

De Marie-Louise-Elisabeth, fille du duc de Berri, morte en 1714, douze heures après sa naissance;

De Sophie de France, sixième fille de Louis XV, et tante de Louis XVI, morte le 5 mars 1782, âgée de quarante-sept ans sept mois et quatre jours;

De N. de France, dite d'Angoulême, fille du comte d'Artois, frère de Louis XVI, morte le 23 juin 1783, âgée de cinq mois et seize jours ;

De Mademoiselle, fille du comte d'Artois, frère de Louis XVI, morte le 23 juin 1783, âgée de sept ans trois mois et un jour ;

De Sophie-Hélène de France, fille de Louis XVI, morte le 19 juin 1787, âgée de onze mois dix jours ;

De Louis-Joseph-Xavier, dauphin, fils de Louis XVI, mort à Meudon le 4 juin 1789, âgé de sept ans sept mois et treize jours ;

Suite du mercredi 16 octobre 1793.

A onze heures du matin, dans le moment où la reine Marie-Antoinette d'Autriche, femme de Louis XVI, eut la tête tranchée, on enleva le cercueil de Louis XV, mort le 10 mai 1774, âgé de soixante-quatre ans.

Remarques. Il était à l'entrée du caveau, sur un banc ou massif de pierre, élevé à la hauteur d'environ deux pieds, au côté droit, en entrant, dans une espèce de niche pratiquée dans l'épaisseur du mur : c'était là qu'était déposé le corps du dernier roi, en attendant que son successeur vînt pour le remplacer, et alors on le portait à son rang dans le caveau.

On n'a ouvert le cercueil de Louis XV que dans le cimetière, sur le bord de la fosse. Le corps retiré du cercueil de plomb, bien enveloppé de linge et de bandelettes, paraissait tout entier et bien conservé ; mais dégagé de tout ce qui l'enveloppait, il n'offrait pas la figure d'un cadavre ; tout le corps tomba en putréfaction, et il en sortit une odeur si infecte, qu'il ne fut pas possible de rester présent : on brûla de la poudre, on tira plusieurs coups de fusil pour purifier l'air. On le jeta bien vite dans la fosse, sur un lit de chaux vive, et on le couvrit encore de terre et de chaux.

Autre remarque. Les entrailles des princes et princesses étaient aussi dans le caveau, dans des seaux de plomb déposés sous les tréteaux de fer qui portaient leurs cercueils : on les porta au cimetière : on jeta les entrailles dans la fosse commune. Les seaux de plomb furent mis de côté, pour être portés, comme tous les autres, à la fonderie qu'on venait d'établir dans le cimetière même pour fondre le plomb à mesure qu'on en trouvait.

Vers les trois heures après midi, on a ouvert, dans la chapelle dite des Charles, le caveau de Charles V, mort en 1380, âgé de quarante-deux ans, et celui de Jeanne de Bourbon son épouse, morte en 1378, âgée de quarante ans.

Charles de France, mort enfant en 1386, âgé de trois mois, était inhumé aux pieds du roi Charles V, son aïeul. Ses petits os, tout à fait desséchés, étaient dans un cercueil de plomb. Sa tombe, en cuivre, était sous le marche-pied de l'autel.

Isabelle de France, fille de Charles V, morte quelques jours après sa mère ; Jeanne de Bourbon, morte en 1378, âgée de cinq ans ; et Jeanne de France, sa sœur, morte en 1366, âgée de six mois et quatorze jours, étaient inhumées dans la même chapelle, à côté de leurs père et mère. On ne trouva que leurs os, sans cercueils de plomb, mais quelques planches de bois pourri.

Remarques. On a trouvé dans le cercueil de Charles V une couronne de vermeil bien conservée, une main de justice d'argent, et un sceptre de cinq pieds de long, surmonté de feuilles d'acanthe d'argent, bien doré, dont l'or avait conservé tout son éclat.

Dans le cercueil de Jeanne de Bourbon son épouse, on a trouvé un reste de couronne, un anneau d'or, les débris de bracelets ou chaînons, un fuseau ou quenouille de bois doré, à demi pourri, des souliers de forme fort pointue, en partie consommés, brodés en or et en argent.

Les corps de Charles V et de Jeanne de Bourbon sa femme, de Charles VI et de sa femme, de Charles VII et de sa femme, retirés de leurs cercueils, ont été portés dans la fosse des Bourbons, après quoi, cette fosse a été couverte de terre, et on en a fait une autre à gauche de celle des Bourbons dans le fond du cimetière, où on a déposé les autres corps trouvés dans l'église.

Le jeudi 17 octobre 1793, du matin, on a fouillé dans le tombeau de Charles VI, mort en 1422, âgé de cinquante-quatre ans, et dans celui d'Isabeau de Bavière sa femme, morte en 1435 ; on n'a trouvé dans leurs cercueils que des ossements desséchés : leur caveau avait été enfoncé lors de la démolition du mois d'août dernier. On mit en pièces et en morceaux leurs belles statues de marbre, et on pilla ce qui pouvait être précieux dans leurs cercueils.

Le tombeau de Charles VII, mort en 1461, âgé de cinquante-huit ans, et celui de Marie d'Anjou sa femme, morte en 1463, avaient aussi été enfoncés et pillés. On n'a trouvé dans leurs cercueils qu'un reste de couronne et de sceptre d'argent doré.

Remarques. Une singularité de l'embaumement du corps de Charles VII, c'est qu'on y avait parsemé du vif-argent, qui avait conservé toute sa fluidité. On a observé la même singularité dans quelques autres embaumements de corps du quatorzième et du quinzième siècle.

Le même jour, 17 octobre 1793, l'après-dîner, dans la chapelle Saint-Hippolyte, on a fait l'extraction de deux cercueils de plomb, de Blanche de Navarre, seconde femme de Philippe

NOTES ET ÉCLAIRCISSEMENTS.

de Valois, morte en 1391, et de Jeanne de France leur fille, morte en 1371, âgée de vingt ans. On n'a pas trouvé la tête de cette dernière ; elle a été vraisemblablement dérobée, il y a quelques années, lors d'une réparation faite à l'ouverture du caveau.

On a ensuite fait l'ouverture du caveau de Henri II, qui était fort petit : on en tira d'abord deux cœurs, un gros, et l'autre moindre : on ne sait de qui ils viennent, étant sans inscriptions ; ensuite quatre cercueils : 1° celui de Marguerite de France, femme de Henri IV, morte le 27 mai 1615, âgée de soixante-deux ans ; 2° celui de François, duc d'Alençon, quatrième fils de Henri II, mort en 1584, âgé de trente ans ; 3° celui de François II, qui n'a régné qu'un an et demi, et qui mourut le 5 décembre 1560, âgé de dix-sept ans ; 4° d'une fille de Charles IX, nommée Élisabeth de France, morte le 2 avril 1578, âgée de six ans.

Avant la nuit on a ouvert le caveau de Charles VIII, mort en 1498, âgé de vingt-huit ans. Son cercueil de plomb était posé sur des tréteaux ou barres de fer : on n'a trouvé que des os presque desséchés.

Le vendredi 18 octobre 1793, vers les sept heures du matin, on a continué l'extraction des cercueils du caveau de Henri II, et on en a tiré quatre grands cercueils : celui de Henri II, mort le 10 juillet 1559, âgé de quarante ans et quelques mois ; de Catherine de Médicis sa femme, morte le 5 janvier 1589, âgée de soixante-dix ans ; de Charles IX, mort en 1574, âgé de vingt-quatre ans ; de Henri III, mort le 2 août 1589, âgé de trente-huit ans.

Celui de Louis, duc d'Orléans, second fils de Henri II, mort au berceau.

De Jeanne de France et de Victoire de France, toutes deux filles de Henri II, mortes en bas âge.

Remarques. Ces cercueils étaient posés les uns sur les autres sur trois lignes : au premier rang, à main gauche en entrant, étaient les cercueils de Henri II, de Catherine de Médicis sa femme, et de Louis d'Orléans leur second fils : le cercueil de Henri II était posé sur des barres de fer, et les deux autres sur celui de Henri II.

Au second rang, au milieu du caveau, étaient quatre autres cercueils placés les uns sur les autres, et les deux cœurs ci-dessus mentionnés étaient posés dessus.

Au troisième rang, à main droite, du côté du chœur, se trouvaient quatre cercueils ; celui de Charles IX, porté sur des barres de fer, en portait un grand (celui de Henri III) et deux petits.

Sous les tréteaux ou barres de fer étaient posés les cercueils de plomb. Il y avait beaucoup d'ossements ; ce sont probablement des ossements trouvés dans cet endroit lorsqu'en 1719 on a fouillé pour faire le nouveau caveau des Valois, qui était avant construit dans l'endroit même où on a déposé les restes des princes et princesses au fur et à mesure qu'on en a découvert.

Le même jour 18 octobre 1793, on est descendu dans le caveau de Louis XII, mort en 1515, âgé de cinquante-trois ans. Anne de Bretagne son épouse, morte en 1514, âgée de trente-sept ans, était dans le même caveau, à côté de lui : on a trouvé sur leurs cercueils deux couronnes de cuivre doré.

Dans le chœur, sous la croisée septentrionale, on a ouvert le tombeau de Jeanne de France, reine de Navarre, fille de Louis X, dit le Hutin, morte en 1349, âgée de trente-huit ans. Elle était enterrée aux pieds de son père, sans caveau : une pierre creuse, tapissée de plomb intérieurement, et couverte d'une autre pierre toute plate, renfermait ses ossements ; on n'a trouvé dans son cercueil qu'une couronne de cuivre doré.

Louis X, dit le Hutin, n'avait pas non plus de cercueil de plomb, ni de caveau : une pierre creuse, en forme d'auge, tapissée en dedans de lames de plomb, renfermait ses desséchés, avec un reste de sceptre et de couronne de cuivre rongé par la rouille ; il était mort en 1316, âgé de près de vingt-sept ans.

Le petit roi Jean, son fils posthume, était à côté de son père, dans une petite tombe ou auge de pierre, revêtue de plomb, n'ayant vécu que quatre jours.

Près du tombeau de Louis X, était enterré, dans un simple cercueil de pierre, Hugues, dit le Grand, comte de Paris, mort en 956, père de Hugues Capet, chef de la race des Capétiens. On n'a trouvé que ses os presque en poussière.

On a été ensuite au milieu du chœur découvrir la fosse de Charles le Chauve, mort en 877, âgé de cinquante-quatre ans. On n'a trouvé, bien avant dans la terre, qu'une espèce d'auge en pierre, dans laquelle était un petit coffre qui contenait le reste de ses cendres. Il était mort de poison en deçà du Mont-Cenis, sur les confins de la Savoie, dans une chaumière du village de Brios, à son retour de Rome. Son corps fut mis en dépôt au prieuré de Mantui, du diocèse de Dijon, d'où il fut transporté sept ans après à Saint-Denis.

Le samedi 19 octobre 1793, la sépulture de Philippe, comte de Boulogne, fils de Philippe-Auguste, mort en 1223, n'a rien donné de remarquable, sinon la place de la tête du prince, creusée dans son cercueil de pierre.

Nous remarquons la même chose pour celui de Dagobert.

Le cercueil de pierre en forme d'auge d'Alphonse de Poitiers, frère de saint Louis, mort en 1271, ne contenait que des cendres : ses cheveux étaient bien conservés ; mais ce qui peut être remarquable, c'est que le dessous de la pierre qui couvrait son cercueil était tacheté, coloré et veiné de jaune et de blanc comme du marbre : les exhalaisons fortes du cadavre ont pu produire cet effet.

Le corps de Philippe-Auguste, mort en 1223, était entièrement consommé : la pierre taillée en dos d'âne qui couvrait le cercueil de pierre était arrondie du côté de la tête.

Le corps de Louis VIII, père de saint Louis, mort le 8 novembre 1226, âgé de quarante ans, s'est trouvé aussi presque consommé. Sur la pierre qui couvrait son cercueil était sculptée une croix en demi-relief : on n'y a trouvé qu'un reste de sceptre de bois pourri ; son diadème, qui n'était qu'une bande d'étoffe tissue en or, avec une grande calotte d'une étoffe satinée, assez bien conservée. Le corps avait été enveloppé dans un drap ou suaire tissu d'or : on en trouva encore des morceaux assez bien conservés.

Remarques. Son corps ainsi enseveli avait été recousu dans un cuir fort épais qui était bien conservé.

Il est le seul que nous ayons trouvé enveloppé dans un cuir. Il est vraisemblable qu'on ne l'a fait pour lui que pour que son cadavre n'exhalât pas au dehors de mauvaise odeur dans le transport qu'on en fit de Montpensier en Auvergne, où il mourut à son retour de la guerre contre les Albigeois.

On fouilla au milieu du chœur, au bas des marches du sanctuaire, sous une tombe de cuivre, pour trouver le corps de Marguerite de Provence, femme de saint Louis, morte en 1295. On creusa bien avant en terre sans rien trouver : enfin on découvrit, à gauche de la place où était sa tombe, une auge de pierre remplie de gravats, parmi lesquels était une rotule et deux petits os.

Dans la chapelle de Notre-Dame la Blanche, on a ouvert le caveau de Marie de France, fille de Charles IV, dit le Bel, morte en 1341, et de Blanche sa sœur, duchesse d'Orléans, morte en 1392. Le caveau était rempli de décombres sans corps et sans cercueils.

En continuant la fouille dans le chœur, on a trouvé, à côté du tombeau de Louis VIII, celui où avait été déposé saint Louis, mort en 1270. Il était plus court et moins large que les autres ; les ossements en avaient été retirés lors de sa canonisation en 1297.

Nota. La raison pour laquelle son cercueil était moins large et moins long que les autres, c'est que, suivant les historiens, ses chairs furent portées en Sicile : ainsi on n'a rapporté à Saint-Denis que les os, pour lesquels il a fallu un cercueil moins grand que pour le corps entier.

On a ensuite décarrelé le haut du chœur pour découvrir les autres cercueils cachés sous terre. On a trouvé celui de Philippe le Bel, mort en 1314, âgé de quarante-six ans. Ce cercueil était de pierre recouvert d'une large dalle. Il n'y avait pas d'autre cercueil que la pierre creusée en forme d'auge, et plus large à la tête qu'aux pieds, et tapissée en dedans d'une lame de plomb, et une forte et large lame aussi de plomb, scellée sur les barres de fer qui fermaient le tombeau. Le squelette était tout entier : on a trouvé un anneau d'or, un sceptre de cuivre doré, de cinq pieds de long, terminé par une touffe de feuillage sur laquelle était représenté un oiseau aussi de cuivre doré.

Le soir, à la lumière, on a ouvert le tombeau de pierre du roi Dagobert, mort en 638. Il avait plus de six pieds de long : la pierre était creusée pour recevoir la tête qui était séparée du corps. On a trouvé un coffre de bois d'environ deux pieds de long, garni en dedans de plomb, qui renfermait les os de ce prince et ceux de Nanthilde sa femme, morte en 642. Les ossements étaient enveloppés dans une étoffe de soie, séparés les uns des autres par une planche intermédiaire qui partageait le coffre en deux parties. Sur un des côtés de ce coffre était une lame de plomb, avec cette inscription :

HIC JACET CORPUS DAGOBERTI.

Sur l'autre côté, une lame de plomb portait :

HIC JACET CORPUS NANTHILDIS.

On n'a pas trouvé la tête de la reine Nanthilde. Il est probable qu'elle sera restée dans l'endroit de sa première sépulture, lorsque saint Louis les fit retirer pour les placer dans le tombeau qu'il leur fit élever dans le lieu où il se voit aujourd'hui:

Dimanche 20 octobre 1793.

On a travaillé à détacher le plomb qui couvrait le dedans du tombeau de pierre de Philippe le Bel. On a refouillé auprès de la sépulture de saint Louis, dans l'espérance d'y trouver le corps de Marguerite de Provence sa femme : on n'a rien trouvé qu'une auge de pierre sans couverture, remplie de terre et de gravats.

Dans cet endroit devait être aussi le corps de Jean Tristan, comte de Nevers, fils de saint Louis, mort en 1270, quelques jours avant son père, près de Carthage en Afrique.

Dans la chapelle dite des Charles, on a retiré le cercueil de plomb de Bertrand Duguesclin, mort en 1380. Son squelette était tout entier, la tête bien conservée, les os bien propres et tout à fait desséchés. Auprès de lui était le tombeau de Bureau de Larivière, mort en 1400. Il n'avait guère que trois pieds de long ; on en a retiré le cercueil de plomb.

Après bien des recherches, on a trouvé l'entrée du caveau de François Ier, mort en 1547, âgé de cinquante-trois ans.

Ce caveau était grand et bien voûté ; il contenait six corps renfermés dans des cercueils de plomb, posés sur des barres de fer : celui de François Ier ; celui de Louise de Savoie sa mère, morte en 1531 ; de Claudine de France sa femme, morte en 1524, âgée de vingt-cinq ans ; de François, dauphin, mort en 1536, âgé de dix-neuf ans ; de Charles, son frère, duc d'Orléans, mort en 1544, âgé de vingt-trois ans ; et celui de Charlotte, sa sœur, morte en 1524, âgée de huit ans.

Tous ces corps étaient en pourriture et en putréfaction liquide, et exhalaient une odeur insupportable ; une eau noire coulait à travers leurs cercueils de plomb dans le transport qu'on en fit au cimetière.

On a repris la fouille dans la croisée méridionale du chœur ; on a trouvé une auge ou tombe de pierre remplie de gravats. C'était le tombeau de Pierre Beaucaire, chambellan de saint Louis, mort en 1270.

Sur le soir, on a trouvé, près de la grille du côté du midi, le tombeau de Mathieu de Vendôme, abbé de Saint-Denis, et régent du royaume sous saint Louis et sous son fils Philippe le Hardi ; il n'avait point de cercueil, ni de pierre, ni de plomb ; il avait été mis en terre dans un cercueil de bois, dont on trouva encore des morceaux de planches pourries. Le corps était entièrement consommé : on n'a trouvé que le haut de sa crosse de cuivre doré et quelques lambeaux de riche étoffe, ce qui marque qu'il avait été enseveli avec ses plus riches ornements d'abbé. Il était mort en 1286, le 5 septembre, au commencement du règne de Philippe le Bel.

Le lundi 21 octobre 1793.

Au milieu de la croisée du chœur, on a levé le marbre qui couvrait le petit caveau où on avait déposé, au mois d'août 1791, les ossements et cendres de six princes et une princesse de la famille de saint Louis, transférés en cette église de l'abbaye de Royaumont, où ils étaient enterrés ; les cendres et ossements ont été retirés de leurs coffres ou cercueils de plomb, et portés au cimetière dans la seconde fosse commune, où Philippe-Auguste, Louis VIII, François Ier et toute sa famille avaient été portés.

Dans l'après-midi, on a commencé à fouiller dans le sanctuaire, à côté du grand autel, à gauche, pour trouver les cercueils de Philippe le Long, mort en 1332 ; de Charles IV, dit le Bel, mort en 1328 ; de Jeanne d'Evreux, troisième femme de Charles IV, morte en 1370 ; de Philippe de Valois, mort en 1350, âgé de cinquante-sept ans ; de Jeanne de Bourgogne, femme de Philippe de Valois, morte en 1348, et celui du roi Jean, mort en 1364.

Le mardi 22 octobre 1793.

Dans la chapelle des Charles, le long du mur de l'escalier qui conduit au chevet, on a trouvé deux cercueils l'un sur l'autre : celui de dessus, de pierre carrée, renfermait le corps d'Arnaud Guillem de Barbazan, mort en 1431, premier chambellan de Charles VII ; celui de dessous, couvert de lames de plomb, contenait le corps de Louis de Sancerre, connétable sous Charles VI, mort en 1402, âgé de soixante ans ; sa tête était encore garnie de cheveux longs et partagés en deux cadenettes bien tressées.

On a levé ensuite la pierre perpendiculaire qui couvrait les tombeaux en pierre de l'abbé Suger et de l'abbé Troon ; le premier, mort en 1151, et le second en 1221 : on n'y a trouvé que des os presque en poussière.

On a continué la fouille dans le sanctuaire, du côté de l'évangile ; et on a découvert, bien avant en terre, une grande pierre plate qui couvrait les tombeaux de Philippe le Long et des autres.

On s'en tint là, et, pour finir la journée, on alla dans la chapelle dite du Lépreux, lever la tombe de Sédille de Sainte-Croix, morte en 1380, femme de Jean Pastourelle, conseiller du roi Charles V : on n'a trouvé que des ossements consommés.

Le mercredi 23 octobre 1793.

On a repris, du matin, le travail qu'on avait laissé la veille, pour la découverte des tombeaux du sanctuaire.

On trouva d'abord celui de Philippe de Valois, qui était de pierre, tapissé intérieurement de plomb, fermé par une forte lame de même métal, soudée sur des barres de fer ; le tout recouvert d'une longue et large pierre plate : on a trouvé une couronne et un sceptre surmonté d'un oiseau de cuivre doré.

Plus près de l'autel, on a trouvé le tombeau de Jeanne de Bourgogne, première femme de Philippe de Valois ; on y a trouvé son anneau d'argent, un reste de quenouille ou fuseau, et des os desséchés.

Le jeudi 24 octobre.

A gauche de Philippe de Valois était Charles le Bel. Son tombeau était construit comme celui de Philippe de Valois ; on y a trouvé une couronne d'argent doré, un sceptre de cuivre doré, haut de près de sept pieds, un anneau d'argent, un reste de main de justice, un bâton de bois d'ébène, un oreiller de plomb pour reposer la tête ; le corps était desséché.

Le vendredi 25 octobre.

Le tombeau de Jeanne d'Évreux avait été remué, la tombe était brisée en trois morceaux, et la lame de plomb qui fermait le cercueil était détachée ; on ne trouva que des os détachés sans la tête ; on ne fit pas d'information ; il y avait néanmoins apparence qu'on était venu, dans la nuit précédente, dépouiller ce tombeau.

Au milieu, on trouva le tombeau en pierre de Philippe le Long ; son squelette était bien conservé, avec une couronne d'argent doré enrichie de pierreries, une agrafe de son manteau en losange, avec une autre plus petite, aussi d'argent, partie de sa ceinture d'étoffe satinée, avec une boucle d'argent doré, et un sceptre de cuivre doré. Au pied de son cercueil était un petit caveau où était le cœur de Jeanne de Bourgogne, femme de Philippe de Valois, renfermé dans une cassette de bois presque pourri : l'inscription était sur une lame de cuivre.

On a aussi découvert le tombeau du roi Jean, mort en 1364, en Angleterre, âgé de cinquante-quatre ans : on y a trouvé une couronne, un sceptre fort haut, mais brisé, une main de justice, le tout d'argent doré. Son squelette était entier. Quelques jours après, les ouvriers, avec le commissaire aux plombs, ont été au couvent des Carmélites faire l'extraction du cercueil de madame Louise de France, fille de Louis XV, morte le 23 décembre 1787, âgée de cinquante ans et environ six mois. Ils l'ont apporté dans le cimetière, et le corps a été déposé dans la fosse commune ; il était tout entier, mais en pleine putréfaction ; ses habits de carmélite étaient très-bien conservés.

Dans la nuit du 11 au 12 septembre 1793, par ordre du département, en présence du commissaire du district et de la municipalité de Saint-Denis, on a enlevé du trésor tout ce qui y était, châsses, reliques, etc. : tout a été mis dans de grandes caisses de bois, ainsi que tous les riches ornements de l'église, et le tout est parti dans des chariots pour la Convention, en grand appareil et grand cortége de la garde des habitants de la ville, le 13, vers les dix heures du matin.

Supplément.

Le 18 janvier 1794, le tombeau de François Ier étant démoli, il fut aisé d'ouvrir celui de Marguerite, comtesse de Flandre, fille de Philippe le Long, et femme de Louis, comte de Flandre, morte en 1382, âgée de soixante-six ans ; elle était dans un caveau assez bien construit ; son cercueil de plomb était posé sur des barres de fer : on n'y trouva que des os bien conservés, et quelques restes de planches de bois de châtaignier. Mais on n'a pas trouvé la sépulture du cardinal de Retz, dit le Coadjuteur, mort en 1679, âgé de soixante-six ans, non plus que celle de plusieurs autres grands personnages.

NOTE 47, page 33. — CHAPITRE DE JÉSUS-CHRIST, ET DE SA VIE.

« A moins qu'il ne plaise à Dieu de vous envoyer quelqu'un pour vous instruire de sa part, « n'espérez pas de réussir jamais dans le dessein de réformer les mœurs des hommes. »

(PLATON, *Apologie de Socrate.*)

Le même philosophe, après avoir prouvé que la piété est la chose du monde la plus désirable, ajoute : *Mais, qui sera en état de l'enseigner, si Dieu ne lui sert de guide ?* (Dialogue intitulé EPINOMIS.) (*Note de l'Éditeur.*)

NOTE 48, page 35. — Lisez, dans la seconde partie du *Discours sur l'Histoire universelle*, l'admirable morceau sur *Jésus-Christ et sa doctrine*. (*Note de l'Éditeur.*)

NOTE 49, page 36. — Le docteur Robertson a rendu justice à Voltaire, en disant que cet homme universel n'a pas été un historien aussi fidèle qu'on le pense généralement. Nous croyons, comme lui, que Voltaire n'a pas toujours cité faux ; mais il est certain qu'il a beaucoup omis, car nous n'oserions dire beaucoup ignoré. Il a donné, de plus, aux passages originaux, un tour particulier, pour leur faire dire tout autre chose qu'ils ne disent en effet. C'est le moyen d'être tout à la fois exact et merveilleusement infidèle. Dans ses deux admirables histoires de Louis XIV et de Charles XII, Voltaire n'a pas eu besoin d'avoir recours à ce moyen ; mais, dans son histoire générale, qui n'est qu'une longue injure au christianisme, il s'est cru permis d'employer toutes sortes d'armes contre l'ennemi. Tantôt il nie formellement, tantôt il affirme du ton positif ; ensuite il mutile et défigure les faits. Il avance sans hésiter qu'*il n'y eut aucune hiérarchie, pendant près de cent ans, parmi les chrétiens*. Il ne donne aucun garant de cette étrange assertion ; il se contente de dire : *Il est reconnu, l'on rit aujourd'hui*.

Selon cet auteur, on n'a sur la succession de saint Pierre que la liste *frauduleuse d'un livre apocryphe, intitulé le Pontificat de Damase.*[1] Or il nous reste un traité de saint Irénée

---

[1] *Essai sur les Mœurs des nations*, chap. VIII.

sur les hérésies, où le Père de l'Église gallicane *donne en entier* la succession des papes, depuis les apôtres [1]. Il en compte douze jusqu'à son temps. On place l'année de la naissance de saint Irénée environ cent vingt ans après Jésus-Christ. Il avait été disciple de Papias et de saint Polycarpe, eux-mêmes disciples de saint Jean l'évangéliste. Il était donc témoin presque oculaire des premiers papes. Il nomme saint Lin après saint Pierre, et nous apprend que c'est de ce même Lin que parle saint Paul dans son épître à Timothée [2]. Comment Voltaire ou ceux qui l'aidaient dans son travail n'ont-ils pas craint (s'ils n'ont pas ignoré) cette foudroyante autorité? Si l'on en croit l'*Essai sur les Mœurs*, on n'aurait jamais entendu parler de Lin : et voilà que ce premier successeur du chef de l'Église est nommé par les apôtres eux-mêmes!

Note 50, page 36. — *Fragment du Sermon de Bossuet sur* l'Unité de l'Église, *prononcé à l'ouverture de l'assemblée du clergé de* 1682.

Nous trouverons dans l'Évangile que Jésus-Christ, voulant commencer le mystère de l'unité dans son Église, parmi tous les disciples en choisit douze; mais que, voulant consommer le mystère de l'unité dans la même Église, parmi les douze il en choisit un... Qu'on ne dise point, qu'on ne pense point que ce ministère de saint Pierre finisse avec lui : ce qui doit servir de soutien à une Église éternelle ne peut jamais avoir de fin. Pierre vivra dans ses successeurs ; Pierre parlera toujours dans sa chaire : c'est ce que disent les Pères ; c'est ce que confirment six cent trente évêques au concile de Chalcédoine.

... Et qui ne sait ce qu'a chanté le grand saint Prosper, il y a plus de douze cents ans : *Rome, le siège de Pierre, devenue sous ce titre le chef de l'ordre pastoral dans tout l'univers, s'assujettit par la religion ce qu'elle n'a pu subjuguer par les armes.* Que volontiers nous répétons ce sacré cantique d'un Père de l'Église gallicane! C'est le cantique de la paix, où, dans la grandeur de Rome, l'unité de toute l'Église est célébrée.

... Et Jésus-Christ poursuit son dessein, et après avoir dit à Pierre, éternel prédicateur de la foi : *Tu es Pierre, et sur cette pierre je bâtirai mon Église,* il ajoute : *Et je te donnerai les clefs du royaume des cieux.* Toi qui as la prérogative de la prédication de la *foi,* tu auras aussi les clefs qui désignent l'autorité du gouvernement. *Ce que tu lieras sur la terre sera lié dans le ciel, et ce que tu délieras sur la terre sera délié dans le ciel.* Tout est soumis à ces clefs : tout, mes frères, rois et peuples, pasteurs et troupeaux. Nous le publions avec joie; car nous aimons l'unité, et nous tenons à gloire notre obéissance. C'est à Pierre qu'il est ordonné premièrement d'*aimer plus que tous les autres* apôtres, et ensuite de *paitre* et gouverner tout, *et les agneaux et les brebis,* et les petits et les mères, et les pasteurs même : pasteurs à l'égard des peuples, et brebis à l'égard de Pierre, ils honorent en lui Jésus-Christ... (*Note de l'Éditeur*).

Note 51, page 39. — Il va presque jusqu'à nier les persécutions sous Néron. Il avance qu'aucun des Césars n'inquiéta les chrétiens jusqu'à Domitien. « Il était aussi injuste, dit-il, d'imputer cet accident (l'incendie de Rome) au christianisme qu'à l'empereur (Néron) ; ni lui, ni les chrétiens, ni les Juifs, n'avaient aucun intérêt à brûler Rome; mais il fallait apaiser le peuple, qui se soulevait contre des étrangers également haïs des Romains et des Juifs. On abandonna quelques infortunés à la *vengeance* publique. (Quelle vengeance, s'ils n'étaient pas coupables!) Il semble qu'on n'aurait pas dû compter parmi les persécutions faites à leur foi cette violence passagère. Elle n'avait rien de commun avec leur religion *qu'on ne connaissait pas* (nous allons entendre Tacite), et que les Romains confondaient avec le judaïsme, protégé par les lois autant que méprisé [3]. » Voilà peut-être un des passages historiques les plus étranges qui soient jamais échappés à la plume d'un auteur.

Voltaire n'avait-il jamais lu ni Suétone ni Tacite? Il nie l'existence ou l'authenticité des inscriptions trouvées en Espagne, où Néron est remercié *d'avoir aboli dans la province une superstition nouvelle.* Quant à l'existence de ces inscriptions, on en voit une à Oxford : *Neroni Claud. Cais. Aug. Max. ob provinc. latronib. et his qui novam generi hum. superstition. inculcab. purgat.* Et pour ce qui regarde l'inscription elle-même, on ne voit pas pourquoi Voltaire doute que cette nouvelle superstition soit la religion chrétienne. Ce sont les propres paroles de Suétone : *Afflicti suppliciis christiani, genus hominum superstitionis novæ ac maleficæ* [4].

Le passage de Tacite va nous apprendre maintenant quelle fut *cette violence* passagère exercée très-sciemment, non sur les *juifs,* mais sur les *chrétiens.*

« Pour détruire les bruits, Néron chercha des coupables, et fit souffrir les plus cruelles tortures à des malheureux, abhorrés pour leurs infamies, qu'on appelait vulgairement *chrétiens.* Le Christ, qui leur donna son nom, avait été condamné au supplice, sous Tibère, par le procurateur Ponce-Pilate, ce qui réprima pour un moment cette exécrable superstition. Mais bientôt le torrent se déborda de nouveau, non-seulement dans la Judée, où il avait pris sa source, mais jusque dans Rome même, où viennent enfin se rendre et se grossir tous les

[1] Lib. III, chap. III. — [2] Ep. IX, cap. IV, v. 21. — [3] *Essai sur les Mœurs,* chap. III. — [4] Suet., *in Nero.*

égouts de l'univers. On commença par se saisir de ceux qui s'avouèrent chrétiens ; et ensuite, sur leurs dépositions, d'une *multitude immense* qui fut moins convaincue d'avoir incendié Rome que de haïr le genre humain ; et, à leur supplice, on ajoutait la dérision ; on les enveloppait de peaux de bêtes, pour les faire dévorer par les chiens ; on les attachait en croix, ou l'on enduisait leurs corps de résine, et l'on s'en servait la nuit pour s'éclairer. Néron avait cédé ses propres jardins pour ce spectacle, et, dans le même temps, il donnait des jeux au cirque, se mêlant parmi le peuple en habit de cocher, ou conduisant les chars. Aussi, quoique coupables et dignes des derniers supplices, on se sentait ému de compassion pour ces victimes, qui semblaient immolées moins au bien public qu'aux passe-temps d'un barbare [1]. »

Les mouvements de compassion dont Tacite semble saisi à la fin de ce tableau, contrastent bien tristement avec un auteur chrétien qui cherche à affaiblir la pitié pour les victimes. On voit que Tacite désigne nettement les chrétiens ; il ne les confond point avec les Juifs, puisqu'il raconte leur origine, et que, d'ailleurs en parlant du siége de Jérusalem, il fait, dans un autre endroit, l'histoire des Hébreux et de la religion de Moïse. On devine pourtant ce qui fait avancer à Voltaire que les Romains croyaient persécuter des Juifs en persécutant les fidèles. C'est sans doute cette phrase : *Moins convaincus d'avoir incendié Rome que de haïr le genre humain*, que l'auteur de l'*Essai* a interprétée des juifs, et non des chrétiens. Or, il ne s'est pas aperçu qu'il faisait l'éloge de ces derniers, tout en les voulant priver de la pitié du lecteur. « C'est une grande gloire pour les chrétiens, dit Bossuet, d'avoir pour premier persécuteur le persécuteur du genre humain. » L'article de Voltaire nous fait faire un triste retour sur cet esprit de parti qui divise tous les hommes, et étouffe chez eux les sentiments naturels. Que le ciel nous préserve de ces horribles haines d'opinion, puisqu'elles rendent si injuste !

NOTE. 52, page 49. — M. de Cl..., obligé de fuir pendant la Terreur avec un de ses frères, entra dans l'armée de Condé ; après y avoir servi honorablement jusqu'à la paix, il se résolut de quitter le monde. Il passa en Espagne, se retira dans un couvent de trappistes, y prit l'habit de l'ordre, et mourut peu de temps après avoir prononcé ses vœux : il avait écrit plusieurs lettres à sa famille et à ses amis, pendant son voyage en Espagne et son noviciat chez les trappistes. Ce sont ces lettres que l'on donne ici. On n'a rien voulu y changer ; on y verra une peinture fidèle de la vie de ces religieux, dont les mœurs ne sont déjà plus pour nous que des traditions historiques. Dans ces feuilles, écrites sans art, il règne souvent une grande élévation de sentiments, et toujours une naïveté d'autant plus précieuse, qu'elle appartient au génie français, et qu'elle se perd de plus en plus parmi nous. Le sujet de ces lettres se lie au souvenir de tous nos malheurs : elles représentent un jeune et brave Français chassé de sa famille par la révolution, et s'immolant dans la solitude, victime volontaire offerte à l'Eternel pour racheter les maux et les impiétés de la patrie : ainsi, saint Jérôme, au fond de sa grotte, tâchait, en versant des torrents de larmes et en élevant ses mains vers le ciel, de retarder la chute de l'empire romain. Cette correspondance offre donc une petite histoire complète, qui a son commencement, son milieu et sa fin. Je ne doute point que si on la publiait comme un simple roman, elle n'eût le plus grand succès. Cependant elle ne renferme aucune aventure : c'est un homme qui s'entretient avec ses amis, et qui leur rend compte de ses pensées. Où donc est le charme de ces lettres? Dans la religion. Nouvelle preuve qui vient à l'appui des principes que j'ai essayé d'établir dans mon ouvrage.

A MM. de B.., ses compagnons d'émigration, à Barcelone.

15 mars 1799.

Mon dernier voyage, mes chers amis (c'est celui de Madrid), a été très-agréable. J'ai passé à Aranjuez, où était la famille royale. J'ai resté cinq jours à Madrid, autant à Saragosse, où j'ai eu l'avantage de visiter Notre-Dame du Pilar. J'ai eu plus de plaisir à parcourir l'Espagne que je n'en avais eu à parcourir les autres pays. On a l'avantage d'y voyager à meilleur marché que nulle part que je connaisse. Je n'ai rien perdu de mes effets, quoique je sois très-peu soigneux : on trouve ici beaucoup de braves gens qui savent exercer la charité. On épargne beaucoup en portant avec soi un sac qu'on remplit chaque soir de paille pour se coucher ; mais je n'ai plus de goût à parler de tout cela. J'ai dit adieu aux montagnes et aux lieux champêtres. J'ai renoncé à tous mes plans de voyage sur la terre pour commencer celui de l'éternité. Me voici depuis neuf jours à la Trappe de Sainte-Suzanne, où j'ai résolu, avec la grâce de Dieu, de finir mes jours. J'ai au moins de mérite qu'un autre à souffrir les peines du corps, vu l'habitude que je m'en étais faite par *épicuréisme*.

On ne mène pas ici une vie de fainéant ; on se lève à une heure et demie du matin, on prie Dieu ou on fait des lectures pieuses jusqu'à cinq ; puis commence le travail, qui ne cesse que vers les quatre heures et demie du soir, qu'on rompt le jeûne : je parle pour les frères

---

[1] TACITE, *Ann.*, lib. XV, 44 ; traduction de M. Dureau-Delamalle, 2ᵉ édit., tom. III, pag. 294.

convers, dont je fais nombre; les pères, qui travaillent aussi beaucoup, quittent les champs aux heures marquées, pour se rendre au chœur, où ils chantent l'office de la sainte Vierge, l'office ordinaire et celui des morts. Nous autres frères, nous interrompons aussi notre travail pour faire nos prières par intervalles, ce qui s'exécute sur le lieu. On ne passe guère une demi-heure sans que l'ancien ne frappe des mains pour nous avertir d'élever nos pensées vers le ciel, ce qui adoucit beaucoup toutes les peines; on se ressouvient qu'on travaille pour un maître qui ne nous fera pas attendre notre salaire au temps marqué.

J'ai vu mourir un de nos pères. Ah! si vous saviez quelle consolation on a dans ce moment de la mort! Quel jour de triomphe! Notre révérend père abbé demanda à l'agonisant : « *Hé bien, êtes-vous fâché maintenant d'avoir un peu souffert?* » Je vous avoue, à ma honte, que je me suis senti quelquefois envie de mourir, comme ces soldats lâches qui désirent leur congé avant le temps. Sainte Marie Egyptienne fit quarante ans pénitence; elle était moins coupable que moi; et il y a mille ans qu'elle se repose dans la gloire.

Priez pour moi, mes chers amis, afin que nous puissions nous retrouver au grand jour.

Faites savoir, je vous prie, au cher Hippolyte et à mes sœurs le parti que j'ai pris. Je leur écrirai dans six semaines, et ils peuvent m'écrire à l'adresse que je vous donnerai.

Nous sommes ici soixante-dix, tant Espagnols que Français, et cependant la maison est très-pauvre; voilà pourquoi je veux faire venir les trois cents livres. D'ailleurs, quoique, avec a grâce de Dieu, j'espère persister dans ma résolution, j'ai un an pour sortir.

Vous pouvez donc écrire au révérend père abbé de la Trappe de Sainte-Suzanne, par Ataniz à Maëlla, pour le f. ère Charles Cl....

(Vous aurez soin de mettre en tête de la lettre *Espana*, et après Maëlla, *en Aragon*.)

Lettre écrite à ses frères et sœurs en France.

Première semaine de Pâques, 1799.

Me voici à Sainte-Suzanne depuis le premier lundi de carême; c'est un couvent de trappistes où je compte finir mes jours : j'ai déjà éprouvé tout ce qu'il y a de plus austère dans le cours de l'année. On ne se lève jamais plus tard qu'à une heure et demie du matin; au premier coup de cloche on se rend à l'église; les frères convers, dont je fais nombre sous le nom de frère J. Climaque, sortent à deux heures et demie pour aller étudier les psaumes ou faire quelque autre lecture spirituelle; à quatre heures on rentre à l'église jusqu'à cinq heures, que commence le travail. On s'occupe dans un atelier jusqu'au jour; alors on prend une pioche large et une étroite, puis on va en ordre travailler, ce qui dure quelquefois jusqu'à trois heures de l'après-midi. On se rapproche ensuite du couvent, où l'on reprend le travail dans l'atelier, en attendant quatre heures et un quart, heure à laquelle sonne le dîner. En se levant de table, on va processionnellement à l'église, en récitant le *Miserere*; l'on en sort en récitant le *De Profundis*, et l'on retourne au travail dans l'atelier. Là on carde, on file, on fait du drap et autres choses, chacun selon son talent. Tout ce dont nous nous servons doit se faire dans la maison, par les mains des frères, autant que cela est possible; chacun doit gagner sa vie à la sueur de son front, faisant profession d'être pauvre et de n'être à charge à personne, donnant au contraire l'hospitalité à gens de tout état qui viennent nous voir; cependant nous n'avons que deux attelages de mules, et environ deux cents brebis et quelques chèvres qui vont paître dans les montagnes arides qui nous environnent. Ce ne peut être que par les soins d'une providence particulière, que soixante-dix personnes vivent avec si peu de chose, sans compter une foule d'étrangers qui viennent de toutes parts, et auxquels on donne du pain blanc et tout ce que nous pouvons leur donner en maigre apprêté à l'huile ou au beurre, dont nous ne faisons pas usage. Notre pain, s'il est de froment, ne doit avoir passé qu'une fois par le crible, et la farine doit être employée comme elle sort du moulin. Comme je suis maladroit pour filer dans l'atelier, je trie les fèves ou lentilles de nos repas. Le riz ne se trie pas de même, et tout se mange sans autre accommodage que cuit à l'eau et au sel.

A cinq heures trois quarts, on va au cloître lire ou prier Dieu jusqu'à six heures. Il se fait une lecture que tout le monde écoute. La lecture finie, les pères entrent à l'église pour dire complies. Le père maître, qui est un ancien moine de Sept-Fonds, distribue le travail aux frères, à mesure qu'ils entrent dans l'église; après complies, on sonne une cloche qui réunit tout le monde pour chanter *Salve, Regina*, ce qui dure un quart d'heure. Le chant en est très-beau, et seul délasse de tous les travaux de la journée; vient ensuite un demi-quart d'heure d'adoration. A sept heures un quart, on dit le *Sub tuum præsidium*; cela fait, tous les individus de la maison vont se prosterner à la file dans le cloître, et là, couchés sur la terre, comme le roi David, ils disent le *Miserere* dans un grand silence : cette dernière cérémonie me paraît sublime; l'homme ne me semble jamais mieux à sa place que lorsqu'il s'humilie devant son auteur. Enfin le révérend père abbé se lève, et, placé sur la porte de l'église, il donne l'eau bénite à tous sans exception, jusqu'au dernier des novices. Arrivés au dortoir, on se met à genoux au pied de son lit, jusqu'à ce qu'on entende une petite cloche, qui est le signal pour se coucher, ce qui se fait à sept heures et demie.

Il y a ensuite une infinité de petites contradictions qui, venant sans cesse à la rencontre des habitudes, inquiètent dans les premiers jours. On ne doit jamais, par exemple, s'appuyer si l'on est assis, ni s'asseoir, si on est fatigué, pour le seul fait de se reposer : c'est que l'homme est né pour travailler dans ce monde, et qu'il ne doit attendre de repos qu'arrivé au terme de son pèlerinage. On perd ainsi toute propriété sur son corps : si l'on se blesse d'une manière un peu grave, il faut s'aller accuser à genoux, tout comme lorsqu'on brise un vase de terre, et cela sans parler ; il suffit de montrer le sang qui coule, ou les fragments de la chose brisée. Puis il y a le chapitre des fautes : on doit s'accuser à haute voix des fautes purement matérielles ; en outre, il y a souvent quelque frère qui vous proclame, en dénonçant des fautes que vous avez commises par ignorance ou autrement. Je serais trop long si je disais tout le reste.

A la vérité le temps du carême est ce qu'il y a de plus austère ; hors de là je crois qu'on ne dîne jamais plus tard que deux heures : j'ai commencé par ce temps de pénitence ; j'ai fait comme les coureurs qui s'exercent d'abord avec des souliers de plomb. Il me semble maintenant que nous menons une vie de Sybarites, et en vérité nous pouvons dire : Hélas! que nous faisons peu de chose en comparaison de ce qu'ont fait les saints! Quand je pense aux entreprises des aventuriers américains, à leur passage de la mer Atlantique à la mer du Sud, à travers l'isthme de Panama, à ce qu'ils ont dû souffrir pour se faire un chemin à travers les arbres et les ronces, qui n'avaient cessé de s'entrelacer depuis l'origine du monde, à ce qu'ils ont éprouvé dans ces vallées désertes sous les feux de l'équateur, passant de là tout à coup sur des glaciers, et tout cela par le seul désir de s'emparer de l'or des Indiens ; en considérant tous ces vains efforts pour des biens trompeurs, et sachant d'ailleurs que l'espérance de ceux qui travaillent pour Dieu ne sera pas frustrée, on doit s'écrier : Hélas! que nous faisons ici-bas peu de chose pour le ciel !

Nous sentons tous cette vérité, et il y a sûrement des frères qui embrasseraient toute espèce de pénitence ; mais on ne peut pas faire la moindre austérité sans une permission expresse, et elle est rarement accordée, parce qu'étant pauvres, il faut conserver ses forces pour travailler. Si quelquefois, appuyé debout contre un mur, je sommeille, il y a bientôt quelque frère charitable qui me tire de ce sommeil ; je crois l'entendre me dire : « Tu te reposeras à la maison paternelle, *in domum æternitatis*. » Pendant ce travail, soit au champ, soit à la maison, de temps à autre le plus ancien frappe des mains, et alors dans un grand silence, pendant cinq ou six minutes, chacun peut porter ses regards vers le ciel : cela suffit pour adoucir le froid de l'hiver et les chaleurs de l'été. Il faut en être le témoin pour se faire une idée du contentement, de la jubilation de tout le monde ; rien ne prouve mieux le bonheur de cette vie que ce qu'ont fait les trappistes pour se réunir après leur expulsion de France, et la quantité de couvents de cet ordre qui se sont formés jusque dans le Canada. Ici nous sommes environ soixante-dix, et on refuse tous les jours des gens qui demandent à être reçus. Certes j'ai eu assez de peine pour y parvenir : mais heureusement je suis venu ici sans avoir écrit, comme on le fait ordinairement, ne connaissant personne, me confiant en la protection de la sainte Vierge, à qui je m'étais adressé avant de partir de Cordoue : je ne me suis pas rebuté du premier refus, parce que je sais bien qu'après tout le révérend père abbé n'est pas le *vrai* maître ; aussi, après quelques jours, il entra dans ma chambre, et après m'avoir embrassé, il me dit : « Désormais regardez-moi comme votre frère ; je me ferais conscience de renvoyer quelqu'un qui se sauve du monde pour venir ici travailler à son salut. »

En effet, par la grâce de Dieu, c'est le seul motif qui m'a pressé de prendre ce parti. J'y étais résolu environ trois mois avant de sortir de France : mais où, et comment parvenir à ce que je désirais? Je n'en savais rien. Il n'y a que quatre pas de Barcelone ici, mais les chemins les plus courts ne sont pas toujours ceux de la Providence ; il entrait apparemment dans les desseins de Dieu que j'allasse d'abord à Cordoue, à travers un des plus beaux pays de la nature, les royaumes de Valence, de Murcie, de Grenade : je n'ai jamais rien vu de plus charmant que l'Andalousie. Plus j'avançais, plus je sentais augmenter le désir de voir d'autres contrées, d'autres pays. Ayant rencontré, aux environs de Tarragone, un officier suisse que j'avais connu dans le Valais, il me porta mon sac sur son cheval, et nous fîmes journée ensemble. Je ne sais comment, étant venu à parler de la *Val-Sainte*, et comment ces pauvres pères avaient été obligés de passer en Russie, l'officier me dit qu'ils avaient formé une colonie en Aragon : aussitôt je me résolus de tourner mes pas vers ce côté, et je commençai ce long chemin, que j'ai fait seul, de nuit et de jour, à travers les montagnes qui se pressent avant d'arriver à Tortone ; on y fait souvent cinq ou six lieues sans rencontrer personne ; et l'on voit çà et là une multitude de croix qui annoncent la triste fin de quelque voyageur.

Les pays que je voyais, soit sauvages ou riants, me donnaient des idées agréables, ou me jetaient dans une de ces mélancolies qui plaisent par les différents sentiments qui viennent s'y associer. Je ne crois pas avoir jamais fait de voyage avec plus de confiance ni avec plus de plaisir ; je n'ai trouvé que des gens honnêtes, bons et charitables. Il n'y a rien de plus gai qu'une auberge espagnole, par la foule de gens qui s'y rencontrent. Je suspendais mon sac à un clou sans le moindre souci : le prix du pain et de la viande étant fixé, les pauvres voyageurs comme moi ne peuvent pas être trompés ; d'ailleurs, je n'ai jamais rencontré de peuple moins intéressé ; les servantes refusaient opiniâtrement de recevoir ma petite rétribution, et souvent des voituriers ont porté mon sac pendant plusieurs jours sans vouloir rien accepter. Enfin, j'estime extrêmement ce peuple, qui s'estime lui-même, qui ne va pas servir chez les autres nations, et qui a conservé un caractère vraiment original. On parle beaucoup du libertinage qui règne ici : je crois qu'il y en a moins qu'en notre pays. Et puis, que de braves gens ! Il n'y aurait pas moins de martyrs ici qu'en France, s'il était possible d'y détruire la religion. Je doute qu'on l'entreprenne encore ; il faut auparavant que le libertinage de l'esprit passe au cœur. Et les Espagnols sont bien loin de là. Les grands suivent la religion comme les petits, et, quoiqu'ils soient très-fiers, à l'église il y a une égalité parfaite : la duchesse s'y assied par terre auprès de sa servante. L'église est ordinairement le plus bel édifice du lieu. Elle est tenue très-proprement ; le pavé en est couvert de nattes, au moins dans l'Andalousie. Les lampes, qui brûlent jour et nuit, y sont par milliers. Dans une petite chapelle de la Sainte-Vierge, il y a quelquefois jusqu'à dix à onze lampes allumées. Quoiqu'il y ait une quantité immense de ruches d'abeilles qu'on abandonne au milieu des montagnes les plus désertes, on tire de la cire de France, de l'Afrique et de l'Amérique.

Voilà déjà une forte digression. J'ai écrit le détail de mes voyages aux B. et aux Bo. Je ne sais si ces derniers ont reçu mes lettres ; je leur avais marqué de vous les faire passer, si c'était possible ; cela vous aurait peut-être amusés.

J'arrivai un jour, dans une campagne déserte, à une porte superbe, seul reste d'une grande ville, et qui ne peut être qu'un ouvrage des Romains : le grand chemin moderne passe dessous. Je m'arrêtai à considérer cette porte, qui est sûrement là depuis deux mille ans. Il me vint dans la pensée que cette ville avait été habitée par des gens qui, à la fleur de leur âge, voyaient la mort comme une chose très-éloignée, ou n'y pensaient pas du tout ; qu'il y avait sûrement eu dans cette ville des partis et des hommes acharnés les uns contre les autres ; et voilà que, depuis des siècles, leurs cendres s'élèvent confondues dans un même tourbillon. J'ai vu aussi Morviedro, où était bâtie Sagonte, et réfléchissant sur la vanité du temps, je n'ai plus songé qu'à l'éternité. Qu'est-ce que cela me fera, dans vingt ou trente ans, qu'on m'ait dépouillé de ma fortune à l'occasion d'une persécution contre les chrétiens? Saint Paul, ermite, ayant été dénoncé par son beau-frère, se retira dans un désert, abandonnant à son dénonciateur de très-grandes richesses : mais, comme dit saint Jérôme, qui n'aimerait mieux aujourd'hui avoir porté la pauvre tunique de Paul, avec ses mérites, que la pourpre des rois avec leurs peines et leurs tourments? Toutes ces réflexions réunies me déterminèrent à venir sans délai me réfugier ici, renonçant à tout projet de course ultérieure, espérant, si le bonheur d'aller au ciel, après avoir fait pénitence, de voir de là toutes les régions de la terre.

Je n'ai pas encore souffert le plus petit mal d'estomac, ni éprouvé d'autres peines qu'un peu de froid le matin en allant aux champs. Cependant l'avant-dernier vendredi du carême, je fus commandé pour aller nettoyer l'étable des brebis. Après avoir fait, depuis la pointe du jour jusque vers les deux heures et demie, un travail très-rude, je pensais à me rapprocher du couvent, lorsqu'on m'envoya à la montagne chercher de l'herbe. Je ne fus de retour qu'à quatre heures un quart, pour rompre le jeûne ; j'eus une hémorragie assez forte le soir, et puis tous les matins à mon ordinaire. Perdant plus qu'une nourriture peu substantielle ne pouvait réparer, j'allais tous les jours m'affaiblissant, lorsque enfin Pâques est venu : depuis ce temps, on dîne à onze heures et demie, on fait une bonne collation à six : on travaille aussi beaucoup moins, de sorte que je me suis remis sur-le-champ. Le jour de Pâques, nous eûmes pour dîner une bouillie de farine de maïs, du riz au lait, et des noix pour dessert. L'archevêque d'Auch, qui était venu donner des ordres à plusieurs de nos pères, dîna au réfectoire. Le soir nous eûmes du raisiné et des raisins secs. Nous pouvons manger du laitage de nos brebis jusqu'à la Pentecôte. Quant à la quantité de nourriture, il ne m'est jamais arrivé de finir tout ce qu'on me donne. Je crois être celui de la communauté qui mange le plus doucement. Pour tout le reste, je suis très-content d'être ici ; la règle est sévère, mais les supérieurs sont la charité même. On accuse notre révérend père d'être trop bon ; je ne trouve pas que ce soit un défaut, ou c'est celui des saints. Il n'a d'autre privilège que de se lever plus tôt et de se coucher plus tard. C'est toujours le hasard qui place son écuelle devant lui : un lit comme les autres, deux planches réunies et un coussin de paille, pas plus de chambre que moi. Il n'a qu'un parloir où ceux qui ont quelque peine, soit de l'âme ou du corps, vont chercher une consolation, et on la trouve. Une chose que m'avait dite en arrivant le père qui reçoit les étrangers, je l'éprouve déjà : sans jamais se parler, on est plein d'amitié les uns pour les autres ; si quelqu'un se relâche, on a du chagrin : on prie pour lui ; on l'avertit avec la plus grande douceur ; et si on est forcé de le renvoyer, ou qu'il veuille s'en aller lui-même, on lui rend tout ce qu'il a apporté, ne retenant pas une obole pour sa nourriture ou ses habits, et on fait tout ce qu'on peut pour qu'il s'en aille content. Lorsque le père, la mère ou quelque frère d'un religieux meurt, si la famille a soin d'écrire au révérend père, toute la communauté prie pour le défunt; mais personne ne sait qui cela regarde en propre. Ainsi, cher frère, lorsque le bon Dieu vous appellera à lui, que cela vous soit une consolation dans ces derniers moments.

Ce qui me détermine à rester ici d'une manière décisive, c'est qu'il ne faut pas de vocation particulière pour y vivre : ce n'est pas comme dans les autres couvents; nous sommes, à proprement parler, des laboureurs qui vivent du travail de leurs mains, réunis, comme dans les premiers siècles de l'Église, pour servir Dieu dans un esprit de charité, suivant le précepte de notre Sauveur : qui dit au jeune homme : *Abandonnez tout pour me suivre*, sans lui demander s'il avait la vocation. Une autre chose qui suffirait pour me déterminer, c'est que notre maison est sous la protection particulière de la Vierge. Dès que nous entrons à l'église, on récite l'*Ave, Maria*, prosterné contre terre, le front appuyé sur le revers de la main. La sainte Vierge est au maître-autel, peinte entre deux anges, et les yeux élevés vers le ciel; je n'ai jamais rien vu de représenté si noblement : cet autel avait été couvert tout le carême; quel plaisir nous ressentîmes tous le Samedi-Saint au soir, au *Salve, Regina*, lorsque le voile fut levé, et toute l'église illuminée! Je suis persuadé que l'archevêque d'Auch partagea notre joie : j'avais reçu sa bénédiction.

Certainement, après tout ce que je vous ai dit, je ne désire rien tant que de mourir ici, et cela bientôt, pour ne pas augmenter le nombre de mes fautes. Mais si on me renvoyait par défaut de santé (mes hémorragies pouvaient me faire traîner une vie faible et inutile, là où l'on aime les gens qui travaillent), je prendrais le parti que j'avais toujours eu en vue depuis quatorze ou quinze ans; c'est d'acheter une petite maison et un champ, et de vivre là à la sueur de mon front, tous les hommes y étant condamnés : je me fixerai en Espagne, ne pouvant pas revenir en France sans inquiéter mes amis. D'ailleurs, dans ce pays-ci, on donne du terrain à très-bon marché, et mille écus suffiraient, je pense, à mon établissement. Je tirerai toujours un grand profit d'être venu ici apprendre à faire pénitence, et à ne compter pour rien un corps destiné à devenir incessamment poussière, pour sauver mon âme qui est éternelle.

Au reste, ni l'habit, ni la maison ne rend vertueux : les mauvais anges péchèrent dans le sein de Dieu même, et Adam dans le paradis terrestre. Je sens bien que je n'en vaux pas davantage pour être dans cette sainte congrégation : en théorie, je désire souffrir, parce que notre Sauveur nous a montré le chemin des souffrances comme l'unique pour conduire à la gloire; mais en pratique, lorsque j'ai froid, je cherche le soleil, et si j'ai trop chaud, je me réfugie à l'ombre. Envoyez-moi mon extrait de baptême d'ici au 19 mars. Je compte vous écrire encore une autre fois, dans trois mois : on peut le faire toute l'année du noviciat. Adieu, mes chers frères, adieu à tous mes amis, particulièrement à Z., à C. et à Flo.; ceux-là sont de la famille.

P. S. Il y a près de quarante jours que ma lettre est commencée, et je sens de plus en plus combien grande a été la miséricorde du Seigneur envers moi, en me tirant de la voie large pour me conduire ici. Quand, après avoir lu la vie de Sainte Marie d'Egypte, je me déterminai à suivre le parti que j'ai pris, ma résolution était ferme; mais je ne savais pas encore à quoi je m'engageais. Aujourd'hui je le sais, et je vois bien qu'une pareille grâce n'a pu m'être acquise qu'au prix du sang de celui qui nous a rachetés tous, et qui ne cherche que le salut du pécheur. J'ai fait une aumône de trois cents livres à la maison de la Trappe, au nom de mes trois sœurs, et de mes trois frères : ce me sera une grande consolation, et je persévère, comme je l'espère, d'entendre tant de braves gens prier pour ma famille; si je m'en vais, ce qu'à Dieu ne plaise, il me reste encore trois cents livres, montre, etc... Adieu, chers frères, chères sœurs. Ne vous souvenez plus de moi que dans vos prières; car je suis mort pour vous, et je désire ne plus vous revoir qu'au jour de la résurrection. Soyez charitables, faites du bien à ceux même qui ont cherché à vous nuire, car l'aumône est comme un second baptême qui efface les péchés, et un moyen presque infaillible de mériter le ciel. Ainsi, dépouillez-vous en faveur des pauvres : c'est en faveur de Jésus-Christ que vous vous dépouillerez, et il aura pitié de vous. Puissiez-vous être persuadés de ce que je vous dis. Adieu. 2 juin 1799.

Billet inséré dans la même lettre pour sa nièce, âgée de sept ans, qui restait auprès de sa grand'mère maternelle pendant l'émigration de son père.

Chère T..., embrasse tout le monde à F... de ma part, bien des deux bras, et porte tout ton cœur sur tes lèvres, afin que tu puisses remplir cette commission selon mes désirs. Je t'envoie une image de Notre-Dame de la Trappe; va la placer à la chapelle; ne manque pas d'aller dire tous les jours un *Ave, Maria*, devant cette image. Quand tu sauras le *Salve, Regina*, tu le réciteras bien dévotement, et tu gagneras quatre-vingts jours d'indulgence pour chaque fois. Comme j'ai appris que ton oncle *aîné* était marié, dans le cas qu'il reste à L..., je t'en envoie deux, pour que tu lui en donnes une, en le priant de la mettre aussi à la chapelle. Je suis persuadé qu'on suivra chez lui le bel exemple que sa mère donne chaque jour à F... Tu lui diras : C'est ainsi, cher oncle, que vous attirerez sur vous et vos enfants les bénédictions du ciel, et après avoir joui de toute prospérité dans ce monde, vous serez comblé d'un bonheur éternel dans l'autre. Après cela, embrasse-le bien tendrement, et ta mission sera finie. Adieu, chère T..., permets-moi de t'embrasser, quoique avec une barbe d'environ deux mois ; elle ne t'atteindra pas. Adieu encore, chère T..., sois bien pieuse, et tu es assurée de ne point périr.

Fragment d'une lettre du mois d'avril 1800, à son frère, compagnon d'émigration.

Je ne suis point au courant de ce qui se passe. Ce n'm'est pas une privation : la pièce est trop longue pour espérer d'en voir la fin ; la mort elle-même baissera bientôt la toile pour nous. Ah ! mon frère ! puissions-nous avoir le bonheur d'entrer au ciel ! Que de choses ne verrons-nous pas alors ! Espérons en celui qui a pris sur lui les péchés du monde, et qui par sa mort nous donna la vie... S'il me reste quelque chose, je désire qu'on fasse bâtir une chapelle dédiée à Notre-Dame des Sept Douleurs, dans l'arrondissement de la maison paternelle, selon le projet que nous en fîmes sur la route de Munich. Vous vous rappelez le plaisir que nous avions après avoir traversé des pays protestants, de trouver enfin le signe du salut, le seul espoir du pécheur. Sitôt que la police ne s'y opposera plus, hâtez-vous de faire élever des croix, pour la consolation des voyageurs, avec des sièges pour les gens fatigués, et une inscription comme en Bavière : *Ihr müden ruhen sie aus,* « Vous qui êtes fatigués, reposez-vous. » Qu'il soit fondé douze messes par an, le premier samedi de chaque mois, pour le repos de l'âme de mon père, et puis pour toute la famille. J'étais dans l'usage de faire dire une messe tous les mois pour mon père : en attendant que la chapelle se fasse, je prie M... (son frère prêtre) de remplir mon engagement.

Billet à ses sœurs, joint à une autre lettre écrite à son frère.

Ma lettre aurait dû être partie depuis quelque temps ; je crains qu'elle ne trouve plus mon frère en R... Nous sommes à cueillir des olives par un vent du nord très-froid ; ce qui fait un peu souffrir. Je suis devenu très-frileux, ce que j'attribue à la laine que j'ai sur la peau. La veille de la Pentecôte, je ne pus réchauffer mes pieds de tout le jour, quoique nous portions tous des chaussons de molleton ; je sens aussi quelquefois froid à la tête, malgré mes deux capuchons. Du reste, mes hémorragies ont beaucoup diminué, et j'ai repris mes forces. Plus on souffre pour Dieu, plus on est heureux par l'opinion de gagner le ciel, et on se réjouit en pensant que la vie de l'homme est comme la fleur des champs. Bientôt nous ne serons plus, chères sœurs, et nos neveux sauront à peine que nous avons existé. Voici un des grands avantages de la vie religieuse ; c'est que tout ce qui annonce la dissolution prochaine et le tombeau cause autant de joie qu'on est attristé dans le monde par tout ce qui en rappelle le souvenir. Ne soyez pas gens du monde, et que la certitude de la mort vous console au milieu de toutes les peines qui pourraient vous survenir. C'est là le port de tous les vrais serviteurs de Dieu ; c'est là qu'ils entreront dans la joie de leur Seigneur. Écoutez donc cette voix qui crie du ciel : *Heureux ceux qui meurent dans le Seigneur !* Chère Rosalie, et toi, cher filleul, puisque nous ne devons plus nous revoir dans ce monde, tâchons de nous retrouver dans l'autre.

6 décembre 1800.

Fragment d'une lettre à ses sœurs, du 1er février 1801.

Je vais vous donner, mes chères sœurs, une idée de la maison où je dois probablement finir mes jours En 1693, les Français, ayant pénétré en Aragon, prirent le château de Maëlla, et vinrent à l'abbaye de Sainte-Suzanne, qu'ils saccagèrent. Ce couvent, abandonné depuis plus d'un siècle, tombait en ruine, lorsque dom Jérosime d'Alcantara, notre abbé, y est arrivé avec cinq ou six autres pauvres religieux. Les aumônes sont venues de toutes parts : les gens du peuple, n'ayant pas d'autre chose à donner, ont prêté leurs bras, et bientôt la maison a été assez bien réparée pour des hommes qui doivent vivre dans une entière abnégation d'eux-mêmes. Il n'y a pas de mendiant en Espagne qui se nourrisse aussi mal, et qui se soit mieux pour ce qui regarde le bien-être du corps ; cependant on y est heureux par l'espérance, et il n'y en a pas un qui voulût changer son état contre un empire. Dans ce monde, la mort qui se hâte vient confondre l'empereur et le moine : chacun s'en va n'emportant que ses œuvres ; alors on est bien aise d'avoir semé au milieu des larmes ; le mal est passé, la joie lui succède pour l'éternité. Je regarde comme une grande grâce d'être arrivé assez à temps pour avoir part aux travaux et aux peines qui suivent un nouvel établissement...

J'ai gardé les brebis, avec une vingtaine de chèvres ; le maître berger voulut un jour me quitter pour aller chercher quelques agneaux : je ne sais si je rêvais au premier âge du monde lorsque tout était commun : des cris qui venaient de loin me firent apercevoir que mon troupeau était dans les vignes ; je criai aussi, je lançai des pierres, les chèvres gagnèrent un coteau voisin, et le reste suivit. Le berger, voyant cette belle conduite, me demanda : *Si en mi tiera era pastor* [1] J'ai été depuis garder les moutons avec un petit frère de quinze ou seize ans; il a une figure douce telle que devait être celle du bon Abel. Il me laissa errer de coteau en coteau; je le menai à près d'une lieue du couvent.

En Espagne, les seigneurs font de grandes aumônes. On a augmenté notre labourage, de manière que, quoique nous soyons très-nombreux, je crois qu'en bien travaillant, nous pourrons vivre sans secours d'étrangers, sans compter la foule de curieux et de pauvres que nous hébergeons. Je vous donne tous ces détails pour vous faire voir combien le bon Dieu a béni cet établissement : c'est ce que nous faisait remarquer dernièrement notre abbé, qui est Français, quoique sa famille soit originaire d'Espagne.

Fragment d'une lettre à ses sœurs, du 10 mars 1801.

Que vous êtes heureuses, mes chères sœurs, de voir les églises se rouvrir ! profitez-en, soyez reconnaissantes, réjouissez-vous en Dieu, qui ne cesse de vous protéger... Mon parti est bien pris, me voici fixé jusqu'à la mort; je souffre quelquefois, mais cette chère espérance que le bon Dieu a mise dans mon âme vient tous les soirs adoucir mes peines; et lorsque je me rappelle la promesse que fit notre Sauveur à saint Pierre pour tous ceux qui renonceront aux biens de ce monde pour le suivre, d'où me vient ce bonheur, me dis-je, que j'ai été appelé à suivre un si grand maître qui donne le ciel pour un peu de terre? Quelquefois le souvenir des péchés de ma vie passée m'inquiète; je sens bien que je n'ai encore rien fait pour satisfaire à une si grande dette, puis je me tranquillise en lisant cette belle méditation de saint Augustin : « Le « souvenir de mes iniquités pourrait me faire désespérer si le Verbe de Dieu ne se fût fait chair « et n'eût habité parmi nous ; mais maintenant je n'ose plus désespérer, parce que si lorsque « nous étions ennemis nous avons été réconciliés, etc., etc. » Il est impossible de ne pas reprendre courage. Procurez-vous ce livre de Méditations, Soliloques et Manuel de saint Augustin. Toute personne qui sert Dieu ne peut lire qu'avec transport ces belles peintures de la Jérusalem céleste. Quel puissant aiguillon pour s'animer à faire quelque chose pour notre Sauveur, qui, par sa mort, nous mérite une si belle vie ! Lisez le *Traité de l'amour de Dieu*, de saint François de Sales : c'est un des livres qui m'ont fait le plus de plaisir en ma vie, quoique je l'aie lu en espagnol.

Fragment d'une lettre à ses frères, samedi de Pâques 1801.

Après-demain, mes chers frères, je ferai ma profession... Je suis étonné de me trouver si fort un dernier jour de carême. C'est bien différent du premier où je fis un dur apprentissage. Les commencements d'une chose nouvelle sont d'ordinaire pénibles, parce qu'on n'en sent pas tous les rapports ; ensuite peu à peu l'habitude semble changer la nature des choses, et on est étonné de faire avec facilité ce qui avait coûté d'abord tant de peine : c'est ce qui m'arrive. Vous avez dû être étonnés que j'aie embrassé un état qui m'enchaîne, moi qui ai toujours aimé l'indépendance, cette liberté de courir et de m'agiter. Depuis quelques années, quoique j'eusse une existence aussi agréable que ma position me le pût permettre, je me sentais inquiet, j'avais quelquefois du dégoût pour la vie. Enfin, en lisant la vie de sainte Marie d'Égypte, je me sentis touché de la consolation qu'on trouve lorsqu'on se voue entièrement au service de Dieu, de manière que je pris dès lors la ferme résolution d'embrasser l'état dans lequel je suis à la veille d'entrer sans retour... Vous me parlez de vos affaires. Souvenez-vous que vous êtes frères, tous bons chrétiens. Vous n'appréciez pas assez ce titre, si vous avez besoin d'un tiers pour vous arranger sur vos intérêts respectifs. Ne refroidissez pas l'amitié par des comptes : entre frères tout doit se faire par un à peu près. Que les plus riches aident aux plus pauvres. Qu'il est doux de s'aimer entre frères, et de se réunir pour parler de la vie future et de Dieu, qui est lui-même la parfaite charité!... Prions la sainte Vierge, prions-la, cette bonne mère, qu'elle nous réunisse tous au ciel, avec mon père, ma mère, mes sœurs qui y sont déjà, et qui prient de leur côté. Nous ne sommes pas comme les païens, qui, à la mort de leurs proches, se désolent. Pour nous, réjouissons-nous dans le Seigneur, qui ne nous sépare que pour peu de temps. Adieu, mes frères, adieu ; priez pour moi.

Fragment d'une lettre à sa belle-sœur, du jour de Pâques 1801.

A la veille de me vouer entièrement au silence, ma très-chère sœur, je viens vous faire mes derniers adieux. En quittant Paris, vous fûtes la seule que je pus embrasser... Je ne sais pas où sont mes oncles : si par hasard ils sont à votre portée, renouvelez-leur tous les sentiments d'un neveu qui ne pourra plus traverser les monts.

S'il plaît au bon Dieu, j'aurai demain le bonheur de faire mes vœux, ainsi qu'un jeune prêtre français qui a un air bien distingué : sa figure et sa voix portent l'empreinte de la piété.

Ma lettre ne devant partir que samedi, ma profession faite, j'y ajouterai une croix comme on en met sur la tombe des morts.

[1] Si j'étais berger dans mon pays.

Adieu encore, ma sœur et mes frères ; ne cessons de prier notre Sauveur qu'il veuille bien nous réunir à son côté droit au grand jour de la résurrection.

✝

La famille avait demandé un certificat de profession pour obtenir le bienfait de l'amnistie, accordé par le premier consul. Elle espérait que la mort civile du trappiste serait considérée comme ayant le même effet que la mort naturelle. La lettre qui suit, écrite par un religieux de la Trappe, dispensa de faire cette nouvelle demande à la bienfaisance du gouvernement.

Lettre du père... à la famille.

GLOIRE A DIEU.

Au monastère de Sainte-Suzanne de N.-D. de la Trappe
le 28 du mois d'août de 1802.

Monsieur,

Nous vous envoyons, comme vous le demandez, un certificat de la profession de monsieur votre frère, dans ce monastère, légalisé par notre notaire royal : nous y en ajoutons un autre qui vous surprendra, et ne laissera pas de vous affliger, en vous apprenant que monsieur votre frère mourut neuf mois après sa profession, et que le bon Dieu le retira de ce misérable monde pour le couronner dans le ciel. Les sentiments de religion dont vous êtes pénétré, monsieur, me donnent tout lieu d'espérer que votre première tristesse sera bientôt convertie en une vraie joie, quand vous saurez quelques circonstances de la vie sainte de monsieur votre frère, et de la mort précieuse qu'il a faite. Non, monsieur, ne doutez pas un instant que Dieu ne lui ait fait miséricorde, et qu'il ne l'ait reçu dans le sein de sa gloire : ainsi, ne pleurez point sa mort, mais enviez plutôt son heureux sort, et priez-le d'être votre protecteur auprès du Seigneur pour vous obtenir le même bonheur. Monsieur votre frère vint dans ce monastère après avoir parcouru une partie de l'Espagne : il se présenta à l'hôtellerie, et déclara son désir d'entrer parmi nous. La pauvreté de la maison, et le grand nombre de religieux qui la composaient, ne nous permettaient guère de recevoir de nouveaux sujets ; on lui fit beaucoup de difficultés pour l'admettre, et on finit par lui dire qu'on ne pouvait pas le recevoir. Mais la main de Dieu, qui l'avait conduit, le soutint dans toutes ces épreuves, et lui donna le courage de tout vaincre par sa patience et sa persévérance à demander son admission. Enfin, notre révérend père abbé, qui est plein de bonté et de tendresse, voyant sa constance, lui dit qu'il le recevrait pour frère convers. Monsieur votre frère, qui ne cherchait que Dieu et le salut de son âme, accepta la condition, et de suite entra aux exercices de la communauté. Il a été l'exemple et l'édification de tous dans la maison. Son humilité était grande et profonde, son obéissance prompte, docile et aveugle, embrassant tous les commandements avec joie et avec une soumission d'enfant. Sa patience était à toute épreuve, et sa charité à l'égard de ses frères, tendre, constante et ardente. Il a pratiqué les autres vertus dans le même degré de perfection ; la pauvreté était son amie particulière ; il vivait dans un dépouillement entier de toutes choses : aussi le bon Dieu, qui voyait la bonne disposition de son cœur, couronna bientôt ses vertus, et écouta les désirs ardents qu'il avait de mourir pour ne plus l'offenser, disait-il, et jouir plus tôt de sa divine présence. Il fut attaqué d'une hydropisie, qui lui fit souffrir, pendant environ quatre mois, tout ce que cette maladie a de plus douloureux et de plus cruel ; mais avec quelle patience et quelle résignation à la sainte volonté de Dieu n'a-t-il pas souffert ses maux ! Il voyait venir sa fin avec un grand contentement et une paix d'âme profonde. Il ne cessait de témoigner sa reconnaissance au Seigneur de l'avoir conduit dans cette maison de pénitence, où il avait trouvé tant de moyens de satisfaire à sa divine justice, pour tous ses péchés et pour se préparer à recevoir ses miséricordes, dans lesquelles il avait une pleine confiance. Je me rappelle qu'étant couché sur la cendre et la paille, sur laquelle il consomma son sacrifice, il prenait la main de notre révérend père abbé, avec un amour qui attendrissait toute la communauté, qui était présente. Que mon bonheur est grand, disait-il ; vous êtes l'auteur de mon salut, vous m'avez ouvert les portes du monastère, et par cela même celles du ciel ; sans vous je me serais perdu misérablement dans le monde ; je prierai le bon Dieu de récompenser votre grande charité à mon égard. Il reçut tous les sacrements au milieu de l'église, selon l'usage de notre ordre : quelques jours avant sa mort, il demanda pardon aux frères de tout ce qui avait pu les offenser dans sa conduite, et les pria de lui obtenir une sainte mort par le secours de leurs prières.

Il vous aimait tous bien tendrement ; il parlait souvent de vous tous à son père maître : celui-ci, le veillant la nuit qu'il mourut, le vit un instant avant d'entrer dans l'agonie, plus recueilli qu'à l'ordinaire, et lui demandant s'il allait plus mal : Mes moments s'avancent, dit-il ; je viens de prier pour tous mes frères et sœurs, qui m'aiment beaucoup, ajouta-t-il : et bientôt après, nous le remîmes sur la paille et la cendre, où, après six heures d'une agonie paisible et tranquille, il remit son âme entre les mains de Jésus-Christ, le 4 de janvier de la présente année. Unissons-nous ensemble, monsieur, pour bénir Dieu, et le remercier des miséricordes dont il a usé à l'égard de monsieur votre frère; et prions-le sans cesse de nous accorder les mêmes grâces, afin de nous unir à lui, dans le ciel, pour l'adorer éternellement avec ses anges. *Amen, amen, amen.*

NOTE 53, page 55. — L'auteur, qui trace dans ce quatrième livre un tableau si complet des travaux de nos missionnaires dans l'Inde, à la Chine et en Amérique, s'était peu étendu sur les missions du Levant : il s'est reproché cette omission dans l'*Itinéraire de Paris à Jérusalem* ; et comme il nous paraît convenable que le *Génie du Christianisme* renferme tout ce qui a rapport aux missions, nous avons pensé que le lecteur retrouverait ici avec plaisir le fragment de l'*Itinéraire* qui concerne les missions du Levant.

« . . . . . Enfin, nous allâmes au couvent français rendre à l'unique religieux qui l'occupe la visite qu'il m'avait faite. J'ai déjà dit que le couvent de nos missionnaires comprend dans ses dépendances le monument choragique de Lysicrates. Ce fut à ce dernier monument que j'achevai de payer mon tribut d'admiration aux ruines d'Athènes.

« Cette élégante production du génie des Grecs fut connue des premiers voyageurs sous le nom de *Fanari tou Demosthenis*. « Dans la maison qu'ont achetée depuis peu les pères « capucins, dit le jésuite Babin, en 1672, il y a une antiquité bien remarquable, et qui, de« puis le temps de Démosthènes, est demeurée en son entier : on l'appelle ordinairement « *la Lanterne de Démosthènes.*

« On a reconnu depuis, et Spon le premier, que c'est un monument choragique élevé par Lysicrates dans la rue des Trépieds. M. Legrand en exposa le modèle en terre cuite dans la cour du Louvre, il y a quelques années ; ce modèle était fort ressemblant : seulement l'architecte, pour donner sans doute plus d'élégance à son travail, avait supprimé le mur circulaire qui remplit les entre-colonnes dans le monument original.

« Certainement, ce n'est pas un des jeux les moins étonnants de la fortune que d'avoir logé un capucin dans le monument choragique de Lysicrates ; mais ce qui, au premier coup d'œil, peut paraître bizarre, devient touchant et respectable quand on pense aux heureux effets de nos missions, quand on songe qu'un religieux français donnait à Athènes l'hospitalité à Chandler, tandis qu'un autre religieux français secourait d'autres voyageurs à la Chine, au Canada, dans les déserts de l'Afrique et de la Tartarie.

« Les Francs à Athènes, dit Spon, n'ont que la chapelle des capucins, qui est au *Fanari* « *tou Demosthenis*. Il n'y avait, lorsque nous étions à Athènes que le père Séraphin, très« honnête homme, à qui un Turc de la garnison prit un jour sa ceinture de corde, soit par « malice, ou par un effet de débauche, l'ayant rencontré sur le chemin du port Lion, d'où il « revenait seul de voir quelques Français d'une tartane qui y était à l'ancre.

« Les pères jésuites étaient à Athènes avant les capucins, et n'en ont jamais été chassés ; « ils ne se sont retirés à Négrepont que parce qu'ils y ont trouvé plus d'occupation, et qu'il « y a plus de Francs qu'à Athènes. Leur hospice était presque à l'extrémité de la ville, du « côté de la maison de l'archevêque. Pour ce qui est des capucins, ils sont établis à Athènes « depuis l'année 1658, et le père Simon acheta le *Fanari* en 1669, y ayant eu d'autres reli« gieux de son ordre avant lui dans la ville. »

« C'est donc à ces missions, si longtemps décriées, que nous devons encore nos premières notions sur la Grèce antique. Aucun voyageur n'avait quitté ses foyers pour visiter le Parthénon, que déjà des religieux exilés sur ces ruines fameuses, vivaient hospitaliers, attendaient l'antiquaire et l'artiste. Les savants demandaient ce qu'était devenue la ville de Cécrops ; et il y avait à Paris, au noviciat de Saint-Jacques, un père Barnabé, et à Compiègne un père Simon, qui auraient pu leur en donner des nouvelles : mais ils ne faisaient point parade de leur savoir ; retirés au pied du crucifix, ils cachaient dans l'humilité du cloître ce qu'ils avaient appris, et surtout ce qu'ils avaient souffert pendant vingt ans au milieu des débris d'Athènes.

« Les capucins français, dit La Guilletière, qui ont été appelés à la mission de la Morée par « la congrégation *de propaganda Fide*, ont leur principale résidence à Napoli, à cause que « les galères des beys y vont hiverner, et qu'elles y sont ordinairement depuis le mois de « novembre jusqu'à la fête de saint Georges, qui est le jour où elles se remettent en mer ; « elles sont remplies de forçats chrétiens qui ont besoin d'être instruits et encouragés, et c'est « à quoi s'occupe avec autant de zèle que de fruit le père Barnabé, de Paris, qui est présen« tement supérieur de la mission d'Athènes et de la Morée. »

« Mais si ces religieux, revenus de Sparte et d'Athènes, étaient si modestes dans leurs cloîtres, peut-être était-ce faute d'avoir bien senti ce que la Grèce a de merveilleux dans ses souvenirs ? Peut-être manquaient-ils aussi de l'instruction nécessaire ? Écoutons le père Babin, jésuite ; nous lui devons la première relation que nous ayons d'Athènes :

« Vous pourriez, dit-il, trouver dans plusieurs livres la description de Rome, de Cons« tantinople, de Jérusalem et des autres villes les plus considérables du monde, telles qu'elles

« sont présentement ; mais je ne sais pas quel livre décrit Athènes telle que je l'ai vue, et
« l'on ne pourrait trouver cette ville, si on la cherchait comme elle est représentée dans Pau-
« sanias et quelques autres anciens auteurs ; mais vous la verrez ici au même état qu'elle
« est aujourd'hui, qui est tel, que parmi ses ruines elle ne laisse pas pourtant d'inspirer un
« certain respect pour elle, tant aux personnes pieuses qui en voient les églises, qu'aux savants
« qui la reconnaissent pour la mère des sciences, et aux personnes guerrières et généreuses
« qui la considèrent comme le champ de Mars et le théâtre où les plus grands conquérants
« de l'antiquité ont signalé leur valeur, et ont fait paraître avec éclat leur force, leur courage
« et leur industrie ; et ces ruines sont enfin précieuses pour marquer sa première noblesse,
« et pour faire voir qu'elle a été autrefois l'objet de l'admiration de l'univers.

« Pour moi, je vous avoue que d'aussi loin que je la découvris de dessus la mer, avec des
« lunettes de longue vue, et que je vis quantité de grandes colonnes de marbre qui paraissent
« de loin et rendent témoignage de son ancienne magnificence, je me sentis touché de
« quelque respect pour elle. »

« Le missionnaire passe ensuite à la description des monuments : plus heureux que nous,
il avait vu le Parthénon dans son entier.

« Enfin cette pitié pour les Grecs, ces idées philanthropiques que nous nous vantons de
porter dans nos voyages, étaient-elles donc inconnues des religieux? Écoutons encore le
père Babin :

« Que si Solon disait autrefois à un de ses amis, en regardant de dessus une montagne
« cette grande ville et ce grand nombre de magnifiques palais de marbre qu'il considérait,
« que ce n'était qu'un grand mais riche hôpital, rempli d'autant de misérables que cette
« ville contenait d'habitants, j'aurais bien plus sujet de parler de la sorte, et de dire que
« cette ville, rebâtie des ruines de ses anciens palais, n'est plus qu'un grand et pauvre hôpi-
« tal qui contient autant de misérables que l'on y voit de chrétiens. »

« On me pardonnera de m'être étendu sur ce sujet. Aucun voyageur, avant moi, Spon
excepté, n'a rendu justice à ces missions d'Athènes, si intéressantes pour un Français. *Moi-
même je les ai oubliées dans le* GENIE DU CHRISTIANISME. Chandler parle à peine du religieux
qui lui donna l'hospitalité, et je ne sais même s'il daigne le nommer une seule fois. Dieu
merci, je suis au-dessus de ces petits scrupules. Quand on m'a obligé, je le dis ; ensuite je
ne rougis point pour l'art, et ne trouve point le monument de Lysicrates déshonoré parce
qu'il fait partie du couvent d'un capucin. Le chrétien qui consacre ce monument, en le consacrant aux œuvres de la charité, me semble tout aussi respectable que le païen qui l'éleva en
mémoire d'une victoire remportée dans un chœur de musique. » (*Note de l'Éditeur.*)

NOTE 54, page 61. — *Missions de la Chine.*

Lord Mackartney, malgré ses préjugés religieux et nationaux, rend un témoignage bien
remarquable en faveur de nos missionnaires :

« Les missionnaires partagent avec zèle un soin si rempli d'humanité (celui de recueillir
« les enfants exposés après leur naissance). Ils se hâtent de baptiser ceux qui conservent le
« moindre signe de vie, afin, comme ils le disent, de sauver l'âme de ces êtres innocents. Un
« de ces pieux ecclésiastiques, qui n'avait nul penchant à exagérer le mal, avoue qu'à Pékin
« on exposait chaque année environ deux mille enfants, dont un grand nombre périssait. Les
« missionnaires prennent soin de tous ceux qu'ils peuvent conserver à la vie. Ils les élèvent
« dans les principes rigoureux et fervents du christianisme, et quelques-uns de ces disciples
« se rendent ensuite utiles à leur religion, en travaillant à y convertir leurs compatriotes.

« Les conversions s'opèrent ordinairement parmi les pauvres, qui, dans tous les pays,
« composent la classe la plus nombreuse. Les charités que les missionnaires font, autant
« qu'ils peuvent, préviennent en faveur de la doctrine qu'ils prêchent. Quelques Chinois ne
« se conforment peut-être qu'en apparence à cette doctrine, à cause des bienfaits qu'elle
« leur vaut ; mais leurs enfants deviennent des chrétiens sincères. D'ailleurs, on a toujours
« plus d'accès auprès des pauvres, et ils sont plus touchés du zèle désintéressé des étrangers
« qui viennent du bout de la terre pour les sauver.

« C'est un spectacle singulier, en effet, pour toutes les classes de spectateurs, que de voir
« des hommes, animés par des motifs différents de ceux de la plupart des actions humaines,
« quittant pour jamais leur patrie et leurs amis, et se consacrant pour le reste de leur vie
« au soin de travailler à changer le dogme d'un peuple qu'ils n'ont jamais vu. En pour-
« suivant leurs desseins, ils courent toutes sortes de risques, ils souffrent toute espèce
« de persécutions, et renoncent à tous les agréments. Mais à force d'adresse, de talent, de
« persévérance, d'humilité, d'application des études étrangères à leur première éducation,
« et en cultivant des arts entièrement nouveaux pour eux, ils parviennent à se faire connaître
« et protéger. Ils triomphent du malheur d'être étrangers dans un pays où la plupart des
« étrangers sont proscrits, et où c'est un crime que d'avoir abandonné le tombeau de ses

« pères. Ils obtiennent enfin des établissements nécessaires à la propagation de leur foi, sans
« employer leur influence à se procurer aucun avantage personnel.

« Des missionnaires de différentes nations ont eu la permission de bâtir à Pékin quatre
« couvents, avec des églises qui y sont jointes; il y en a même quelqu'un dans les limites du
« palais impérial. Ils ont des terres dans le voisinage de la ville; et on assure que les jésuites
« ont possédé, dans la cité et dans les faubourgs, plusieurs maisons dont le revenu servait
« seulement à favoriser l'objet de la mission. Ils ont souvent, par des actes charitables, fait
« des prosélytes et secouru les malheureux. » (*Voyage dans l'intérieur de la Chine et en
Tartarie, fait dans les années* 1792, 1793 *et* 1794, *par lord Mackartney, ambassadeur
du roi d'Angleterre auprès de l'empereur de la Chine,* tome II, page 383.)

(*Note de l'Editeur.*)

Note 55, page 85. — Lorsque nous avons parlé, dans la troisième partie, des beaux sujets de l'histoire moderne qui pourraient devenir intéressants s'ils étaient traités par une main habile, l'*Histoire des Croisades,* de M. Michaud, n'avait pas encore paru. Nous avons déjà exprimé notre pensée ailleurs sur cet excellent ouvrage [1]; en voici un fragment qui vient à l'appui de ce que nous avons dit sur les avantages que l'Europe a retirés de l'institution de la chevalerie :

« La chevalerie était connue dans l'Occident avant les croisades : ces guerres, qui semblaient avoir le même but que la chevalerie, celui de défendre les opprimés, de servir la cause de Dieu et de combattre les infidèles, donnèrent à cette institution plus d'éclat et de consistance, une direction plus étendue et plus salutaire.

« La religion, qui se mêlait à toutes les institutions et à toutes les passions du moyen âge, épura les sentiments des chevaliers, et les éleva jusqu'à l'enthousiasme de la vertu. Le christianisme prêtait à la chevalerie ses cérémonies et ses emblèmes, et tempérait, par la douceur de ses maximes, l'âpreté des mœurs guerrières.

« La piété, la bravoure, la modestie, étaient les qualités distinctives de la chevalerie: *Servez Dieu et il vous aidera; soyez doux et courtois à tout gentilhomme en ôtant de vous tout orgueil; ne soyez flatteur, ni rapporteur, car telles manières de gens ne viennent pas à grande perfection. Soyez loyal en faits et dires; tenez votre parole, soyez secourable à pauvres et orphelins, et Dieu vous le guerdonnera.*

« Ce qu'il y avait de plus admirable dans l'esprit de cette institution, c'était l'entière abnégation de soi-même, cette loyauté qui faisait un devoir à chaque guerrier d'oublier sa propre gloire pour ne publier que les hauts faits de ses compagnons d'armes. Les *vaillances* d'un chevalier étaient sa fortune, sa vie; *et celui qui les taisait était ravisseur des biens d'autrui.* Rien ne paraissait plus répréhensible que de se louer soi-même. *Si l'escuyer,* dit le code des preux, *a vaine gloire de ce qu'il a fait, il n'est pas digne d'estre chevalier.* Un historien des croisades nous offre un exemple singulier de cette vertu, qui n'est pas tout à fait l'humilité, et qu'on pourrait appeler *la pudeur de la gloire,* lorsqu'il nous représente Tancrède s'arrêtant sur le champ de bataille, et faisant jurer à son écuyer de garder à jamais le silence sur ses exploits.

« La plus cruelle injure qu'on pût faire à un chevalier, c'était de l'accuser de mensonge. Le manque de fidélité, le parjure, passaient pour les plus honteux des crimes. Quand l'innocence opprimée implorait le secours d'un chevalier, malheur à qui ne répondait point à cet appel! L'opprobre suivait toute offense envers le faible, toute agression envers l'homme désarmé.

« L'esprit de la chevalerie entretenait et fortifiait parmi les guerriers les sentiments généreux qu'avait fait naître l'esprit militaire de la féodalité : le dévouement au souverain était la première vertu, ou plutôt le premier devoir d'un chevalier. Ainsi, dans chaque Etat de l'Europe, s'élevait une jeune milice toujours prête à combattre, toujours prête à s'immoler pour le prince et pour la patrie, comme pour la cause de l'innocence et de la justice.

« Un des caractères les plus remarquables de la chevalerie, celui qui excite aujourd'hui le plus notre curiosité et notre surprise, c'est l'alliance des sentiments religieux et de la galanterie. La dévotion et l'amour, tel était le mobile des chevaliers : *Dieu et les Dames,* telle était leur devise.

« Pour avoir une idée des mœurs de la chevalerie, il suffit de jeter les yeux sur les tournois, qui lui durent leur origine, et qui étaient comme les écoles de la courtoisie et les fêtes de la bravoure. A cette époque, la noblesse se trouvait dispersée, et restait isolée dans les châteaux. Les tournois lui donnaient l'occasion de se rassembler, et c'est dans ces réunions brillantes qu'on rappelait la mémoire des anciens preux, que la jeunesse les prenait pour modèles, et se formait aux vertus chevaleresques, en recevant le prix de la beauté.

« Comme les dames étaient les juges des actions et de la bravoure des chevaliers, elles exercèrent un empire absolu sur l'âme des guerriers; et je n'ai pas besoin de dire ce que cet

---

[1] *Mélanges littéraires.*

ascendant du sexe le plus doux put donner de charme à l'héroïsme des preux et des paladins. L'Europe commença à sortir de la barbarie du moment où le plus faible commanda au plus fort, où l'amour de la gloire, où les plus mobiles sentiments du cœur, les plus tendres affections de l'âme, tout ce qui constitue la force morale de la société, put triompher de toute autre force.

« Louis IX, prisonnier en Égypte, répond aux Sarrasins qu'il ne veut rien faire sans la reine Marguerite, *qui est sa dame*. Les Orientaux ne pouvaient comprendre une pareille déférence ; et c'est parce qu'ils ne comprenaient point cette délicatesse, qu'ils sont restés si loin des peuples de l'Europe pour la noblesse des sentiments et l'élégance des mœurs et des manières.

« On avait vu dans l'antiquité des héros qui couraient le monde pour le délivrer des fléaux et des monstres ; mais ces héros n'avaient pour mobile ni la religion qui élève l'âme, ni cette courtoisie qui adoucit les mœurs. Ils connaissaient l'amitié, témoins Thésée et Pirithoüs, Hercule et Lycas ; mais ils ne connaissaient point la délicatesse de l'amour. Les poëtes anciens se plaisent à nous représenter les infortunes de quelques héroïnes délaissées par des guerriers ; mais, dans leurs touchantes peintures, il n'échappe jamais à leur muse attendrie la moindre expression de blâme contre les héros qui faisaient ainsi couler les larmes de la beauté. Dans le moyen âge, et d'après les mœurs de la chevalerie, un guerrier qui aurait imité la conduite de Thésée envers Ariane, celle du fils d'Anchise envers Didon, n'eût pas manqué d'encourir le reproche de félonie.

« Une autre différence entre l'esprit de l'antiquité et les sentiments des modernes, c'est que, chez les anciens, l'amour passait pour amollir le courage des héros, et que, au temps de la chevalerie, les femmes, qui étaient juges de la valeur, rappelaient sans cesse dans l'âme des guerriers l'enthousiasme de la vertu et l'amour de la gloire. On trouve dans Alain Chartier une conversation entre plusieurs dames, exprimant leurs sentiments sur la conduite de leurs chevaliers qui s'étaient trouvés à la bataille d'Azincourt. Un de ces chevaliers avait cherché son salut dans la fuite ; et la dame de ses pensées s'écrie : *Selon la loi d'amour, je l'aurais mieux aimé mort que vif*. Dans la première croisade, Adèle, comtesse de Blois, écrivait à son mari qui était parti pour l'Orient avec Godefroy de Bouillon : *Gardez-vous bien de mériter les reproches des braves*. Comme le comte de Blois était revenu en Europe avant la reprise de Jérusalem, sa femme le fit rougir de cette désertion, et le força de repartir pour la Palestine, où il combattit vaillamment, et trouva une mort glorieuse. Ainsi l'esprit et les sentiments de la chevalerie n'enfantaient pas moins de prodiges que le plus ardent patriotisme dans l'antique Lacédémone ; et ces prodiges paraissaient si simples, si naturels, que les chroniqueurs du moyen âge ne les rapportent qu'en passant, et sans en témoigner la moindre surprise.

« Cette institution, si ingénieusement appelée *Fontaine de courtoisie, et qui de Dieu vient*, est bien plus admirable encore sous l'influence toute-puissante des idées religieuses. La charité chrétienne réclame toutes les affections du chevalier, et lui demande un dévouement perpétuel pour la défense des pèlerins et le soin des malades. Ce fut ainsi que s'établirent les ordres de Saint-Jean et du Temple, celui des chevaliers Teutoniques, et plusieurs autres, tous institués pour combattre les Sarrasins et soulager les misères humaines. Les infidèles admiraient leurs vertus autant qu'ils redoutaient leur bravoure. Rien n'est plus touchant que le spectacle des nobles chevaliers qu'on voyait tour à tour sur le champ de bataille et dans l'asile des douleurs, tantôt la terreur de l'ennemi, tantôt la consolation de tous ceux qui souffraient. Ce que les paladins de l'Occident faisaient pour la beauté, les chevaliers de la Palestine le faisaient pour la pauvreté et pour le malheur. Les uns dévouaient leur vie à la dame de leurs pensées, les autres la dévouaient aux pauvres et aux infirmes. Le grand maître de l'ordre militaire de Saint-Jean prenait le titre de *Gardien des pauvres de Jésus-Christ*, et les chevaliers appelaient les malades et les pauvres *nos seigneurs*. Une chose plus incroyable, le grand maître de l'ordre de Saint-Lazare, institué pour la guérison et le soulagement de la lèpre, devait être pris parmi les lépreux. Ainsi la charité des chevaliers, pour entrer plus avant dans les misères humaines, avait ennobli en quelque sorte ce qu'il y a de plus dégoûtant dans les maladies de l'homme. Ce grand maître de Saint-Lazare, qui doit avoir lui-même les infirmités qu'il est appelé à soulager dans les autres, n'imite-t-il pas, autant qu'on peut le faire sur la terre, l'exemple du Fils de Dieu qui revêtit une forme humaine pour délivrer l'humanité ?

« On pourrait croire qu'il y avait de l'ostentation dans une si grande charité ; mais le christianisme, comme nous l'avons déjà dit, avait dompté l'orgueil des guerriers, et ce fut là sans doute un des plus beaux miracles de la religion au moyen âge. Tous ceux qui visitaient alors la terre sainte ne pouvaient se lasser d'admirer, dans les chevaliers du Temple, de Saint-Jean, de Saint-Lazare, leur résignation à souffrir toutes les peines de la vie, leur soumission à toutes les rigueurs de la discipline, et leur docilité à la moindre volonté de leur chef. Pendant le séjour de saint Louis en Palestine, les Hospitaliers ayant eu une querelle avec quelques croisés qui chassaient sur le mont Carmel, ceux-ci portèrent leur plainte au grand maître. Le chef de l'hôpital manda devant lui les frères qui avaient fait outrage aux croisés, et, pour les punir, les condamna à manger à terre sur leurs manteaux. *Advint*, dit le sire de Joinville, *que je me trouvai présent avec les chevaliers qui s'estoient plaints, et requismes du maistre qu'ils fist lever les frères de dessus leurs manteaux, ce qu'il cuida refuser.* Ainsi la rigueur des cloîtres et l'humilité austère des cénobites n'avaient rien de repoussant pour des guerriers : tels étaient les héros qu'avaient formés la religion et l'esprit des croisades. Je sais qu'on peut tourner en ridicule cette soumission et cette humilité dans des hommes accoutumés à manier les armes ; mais une philosophie éclairée se plaît à y reconnaître l'heureuse influence des idées religieuses sur les mœurs d'une société livrée à des passions barbares. Dans un siècle où la colère et l'orgueil auraient pu porter des guerriers à tous les excès, quel plus doux spectacle pour l'humanité que celui de la valeur qui s'humiliait, et de la force qui s'oubliait elle-même !

« Nous savons qu'on abusa quelquefois de l'esprit de la chevalerie, et que ces belles maximes ne dirigèrent pas la conduite de tous les chevaliers. Nous avons raconté dans l'*Histoire des Croisades* les longues discordes que suscita la jalousie entre les deux ordres de Saint-Jean et du Temple ; nous avons parlé des vices qu'on reprochait aux templiers vers la fin des guerres saintes ; nous pourrions parler encore des travers de la chevalerie errante : mais notre tâche est ici de faire l'histoire des institutions, et non point celle des passions humaines. Quoi qu'on puisse penser de la corruption des hommes, il sera toujours vrai de dire que la chevalerie, alliée à l'esprit de courtoisie et à l'esprit du christianisme, a réveillé dans le cœur humain des vertus et des sentiments ignorés des anciens. Ce qui prouverait que dans le moyen âge tout n'était pas barbare, c'est que l'institution de la chevalerie obtint, dès sa naissance, l'estime et l'admiration de toute la chrétienté. Il n'était point de gentilhomme qui ne voulût être chevalier : les princes et les rois s'honoraient d'appartenir à la chevalerie. C'est là que des guerriers venaient prendre des leçons de politesse, de bravoure et d'humanité ; admirable école, où la victoire déposait son orgueil, la grandeur ses superbes dédains, où ceux qui avaient la richesse et le pouvoir venaient apprendre à en user avec modération et générosité !

« Comme l'éducation des peuples se formait sur l'exemple des premières classes de la société, les généreux sentiments de la chevalerie se répandirent peu à peu dans tous les rangs, et se mêlèrent au caractère des nations européennes ; peu à peu il s'élevait contre ceux qui manquaient à leurs devoirs de chevaliers une opinion générale plus sévère que les lois elles-mêmes, qui était comme le code de l'honneur, comme le cri de la conscience publique. Que ne devait-on pas espérer d'un état de société où tous les discours qu'on tenait dans les camps, dans les tournois, dans toutes les assemblées de guerriers, se réduisaient à ces paroles : *Malheur à qui oublie les promesses qu'il a faites à la religion, à la patrie, à l'amour vertueux! Malheur à qui trahit son Dieu, son roi ou sa dame!*

Lorsque l'institution de la chevalerie tomba par l'abus qu'on en fit, et surtout par une suite de changements survenus dans le système militaire de l'Europe, il resta encore aux sociétés européennes quelques sentiments qu'elle avait inspirés, de même qu'il reste à ceux qui ont oublié la religion dans laquelle ils sont nés, quelque chose de ses préceptes, et surtout des profondes impressions qu'ils en reçurent dans leur enfance. Au temps de la chevalerie, le prix des bonnes actions était la gloire et l'honneur. Cette monnaie, qui est si utile aux peuples, et qui ne leur coûte rien, n'a pas laissé d'avoir quelque cours dans les siècles suivants : tel est l'effet d'un glorieux souvenir, que les marques et les distinctions de la chevalerie servent encore de nos jours à récompenser le mérite et la bravoure. . . . .

. . . .
« Pour faire mieux sentir tout le bien que devaient apporter avec elles les guerres saintes, nous avons examiné ailleurs ce qui serait arrivé si elles avaient eu tout le succès qu'elles pouvaient avoir ; qu'on fasse maintenant une autre hypothèse, et que notre pensée s'arrête un moment sur l'état où se serait trouvée l'Europe sans les expéditions que l'Occident renouvela tant de fois contre les nations de l'Asie et de l'Afrique. Dans le onzième siècle, plusieurs contrées européennes étaient envahies ; les autres étaient menacées par les Sarrasins. Quels moyens de défense avait alors la république chrétienne, où les États étaient livrés à la licence, troublés par la discorde, plongés dans la barbarie? Si la chrétienté, comme le remarque M. de Bonald, ne fût sortie alors par toutes ses portes, et à plusieurs reprises, pour attaquer un ennemi formidable, ne doit-on pas croire que cet ennemi eût profité de l'inaction des peuples chrétiens, qu'il les eût surpris au milieu de leurs divisions, et les eût subjugués les uns après les autres? Qui de nous ne frémit d'horreur en pensant que la France, l'Allemagne, l'Angleterre et l'Italie pouvaient éprouver le sort de la Grèce et de la Palestine?

(*Histoire des Croisades*. Paris, 1822, tom. v, pag. 239-51, 328.)

Note 56, page 97. — Nous prions le lecteur de lire avec attention ce fameux passage du docteur Robertson.

Premier Fragment.

« Du moment qu'on envoya en Amérique des ecclésiastiques pour instruire et convertir les naturels, ils supposèrent que la rigueur avec laquelle on traitait ce peuple rendait leur ministère presque inutile. Les missionnaires, se conformant à l'esprit de douceur de la religion qu'ils venaient annoncer, s'élevèrent aussitôt contre les maximes de leurs compatriotes à l'égard des Indiens, et condamnèrent les *repartimientos*, ou ces distributions par lesquelles on les livrait en esclaves à leurs conquérants, comme des actes aussi contraires à l'équité naturelle et aux préceptes du christianisme qu'à la saine politique. Les dominicains, à qui l'instruction des Américains fut d'abord confiée, furent les plus ardents à attaquer ces distributions. En 1511, Montesimo, un de leurs plus célèbres prédicateurs, déclama contre cet usage dans la grande église de Saint-Domingue, avec toute l'impétuosité d'une éloquence populaire. Don Diego Colomb, les principaux officiers de la colonie, et tous les laïques qui avaient entendu ce sermon, se plaignirent du moine à ses supérieurs; mais ceux-ci, loin de le condamner, approuvèrent sa doctrine comme également pieuse et convenable aux circonstances.

« Les dominicains, sans égard pour ces considérations de politique et d'intérêt personnel, ne voulurent se relâcher en rien de la sévérité de leur doctrine, et refusèrent même d'absoudre et d'admettre à la communion ceux de leurs compatriotes qui tenaient des Indiens en servitude [1]. Les deux parties s'adressèrent au roi pour avoir sa décision sur un objet de si grande importance. Ferdinand nomma une commission de son conseil privé, à laquelle il joignit quelques-uns des plus habiles jurisconsultes et théologiens, pour entendre les députés d'Hispaniola, chargés de défendre leurs opinions respectives. Après une longue discussion, la partie spéculative de la controverse fut décidée en faveur des dominicains, et les Indiens furent déclarés un peuple libre, fait pour jouir de tous les droits naturels de l'homme; mais, malgré cette décision, les *repartimientos* continuèrent de se faire dans la même forme qu'auparavant [2]. Comme le jugement de la commission reconnaissait le principe sur lequel les dominicains fondaient leur opinion, il était peu propre à les convaincre et à les réduire au silence. Enfin, pour rétablir la tranquillité dans la colonie alarmée par les remontrances et les censures de ces religieux, Ferdinand publia un décret de son conseil privé, duquel il résultait, qu'après un mûr examen de la bulle apostolique et des autres titres qui assuraient les droits de la couronne de Castille sur ces possessions dans le Nouveau-Monde, la servitude des Indiens était autorisée par les lois divines et humaines; qu'à moins qu'ils ne fussent soumis à l'autorité des Espagnols, et forcés de résider sous leur inspection, il serait impossible de les arracher à l'idolâtrie, et de les instruire dans les principes de la foi chrétienne; qu'on ne devait plus avoir aucun scrupule sur la légitimité des *repartimientos*, attendu que le roi et son conseil en prenaient le risque sur leur conscience; qu'en conséquence les dominicains et les moines des autres ordres devaient s'interdire à l'avenir les invectives que l'excès d'un zèle charitable, mais peu éclairé, leur avait fait proférer contre cet usage [3].

« Ferdinand, voulant faire connaître clairement l'intention où il était de faire exécuter ce décret, accorda de nouvelles concessions d'Indiens à plusieurs de ses courtisans [4]. Mais afin de ne pas paraître oublier entièrement les droits de l'humanité, il publia un édit par lequel il tâcha de pourvoir à ce que les Indiens fussent traités doucement sous le joug auquel il les assujettissait; il régla la nature du travail qu'ils seraient obligés de faire; il prescrivit la manière dont ils devaient être vêtus et nourris, et fit des règlements relatifs à leur instruction dans les principes du christianisme [5].

« Mais les dominicains, qui jugeaient de l'avenir par la connaissance qu'ils avaient du passé, sentirent bientôt l'insuffisance de ces précautions, et prétendirent que tant que les individus auraient intérêt de traiter les Indiens avec rigueur, aucun règlement publié ne pourrait rendre leur servitude douce, ni même tolérable. Ils jugèrent qu'il serait inutile de consumer leur temps et leurs forces à essayer de communiquer les vérités sublimes de l'Évangile à des hommes dont l'âme était abattue et l'esprit affaibli par l'oppression. Quelques-uns de ces missionnaires, découragés, demandèrent à leurs supérieurs la permission de passer sur le continent, pour y remplir l'objet de leur mission parmi ceux des Indiens qui n'étaient pas encore corrompus par l'exemple des Espagnols, ni prévenus par leurs cruautés contre les dogmes du christianisme. Ceux qui restèrent à Hispaniola continuèrent de faire des remontrances avec une fermeté décente contre la servitude des Indiens.

« Les opérations violentes d'Albuquerque, qui venait d'être chargé du partage des Indiens, rallumèrent le zèle des dominicains contre les *repartimientos*, et suscitèrent à ce peuple opprimé un avocat doué du courage, des talents et de l'activité nécessaires pour défendre une cause si désespérée. Cet homme zélé fut Barthélemy de Las Casas, natif de Séville, et l'un des ecclésiastiques qui accompagnèrent Colomb au second voyage des Espagnols, lorsqu'on

---

[1] Oviedo, lib. II, cap. VI, pag. 97. — [2] Herrera, Decad., 1, lib. VIII, cap. XII; lib. IX, cap. V. — [3] *Id., ibid.*, lib. IX, cap. XIV. — [4] Voyez la note XXV (dans Robertson, 1, 387). — [5] Herrera, Decad., 1, lib. IX, cap. XIV.

voulut commencer un établissement dans l'île d'Hispaniola. Il avait adopté de bonne heure l'opinion dominante parmi ses confrères les dominicains, qui regardaient comme une injustice de réduire les Indiens en servitude ; et pour montrer sa sincérité et sa conviction, il avait renoncé à la portion d'Indiens qui lui était échue lors du partage qu'on en avait fait entre les conquérants, et avait déclaré qu'il pleurerait toujours la faute dont il s'était rendu coupable en exerçant pendant un moment sur ses frères cette domination impie [1]. Dès lors il fut le patron déclaré des Indiens, et par son courage à les défendre, aussi bien que par le respect qu'inspiraient ses talents et son caractère, il eut souvent le bonheur d'arrêter les excès de ses compatriotes. Il s'éleva vivement contre les opérations d'Albuquerque, et, s'apercevant bientôt que l'intérêt du gouverneur le rendait sourd à toutes les sollicitations, il n'abandonna pas pour cela la malheureuse nation dont il avait épousé la cause. Il partit pour l'Espagne avec la ferme espérance qu'il ouvrirait les yeux et toucherait le cœur de Ferdinand, en lui faisant le tableau de l'oppression que souffraient ses nouveaux sujets [2].

« Il obtint facilement une audience du roi, dont la santé était fort affaiblie. Il mit sous ses yeux, avec autant de liberté que d'éloquence, les effets funestes des *repartimientos* dans le Nouveau-Monde, lui reprochant avec courage d'avoir autorisé ces mesures impies, qui avaient porté la misère et la destruction sur une race nombreuse d'hommes innocents que la Providence avait confiés à ses soins. Ferdinand, dont l'esprit était affaibli par la maladie, fut vivement frappé de ce reproche d'impiété, qu'il aurait méprisé dans d'autres circonstances. Il écouta le discours de Las Casas avec les marques d'un grand repentir, et promit de s'occuper sérieusement des moyens de réparer les maux dont on se plaignait. Mais la mort l'empêcha d'exécuter cette résolution. Charles d'Autriche, à qui la couronne d'Espagne passait, faisait alors sa résidence dans les États des Pays-Bas. Las Casas, avec son ardeur accoutumée, se préparait à partir pour la Flandre, dans la vue de prévenir le jeune monarque lorsque le cardinal Ximenès, devenu régent de Castille, lui ordonna de renoncer à ce voyage, et lui promit d'écouter lui-même ses plaintes.

« Le cardinal pesa la matière avec l'attention que méritait son importance ; et comme son esprit ardent aimait les projets les plus hardis et peu communs, celui qu'il adopta très-promptement étonna les ministres espagnols, accoutumés aux lenteurs et aux formalités de l'administration. Sans égard, ni aux droits que réclamait don Diego Colómb, ni aux règles établies par le feu roi, il se détermina à envoyer en Amérique trois surintendants de toutes les colonies, avec l'autorité suffisante pour décider en dernier ressort la grande question de la liberté des Indiens, après qu'ils auraient examiné sur les lieux toutes les circonstances. Le choix de ces surintendants était délicat. Tous les laïques, tant ceux qui étaient établis en Amérique que ceux qui avaient été consultés comme membres de l'administration de ce département, avaient déclaré leur opinion, et pensaient que les Espagnols ne pouvaient conserver leur établissement au Nouveau-Monde, à moins qu'on ne leur permît de retenir les Indiens dans la servitude. Ximenès crut donc qu'il ne pouvait compter sur leur impartialité, et se détermina à donner sa confiance à des ecclésiastiques. Mais comme, d'un autre côté, les dominicains et les franciscains avaient adopté des sentiments contraires, il exclut ces deux ordres religieux. Il fit tomber son choix sur les moines appelés Hiéronymites, communauté peu nombreuse en Espagne, mais qui y jouissait d'une grande considération. D'après le conseil de leur général, et de concert avec Las Casas, il choisit parmi eux trois sujets qu'il jugea dignes de cet important emploi. Il leur associa Zuazo, jurisconsulte d'une probité distinguée, auquel il donna tout pouvoir de régler l'administration de la justice dans les colonies. Las Casas fut chargé de les accompagner, avec le titre de protecteur des Indiens [3].

« Confier un pouvoir assez étendu pour changer en un moment tout le système du gouvernement du Nouveau-Monde, à quatre ministres que leur état et leur condition n'appelaient pas à de si hauts emplois, parut à Zapata et aux autres ministres du dernier roi une démarche si extraordinaire et si dangereuse qu'ils refusèrent d'expédier les ordres nécessaires pour l'exécution : mais Ximenès n'était pas disposé à souffrir patiemment qu'on mît aucun obstacle à ses projets. Il envoya chercher les ministres, leur parla d'un ton si haut, et les effraya tellement, qu'ils obéirent sur-le-champ [4]. Les surintendants, leur associé Zuazo et Las Casas, mirent à la voile pour Saint-Domingue. A leur arrivée, le premier usage qu'ils firent de leur autorité fut de mettre en liberté tous les Indiens qui avaient été donnés aux courtisans espagnols et à toute personne non-résidante en Amérique. Cet acte de vigueur, joint à ce qu'on avait appris d'Espagne sur l'objet de leur commission, répandit une alarme générale. Les colons conclurent qu'on allait leur enlever en un moment tous les bras avec lesquels ils conduisaient leurs travaux, et que leur ruine était inévitable. Mais les pères de Saint-Jérôme se conduisirent avec tant de précaution et de prudence, que les craintes furent bientôt dissipées.

[1] Fr. Aug. Davila, *Hist. de la Fundacion de la Provincia de S. Jago en Mexico*, p. 303, 304 ; Herrera, *Decad.*, 1, lib. x, cap xii. — [2] Herrera, *Decad.*, 1, lib. x, cap. xii, Decad. ii, lib. i, cap. ii ; Davila, Padilla, *Hist.*, pag. 304. — [3] Herrera, *Decad.* ii, lib. ii, cap. iii. — [4] Herrera, *Decad.* ii, lib. ii, cap. vi.

« Ils montrèrent dans toute leur administration une connaissance du monde et des affaires qu'on n'acquiert guère dans le cloître, et une modération et une douceur encore plus rares parmi des hommes accoutumés à l'austérité d'une vie monastique. Ils écoutèrent tout le monde, ils comparèrent les informations qu'ils avaient recueillies, et, après une mûre délibération, ils demeurèrent persuadés que l'état de la colonie rendait impraticable le plan de Las Casas, vers lequel penchait le cardinal. Ils se convainquirent que les Espagnols établis en Amérique étaient en trop petit nombre pour pouvoir exploiter les mines déjà ouvertes, et cultiver le pays; que pour ces deux genres de travaux, ils ne pouvaient se passer des Indiens; que si on leur ôtait ce secours, il faudrait abandonner les conquêtes, ou au moins perdre tous les avantages qu'on pouvait en retirerait; qu'il n'y avait aucun motif assez puissant pour faire surmonter aux Indiens rendus libres leur aversion naturelle pour toute espèce de travail, et qu'il fallait l'autorité d'un maître pour les y forcer; que si on ne les tenait pas sous une discipline toujours vigilante, leur indolence et leur indifférence naturelles ne leur permettraient jamais de recevoir l'instruction chrétienne, ni d'observer les pratiques de la religion. D'après tous ces motifs, ils trouvèrent nécessaire de tolérer les *repartimientos* et l'esclavage des Américains. Ils s'efforcèrent en même temps de prévenir les funestes effets de cette tolérance, et d'assurer aux Indiens le meilleur traitement qu'on pût concilier avec l'état de servitude. Pour cela ils renouvelèrent les premiers règlements, y en ajoutèrent de nouveaux, ne négligèrent aucune des précautions qui pouvaient diminuer la pesanteur du joug : enfin ils employèrent leur autorité, leur exemple et leurs exhortations à inspirer à leurs compatriotes des sentiments d'équité et de douceur pour ces Indiens dont l'industrie leur était nécessaire. Zuazo, dans son département, seconda les efforts des surintendants. Il réforma les cours de justice, dans la vue de rendre leurs décisions plus équitables et plus promptes, et fit divers règlements pour mettre sur un meilleur pied la police intérieure de la colonie. Tous les Espagnols du Nouveau-Monde témoignèrent leur satisfaction de la conduite de Zuazo et de ses associés, et admirèrent la hardiesse de Ximenès, qui s'était écarté si fort des routes ordinaires dans la formation de son plan, et sa sagacité dans le choix des personnes à qui il avait donné sa confiance, et qui s'en étaient rendues dignes par leur sagesse, leur modération et leur désintéressement [1].

« Las Casas seul était mécontent. Les considérations qui avaient déterminé les surintendants ne faisaient aucune impression sur lui. Le parti qu'ils prenaient de conformer leurs règlements à l'état de la colonie lui paraissait l'ouvrage d'une politique mondaine et timide, qui consacrait une injustice parce qu'elle était avantageuse. Il prétendait que les Indiens étaient libres par le droit de nature, et, comme leur protecteur, il sommait les surintendants de ne pas les dépouiller du privilége commun de l'humanité. Les surintendants reçurent ses remontrances les plus âpres sans émotion et sans s'écarter en rien de leur plan. Les colons espagnols ne furent pas si modérés à son égard et il fut souvent en danger d'être mis en pièces pour la fermeté avec laquelle il insistait sur une demande qui leur était si odieuse. Las Casas, pour se mettre à l'abri de leur fureur, fut obligé de chercher un asile dans un couvent; et voyant que tous ses efforts en Amérique étaient sans effet, il partit pour l'Europe avec la ferme résolution de ne pas abandonner la défense d'un peuple qu'il regardait comme victime d'une cruelle oppression [2].

« S'il eût trouvé dans Ximenès la même vigueur d'esprit que ce ministre mettait ordinairement aux affaires, il eût été vraisemblablement fort mal reçu. Mais le cardinal était atteint d'une maladie mortelle, et se préparait à remettre l'autorité dans les mains du jeune roi, qu'on attendait de jour en jour des Pays-Bas. Charles arriva, prit possession du gouvernement, et, par la mort de Ximenès, perdit un ministre qui aurait mérité sa confiance par sa droiture et ses talents. Beaucoup de seigneurs flamands avaient accompagné leur souverain en Espagne. L'attachement naturel de Charles pour ses compatriotes l'engageait à les consulter sur toutes les affaires de son nouveau royaume; et ces étrangers montrèrent un empressement indiscret à se mêler de tout, et à s'emparer de presque toutes les parties de l'administration [3]. La direction des affaires d'Amérique était un objet trop séduisant pour leur échapper. Las Casas remarqua leur crédit naissant. Quoique les hommes à projets soient communément trop ardents pour se conduire avec beaucoup d'adresse, celui-ci était doué de cette activité infatigable qui réussit quelquefois mieux que l'esprit le plus délié. Il fit sa cour aux Flamands avec beaucoup d'assiduité. Il mit sous leurs yeux l'absurdité de toutes les maximes adoptées jusque-là dans le gouvernement de l'Amérique, et particulièrement les vices des dispositions faites par Ximenès. La mémoire de Ferdinand était odieuse aux Flamands. La vertu et les talents de Ximenès avaient été pour eux des motifs de jalousie. Ils désiraient vivement de trouver des prétextes plausibles pour condamner les mesures du ministre et du défunt monarque, et pour décrier la politique de l'un et de l'autre. Les amis de don Diego Colomb, aussi bien

---

[1] HERRERA, *Decad.* II, cap. XV; REMESAL, *Hist. gén.*, lib. II, cap. XIV, XV, XVI. — [2] HERRERA, *Decad.* II, lib. II, cap. XVI. — [3] *Histoire de Charles-Quint.*

que les courtisans espagnols qui avaient eu à se plaindre de l'administration du cardinal, se joignirent à Las Casas pour désapprouver la commission des surintendants en Amérique. Cette union de tant de passions et d'intérêts divers devint si puissante, que les Hiéronymites et Zuazo furent rappelés. Rodrigue de Figueroa, jurisconsulte estimé, fut nommé premier juge de l'île, et reçut des instructions nouvelles d'après les instances de Las Casas, pour examiner encore avec la plus grande attention la question importante élevée entre cet ecclésiastique et les colons, relativement à la manière dont on devait traiter les Indiens. Il était autorisé, en attendant, à faire tout ce qui serait possible pour soulager leurs maux et prévenir leur entière destruction [1].

« Ce fut tout ce que le zèle de Las Casas put obtenir alors en faveur des Indiens. L'impossibilité de faire aux colonies aucun progrès, à moins que les colons espagnols ne pussent forcer les Américains au travail, était une objection insurmontable à l'exécution de son plan de liberté. Pour écarter cet obstacle, Las Casas proposa d'acheter, dans les établissements des Portugais à la côte d'Afrique, un nombre suffisant de noirs, et de les transporter en Amérique, où on les emploierait comme esclaves au travail des mines et à la culture du sol. Les premiers avantages que les Portugais avaient retirés de leurs découvertes en Afrique leur avaient été procurés par la vente des esclaves. Plusieurs circonstances concouraient à faire revivre cet odieux commerce, aboli depuis longtemps en Europe, et aussi contraire aux sentiments de l'humanité qu'aux principes de la religion. Dès l'an 1503, on avait envoyé en Amérique un petit nombre d'esclaves nègres [2]. En 1511, Ferdinand avait permis qu'on y en portât en plus grande quantité [3]. On trouva que cette espèce d'hommes était plus robuste que les Américains, plus capable de résister à une grande fatigue, et plus patiente sous le joug de la servitude. On calculait que le travail d'un noir équivalait à celui de quatre Américains [4]. Le cardinal Ximenès avait été pressé de permettre et d'encourager ce commerce, proposition qu'il avait rejetée avec fermeté, parce qu'il avait senti combien il était injuste de réduire une race d'hommes en esclavage, en délibérant sur lesmoyens de rendre la liberté à une autre [5]. Mais Las Casas, inconséquent comme le sont les esprits qui se portent avec une impétuosité opiniâtre vers une opinion favorite, était incapable de faire cette réflexion. Pendant qu'il combattait avec tant de chaleur pour la liberté des habitants du Nouveau-Monde, il travaillait à rendre esclaves ceux d'une autre partie; et, dans la chaleur de son zèle pour sauver les Américains du joug, il prononçait sans scrupule qu'il était juste et utile d'en imposer un plus pesant encore sur les Africains. Malheureusement pour ces derniers, le plan de Las Casas fut adopté. Charles accorda à un de ses courtisans flamands le privilége exclusif d'importer en Amérique quatre mille noirs. Celui-ci vendit son privilége pour vingt-cinq mille ducats à des marchands génois, qui établirent avec une forme régulière en Afrique et en Amérique ce commerce d'hommes, qui a reçu depuis de si grands accroissements [6].

« Mais les marchands génois, conduisant leurs opérations avec l'avidité ordinaire aux monopoleurs, demandèrent bientôt des prix si exorbitants des noirs qu'ils portaient à Hispaniola, qu'on y en vendit trop peu pour améliorer l'état de la colonie. Las Casas, dont le zèle était aussi inventif qu'infatigable, eut recours à un autre expédient pour soulager les Indiens. Il avait observé que le plus grand nombre de ceux qui jusque-là s'étaient établis en Amérique, étaient des soldats ou des matelots employés à la découverte ou à la conquête de ces régions, des fils de familles nobles, attirés par l'espoir de s'enrichir promptement, ou des aventuriers sans ressource, et forcés d'abandonner leur patrie par leurs crimes ou leur indigence. A la place de ces hommes avides, sans mœurs, incapables de l'industrie persévérante et de l'économie nécessaire dans l'établissement d'une colonie, il proposa d'envoyer à Hispaniola et dans les autres îles, un nombre suffisant de cultivateurs et d'artisans, à qui on donnerait des encouragements pour s'y transporter; persuadé que de tels hommes, accoutumés à la fatigue, seraient en état de soutenir des travaux dont les Américains étaient incapables par la faiblesse de leur constitution, et que bientôt ils deviendraient eux-mêmes, par la culture, de riches et d'utiles citoyens. Mais quoiqu'on eût grand besoin d'une nouvelle recrue d'habitants à Hispaniola, où la petite vérole venait de se répandre et d'emporter un nombre considérable d'Indiens, ce projet, quoique favorisé par les ministres flamands, fut traversé par l'évêque de Burgos, que Las Casas trouvait toujours en son chemin [7].

« Las Casas commença alors à désespérer de faire aucun bien aux Indiens dans les établissements déjà formés. Le mal était trop invétéré pour céder aux remèdes. Mais on faisait tous les jours des découvertes nouvelles dans le continent, qui donnaient de hautes idées de sa population et de son étendue. Dans toutes ces régions, il n'y avait encore qu'une seule colonie très-faible, et si l'on en exceptait un petit espace sur l'isthme de Darien, les naturels étaient maîtres de tout le pays. C'était là un champ nouveau et plus étendu pour le zèle et l'humanité de Las Casas, qui se flattait de pouvoir empêcher qu'on n'y introduisît le per-

[1] Herrera, *Decad.* II, lib. II, cap. XVI, XIX, XXI; lib. III, cap. VII, VIII. — [2] *Id.*, *Decad.* I, lib. V, cap. XII. — [3] *Id.*, *ibid.*, lib. VIII, cap. IX. — [4] *Id.*, *ibid.*, lib. IX, cap. V. — [5] *Id.*, *Decad.* II, lib. II, cap. VIII. — [6] *Id.*, *Decad.* I, lib. II, cap. XX. — [7] *Id.*, *Decad.* II, lib. II, cap. XXI.

nicieux système d'administration qu'il n'avait pu détruire dans des lieux où il était déjà tout établi. Plein de ces espérances, il sollicita une concession de la partie qui s'étend le long de la côte, depuis le golfe de Paria jusqu'à la frontière occidentale de cette province, aujourd'hui connue sous le nom de Sainte-Marthe. Il proposa d'y établir une colonie formée de cultivateurs, d'artisans et d'ecclésiastiques. Il s'engagea à civiliser, dans l'espace de deux ans, dix mille Indiens, et à les instruire assez bien dans les arts utiles pour pouvoir tirer de leurs travaux et de leur industrie un revenu de quinze mille ducats au profit de la couronne. Il promettait aussi qu'en dix ans sa colonie aurait fait assez de progrès pour rendre au gouvernement soixante mille ducats par an. Il stipula qu'aucun navigateur ou soldat ne pourrait s'y établir, et qu'aucun Espagnol n'y mettrait les pieds sans sa permission. Il alla même jusqu'à vouloir que les gens qu'il emmènerait eussent un habillement particulier, différent de celui des Espagnols, afin que les Indiens de ces districts ne les crussent pas de la même race d'hommes qui avaient apporté tant de calamités à l'Amérique [1]. Par ce plan, dont je ne donne qu'une légère esquisse, il paraît clairement que les idées de Las Casas sur la manière de civiliser et de traiter les Indiens étaient fort semblables à celles que les jésuites ont suivies depuis dans leurs grandes entreprises sur l'autre partie du même continent. Las Casas supposait que les Européens, employant l'ascendant que leur donnaient une intelligence supérieure et de plus grands progrès dans les sciences et les arts, pourraient conduire par degrés l'esprit des Américains à goûter ces moyens de bonheur dont ils étaient dépourvus, leur faire cultiver les arts de l'homme en société, et les rendre capables de jouir des avantages de la vie civile.

« L'évêque de Burgos et le conseil des Indes regardèrent le plan de Las Casas non-seulement comme chimérique, mais comme extrêmement dangereux. Ils pensaient que l'esprit des Américains était si naturellement borné, et leur indolence si excessive, qu'on ne réussirait jamais à les instruire ni à leur faire faire aucun progrès. Ils prétendaient qu'il serait fort imprudent de donner une autorité si grande sur un pays de mille milles de côtes, à un enthousiaste visionnaire et présomptueux, étranger aux affaires, et sans connaissance de l'art du gouvernement. Las Casas, qui s'attendait bien à cette résistance, ne se découragea pas. Il eut recours encore aux Flamands, qui favorisèrent ses vues auprès de Charles-Quint avec beaucoup de zèle, précisément parce que les ministres espagnols les avaient rejetées. Ils déterminèrent le monarque, qui venait d'être élevé à l'empire, à renvoyer l'examen de cette affaire à un certain nombre de membres de son conseil privé ; et, comme Las Casas récusait tous les membres du conseil des Indes, comme prévenus et intéressés, tous furent exclus. La décision des juges choisis à la recommandation des Flamands fut entièrement conforme aux sentiments de ces derniers. On approuva beaucoup le nouveau plan, et l'on donna des ordres pour le mettre à exécution, mais en restreignant le territoire accordé à Las Casas à trois cents milles le long de la côte de Cumana, d'où il lui serait libre de s'étendre dans les parties intérieures du pays [2].

« Cette décision trouva des censeurs. Presque tous ceux qui avaient été en Amérique la blâmaient, et soutenaient leur opinion avec tant de confiance, et par des raisons si plausibles, qu'on crut devoir s'arrêter et examiner de nouveau la question avec plus de soin. Charles lui-même, quoique accoutumé dans sa jeunesse à suivre les sentiments de ses ministres avec une déférence et une soumission qui n'annonçaient pas la vigueur et la fermeté d'esprit qu'il montra dans un âge plus mûr, commença à soupçonner que la chaleur que les Flamands mettaient dans toutes les affaires relatives à l'Amérique, avait pour principe quelque motif dont il devait se défier ; il déclara qu'il était déterminé à approfondir lui-même la question agitée depuis si longtemps sur le caractère des Américains, et sur la manière la plus convenable de les traiter. Il se présenta bientôt une circonstance qui rendait cette discussion plus facile. Quevedo, évêque du Darien, qui avait accompagné Pedrarias sur le continent en 1513, venait de prendre terre à Barcelone, où la cour faisait sa résidence. On sut bientôt que ses sentiments étaient différents de ceux de Las Casas, et Charles imagina assez naturellement qu'en écoutant et en comparant les raisons des deux personnages respectables qui, par un long séjour en Amérique, avaient eu le temps nécessaire pour observer les mœurs du peuple qu'il s'agissait de faire connaître, il serait en état de découvrir lequel des deux avait formé son opinion avec plus de justesse et de discernement.

« On désigna pour cet examen un jour fixe et une audience solennelle. L'empereur parut avec une pompe extraordinaire, et se plaça sur un trône dans la grande salle de son palais. Ses courtisans l'environnaient. Don Diego Colomb, amiral des Indes, fut appelé. L'évêque du Darien fut interpellé de dire le premier son avis. Son discours ne fut pas long. Il commença par déplorer les malheurs de l'Amérique et la destruction d'un grand nombre de ses habitants, qu'il reconnut être en partie l'effet de l'excessive dureté et de l'imprudence des Espagnols ; mais il déclara que tous les habitants du Nouveau-Monde qu'il avait observés, soit

---

[1] Herrera, Decad. II, lib. IV, cap. II. — [2] Gomera, Hist. gen., cap. LXXVII ; Herrera, Decad. II, lib. IV, cap. III ; Oviedo, lib. XIX, cap. V.

dans le continent, soit dans les îles, lui avaient paru une espèce d'hommes destinés à la servitude par l'infériorité de leur intelligence et de leurs talents naturels; et qu'il serait impossible de les instruire, ni de leur faire faire aucun progrès vers la civilisation, si on ne les tenait pas sous l'autorité continuelle d'un maître. Las Casas s'étendit davantage, et défendit son sentiment avec plus de chaleur. Il s'éleva avec indignation contre l'idée qu'il y eût aucune race d'hommes nés pour la servitude, et attaqua cette opinion comme irréligieuse et inhumaine. Il assura que les Américains ne manquaient pas d'intelligence; qu'elle n'avait besoin que d'être cultivée, et qu'ils étaient capables d'apprendre les principes de la religion, et de se former à l'industrie et aux arts de la vie sociale; que leur douceur et leur timidité naturelle les rendant soumis et dociles, on pouvait les conduire et les former, pourvu qu'on ne les traitât pas durement. Il protesta que, dans le plan qu'il avait proposé, ses vues étaient pures et désintéressées, et que, quelques avantages qui dussent revenir de leur exécution à la couronne de Castille, il n'avait jamais demandé et ne demanderait jamais aucune récompense de ses travaux.

« Charles, après avoir entendu les deux plaidoyers et consulté ses ministres, ne se crut pas encore assez bien instruit pour prendre une résolution générale relativement à la condition des Américains; mais comme il avait une entière confiance en la probité de Las Casas, et que l'évêque du Darien lui-même convenait que l'affaire était assez importante pour qu'on pût essayer le plan proposé, il céda à Las Casas, par des lettres-patentes, la partie de la côte de Cumana dont nous avons fait mention plus haut, avec tout pouvoir d'y établir une colonie d'après le plan qu'il avait proposé [1].

« Las Casas pressa les préparatifs de son voyage avec son ardeur accoutumée; mais soit par son inexpérience dans ce genre d'affaire, soit par l'opposition secrète de la noblesse espagnole, qui craignait que l'émigration de tant de personnes ne leur enlevât un grand nombre d'hommes industrieux et utiles occupés de la culture de leurs terres, il ne put déterminer qu'environ deux cents cultivateurs ou artisans à l'accompagner à Cumana.

« Rien cependant ne put amortir son zèle. Il mit à la voile avec cette petite troupe, à peine suffisante pour prendre possession du vaste territoire qu'on lui accordait, et avec laquelle il était impossible de réussir à en civiliser les habitants. Le premier endroit où il toucha fut l'île de Porto-Rico. Là il eut connaissance d'un nouvel obstacle à l'exécution de son plan, plus difficile à surmonter qu'aucun de ceux qu'il eût rencontrés jusqu'alors. Lorsqu'il avait quitté l'Amérique en 1517, les Espagnols n'avaient presque aucun commerce avec le continent, si l'on excepte les pays voisins du golfe de Darien. Mais tous les genres de travaux s'affaiblissant de jour en jour à Hispaniola par la destruction rapide des naturels du pays, les Espagnols manquaient de bras pour continuer les entreprises déjà formées, et ce besoin les avait fait recourir à tous les expédients qu'ils pouvaient imaginer pour y suppléer. On leur avait porté beaucoup de nègres; mais le prix en était monté si haut, que la plupart des colons ne pouvaient y atteindre. Pour se procurer des esclaves à meilleur marché, quelques-uns d'entre eux armèrent des vaisseaux, et se mirent à croiser le long des côtes du continent. Dans les lieux où ils étaient inférieurs en force, ils commerçaient avec les naturels, et leur donnaient des quincailleries d'Europe pour les plaques d'or qui servaient d'ornements à ces peuples; mais partout où ils pouvaient surprendre les Indiens, ou l'emporter sur eux à force ouverte, ils les enlevaient et les vendaient à Hispaniola [2]. Cette piraterie était accompagnée des plus grandes atrocités. Le nom espagnol devint en horreur sur tout le continent. Dès qu'un vaisseau paraissait, les habitants fuyaient dans les bois ou couraient au rivage en armes, pour repousser ces cruels ennemis de leur tranquillité. Quelquefois ils forçaient les Espagnols à se retirer avec précipitation, ou ils leur coupaient la retraite. Dans la violence de leur ressentiment, ils massacrèrent deux missionnaires dominicains, que le zèle avait portés à s'établir dans la province de Cumana [3]. Le meurtre de ces personnes révérées pour la sainteté de leur vie excita la plus vive indignation parmi les colons d'Hispaniola, qui, au milieu de la licence de leurs mœurs et de la cruauté de leurs actions, étaient pleins d'un zèle ardent pour la religion, et d'un respect superstitieux pour ses ministres: ils résolurent de punir ce crime d'une manière qui pût servir d'exemple, non-seulement sur ceux qui l'avaient commis, mais sur toute la nation entière. Pour l'exécution de ce projet, ils donnèrent le commandement de cinq vaisseaux et trois cents hommes à Diego Ocampo, avec ordre de détruire par le fer et par le feu tout le pays de Cumana, et d'en faire les habitants esclaves pour être transportés à Hispaniola. Las Casas trouva à Porto-Rico cette escadre faisant voile vers le continent, et Ocampo ayant refusé de différer son voyage, il comprit qu'il lui serait impossible de tenter l'exécution de son plan de paix dans un pays qui allait être le théâtre de la guerre et de la désolation [4].

« Dans l'espérance d'apporter quelque remède aux suites funestes de ce malheureux inci-

---

1 Herrera, Decad. II, lib. IV, cap. III, IV, V; Angensola, Ann. de Aragon., 74, 07; Remesal, Hist. gen., lib. II, cap. XIX, XX. — 2 Herrera, Decad. III, lib. II, cap. III. — 3 Ovedo, Hist., lib. XIX, cap. III. — 4 Herrera, Decad. II, lib. IX, cap. VIII, IX.

dent, il s'embarqua pour Saint-Domingue, laissant ceux qui l'avaient suivi cantonnés parmi les colons de Porto-Rico. Plusieurs circonstances concoururent à le faire recevoir fort mal à Hispaniola. En travaillant à soulager les Indiens, il avait censuré la conduite de ses compatriotes, les colons d'Hispaniola, avec tant de sévérité, qu'il leur était devenu universellement odieux. Ils regardaient le succès de sa tentative comme devant entraîner leur ruine. Ils attendaient de grandes recrues de Cumana, et ces espérances s'évanouissaient si Las Casas parvenait à y établir sa colonie. Figueroa, en conséquence d'un plan formé en Espagne pour déterminer le degré d'intelligence et de docilité des Indiens, avait fait une expérience qui paraissait décisive contre le système de Las Casas. Il en avait rassemblé à Hispaniola un assez grand nombre, et les avait établis dans deux villages, leur laissant une entière liberté, et les abandonnant à leur propre conduite; mais ces Indiens, accoutumés à un genre de vie extrêmement différent, hors d'état de prendre en si peu de temps de nouvelles habitudes, et d'ailleurs découragés par leur malheur particulier et par celui de leur patrie, se donnèrent si peu de peine pour cultiver le terrain qu'on leur avait donné, parurent si incapables des soins et de la prévoyance nécessaires pour fournir à leurs propres besoins, et si éloignés de tout ordre et de tout travail régulier, que les Espagnols en conclurent qu'il était impossible de les former à mener une vie sociale, et qu'il fallait les regarder comme des enfants qui avaient besoin d'être continuellement sous la tutelle des Européens, si supérieurs à eux en sagesse et en sagacité [1].

« Malgré la réunion de toutes ces circonstances, qui armaient si fortement contre ses mesures ceux même à qui il s'adressait pour les mettre à exécution, Las Casas, par son activité et sa persévérance, par quelques condescendances et beaucoup de menaces, obtint à la fin un petit corps de troupes pour protéger sa colonie au premier moment de son établissement. Mais, à son retour à Porto-Rico, il trouva que les maladies lui avaient déjà enlevé beaucoup de ses gens; et les autres, ayant trouvé quelque occupation dans l'île, refusèrent de le suivre. Cependant, avec ce qui lui restait de monde, il fit voile vers Cumana. Ocampo avait exécuté sa commission dans cette province avec tant de barbarie, il avait massacré ou envoyé en esclavage à Hispaniola un si grand nombre d'Indiens, que tout ce qui restait de ces malheureux s'était enfui dans les bois, et que l'établissement formé à Tolède, se trouvant dans un pays désert, touchait à sa destruction. Ce fut cependant dans ce même endroit que Las Casas fut obligé de placer le chef-lieu de sa colonie. Abandonné, et par les troupes qu'on lui avait données pour le protéger, et par le détachement d'Ocampo, qui avait prévu les calamités auxquelles il devait s'attendre dans un poste aussi misérable, il prit les précautions qu'il jugea les meilleures pour la sûreté et la subsistance de ses colons; mais, comme elles étaient encore bien insuffisantes, il retourna à Hispaniola solliciter des secours plus puissants, afin de sauver des hommes que leur confiance en lui avait engagés à courir de si grands dangers. Bientôt après son départ, les naturels du pays ayant reconnu la faiblesse des Espagnols, s'assemblèrent secrètement, les attaquèrent avec la furie naturelle à des hommes réduits au désespoir par les barbaries qu'on avait exercées contre eux, en firent périr un grand nombre, et forcèrent le reste à se retirer à l'île de Cubagna. La petite colonie qui était établie pour la pêche des perles partagea la terreur panique dont les fugitifs étaient saisis, et abandonna l'île. Enfin il ne resta pas un seul Espagnol dans aucune partie du continent ou des îles adjacentes, depuis le golfe de Paria jusqu'aux confins du Darien. Accablé par cette succession de désastres, et voyant l'issue malheureuse de tous ses grands projets, Las Casas n'osa plus se montrer; il s'enferma dans le couvent des dominicains à Saint-Domingue, et prit bientôt après l'habit de cet ordre [2].

« Quoique la destruction de la colonie de Cumana ne soit arrivée que l'an 1521, je n'ai pas voulu interrompre le récit des négociations de Las Casas depuis leur origine jusqu'à leur issue. Son système fut l'objet d'une longue et sérieuse discussion; et quoique ses tentatives en faveur des Américains opprimés n'aient pas été suivies du succès qu'il s'en promettait (sans doute avec trop de confiance), soit par son imprudence, soit par la haine active de ses ennemis, elles donnèrent lieu à divers règlements qui furent de quelque utilité à ces malheureuses nations. » (*Hist. d'Amér.*, liv. III.)

Second Fragment.

« Il allait (Cortez) détruire leurs autels et renverser leurs idoles avec la même violence qu'à Zempoalla, si le père Barthélemy d'Olmedo, aumônier de l'armée, n'avait arrêté l'impétuosité de son zèle. Le religieux lui représenta l'imprudence d'une telle démarche dans une grande ville remplie d'un peuple également superstitieux et guerrier, avec lequel les Espagnols venaient de s'allier. Il déclara que ce qui s'était fait à Zempoalla lui avait toujours paru injuste; que la religion ne devait pas être prêchée le fer à la main, ni les infidèles convertis par la violence; qu'il fallait employer d'autres armes pour cette conquête : l'instruction qui

---

[1] HERRERA, Decad. II, lib. II, cap. V. — [2] Id., ibid., lib. X, cap. V; Decad. III, lib. II, cap. III, IV, V; OVIEDO, Hist., lib. XIX, cap. V; GOMERA, cap. LXXVII; DAVILA, PADILLA, lib. I, cap. XCVII; REMESAL, Hist. gen., lib. II, cap. XXII, XXIII.

éclaire les esprits, et les bons exemples qui captivent les cœurs ; que ce n'était que par ces moyens qu'on pouvait engager les hommes à renoncer à leurs erreurs, et embrasser la vérité. — Au seizième siècle, dans un temps où les droits de la conscience étaient si mal connus de tout le monde chrétien, où le nom de tolérance était même ignoré, on est étonné de trouver un moine espagnol au nombre des premiers défenseurs de la liberté religieuse et des premiers improbateurs de la persécution. Les remontrances de cet ecclésiastique, aussi vertueux que sage, firent impression sur l'esprit de Cortez. Il laissa les Tlascalans continuer l'exercice libre de leur religion, en exigeant seulement qu'ils renonçassent à sacrifier des victimes humaines » (*Hist. d'Amér.* liv. v.)

Robertson, après avoir prouvé que la dépopulation de l'Amérique ne peut être attribuée à la politique du gouvernement espagnol, passe à ce morceau que nous avons cité dans le texte.

« *C'est avec plus d'injustice encore que beaucoup d'écrivains ont attribué à l'esprit d'intolérance de la religion romaine la destruction des Américains*, etc. »

Et enfin ailleurs, en parlant des Indiens, il dit : « Quoique Paul III, par sa fameuse bulle donnée en 1437, ait déclaré les Indiens créatures raisonnables, ayant droit à tous les priviléges du christianisme, néanmoins, après deux siècles durant lesquels ils ont été membres de l'Eglise, ils ont fait si peu de progrès, qu'à peine en trouve-t-on quelques-uns qui aient une portion d'intelligence suffisante pour être regardés comme dignes de participer à l'eucharistie. D'après cette idée de leur incapacité et de leur ignorance en matière de religion, lorsque le zèle de Philippe lui fit établir l'inquisition en Amérique, en 1570, les Indiens furent déclarés exempts de la juridiction de ce sévère tribunal, et ils sont demeurés soumis à l'inspection de leurs évêques diocésains. » (Tom. v, pag. 205.)

Si l'on pèse avec attention et impartialité tous les faits avancés par le docteur *presbytérien*, si l'on se rappelle en même temps les nombreux hôpitaux fondés pour les Indiens du Nouveau-Monde, les admirables missions du Paraguay, etc., on sera convaincu qu'il n'y a jamais eu de plus atroce calomnie que celle qui attribue à la religion chrétienne la destruction des habitants du Nouveau-Monde.

MASSACRE D'IRLANDE.

Des inimitiés nationales, bien plus encore que des haines religieuses, produisirent en 1641 le fameux massacre d'Irlande. Depuis longtemps dépouillés de leurs terres, tourmentés dans leurs mœurs, leurs habitudes et leur religion, réduits presque à la condition d'esclaves par des maîtres hautains et tyranniques, les Irlandais, poussés au désespoir, eurent enfin recours à la vengeance ; ils ne furent pas même les agresseurs dans cette horrible tragédie, et on avait commencé à les égorger avant qu'ils se déterminassent à répandre le sang.

M. Millon, dans ses *Recherches sur l'Irlande* (imprimées à la suite du *Voyage d'Arthur Young*), a recueilli des faits intéressants qu'il sera bon de mettre ici sous les yeux du lecteur.

Quelques Irlandais s'étant soulevés, par une suite de ce système d'oppression qui pesait sur leur malheureuse patrie, le conseil anglais d'Irlande envoie des troupes contre eux avec ordre de les exterminer.

« *Les officiers*, dit Castelhaven (dont M. Millon cite ici les propres paroles), *les officiers et les soldats, peu attentifs à distinguer les rebelles sujets, tuèrent indistinctement, dans bien des endroits, hommes, femmes et enfants ; ce procédé irrita les rebelles, et les porta à commettre les mêmes cruautés sur les Anglais* [1]. » D'après le passage du comte Castelhaven, il paraît que les Anglais avaient commencé la scène par ordre de leur chef, et que le crime des Irlandais était d'avoir suivi un exemple barbare [2].

« *Je ne puis croire*, ajoute Castelhaven, *qu'il y ait eu alors en Irlande, hors des villes murées, la deuxième partie des sujets britanniques rapportés par le chevalier Temple et autres écrivains, comme massacrés par les Irlandais. Il est clair que cet auteur répète jusqu'à deux ou trois fois, en divers endroits, les mêmes personnes avec les mêmes circonstances, et qu'il fait mention de quelques centaines d'individus comme massacrés alors qui ont vécu encore plusieurs années après, et quelques-uns jusqu'à notre temps : il est donc juste que, malgré les clameurs mal fondées de certaines personnes, qui s'écrient contre les Irlandais sans dire un mot de la rébellion fomentée chez eux, je rende justice à la nation irlandaise, et que je déclare que les chefs de cette nation n'eurent jamais intention d'autoriser les cruautés qu'on y avait exercées.* »

« L'exemple des Ecossais qui s'étaient insurgés fut en partie cause de la révolte des Irlandais déjà mécontents ; ils se voyaient à la veille d'être forcés, ou de renoncer à leur religion, ou d'abandonner leur patrie : une pétition des protestants d'Irlande, signée de plusieurs milliers d'entre eux, et adressée au parlement d'Angleterre, justifiait leur crainte ; on se vantait déjà

---

[1] Which procedure exasperated the rebels, and induced them to commit to the like cruelties upon the English.
— [2] Ma-Croghkgan.

publiquement qu'avant un an il n'y aurait pas un seul papiste en Irlande. Cette adresse produisit son effet en Angleterre : Charles Ier ayant remis, par une condescendance forcée, les affaires d'Irlande entre les mains du parlement, cette assemblée fit une ordonnance qui tendait à l'extirpation totale des Irlandais, et déclara qu'elle ne consentirait jamais à aucune tolérance de la religion papiste en Irlande, ni dans aucun autre des États britanniques. Le même parlement ordonna ensuite qu'on assignât à des aventuriers anglais, moyennant une certaine somme d'argent, deux millions cinq cent mille acres de terres profitables en Irlande, non compris les marais, les bois et les montagnes stériles, et cela dans le temps où les propriétaires de terres engagés dans la révolte étaient en très-petit nombre. Il fallait donc, pour satisfaire l'engagement pris avec ces aventuriers, déposséder une infinité d'honnêtes gens qui n'avaient jamais troublé la tranquillité publique.

« Les Irlandais, principalement ceux d'Ulster, n'avaient pas oublié l'injuste confiscation de six comtés faite sur eux il n'y avait pas encore quarante ans ; ils regardaient les propriétaires actuels comme des usurpateurs ; et, leur douleur ayant dégénéré en vengeance, ils se saisirent des maisons, des troupeaux et des effets de ces nouveaux venus, et les beaux édifices et les habitations commodes que ces colons avaient fait construire sur les terres de ces propriétaires furent ou rasés ou consumés par le feu [1]. »

Telles furent les premières hostilités commises par les Irlandais sur les Anglais ; il n'était pas encore question de massacrer : les Anglais, dit Ma-Geoghegan, furent les premiers agresseurs ; leur exemple fut suivi trop exactement par les catholiques de l'Ulster, et la contagion se répandit bientôt par tout le royaume ; il ne s'agissait pas d'une querelle particulière, c'était une antipathie et une haine nationale entre les deux peuples, savoir, les Irlandais catholiques et les Anglais protestants... Voilà l'origine de cette malheureuse guerre qui coûta tant de sang ; voilà les causes du soulèvement des Irlandais en 1641, lequel fut suivi d'un horrible massacre. Ma-Geoghegan assure, comme une chose certaine, qu'il y eut six fois plus de catholiques que de protestants massacrés dans cette occasion : 1° parce que les premiers étaient dispersés dans les campagnes, et par conséquent exposés à la furie d'un ennemi impitoyable, au lieu que les derniers demeuraient pour la plupart dans des villes murées et dans des châteaux qui les mirent à couvert de la fureur d'une populace effrénée ; et ceux d'entre eux qui habitaient dans les campagnes se retirèrent au premier bruit dans les villes et places fortes, où ils restèrent pendant la guerre ; quelques-uns retournèrent en Angleterre ou en Écosse, de sorte qu'il n'en périt que fort peu, excepté ceux qui avaient été exposés à la première furie des révoltés. Les garnisons anglaises, sur ces entrefaites, massacrèrent les gens de la campagne sans distinction d'âge ni de sexe ; le nombre des catholiques exécutés à mort par les cromwelliens pour cause de massacre fut si petit, qu'il était impossible qu'ils eussent pu tuer un si prodigieux nombre de protestants [2].

« L'Irlande ayant été réduite, il y fut établi une haute cour de justice pour la recherche des meurtres commis sur les protestants dans le cours de la guerre. On ne put convaincre d'y avoir eu part que cent quarante catholiques, la plupart du bas peuple, quoique leurs ennemis fussent leurs juges, et qu'on eût suborné des témoins pour les trouver coupables ; et, des cent quarante, plusieurs protestèrent de leur innocence, étant près de périr. S'il eût été question de faire les mêmes recherches contre les protestants, et d'admettre les preuves juridiques des catholiques, il est incontestable que, sur dix parlementaires d'Irlande, neuf auraient été trouvés coupables devant un tribunal équitable [3]. »

(*Recherches sur l'Irlande*, par M. MILLON ; 2 vol. de la traduction du *Voyage d'Arthur Young en Irlande*.)

Ainsi l'on voit que les passions des hommes, des haines et des intérêts, souvent très-étrangers à la religion, ont produit des énormités sanglantes qu'on a rejetées sur un culte qui ne prêche que la paix et l'humanité. Que dirait la philosophie si on l'accusait aujourd'hui d'avoir élevé les échafauds de Robespierre ? N'est-ce pas en empruntant son langage qu'on a égorgé tant de victimes innocentes, comme on a pu abuser du nom de la religion pour commettre des crimes ? Combien ne peut-on pas reprocher d'actes de cruauté et d'intolérance à ces mêmes protestants qui se vantent de pratiquer seuls la philosophie du christianisme ? Les lois contre les catholiques d'Irlande, appelées lois de découvertes (*laws of discovery*) égalent en oppression et surpassent en immoralité tout ce qu'on a jamais reproché à l'Église romaine.

Par ces lois,

1° Tout le corps des catholiques romains est entièrement désarmé ;

2° Ils sont déclarés incapables d'acquérir des terres ;

3° Les substitutions sont annulées, et elles sont partagées également entre les enfants ;

4° Si un enfant abjure la religion catholique, il hérite de tout le bien, quoiqu'il soit le plus jeune ;

5° Si le fils abjure sa religion, le père n'a aucun pouvoir sur son propre bien, mais il perçoit une pension sur ce bien, qui passe à son fils ;

[1] MA-GEOGHEGAN. — [2] *Ireland's Case*. — [3] *Ibid.*

6° Aucun catholique ne peut faire un bail pour plus de trente et un ans ;

7° Si la rente d'un catholique est moins des deux tiers de la valeur du bien, le dénonciateur aura le profit du bail ;

8° Les prêtres qui célébreront la messe seront déportés ; et s'ils reviennent, pendus ;

9° Si un catholique possède un cheval valant plus de cinq livres sterling, il sera confisqué au profit du dénonciateur ;

10° Par une disposition du lord Hardwick, les catholiques sont déclarés incapables de prêter de l'argent à hypothèque [1].

Il est bien remarquable que cette loi ne fut portée que cinq ou six ans après la mort du roi Guillaume, c'est-à-dire lorsque tous les troubles d'Irlande étaient apaisés, et lorsque l'Angleterre était à son plus haut point de lumière, de civilisation et de prospérité.

Il ne faut pas croire que, même dans ces temps de fermentation, où les meilleurs esprits sont quelquefois entraînés dans des excès ; il ne faut pas croire que les vrais catholiques approuvassent les fureurs du parti qui se servait de leur nom. La Saint-Barthélemy trouva des larmes, même à la cour de Médicis, même dans la couche de Charles IX.

« J'ai ouï raconter, dit Brantôme, qu'au massacre de la Saint-Barthélemy, la royne Isabelle n'en sachant rien, ni mesme senti le moindre vent du monde, s'en alla coucher à sa mode accoustumée, et ne s'estant éveillée qu'au matin, on lui dit à son réveil le beau mystère qui se jouoit : Hélas! dit-elle, le roy mon mari le sait-il ? Oui, madame, respondit-on ; c'est lui-mesme qui le fait faire. Ô mon Dieu ! s'escria-t-elle, qu'est cecy, et quels conseillers sont ceux-là qui lui ont donné tels advis ? Mon Dieu, je te supplie et te requiers de lui vouloir pardonner ; car, si tu n'en as pitié, j'ai grand'peur que ceste offense ne lui soit pas pardonnée ; et soubdain demanda ses Heures, et se mit en oraison, et à prier Dieu la larme à l'œil. Que l'on considère, je vous prie, la bonté et la sagesse de ceste royne, de n'approuver point une telle feste, ni le jeu qui s'y célébra ; encore qu'elle eust grand sujet de désirer la totale extermination et de M. l'amiral et de tous ceulx de sa religion, d'autant qu'ils estoient contraires du tout à la sienne, qu'elle adoroit et honoroit plus que toute chose au monde ; et de l'autre costé, qu'elle voyoit combien ils troubloient l'Estat du roy son seigneur et mari. »

(*Mém. de Brantôme*, t. II, édit. de Leyde, 1599.)

Note 57, page 101. — « Le sommet du Saint-Gothard est une plate-forme de granit, nue, entourée de quelques rochers médiocrement élevés, de formes très-irrégulières, qui arrêtent la vue en tous sens, et la bornent à la plus affreuse des solitudes. Trois petits lacs et le triste hospice des capucins interrompent seuls l'uniformité de ce désert, où l'on ne trouve pas la moindre trace de végétation ; c'est une chose nouvelle et surprenante pour un habitant de la plaine, que le silence absolu qui règne sur cette plate-forme : on n'entend pas le moindre murmure ; le vent qui traverse les cieux ne rencontre point ici un feuillage ; seulement, lorsqu'il est impétueux, il gémit d'une manière lugubre contre les pointes des rochers qui le divisent. Ce serait en vain qu'en gravissant les sommets abordables qui environnent ce désert, on espérerait se transporter par la vue dans des contrées habitables : on ne voit au-dessous de soi qu'un chaos de rochers et de torrents : on ne distingue au loin que des pointes arides et couvertes de neiges éternelles, perçant le nuage qui flotte sur les vallées, et qui les couvre d'un voile souvent impénétrable ; rien de ce qui existe au delà ne parvient aux regards, excepté un ciel d'un bleu noir, qui, descendant bien au-dessous de l'horizon, termine de tous côtés le tableau, et semble être une mer immense qui environne cet amas de montagnes.

« Les malheureux capucins qui habitent l'hospice sont, pendant neuf mois de l'année, ensevelis dans les neiges qui souvent, dans l'espace d'une nuit, s'élèvent à la hauteur de leur toit, et bouchent toutes les entrées du couvent. Alors il faut se frayer un passage par les fenêtres supérieures, qui servent de portes. On juge que le froid et la faim sont des fléaux auxquels ils sont fréquemment exposés, et que, s'il existe des cénobites qui aient droit aux aumônes, ce sont ceux-là. »

Note de la traduction des lettres de Coxe sur la Suisse, par M. RAMOND.

Les hôpitaux militaires viennent originairement des bénédictins. Chaque couvent de cet ordre nourrissait un ancien soldat, et lui donnait une retraite pour le reste de ses jours. Louis XIV, en réunissant ces diverses fondations en une seule, en forma l'Hôtel des Invalides. Ainsi, c'est encore la religion de paix qui a fondé l'asile de nos vieux guerriers.

Note 58, page 124. — Il est très-difficile de donner un relevé exact des collèges et des hôpitaux, parce que les différentes statistiques sont très-incomplètes, et les géographies omettent une foule de détails : les unes donnent la population d'un État sans donner le nombre des villes ; les autres comptent les paroisses et oublient les cités. Les cartes surchargées de noms de lieu, multiplient les bourgs, les châteaux, les villages. Le grand travail sur les provinces de la France, commencé sous Louis XIV, n'a point, malheureusement été achevé. Les cartes de Cassini, qui seraient d'un grand secours, sont aussi demeurées incomplètes.

[1] *Voyage d'Arthur Young.*

NOTES ET ÉCLAIRCISSEMENTS.

Les histoires particulières des provinces négligent, en général, la statistique, pour parler des anciennes guerres, des barons, des droits de telle ville et de tel bourg. A peine trouvez-vous quelques fondations perdues dans un fatras de choses inutiles. Les historiens ecclésiastiques, à leur tour, se circonscrivent dans leur sujet, et passent rapidement sur les faits d'un intérêt général. Quoi qu'il en soit, au milieu de cette confusion, nous avons tâché de saisir quelques résultats dont nous allons mettre les tableaux sous les yeux des lecteurs.

Extrait de la partie ecclésiastique de la Statistique de M. de BEAUFORT.

FRANCE.

- 18 Archevêchés.
- 117 Evêchés.
- 41 Evêques pour les missions, etc.
- 16 Chefs d'Ordres ou Congrégations.
- 366,000 Ecclésiastiques.
- 34,498 Paroisses.
- 4,644 Annexes.
- 800 Chapitres ou Collégiales.
- 36 Académies.
- 24 Universités.

ÉTATS HÉRÉDITAIRES D'AUTRICHE.

- 5 Archevêchés.
- 15 Evêchés.
- 6 Universités.
- 6 Collèges.

GRAND-DUCHÉ DE TOSCANE.

- 3 Archevêchés.
- 2 Evêchés.
- 2 Universités.

RUSSIE.

- 30 Archevêchés et Evêchés grecs.
- 68,000 Ecclésiastiques.
- 18,319 Paroisses-Cathédrales.
- 4 Universités.

ESPAGNE.

- 8 Archevêchés.
- 45 Evêchés.
- 117 Eglises.
- 19,683 Paroisses.
- 27 Universités.

ANGLETERRE.

- 2 Archevêchés.
- 25 Evêchés.
- 9,684 Paroisses.

IRLANDE.

- 4 Archevêchés.
- 19 Evêchés.
- 44 Doyennés.
- 2,293 Paroisses.

ÉCOSSE.

- 13 Synodes.
- 98 Presbytères.
- 938 Paroisses.

PRUSSE.

- 4 Chapitres.
- 2 Couvents d'hommes, dont un luthérien.
- 1 Evêque catholique.
- 1 Cathédrale.
- 6 Universités.

PORTUGAL.

- 1 Patriarche.
- 5 Archevêques.
- 19 Evêques.
- 3,343 Paroisses.
- 2 Universités.

LES DEUX-SICILES. — NAPLES.

- 23 Archevêchés.
- 145 Evêchés.

SICILE.

- 3 Archevêchés.
- 4 Universités

Les couvents sont tenus d'avoir des écoles gratuites.

SARDAIGNE.

- 3 Archevêchés
- 26 Evêchés.
- 50 Abbayes.
- 7 Universités.

ÉTAT ECCLÉSIASTIQUE.

- 3 Archevêchés.
- 5 Evêchés.

NOTES ET ÉCLAIRCISSEMENTS.

SUÈDE.

1 Archevêché.
14 Evêchés.
2,538 Paroisses.

1,384 Pastorats.
3 Universités.
10 Colléges.

DANEMARK.

12 Evêchés.

2 Universitée.

POLOGNE.

3 Archevêchés.
6 Evêchés.

4 Universités.

VENISE.

1 Patriarcat.
4 Archevêques.

31 Évêques.
1 Université à Padoue.

HOLLANDE.

6 Universités et plusieurs sociétés littéraires, beaucoup de monastères catholiques des deux sexes.

SUISSE.

4 Evêques suffragants de l'Arch. de Besançon.

1 Université à Bâle.

PALATINAT DE BAVIÈRE.

Plusieurs Académies.
1 Archevêché.
5 Evêchés.

2 Universités.
1 Académie des sciences.

SAXE.

1 Chapitre catholique.
3 Couvents de filles.
3 Universités.

5 Colléges presbytériens.
1 Académie des sciences.

HANOVRE.

750 Paroisses luthériennes.
14 Communautés.
1 Collégiale catholique.

1 Couvent et plusieurs autres églises.
L'Univ. de Gottingue.

WURTEMBERG.

Le Consistoire luthérien.
14 Prélatures ou abbayes.

1 Université et plusieurs Colléges.

LANDGRAVIAT DE HESSE-CASSEL.

2 Universités.

1 Académie des sciences.

On voit qu'il n'est pas question des hôpitaux et des fondations de charité dans ce tableau. Le mot de *collége* y est employé vaguement et dans un sens collectif. On sent bien, par exemple, qu'il y a plus de six colléges dans les Ltats héréditaires d'Autriche, et que l'auteur a voulu désigner seulemen des espèces d'universités inférieures à celles qui portent ordinairement ce nom.

En faisant le dépouillement de l'ouvrage du frère Hélyot, nous avons trouvé le résultat suivant pour les chefs-lieux d'hôpitaux en Europe :

Religieux de Saint-Antoine de Viennois.

Chefs-lieux d'hôpitaux.

En France.................................. 5
En Italie................................... 4
En Allemagne............................... 4
Religieux non réformés de cet ordre........ »
Hôpitaux inconnus.......................... »

Chanoines réguliers de l'hôpital de Roncevaux.

Roncevaux.................................. 1
Ortie...................................... 1
Plusieurs hôpitaux indépendants, inconnus.. »

Ordre du Saint-Esprit de Montpellier.

Rome....................................... 2
Bergerac................................... 1
Troyes..................................... 1
Plusieurs inconnus......................... »

A reporter... 19

NOTES ET ÉCLAIRCISSEMENTS.

Chefs-lieux d'hôpitaux.

Report. 19

Religieux Porte-Croix.

MONASTÈRES-HÔPITAUX.

En Italie.	200
En France.	7
En Allemagne.	9
En Bohème.	15

Chanoines et Chanoinesses de Saint-Jacques de l'Épée.

En Espagne.	20

Religieuses Hospitalières, ordre de Saint-Augustin.

Hôtel-Dieu à Paris.	1
Saint-Louis, *ibid.*	1
Moulins.	1

Frères de la Charité de Saint-Jean de Dieu.

Espagne et Italie.	18
France.	24

Religieuses Hospitalières de la Charité de N. D.

France.	12

Religieuses Hospitalières de Loches.

France.	18
Italie.	12

Religieuses Hospitalières de l'ordre de Saint-Jean de Jérusalem en France.

Beaulieu.	1
Sieux.	1

Dames de Charité fondées par saint Vincent de Paul.

France, Pologne et Pays-Bas.	280
Dirigent de plus à Paris l'hôpital du nom de Jésus, devenu l'hôpital général.	1
Les deux maisons des Enfants-Trouvés.	2
Le Séminaire vis-à-vis de Saint-Lazare.	»
L'Hôtel des Invalides.	1
Les Incurables.	1
Les Petites-Maisons.	1

Filles Hospitalières de Sainte-Marthe, en France.

Beaune.	1
Châlons.	1
Dijon.	1
Langres.	1
Plusieurs autres en Bourgogne, inconnus.	»

Chanoinesses Hospitalières en France.

Sainte-Catherine, à Paris.	1
Saint-Gervais, *ibid.*	1

Filles-Dieu.

Paris, rue Saint-Denis.	1
Orléans.	1

Filles Hospitalières en France.

Beauvais.	1
Noyon.	1
Abbeville.	1
Amiens.	1
Pontoise.	1
Cambrai.	3
Menin.	1

Tiers ordre de Saint-François les Bons-Fieux.

Armentières.	1
Lille.	1
Dunkerque.	1
Bergue.	1
Ypres.	1

A reporter. . . . 667

NOTES ET ÉCLAIRCISSEMENTS. 251

	Chefs-lieux d'hôpitaux.
Report. . . .	697

Sœurs Grises.

Chef-lieux d'hôpitaux.	23

Brugelettes et Frères Infirmiers, Minimes, en Espagne.

Burgos	1
Guadalaxara	1
Murcie, Nazara	1
Belmonte	1
Tolède	1
Talavera	1
Pampelune	1
Saragosse	1
Valladolid	1
Medina del Campo	1
Lisbonne	2
Evora	1
Malines, en France	1

Filles Hospitalières de Saint-Thomas de Villeneuve, en France.

En Bretagne	13
A Paris	1

Filles de Saint-Joseph.

Belley	1
Lyon	1
Grenoble	1
Embrun	1
Gap	1
Sisteron	1
Viviers	1
Uzès	1

Filles de Miramion.

Paris	3
Total des hôpitaux dans les chefs-lieux d'hôpitaux. . .	729

Pour se convaincre qu'Hélyot ne parle ici que des chefs-lieux des hôpitaux desservis par les différents ordres monastiques, il suffit de remarquer qu'aucune capitale, excepté Paris, n'est nommée dans ce tableau, et qu'il y a telle métropole qui contient jusqu'à vingt et trente hospices. Ces maisons centrales des ordres hospitaliers ont étendu des branches autour d'elles, et ces branches ne sont indiquées dans la plupart des auteurs que par des *etc.*

Il est presque impossible de rien dire de certain sur le nombre des colléges en Europe : les auteurs en parlent à peine. On voit seulement que les religieux de Saint-Basile en Espagne n'ont pas moins de quatre colléges par province ; que toutes les congrégations bénédictines enseignaient ; que les *provinces* des Jésuites embrassaient toute l'Europe ; que les universités avaient des multitudes d'écoles et de colléges dépendants, etc. ; et quand, d'après les statistiques des divers temps, nous avons avancé que le christianisme enseignait 300,000 élèves, nous sommes certainement resté au-dessous de la vérité.

C'est d'après le calcul suivant, tiré des diverses géographies, et en particulier de celle de Guthrie, que nous avons donné 3,294 villes en Europe, en accordant à chacune de ces villes un hôpital.

	Villes
Norwège	20
Danemark propre	31
Suède	75
Russie d'Europe	83
Ecosse	103
Angleterre	552
Irlande	39
Espagne	208
Portugal	51
Piémont	37
République Italique	43
République de Saint-Marin	1
Etats Vénitiens et duché de Parme	23
A reporter. . .	1,266

NOTES ET ÉCLAIRCISSEMENTS.

	Villes.
Report...	1,266
République Ligurienne	15
République de Lucques	2
Toscane	22
Etats de l'Église	36
Royaume de Naples	60
Royaume de Sicile	17
Corse et autres îles	21
France, en y comprenant son nouveau territoire	960
Prusse	30
Pologne	40
Hongrie	67
Transylvanie	8
Galicie	16
République Helvétique	91
Allemagne	643
	3,294

Note 59, page 128. — *C'est cette corruption de l'empire romain qui a attiré du fond de leurs déserts les Barbares, qui, sans connaître la mission qu'ils avaient de détruire, s'étaient appelés par instinct* le fléau de Dieu.

Salvien, prêtre de Marseille [1], qu'on a appelé *le Jérémie du cinquième siècle*, écrivit ses livres de *la Providence* [2] pour prouver à ses contemporains qu'ils avaient tort d'accuser le ciel, et qu'ils méritaient tous les malheurs dont ils étaient accablés.

« Quel châtiment, dit-il, ne mérite pas le corps de l'empire, dont une partie outrage
« Dieu par le débordement de ses mœurs, et l'autre joint l'erreur aux plus honteux excès?
« Pour ce qui est des mœurs, pouvons-nous le disputer aux Goths et aux Vandales? Et,
« pour commencer par la reine des vertus, la charité, tous les Barbares, aux moins de la
« même nation, s'aiment réciproquement; au lieu que les Romains s'entre-déchirent... Aussi
« voit-on tous les jours les sujets de l'empire aller chercher chez les Barbares un asile
« contre l'inhumanité des Romains. Malgré la différence de mœurs, la diversité du langage,
« et, si j'ose le dire, malgré l'odeur infecte qu'exhalent le corps et les habits de ces peuples
« étrangers [3], ils prennent le parti de vivre avec eux, et de se soumettre à leur domination,
« plutôt que de se voir continuellement exposés aux injustes et tyranniques violences de
« leurs compatriotes.

« ... Nous ne gardons aucune des lois de l'équité, et nous trouvons mauvais que Dieu nous
« rende justice. En quel pays du monde voit-on des désordres pareils à ceux qui règnent
« aujourd'hui parmi les Romains? Les Francs ne donnent pas dans cet excès; les Huns en
« ignorent la pratique; il ne se passe rien de semblable ni chez les Vandales ni chez les
« Goths... Que dire davantage? Les richesses d'autrefois nous ont échappé des mains, et, ré-
« duits à la dernière misère, nous ne pensons qu'à de vains amusements. La pauvreté range
« enfin les prodigues à la raison, et corrige les débauchés; mais pour nous, nous sommes
« des prodigues et des débauchés d'une espèce toute particulière : la disette n'empêche pas
« nos désordres.

« ... Qui le croirait? Carthage est investie, déjà les Barbares en battent les murailles; on
« n'entend autour de cette malheureuse ville que le bruit des armes, et, durant ce temps-là,
« les habitants de Carthage sont au cirque, tout occupés à goûter le plaisir insensé de voir
« s'entr'égorger des athlètes en fureur; d'autres sont au théâtre, et là ils se repaissent d'infa-
« mies Tandis qu'on égorge leurs concitoyens hors de la ville, ils se livrent au dedans à la
« dissolution... Le bruit des combattants et des applaudissements du cirque, les tristes accents
« des mourants et les clameurs insensées des spectateurs se mêlent ensemble; et dans cette
« étrange confusion, à peine peut-on distinguer les cris lugubres des malheureuses victimes
« qu'on immole sur le champ de bataille, d'avec les huées dont le reste du peuple fait re-
« tentir les amphithéâtres. N'est-ce pas là forcer Dieu, et le contraindre à punir? Peut-être
« ce Dieu de bonté voulait-il suspendre l'effet de sa juste indignation, et Carthage lui a fait
« violence pour l'obliger à la perdre sans ressource.

« Mais à quoi bon chercher si loin des exemples? N'avons-nous pas vu, dans les Gaules,

[1] Il paraît certain, d'après les lettres qui nous restent de Salvien, qu'il était de Trèves, et d'une des premières familles de cette ville. A l'époque de l'invasion des Barbares, il alla s'établir à l'autre extrémité des Gaules avec sa femme Palladi e et sa fille Auspiciole : il se fixa à Marseille, où il perdit son épouse, et se fit prêtre. Saint Hilaire d'Arles, son contemporain, le qualifiait *d'homme excellent, et de très-heureux serviteur de Jésus-Christ*.
[2] *De Gubernatione Dei, et de justo Dei, præsentique judicio*.
[3] *Et quamvis ab his ad quos confugiunt discrepent ritu, discrepent lingua, ipso etiam, ut ita dicam, corporum atque induviarum barbaricarum fetore dissentiant, malunt tamen in Barbaris pati cultum dissimilem, quam in Romanis injustitiam sævientem.* (*De Gub. Dei*, lib. v)

NOTES ET ÉCLAIRCISSEMENTS. 253

« presque tous les hommes les plus élevés en dignité devenir par l'adversité pires qu'ils
« n'étaient auparavant? N'ai-je pas vu moi-même la noblesse la plus distinguée de Trèves,
« quoique ruinée de fond en comble, dans un état plus déplorable par rapport aux mœurs
« que par rapport aux biens de la vie, car il leur restait encore quelque chose des débris
« de leur fortune, au lieu qu'il ne leur restait plus rien des mœurs chrétiennes [1]. »

« ... N'est-ce pas la destinée des peuples soumis à l'empire romain, de prier plutôt que
« de se corriger? Il faut qu'ils cessent d'être pour cesser d'être vicieux. En faut-il d'autres
« preuves que l'exemple de la capitale des Gaules [2]? Ruinée jusqu'à trois fois de fond en
« comble, n'est-elle pas plus débordée que jamais? J'ai vu moi-même, pénétré d'horreur, la
« terre jonchée de corps morts. J'ai vu les cadavres nus, déchirés, exposés aux oiseaux
« et aux chiens : l'air en était infecté, et la mort s'exhalait, pour ainsi dire, de la mort
« même. Qu'arriva-t-il pourtant? O prodige de folie, et qui pourrait se l'imaginer! une partie
« de la noblesse, sauvée des ruines de Trèves, pour remédier au mal, demanda aux empereurs
« d'y rétablir les jeux du cirque...

« ... Pense-t-on au cirque, quand on est menacé de la servitude? ne songe-t-on qu'à
« rire, quand on n'attend que le coup de la mort?.. Ne dirait-on pas que tous les sujets
« de l'empire ont mangé de cette espèce de poison qui fait rire et qui tue? Ils vont rendre
« l'âme, et ils rient! Aussi nos ris sont-ils partout suivis de larmes, et nous sentons dès à
« présent la vérité de ces paroles du Sauveur : *Malheur à vous qui riez, car vous pleu-*
« *rerez!* » (Luc, vi, 25.) (*De la Providence*, liv. v, vi et vii.)

Le cardinal Bellarmin fait remarquer que le zèle de Salvien pour la réformation des mœurs
lui avait fait trop généraliser la peinture qu'il fait des vices de son siècle. Tillemont fait
une observation semblable : il dit que la corruption ne pouvait pas être si universelle dans
un temps où il y avait encore tant de saints évêques. Le livre de Salvien parut en 439.
Douze ans auparavant, saint Augustin avait publié, sur le même sujet, son grand ouvrage de la *Cité de Dieu*, qu'il avait commencé en 413, après la prise de Rome par Alaric.
A la profondeur des pensées, à la parfaite justesse des vues, on reconnaît dans ce livre le
plus beau génie de l'antiquité chrétienne.

Les païens attribuaient les malheurs de l'empire à l'abandon du culte des dieux, et les chrétiens faibles ou corrompus en prenaient occasion d'accuser la Providence. Saint Augustin
remplit le double objet de répondre aux reproches des uns, d'éclairer et de consoler les
autres. Il montre aux païens, en parcourant l'histoire depuis la ruine de Troie, que les anciens empires, comme ceux des Assyriens et des Egyptiens, avaient péri, quoiqu'ils n'eussent
pas cessé d'être fidèles au culte des dieux ; il rappelle particulièrement aux Romains ce que
leurs pères avaient souffert lors de l'incendie de Rome par les Gaulois, pendant la seconde
guerre Punique, et surtout du temps des proscriptions de Marius et de Sylla. Il fait voir que
ce dernier avait été bien plus cruel que les Goths; que ceux-ci avaient du moins épargné tous
ceux qui s'étaient réfugiés dans les basiliques des apôtres et les tombeaux des martyrs, protection qu'on n'avait jamais vue, dans toute l'antiquité, procurée par les temples des dieux;
et qu'ainsi, en accusant la religion chrétienne, ils se rendaient encore coupables d'ingratitude.
Il leur dit ensuite que leur perte avait pour principe la corruption de leurs mœurs, dont il
fait remonter l'époque à la construction du premier amphithéâtre, que Scipion Nasica
voulut en vain empêcher ; corruption que Salluste a peinte avec tant de force, et qui faisait
dire à Cicéron, dans son traité de la *République* [3], écrit soixante ans avant Jésus-Christ, qu'*il
comptait l'état de Rome comme déjà ruiné, par la chute des anciennes mœurs.*

Saint Augustin dit aux chrétiens que les gens de bien commettent toujours beaucoup de
fautes ici-bas qui méritent des punitions temporelles; mais que les vrais disciples de Jésus-
Christ ne regardaient pas comme des maux la perte des biens, l'exil, la captivité, ni la mort
même, et qu'ils n'espéraient le bonheur que dans la *cité* du ciel, qui est leur véritable patrie.

Cet ouvrage n'est que le développement de la fameuse lettre que le saint docteur avait
écrite, lors de la prise de Rome, au tribun Marcellin, secrétaire impérial en Afrique. Peu de
temps après, ce même Marcellin fut calomnieusement accusé d'être entré dans une conspira-
tion contre l'empereur, et il fut condamné à perdre la tête, ainsi que son frère Appringius.
Comme ils étaient ensemble en prison, Appringius dit un jour à Marcellin : « Si je souffre
« ceci pour mes péchés, vous dont je connais la vie si chrétienne, comment l'avez-vous
« mérité? — Quand ma vie, dit Marcellin, serait telle que vous le dites, *croyez-vous que*

---

[1] *Sed quid ego loquor de longe positis et quasi in alio orbe submotis, cum sciam etiam in solo patrio atque in civitatibus Gallicanis omnes fere præclariores viros calamitatibus suis factos fuisse pejores? Vidi siquidem ego ipse Treveros domi nobiles, dignitate sublimes, licet jam spoliatos atque vastatos, minus tamen eversos rebus fuisse quam moribus. Quamvis etiam depopulatis jam atque nudatis aliquid supererat de substantia, nihil tamen de disciplina.* (De Gub. Dei, lib. vi, in-8°, ed. tert., cum notis Baluz. pag. 139.)

[2] Trèves. Cette ville était la résidence du préfet des Gaules, et les empereurs y faisaient leur séjour ordinaire quand ils s'arrêtaient dans les provinces en deçà du Rhin et des Alpes.

[3] Fragment conservé dans la *Cité de Dieu*, liv. ii, chap. xxi.

« *Dieu me fasse une petite grâce, de punir ici mes péchés, et de ne les pas réserver au jugement futur* [1]. » (*Note de l'Éditeur.*)

Note 60, page 144. — Il est curieux de voir comment un Faidyt traite un Fénelon dans sa *Télémacomanie :* « S'il faut juger du *Télémaque*, dit-il, par le feu et l'ardeur avec laquelle ce livre est recherché, c'est le plus excellent de tous les livres. Jamais on ne tira tant d'exemplaires d'aucun ouvrage ; jamais on ne fit tant d'éditions d'un même livre ; jamais écrit n'a été lu par tant de gens. Mais comme les fées du jeune Perrault, et les pasquinades de Le Noble, et les mamans-joies de madame de Murat, et les comédies d'Arlequin, ou le théâtre Italien, qui sont certainement des livres fort méprisables, ont été lus et courus par plus de gens, et réimprimés plus de fois que *Télémaque*, il faut compter pour peu de chose l'avidité avec laquelle il a été recherché, etc... Le profond respect que j'ai pour le caractère et pour le mérite personnel de M. de Cambrai me fait rougir de honte pour lui, d'apprendre qu'un tel ouvrage soit parti de sa plume, et que de la même main dont il offre tous les jours sur l'autel, au Dieu vivant, le calice adorable qui contient le sang de Jésus-Christ, le prix de la rédemption de l'univers, il ait présenté à boire à ces mêmes âmes qui en ont été rachetées, la coupe du vin empoisonné de la prostituée de Babylone... Je n'ai presque vu autre chose dans les premiers tomes du *Télémaque* de M. de Cambrai que des peintures vives et naturelles de la beauté des nymphes et des naïades, et de celle de leur parure et de leur ajustement, de leur danse, de leurs chansons, de leurs jeux, de leurs divertissements, de leur chasse, de leurs intrigues à se faire aimer, et de la bonne grâce avec laquelle elles nagent toutes nues aux yeux d'un jeune homme pour l'enflammer. La grotte enchantée de Calypso, la troupe galante des jeunes filles qui l'accompagnent partout, leur étude à plaire, leur application à se parer, les soins assidus et officieux qu'elles rendent au beau Télémaque, les discours que leur maîtresse, encore plus amoureuse qu'elles, lui tient, les charmes de la jeune Eucharis, les avances qu'elle fait à son amoureux, les rendez-vous dans un bois, les tête-à-tête sur l'herbe, les parties de chasse, les festins, le bon vin et le précieux nectar dont elles enivrent leur hôte, la descente de Vénus dans un char doré et léger traîné par des colombes, accompagnée de son petit Amour ; enfin la description de l'île de Chypre, et des plaisirs de toutes les sortes, qui sont permis en ce charmant pays, aussi bien que les fréquents exemples de toute la jeunesse, qui, sous l'autorité des lois, et sans le moindre obstacle de la pudeur, s'y livre impunément à toutes sortes de voluptés et de dissolutions, occupent une bonne partie du premier et du second tome du roman de votre prélat, Madame... Est-il possible que M. de Cambrai, qui est si éclairé, n'aitpas prévu tant de funestes suites qui proviendront de son livre?... A quoi peuvent servir après cela toutes les belles instructions de morale et de vertu chrétienne et évangélique que M. de Cambrai fait donner par Mentor à son Télémaque? N'est-ce pas mêler Dieu avec le démon, Jésus avec Bélial, la lumière avec les ténèbres, comme dit saint Paul, et faire un mélange ridicule et monstrueux de la religion chrétienne avec la païenne, et des idoles avec la divinité? » (*Télémacomanie*, ou *la censure et critique du roman intitulé :* Les Aventures, etc., 1 vol. in-12 de 500 pag., édit. de 1700, pag. 1, 2, 3, 6, 461, 462.) On voit que dans tous les temps les dénonciations et les insinuations odieuses ont fait une partie essentielle de l'art de certains critiques. Le reste de la *Télémacomanie* est du même ton. Faidyt *prouve* que Fénelon ne sait pas sa langue ; qu'il est d'une ignorance profonde en histoire ; qu'il fait toujours, par exemple, Idoménée, petit-fils de Minos, fils de Jupiter, tandis qu'il n'était que son arrière-petit-fils ; il *montre* que l'archevêque de Cambrai n'entend pas Homère ; que son roman (qui est un chef-d'œuvre de composition) est pitoyablement composé, notamment le dénoûment, que lui, Faidyt, trouve ridicule, etc., etc. Encore ce misérable, qui avait aussi insulté Bossuet, et l'avait appelé l'âne de Balaam, se défend-il d'être l'auteur d'une *critique brutale et séditieuse*, qui avait paru depuis quelque temps contre le *Télémaque* ; il est fort scandalisé qu'on lui attribue *cet infâme libelle :* il voulait parler apparemment de la *critique générale du Télémaque*, de Gueudeville. Il faut convenir qu'on a peu le droit de se plaindre de la rigueur de la censure lorsqu'on voit de pareilles insultes prodiguées à des ouvrages dont le temps a consacré la beauté ; mais il faut convenir aussi que ces critiques sont des refuges dangereux pour l'amour-propre des auteurs modernes, et qu'elles offrent trop de consolation à la médiocrité.

Note 61, page 145. — *Epist. ad Magnum.* Il nomme, avec son érudition accoutumée, tous les auteurs qui ont défendu la religion et les mystères par des idées philosophiques, en commençant à saint Paul, qui cite des vers de Ménandre [2] et d'Épinémide [3]? jusqu'au prêtre Juvencus, qui, sous le règne de Constantin, écrivit en vers l'histoire de Jésus-Christ « sans craindre, ajoute saint Jérôme, que la poésie diminuât quelque chose de la majesté de l'Évangile [4]. »

---

[1] *Parvumne, inquit, mihi existimas conferri divinitus beneficium (si tamen hoc testimonium tuum de vita mea verum est), ut quod patior, etiamsi usque ad effusionem sanguinis patiar, ibi peccata mea puniantur, nec mihi ad futurum judicium reserventur ?* (S. Aug., *ad Cœcilianum*, ep. CLI.)
[2] I. Cor., xv, 33. — [3] Tit. 1, 12. — [4] *Epist. ad Magn.*, loc. cit.

NOTES ET ÉCLAIRCISSEMENTS. 255

Note 62, page 146. — Le passage grec est formel :

Ὁ μὲν γὰρ εὐθὺς γραμματικὸς ἅτε, τὴν τέχνην γραμματικὴν χριστιανικῷ, τύπῳ συνέταττε· τά τε Μωϋσέως βιβλία διὰ τοῦ ἡρωικοῦ λεγομένου μέτρου μετέβαλε, καὶ ὅσα κατὰ τὴν παλαιὰν διαθήκην ἐν ἱστορίας τύπῳ συγγέγραπται· καὶ τοῦτο μὲν τῷ δακτυλικῷ μέτρῳ συνέταττε· τοῦτο δὲ καὶ τῷ τῆς τραγῳδίας τύπῳ δραματικῶς ἐξειργάζετο· καὶ παντὶ μέτρῳ ῥυθμικῷ ἐχρῆτο, ὅπως ἂν μηδεὶς τρόπος τῆς ἑλληνικῆς γλώττης τοῖς χριστιανοῖς ἀνήκοος ᾖ. Ὁ δὲ νεώτερος Ἀπολλινάριος, εὖ πρὸς τὸ λέγειν παρεσκευασμένος, τὰ Εὐαγγέλια καὶ τὰ ἀποστολικὰ δόγματα ἐν τύπῳ διαλόγων ἐξέθετο, κατὰ καὶ Πλάτων παρ' Ἕλλησιν. (Socrat., lib. iii, cap. xvi, pag. 154, *ex editione Valesii.* Paris., ann. 1686.) Sozomène, qui attribue tout au fils, dit qu'il fit l'histoire des Juifs, jusqu'à Saül, en vingt-quatre poèmes, qu'il marqua des vingt-quatre lettres grecques de l'alphabet, comme Homère; qu'il imita Ménandre par des comédies, Euripide par des tragédies, et Pindare par des odes, prenant le sujet de ses ouvrages dans l'Ecriture sainte. Les chrétiens chantaient souvent ses vers au lieu des hymnes sacrées, car il avait composé des chansons pieuses de toutes les sortes pour les jours de fêtes ou de travail. Il adressa à Julien même, et aux philosophes de ces temps, un discours intitulé *De la Vérité*, et dans lequel il défendait le christianisme par des raisons purement humaines. Voici le texte :

Ἡνίκα δὴ Ἀπολλινάριος οὗτος εἰς καιρὸν τῇ πολυμαθίᾳ, καὶ τῇ φύσει χρησάμενος, ἀντὶ μὲν τῆς Ὁμήρου ποιήσεως, ἐν ἔπεσιν ἡρῴοις τὴν ἑβραϊκὴν ἀρχαιολογίαν συνεγράψατο μέχρι τῆς τοῦ Σαοὺλ βασιλείας, καὶ εἰς εἰκοσιτέσσαρα μέρη τὴν πᾶσαν γραμματείαν διεῖλεν, ἑκάστῳ τόμῳ προσηγορίαν θέμενος ὁμώνυμον τοῖς παρ' Ἕλλησι στοιχείοις κατὰ τὸν τούτων ἀριθμὸν καὶ τὴν τάξιν. Ἐπραγματεύσατο δὲ καὶ τοῖς Μενάνδρου δράμασιν εἰκασμένας κωμῳδίας· καὶ τὴν Εὐριπίδου τραγῳδίαν, καὶ τὴν Πινδάρου λύραν ἐμιμήσατο. Et ailleurs : Ἄνδρες τε παρὰ τοὺς πότους καὶ ἐν ἔργοις, καὶ γυναῖκες παρὰ τοὺς ἱστοὺς τὰ αὐτοῦ μέλη ἔψαλλον. (Soz., lib. v, cap xviii, pag. 506; lib. vi, cap. xxv, pag. 545, *ex editione Valesii.* Paris., ann. 1686. Voyez aussi Fleury, *Hist. eccl.*, tom. iv, liv. xv, pag. 12. Paris, 1724; et Tillemont, *Mémoires eccl.*, tom. vi, art. 6, pag. 12; et art. 47, pag. 634. Paris, 1706.) Un laïque nommé Origène publia de son côté quelques traités en faveur de la religion ; et saint Amphiloque écrivit en vers à Séleucus pour l'engager à étudier à la fois les belles-lettres et les mystères de la religion. (Saint Basil., ép. 384, pag, 377; Saint Jean Damasc., pag. 190.)

Note 63, page 146. — Fleury, *Hist. eccl.*, tom. iv, liv. xix, pag. 557. La philosophie a été *scandalisée* de la manière *philosophique*, morale, et même poétique, dont l'auteur a parlé des mystères, sans faire attention que beaucoup de Pères de l'Eglise en ont eux-mêmes parlé ainsi, et qu'il n'a fait que répéter les raisonnements de ces grands hommes. Origène avait écrit neuf livres de *Stromates*, où il confirmait, dit saint Jérôme, tous les dogmes de notre religion par l'autorité de Platon, d'Aristote, de Numénius et de Cornutus. (*Epist. ad Magn.*) Saint Grégoire de Nysse mêle la philosophie à la théologie, et se sert des raisons des philosophes dans l'explication des mystères ; il suit Platon et Aristote pour les principes, et Origène pour l'allégorie. Qu'auraient donc dit les critiques, si l'auteur avait fait, comme saint Grégoire de Nazianze, des espèces de stances sur la grâce, le libre arbitre, l'invocation des saints, la Trinité, le saint Esprit, la présence réelle, etc.? Le poëme soixante-dixième, composé en vers hexamètres, et intitulé : *Les Secrets de saint Grégoire*, contient, dans huit chapitres, tout ce que la théologie a de plus sublime et de plus important. Saint Grégoire a chanté jusqu'à la primauté de l'Église de Rome :

> Τούτων δὲ πίστις, ἡ μὲν ἦν ἐκ πλείονος,
> Καὶ νῦν ἔτ' ἐστὶν εὔδρομος, τὴν ἑσπέραν
> Πᾶσαν δέουσα τῷ σωτηρίῳ λόγῳ,
> Καθὼς δίκαιον τὴν πρόεδρον τῶν ὅλων,
> Ὅλην σέβουσαν τὴν Θεοῦ συμφωνίαν.

> Fides vetustæ recta erat jam antiquitus,
> Et recta perstat nunc item, nexu pio,
> Quodcumque labens sol videt, deviniciens :
> Ut universi præsidem mundi decet,
> Totam colit quæ Numinis concordiam.

« De toute antiquité la foi de Rome a été droite, et elle persiste dans cette droiture, cette Rome qui lie par la parole du salut τῷ σωτηρίῳ λόγῳ *salutari verbo*, et non pas *nexu pio*), tout ce qu'éclaire le soleil couchant, comme il convenait à cette Église, qui occupe le pre-

mier rang entre les Églises du monde, et qui révère la parfaite union qui subsiste en Dieu. »
Voilà, certes, des sujets assez sérieux mis en vers par un évêque. L'auteur du *Génie du Christianisme* n'a parlé que des beaux effets de la religion employée dans la poésie : saint Grégoire de Nazianze va bien plus loin, car il ose faire de véritables allégories sur des sujets pieux. Rollin nous donne aussi le précis d'un poëme de ce Père : « Un songe qu'eut saint Grégoire dans sa plus tendre jeunesse, et dont il nous a laissé en vers une élégante description, contribua beaucoup à lui inspirer de tels sentiments (des sentiments d'innocence). Pendant qu'il dormait, il crut voir deux vierges de même âge et d'une égale beauté, vêtues d'une manière modeste, et sans aucune de ces parures que recherchent les personnes du siècle. Elles avaient les yeux baissés en terre, et le visage couvert d'un voile, qui n'empêchait pas qu'on n'entrevît la rougeur que répandait sur leurs joues une pudeur virginale. Leur vue, ajoute le saint, me remplit de joie ; car elles paraissaient avoir quelque chose au-dessus de l'humain. Elles, de leur côté, m'embrassèrent et me caressèrent comme un enfant qu'elles aimaient tendrement ; et quand je leur demandai qui elles étaient, elles me dirent, l'une qu'elle était *la Pureté*, et l'autre *la Continence*, toutes deux les compagnes de Jésus-Christ, et les amies de ceux qui renoncent au mariage pour mener une vie céleste ; elles m'exhortaient d'unir mon cœur et mon esprit au leur, afin que, m'ayant rempli de l'éclat de la virginité, elles pussent se présenter devant la lumière de la Trinité immortelle. Après ces paroles, elles s'envolèrent au ciel, et mes yeux les suivirent le plus loin qu'ils purent. » (*Traité des Études*, tom. IV, pag. 674.) A l'exemple de ce grand saint, Fénelon lui-même, dans son *Éducation des Filles*, a fait des descriptions charmantes des sacrements. Il veut que, pour instruire les enfants, on choisisse dans les histoires (de la religion) « tout ce qui en donne les images les plus riantes et les plus magnifiques, parce qu'il faut employer tout pour faire en sorte que les enfants trouvent la religion belle, aimable et auguste : au lieu qu'ils se la représentent d'ordinaire comme quelque chose de triste et de languissant. » Tant d'exemples, tant d'autorités fameuses, ont-ils été ignorés des critiques ?

Note 64, page 146. — On sait que Sannazar a fait dans ce poëme un mélange ridicule de la Fable et de la religion. Cependant il fut honoré pour ce poëme de deux brefs des papes Léon X et Clément VII ; ce qui prouve que l'Église a été dans tous les temps plus indulgente que la philosophie moderne, et que la charité chrétienne aime mieux juger un ouvrage par le bien que par le mal qui s'y trouve. La traduction de *Theagène et Chariclée* valut à Amyot l'abbaye de Bellozane.

Note 65, page 150. — *They are extremely fond of grapes*, and will climb to the top of the highest trees in quest of them. *Carver's travels through the interior parts of north America*, p. 443, third edit. London, 1781.

The bear in America is considered not as a fierce, carnivorous, but as an useful animal ; it feeds in Florida upon grapes. *John Bartram, Description of east Flor., third edition.* London, 1760.

« Il aime surtout (l'ours) le raisin ; et comme toutes les forêts sont remplies de vignes qui s'élèvent jusqu'à la cime des plus hauts arbres, il ne fait aucune difficulté d'y grimper. » Charlevoix, *Voyage dans l'Amerique septentrionale*, tom. IV, lettre 44, pag. 175, edit. de Paris, 1744. Imley dit en propres termes que les ours s'enivrent de raisin (*Intoxicated with grapes*), et qu'on profite de cette circonstance pour les prendre à la chasse. C'est d'ailleurs un fait connu de tout l'Amérique.

Quand on trouve dans un auteur une circonstance extraordinaire qui ne fait pas beauté en elle-même, et qui ne sert qu'à donner la ressemblance au tableau, si cet auteur a d'ailleurs montré quelque sens commun, il serait naturel de supposer qu'il n'a pas inventé cette circonstance, et qu'il ne fait que rapporter une chose réelle, bien qu'elle soit peu connue. Rien n'empêche qu'on ne trouve *Atala* une méchante production ; mais du moins la nature américaine y est peinte avec la plus scrupuleuse exactitude. C'est une justice que lui rendent tous les voyageurs qui ont visité la Louisiane et les Florides. Je connais deux traductions anglaises d'*Atala* ; elles sont parvenues toutes deux en Amérique ; les papiers publics ont annoncé en outre une troisième traduction, publiée à Philadelphie avec succès. Si les tableaux de cette histoire eussent manqué de vérité, auraient-ils réussi chez un peuple qui pouvait dire à chaque pas : Ce ne sont pas là nos fleuves, nos montagnes, nos forêts ? Atala est retournée au désert, et il semble que sa patrie l'a reconnue pour véritable enfant de la solitude.

FIN DES NOTES ET ÉCLAIRCISSEMENTS.

VOYAGE EN ITALIE

A M. JOUBERT (1).

PREMIÈRE LETTRE.

Turin, ce 17 juin 1803.

Je n'ai pu vous écrire de Lyon, mon cher ami, comme je vous l'avais promis. Vous savez combien j'aime cette excellente ville, où j'ai été si bien accueilli l'année dernière, et encore mieux cette année. J'ai revu les vieilles murailles des Romains, défendues par les braves Lyonnais de nos jours, lorsque les bombes des conventionnels obligeaient notre ami Fontanes à changer de place le berceau de sa fille; j'ai revu l'abbaye des Deux-Amants et la fontaine de J.-J. Rousseau. Les coteaux de la Saône sont plus riants et plus pittoresques que jamais; les barques qui traversent cette douce rivière, *mitis Arar*, couvertes d'une toile, éclairées d'une lumière pendant la nuit et conduites par de jeunes femmes, amusent agréablement les yeux. Vous aimez les cloches, venez à Lyon; tous ces couvents épars sur les collines semblent avoir retrouvé leurs solitaires.

Vous savez déjà que l'Académie de Lyon m'a fait l'honneur de m'admettre au nombre de ses membres. Voici un aveu : si le malin esprit y est pour quelque chose, ne cherchez dans mon orgueil que ce qu'il y a de bon, vous savez que vous voulez voir l'enfer du bon côté. Le plaisir le plus vif que j'aie éprouvé

---

(1) M. Joubert (frère aîné de l'avocat général à la Cour de cassation), homme d'un esprit rare, d'une âme supérieure et bienveillante, d'un commerce sûr et charmant, d'un talent qui lui aurait donné une réputation méritée, s'il n'avait voulu cacher sa vie; homme ravi trop tôt à sa famille, à la société choisie dont il était le lien; homme de qui la mort a laissé dans mon existence un de ces vides que font les années et qu'elles ne réparent point.

Voyez, au reste, sur ce *Voyage en Italie*, l'avertissement en tête du *Voyage en Amérique*.

dans ma vie, c'est d'avoir été honoré, en France et chez l'étranger, des marques d'un intérêt inattendu. Il m'est arrivé quelquefois, tandis que je me reposais dans une méchante auberge de village, de voir entrer un père et une mère avec leur fils : ils m'amenaient, me disaient-ils, leur enfant pour me remercier. Était-ce l'amour-propre qui me donnait alors ce plaisir vif dont je parle? Qu'importait à ma vanité que ces obscurs et honnêtes gens me témoignassent leur satisfaction sur un grand chemin, dans un lieu où personne ne les entendait? Ce qui me touchait, c'était, du moins j'ose le croire, c'était d'avoir produit un peu de bien, d'avoir consolé quelques cœurs affligés, d'avoir fait renaître au fond des entrailles d'une mère l'espérance d'élever un fils chrétien, c'est-à-dire un fils soumis, respectueux, attaché à ses parents. Je ne sais ce que vaut mon ouvrage (1), mais aurais-je goûté cette joie pure, si j'eusse écrit avec tout le talent imaginable un livre qui aurait blessé les mœurs et la religion?

Dites à notre petite société, mon cher ami, combien je la regrette : elle a un charme inexprimable, parce qu'on sent que ces personnes qui causent si naturellement de matière commune peuvent traiter les plus hauts sujets, et que cette simplicité des discours ne vient pas d'indigence, mais de choix.

Je quittai Lyon le... à cinq heures du matin. Je ne vous ferai pas l'éloge de cette ville; ses ruines sont là; elles parleront à la postérité : tandis que le courage, la loyauté et la religion seront en honneur parmi les hommes, Lyon ne sera pas oublié (2).

Nos amis m'ont fait promettre de leur écrire de la route. J'ai marché trop vite et le temps m'a manqué pour tenir parole. J'ai seulement barbouillé au crayon, sur un portefeuille, le petit journal que je vous envoie. Vous pourriez trouver dans le livre de postes les noms des pays *inconnus* que j'ai découverts, comme, par exemple, Pont de Beauvoisin et Chambéry; mais vous m'avez tant répété qu'il fallait des notes, et toujours des notes, que nos amis ne pourront se plaindre si je vous prends au mot.

JOURNAL.

La route est assez triste en sortant de Lyon. Depuis la Tour du Pin jusqu'à Pont de Beauvoisin, le pays est frais et bocager. On découvre, en approchant de la Savoie, trois rangs de montagnes, à peu près parallèles, et s'élevant les unes au-dessus des autres. La plaine, au pied de ces montagnes, est arrosée par la petite rivière le Gué. Cette plaine, vue de loin, paraît unie; quand on y entre on s'aperçoit qu'elle est semée de collines irrégulières : on y trouve quelques futaies, des champs de blé et des vignes. Les montagnes qui forment le fond du paysage sont ou verdoyantes et moussues, ou terminées par des roches

---

(1) Le *Génie du Christianisme*.
(2) Il m'est très-doux de retrouver, à vingt-quatre ans de distance, dans un manuscrit inconnu, l'expression des sentiments que je professe plus que jamais pour les habitants de Lyon; il m'est encore plus doux d'avoir reçu dernièrement de ces habitants les mêmes marques d'estime dont ils m'honorèrent il y a bientôt un quart de siècle.

en forme de cristaux. Le Gué coule dans un encaissement si profond, qu'on peut appeler son lit une vallée. En effet, les bords intérieurs en sont ombragés d'arbres. Je n'avais remarqué cela que dans certaines rivières de l'Amérique, particulièrement à Niagara.

Dans un endroit on côtoie le Gué d'assez près : le rivage opposé du torrent est formé de pierres qui ressemblent à de hautes murailles romaines, d'une architecture pareille à celle des arènes de Nîmes (1).

Quand vous êtes arrivé aux Échelles, le pays devient plus sauvage. Vous suivez, pour trouver une issue, des gorges tortueuses dans des rochers plus ou moins horizontaux, inclinés ou perpendiculaires. Sur ces rochers fumaient des nuages blancs, comme les brouillards du matin qui sortent de la terre dans les lieux bas. Ces nuages s'élevaient au-dessus ou s'abaissaient au-dessous des masses de granit, de manière à laisser voir la cime des monts ou à remplir l'intervalle qui se trouvait entre cette cime et le ciel. Le tout formait un chaos dont les limites indéfinies semblaient n'appartenir à aucun élément déterminé.

Le plus haut sommet de ces montagnes est occupé par la Grande-Chartreuse, et au pied de ces montagnes se trouve le chemin d'Emmanuel : la religion a placé ses bienfaits près de celui *qui est dans les cieux;* le prince a rapproché les siens de la demeure des hommes.

Il y avait autrefois dans ce lieu une inscription annonçant qu'Emmanuel, pour le bien public, avait fait percer la montagne. Sous le règne révolutionnaire, l'inscription fut effacée ; Buonaparte l'a fait rétablir : on y doit seulement ajouter son nom : que n'agit-on toujours avec autant de noblesse !

On passait anciennement dans l'intérieur même du rocher par une galerie souterraine. Cette galerie est abandonnée. Je n'ai vu dans ce lieu que de petits oiseaux de montagne qui voltigeaient en silence à l'ouverture de la caverne, comme ces songes placés à l'entrée de l'enfer de Virgile :

..... Foliisque sub omnibus hærent.

Chambéry est situé dans un bassin dont les bords rehaussés sont assez nus; mais on y arrive par un défilé charmant, et on en sort par une belle vallée. Les montagnes qui resserrent cette vallée étaient en partie revêtues de neige ; elles se cachaient sans cesse sous un ciel mobile, formé de vapeurs et de nuages.

C'est à Chambéry qu'un homme fut accueilli par une femme, et que, pour prix de l'hospitalité qu'il en reçut, de l'amitié qu'elle lui porta, il se crut philosophiquement obligé de la déshonorer. Ou Jean-Jacques Rousseau a pensé que la conduite de madame de Warens était une chose ordinaire, et alors que deviennent les prétentions du citoyen de Genève à la vertu? ou il a été d'opinion que cette conduite était répréhensible, et alors il a sacrifié la mémoire de sa bienfaitrice à la vanité d'écrire quelques pages éloquentes ; ou, enfin, Rousseau s'est persuadé que ses éloges et le charme de son style feraient passer par-dessus les torts qu'il impute à madame de Warens, et alors c'est le plus odieux des amours-propres. Tel est le danger des lettres : le désir de faire du bruit

(1) Je n'avais pas encore vu le Colisée.

l'emporte quelquefois sur des sentiments nobles et généreux. Si Rousseau ne fût jamais devenu un homme célèbre, il aurait enseveli dans les vallées de la Savoie les faiblesses de la femme qui l'avait nourri; il se serait sacrifié aux défauts mêmes de son amie; il l'aurait soulagée dans ses vieux ans, au lieu de se contenter de lui donner une tabatière d'or et de s'enfuir. Maintenant que tout est fini pour Rousseau, qu'importe à l'auteur des *Confessions* que sa poussière soit ignorée ou fameuse? Ah! que la voix de l'amitié trahie ne s'élève jamais contre mon tombeau!

Les souvenirs historiques entrent pour beaucoup dans le plaisir ou dans le déplaisir du voyageur. Les princes de la maison de Savoie, aventureux et chevaleresques, marient bien leur mémoire aux montagnes qui couvrent leur petit empire.

Après avoir passé Chambéry, le cours de l'Isère mérite d'être remarqué au pont de Montmélian. Les Savoyards sont agiles, assez bien faits, d'une complexion pâle, d'une figure régulière; ils tiennent de l'Italien et du Français : ils ont l'air pauvre sans indigence, comme leurs vallées. On rencontre partout dans leur pays des croix sur les chemins et des madones dans le tronc des pins et des noyers : annonce du caractère religieux de ces peuples. Leurs petites églises, environnées d'arbres, font un contraste touchant avec leurs grandes montagnes. Quand les tourbillons de l'hiver descendent de ces sommets chargés de glaces éternelles, le Savoyard vient se mettre à l'abri dans son temple champêtre, et prier sous un toit de chaume celui qui commande aux éléments.

Les vallées où l'on entre au-dessus de Montmélian sont bordées par des monts de diverses formes, tantôt demi-nus, tantôt revêtus de forêts. Le fond de ces vallées représente assez pour la culture les mouvements du terrain et les anfractuosités de Marly, en y mêlant de plus des eaux abondantes et un fleuve. Le chemin a moins l'air d'une route publique que de l'allée d'un parc. Les noyers dont cette allée est ombragée m'ont rappelé ceux que nous admirions dans nos promenades de Savigny. Ces arbres nous rassembleront-ils encore sous leur ombre (1) Le poëte s'est écrié dans un mouvement de mélancolie :

> Beaux arbres qui m'avez vu naître,
> Bientôt vous me verrez mourir!

Ceux qui meurent à l'ombre des arbres qui les ont vus naître sont-ils donc si à plaindre!

Les vallées dont je vous parle se terminent au village qui porte le joli nom d'Aigue-Belle. Lorsque je passai dans ce village, la hauteur qui le domine était couronnée de neige : cette neige, fondant au soleil, avait descendu en longs rayons tortueux dans les concavités noires et vertes du rocher : vous eussiez dit d'une gerbe de fusées ou d'un essaim de beaux serpents blancs qui s'élançaient de la cime des monts dans la vallée.

Aigue-Belle semble clore les Alpes; mais bientôt en tournant un gros rocher isolé, tombé dans le chemin, vous apercevez de nouvelles vallées qui

---

(1) Ils ne nous ont point rassemblés.

s'enfoncent dans la chaîne des monts attachés au cours de l'Arche. Ces vallées prennent un caractère plus sévère et plus sauvage.

Les monts des deux côtés se dressent; leurs flancs deviennent perpendiculaires; leurs sommets stériles commencent à présenter quelques glaciers : des torrents, se précipitant de toute part, vont grossir l'Arche qui court follement. Au milieu de ce tumulte des eaux j'ai remarqué une cascade légère et silencieuse, qui tombe avec une grâce infinie sous un rideau de saules. Cette draperie humide, agitée par le vent, aurait pu représenter aux poëtes la robe ondoyante de la Naïade, assise sur une roche élevée. Les anciens n'auraient pas manqué de consacrer un autel aux Nymphes dans ce lieu.

Bientôt le paysage atteint toute sa grandeur : les forêts de pins, jusqu'alors assez jeunes, vieillissent; le chemin s'escarpe, se plie, et se replie sur des abîmes; des ponts de bois servent à traverser des gouffres où vous voyez bouillonner l'onde, où vous l'entendez mugir.

Ayant passé Saint-Jean de Maurienne, et étant arrivé vers le coucher du soleil à Saint-André, je ne trouvai pas de chevaux, et fus obligé de m'arrêter. J'allai me promener hors du village. L'air devint transparent à la crête des monts; leurs dentelures se traçaient avec une pureté extraordinaire sur le ciel, tandis qu'une grande nuit sortait peu à peu du pied de ces monts, et s'élevait vers leur cime.

J'entendais la voix du rossignol et le cri de l'aigle; je voyais les aliziers fleuris dans la vallée et les neiges sur la montagne : un château, ouvrage des Carthaginois, selon la tradition populaire, montrait ses débris sur la pointe d'un roc. Tout ce qui vient de l'homme dans ces lieux est chétif et fragile; des parcs de brebis formés de joncs entrelacés, des maisons de terre bâties en deux jours : comme si le chevrier de la Savoie, à l'aspect des masses éternelles qui l'environnent, n'avait pas cru devoir se fatiguer pour les besoins passagers de sa courte vie! comme si la tour d'*Annibal* en ruine l'eût averti du peu de durée et de la vanité des monuments!

Je ne pouvais cependant m'empêcher, en considérant ce désert, d'admirer avec effroi la haine d'un homme, plus puissante que tous les obstacles, d'un homme qui, du détroit de Cadix, s'était frayé une route à travers les Pyrénées et les Alpes, pour venir chercher les Romains. Que les récits de l'antiquité ne nous indiquent pas l'endroit précis du passage d'Annibal, peu importe; il est certain que ce grand capitaine a franchi ces monts alors sans chemins, plus sauvages encore par leurs habitants que par leurs torrents, leurs rochers et leurs forêts. On dit que je comprendrai mieux à Rome cette haine terrible que ne purent assouvir les batailles de la Trébie, de Trasimènes et de Cannes : on m'assure qu'aux bains de Caracalla, les murs, jusqu'à hauteur d'homme, sont percés de coups de pique. Est-ce le Germain, le Gaulois, le Cantabre, le Goth, le Vandale, le Lombard, qui s'est acharné contre ces murs? La vengeance de l'espèce humaine devait peser sur ce peuple libre qui ne pouvait bâtir sa grandeur qu'avec l'esclavage et le sang du reste du monde.

Je partis à la pointe du jour de Saint-André, et j'arrivai vers les deux heures après midi à Lans le Bourg, au pied du mont Cénis. En entrant dans le village, je vis un paysan qui tenait un aiglon par les pieds, tandis qu'une troupe impitoyable frappait le jeune roi, insultait à la faiblesse de l'âge et à la majesté tombée : le père et la mère du noble orphelin avaient été tués. On me proposa de me le vendre, mais il mourut des mauvais traitements qu'on lui avait fait subir avant que je le pusse délivrer. N'est-ce pas là le petit Louis XVII, son père et sa mère?

Ici on commence à gravir le mont Cénis (1), et l'on quitte la petite rivière d'Arche qui vous a conduit au pied de la montagne : de l'autre côté du mont Cénis, la Doria vous ouvre l'entrée de l'Italie. J'ai eu souvent occasion d'observer cette utilité des fleuves dans mes voyages. Non-seulement ils sont eux-mêmes des *grands chemins qui marchent*, comme les appelle Pascal, mais ils tracent encore le chemin aux hommes et leur facilitent le passage des montagnes. C'est en côtoyant leurs rives que les nations se sont trouvées; les premiers habitants de la terre pénétrèrent, à l'aide de leurs cours, dans les solitudes du monde. Les Grecs et les Romains offraient des sacrifices aux fleuves; la Fable faisait les fleuves enfants de Neptune, parce qu'ils sont formés des vapeurs de l'Océan, et qu'ils mènent à la découverte des lacs et des mers; fils voyageurs, ils retournent au sein et au tombeau paternels.

Le mont Cénis, du côté de la France, n'a rien de remarquable. Le lac du plateau ne m'a paru qu'un petit étang. Je fus désagréablement frappé au commencement de la descente vers la Novalaise; je m'attendais, je ne sais pourquoi, à découvrir les plaines de l'Italie : je ne vis qu'un gouffre noir et profond, qu'un chaos de torrents et de précipices.

En général, les Alpes, quoique plus élevées que les montagnes de l'Amérique septentrionale, ne m'ont pas paru avoir ce caractère original, cette virginité de site que l'on remarque dans les Apalaches, ou même dans les hautes terres du Canada : la hutte d'un Siminole sous un magnolia, ou d'un Chipowois sous un pin, a tout un autre caractère que la cabane d'un Savoyard sous un noyer.

A M. JOUBERT.

LETTRE DEUXIÈME.

Milan, lundi matin, 21 juin 1803.

Je vais toujours commencer ma lettre, mon cher ami, sans savoir quand j'aurai le temps de la finir.

Réparation complète à l'Italie. Vous aurez vu par mon petit journal daté de Turin, que je n'avais pas été très-frappé de la *première vue*. L'effet des

(1) On travaillait à la route; elle n'était pas achevée, et l'on se faisait encore *ramasser*.

environs de Turin est beau, mais ils sentent encore la Gaule; on peut se croire en Normandie, aux montagnes près. Turin est une ville nouvelle, propre, régulière, fort ornée de palais, mais d'un aspect un peu triste.

Mes jugements se sont rectifiés en traversant la Lombardie : l'effet ne se produit pourtant sur le voyageur qu'à la longue. Vous voyez d'abord un pays fort riche dans l'ensemble, et vous dites : « C'est bien; » mais quand vous venez à détailler les objets, l'enchantement arrive. Des prairies, dont la verdure surpasse la fraîcheur et la finesse des gazons anglais, se mêlent à des champs de maïs, de riz et de froment; ceux-ci sont surmontés de vignes qui passent d'un échalas à l'autre, formant des guirlandes au-dessus des moissons : le tout est semé de mûriers, de noyers, d'ormeaux, de saules, de peupliers, et arrosé de rivières et de canaux. Dispersés sur ces terrains, des paysans et des paysannes, les pieds nus, un grand chapeau de paille sur la tête, fauchent les prairies, coupent les céréales, chantent, conduisent des attelages de bœufs, ou font remonter et descendre des barques sur les courants d'eau. Cette scène se prolonge pendant quarante lieues, en augmentant toujours de richesses jusqu'à Milan, centre du tableau. A droite on aperçoit l'Apennin, à gauche, les Alpes.

On voyage très-vite : les chemins sont excellents : les auberges, supérieures à celles de France, valent presque celles de l'Angleterre. Je commence à croire que cette France si policée est un peu barbare (1).

Je ne m'étonne plus du dédain que les Italiens ont conservé pour nous autres Transalpins, Visigoths, Gaulois, Germains, Scandinaves, Slaves, Anglo-Normands : notre ciel de plomb, nos villes enfumées, nos villages boueux, doivent leur faire horreur. Les villes et villages ont ici une tout autre apparence : les maisons sont grandes et d'une blancheur éclatante au dehors; les rues sont larges et souvent traversées de ruisseaux d'eau vive où les femmes lavent leur linge et baignent leurs enfants. Turin et Milan ont la régularité, la propreté, les trottoirs de Londres et l'architecture des plus beaux quartiers de Paris : il y a même des raffinements particuliers; au milieu des rues, afin que le mouvement de la voiture soit plus doux, on a placé deux rangs de pierres plates sur lesquelles roulent les deux roues : on évite ainsi les inégalités du pavé.

La température est charmante; encore me dit-on que je ne trouverai le ciel de l'Italie qu'au delà de l'Apennin : la grandeur et l'élévation des appartements empêchent de souffrir de la chaleur.

J'ai vu le général Murat; il m'a reçu avec empressement et obligeance; je

(1) Il faut se reporter à l'époque où cette lettre a été écrite (1803). S'il était si commode de voyager alors dans l'Italie, qui n'était qu'un camp de la France, combien aujourd'hui, dans la plus profonde paix, lorsqu'une multitude de nouveaux chemins ont été ouverts, n'est-il pas plus facile encore de parcourir ce beau pays! Nous y sommes appelés par tous les vœux. Le Français est un singulier ennemi : on le trouve d'abord un peu insolent, un peu trop gai, un peu trop actif, trop remuant; il n'est pas plutôt parti qu'on le regrette. Le soldat français se mêle aux travaux de l'hôte chez lequel il est logé; sa bonne humeur donne la vie et le mouvement à tout; on s'accoutume à le regarder comme un conscrit de la famille. Quant aux chemins et aux auberges de France, c'est bien pis aujourd'hui qu'en 1803. Nous sommes sous ce rapport, l'Espagne exceptée, au-dessous de tous les peuples de l'Europe.

lui ai remis la lettre de l'excellente madame Bacchiochi (1). J'ai passé ma journée avec des aides-de-camp et de jeunes militaires; on ne peut être plus courtois : l'armée française est toujours la même; l'honneur est là tout entier.

J'ai dîné en grand gala chez M. de Melzi : il s'agissait d'une fête donnée à l'occasion du baptême de l'enfant du général Murat. M. de Melzi a connu mon malheureux frère : nous en avons parlé longtemps. Le vice-président a des manières fort nobles; sa maison est celle d'un prince, et d'un prince qui l'aurait toujours été. Il m'a traité poliment et froidement, et m'a tout juste trouvé dans des dispositions pareilles aux siennes.

Je ne vous parle point, mon cher ami, des monuments de Milan, et surtout de la cathédrale qu'on achève; le gothique, même de marbre, me semble jurer avec le soleil et les mœurs de l'Italie. Je pars à l'instant; je vous écrirai de Florence (2) et de Rome.

A M. JOUBERT.

LETTRE TROISIÈME.

Rome, 27 juin au soir, en arrivant, 1803.

M'y voilà enfin! toute ma froideur s'est évanouie. Je suis accablé, persécuté par ce que j'ai vu; j'ai vu, je crois, ce que personne n'a vu, ce qu'aucun voyageur n'a peint : les sots! les âmes glacées! les barbares! Quand ils viennent ici, n'ont-ils pas traversé la Toscane, jardin anglais au milieu duquel il y a un temple, c'est-à-dire Florence? n'ont-ils pas passé en caravane avec les aigles et les sangliers, les solitudes de cette seconde Italie appelée l'*État Romain*? Pourquoi ces créatures voyagent-elles? Arrivé comme le soleil se couchait, j'ai trouvé toute la population allant se promener dans l'Arabie déserte à la porte de Rome : quelle ville! quels souvenirs!

28 juin, onze heures du soir.

J'ai couru tout ce jour, veille de la fête de saint Pierre. J'ai déjà vu le Colisée, le Panthéon, la colonne Trajane, le château Saint-Ange, Saint-Pierre; que sais-je! j'ai vu l'illumination et le feu d'artifice qui annoncent pour demain la grande cérémonie consacrée au prince des apôtres : tandis qu'on prétendait me faire admirer un feu placé au haut du Vatican, je regardais l'effet de la lune sur le Tibre, sur ces maisons romaines, sur ces ruines qui pendent ici de toute part.

29 juin.

Je sors de l'office à Saint-Pierre. Le pape a une figure admirable : pâle,

---

(1) Depuis princesse de Lucques, sœur aînée de Buonaparte, qui, à cette époque, n'était encore que premier consul.

(2) Les lettres écrites de Florence ne se sont pas retrouvées.

triste, religieux, toutes les tribulations de l'Église sont sur son front. La cérémonie était superbe; dans quelques moments surtout elle était étonnante; mais chant médiocre, église déserte; point de peuple.

3 juillet 1803.

Je ne sais si tous ces bouts de ligne finiront par faire une lettre. Je serais honteux, mon cher ami, de vous dire si peu de chose, si je ne voulais, avant d'essayer de peindre les objets, y voir un peu plus clair. Malheureusement j'entrevois déjà que la seconde Rome tombe à son tour : tout finit.

Sa Sainteté m'a reçu hier; elle m'a fait asseoir auprès d'elle de la manière la plus affectueuse. Elle m'a montré obligeamment qu'elle lisait le *Génie du Christianisme*, dont elle avait un volume ouvert sur sa table. On ne peut voir un meilleur homme, un plus digne prélat, et un prince plus simple : ne me prenez pas pour madame de Sévigné. Le secrétaire d'État, le cardinal Gonsalvi, est un homme d'un esprit fin et d'un caractère modéré. Adieu. Il faut pourtant mettre tous ces petits papiers à la poste.

TIVOLI ET LA VILLA ADRIANA.

10 décembre 1803.

Je suis peut-être le premier étranger qui ait fait la course de Tivoli dans une disposition d'âme qu'on ne porte guère en voyage. Me voilà seul arrivé à sept heures du soir, le 10 décembre, à l'auberge du *Temple de la Sibylle*. J'occupe une petite chambre à l'extrémité de l'auberge, en face de la cascade, que j'entends mugir. J'ai essayé d'y jeter un regard; je n'ai découvert dans la profondeur de l'obscurité que quelques lueurs blanches produites par le mouvement des eaux. Il m'a semblé apercevoir au loin une enceinte formée d'arbres et de maisons, et autour de cette enceinte, un cercle de montagnes. Je ne sais ce que le jour changera demain à ce paysage de nuit.

Le lieu est propre à la réflexion et à la rêverie : je remonte dans ma vie passée; je sens le poids du présent, et je cherche à pénétrer mon avenir. Où serai-je, que ferai-je, et que serai-je dans vingt ans d'ici? Toutes les fois que l'on descend en soi-même, à tous les vagues projets que l'on forme, on trouve un obstacle invincible, une incertitude causée par une certitude : cet obstacle, cette certitude, est la mort, cette terrible mort qui arrête tout, qui vous frappe vous et les autres.

Est-ce un ami que vous avez perdu? en vain avez-vous mille choses à lui dire : malheureux, isolé, errant sur la terre, ne pouvant confier vos peines ou vos plaisirs à personne, vous appelez votre ami, et il ne viendra plus soulager vos maux, partager vos joies; il ne vous dira plus : « Vous avez eu tort, vous avez eu raison d'agir ainsi. » Maintenant il vous faut marcher seul. Devenez riche, puissant, célèbre, que ferez-vous de ces prospérités sans votre ami? Une chose a tout détruit, la mort. Flots qui vous précipitez dans cette nuit profonde où je vous entends gronder, disparaissez-vous plus vite que les jours de l'homme, ou pouvez-vous me dire ce que c'est que l'homme, vous qui avez vu passer tant de générations sur ces bords?

Ce 11 décembre.

Aussitôt que le jour a paru, j'ai ouvert mes fenêtres. Ma première vue de Tivoli dans les ténèbres était assez exacte; mais la cascade m'a paru petite, et les arbres que j'avais cru apercevoir n'existaient point. Un amas de vilaines maisons s'élevait de l'autre côté de la rivière; le tout était enclos de montagnes dépouillées. Une vive aurore derrière ces montagnes, le temple de Vesta, à quatre pas de moi, dominant la grotte de Neptune, m'ont consolé. Immédiatement au-dessus de la chute, un troupeau de bœufs, d'ânes et de chevaux, s'est rangé le long d'un banc de sable: toutes ces bêtes se sont avancées d'un pas dans le Teverone, ont baissé le cou et ont bu lentement au courant de l'eau qui passait comme un éclair devant elles, pour se précipiter. Un paysan Sabin, vêtu d'une peau de chèvre, et portant une espèce de chlamyde roulée au bras gauche, s'est appuyé sur un bâton et a regardé boire son troupeau, scène qui contrastait par son immobilité et son silence avec le mouvement et le bruit des flots.

Mon déjeuné fini, on m'a amené un guide, et je suis allé me placer avec lui sur le pont de la cascade: j'avais vu la cataracte du Niagara. Du pont de la cascade nous sommes descendus à la grotte de Neptune, ainsi nommée, je crois, par Vernet. L'Anio, après sa première chute sous le pont, s'engouffre parmi des roches, et reparaît dans cette grotte de Neptune, pour aller faire une seconde chute à la grotte des Sirènes.

Le bassin de la grotte de Neptune a la forme d'une coupe: j'y ai vu boire des colombes. Un colombier creusé dans le roc, et ressemblant à l'aire d'un aigle plutôt qu'à l'abri d'un pigeon présente à ces pauvres oiseaux une hospitalité trompeuse; ils se croient en sûreté dans ce lieu en apparence inaccessible, ils y font leur nid; mais une route secrète y mène: pendant les ténèbres, un ravisseur enlève les petits qui dormaient sans crainte au bruit des eaux sous l'aile de leur mère: *Observans nido, implumes detraxit*.

De la grotte de Neptune remontant à Tivoli, et sortant par la porte Angelo ou de l'Abruzze, mon cicérone m'a conduit dans le pays des Sabins, *pubemque sabellum*. J'ai marché à l'aval de l'Anio jusqu'à un champ d'oliviers où s'ouvre une vue pittoresque sur cette célèbre solitude. On aperçoit à la fois le temple de Vesta, les grottes de Neptune et des Sirènes, et les cascatelles qui sortent d'un des portiques de la *villa* de Mécène. Une vapeur bleuâtre répandue à travers le paysage en adoucissait les plans.

On a une grande idée de l'architecture romaine, lorsqu'on songe que ces masses bâties depuis tant de siècles ont passé du service des hommes à celui des éléments, qu'elles soutiennent aujourd'hui le poids et le mouvement des caux, et sont devenues les inébranlables rochers de ces tumultueuses cascades.

Ma promenade a duré six heures. Je suis entré, en revenant à mon auberge, dans une cour délabrée, aux murs de laquelle sont appliquées des pierres sépulcrales chargées d'inscriptions mutilées. J'ai copié quelques-unes de ces inscriptions :

DIS. MAN.

ULIÆ PAULIN.

VIXIT ANN. X

MENSIBUS DIE. 3

SEI. DEUS.

SEI. DEA.

D. M.

VICTORIÆ.

FILIÆ QUÆ

VIXIT. AN. XV

PEREGRINA

MATER. B. M. F.

D. M.

LICINIA

ASELERIO

TENIS.

Que peut-il y avoir de plus vain que tout ceci ? Je lis sur une pierre les regrets qu'un vivant donnait à un mort ; ce vivant est mort à son tour, et, après deux mille ans, je viens, moi, barbare des Gaules, parmi les ruines de Rome, étudier ces épitaphes dans une retraite abandonnée, moi, indifférent à celui qui pleura comme à celui qui fut pleuré, moi qui demain m'éloignerai pour jamais de ces lieux, et qui disparaîtrai bientôt de la terre.

Tous ces poëtes de Rome qui passèrent à Tibur se plurent à retracer la rapidité de nos jours : *Carpe diem*, disait Horace ; *Te spectem suprema mihi cum venerit hora*, disait Tibulle ; Virgile peignait cette dernière heure : *Invalidasque tibi tendens, heu! non tua, palmas.* Qui n'a perdu quelque objet de son affection? Qui n'a vu se lever vers lui des bras défaillants? Un ami mourant a souvent voulu que son ami lui prît la main pour le retenir dans la vie, tandis qu'il se sentait entraîner par la mort. *Heu! non tua!* Ce vers de Virgile est admirable de tendresse et de douleur. Malheur à qui n'aime pas les poëtes! je dirais presque d'eux ce que dit Shakespeare des hommes insensibles à l'harmonie.

Je retrouvai en rentrant chez moi la solitude que j'avais laissée au dehors. La petite terrasse de l'auberge conduit au temple de Vesta. Les peintres connaissent cette couleur de siècles que le temps applique aux vieux monuments, et qui varie selon les climats : elle se retrouve au temple de Vesta. On fait le tour du petit édifice entre le péristyle et la *cella* en une soixantaine de pas. Le véritable temple de la Sibylle contraste avec celui-ci par la forme carrée et le style sévère de son ordre d'architecture. Lorsque la chute de l'Anio était placée un peu plus à droite, comme on le suppose, le temple devait être immédiatement suspendu sur la cascade : le lieu était propre à l'inspiration de la prêtresse et à l'émotion religieuse de la foule.

J'ai jeté un dernier regard sur les montagnes du nord que les brouillards du soir couvraient d'un rideau blanc, sur la vallée du midi, sur l'ensemble du paysage; et je suis retourné à ma chambre solitaire. A une heure du matin, le vent soufflant avec violence, je me suis levé, et j'ai passé le reste de la nuit sur la terrasse. Le ciel était chargé de nuages, la tempête mêlait ses gémissements, dans les colonnes du temple, au bruit de la cascade : on eût cru entendre des voix tristes sortir des soupiraux de l'antre de la Sibylle. La vapeur de la chute de l'eau remontait vers moi du fond du gouffre comme une ombre blanche : c'était une véritable apparition. Je me croyais transporté au bord des grèves ou dans les bruyères de mon Armorique, au milieu d'une nuit d'automne; les souvenirs du toit paternel effaçaient pour moi ceux des foyers de César : chaque homme porte en lui un monde composé de tout ce qu'il a vu et aimé, et où il rentre sans cesse, alors même qu'il parcourt et semble habiter un monde étranger.

Dans quelques heures je vais aller visiter la *villa Adriana*.

12 décembre.

La grande entrée de la *villa Adriana* était à l'Hippodrome, sur l'ancienne voie Tiburtine, à très-peu de distance du tombeau des Plautius. Il ne reste aucun vestige d'antiquités dans l'Hippodrome, converti en champs de vignes.

En sortant d'un chemin de traverse fort étroit, une allée de cyprès, coupée par la cime, m'a conduit à une méchante ferme, dont l'escalier croulant était rempli de morceaux de porphyre, de vert antique, de granit, de rosaces de marbre blanc, et de divers ornements d'architecture. Derrière cette ferme se trouve le théâtre romain, assez bien conservé : c'est un demi-cercle composé de trois rangs de siéges. Ce demi-cercle est fermé par un mur en ligne droite qui lui sert comme de diamètre ; l'orchestre et le théâtre faisaient face à la loge de l'empereur.

Le fils de la fermière, petit garçon presque tout nu, âgé d'environ douze ans, m'a montré la loge et les chambres des acteurs. Sous les gradins destinés aux spectateurs, dans un endroit où l'on dépose les instruments du labourage, j'ai vu le torse d'un Hercule colossal, parmi des socs, des herses et des râteaux : les empires naissent de la charrue et disparaissent sous la charrue.

L'intérieur du théâtre sert de basse-cour et de jardin à la ferme : il est planté de pruniers et de poiriers. Le puits que l'on a creusé au milieu est accompagné de deux piliers qui portent les seaux : un de ces piliers est composé de boue séchée et de pierres entassées au hasard, l'autre est fait d'un beau tronçon de colonne cannelé ; mais pour dérober la magnificence de ce second pilier, et le rapprocher de la rusticité du premier, la nature a jeté dessus un manteau de lierre. Un troupeau de porcs noirs fouillait et bouleversait le gazon qui recouvre les gradins du théâtre : pour ébranler les siéges des maîtres de la terre, la Providence n'avait eu besoin que de faire croître quelques racines de fenouil entre les jointures de ces siéges, et de livrer l'ancienne enceinte de l'élégance romaine aux immondes animaux du fidèle Eumée.

Du théâtre, en montant par l'escalier de la ferme, je suis arrivé à la *Palestrine*, semée de plusieurs débris. La voûte d'une salle conserve des ornements d'un dessin exquis.

Là commence le vallon appelé par Adrien *la Vallée de Tempé :*

> Est nemus Æmoniæ, prærupta quod undique claudit
> Sylva.

J'ai vu à Stowe, en Angleterre, la répétition de cette fantaisie impériale ; mais Adrien avait taillé son jardin *anglais* en homme qui possédait le monde.

Au bout d'un petit bois d'ormes et de chênes-verts, on aperçoit des ruines qui se prolongent le long de la *vallée de Tempé ;* doubles et triples portiques, qui servaient à soutenir les terrasses des *fabriques* d'Adrien. La vallée continue à s'étendre à perte de vue vers le midi ; le fond en est planté de roseaux, d'oliviers et de cyprès. La colline occidentale du vallon, figurant la chaîne de l'Olympe, est décorée par la masse du Palais, de la Bibliothèque, des Hospices, des temples d'Hercule et de Jupiter, et par les longues arcades festonnées de lierre, qui portaient ces édifices. Une colline parallèle, mais moins haute, borde la vallée à l'orient ; derrière cette colline s'élèvent en amphithéâtre les montagnes de Tivoli, qui devaient représenter l'*Ossa*.

Dans un champ d'oliviers, un coin de mur de la *villa* de Brutus fait le pendant des débris de la *villa* de César. La liberté dort en paix avec le despotisme : le poignard de l'une et la hache de l'autre ne sont plus que des fers rouillés ensevelis sous les mêmes décombres.

De l'immense bâtiment qui, selon la tradition, était consacré à recevoir les étrangers, on parvient, en traversant des salles ouvertes de toutes parts, à l'emplacement de la Blibliothèque. Là commence un dédale de ruines entrecoupées de jeunes taillis, de bouquets de pins, de champs d'oliviers, de plantations diverses, qui charment les yeux et attristent le cœur.

Un fragment, détaché tout à coup de la voûte de la Bibliothèque, a roulé à mes pieds, comme je passais : un peu de poussière s'est élevé ; quelques plantes ont été déchirées et entraînées dans sa chute. Les plantes renaîtront demain ; le bruit et la poussière se sont dissipés à l'instant : voilà ce nouveau débris couché pour des siècles auprès de ceux qui paraissaient l'attendre. Les empires se plongent de la sorte dans l'éternité, où ils gisent silencieux. Les hommes ne ressemblent pas mal aussi à ces ruines qui viennent tour à tour joncher la terre : la seule différence qu'il y ait entre eux, comme entre ces ruines, c'est que les uns se précipitent devant quelques spectateurs, et que les autres tombent sans témoins.

J'ai passé de la Bibliothèque au cirque du Lycée : on venait d'y couper des broussailles pour faire du feu. Ce cirque est appuyé contre le temple des Stoïciens. Dans le passage qui mène à ce temple, en jetant les yeux derrière moi, j'ai aperçu les hauts murs lézardés de la Bibliothèque, lesquels dominaient les murs moins élevés du Cirque. Les premiers, à demi cachés dans des cimes d'oliviers sauvages, étaient eux-mêmes dominés d'un énorme pin à parasol, et au-dessus de ce pin s'élevait le dernier pic du mont Calva, coiffé d'un nuage. Jamais le ciel et la terre, les ouvrages de la nature et ceux des hommes, ne se sont mieux mariés dans un tableau.

Le temple des Stoïciens est peu éloigné de la Place d'Armes. Par l'ouverture d'un portique, on découvre, comme dans un optique, au bout d'une avenue d'oliviers et de cyprès, la montagne de Palomba, couronnée du premier village de la Sabine. A gauche du Poecile, et sous le Poecile même, on descend dans les *Cento-Cellæ* des gardes prétoriennes : ce sont des loges voûtées de huit pieds à peu près en carré, à deux, trois et quatre étages, n'ayant aucune communication entre elles ; et recevant le jour par la porte. Un fossé règne le long de ces cellules militaires, où il est probable qu'on entrait au moyen d'un pont mobile. Lorsque les cent ponts étaient abaissés ; que les prétoriens passaient et repassaient sur ces ponts, cela devait offrir un spectacle singulier, au milieu des jardins de l'empereur philosophe qui mit un dieu de plus dans l'Olympe. Le laboureur du patrimoine de saint Pierre fait aujourd'hui sécher sa moisson dans la caserne du légionnaire romain. Quand le peuple-roi et ses maîtres élevaient tant de monuments fastueux, il ne se doutait guère qu'ils bâtissaient les caves et les greniers d'un chevrier de la Sabine et d'un fermier d'Albano.

Après avoir parcouru une partie des *Cento-Cellæ*, j'ai mis un assez long temps à me rendre dans la partie du jardin dépendante des Thermes des femmes : là, j'ai été surpris par la pluie (1).

Je me suis souvent fait deux questions au milieu des ruines romaines : les maisons des particuliers étaient composées d'une multitude de portiques, de chambres voûtées, de chapelles, de salles, de galeries souterraines, de passages obscurs et secrets : à quoi pouvait servir tant de logement pour un seul maître? Les offices des esclaves, des hôtes, des clients, étaient presque toujours construites à part.

Pour résoudre cette première question, je me figure le citoyen romain dans sa maison comme une espèce de religieux qui s'était bâti des cloîtres. Cette vie intérieure, indiquée par la seule forme des habitations, ne serait-elle point une des causes de ce calme qu'on remarque dans les écrits des anciens? Cicéron retrouvait dans les longues galeries de ses habitations, dans les temples domestiques qui y étaient cachés, la paix qu'il avait perdue au commerce des hommes. Le jour même que l'on recevait dans ces demeures semblait porter à la quiétude. Il descendait presque toujours de la voûte ou des fenêtres percées très-haut ; cette lumière perpendiculaire, si égale et si tranquille, avec laquelle nous éclairons nos salons de peinture, servait, si j'ose m'exprimer ainsi, servait au Romain à contempler le tableau de sa vie. Nous, il nous faut des fenêtres sur des rues, sur des marchés et des carrefours. Tout ce qui s'agite et fait du bruit nous plaît ; le recueillement, la gravité, le silence, nous ennuient.

La seconde question que je me fais est celle-ci : Pourquoi tant de monuments

(1) Voyez ci-après la Lettre sur Rome à M. de Fontanes.

consacrés aux mêmes usages? on voit incessamment des salles pour des bibliothèques, et il y avait peu de livres chez les anciens. On rencontre à chaque pas des Thermes: les Thermes de Néron, de Titus, de Caracalla, de Dioclétien, etc. Quand Rome eût été trois fois plus peuplée qu'elle ne l'a jamais été, la dixième partie de ces bains aurait suffi aux besoins publics.

Je me réponds qu'il est probable que ces monuments furent, dès l'époque de leur érection, de véritables ruines et des lieux délaissés. Un empereur renversait ou dépouillait les ouvrages de son devancier, afin d'entreprendre lui-même d'autres édifices, que son successeur se hâtait à son tour d'abandonner. Le sang et les sueurs des peuples furent employés aux inutiles travaux de la vanité d'un homme jusqu'au jour où les vengeurs du monde, sortis du fond de leurs forêts, vinrent planter l'humble étendard de la Croix sur ces monuments de l'orgueil.

La pluie passée, j'ai visité le Stade, pris connaissance du temple de Diane, en face duquel s'élevait celui de Vénus, et j'ai pénétré dans les décombres du Palais de l'Empereur. Ce qu'il y a de mieux conservé dans cette destruction informe, est une espèce de souterrain ou de citerne formant un carré, sous la cour même du palais. Les murs de ce souterrain étaient doubles : chacun des deux murs a deux pieds et demi d'épaisseur, et l'intervalle qui les sépare est de deux pouces.

Sorti du palais, je l'ai laissé sur la gauche derrière moi en m'avançant à droite vers la campagne romaine. A travers un champ de blé, semé sur des caveaux, j'ai abordé les Thermes, connus encore sous le nom de *Chambres des philosophes* ou de *Salles prétoriennes:* c'est une des ruines les plus imposantes de toute la *villa*. La beauté, la hauteur, la hardiesse et la légèreté des voûtes, les divers enlacements des portiques qui se croisent, se coupent ou se suivent parallèlement, le paysage qui joue derrière ce grand morceau d'architecture, produisent un effet surprenant. La *villa Adriana* a fourni quelques restes précieux de peinture. Le peu d'arabesques que j'y ai vues est d'une grande sagesse de composition, et d'un dessin aussi délicat que pur.

La Naumachie se trouve derrière les Thermes, bassin creusé de main d'homme, où d'énormes tuyaux, qu'on voit encore, amenaient des fleuves. Ce bassin, maintenant à sec, était rempli d'eau, et l'on y figurait des batailles navales. On sait que, dans ces fêtes, un ou deux milliers d'hommes s'égorgeaient quelquefois pour divertir la populace romaine.

Autour de la Naumachie s'élevaient des terrasses destinées aux spectateurs : ces terrasses étaient appuyées par des portiques qui servaient de chantiers ou d'abris aux galères.

Un temple imité de celui de Sérapis en Égypte ornait cette scène. La moitié du grand dôme de ce temple est tombée. A la vue de ces piliers sombres, de ces cintres concentriques, de ces espèces d'entonnoirs où mugissait l'oracle, on sent qu'on n'habite plus l'Italie et la Grèce, que le génie d'un autre peuple a présidé à ce monument. Un vieux sanctuaire offre, sur ses murs verdâtres et humides, quelques traces du pinceau. Je ne sais quelle plainte errait dans l'édifice abandonné.

J'ai gagné de là le temple de Pluton et de Proserpine, vulgairement appelé l'*Entrée de l'Enfer*. Ce temple est maintenant la demeure d'un vigneron ; je n'ai pu y pénétrer ; le maître comme le dieu n'y était pas. Au-dessous de l'Entrée de l'Enfer s'étend un vallon appelé *le Vallon du Palais* : on pourrait le prendre pour l'Élysée. En avançant vers le midi, et suivant un mur qui soutenait les terrasses attenantes au temple de Pluton, j'ai aperçu les dernières ruines de la *villa*, situées à plus d'une lieue de distance.

Revenu sur mes pas, j'ai voulu voir l'Académie, formée d'un jardin, d'un temple d'Apollon et de divers bâtiments destinés aux philosophes. Un paysan m'a ouvert une porte pour passer dans le champ d'un autre propriétaire, et je me suis trouvé à l'Odéon et au théâtre grec : celui-ci est assez bien conservé quant à la forme. Quelque génie mélodieux était sans doute resté dans ce lieu consacré à l'harmonie, car j'y ai entendu siffler le merle le 12 décembre : une troupe d'enfants occupée à cueillir les olives faisait retentir de ses chants des échos qui peut-être avaient répété les vers de Sophocle et la musique de Timothée.

Là s'est achevée ma course, beaucoup plus longue qu'on ne la fait ordinairement : je devais cet hommage à un prince voyageur. On trouve plus loin le grand portique, dont il reste peu de chose ; plus loin encore les débris de quelques bâtiments inconnus ; enfin, les *Colle di San Stephano*, où se termine la *villa*, portent les ruines du Prytanée.

Depuis l'Hippodrome jusqu'au Prytanée, la *villa Adriana* occupait les sites connus à présent sous le nom de *Rocca Bruna*, *Palazza*, *Aqua Fera* et les *Colle di San Stephano*.

Adrien fut un prince remarquable, mais non un des plus grands empereurs romains ; c'est pourtant un de ceux dont on se souvient le plus aujourd'hui. Il a laissé partout ses traces : une muraille célèbre dans la Grande-Bretagne, peut-être l'arène de Nîmes et le pont du Gard dans les Gaules, des temples en Égypte, des aqueducs à Troyes, une nouvelle ville à Jérusalem et à Athènes, un pont où l'on passe encore, et une foule d'autres monuments à Rome, attestent le goût, l'activité et la puissance d'Adrien. Il était lui-même poète, peintre et architecte. Son siècle est celui de la restauration des arts.

La destinée du *Mole Adriani* est singulière : les ornements de ce sépulcre servirent d'armes contre les Goths. La civilisation jeta des colonnes et des statues à la tête de la barbarie, ce qui n'empêcha pas celle-ci d'entrer. Le mausolée est devenu la forteresse des papes ; il s'est aussi converti en une prison ; ce n'est pas mentir à sa destination primitive. Ces vastes édifices élevés sur les cendres des hommes n'agrandissent point les proportions du cercueil : les morts sont dans leur loge sépulcrale comme cette statue assise dans un temple trop petit d'Adrien ; s'ils voulaient se lever, ils se casseraient la tête contre la voûte.

Adrien, en arrivant au trône, dit tout haut à l'un de ses ennemis : « Vous voilà sauvé. » Le mot est magnanime. Mais on ne pardonne pas au génie comme on pardonne à la politique. Le jaloux Adrien, en voyant les chefs-d'œuvre d'Apollon, se dit tout bas : « Le voilà perdu ; » et l'artiste fut tué.

Je n'ai pas quitté la *villa Adriana* sans remplir d'abord mes poches de petits fragments de porphyre, d'albâtre, de vert antique, de morceaux de stuc peint et de mosaïque ; ensuite j'ai tout jeté.

Elles ne sont déjà plus pour moi, ces ruines, puisqu'il est probable que rien ne m'y ramènera. On meurt à chaque moment pour un temps, une chose, une personne, qu'on ne reverra jamais : la vie est une mort successive. Beaucoup de voyageurs, mes devanciers, ont écrit leurs noms sur les marbres de la *villa Adriana*; ils ont espéré prolonger leur existence en attachant à des lieux célèbres un souvenir de leur passage; ils se sont trompés. Tandis que je m'efforçais de lire un de ces noms nouvellement crayonné, et que je croyais reconnaître, un oiseau s'est envolé d'une touffe de lierre; il a fait tomber quelques gouttes de la pluie passée; le nom a disparu.

A demain la *villa* d'Est (1).

LE VATICAN.

J'ai visité le Vatican à une heure. Beau jour, soleil brillant, air extrêmement doux.

Solitude de ces grands escaliers, ou plutôt de ces rampes où l'on peut monter avec des mulets; solitude de ces galeries ornées des chefs-d'œuvre du génie, où les papes d'autrefois passaient avec toutes leurs pompes; solitude de ces Loges que tant d'artistes célèbres ont étudiées, que tant d'hommes illustres ont admirées : le Tasse, Arioste, Montaigne, Milton, Montesquieu, des reines, des rois ou puissants ou tombés, et tous ces pèlerins de toutes les parties du monde.

Dieu débrouillant le chaos.

J'ai remarqué l'ange qui suit Loth et sa femme.

Belle vue de Frascati par-dessus Rome, au coin ou au coude de la galerie.

Entrée dans les *Chambres*. — Bataille de Constantin : le tyran et son cheval se noyant.

Saint Léon arrêtant Attila. Pourquoi Raphaël a-t-il donné un air fier et non religieux au groupe chrétien? pour exprimer le sentiment de l'assistance divine.

Le Saint-Sacrement, premier ouvrage de Raphaël : froid, nulle piété, mais disposition et figures admirables.

Apollon, les Muses et les Poëtes. — Caractère des poëtes bien exprimé. Singulier mélange.

Héliodore chassé du temple. — Un ange remarquable, une figure de femme céleste, imitée par Girodet dans son Ossian.

L'incendie du bourg. — La femme qui porte un vase : copiée sans cesse. Contraste de l'homme suspendu et de l'homme qui veut atteindre l'enfant : l'art trop visible. Toujours la femme et l'enfant rendus mille fois par Raphaël, et toujours excellemment.

L'École d'Athènes : j'aime autant le carton.

(1) Voyez ci-après la Lettre sur Rome.

Saint Pierre délivré. — Effet des trois lumières, cité partout.

Bibliothèque : porte de fer, hérissée de pointes ; c'est bien la porte de la science. Armes d'un pape : trois abeilles ; symbole heureux.

Magnifique vaisseau : livres invisibles. Si on les communiquait, on pourrait refaire ici l'histoire moderne tout entière.

Musée chrétien. — Instruments de martyre : griffes de fer pour déchirer la peau, grattoir pour l'enlever, martinets de fer, petites tenailles : belles antiquités chrétiennes ! Comment souffrait-on autrefois ? comme aujourd'hui, témoin ces instruments. En fait de douleurs, l'espèce humaine est stationnaire.

Lampes trouvées dans les catacombes. — Le christianisme commence à un tombeau ; c'est à la lampe d'un mort qu'on a pris cette lumière qui a éclairé le monde. — Anciens calices, anciennes croix, anciennes cuillères pour administrer la communion. — Tableaux apportés de Grèce pour les sauver des Iconoclastes.

Ancienne figure de Jésus-Christ, reproduite depuis par les peintres ; elle ne peut guère remonter au delà du huitième siècle. Jésus-Christ était-il *le plus beau des hommes*, ou était-il laid ? Les Pères grecs et les Pères latins se sont partagés d'opinion : je tiens pour la beauté.

Donation à l'Église sur papyrus : le monde recommence ici.

Musée antique. — Chevelure d'une femme trouvée dans un tombeau. Est-ce celle de la mère des Gracques ? est-ce celle de Délie, de Cinthie, de Lalagé ou de Lycinie, dont Mécène, si nous en croyons Horace, n'aurait pas voulu changer un seul cheveu contre toute l'opulence d'un roi de Phrygie :

> Aut pinguis Phrygiæ Mygdonias opes
> Permutare velis crine Lyciniæ ?

Si quelque chose emporte l'idée de la fragilité, ce sont les cheveux d'une jeune femme, qui furent peut-être l'objet de l'idolâtrie de la plus volage des passions ; et pourtant ils ont survécu à l'empire romain. La mort, qui brise toutes les chaînes, n'a pu rompre ce léger roseau.

Belle colonne torse d'albâtre. Suaire d'amiante retiré d'un sarcophage : la mort n'en a pas moins consumé sa proie.

Vase étrusque. Qui a bu à cette coupe ? un mort. Toutes les choses, dans ce musée, sont trésor du sépulcre, soit qu'elles aient servi aux rites des funérailles, ou qu'elles aient appartenu aux fonctions de la vie.

MUSÉE CAPITOLIN.

23 décembre 1803.

La Colonne Milliaire. *Dans la cour*, les pieds et la tête d'un colosse : l'a-t-on fait exprès ?

Dans le Sénat : noms des sénateurs modernes; Louve frappée de la foudre; Oies du Capitole :

> (1) Tous les siècles y sont; on y voit tous les temps;
> Là sont les devanciers avec leurs descendants.

Mesures antiques de blé, d'huile et de vin, en forme d'autel, avec des têtes de lion.

Peintures représentant les premiers événements de la république romaine.

Statue de Virgile : contenance rustique et mélancolique, front grave, yeux inspirés, rides circulaires partant des narines et venant se terminer au menton, en embrassant la joue.

Cicéron : une certaine régularité avec une expression de légèreté ; moins de force de caractère que de philosophie, autant d'esprit que d'éloquence.

L'Alcibiade ne m'a point frappé par sa beauté; il a du sot et du niais.

Un jeune Mithridate ressemblant à un Alexandre.

Fastes consulaires antiques et modernes.

Sarcophage d'Alexandre Sévère et de sa mère.

Bas-relief de Jupiter enfant dans l'île de Crète : admirable.

Colonne d'albâtre oriental, la plus belle connue.

Plan antique de Rome sur un marbre : perpétuité de la Ville Éternelle.

Buste d'Aristote : quelque chose d'intelligent et de fort.

Buste de Caracalla : œil contracté ; nez et bouche pointus; l'air féroce et fou.

Buste de Domitien : lèvres serrées.

Buste de Néron : visage gros et rond, enfoncé vers les yeux, de manière que le front et le menton avancent; l'air d'un esclave grec débauché.

Bustes d'Agrippine et de Germanicus : la seconde figure longue et maigre ; la première, sérieuse.

Buste de Julien : front petit et étroit.

Buste de Marc-Aurèle : grand front, œil élevé vers le ciel ainsi que le sourcil.

Buste de Vitellius : gros nez, lèvres minces, joues bouffies, petits yeux, tête un peu abaissée comme le porc.

Buste de César : figure maigre, toutes les rides profondes, l'air prodigieusement spirituel, le front proéminent entre les yeux, comme si la peau était amoncelée et coupée d'une ride perpendiculaire; sourcils surbaissés et touchant l'œil, la bouche grande et singulièrement expressive : on croit qu'elle va parler, elle sourit presque; le nez saillant, mais pas aussi aquilin qu'on le trace ordinairement; les tempes aplaties comme chez Buonaparte; presque point d'occiput; le menton rond et double; les narines un peu fermées : figure d'imagination et de génie.

Un bas-relief : Endymion dormant assis sur un rocher; sa tête est penchée dans sa poitrine, et un peu appuyée sur le bois de sa lance, qui repose sur son épaule gauche; la main gauche jetée négligemment sur cette lance, tient à peine la laisse d'un chien qui, planté sur ses pattes de derrière, cherche à regarder au-dessus du rocher. C'est un des plus beaux bas-reliefs connus (1).

(1) J'ai fait usage de cette *pose* dans les *Martyrs*.

Des fenêtres du Capitole on découvre tout le Forum, les temples de la Fortune et de la Concorde, les deux colonnes du temple de Jupiter Stator, les Rostres, le temple de Faustine, le temple du Soleil, le temple de la Paix, les ruines du palais doré de Néron, celles du Colisée, les arcs de triomphe de Titus, de Septime Sévère, de Constantin; vaste cimetière des siècles, avec leurs monuments funèbres, portant la date de leur décès.

GALERIE DORIA.

Gaspard Poussin : grand paysage. Vues de Naples. Frontispice d'un temple en ruine dans une campagne.

Cascade de Tivoli et temple de la Sibylle.

Paysage de Claude Lorrain. Une fuite en Égypte, du même : la Vierge arrêtée au bord d'un bois tient l'Enfant sur ses genoux; un Ange présente des mets à l'Enfant, et saint Joseph ôte le bât de l'âne; un pont dans le lointain, sur lequel passent des chameaux et leurs conducteurs; un horizon où se dessinent à peine les édifices d'une grande ville : le calme de la lumière est merveilleux.

Deux autres petits paysages de Claude Lorrain, dont l'un représente une espèce de mariage patriarcal dans un bois : c'est peut-être l'ouvrage le plus fini de ce grand peintre.

Une fuite en Égypte, de Nicolas Poussin : la Vierge et l'Enfant, portés sur un âne que conduit un Ange, descendent d'une colline dans un bois; saint Joseph suit : le mouvement du vent est marqué sur les vêtements et sur les arbres.

Plusieurs paysages du Dominiquin : couleur vive et brillante; les sujets riants; mais en général un ton de verdure cru et une lumière peu vaporeuse, peu idéale : chose singulière! ce sont des yeux français qui ont mieux vu la lumière de l'Italie.

Paysage d'Annibal Carrache : grande vérité, mais point d'élévation de style.

Diane et Endymion, de Rubens : l'idée est heureuse. Endymion est à peu près endormi dans la position du beau bas-relief du Capitole; Diane suspendue dans l'air appuie légèrement une main sur l'épaule du chasseur, pour donner à celui-ci un baiser sans l'éveiller; la main de la déesse de la nuit est d'une blancheur de lune, et sa tête se distingue à peine de l'azur du firmament. Le tout est bien dessiné; mais quand Rubens dessine bien, il peint mal : le grand coloriste perdait sa palette quand il retrouvait son crayon.

Deux têtes, par Raphaël. Les quatre Avares, par Albert Durer. Le Temps arrachant les plumes de l'Amour, du Titien ou de l'Albane : maniéré et froid; une chair toute vivante.

Noces Aldobrandines, copie de Nicolas Poussin : dix figures sur un même plan, formant trois groupes de trois, quatre, et trois figures. Le fond est une espèce de paravent gris à hauteur d'appui; les poses et le dessin tiennent de la simplicité de la sculpture; on dirait d'un bas-relief. Point de richesse de fond, point de détails, de draperies, de meubles, d'arbres; point d'accessoire quelconque, rien que les personnages naturellement groupés.

PROMENADE DANS ROME AU CLAIR DE LUNE.

24 décembre 1803.

Du haut de la Trinité du Mont, les clochers et les édifices lointains paraissent comme les ébauches effacées d'un peintre, ou comme des côtes inégales vues de la mer, du bord d'un vaisseau à l'ancre.

Ombre de l'obélisque : combien d'hommes ont regardé cette ombre en Égypte et à Rome?

Trinité du Mont déserte : un chien aboyant dans cette retraite des Français. Une petite lumière dans la chambre élevée de la *villa* Médicis.

Le Cours : calme et blancheur des bâtiments, profondeur des ombres transversales. Place Colonne : Colonne Antonine à moitié éclairée.

Panthéon : sa beauté au clair de la lune.

Colisée : sa grandeur et son silence à cette même clarté.

Saint-Pierre : effet de la lune sur son dôme, sur le Vatican, sur l'obélisque, sur les deux fontaines, sur la colonnade circulaire.

Une jeune femme me demande l'aumône; sa tête est enveloppée dans son jupon relevé; la *poverina* ressemble à une madone : elle a bien choisi le temps et le lieu. Si j'étais Raphaël, je ferais un tableau. Le Romain demande parce qu'il meurt de faim; il n'importune pas si on le refuse; comme ses ancêtres, il ne fait rien pour vivre : il faut que son sénat ou son prince le nourrisse.

Rome sommeille au milieu de ces ruines. Cet astre de la nuit, ce globe que l'on suppose un monde fini et dépeuplé, promène ses pâles solitudes au-dessus des solitudes de Rome; il éclaire des rues sans habitants, des enclos, des places, des jardins où il ne passe personne, des monastères où l'on n'entend plus la voix des cénobites, des cloîtres qui sont aussi déserts que les portiques du Colisée.

Que se passait-il il y a dix-huit siècles, à pareille heure et aux mêmes lieux? Non-seulement l'ancienne Italie n'est plus, mais l'Italie du moyen âge a disparu. Toutefois la trace de ces deux Italie est encore bien marquée à Rome : si la Rome moderne montre son Saint-Pierre et tous ses chefs-d'œuvre, la Rome ancienne lui oppose son Panthéon et tous ses débris; si l'une fait descendre du Capitole ses consuls et ses empereurs, l'autre amène du Vatican la longue suite de ses pontifes. Le Tibre sépare les deux gloires : assises dans la même poussière, Rome païenne s'enfonce de plus en plus dans ses tombeaux, et Rome chrétienne redescend peu à peu dans les catacombes d'où elle est sortie.

J'ai dans la tête le sujet d'une vingtaine de lettres sur l'Italie, qui peut-être se feraient lire, si je parvenais à rendre mes idées telles que je les conçois :

mais les jours s'en vont, et le repos me manque. Je me sens comme un voyageur qui, forcé de partir demain, a envoyé devant lui ses bagages. Les bagages de l'homme sont ses illusions et ses années; il en remet, à chaque minute, une partie à celui que l'Écriture appelle un *courrier rapide :* le Temps (1).

VOYAGE DE NAPLES.

Terracine, 31 décembre.

Voici les personnages, les équipages, les choses et les objets que l'on rencontre pêle-mêle sur les routes de l'Italie : des Anglais et des Russes qui voyagent à grands frais dans de bonnes berlines, avec tous les usages et les préjugés de leurs pays; des familles italiennes qui passent dans de vieilles calèches pour se rendre économiquement aux *vendanges ;* des moines à pied, tirant par la bride une mule rétive chargée de reliques; des laboureurs conduisant des charrettes que traînent de grands bœufs, et qui portent une petite image de la Vierge élevée sur le timon au bout d'un bâton; des paysannes voilées ou les cheveux bizarrement tressés, jupon court de couleur tranchante, corsets ouverts aux mamelles, et entrelacés avec des rubans, colliers et bracelets de coquillages; des fourgons attelés de mulets ornés de sonnettes, de plumes et d'étoffe rouge; des bacs, des ponts et des moulins; des troupeaux d'ânes, de chèvres, de moutons; des voiturins, des courriers, la tête enveloppée d'un réseau comme les Espagnols; des enfants tout nus; des pèlerins, des mendiants, des pénitents blancs ou noirs; des militaires cahotés dans de méchantes carrioles; des escouades de gendarmerie; des vieillards mêlés à des femmes. L'air de bienveillance est grand, mais grand est aussi l'air de curiosité; on se suit des yeux tant qu'on peut se voir, comme si on voulait se parler, et l'on ne se dit mot.

Dix heures du soir.

J'ai ouvert ma fenêtre : les flots venaient expirer au pied des murs de l'auberge. Je ne revois jamais la mer sans un mouvement de joie et presque de tendresse.

Gaëte, 1er janvier 1804.

Encore une année écoulée!
En sortant de Fondi j'ai salué le premier verger d'orangers : ces beaux arbres étaient aussi chargés de fruits mûrs que pourraient l'être les pommiers les plus

(1) De cette vingtaine de lettres que j'avais dans la tête, je n'en ai écrit qu'une seule, la Lettre sur Rome à M. de Fontanes. Les divers fragments qu'on vient de lire et qu'on va lire devaient former le texte des autres lettres; mais j'ai achevé de décrire Rome et Naples dans le quatrième et dans le cinquième livre des *Martyrs*. Il ne manque donc à tout ce que je voulais dire sur l'Italie que la partie historique et politique.

féconds de la Normandie. Je trace ce peu de mots à Gaëte, sur un balcon, à quatre heures du soir, par un soleil superbe, ayant en vue la pleine mer. Ici mourut Cicéron, dans cette patrie, comme il le dit lui-même, qu'il avait sauvée : *Moriar in patria sæpe servata.* Cicéron fut tué par un homme qu'il avait jadis défendu ; ingratitude dont l'histoire fourmille. Antoine reçut au *Forum* la tête et les mains de Cicéron ; il donna une couronne d'or et une somme de deux cent mille livres à l'assassin ; ce n'était pas le prix de la chose : la tête fut clouée à la tribune publique entre les deux mains de l'orateur. Sous Néron on louait beaucoup Cicéron ; on n'en parla pas sous Auguste. Du temps de Néron le crime s'était perfectionné ; les vieux assassinats du divin Auguste étaient des vétilles, des essais, presque de l'innocence au milieu des forfaits nouveaux. D'ailleurs on était déjà loin de la liberté ; on ne savait plus ce que c'était : les esclaves qui assistaient aux jeux du cirque allaient-ils prendre feu pour les rêveries des Caton et des Brutus? Les rhéteurs pouvaient donc, en toute sûreté de servitude, louer le paysan d'Arpinum. Néron lui-même aurait été homme à débiter des harangues sur l'excellence de la liberté ; et si le peuple romain se fût endormi pendant ces harangues, comme il est à croire, son maître, selon la coutume, l'eût fait réveiller à coups de bâton pour le forcer d'applaudir.

Naples, 2 janvier.

Le duc d'Anjou, roi de Naples, frère de saint Louis, fit mettre à mort Conradin, légitime héritier de la couronne de Sicile. Conradin sur l'échafaud jeta son gant dans la foule : qui le releva? Louis XVI, descendant de saint Louis.

Le royaume des Deux-Siciles est quelque chose d'à part en Italie : Grec sous les anciens Romains, il a été Sarrasin, Normand, Allemand, Français, Espagnol, au temps des Romains nouveaux.

L'Italie du moyen âge était l'Italie des deux grandes factions Guelfe et Gibeline, l'Italie des rivalités républicaines et des petites tyrannies ; on n'y entendait parler que de crimes et de liberté ; tout s'y faisait à la pointe du poignard. Les aventures de cette Italie tenaient du roman : qui ne sait Ugolin, Françoise de Rimini, Roméo et Juliette, Othello? Les doges de Gênes et de Venise, les princes de Vérone, de Ferrare et de Milan, les guerriers, les navigateurs, les écrivains, les artistes, les marchands de cette Italie étaient des hommes de génie : Grimaldi, Fregose, Adorni, Dandolo, Marin Zeno, Morosini, Gradenigo, Scaligieri, Visconti, Doria, Trivulce, Spinola, Zeno, Pisani, Christophe Colomb, Améric Vespuce, Gabato, le Dante, Pétrarque, Boccace, Arioste, Machiavel, Cardan, Pomponace, Achellini, Érasme, Politien, Michel-Ange, Pérugin, Raphaël, Jules Romain, Dominiquin, Titien, Caragio, les Médicis ; mais, dans tout cela, pas un chevalier, rien de l'Europe transalpine.

A Naples, au contraire, la chevalerie se mêle au caractère italien, et les prouesses aux émeutes populaires ; Tancrède et le Tasse, Jeanne de Naples et le bon roi René, qui ne régna point, les Vêpres Siciliennes, Mazaniel et le dernier duc de Guise, voilà les Deux-Siciles. Le souffle de la Grèce vient aussi expirer à Naples ; Athènes a poussé ses frontières jusqu'à Pæstum ; ses temples et ses tombeaux forment une ligne au dernier horizon d'un ciel enchanté.

Je n'ai point été frappé de Naples en arrivant : depuis Capoue et ses délices jusqu'ici le pays est fertile, mais peu pittoresque. On entre dans Naples presque sans la voir, par un chemin assez creux (1).

3 janvier 1804.

Visité le Musée.

Statue d'Hercule dont il y a des copies partout : Hercule en repos appuyé sur un tronc d'arbre ; légèreté de la massue. Vénus : beauté des formes ; draperies mouillées. Buste de Scipion l'Africain.

Pourquoi la sculpture antique est-elle supérieure (2) à la sculpture moderne, tandis que la peinture moderne est vraisemblablement supérieure, ou du moins égale à la peinture antique?

Pour la sculpture, je réponds :

Les habitudes et les mœurs des anciens étaient plus graves que les nôtres, les passions moins turbulentes. Or la sculpture, qui se refuse à rendre les petites nuances et les petits mouvements, s'accommodait mieux des poses tranquilles et de la physionomie sérieuse du Grec et du Romain.

De plus, les draperies antiques laissaient voir en partie le nu : ce nu était toujours ainsi sous les yeux des artistes, tandis qu'il n'est exposé qu'occasionnellement aux regards du sculpteur moderne : enfin les formes humaines étaient plus belles.

Pour la peinture, je dis :

La peinture admet beaucoup de mouvement dans les attitudes; conséquemment la *manière*, quand malheureusement elle est sensible, nuit moins aux grands effets du pinceau.

Les règles de la perspective, qui n'existent presque point pour la sculpture, sont mieux entendues des modernes qu'elles ne l'étaient des anciens. On connaît aujourd'hui un plus grand nombre de couleurs ; reste seulement à savoir si elles sont plus vives et plus pures.

Dans ma revue du Musée, j'ai admiré la mère de Raphaël, peinte par son fils : belle et simple, elle ressemble un peu à Raphaël lui-même, comme les Vierges de ce génie divin ressemblent à des Anges.

Michel-Ange peint par lui-même.

Armide et Renaud : scène du miroir magique.

---

(1) On peut, si l'on veut, ne plus suivre l'ancienne route. Sous la dernière domination française une autre entrée a été ouverte, et l'on a tracé un beau chemin autour de la colline du Pausilippe.

(2) Cette assertion, généralement vraie, admet pourtant d'assez nombreuses exceptions. La statuaire antique n'a rien qui surpasse les cariatides du Louvre, de Jean Goujon. Nous avons tous les jours sous les yeux ces chefs-d'œuvre, et nous ne les regardons pas. L'Apollon a été beaucoup trop vanté : les métopes du Parthénon offrent seuls la sculpture grecque dans sa perfection. Ce que j'ai dit des arts dans le *Génie du Christianisme* est étriqué, et souvent faux. A cette époque je n'avais vu ni l'Italie, ni la Grèce, ni l'Égypte.

POUZZOLES ET LA SOLFATARE.

4 janvier.

A Pouzzoles, j'ai examiné le temple des Nymphes, la maison de Cicéron, celle qu'il appelait la *Puteolane*, d'où il écrivit souvent à Atticus, et où il composa peut-être sa seconde Philippique! Cette *villa* était bâtie sur le plan de l'Académie d'Athènes : embellie depuis par Vetus, elle devint un palais sous l'empereur Adrien, qui y mourut en disant adieu à son âme.

> Animula vagula, blandula,
> Hospes comesque corporis, etc.

Il voulut qu'on mît sur sa tombe qu'il avait été tué par les médecins :

> Turba medicorum regem interfecit.

La science a fait des progrès.

A cette époque, tous les hommes de mérite étaient philosophes, quand ils n'étaient pas chrétiens.

Belle vue dont on jouissait du Portique : un petit verger occupe aujourd'hui la maison de Cicéron.

Temple de Neptune et tombeaux.

La Solfatare, champ de soufre. Bruit des fontaines d'eau bouillante; bruit du Tartare pour les poëtes.

Vue du golfe de Naples en revenant : cap dessiné par la lumière du soleil couchant; reflet de cette lumière sur le Vésuve et l'Apennin; accord ou harmonie de ces feux du ciel. Vapeur diaphane à fleur d'eau et à mi-montagne. Blancheur des voiles des barques rentrantes au port. L'île de Caprée au loin. La montagne des Camaldules avec son couvent et son bouquet d'arbres au-dessus de Naples. Contraste de tout cela avec la Solfatare. Un Français habite sur l'île où se retira Brutus. Grotte d'Esculape. Tombeau de Virgile, d'où l'on découvre le berceau du Tasse.

LE VÉSUVE.

5 janvier 1804.

Aujourd'hui 5 janvier, je suis parti de Naples à sept heures du matin; me voilà à Portici. Le soleil est dégagé des nuages du levant, mais la tête du Vésuve est toujours dans le brouillard. Je fais marché avec un *cicerone* pour me conduire au cratère du volcan. Il me fournit deux mules, une pour lui, une pour moi : nous partons.

Je commence à monter par un chemin assez large, entre deux champs de vignes appuyées sur des peupliers. Je m'avance droit au levant d'hiver. J'aperçois, un peu au-dessus des vapeurs descendues dans la moyenne région de l'air, la cime de quelques arbres : ce sont les ormeaux de l'ermitage. De pauvres habitations de vignerons se montrent à droite et à gauche, au milieu des riches ceps du *Lacryma-Christi*. Au reste, partout une terre brûlée, des vignes dépouillées entremêlées de pins en forme de parasols, quelques aloès dans les haies, d'innombrables pierres roulantes, pas un oiseau.

J'arrive au premier plateau de la montagne. Une plaine nue s'étend devant moi. J'entrevois les deux têtes du Vésuve; à gauche la Somma, à droite la bouche actuelle du volcan : ces deux têtes sont enveloppées de nuages pâles. Je m'avance. D'un côté la Somma s'abaisse; de l'autre je commence à distinguer les ravines tracées dans le cône du volcan, que je vais bientôt gravir. La lave de 1766 et de 1769 couvre la plaine où je marche. C'est un désert enfumé où les laves, jetées comme des scories de forge, présentent sur un fond noir leur écume blanchâtre, tout à fait semblable à des mousses desséchées.

Suivant le chemin à gauche, et laissant à droite le cône du volcan, j'arrive au pied d'un coteau ou plutôt d'un mur formé de la lave qui a recouvert Herculanum. Cette espèce de muraille est plantée de vignes sur la lisière de la plaine, et son revers offre une vallée profonde occupée par un taillis. Le froid devient très-piquant.

Je gravis cette colline pour me rendre à l'ermitage que l'on aperçoit de l'autre côté. Le ciel s'abaisse, les nuages volent sur la terre comme une fumée grisâtre, ou comme des cendres chassées par le vent. Je commence à entendre le murmure des ormeaux de l'ermitage.

L'ermite est sorti pour me recevoir. Il a pris la bride de la mule, et j'ai mis pied à terre. Cet ermite est un grand homme de bonne mine et d'une physionomie ouverte. Il m'a fait entrer dans sa cellule; il a dressé le couvert, et m'a servi un pain, des pommes et des œufs. Il s'est assis devant moi, les deux coudes appuyés sur la table, et a causé tranquillement tandis que je déjeunais. Les nuages s'étaient fermés de toutes parts autour de nous; on ne pouvait distinguer aucun objet par la fenêtre de l'ermitage. On n'oyait dans ce gouffre de vapeurs que le sifflement du vent et le bruit lointain de la mer sur les côtes d'Herculanum; scène paisible de l'hospitalité chrétienne, placée dans une petite cellule au pied d'un volcan et au milieu d'une tempête!

L'ermite m'a présenté le livre où les étrangers ont coutume de noter quelque chose. Dans ce livre, je n'ai pas trouvé une pensée qui méritât d'être retenue; les Français, avec ce bon goût naturel à leur nation, se sont contentés de mettre la date de leur passage, ou de faire l'éloge de l'ermite. Ce volcan n'a donc inspiré rien de remarquable aux voyageurs; cela me confirme dans une idée que j'ai depuis longtemps : les très-grands sujets, comme les très-grands objets, sont peu propres à faire naître les grandes pensées; leur grandeur étant, pour ainsi dire, en évidence, tout ce qu'on ajoute au delà du fait ne sert qu'à le rapetisser. Le *nascitur ridiculus mus* est vrai de toutes les montagnes.

Je pars de l'ermitage à deux heures et demie; je remonte sur le coteau de lave que j'avais déjà franchi : à ma gauche est la vallée qui me sépare de la Somma, à ma droite, la plaine du cône. Je marche en m'élevant sur l'arête du coteau. Je n'ai trouvé dans cet horrible lieu, pour toute créature vivante, qu'une pauvre jeune fille maigre, jaune, demi-nue, et succombant sous un fardeau de bois coupé dans la montagne.

Les nuages ne me laissent plus rien voir ; le vent, soufflant de bas en haut, les chasse du plateau noir que je domine, et les fait passer sur la chaussée de lave que je parcours : je n'entends que le bruit des pas de ma mule.

Je quitte le coteau, je tourne à droite et redescends dans cette plaine de lave qui aboutit au cône du volcan et que j'ai traversée plus bas en montant à l'ermitage. Même en présence de ces débris calcinés, l'imagination se représente à peine ces champs de feu et de métaux fondus au moment des éruptions du Vésuve. Le Dante les avait peut-être vus lorsqu'il a peint dans son *Enfer* ces sables brûlants où des flammes éternelles descendent lentement et en silence, *Come di neve in Alpe sanza vento :*

> Arrivammo ad una landa,
> Che dal suo letto ogni pianta rimove.
> . . . .
> Lo spazzo er' un' arena arida e spessa
> . . . .
> Sovra tutto 'l sabbion d' un cader lento
> Pioven di fuoco dilatata, e falde,
> Come di neve in Alpe sanza vento.

Les nuages s'entr'ouvrent maintenant sur quelques points ; je découvre subitement, et par intervalles, Portici, Caprée, Ischia, le Pausilippe, la mer parsemée des voiles blanches des pêcheurs, et la côte du golfe de Naples, bordée d'orangers : c'est le paradis vu de l'enfer.

Je touche au pied du cône ; nous quittons nos mules ; mon guide me donne un long bâton, et nous commençons à gravir l'énorme monceau de cendres. Les nuages se referment, le brouillard s'épaissit, et l'obscurité redouble.

Me voilà au haut du Vésuve, écrivant assis à la bouche du volcan, et prêt à descendre au fond de son cratère. Le soleil se montre de temps en temps à travers le voile de vapeurs qui enveloppe toute la montagne. Cet accident, qui me cache un des plus beaux paysages de la terre, sert à redoubler l'horreur de ce lieu. Le Vésuve, séparé par les nuages des pays enchantés qui sont à sa base, a l'air d'être ainsi placé dans le plus profond des déserts, et l'espèce de terreur qu'il inspire n'est point affaiblie par le spectacle d'une ville florissante à ses pieds.

Je propose à mon guide de descendre dans le cratère ; il fait quelque difficulté, pour obtenir un peu plus d'argent. Nous convenons d'une somme qu'il veut avoir sur-le-champ. Je la lui donne. Il dépouille son habit ; nous marchons quelque temps sur les bords de l'abîme, pour trouver une ligne moins perpendiculaire et plus facile à descendre. Le guide s'arrête et m'avertit de me préparer. Nous allons nous précipiter.

Nous voilà au fond du gouffre (1). Je désespère de pouvoir peindre ce chaos.

---

(1) Il n'y a que de la fatigue et peu de danger à descendre dans le cratère du Vésuve. Il faudrait avoir le malheur d'y être surpris par une éruption. Les dernières éruptions ont changé la forme du cône.

Qu'on se figure un bassin d'un mille de tour et de trois cents pieds d'élévation, qui va s'élargissant en forme d'entonnoir. Ses bords ou ses parois intérieures sont sillonnés par le fluide de feu que ce bassin a contenu, et qu'il a versé au dehors. Les parties saillantes de ces sillons ressemblent aux jambages de briques dont les Romains appuyaient leurs énormes maçonneries. Des rochers sont suspendus dans quelques parties du contour, et leurs débris, mêlés à une pâte de cendres, recouvrent l'abîme.

Ce fond du bassin est labouré de différentes manières. A peu près au milieu sont creusés trois puits ou petites bouches nouvellement ouvertes, et qui vomirent des flammes pendant le séjour des Français à Naples, en 1798.

Des fumées transpirent à travers les pores du gouffre, surtout du côté de la *Torre del Greco*. Dans le flanc opposé, vers Caserte, j'aperçois une flamme. Quand vous enfoncez la main dans les cendres, vous les trouvez brûlantes à quelques pouces de profondeur sous la surface.

La couleur générale du gouffre est celle d'un charbon éteint. Mais la nature sait répandre des grâces jusque sur les objets les plus horribles : la lave, en quelques endroits, est peinte d'azur, d'outremer, de jaune et d'orangé. Des blocs de granit, tourmentés et tordus par l'action du feu, se sont recourbés à leurs extrémités, comme des palmes et des feuilles d'acanthe. La matière volcanique, refroidie sur les rocs vifs autour desquels elle a coulé, forme çà et là des rosaces, des girandoles, des rubans ; elle affecte aussi des figures de plantes et d'animaux, et imite les dessins variés que l'on découvre dans les agates. J'ai remarqué sur un rocher bleuâtre un cygne de lave blanche parfaitement modelé ; vous eussiez juré voir ce bel oiseau dormant sur une eau paisible, la tête cachée sous son aile, et son long cou allongé sur son dos comme un rouleau de soie :

Ad vada Meandri concinit albus olor.

Je retrouve ici ce silence absolu que j'ai observé autrefois, à midi, dans les forêts de l'Amérique, lorsque, retenant mon haleine, je n'entendais que le bruit de mes artères dans mes tempes et le battement de mon cœur. Quelquefois seulement des bouffées de vent, tombant du haut du cône au fond du cratère, mugissent dans mes vêtements ou sifflent dans mon bâton ; j'entends aussi rouler quelques pierres que mon guide fait rouler sous ses pas en gravissant les cendres. Un écho confus, semblable au frémissement du métal ou du verre, prolonge le bruit de la chute, et puis tout se tait. Comparez ce silence de mort aux détonations épouvantables qui ébranlaient ces mêmes lieux lorsque le volcan vomissait le feu de ses entrailles et couvrait la terre de ténèbres.

On peut faire ici des réflexions philosophiques, et prendre en pitié les choses humaines. Qu'est-ce en effet que ces révolutions si fameuses des empires, auprès de ces accidents de la nature, qui changent la face de la terre et des mers ? Heureux du moins si les hommes n'employaient pas à se tourmenter mutuellement le peu de jours qu'ils ont à passer ensemble ! Le Vésuve n'a pas ouvert une seule fois ses abîmes pour dévorer les cités, que ses fureurs n'aient surpris les peuples au milieu du sang et des larmes. Quels sont les premiers signes de civilisation, les premières marques du passage des hommes que l'on a retrouvés sous les cendres éteintes du volcan? Des instruments de supplice, des squelettes enchaînés (1).

Les temps varient et les destinées humaines ont la même inconstance. La *vie*, dit la chanson grecque, *fuit comme la roue d'un char :*

Τροχὸς ἅρματος γὰρ οἷα
Βίοτος τρέχει κυλισθείς.

Pline a perdu la vie pour avoir voulu contempler de loin le volcan dans le cratère duquel je suis tranquillement assis. Je regarde fumer l'abîme autour de moi. Je songe qu'à quelques toises de profondeur j'ai un gouffre de feu sous mes pieds; je songe que le volcan pourrait s'ouvrir et me lancer en l'air avec des quartiers de marbre fracassés.

Quelle providence m'a conduit dans ce lieu? Par quel hasard les tempêtes de l'océan américain m'ont-elles jeté aux champs de Lavinie : *Lavinaque venit littora?* Je ne puis m'empêcher de faire un retour sur les agitations de cette vie, « où les choses, dit saint Augustin, sont pleines de misères, et l'espérance, vide de bonheur : *Rem plenam miseriæ, spem beatitudinis inanem.* » Né sur les rochers de l'Armorique, le premier bruit qui a frappé mon oreille en venant au monde est celui de la mer; et sur combien de rivages n'ai-je pas vu depuis se briser ces mêmes flots que je retrouve ici?

Qui m'eût dit, il y a quelques années, que j'entendrais gémir aux tombeaux de Scipion et de Virgile ces vagues qui se déroulaient à mes pieds sur les côtes de l'Angleterre, ou sur les grèves du Maryland? Mon nom est dans la cabane du Sauvage de la Floride; le voilà sur le livre de l'ermite du Vésuve. Quand déposerai-je à la porte de mes pères le bâton et le manteau du voyageur?

O patria! o divum domus Ilium!

PATRIA, OU LITERNE.

6 janvier 1804.

Sorti de Naples par la grotte du Pausilippe, j'ai roulé une heure en calèche dans la campagne; après avoir traversé de petits chemins ombragés, je suis descendu de voiture pour chercher à pied *Patria*, l'ancienne Literne. Un bocage de peupliers s'est d'abord présenté à moi, ensuite des vignes et une plaine semée de blé. La nature était belle, mais triste. A Naples, comme dans l'État romain, les cultivateurs ne sont guère aux champs qu'au temps des semailles et des moissons; après quoi ils se retirent dans les faubourgs des villes ou dans de grands villages. Les campagnes manquent ainsi de hameaux, de troupeaux,

(1) A Pompéia

d'habitants, et n'ont point le mouvement rustique de la Toscane, du Milanais et des contrées transalpines. J'ai pourtant rencontré aux environs de *Patria* quelques fermes agréablement bâties : elles avaient dans leur cour un puits orné de fleurs et accompagné de deux pilastres, que couronnaient des aloès dans des paniers. Il y a dans ce pays un goût naturel d'architecture, qui annonce l'ancienne patrie de la civilisation et des arts.

Des terrains humides semés de fougères, attenant à des fonds boisés, m'ont rappelé les aspects de la Bretagne. Qu'il y a déjà longtemps que j'ai quitté mes bruyères natales ! On vient d'abattre un vieux bois de chênes et d'ormes parmi lesquels j'ai été élevé : je serais tenté de pousser des plaintes, comme ces êtres dont la vie était attachée aux arbres de la magique forêt du Tasse.

J'ai aperçu de loin, aux bords de la mer, la tour que l'on appelle *Tour de Scipion*. A l'extrémité d'un corps de logis que forment une chapelle et une espèce d'auberge, je suis entré dans un camp de pêcheurs : ils étaient occupés à raccommoder leurs filets au bord d'une pièce d'eau. Deux d'entre eux m'ont amené un bateau et m'ont débarqué près d'un pont, sur le terrain de la tour. J'ai passé des dunes, où croissent des lauriers, des myrtes et des oliviers nains. Monté, non sans peine, au haut de la tour, qui sert de point de reconnaissance aux vaisseaux, mes regards ont erré sur cette mer que Scipion avait contemplée tant de fois. Quelques débris des voûtes appelées *Grottes de Scipion* se sont offerts à mes recherches religieuses ; je foulais, saisi de respect, la terre qui couvrait les os de celui dont la gloire cherchait la solitude. Je n'aurai de commun avec ce grand citoyen que ce dernier exil dont aucun homme n'est rappelé.

BAIES.

9 janvier.

Vue du haut de Monte-Nuovo : culture au fond de l'entonnoir ; myrtes et élégantes bruyères.

Lac Averne : il est de forme circulaire, et enfoncé dans un bassin de montagnes ; ses bords sont parés de vignes à haute tige. L'antre de la Sibylle est placé vers le midi, dans le flanc des falaises, auprès d'un bois. J'ai entendu chanter les oiseaux, et je les ai vus voler autour de l'antre, malgré les vers de Virgile :

> Quam super haud ullæ poterant impune volantes
> Tendere iter pennis. . . . .

Quant au *rameau d'or*, toutes les colombes du monde me l'auraient montré, que je n'aurais su le cueillir.

Le lac Averne communiquait au lac Lucrin : restes de ce dernier lac dans la mer ; restes du pont Julia.

On s'embarque et l'on suit la digue jusqu'aux bains de Néron. J'ai fait cuire des œufs dans le Phlégéton. Rembarqué en sortant des bains de Néron; tourné le promontoire : sur une côte abandonnée gisent, battues par les flots, les ruines d'une multitude de bains et de *villa* romaines. Temples de Vénus, de Mercure, de Diane; tombeaux d'Agrippine, etc. Baïes fut l'Élysée de Virgile et l'Enfer de Tacite.

HERCULANUM, PORTICI, POMPÉIA.

11 janvier.

La lave a rempli Herculanum, comme le plomb fondu remplit les concavités d'un moule.

Portici est un magasin d'antiques.

Il y a quatre parties découvertes à Pompéia : 1° le temple, le quartier des soldats, les théâtres; 2° une maison nouvellement déblayée par les Français; 3° un quartier de la ville; 4° la maison hors de la ville.

Le tour de Pompéia est d'environ quatre milles. Quartier des soldats, espèce de cloître autour duquel régnaient quarante-deux chambres; quelques mots latins estropiés et mal orthographiés barbouillés sur les murs. Près de là étaient des squelettes enchaînés : « Ceux qui étaient autrefois enchaînés ensemble, dit Job, « ne souffrent plus, et ils n'entendent plus la voix de l'exacteur. »

Un petit théâtre : vingt et un gradins en demi-cercle, les corridors derrière. Un grand théâtre : trois portes pour sortir de la scène dans le fond, et communiquant aux chambres des acteurs. Trois rangs marqués pour les gradins; celui du bas plus large et en marbre. Les corridors derrière, larges et voûtés.

On entrait par le corridor au haut du théâtre, et l'on descendait dans la salle par les vomitoires. Six portes s'ouvraient dans ce corridor. Viennent, non loin de là, un portique carré de soixante colonnes, et d'autres colonnes en ligne droite, allant du midi au nord; dispositions que je n'ai pas bien comprises.

On trouve deux temples : l'un de ces temples offre trois autels et un sanctuaire élevé.

La maison découverte par les Français est curieuse : les chambres à coucher, extrêmement exiguës, sont peintes en bleu ou en jaune, et décorées de petits tableaux à fresque. On voit dans ces tableaux un personnage romain, un Apollon jouant de la lyre, des paysages, des perspectives de jardins et de villes. Dans la plus grande chambre de cette maison, une peinture représente Ulysse fuyant les Sirènes : le fils de Laërte, attaché au mât de son vaisseau, écoute trois Sirènes placées sur les rochers; la première touche la lyre, la seconde sonne une espèce de trompette, la troisième chante.

On entre dans la partie la plus anciennement découverte de Pompéia par une rue d'environ quinze pieds de large; des deux côtés sont des trottoirs; le pavé garde la trace des roues en divers endroits. La rue est bordée de boutiques et de maisons dont le premier étage est tombé. Dans deux de ces maisons se voient les choses suivantes :

Une chambre de chirurgien et une chambre de toilette avec des peintures analogues.

On m'a fait remarquer un moulin à blé et les marques d'un instrument tranchant sur la pierre de la boutique d'un charcutier ou d'un boulanger, je ne sais plus lequel.

La rue conduit à une porte de la cité où l'on a mis à nu une portion des murs d'enceinte. A cette porte commençait la file des sépulcres qui bordaient le chemin public.

Après avoir passé la porte, on rencontre la maison de campagne si connue. Le portique qui entoure le jardin de cette maison est composé de piliers carrés, groupés trois par trois. Sous ce premier portique, il en existe un second : c'est là que fut étouffée la jeune femme dont le sein s'est imprimé dans le morceau de terre que j'ai vu à Portici : la mort, comme un statuaire, a moulé sa victime.

Pour passer d'une partie découverte de la cité à une autre partie découverte, on traverse un riche sol cultivé ou planté de vignes. La chaleur était considérable, la terre, riante de verdure et émaillée de fleurs (1).

En parcourant cette cité des morts, une idée me poursuivait. A mesure que l'on déchausse quelque édifice à Pompéia, on enlève ce que donne la fouille, ustensiles de ménage, instruments de divers métiers, meubles, statues, manuscrits, etc., et l'on entasse le tout au *Musée Portici*. Il y aurait selon moi quelque chose de mieux à faire : ce serait de laisser les choses dans l'endroit où on les trouve et comme on les trouve, de remettre des toits, des plafonds, des planchers et des fenêtres, pour empêcher la dégradation des peintures et des murs; de relever l'ancienne enceinte de la ville, d'en clore les portes; enfin d'y établir une garde de soldats avec quelques savants versés dans les arts. Ne serait-ce pas là le plus merveilleux musée de la terre? Une ville romaine conservée tout entière, comme si ses habitants venaient d'en sortir un quart d'heure auparavant!

On apprendrait mieux l'histoire domestique du peuple romain, l'état de la civilisation romaine dans quelques promenades à Pompéia restaurée, que par la lecture de tous les ouvrages de l'antiquité. L'Europe entière accourrait : les frais qu'exigerait la mise en œuvre de ce plan seraient amplement compensés par l'affluence des étrangers à Naples. D'ailleurs rien n'obligerait d'exécuter ce travail à la fois; on continuerait lentement, mais régulièrement, les fouilles; il ne faudrait qu'un peu de brique, d'ardoise, de plâtre, de pierre, de bois de charpente et de menuiserie pour les employer en proportion du déblai. Un architecte habile suivrait, quant aux restaurations, le style local dont il trouverait des modèles dans les paysages peints sur les murs mêmes des maisons de Pompéia.

Ce que l'on fait aujourd'hui me semble funeste : ravies à leurs places naturelles, les curiosités les plus rares s'ensevelissent dans des cabinets où elles ne sont plus en rapport avec les objets environnants. D'une autre part, les édifices

---

(1) Je donne à la fin de ce voyage des notices curieuses sur Pompéia, et qui compléteront ma courte description.

découverts à Pompéia tomberont bientôt : les cendres qui les engloutirent les ont conservés ; ils périront à l'air, si on ne les entretient ou on ne les répare.

En tous pays les monuments publics, élevés à grands frais avec des quartiers de granit et de marbre, ont seuls résisté à l'action du temps ; mais les habitations domestiques, les *villes* proprement dites, se sont écroulées, parce que la fortune des simples particuliers ne leur permet pas de bâtir pour les siècles.

A M. DE FONTANES.

Rome, le 10 janvier 1804.

J'arrive de Naples, mon cher ami, et je vous porte un fruit de mon voyage, sur lequel vous avez des droits : quelques feuilles du laurier du tombeau de Virgile. « *Tenet nunc Parthenope.* » Il y a longtemps que j'aurais dû vous parler de cette terre classique, faite pour intéresser un génie tel que le vôtre ; mais diverses raisons m'en ont empêché. Cependant je ne veux pas quitter Rome sans vous dire au moins quelques mots de cette ville fameuse. Nous étions convenus que je vous écrirais au hasard et sans suite tout ce que je penserais de l'Italie, comme je vous disais autrefois l'impression que faisaient sur mon cœur les solitudes du Nouveau-Monde. Sans autre préambule, je vais donc essayer de vous peindre les *dehors* de Rome, ses campagnes et ses ruines.

Vous avez lu tout ce qu'on a écrit sur ce sujet ; mais je ne sais si les voyageurs vous ont donné une idée bien juste du tableau que présente la campagne de Rome. Figurez-vous quelque chose de la désolation de Tyr et de Babylone, dont parle l'Écriture ; un silence et une solitude aussi vastes que le bruit et le tumulte des hommes qui se pressaient jadis sur ce sol. On croit y entendre retentir cette malédiction du prophète : *Venient tibi duo hæc subito in die una, sterilitas et viduitas* (1). Vous apercevez çà et là quelques bouts de voies romaines dans des lieux où il ne passe plus personne, quelques traces desséchées des torrents de l'hiver : ces traces, vues de loin, ont elles-mêmes l'air de grands chemins battus et fréquentés, et elles ne sont que le lit désert d'une onde orageuse qui s'est écoulée comme le peuple romain. A peine découvrez-vous quelques arbres, mais partout s'élèvent des ruines d'aqueducs et de tombeaux ; ruines qui semblent être les forêts et les plantes indigènes d'une terre composée de la poussière des morts et des débris des empires. Souvent, dans une grande plaine, j'ai cru voir de riches moissons ; je m'en approchais : des herbes flétries avaient trompé mon œil. Parfois, sous ces moissons stériles, vous distinguez les traces d'une ancienne culture. Point d'oiseaux, point de laboureurs, point de mouvements champêtres, point de mugissements de troupeaux, point de villages. Un petit nombre de fermes délabrées se montrent sur la nudité des champs, les fenêtres et les portes en sont fermées ; il n'en sort ni fumée, ni bruit, ni ha-

---

(1) « Deux choses te viendront à la fois dans un seul jour, stérilité et veuvage. » Isaïe.

bitants. Une espèce de Sauvage, presque nu, pâle et miné par la fièvre, garde ces tristes chaumières, comme les spectres qui, dans nos histoires gothiques, défendent l'entrée des châteaux abandonnés. Enfin l'on dirait qu'aucune nation n'a osé succéder aux maîtres du monde dans leur terre natale, et que ces champs sont tels que les a laissés le soc de Cincinnatus, ou la dernière charrue romaine.

C'est du milieu de ce terrain inculte que domine et qu'attriste encore un monument appelé par la voix populaire le *Tombeau de Néron* (1), que s'élève la grande ombre de la Ville Éternelle. Déchue de sa puissance terrestre, elle semble, dans son orgueil, avoir voulu s'isoler : elle s'est séparée des autres cités de la terre; et, comme une reine tombée du trône, elle a noblement caché ses malheurs dans la solitude.

Il me serait impossible de vous dire ce qu'on éprouve lorsque Rome vous apparaît tout à coup au milieu de ses royaumes vides, *inania regna*, et qu'elle a l'air de se lever pour vous de la tombe où elle était couchée. Tâchez de vous figurer ce trouble et cet étonnement qui saisissaient les prophètes, lorsque Dieu leur envoyait la vision de quelque cité à laquelle il avait attaché les destinées de son peuple : *Quasi aspectus splendoris* (2). La multitude des souvenirs, l'abondance des sentiments, vous oppressent; votre âme est bouleversée à l'aspect de cette Rome qui a recueilli deux fois la succession du monde, comme héritière de Saturne et de Jacob (3).

Vous croirez peut-être, mon cher ami, d'après cette description, qu'il n'y a rien de plus affreux que les campagnes romaines? Vous vous tromperiez beaucoup; elles ont une inconcevable grandeur : on est toujours prêt, en les regardant, à s'écrier avec Virgile :

> Salve, magna parens frugum, Saturnia tellus,
> Magna virum (4) !

Si vous les voyez en économiste, elles vous désoleront; si vous les contemplez en artiste, en poëte, et même en philosophe, vous ne voudriez peut-être pas qu'elles fussent autrement. L'aspect d'un champ de blé ou d'un coteau de vignes ne vous donnerait pas d'aussi fortes émotions que la vue de cette terre dont la culture moderne n'a pas rajeuni le sol, et qui est demeurée antique comme les ruines qui la couvrent.

---

(1) Le véritable tombeau de Néron était à la porte *du Peuple*, dans l'endroit même où l'on a bâti depuis l'église de *Santa Maria del Popolo*.

(2) « C'était comme une vision de splendeur. » Ezéch.

(3) Montaigne décrit ainsi la campagne de Rome, telle qu'elle était il y a environ deux cents ans :

« Nous avions loin, sur nostre main gauche, l'Apennin, le prospect du pays mal plaisant, « bossé, plein de profondes fondaces, incapable d'y recevoir nulle conduite de gens de guerre « en ordonnance : le terroir nu, sans arbres, une bonne partie stérile, le pays fort ouvert tout « autour, et plus de dix milles à la ronde ; et quasi tout de cette sorte, fort peu peuplé de « maisons. »

(4) « Salut, terre féconde, terre de Saturne, mère des grands hommes ! »

Rien n'est comparable pour la beauté aux lignes de l'horizon romain, à la douce inclinaison des plans, aux contours suaves et fuyants des montagnes qui le terminent. Souvent les vallées dans la campagne prennent la forme d'une arène, d'un cirque, d'un hippodrome; les coteaux sont taillés en terrasses, comme si la main puissante des Romains avait remué toute cette terre. Une vapeur particulière, répandue dans les lointains, arrondit les objets et dissimule ce qu'ils pourraient avoir de dur ou de heurté dans leurs formes. Les ombres ne sont jamais lourdes et noires; il n'y a pas de masses si obscures de rochers et de feuillages, dans lesquelles il ne s'insinue toujours un peu de lumière. Une teinte singulièrement harmonieuse marie la terre, le ciel et les eaux : toutes les surfaces, au moyen d'une gradition insensible de couleurs, s'unissent par leurs extrémités, sans qu'on puisse déterminer le point où une nuance finit et où l'autre commence. Vous avez sans doute admiré dans les paysages de Claude Lorrain cette lumière qui semble idéale et plus belle que nature? eh bien ! c'est la lumière de Rome ! Je ne me lassais point de voir à la *villa* Borghèse le soleil se coucher sur les cyprès du mont Marius et sur les pins de la *villa* Pamphili, plantés par Lenôtre. J'ai souvent aussi remonté le Tibre à Ponte-Mole, pour jouir de cette grande scène de la fin du jour. Les sommets des montagnes de la Sabine apparaissent alors de lapis-lazuli et d'opale, tandis que leurs bases et leurs flancs sont noyés dans une vapeur d'une teinte violette et purpurine. Quelquefois de beaux nuages comme des chars légers, portés sur le vent du soir avec une grâce inimitable, font comprendre l'apparition des habitants de l'Olympe sous ce ciel mythologique; quelquefois l'antique Rome semble avoir étendu dans l'occident toute la pourpre de ses consuls et de ses Césars, sous les derniers pas du dieu du jour. Cette riche décoration ne se retire pas aussi vite que dans nos climats : lorsque vous croyez que ses teintes vont s'effacer, elle se ranime sur quelque autre point de l'horizon ; un crépuscule succède à un crépuscule, et la magie du couchant se prolonge. Il est vrai qu'à cette heure du repos des campagnes, l'air ne retentit plus de chants bucoliques; les bergers n'y sont plus, *Dulcia linquimus arva!* mais on voit encore les *grandes victimes du Clytumne*, des bœufs blancs ou des troupeaux de cavales demi-sauvages qui descendent au bord du Tibre et viennent s'abreuver dans ses eaux. Vous vous croiriez transporté au temps des vieux Sabins ou au siècle de l'Arcadien Évandre, ποιμένες λαων (1), alors que le Tibre s'appelait *Albula* (2), et que le pieux Énée remonta ses ondes inconnues.

Je conviendrai toutefois que les sites de Naples sont peut-être plus éblouissants que ceux de Rome : lorsque le soleil enflammé, ou que la lune large et rougie, s'élève au-dessus du Vésuve, comme un globe lancé par le volcan, la baie de Naples avec ses rivages bordés d'orangers, les montagnes de la Pouille, l'île de Caprée, la côte du Pausilippe, Baïes, Misène, Cumes, l'Averne, les Champs-Élysées, et toute cette terre Virgilienne, présentent un spectacle magique; mais il n'a pas selon moi le *grandiose* de la campagne romaine. Du moins est-il certain que l'on s'attache prodigieusement à ce sol fameux. Il y a

---

(1) « Pasteurs des peuples. » Homer. — (2) *Vid.* Tit.-Liv.

deux mille ans que Cicéron se croyait exilé sous le ciel de l'Asie, et qu'il écrivait à ses amis : *Urbem, mi Rufi, cole; in ista luce vive* (1). Cet attrait de la belle Ausonie est encore le même. On cite plusieurs exemples de voyageurs qui, venus à Rome, dans le dessein d'y passer quelques jours, y sont demeurés toute leur vie. Il fallut que le Poussin vînt mourir sur cette terre des beaux paysages : au moment même où je vous écris, j'ai le bonheur d'y connaître M. d'Agincourt, qui y vit seul depuis vingt-cinq ans, et qui promet à la France d'avoir aussi son *Winckelman*.

Quiconque s'occupe uniquement de l'étude de l'antiquité et des arts, ou quiconque n'a plus de liens dans la vie, doit venir demeurer à Rome. Là il trouvera pour société une terre qui nourrira ses réflexions et qui occupera son cœur, des promenades qui lui diront toujours quelque chose. La pierre qu'il foulera aux pieds lui parlera, la poussière que le vent élèvera sous ses pas renfermera quelque grandeur humaine. S'il est malheureux, s'il a mêlé les cendres de ceux qu'il aima à tant de cendres illustres, avec quel charme ne passera-t-il pas du sépulcre des Scipions au dernier asile d'un ami vertueux, du charmant tombeau de *Cecilia Metella* au modeste cercueil d'une femme infortunée ! Il pourra croire que ces mânes chéris se plaisent à errer autour de ces monuments avec l'ombre de Cicéron, pleurant encore sa chère Tullie, ou d'Agrippine encore occupée de l'urne de Germanicus. S'il est chrétien, ah ! comment pourrait-il alors s'arracher de cette terre qui est devenue sa patrie, de cette terre qui a vu naître un second empire, plus saint dans son berceau, plus grand dans sa puissance que celui qui l'a précédé; de cette terre où les amis que nous avons perdus, dormant avec les martyrs aux catacombes, sous l'œil du Père des fidèles, paraissent devoir se réveiller les premiers dans leur poussière, et semblent plus voisins des cieux?

Quoique Rome, vue intérieurement, offre l'aspect de la plupart des villes européennes, toutefois elle conserve encore un caractère particulier : aucune autre cité ne présente un pareil mélange d'architecture et de ruines, depuis le Panthéon d'Agrippa jusqu'aux murailles de Bélisaire, depuis les monuments apportés d'Alexandrie jusqu'au dôme élevé par Michel-Ange. La beauté des femmes est un autre trait distinctif de Rome : elles rappellent par leur port et leur démarche les Clélie et les Cornélie; on croirait voir des statues antiques de Junon ou de Pallas, descendues de leur piédestal et se promenant autour de leurs temples. D'une autre part, on retrouve chez les Romains *ce ton des chairs* auquel les peintres ont donné le nom de *couleur historique*, et qu'ils emploient dans leurs tableaux. Il est naturel que des hommes dont les aïeux ont joué un si grand rôle sur la terre aient servi de modèle ou de type aux Raphaël et aux Dominiquin, pour représenter les personnages de l'histoire.

Une autre singularité de la ville de Rome, ce sont les troupeaux de chèvres, et surtout ces attelages de grands bœufs aux cornes énormes, couchés au pied

(1) « C'est à Rome qu'il faut habiter, mon cher Rufus, c'est à cette lumière qu'il faut « vivre. » Je crois que c'est dans le premier ou dans le second livre des *Épîtres familières*. Comme j'ai cité partout de mémoire, on voudra bien me pardonner s'il se trouve quelque inexactitude dans les citations.

des obélisques égyptiens, parmi les débris du Forum, et sous les arcs où ils passaient autrefois pour conduire le triomphateur romain à ce Capitole que Cicéron appelle le *Conseil public de l'univers :*

Romanos ad templa Deum duxere triumphos.

A tous les bruits ordinaires des grandes cités, se mêle ici le bruit des eaux que l'on entend de toutes parts, comme si l'on était auprès des fontaines de Blandusie ou d'Égérie. Du haut des collines renfermées dans l'enceinte de Rome, ou à l'extrémité de plusieurs rues, vous apercevez la campagne en perspective, ce qui mêle la ville et les champs d'une manière pittoresque. En hiver les toits des maisons sont couverts d'herbes, comme les toits de chaume de nos paysans. Ces diverses circonstances contribuent à donner à Rome je ne sais quoi de rustique, qui va bien à son histoire : ses premiers dictateurs conduisaient la charrue ; elle dut l'empire du monde à des laboureurs, et le plus grand de ses poëtes ne dédaigna pas d'enseigner l'art d'Hésiode aux enfants de Romulus :

Ascræumque cano romana per oppida carmen.

Quant au Tibre, qui baigne cette grande cité, et qui en partage la gloire, sa destinée est tout à fait bizarre. Il passe dans un coin de Rome comme s'il n'y était pas ; on n'y daigne pas jeter les yeux, on n'en parle jamais ; on ne boit point ses eaux, les femmes ne s'en servent pas pour laver ; il se dérobe entre de méchantes maisons qui le cachent, et court se précipiter dans la mer, honteux de s'appeler *le Tevere*.

Il faut maintenant, mon cher ami, vous dire quelque chose de ces ruines dont vous m'avez recommandé de vous parler, et qui font une si grande partie des *dehors* de Rome : je les ai vues en détail, soit à Rome, soit à Naples, excepté pourtant les temples de Pæstum, que je n'ai pas eu le temps de visiter. Vous sentez que ces ruines doivent prendre différents caractères, selon les souvenirs qui s'y attachent.

Dans une belle soirée du mois de juillet dernier, j'étais allé m'asseoir au Colisée, sur la marche d'un des autels consacrés aux douleurs de la Passion. Le soleil qui se couchait versait des fleuves d'or par toutes ces galeries où roulait jadis le torrent des peuples ; de fortes ombres sortaient en même temps de l'enfoncement des loges et des corridors, ou tombaient sur la terre en larges bandes noires. Du haut des massifs de l'architecture, j'apercevais, entre les ruines du côté droit de l'édifice, le jardin du palais des Césars, avec un palmier qui semble être placé tout exprès sur ces débris pour les peintres et les poëtes. Au lieu des cris de joie que des spectateurs féroces poussaient jadis dans cet amphithéâtre, en voyant déchirer des chrétiens par des lions, on n'entendait que les aboiements des chiens de l'ermite qui garde ces ruines. Mais aussitôt que le soleil disparut à l'horizon, la cloche du dôme de Saint-Pierre retentit sous les portiques du Colisée. Cette correspondance établie par des sons religieux entre les deux plus grands monuments de Rome païenne et de Rome chrétienne me causa une vive émotion : je songeai que l'édifice moderne tomberait comme l'édifice antique ; je songeai que les monuments se succèdent comme les hommes qui les ont élevés ; je rappelai dans ma mémoire que ces mêmes Juifs qui, dans leur première captivité, travaillèrent aux pyramides de l'Égypte et aux murailles de Babylone, avaient, dans leur dernière dispersion, bâti cet énorme amphithéâtre. Les voûtes qui répétaient les sons de la cloche chrétienne étaient l'ouvrage d'un empereur païen marqué dans les prophéties pour la destruction finale de Jérusalem. Sont-ce là d'assez hauts sujets de méditation, et croyez-vous qu'une ville où de pareils effets se reproduisent à chaque pas soit digne d'être vue?

Je suis retourné hier, 9 janvier, au Colisée, pour le voir dans une autre saison, et sous un autre aspect : j'ai été étonné, en arrivant, de ne point entendre l'aboiement des chiens qui se montraient ordinairement dans les corridors supérieurs de l'amphithéâtre, parmi les herbes séchées. J'ai frappé à la porte de l'ermitage pratiqué dans le cintre d'une loge; on ne m'a point répondu : l'ermite est mort. L'inclémence de la saison, l'absence du bon solitaire, des chagrins récents, ont redoublé pour moi la tristesse de ce lieu; j'ai cru voir les décombres d'un édifice que j'avais admiré quelques jours auparavant dans toute son intégrité et toute sa fraîcheur. C'est ainsi, mon très-cher ami, que nous sommes avertis à chaque pas de notre néant : l'homme cherche au dehors des raisons pour s'en convaincre; il va méditer sur les ruines des empires, il oublie qu'il est lui-même une ruine encore plus chancelante, et qu'il sera tombé avant ces débris (1). Ce qui achève de rendre notre vie *le songe d'une ombre* (2), c'est que nous ne pouvons pas même espérer de vivre longtemps dans le souvenir de nos amis, puisque leur cœur, où s'est gravée notre image, est comme l'objet dont il retient les traits, une argile sujette à se dissoudre. On m'a montré à Portici un morceau de cendres du Vésuve, friable au toucher, et qui conserve l'empreinte, chaque jour plus effacée, du sein et du bras d'une jeune femme ensevelie sous les ruines de Pompéia; c'est une image assez juste, bien qu'elle ne soit pas encore assez vaine, de la trace que notre mémoire laisse dans le cœur des hommes, *cendre et poussière* (3).

Avant de partir pour Naples, j'étais allé passer quelques jours seul à Tivoli; je parcourus les ruines des environs, et surtout celles de la *villa Adriana*. Surpris par la pluie, au milieu de ma course, je me réfugiai dans les salles des Thermes voisins du Pœcile (4), sous un figuier qui avait renversé le pan d'un mur en croissant. Dans un petit salon octogone, une vigne vierge perçait la voûte de l'édifice, et son gros cep lisse, rouge et tortueux, montait le long du mur comme un serpent. Tout autour de moi, à travers les arcades des ruines, s'ouvraient des points de vue sur la campagne romaine. Des buissons de sureau remplissaient les salles désertes où venaient se réfugier quelques merles. Les fragments de maçonnerie étaient tapissés de feuilles de scolopendre, dont la verdure satinée se dessinait comme un travail en mosaïque sur la blancheur des marbres. Çà et là de hauts cyprès remplaçaient les colonnes tombées dans ce

---

(1) L'homme à qui cette lettre est adressée n'est plus! (*Note de l'édition de 1827.*) — (2) PINDARE. — (3) JOB. — (4) Monuments de la *villa*. Voyez plus haut la description de Tivoli et de la *villa Adriana*.

palais de la mort; l'acanthe sauvage rampait à leurs pieds, sur des débris, comme si la nature s'était plu à reproduire sur les chefs-d'œuvre mutilés de l'architecture l'ornement de leur beauté passée. Les salles diverses et les sommités des ruines ressemblaient à des corbeilles et à des bouquets de verdure : le vent agitait les guirlandes humides, et toutes les plantes s'inclinaient sous la pluie du ciel.

Pendant que je contemplais ce tableau, mille idées confuses se pressaient dans mon esprit : tantôt j'admirais, tantôt je détestais la grandeur romaine; tantôt je pensais aux vertus, tantôt aux vices de ce propriétaire du monde; qui avait voulu rassembler une image de son empire dans son jardin. Je rappelais les événements qui avaient renversé cette *villa* superbe; je la voyais dépouillée de ses plus beaux ornements par le successeur d'Adrien; je voyais les Barbares y passer comme un tourbillon, s'y cantonner quelquefois, et, pour se défendre dans ces mêmes monuments qu'ils avaient à moitié détruits, couronner l'ordre grec et toscan du créneau gothique; enfin, des religieux chrétiens, ramenant la civilisation dans ces lieux, plantaient la vigne et conduisaient la charrue dans le *temple des Stoïciens* et les *salles de l'Académie* (1). Le siècle des arts renaissait, et de nouveaux souverains achevaient de bouleverser ce qui restait encore des ruines de ces palais, pour y trouver quelques chefs-d'œuvre des arts. A ces diverses pensées se mêlait une voix intérieure qui me répétait ce qu'on a cent fois écrit sur la vanité des choses humaines. Il y a même double vanité dans les monuments de la *villa Adriana*; ils n'étaient, comme on sait, que les imitations d'autres monuments répandus dans les provinces de l'empire romain : le véritable temple de Sérapis à Alexandrie, la véritable Académie à Athènes, n'existent plus; vous ne voyez donc dans les copies d'Adrien que des ruines de ruines.

Il faudrait maintenant, mon cher ami, vous décrire le temple de la Sibylle, à Tivoli, et l'élégant temple de Vesta, suspendu sur la cascade; mais le loisir me manque. Je regrette de ne pouvoir vous peindre cette cascade célébrée par Horace : j'étais là dans vos domaines, vous l'héritier de l'ἀφελία des Grecs, ou du *simplex munditiis* (2) du chantre de l'*Art poétique;* mais je l'ai vue dans une saison triste, et je n'étais pas moi-même fort gai (3). Je vous dirai plus : j'ai été importuné du bruit des eaux, de ce bruit qui m'a tant charmé dans les forêts américaines. Je me souviens encore du plaisir que j'éprouvai lorsque, la nuit, au milieu du désert, mon bûcher à demi éteint, mon guide dormant, mes chevaux paissant à quelque distance, j'écoutais la mélodie des eaux et des vents dans la profondeur des bois. Ces murmures, tantôt plus forts, tantôt plus faibles, croissant et décroissant à chaque instant, me faisaient tressaillir; chaque arbre était pour moi une espèce de lyre harmonieuse dont les vents tiraient d'ineffables accords.

Aujourd'hui je m'aperçois que je suis beaucoup moins sensible à ces charmes de la nature, je doute que la cataracte de Niagara me causât la même admiration qu'autrefois. Quand on est très-jeune, la nature muette parle beaucoup;

---

(1) Monuments de la *villa*. Voyez la description de cette *villa*. — (2) « Élégante simplicité. » Hor. — (3) Voyez la description de Tivoli, p. 9.

il y a surabondance dans l'homme ; tout son avenir est devant lui (si mon Aristarque veut me passer cette expression); il espère communiquer ses sensations au monde, et il se nourrit de mille chimères. Mais dans un âge avancé, lorsque la perspective que nous avions devant nous passe derrière, que nous sommes détrompés sur une foule d'illusions, alors la nature seule devient plus froide et moins parlante, *les jardins parlent peu* (1).

Pour que cette nature nous intéresse encore, il faut qu'il s'y attache des souvenirs de la société ; nous nous suffisons moins à nous-mêmes : la solitude absolue nous pèse, et nous avons besoin de ces conversations *qui se font le soir à voix basse entre des amis* (2).

Je n'ai point quitté Tivoli sans visiter la maison du poëte que je viens de citer : elle était en face de la *villa* de Mécène; c'était là qu'il offrait *floribus et vino genium memorem brevis ævi* (3). L'ermitage ne pouvait pas être grand, car il est situé sur la croupe même du coteau; mais on sent qu'on devait être bien à l'abri dans ce lieu, et que tout y était commode quoique petit. Du verger devant la maison l'œil embrassait un pays immense : vraie retraite de poëte à qui peu suffit, et qui jouit de tout ce qui n'est pas à lui, *spatio brevi spem longam reseces* (4). Après tout il est fort aisé d'être philosophe comme Horace. Il avait une maison à Rome, deux *villa* à la campagne, l'une à Utique, l'autre à Tivoli. Il buvait d'un certain vin du consulat de Tullus avec ses amis : son *buffet était couvert d'argenterie;* il disait familièrement au premier ministre du maître du monde : « *Je ne sens point les besoins de la pauvreté, et si je voulais quelque chose de plus, Mécène, tu ne me le refuserais pas.* » Avec cela on peut chanter *Lalagé,* se couronner *de lis, qui vivent peu,* parler de la mort en buvant le Falerne, et *livrer au vent les chagrins.*

Je remarque qu'Horace, Virgile, Tibulle, Tite-Live, moururent tous avant Auguste, qui eut en cela le sort de Louis XIV : notre grand prince survécut un peu à son siècle, et se coucha le dernier dans la tombe, comme pour s'assurer qu'il ne restait rien après lui.

Il vous sera sans doute fort indifférent de savoir que la maison de Catulle est placée à Tivoli, au-dessus de la maison d'Horace, et qu'elle sert maintenant de demeure à quelques religieux chrétiens ; mais vous trouverez peut-être assez remarquable que l'Arioste soit venu composer ses *fables comiques* (5) au même lieu où Horace s'est joué de toutes les choses de la vie. On se demande avec surprise comment il se fait que le chantre de Roland, retiré chez le cardinal d'Est, à Tivoli, ait consacré ses *divines* folies à la France, et à la France demi-barbare, tandis qu'il avait sous les yeux les sévères monuments et les graves souvenirs du peuple le plus sérieux et le plus civilisé de la terre. Au reste, la *villa* d'Est est la seule *villa* moderne qui m'ait intéressé au milieu des débris des *villa* de tant d'empereurs et de consulaires. Cette maison de Ferrare a eu le bonheur peu commun d'avoir été chantée par les deux plus grands poëtes de son temps et les deux plus beaux génies de l'Italie moderne.

(1) LA FONTAINE. — (2) HORACE. — (3) « Des fleurs et du vin au génie qui nous rappelle la « brièveté de la vie. » — (4) « Renferme dans un espace étroit tes longues espérances. » HOR. — (5) BOILEAU.

Piacciavi, generose Ercolea prole,
Ornamento e splendor del secol nostro,
Ippolito, etc.

C'est ici le cri d'un homme heureux, qui rend grâce à la maison puissante dont il recueille les faveurs, et dont il fait lui-même les délices. Le Tasse, plus touchant, fait entendre dans son invocation les accents de la reconnaissance d'un grand homme infortuné :

Tu magnanimo Alfonso, il qual ritogli, etc.

C'est faire un noble usage du pouvoir que de s'en servir pour protéger les talents exilés, et recueillir le mérite fugitif. Arioste et Hippolyte d'Est ont laissé dans les vallons de Tivoli un souvenir qui ne le cède pas en charme à celui d'Horace et de Mécène. Mais que sont devenus les protecteurs et les protégés? Au moment même où j'écris, la maison d'Est vient de s'éteindre; la *villa* du cardinal d'Est tombe en ruine comme celle du ministre d'Auguste : c'est l'histoire de toutes les choses et de tous les hommes.

Linquenda tellus, et domus, et placens
Uxor (1).

Je passai presque tout un jour à cette superbe *villa*; je ne pouvais me lasser d'admirer la perspective dont on jouit du haut de ses terrasses : au-dessous de vous s'étendent les jardins avec leurs platanes et leurs cyprès; après les jardins viennent les restes de la maison de Mécène, placée au bord de l'Anio (2); de l'autre côté de la rivière, sur la colline en face, règne un bois de vieux oliviers, où l'on trouve les débris de la *villa* de Varus(3); un peu plus loin, à gauche, dans la plaine, s'élèvent les trois monts *Monticelli*, *San-Francesco* et *San-Angelo*, et entre les sommets de ces trois monts voisins apparaît le sommet lointain et azuré de l'antique Soracte; à l'horizon et à l'extrémité des campagnes romaines, en décrivant un cercle par le couchant et le midi, on découvre les hauteurs de Monte-Fiescone, Rome, Civita-Vecchia, Ostie, la mer, Frascati, surmonté des pins de Tusculum; enfin, revenant chercher Tivoli vers le levant, la circonférence entière de cette immense perspective se termine au mont Ripoli, autrefois occupé par les maisons de Brutus et d'Atticus, et au pied duquel se trouve la *villa Adriana* avec toutes ses ruines.

On peut suivre au milieu de ce tableau le cours du Teverone, qui descend vers le Tibre, jusqu'au pont où s'élève le mausolée de la famille *Plautia*, bâti en forme de tour. Le grand chemin de Rome se déroule aussi dans la campagne; c'était l'ancienne voie Tiburtine, autrefois bordée de sépulcres, et le long de laquelle des meules de foin élevée en pyramides imitent encore des tombeaux.

Il serait difficile de trouver dans le reste du monde une vue plus étonnante et plus propre à faire naître de puissantes réflexions. Je ne parle pas de Rome, dont on aperçoit les dômes, et qui seule dit tout; je parle seulement des lieux

(1) « Il faudra quitter la terre, une maison, une épouse chérie. » Hor. — (2) Aujourd'hui *le Teverone*. — (3) Le Varus qui fut massacré avec les légions en Germanie. Voyez l'admirable morceau de Tacite.

et des monuments renfermés dans cette vaste étendue. Voilà la maison où Mécène, rassasié des biens de la terre, mourut d'une maladie de langueur; Varus quitta ce coteau pour aller verser son sang dans les marais de la Germanie; Cassius et Brutus abandonnèrent ces retraites pour bouleverser leur patrie. Sous ces hauts pins de Frascati, Cicéron dictait ses *Tusculanes;* Adrien fit couler un nouveau Pénée au pied de cette colline, et transporta dans ces lieux les noms, les charmes et les souvenirs du vallon de Tempé. Vers cette source de la Solfatare, la reine captive de Palmyre acheva ses jours dans l'obscurité, et sa ville d'un moment disparut dans le désert. C'est ici que le roi Latinus consulta le dieu Faune dans la forêt de l'Albunée; c'est ici qu'Hercule avait son temple, et que la sibylle Tiburtine dictait ses oracles; ce sont là les montagnes des vieux Sabins, les plaines de l'antique Latium; terre de Saturne et de Rhée, berceau de l'âge d'or, chanté par tous les poëtes; riants coteaux de Tibur et de Lucrétile, dont le seul génie français a pu retracer les grâces, et qui attendaient le pinceau du Poussin et de Claude Lorrain.

Je descendis de la *villa* d'Est (1) vers les trois heures après midi, je passai le Teverone sur le pont de Lupus, pour rentrer à Tivoli par la porte Sabine. En traversant le bois des vieux oliviers, dont je viens de vous parler, j'aperçus une petite chapelle blanche, dédiée à la madone Quintilanea, et bâtie sur les ruines de la *villa* de Varus. C'était un dimanche : la porte de cette chapelle était ouverte, j'y entrai. Je vis trois petits autels disposés en forme de croix; sur celui du milieu s'élevait un grand crucifix d'argent, devant lequel brûlait une lampe suspendue à la voûte. Un seul homme, qui avait l'air très-malheureux, était prosterné auprès d'un banc; il priait avec tant de ferveur, qu'il ne leva pas même les yeux sur moi au bruit de mes pas. Je sentis ce que j'ai mille fois éprouvé en entrant dans une église, c'est-à-dire un certain *apaisement* des troubles du cœur (pour parler comme nos vieilles bibles), et je ne sais quel dégoût de la terre. Je me mis à genoux à quelque distance de cet homme, et, inspiré par le lieu, je prononçai cette prière : « Dieu du voyageur, qui avez voulu que
« le pèlerin vous adorât dans cet humble asile bâti sur les ruines du palais
« d'un grand de la terre! Mère de douleur, qui avez établi votre culte de mi-
« séricorde dans l'héritage de ce Romain infortuné, mort loin de son pays
« dans les forêts de la Germanie ! nous ne sommes ici que deux fidèles pros-
« ternés au pied de votre autel solitaire : accordez à cet inconnu, si profon-
« dément humilié devant vos grandeurs, tout ce qu'il vous demande : faites
« que les prières de cet homme servent à leur tour à guérir mes infirmités,
« afin que ces deux chrétiens qui sont étrangers l'un à l'autre, qui ne se sont
« rencontrés qu'un instant dans la vie, et qui vont se quitter pour ne plus se
« voir ici-bas, soient tout étonnés, en se retrouvant au pied de votre trône, de
« se devoir mutuellement une partie de leur bonheur, par les miracles de leur
« charité ! »

---

(1) On a vu, à la fin de ma description de la *villa Adriana*, que j'annonçais pour le lendemain une promenade à la *villa* d'Est. Je n'ai point donné le détail particulier de cette promenade, parce qu'il se trouvait déjà dans ma *Lettre sur Rome*, à M. de Fontanes.

Quand je viens à regarder, mon cher ami, toutes les feuilles éparses sur ma table, je suis épouvanté de mon énorme fatras, et j'hésite à vous l'envoyer. Je sens pourtant que je ne vous ai rien dit, que j'ai oublié mille choses que j'aurais dû vous dire. Comment, par exemple, ne vous ai-je pas parlé de Tusculum, de Cicéron, qui, selon Sénèque, « fut le seul génie que le peuple ro-« main ait eu d'égal à son empire. » *Illud ingenium quod solum populus romanus par imperio suo habuit.* Mon voyage à Naples, ma descente dans le cratère du Vésuve (1), mes courses à Pompéia, à Caserte (2), à la Solfatare, au lac Averne, à la grotte de la Sibylle, auraient pu vous intéresser, etc. Baïes, où se sont passées tant de scènes mémorables, méritait seule un volume. Il me semble que je vois encore la tour de Bola, où était placée la maison d'Agrippine, et où elle dit ce mot sublime aux assassins envoyés par son fils : *Ventrem feri* (3). L'île Nisida, qui servit de retraite à Brutus, après le meurtre de César ; le pont de Caligula, la Piscine admirable, tous ces palais bâtis dans la mer, dont parle Horace, vaudraient bien la peine qu'on s'y arrêtât un peu. Virgile a placé ou trouvé dans ces lieux les belles fictions du sixième livre de son *Énéide*; c'est de là qu'il écrivait à Auguste ces paroles modestes (elles sont, je crois, les seules lignes de prose que nous connaissions de ce grand homme) : *Ego vero frequentes a te litteras accipio... De Ænea quidem meo, si me hercule jam dignum auribus haberem tuis, libenter mitterem; sed tanta inchoata, res est ut pene vitio mentis tantum opus ingressus mihi videar; cum præsertim, ut scis, alia quoque studia ad id opus multoque potiora impertiar* (4).

Mon pèlerinage au tombeau de Scipion l'Africain est un de ceux qui ont le plus satisfait mon cœur, bien que j'aie manqué le but de mon voyage. On m'avait dit que le mausolée existait encore, et qu'on y lisait même le mot *patria*, seul reste de cette inscription qu'on prétend y avoir été gravée : *Ingrate patrie, tu n'auras pas mes os*. Je me suis rendu à Patria, l'ancienne Literne : je n'ai point trouvé le tombeau, mais j'ai erré sur les ruines de la maison que le plus grand et le plus aimable des hommes habitait dans son exil : il me semblait voir le vainqueur d'Annibal se promener au bord de la mer sur la côte opposée à celle de Carthage, et se consolant de l'injustice de Rome, par les charmes de l'amitié et le souvenir de ses vertus (5).

(1) Il n'y a (comme je l'ai dit dans une autre note) que de la fatigue et aucun danger à descendre dans le cratère du Vésuve. Il faudrait avoir le malheur d'y être surpris par une éruption ; dans ce cas-là même, si l'on n'était pas emporté par l'explosion, l'expérience a prouvé qu'on peut encore se sauver sur la lave : comme elle coule avec une extrême lenteur, sa surface se refroidit assez vite pour qu'on puisse y passer rapidement.

(2) Je n'ai rien retrouvé sur Caserte. — (3) Tacite.

(4) Ce fragment se trouve dans Macrobe, mais je ne puis indiquer le livre : je crois pourtant que c'est le premier des *Saturnales*. Voyez les *Martyrs*, sur le séjour de Baïes.

(5) Non-seulement on m'avait dit que ce tombeau existait, mais j'avais lu les circonstances de ce que je rapporte ici dans je ne sais plus quel voyageur. Cependant les raisons suivantes me font douter de la vérité des faits :

1° Il me paraît que Scipion, malgré les justes raisons de plainte qu'il avait contre Rome, aimait trop sa patrie pour avoir voulu qu'on gravât cette inscription sur son tombeau : cela semble contraire à tout ce que nous connaissons du génie des anciens.

Quant aux Romains modernes, mon cher ami, Duclos me semble avoir de l'humeur lorsqu'il les appelle les *Italiens de Rome;* je crois qu'il y a encore chez eux le fond d'une nation peu commune. On peut découvrir parmi ce peuple, trop sévèrement jugé, un grand sens, du courage, de la patience, du génie, des traces profondes de ses anciennes mœurs, je ne sais quel air de souverain, et quels nobles usages qui sentent encore la royauté. Avant de condamner cette opinion, qui peut vous paraître hasardée, il faudrait entendre mes raisons, et je n'ai pas le temps de vous les donner.

Que de choses me resteraient à vous dire sur la littérature italienne ! Savez-vous que je n'ai vu qu'une seule fois le comte Alfieri dans ma vie, et devineriez-vous comment? je l'ai vu dans sa bière ! On me dit qu'il n'était presque pas changé. Sa physionomie me parut noble et grave ; la mort y ajoutait sans doute une nouvelle sévérité ; le cercueil étant un peu trop court, on inclina la tête du défunt sur sa poitrine, ce qui lui fit faire un mouvement formidable. Je tiens de la bonté d'une personne qui lui fut bien chère (1), et de la politesse d'un ami du comte Alfieri, des notes curieuses sur les ouvrages posthumes, les opinions et la vie de cet homme célèbre. La plupart des papiers publics, en

2° L'inscription rapportée est conçue presque littéralement dans les termes de l'imprécation que Tite-Live fait prononcer à Scipion en sortant de Rome : ne serait-ce pas là la source de l'erreur ?

3° Plutarque raconte que l'on trouva près de Gaëte une urne de bronze dans un tombeau de marbre, où les cendres de Scipion devaient avoir été renfermées, et qui portait une inscription très-différente de celle dont il s'agit ici.

4° L'ancienne Literne ayant pris le nom de *Patria*, cela a pu donner naissance à ce qu'on a dit du mot *patria*, resté seul de toute l'inscription du tombeau. Ne serait-ce pas, en effet, un hasard fort singulier que le lieu se nommât *Patria*, et que le mot *patria* se trouvât aussi sur le monument de Scipion ? à moins que l'on ne suppose que l'un a pris son nom de l'autre.

Il se peut faire toutefois que des auteurs que je ne connais pas aient parlé de cette inscription de manière à ne laisser aucun doute : il y a même une phrase dans Plutarque qui semble favorable à l'opinion que je combats. Un homme du plus grand mérite, et qui m'est d'autant plus cher qu'il est fort malheureux *, a fait, presque en même temps que moi, le voyage de *Patria*. Nous avons souvent causé ensemble de ce lieu célèbre ; je ne suis pas bien sûr qu'il m'ait dit avoir vu lui-même *le tombeau et le mot* (ce qui trancherait la difficulté), ou s'il m'a seulement raconté la tradition populaire. Quant à moi je n'ai point trouvé le monument, et je n'ai vu que les ruines de la *villa*, qui sont très-peu de chose. (Voyez ci-dessus, pag. 30).

Plutarque parle de l'opinion de ceux qui plaçaient le tombeau de Scipion auprès de Rome ; mais ils confondaient évidemment le tombeau *des* Scipions et le tombeau *de* Scipion. Tite-Live affirme que celui-ci était à Literne, qu'il était surmonté d'une statue, laquelle fut abattue par une tempête, et que lui, Tite-Live, avait vu cette statue. On savait d'ailleurs par Sénèque, Cicéron et Pline, que l'autre tombeau, c'est-à-dire celui des Scipions, avait existé en effet à une des portes de Rome. Il a été découvert sous Pie VI ; on en a transporté les inscriptions au musée du Vatican ; parmi les noms des membres de la famille des Scipions trouvés dans le monument celui de l'Africain manque.

(1) La personne pour laquelle avait été composée d'avance l'épitaphe que je rapportais ici n'a pas fait mentir longtemps le *hic sita est* : elle est allée rejoindre le comte Alfieri. Rien n'est triste comme de relire, vers la fin de ses jours, ce que l'on a écrit dans sa jeunesse ; tout

* M. Bertin l'aîné, que je puis nommer aujourd'hui. Il était alors exilé, et persécuté par Buonaparte pour son dévouement à la maison de Bourbon.

France, ne nous ont donné sur tout cela que des renseignements tronqués et incertains. En attendant que je puisse vous communiquer mes notes, je vous envoie l'épitaphe que le comte Alfieri avait faite, en même temps que la sienne, pour sa noble amie :

```
              HIC. SITA. EST.
             AL..... E ... ST....
               ALD..... COM....
         GENERE. FORMA MORIBUS.
      INCOMPARABILI. ANIMI. CANDORE.
                PRÆCLARISSIMA.
             A. VICTORIO. ALFERIO.
       JUXTA. QUEM. SARCOPHAGO. UNO (1).
              TUMULATA. EST.
           ANNORUM. 26. SPATIO.
          ULTRA. RES. OMNES. DILECTA.
         ET. QUASI. MORTALE. NUMEN.
       AB. IPSO. CONSTANTER. HABITA.
               ET. OBSERVATA.
       VIXIT. ANNOS.... MENSES.... DIES...
         HANNONIÆ. MONTIBUS. NATA.
           OBIIT.... DIE.... MENSIS....
           ANNO. DOMINI. M. D.CCC. (2).
```

La simplicité de cette épitaphe, et surtout la note qui l'accompagne, me semblent extrêmement touchantes.

Pour cette fois, j'ai fini ; je vous envoie ce monceau de ruines, faites-en tout ce qu'il vous plaira. Dans la description des divers objets dont je vous ai parlé, je crois n'avoir omis rien de remarquable, si ce n'est que le Tibre est toujours le *flavus Tiberinus* de Virgile. On prétend qu'il doit cette couleur limoneuse aux pluies qui tombent dans les montagnes dont il descend. Souvent, par le temps le plus serein, en regardant couler ses flots décolorés, je me suis représenté une vie commencée au milieu des orages : le reste de son cours passe en vain sous un ciel pur; le fleuve demeure teint des eaux de la tempête qui l'ont troublé dans sa course.

ce qui était au présent, quand on tenait la plume, se trouve au passé : on parlait de vivants, et il n'y a plus que des morts. L'homme qui vieillit en cheminant dans la vie se retourne pour regarder derrière lui ses compagnons de voyage, et ils ont disparu ! Il est resté seul sur une route déserte.

(1) *Sic inscribendum, me, ut opinor et opto, præmoriente; sed, aliter jubente Deo, aliter inscribendum :*

```
        Qui. juxta. cam. sarcophago. uno.
        Conditus. erit. quamprimum.
```

(2) « Ici repose Héloïse E. St. comtesse d'Al., illustre par ses aïeux, célèbre par les grâces
« de sa personne, par les agréments de son esprit, et par la candeur incomparable de son
« âme. Inhumée près de Victor Alfieri, dans un même tombeau* ; il la préféra pendant vingt-
« six ans à toutes les choses de la terre. Mortelle, elle fut constamment servie et honorée
« par lui comme si elle eût été une divinité.
« Née à Mons; elle vécut... et mourut le... »

* Ainsi j'ai écrit, espérant, désirant mourir le premier; mais s'il plaît à Dieu d'en ordonner autrement, il faudra autrement écrire : *Inhumés par la volonté de Victor Alfieri, qui sera bientôt enseveli près d'elle dans un même tombeau.*

FIN DU VOYAGE EN ITALIE.

TABLE DES MATIÈRES

CONTENUES DANS CE VOLUME.

GÉNIE DU CHRISTIANISME.

Pages.

IVᵉ PARTIE. — CULTE.
— Livre Iᵉʳ. — Églises, Ornements, Chants, Prières, Solennités, etc.
— — Chapitre Iᵉʳ. Des cloches. 1
— — — II. Du vêtement des prêtres et des ornements de l'Église. 3
— — — III. Des chants et des prières. 4
— — — IV. *Des solennités de l'Église.* — Du dimanche. 8
— — — V. Explication de la messe. 10
— — — VI. Cérémonies et prières de la messe. . . 11
— — — VII. La Fête-Dieu. 13
— — — VIII. Les Rogations. 15
— — — IX. *De quelques fêtes chrétiennes.* — Les Rois, Noël, etc. 16
— — — X. *Funérailles.* — Pompes funèbres des grands. 18
— — — XI. Funérailles du guerrier, convois des riches, coutumes, etc. 19
— — — XII. Des prières pour les morts. 21
— Livre IIᵉ — Tombeaux.
— — Chapitre Iᵉʳ. *Tombeaux antiques.* — L'Égypte. . . . 23
— — — II. Les Grecs et les Romains. 24

TABLE DES MATIÈRES.

			Pages.
IVᵉ PARTIE. Livre IIᵉ. Chapitre III. *Tombeaux modernes.* — La Chine et la Turquie.			25
—	—	— IV. La Calédonie ou l'ancienne Écosse.	25
—	—	— V. Otaïti.	26
—	—	— VI. Tombeaux chrétiens.	27
—	—	— VII. Cimetières de campagne.	28
—	—	— VIII. Tombeaux dans les églises.	29
—	—	— IX. Saint-Denis.	31
—	Livre IIIᵉ. — Vue générale du Clergé.		
—	—	Chapitre Iᵉʳ. De Jésus-Christ et de sa vie.	32
—	—	— II. *Clergé séculier.* — Hiérarchie.	36
—	—	— III. *Clergé régulier.* — Origine de la vie monastique.	42
—	—	— IV. Des constitutions monastiques.	45
—	—	— V. *Tableau des mœurs et de la vie religieuse.* — Moines, Cophtes, Maronites, etc.	47
—	—	— VI. *Suite du précédent.* —Trappistes, Chartreux, Sœurs de Sainte-Claire, Pères de la Rédemption, Missionnaires, Filles de la Charité, etc.	49
—	Livre IVᵉ. — Mission.		
—	—	Chapitre Iᵉʳ. Idée générale des missions.	52
—	—	— II. Missions du Levant.	56
—	—	— III. Missions de la Chine.	59
—	—	— IV. *Missions du Paraguay.* — Conversion des Sauvages.	62
—	—	— V. *Suite des missions du Paraguay.* — République chrétienne. Bonheur des Indiens.	65
—	—	— VI. Missions de la Guiane.	70
—	—	— VII. Missions des Antilles.	72
—	—	— VIII. Missions de la Nouvelle-France.	74
—	—	— IX. Fin des missions.	80
—	Livre Vᵉ. — Ordres militaires, ou Chevalerie.		
—	—	Chapitre Iᵉʳ. Chevaliers de Malte.	81
—	—	— II. Ordre teutonique.	83
—	—	— III. Chevaliers de Calatrave et de Saint-Jacques de l'Épée, en Espagne.	84
—	—	— IV. Vie et mœurs des chevaliers.	86
—	Livre VIᵉ. — Services rendus a la société par le Clergé et la Religion chrétienne en général.		
—	—	Chapitre Iᵉʳ. Immensité des bienfaits du christianisme.	93
—	—	— II. Hôpitaux.	94
—	—	— III. Hôtel-Dieu, Sœurs grises.	98
—	—	— IV. Enfants-trouvés, Dames de la Charité, Traits de bienfaisance.	100
—	—	— V. *Éducation.* — Écoles, Colléges, Universités, Bénédictins et Jésuites.	102
—	—	— VI. Papes et cour de Rome, découvertes modernes, etc.	103

	Pages.
IVe PARTIE. Livre VIe. Chapitre VII. Agriculture	109

IVe PARTIE. Livre VIe. Chapitre VII. Agriculture. 109
— — — VIII. Villes et villages, Ponts, Grands chemins, etc. 111
— — — IX. Arts et métiers, Commerce. 113
— — — X. Des lois civiles et criminelles. 115
— — — XI. Politique et gouvernement. 117
— — — XII. Récapitulation générale. 121
— — — XIII ET DERNIER. *Quel serait aujourd'hui l'état de la société si le christianisme n'eût point paru sur la terre.* — Conjectures. — Conclusion. 124
Défense du Génie du Christianisme, par l'auteur. 136
Lettre à M. de Fontanes, sur la 2e édition de l'ouvrage de Mme de Staël. . . . 151
NOTES ET ÉCLAIRCISSEMENTS. 165

VOYAGE EN ITALIE.

A M. Joubert. — 1re lettre. 257
Journal. 258
A M. Joubert. — 2e lettre. 263
A M. Joubert. — 3e lettre. 264
Tivoli et la villa Adriana. 265
Le Vatican. 273
Musée Capitolin. 274
Galerie Doria 276
Promenade dans Rome au clair de lune. 277
Voyage de Naples. 278
Pouzzoles et la Solfatare. 281
Le Vésuve. 281
Patria ou Literne. 285
Baïes. 285
Herculanum, Portici, Pompéia. 287
A M. de Fontanes. 289

FIN DE LA TABLE.

www.ingramcontent.com/pod-product-compliance
Lightning Source LLC
Chambersburg PA
CBHW071528160426
43196CB00010B/1699